Jahrbuch für badische Kirchen- und Religionsgeschichte

10. Band

Herausgegeben im Auftrag des Vorstands des
Vereins für Kirchengeschichte
in der Evangelischen Landeskirche in Baden
von Udo Wennemuth

2016

Verlag W. Kohlhammer Stuttgart

Die Drucklegung des Jahrbuchs für badische Kirchen- und Religionsgeschichte erfolgt mit Unterstützung der Evangelischen Landeskirche in Baden.

Das Jahrbuch für badische Kirchen- und Religionsgeschichte erscheint jährlich. Die für die Zeitschrift bestimmten Beiträge sind einzureichen beim Geschäftsführer des Vereins für Kirchengeschichte in der Evangelischen Landeskirche in Baden, Landeskirchliches Archiv, Blumenstraße 1, 76133 Karlsruhe. Die Beiträge werden in gemäßigter neuer Rechtschreibung erbeten. Beiträge werden ausschließlich in elektronischer Form entgegengenommen. Richtlinien für die Erstellung der Textdateien sind beim Geschäftsführer zu erfragen.
Das Verlagsrecht auf die in der Zeitschrift veröffentlichten Beiträge bleibt dem Verein für Kirchengeschichte in der Evangelischen Landeskirche in Baden auf drei Jahre vom Zeitpunkt der Veröffentlichung an vorbehalten.
Rezensionsexemplare sind gleichfalls dem Geschäftsführer des Vereins für Kirchengeschichte (Anschrift wie oben) einzureichen. Die Weitergabe der Besprechungsexemplare an die Rezensenten erfolgt durch die Schriftleitung.

Alle Rechte vorbehalten
© 2016 Verein für Kirchengeschichte in der Evangelischen Landeskirche in Baden
Kommissionsverlag: W. Kohlhammer GmbH, Stuttgart
Reproduktionsvorlage: wiskom e. K., Friedrichshafen
Gesamtherstellung:
W. Kohlhammer GmbH, Stuttgart

Print:
ISBN 978-3-17-031541-9

Für den Inhalt abgedruckter oder verlinkter Websites ist ausschließlich der jeweilige Betreiber verantwortlich. Die W. Kohlhammer GmbH hat keinen Einfluss auf die verknüpften Seiten und übernimmt hierfür keinerlei Haftung.

Editorial

Mit Band 10 unseres Jahrbuchs dürfen wir ein kleines „Jubiläum" feiern und dabei einen ersten Rückblick wagen. Das Jahrbuch für badische Kirchen- und Religionsgeschichte hat sich als Organ der badischen Kirchengeschichtsschreibung etabliert. Durch die Möglichkeit, das Jahrbuch als Forum zu nutzen, sind nicht nur viele Forschungsergebnisse, die früher mangels eines Publikationsortes verhallten, der Öffentlichkeit bekannt gemacht worden, sondern es war für viele auch Ermutigung, eigene Forschungen einzuleiten und deren Ergebnisse mitzuteilen. So hat die badische Kirchengeschichtsforschung in den letzten 10 Jahren einige Fortschritte erzielen können. Und – das Jahrbuch bietet ja auch die Möglichkeit, kleinere Themen und scheinbar etwas abseitiger gelegene Fragestellungen zu bearbeiten. Das Konzept des Jahrbuchs hat sich bewährt, auch wenn die Ausstrahlung in die Regionen noch verstärkt werden könnte.

Das Jahrbuch Bd. 10 (2016) greift eine Reihe von Themen vorangegangener Jahrbücher auf. So schließt der Beitrag von Johanna Pälzer an die Vorträge über die „Unionskatechismen" in Band 7 (2013) des Jahrbuchs an, die Edition einer interessanten Quelle über die Kriegszeit in Karlsruhe, das Tagebuch der Künstlerin Clara Faisst, und ein Vortrag über Gaggenau im Ersten Weltkrieg von Ulrich Behne setzen die intensive Beschäftigung mit dem Ersten Weltkrieg fort, wobei die lokale Perspektive deutlich an Konturen gewinnt. Der biobibliographische Beitrag von Gerhard Schwinge über Johann Laurentius Höltzlin vervollständigt nun seine Höltzlin-Studien, die er im letzten Band des Jahrbuchs eröffnete.

Selten ist in den letzten Jahren ein Buch zur badischen Kirchengeschichte so intensiv und auch kontrovers diskutiert worden, wie der 2015 in der Reihe der Veröffentlichungen des Vereins für Kirchengeschichte erschienene Band von Rolf-Ulrich Kunze „Möge Gott unserer Kirche helfen!" Theologiepolitik, ‚Kirchenkampf' und Auseinandersetzung mit dem NS-Regime: Die Evangelische Landeskirche Badens, 1933–45. Bei einem Kolloquium, zu dem Landesbischof Prof. Dr. Jochen Cornelius-Bundschuh am 7. Juni 2016 eingeladen hatte, hatte Kunze Gelegenheit einleitend seine wichtigsten Thesen noch einmal nuanciert vorzustellen und auf Kritik zu reagieren. Der hier abgedruckte Beitrag ist in diesem Sinne auch Ausdruck eines lebendigen kirchengeschichtlichen Diskurses in unserer Landeskirche.

Der Studientag des Vereins für Kirchengeschichte in bewährter Zusammenarbeit mit der Europäischen Melanchthonakademie am 5. März 2016 stand unter dem Thema „Vermittlungstheologie im Südwesten – von Melanchthon bis Carl Ullmann". Der Studientag griff damit einerseits das EKD-Themenjahr „Reformation und eine Welt" auf, andererseits konnte noch einmal das theologische Wirken Carls Ullmanns bedacht werden, auf dessen 150. Todestag wir 2015 zurückblicken konnten. Die beiden Vorträge von Johannes Ehmann und Hans Pfisterer sind im Jahrbuch abgedruckt; das hochinteressante „Werkstattgespräch" über die Predigt Emil Otto Schellenbergs anlässlich des 300. Todestages Melanchthons 1860, zu der Gottfried Gerner-Wolfhardt einen anregenden Impulsvortrag hielt, kann hier leider nicht dokumentiert werden.

Erfreulich ist aus meiner Sicht eine Entwicklung, die die regional- und ortsgeschichtliche kirchenhistorische Forschung stärker in den Blick nimmt. Insbesondere die seit mehreren Jahren regelmäßig im Jahrbuch veröffentlichten Beiträge von Helmut Neumaier wachsen sich zu einem Kompendium zur älteren Kirchengeschichte des Baulandes aus; Vergleichbares wäre auch für andere Regionen wünschenswert.

Strukturveränderungen, die aktuell einen großen Wandlungsprozess in unserer Landeskirche in Gang setzen, verdankt sich der traurige Anlass einer Entwidmung einer großen Kirche in Freiburg, die Anlass für den Beitrag von Ulrich Bayer war. Dass Strukturveränderungen unsere Landeskirche auch in ihrer Geschichte begleiteten, zeigt die Fallstudie der Johannesgemeinde in Heidelberg-Neuenheim von Udo Wennemuth, um 1900 freilich Veränderungen, die durch einen Wachstumsprozess der Kirche bedingt waren.

Eine Edition des Tagesbuchs von Clara Faisst war bereits im Zusammenhang mit den Forschungen im Vorfeld des Gedenkens zum Ausbruch des Ersten Weltkrieges gefordert worden. Ich bin dankbar, dass wir zumindest den umfangreicheren ersten Teil bis zum Kriegsende nun veröffentlichen können. Das Tagebuch offenbart den ganzen Zwiespalt, in dem auch reflektierende Menschen damals standen: Hoffen und Bangen, die verheerende Wirkung der Kriegspropaganda auf Denken und Empfinden der Menschen, die Friedenssehnsucht, die tiefen Erschütterungen über das Leid, das tragische Unverständnis über die Niederlage...

Wenn sich im Bereich der kirchengeschichtlichen Aktivitäten in unserer Landeskirche und den angrenzenden Regionen neue Perspektiven ergeben, ist es selbstverständlich, dass das Jahrbuch dies dokumentiert. Ich wünsche der Initiative von Johannes Ehmann, eine „Oberrheinische Sozietät" zu gründen, in der das wissenschaftliche Gespräch zu Fragen der Kirchengeschichte der Region ihren Platz findet, einen guten Erfolg. Das Jahrbuch und seine Leserinnen und Leser können davon nur profitieren.

Mitteilungen aus Archiv und Bibliothek möchten auf neu erschlossene Bestände und neue Zugänge aufmerksam machen. Es ist aber ausdrücklich zu betonen, dass nur ein Bruchteil der tatsächlichen Erschließungsarbeit in Archiv und Bibliothek, die in den letzten Jahren ganz erfreuliche Fortschritte gemacht hat, hier präsentiert werden kann. Ich verweise dafür insbesondere auf die Website des Archivs.

Udo Wennemuth

Inhaltsverzeichnis

Editorial 5
Inhaltsverzeichnis 7

Beiträge

Gerhard Schwinge
Johann Laurentius Höltzlin (1686–1739), Teil II und III: Pfarrer und
Superintendent in Pforzheim und in Südbaden 11

Johanna Pähler
Ein ekklesiologischer Vergleich von Friedrich Wilhelm Hitzigs „Katechismus
der christlichen Religionslehre" und Johann Peter Hebels „Christlichem
Katechismus". 35

Rolf-Ulrich Kunze
„Möge Gott unserer Kirche helfen!" Theologiepolitik, ‚Kirchenkampf' und
Auseinandersetzung mit dem NS-Regime: Die Evang. Landeskirche Badens,
1933–45 – Einige Kernthesen 57

Studientag Vermittlungstheologie

Johannes Ehmann
Philipp Melanchthons Vermittlungen in Worms, Frankfurt und Heidelberg und
ihr Widerhall in Baden-Durlach und Kurpfalz (1557–1559). 65

Hans Pfisterer
Carl Ullmann (1796–1865) – ein badischer Vermittlungstheologe 79

Orte und Regionen

Helmut Neumaier
Das Bauland – eine lutherische Adelslandschaft zwischen Religionsfrieden
und Centenarium der Reformation. 89

Udo Wennemuth
Zur Geschichte der evangelischen Gemeinde an der Johanneskirche in
Heidelberg-Neuenheim im Wandel des 20. Jahrhunderts 111

Ulrich Behne
Die evangelische Kirche in Gaggenau im Ersten Weltkrieg 131

Ulrich Bayer
Das Stiftungsbuch der Freiburger Lutherkirche – ein Dokument der
Nachkriegs-Kirchengeschichte 159

Miszellen

Walter Schnaiter
Das Theologische Studienhaus Heidelberg e. V. – Von der so genannten
„Klingenteichverwerfung" bis zu einer neuen Standortsuche (1979–1996) 165

Quellen

Udo Wennemuth
Das Erleben des Krieges in der Heimat - Das Karlsruher „Kriegstagebuch"
der Clara Faisst 1914–1918 169

Dokumentation

Johannes Ehmann
Eröffnung der „Oberrheinischen Sozietät" 277

Aus Archiv und Bibliothek

Walter Schnaiter
Apologetik – Akademikerschaft – Volksmission. Drei Bestände im
Landeskirchlichen Archiv Karlsruhe 283

Walter Schnaiter
Der Nachlass Prälat D. Hermann Maas (1877–1970) mit Archiv und
Verwaltung der Hermann-Maas-Stiftung, sowie die Sammlung von Albrecht
Lohrbächer im Landeskirchlichen Archiv Karlsruhe 289

Udo Wennemuth
Schenkung einer wertvollen Bibelausgabe an die Landeskirchliche Bibliothek.. 299

Rezensionen

Günter Frank/Volker Leppin (Hgg.), Die Reformation und ihr Mittelalter (Johannes Ehmann) ... 303; Michael Welker/Michael Beintker/Albert de Lange (Hgg.), Europa reformata. Reformationsstädte Europas und ihre Reformatoren (Gerhard Schwinge) ... 305; Melanchthons Briefwechsel. Kritische und kommentierte Gesamtausgabe. Im Auftrag der Heidelberger Akademie der Wissenschaften herausgegeben von Christine Mundhenk, Band T 16 (Johannes Ehmann) ... 308; Ulrich A. Wien/Volker

Leppin (Hgg.), Kirche und Politik am Oberrhein im 16. Jahrhundert. Reformation und Macht im Südwesten des Reiches (Johannes Ehmann) ... 309; Eike Wolgast, Beiträge zur badischen und kurpfälzischen Kirchengeschichte (Helmut Neumaier) ... 310; Axel Gotthard, Der liebe vnd werthe Fried. Kriegskonzepte und Neutralitätsvorstellungen in der Frühen Neuzeit (Johannes Ehmann) ... 315; Gerhard Schwinge (Hg.), Lebensbilder aus der Evangelischen Landeskirche in Baden, Band IV: Erweckung, Innere Mission/Diakonie, Theologinnen (Christoph Schneider-Harpprecht) ... 316; Hans Bringeland, Religion und Welt: Martin Dibelius (1883–1947) (Johannes Ehmann) ... 321; Markus Geiger, Hermann Maas – Eine Liebe zum Judentum (Udo Wennemuth) ... 322; Rolf-Ulrich Kunze, „Möge Gott unserer armen Kirche helfen" (Karl-Heinz Fix) ... 326

Register	335
Verzeichnis der Abkürzungen	341
Verzeichnis der Autorinnen und Autoren	342

Johann Laurentius Höltzlin[1] (1686–1739)
Teil II und III[2]
Pfarrer und Superintendent in Pforzheim und in Südbaden

Gerhard Schwinge

Teil II
Festliche Einweihung der wiedererbauten Pforzheimer Stadtkirche 1721 und Höltzlins Tätigkeit in Pforzheim 1719 bis 1722

Zur Vorgeschichte

Ende 1719 wurde Höltzlin, weiterhin Oberhofprediger und in Karlsruhe wohnen bleibend, erster Stadtpfarrer in Pforzheim, der zu der Zeit größten Stadt der Markgrafschaft und ehemaligen Residenzstadt, und zugleich Superintendent, 1720 dann Spezialsuperintendent einer großen um Karlsruhe herum gelegenen Region, von Langensteinbach bis Staffort[3]. In der Historia vitae von Anfang 1722[4] findet sich nichts von dem, was ihn im Herbst 1721 betraf: seine Anhörung am 17. Oktober 1721 (eine *amicale Unterredung*) zur Frage der Polygamie des Landesherrn, also zu Höltzlins Verhalten angesichts des ausschweifenden „Lebenswandels" des Markgrafen.[5] Erst im Februar 1722 folgte dann seine Entlassung aus den Pflichten des Oberhofpredigers, obwohl bereits am 18. Dezember eine *Dienstveränderung mit unserm bißherigen OberHofPrediger Laurentio Hölzlin* (sic) auf das Spezialat Auggen besoldungsmäßig geregelt worden war.[6] – Mitten in diese Umbruchszeit hinein fällt das folgende

---

[1] So die autographe Namensform in den Archivalien. Es gibt aber mehrere andere vorkommende Namensformen: Johann (oder Johannes) Laurentius (oder Lorenz oder Lorentz) Hölzlein (so in den meisten frühen Druckschriften) und Höltzlin oder Hölzlin, so meist erst in späteren Jahren, und latinisiert: Ioannes Laurentius Hoelzlinus (mit z!). Die für die Überschrift gewählte Fassung ist die am häufigsten begegnende, offenbar von ihm selbst bevorzugte. Aber auch die Drucker scheinen für die verschiedenen Fassungen mit verantwortlich zu sein.

[2] Teil I: JBKRG, Doppelband 8/9 (2014/2015), 2016, 313–337.

[3] Vgl. ebd., Abb., 317.

[4] Vgl. ebd., 319f..

[5] Am 6. Dezember 1721 hatte Höltzlin an den Markgrafen geschrieben. Alles nach: Generallandesarchiv Karlsruhe / GLA KA: Großh. FA 2, Mappe 19a, Bd. 34, Geheime Sachen II (Sache Höltzlin Herbst 1721, Punkt 10). – Vermutung des Verf.: In Pforzheim lag 1721 einer Disputation ein Scriptum von Christoph Mauritii (vgl. Anm. 16) zugrunde, in dem die Polygamie des Markgrafen angesprochen wurde, was Höltzlin als Präses duldete, aber der ehemals katholische Priester und 1717 konvertirte Pfarrer Johan Baptist Matthias Trost (1678–1737) bei der Obrigkeit denunzierte; seit etwa August 1721 war Trost evangelischer Pfarrer in Betberg.

[6] GLA KA 206/2329 (betr. Kirchenrat und Oberhofprediger Johann Laurentius Hölzlein, Laufzeit 1717–1736). Vgl. unten.

Ereignis. In den beiden Druckschriften zur Pforzheimer Stadtkircheneinweihung wird Höltzlin nur noch als Superintendent, nicht mehr als Hofprediger betitelt.

Einladungs- und Ankündigungsschrift

Eine Einladungs- und Ankündigungsschrift war bei der Einweihung der neuerbauten Stadtkirche Pforzheim vorausgegangen. Sie enthält auf insgesamt acht Seiten[7] zunächst mit einem textreichen Titelblatt, welches vor allem dem – wie sich zeigen wird: gar nicht beteiligten – Landesfürsten huldigt, die Einladung zum Einweihungsfest am 23. November 1721, dem 24. Sonntag nach Trinitatis, durch den Superintendenten Höltzlin. Die folgenden drei Folioseiten beschreiben sodann wortreich die Vorgeschichte der Einweihung und den Festverlauf. Die abschließenden vier Seiten bieten den Wortlaut der mit Sicherheit von Höltzlin stammenden *Musicalischen Texte* zu den drei Gottesdiensten mit den drei Predigten des Festtags, also wohl zum Mitlesen während der Musikdarbietung.

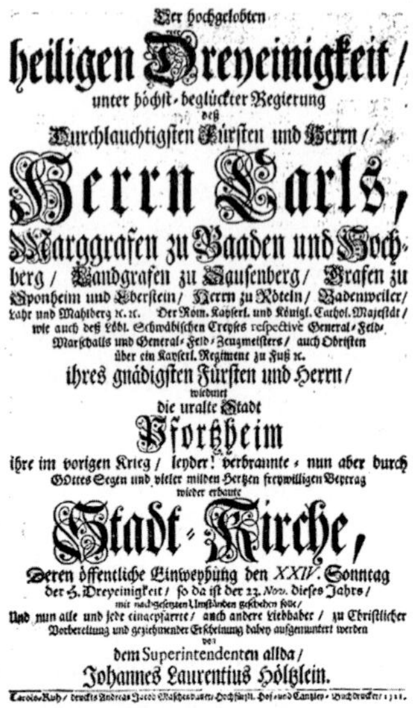
Der hochgelobten
heiligen Dreyeinigkeit/
unter höchst-beglückter Regierung
deß
Durchlauchtigsten Fürsten und Herrn/
Herrn Carls,
Marggrafen zu Baaden und Hochberg/ Landgrafen zu Sausenberg/ Grafen zu Sponheim und Eberstein/ Herrn zu Röteln/ Badenweiler/ Lahr und Mahlberg rc. rc. Der Röm. Kayserl. und Königl. Cathol. Majestät/ wie auch deß Löbl. Schwäbischen Creyses respective General-Feld-Marschalls und General-Feld-Zeugmeisters/ auch Obristen über ein Kayserl. Regiment zu Fuß rc.
ihres gnädigsten Fürsten und Herrn/
wiedmet
die uralte Stadt
Pfortzheim
ihre im vorigen Krieg/ leyder! verbrannte, nun aber durch GOttes Segen und vieler milden Hertzen freywilligen Beytrag
wieder erbaute
Stadt-Kirche,
Deren öffentliche Einweyhung den XXIV. Sonntag der H. Dreyeinigkeit/ so da ist der 23. Nov. dieses Jahrs/
mit nachgesetzten Umständen geschehen solle/
Und nun alle und jede eingepfarrte/ auch andere Liebhaber/ zu Christlicher Vorbereitung und geziehmender Erscheinung dabey aufgemuntert werden
von
dem Superintendenten allda/
Johannes Laurentius Höltzlein.
Carols-Ruh/ druckts Andreas Jacob Maschenbauer, Hochfürstl. Hof- und Cantzley-Buchdrucker/ 1721.

Abb. 1:
„Der hochgelobten heiligen Dreyeinigkeit", Titelblatt, Karlsruhe 1721 (Badische Landesbibliothek)

Ähnlich wie das allgemeine Reformationsjubiläum von 1717 vier Jahre vorher vom 31. Oktober bis zum 5. November an sechs Tagen in Karlsruhe feierlich begangen worden war, geht hier aus der Ankündigung hervor, dass mit dem lokalen Kirchenfest zur Stadtkircheneinweihung ebenfalls an fünf Tagen Gottesdienste sowie Schulprüfungen und Kinderlehren verbunden waren. Auf den ersten drei Folioseiten wird zunächst daran erinnert, dass die alte Stadtkirche[8] vor 32 Jahren, also 1689 während des Orléansschen Kriegs, bekannter als Pfälzischer Erbfolgekrieg, zerstört worden war und die neue Stadtkirche nach achtjähriger Bauzeit neu erstand, mit Predigtstuhl (Kanzel), Altar, Stühlen und einer kostbaren Orgel; anscheinend aber noch ohne Glocken.

Sodann wird ausführlich der Verlauf der Einweihungsgottesdienste und weiteren Veranstaltungen zwischen Samstag, dem 22. November und Freitag, dem 28. November beschrieben: Am Vortrag wird der Subdiakon Rabus[9] in der bisher benutzten Schlosskirche einen Vorbereitungsgottesdienst halten. Das Einweihungsfest selbst be-

---

7 Vgl. Teil I (siehe Anm. 2), Schriftenverzeichnis Nr. 13, Abb. 314, Titel 323.

8 Es gab mehrere, immer wieder zerstörte Vorgänger-(und Nachfolger-!)Kirchen der Stadtkirche, deren Namen St. Stephan auf die ursprüngliche Dominikaner-Klosterkirche gleichen Namens zurückgeht.

9 Johann Philipp Rabus (geb. in Durlach, Jahr nicht ermittelt, † 1734 am Fleckfieber), 1720 Vikar in Karlsruhe, 1721 Subdiakon in Pforzheim, 1722 Pfarrer am Spital- und Waisenhaus in Pforzheim, 1724 in Langenalb, 1731 Rektor in Pforzheim. – Nicht erwähnt wird bei Hölzlein seltsamerweise dessen Vater: Christian Heinrich Rabus (1669–1716), geb. in Durlach, 1691 Rektor in Durlach, 1695 Hofdiakon u. 1700 Hofprediger der Markgräfin Augusta Maria, neben dieser Mitherausgeber eines Gesang- u. Gebetbuchs 1697 und der Augusta-Maria-Bibel von 1698; 1705 Pfarrer u. Superintendent in Emmendingen.

ginnt am Sonntag, dem 23. November morgens um 7 Uhr unter Glockengeläut in der Schlosskirche mit einem Gebet, eingerahmt von den Liedern *Komm, Heiliger Geist, Herre Gott* (Veni Sancte Spiritus – 1480 und Luther 1524) und *Unsern Ausgang segne Gott* (1674/1680), woraufhin, begleitet von dem Choral *Zeuch ein zu deinen Thoren* (Paul Gerhardt 1653); die Prozession über den Marktplatz und vorbei am Rathaus zum Einzug in die Stadtkirche folgt.[10] Der Zug hat folgende Ordnung[11]: zuerst die *teutsche Schul-Jugend weiblich- und männlichten Geschlechts* (Elementarschule), dann das Paedaogium Latinum mit seinen Lehrern, dann die (vier) Prediger der Stadt, danach die anwesende fürstliche Dienerschaft mit dem Oberamt und dem Stadtmagistrat, dann Bürger, Handwerksburschen und Knechte, *endlich* [!] *das belobte Frauenzimmer hohen und niedrigen Standes*, also die ehrbaren Bürgerinnen; dem Adel wird überlassen, ob er sich und wo er sich einordnen wolle. – Beim Betreten des Gotteshauses wird eine *„Figural-Music von dasigem Cantore, Herrn Mollern*[12], *nach unten beygedrucktem Text [...] zur Einweyhung des prächtigen Orgel-Wercks aufgeführet.*[13]

Die Hauptpredigt wird der Superintendent über Genesis 28,16–19 halten. Es folgen, ähnlich wie im Festgottesdienst beim Reformationsjubiläum 1717, als Kasualien: die Einsegnung eines Ehepaars nach 50 Jahren Ehe durch den (ehemaligen) Pforzheimer Altstadtpfarrer Berthold Deimling[14], die Trauung eines neuen Paares, die Taufe eines neugeborenen Kindes durch den Archidiakon Johann Heinrich Seufert[15] und, nach der Verlesung der üblichen Agendentexte durch den Subdiakon Rabus, die Feier des Abendmahls, ausgeteilt durch alle vier Stadtprediger an beiden Seiten des Altars. Die zweite und die dritte Predigt halten der Archidiakon Seufert und der Stadtpfarrer Mauritii[16], ebenfalls mit – in der Einladungsschrift abgedruckten – *musikalischen Texten.*[17] Zwischen der zweiten und der dritten Predigt wird ein *Geld-Allmosen* für die Armen gesammelt, wobei die Schuljugend frisch gebackenes Brot zum Andenken verteilt. – Am folgenden Montag, dem 24. November, finden Schulprüfungen sowohl an der Lateinschule als auch an der Elementarschule statt, am Dienstag eine an die

---

[10] Es folgen weitere Choräle, überwiegend, aber nicht alle heute noch bekannt: zum Gottesdienstbeginn mit Orgeleinweihung *Herr Gott, dich loben wir* (Te deum laudamus – Luther 1529); zum Gottesdienstschluss *Nun danket alle Gott* (1630/1636); und zu drei in den Gottesdienst aufgenommenen Kasualien: einem 50. Ehejubiläum *Wo Gott zum Haus nicht gibt sein Gunst* (1558), zur Trauung eines neuvermählten Paares *Wohl dem, der in Gottes Forchten steht* (sic; Luther 1523/24), zu einer Taufe *Das Aug allein das Wasser sieht* (7., letzte Strophe von: *Christus, unser Herr zum Jordan kam* – Luther 1541/43). Meist also wurden Lutherlieder gesungen, daneben aber auch zu der Zeit neue, weniger als 70 Jahre alte Lieder des Barock.

[11] Vergleichbar der Prozession in die neue Hofkapelle beim Reformationsjubiläum am 31.10.1717 – siehe Teil I.

[12] Identifizierung ungeklärt. Es könnte sich handeln um den konvertierten ehemaligen Kanonikus Johann Jeremias Möller, der 1718 in Pforzheim Präzeptor geworden war (vgl. Hans-Jürgen Kremer, „Lesen, Exercieren und Examinieren". Die Geschichte der Pforzheimer Lateinschule ... Ubstadt-Weiher 1997, 212, mit Literatur- und Quellenhinweisen, u. S. 54) oder (unwahrscheinlicher) um Johann Melchior Molter (1696–1765), ab 1722 Hofkapellmeister in Karlsruhe, bis Anfang 1721 auf Italienreise, also eventuell bei einem nur kurzen Zwischenaufenthalt in Pforzheim.

[13] Rezitative, Arien, Choräle (Chorsätze), auf zwei Seiten.

[14] 1643–1736, zur Zeit also 78 Jahre alt, seit 1691 in Pforzheim, nicht Bechtold Daimling, wie fälschlich im Text gedruckt.

[15] Johann Heinrich Seufert (1684–1744), geb. in Speyer, seit 1719 Archidiakon in Pforzheim.

[16] Christof Mauritii († 1731), 1720 Pfarrer in Pforzheim, 1724 Pfarrer in Lörrach.

[17] Zu allen drei Predigten siehe die folgende Beschreibung der die Texte der Predigten enthaltenen Druckschrift.

Eltern gerichtete Schulpredigt von Pfarrer Mauritii und Kinderlehren sowie abends eine *teutsche Rede* des Praeceptor primarius des Paedagogium, Conradi[18]. Am Freitag wird Subdiakon Rabus mit einer Predigt *allen denen, die zu dem Kirchen-Bau etwas beygetragen, öffentlichen Danck abstatten [...] und die liebe Armuth, besonders das arme Waysen-Hauß*[19]*, zu ferneren Liebes-Wercken demüthigst empfehlen. – Fürohin aber ist einmüthiglich beschlossen, auch von gnädigster Landes-Herrschaft bewilliget, in diesem neuen Stadt-Tempel alle und jede GOttes-Dienste [...] zu halten, und werden in der sogenannten Schloß-Kirche nur allein die Feyertags- und alle Mittags-Predigten besuchet.* – Angehängt wird der Hinweis, dass bei vorhandener Nachfrage die am Sonntag gehaltenen Predigten gedruckt und zur Ersetzung der Unkosten verkauft werden sollen.

Die Druckschrift mit den drei Festpredigten (Abb. 2 und 3)

Nach dem *Titelblatt* und einem ungewöhnlichen, prachtvollen *Widmungsblatt* wird der Druck mit einer *Vorrede* eröffnet (auf zwei ungezählten Seiten, dazu weiter unten).

Es folgt zunächst die *Haupt-Predigt [...] von dem Superintendenten Johannes Laurentius Höltzlein, Byrutha-Franco* (S. 1–16, zu ihr ebenfalls weiter unten).

Encaeniorum Phorcensium Hilaria, Oder: Pfortzheimische Kirchweyh-Freude, bestehend aus drey unterschiedenen Predigten so bey öffentlicher Einweihung der nach dem Brand wieder neu-erbauten Stadtkirchen zu St. Stephan im Jahr Christi 1721 den 23. Novembris, als am XXIV. Sonntag nach dem Fest der heiligen Dreyfaltigkeit, in sehr volkreicher Versammlung, von dem Superintendenten Joh. Laurentius Höltzlein, Stadt-Pfarrern Christian Mauritii[20] und Archidiacono Joh. Heinrich Seufert gehalten und nun auf einiger christlichen Freunde Verlangen zum Druck gegeben worden. Carols-Ruh, druckts und verlegts Andreas Jacob Maschenbauer[21], Hochfürstl. Baden-Durlachischer Hof- und Cantzley-Buchdrucker (1721, 96 S.)

Wie wir sahen, enthielt das Titelblatt der Einladungsschrift (Abb. 1) eine wortreiche Huldigung an den Landesherrn. In dem hier vorzustellenden Druck der drei Festpredigten vom Einweihungssonntag ist dagegen auf der Widmungsseite nur von der uralten Stadt Pforzheim, ihren fürstlichen Behörden, dem Magistrat der Stadt und ihren eingepfarrten Bürgern die Rede. Das wiederholt sich in der Predigt. Dass dem Fürst hier also nicht gehuldigt wird, ja dass er nicht einmal erwähnt wird, ist sehr ungewöhnlich. War das Höltzlins Antwort auf seine Entlassung als Oberhofprediger und seine Versetzung nach Pforzheim?

Es schließt sich an *Die andere Einweyhungs-Predigt [...] von Christoph Mauritii, p. t.* [pro tempore] *Stadtpfarrer allhier* über 2. Kor. 6,16 (S. 16–55), mit 40 Seiten fast die Hälfte der Druckschrift ausmachend: Introitus, Predigttext, Exordium (Einleitung),

---

[18] Christoph Theodor Conradi (auch: Konradi, Cunradi) (1695–1749); nach KREMER (wie Anm. 12), 212 von Oktober 1720 bis 1728 Prorektor des Pädagogiums.
[19] Vgl. im Teil I in der Biographie zum 25. Februar 1722, in: JBKRG, 8/9 (2014/2015), 2016, 323f..
[20] Muss heißen: Christof Mauritii. Vgl. oben. Anm. 16.
[21] Andreas Jakob Maschenbauer († 1750), der aus einer Augsburger Druckerfamilie stammte, verlegte die Durlacher Druckerei von Theodor Hecht nach Karlsruhe. Markgraf CarlWilhelm von Baden-Durlach erteilte ihm 1718/19 das Privileg eines Hof- und Kanzleibuchdruckers.

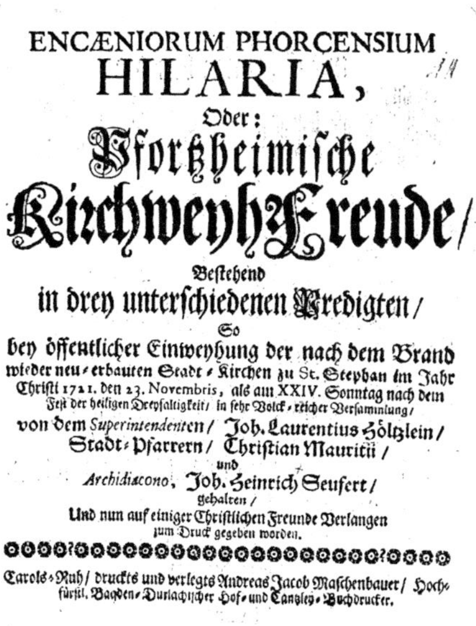

Abb. 2:
„Pforzheimische Kirchweyh-Freude", Titelblatt, Karlsruhe 1721 (Badische Landesbibliothek)

Abb. 3:
„Pforzheimische Kirchweyh-Freude", Widmungsseite, Karlsruhe 1721 (Badische Landesbibliothek)

Ankündigung von drei Teilen, Predigt (eine *Abhandlung*, mit Literaturhinweisen in Fußnoten!).

Auch *die dritte Predigt* (S. 55–91) *von Jo. Henr. Seuferto Spir.* [Spirensi] *Archidiac. Phorcensi* über Psalm 122,1–4 ist in ähnlicherweise mehr eine „Abhandlung" als eine Predigt und fast gleich lang.

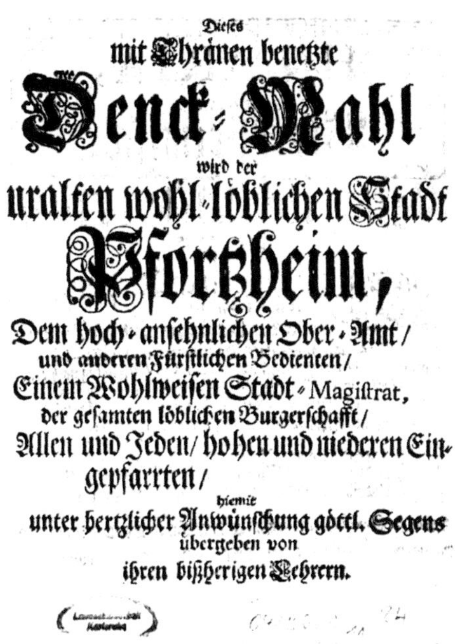

Den Schluss (S. 91–96) bilden die wortreichen *Gebete, wie sie von dem Herrn Superintendenten aufgesetzt worden*: das Gebet in der Schlosskirche frühmorgens vor Einweihung der neuen Stadtkirche, das Gebet im ersten Gottesdienst nach der Predigt, ebenso das Gebet nach der Predigt von Stadtpfarrer Mauritii und das Gebet nach der Predigt des Archidiakons Seufert.

Die Vorrede, die auf die einwöchigen Feierlichkeiten in gestraffter Weise zurückblickt, beginnt so: *Es wäre überflüssig, geneigter Leser! von der beglückten Einweyhung unserer aus der Aschen belebten Stadt-Kirche weiter etwas zu melden, die vorher-gegangene Einladungs-Stimme hat die dabey bestimmte Ordnung sattsam eröffnet.* Gegenüber der Einladungsschrift gibt es nur wenig Neues: So wurden nun nach der Hauptpredigt und dem Ehejubiläum zwei Brautpaare eingesegnet statt nur eins. Die Dankpredigt am Freitag galt denen, *so diesen Tempel mit ihrem milden Allmosen haben erbauen helffen*. Die Vorrede schließt: *Gott erhalte dich, du geliebtes Pfortzheim! in tausendfachem Segen! und cröne auch den geneigten Leser mit täglichem Wachsthum an seiner Seelen. Amen.*

Höltzlins Predigt ist eine text- und bibelnahe barocke Rede, bisweilen lateinische Begriffe benutzend, für welche die Kirchweihe den Anlass gibt. Im Mittelpunkt stehen die Verse Genesis 28, 16–19: Jakob weiht die Stätte seines Traums von der Himmelsleiter zum Hause Gottes und gibt ihm den Namen Beth-El. So wird vor allem diese Jakobsgeschichte zu einem Exempel, neben Anspielungen auf andere alttestamentliche Stellen von der Wohnung Gottes unter den Menschen, beispielsweise vom Templum portabile, der Stiftshütte. – Obwohl es einmal heißt: *Es wäre sehr unverständig, ihr meine Geliebte! wann ich eure begierige Andacht mit fremden Dingen, so das Hauß Israel angehen, vorjezo aufhalten wolte ...*, bleibt Höltzlin bei dieser Predigtweise. – Wenn Jakob als Exempel gewählt wird, wird gleichwohl nichts über den Betrüger und Brudermörder Jakob gesagt wird. Mit seinem Schlaf und seinem Erwachen werden der vergangene Krieg und der mit der Kirchenweihe verbundene Neubeginn verglichen. Andere auffällige Anknüpfungen am Text entlang sind: Jakob gießt Öl auf den Stein, das führt zu den Sätzen: *Es mag nun das verfinsterte Papstthum bey Einweyhung ihrer Kirchen, ihrer Glocken, so gar bey der Taufe ihrer Kinder so viel Geschmier und Salbung vornehmen, als es immer will, so ist es doch von der Salbung Jacobs weit unterschieden.* (S. 12) Die beste Salbung ist die durch das Öl des Heiligen Geistes. Und noch einmal eine antikatholische Passage in der behaupteten toleranten lutherischen Markgrafschaft Baden-Durlach: *Die superstitieusen* [abergläubischen] *Päpstler mögen ihre Tempel denen Heiligen widmen [...] es ist alles Thorheit.* (S. 13) – Pforzheims leidvolle Zerstörung während des letzten Kriegs, besonders im Jahr 1689, kommt zur Sprache mit den Worten: *[...] ich kann es fast nie ohne Thränen hören, wann [ich] mir von andern erzehlen lasse, wie viel Jammer und Elend in denen nunmehr Gott Lob! vergangenen leydigen Kriegs-Zeiten diese gesegnete Gegend und zumal diese angenehme Stadt Pforzheim gantz überzogen hatte.* (S. 14) So werden die Überlebenden von damals direkt angeredet, ihnen insbesondere gilt Gottes Verheißung einer neuen *Wohnung der Gerechtigkeit*. Nach dem Hunger und dem Kummer der Kriegszeiten erklingt nun Lob und Dank für Friedenszeiten, auch ein Lob für die Aufbauarbeit der *geehrten Vätter und geliebten Brüder, Vorsteher, Handwerksleute*. Dem Alltagsleben wird das Besondere des Gotteshauses entgegengesetzt: *[...] hier ist nichts anders dann GOttes Hauß, hier ist also kein Wasch- und Plauder-Winkel, hier ist keine Zanck- noch Schlaf-Stätte, sondern hier ist eine liebliche Wohnung des DreyEinigen GOttes.* (S. 15) – Noch einmal werden der Altar für das Liebesmahl, der Taufstein und der Beichtstuhl der trostreichen Absolution (S. 16) genannt, und es wird gebetet: *Nun mein GOtt! so nimm dann diesen Tempel in deinen allmächtigen Gnaden-Schutz*, Schutz auch vor neuer Feuersgefahr und vor der Wut der Feinde. Und: *Segne unsere Fürgesetzte, die ganze löbliche Bürgerschaft.* (Der Landesherr wird nicht genannt!) – Mit dem gemeinsamen Lied: *Allein GOtt in der Höh sey Ehr* endet die Predigt.

Rückblick auf Höltzlins Pforzheimer Zeit, von Ende 1719 bis Februar/März 1722

Auf den drei Folioseiten nach dem Titelblatt einer Druckschrift[22], mit der der Durlacher Gymnasialrektor und „Moderator" des 1724 eröffneten Karlsruher Gymnasiums „Athenaeum" Johann Kaspar Malsch[23] zu einem am 25. Februar 1722 stattfindenden Vortrag einlud, den Höltzlin über bemerkenswerte Literatur zur Kirchengeschichte der Markgrafschaft Baden-Durlach halten würde (*de iis, quae ex Marchionatus Badensis memor[i]alibus ad hist*[orianm] *Ecclesiastico-literariam spectare videantur*), findet sich eine ausführliche lateinische Historia vitae zu Höltzlins Leben bis zu diesem Zeitpunkt kurz vor seinem Wechsel als Superintendent von Pforzheim in die obere Markgrafschaft, also nach Südbaden (*discedentem in Marchiam superiorem ad capessendum illic Superintendentis Sausenbergensis Munus*). Der Lebenslauf ist von Malsch verfasst, als eine Art Laudatio zum Abschied. In ihm wird rückblickend Höltzlins weitgefächertes, schweres Pforzheimer Amt und seine geradezu unglaublich vielfältige Tätigkeit als Spezialsuperintendent beschrieben:

Er habe (in den etwa fünfzehn Monaten seines Wirkens in Pforzheim) fünf Superintendenten und über 40 Pfarrer in ihre Ämter eingeführt (*ab ipso inauguratos superintendentes quinque, pastores ultra quadraginta*); vier öffentliche Vorträge gehalten; bei elf Disputationen jeweils den Vorsitz geführt; Programme und Reden verfasst, drei in der heimischen Sprache, vier in Latein; ebenso Sprüche und Inschriften in Stein; bei der Einweihung der [nach der im Orleanschen Krieg 1689 durch Brand zerstörten, 1721 wieder aufgebauten] Pforzheimer Stadtkirche (*inauguratio templi Cathedralis Phorcensis*) gepredigt und anderes wirkt; mit seinen Hymnen, von ihm auf höchsten Befehl des Serenissimus selbst gedichtet, wurde die (Karlsruher) Hofkapelle täglich erfüllt (*hymnis ejusdem, compositis ab ipso jussu Serenissimi, personat quotidie sacellum aulicum*), gedruckt für die Hand aller Höflinge; das ausgezeichnete (Pforzheimer) Waisenhaus (*illustre Orphanodocheum*) initiiert und eingeweiht [am 1. Mai 1718, – ein *Waisenhaus, wie auch Toll- und Krankenhaus zu Pfortzheim, ingleichen Zucht- und Arbeitshaus daselbst*]; die Pfarrwitwenkasse (*fiscum ecclesiasticum, unde viduis pastorum succurreretur*) eingerichtet [1721]; unter seinem Einfluss und mit seinem Rat wurde unser Athenäum [das Karlsruher Gymnasium illustris, 1722] vom Durchlauchtigsten Fürsten geschaffen (*ejus quoque auctoritate suasuque hoc ipsum nostrum Athenaeum, unde haec scribo* [Malschius], *ab Serenissimo Principe institutum*), welches nunmehr meiner [Malschius'] Aufsicht und Fürsorge anvertraut ist (*curae sollicitudinique meae commendatum est*).

Nach dem Rückblick auf Höltzlins Leben und Wirken, insbesondere in seiner Pforzheimer Zeit, folgt zum Abschied noch ein rhetorisch aufgesetzter Ausblick[24] auf Höltzlins Zukunft: Seine zu erwartenden, bald erscheinenden *Schediasmata homileti-*

---

[22] Siehe Schriftenverzeichnis Nr. 16 in Teil I dieser Arbeit über Höltzlin; dort zu dieser Druckschrift und vor allem ausführlich zur gesamten Vita Höltzlin, in: JBKRG, 8/9 (2014/2015), 2016, 323f..

[23] Johann Kaspar Malsch (1674–1742), 1715 Prorektor des Gymnasiums in Durlach; 1724 Professor, ab 1735 Rektor am Gymnasium Athenaeum in Karlsruhe. – Vgl. KARL FRIEDRICH VIERORDT, Geschichte der im Jahre 1586 zu Durlach eröffneten und 1724 nach Karlsruhe verpflanzten Mittelschule, Karlsruhe 1859.

[24] Garniert mit einem aus zwei Distichen und einem aus fünf Distichen bestehenden Epigramm.

ca (homiletischen Niederschriften)[25] würden bei Hof aufgrund gehörter Predigten zu gerechten Urteilen führen, Pfarramtskandidaten belehren, dem Kirchenrat Aufschluss geben und jedermann als Predigthörer kundiger machen. – Die Entlassung aus dem mit großen Aufgaben belasteten Pforzheimer Amt werde, durch die weiter andauernde Güte des Fürsten (dreifach genannt: *a Principe indulgentissimo, cum ipsius gratia, signum perseverantis clementiae Principalis*), eine Entlastung, eine Erleichterung seiner Kräfte (*allevamentum virium*) mit sich bringen. Neben einem Steuererlass werde, da den kirchlichen und schulischen Amtswürden in der Oberen Markgrafschaft (weiterhin) die Inspektion der [landesweiten] Witwenkasse hinzugefügt werde, beim Übergang in das Ephorat Sausenberg außerdem sein jährliches Salär ansehnlich angehoben *(inspectione Fisci Vid[uarum] addito quoque luculento auctario ad solarium suum annuum in Ephoriam Sausenberggensem* [sic] *transferretur)*.[26]

Höltzlins Wechsel von der jungen Residenzstadt Karlsruhe nach Pforzheim in die alte, ehemalige Residenzstadt, zudem einwohnerreichste Stadt der Markgrafschaft, vom Oberhofprediger zum ersten Stadtpfarrer und Spezialsuperintendenten entfernte ihn zwar vom Hof, schmälerte aber insgesamt nicht seine Stellung, seinen Einfluss und seine Arbeitslast innerhalb der baden-durlachischen Kirche, im Gegenteil. Man kann deshalb nicht von einer Strafversetzung sprechen.[27] Es scheint sogar, dass das Amt eines Spezialsuperintendenten, mit allem, was dazugehörte, ihm mehr entsprach als das eines Hofpredigers. Für ihn war die unmittelbare Abhängigkeit vom Landesherrn nicht mehr gegeben; von dem zuvor so überaus pathetisch und untertänig gehuldigten Markgrafen war nun nicht mehr die Rede. Mit besonderem, freudigem Einsatz hat er dagegen das Ereignis der Einweihung der wieder aufgebauten Pforzheimer Stadtkirche zu einem Fest gemacht.

---

[25] Diese sind offensichtlich nicht erschienen. Die Ankündigung zeigt aber erneut, als wie wichtig Predigt und Predigtlehre für Höltzlin und für seine Zeitgenossen angesehen wurde.
[26] Vgl. den folgenden Abschnitt „Die Anfangsjahre in Auggen".
[27] Vgl. Udo Wennemuth, Die Hofprediger am badischen Hof. Eine Annäherung, in: JBKRG 6, 2012, 113 (zum gesamten Wirken Höltzlins, einschließlich seiner Zeit als Pfarrer in Auggen 1722–1732 und als Superintendent in Lörrach 1732–1739): „Höltzlein kann also kaum vollständig in ‚Ungnade' gefallen sein, aber als unbequemer Mahner wurde er möglichst weit entfernt von der Residenz eingesetzt."

Teil III (mit Anhang)
Höltzlins Tätigkeit in Auggen 1722 bis 1732
und in Lörrach 1732 bis 1739

Die Anfangsjahre in Auggen

Höltzlins trat seinen Dienst in Auggen in der südbadischen Landgrafschaft Sausenberg im März 1722 an. Seine „Dienstveränderung" – von einer Versetzung, gar von einer Strafversetzung kann keine Rede sein – wurde bereits am 18. Dezember 1721 aktenkundig. In seiner Personalakte zu Besoldungsfragen heißt es, *daß Wir Unß gnädigst resolvirt, mit unserm bißherigen OberHofPrediger Laurentio Hölzlin eine Dienstveränderung dergestalt vorzunehmen, daß solcher hier nechstens zu dem Specialat nach Auggen gezogen werden solle.*[28] Höltzlin wurde also, zwar fern der Residenz, dennoch nicht einfacher Gemeindepfarrer, sondern wiederum Spezialsuperintendent wie in Pforzheim, nun der Landgrafschaft Sausenberg. Er blieb Kirchenrat und Inspektor der Pfarrwitwenkasse, hinzukam noch die Schulaufsicht für die gesamte obere Markgrafschaft – so auf dem Titelblatt einer Druckschrift von 1725, mit der zu einer Pfarrerfortbildung eingeladen wurde; dazu weiter unten.

Auf diesem Titelblatt heißt es zusätzlich noch: Capituli Rötelani [sic] Prases. Im Oktober 1724 nämlich war in Lörrach der dortige Ortspfarrer und Superintendent, Kirchenrat Weininger im Alter von 48 Jahren verstorben[29], dessen Nachfolger als Superintendent der Herrschaft Rötteln Höltzlin daraufhin geworden war. Dies geht aus der Ankündigungsschrift einer von Höltzlin initiierten Trauerfeier für Weininger in Lörrach am 17. Sonntag nach Trinitatis hervor.[30]

De censura ecclesiastica, Fortbildungsveranstaltung, 1725

Nach langen Kriegszeiten galt es in den ersten Jahrzehnten des 18. Jahrhunderts, in Kirche und Gesellschaft Aufbauarbeit zu leisten; so auch im südbadischen Markgräflerland, das mit der Landgrafschaft Sausenberg und der Herrschaft Rötteln seit 1556 als Teil der Markgrafschaft Baden-Durlach lutherisch war. Zur Wiederaufbauarbeit nach Zeiten des religiös-sittlichen Verfalls gehörte die Wiedereinführung der Kirchen-

---

[28] GLA KA 206/2329.
[29] Konrad Burkhard Weininger (1676–1724), 1706 Hofdiakon in Durlach, 1709–1717 erster Pfarrer in Pforzheim, dann bis zu seinem Tod in Lörrach; Weininger war also dreifach Vorgänger Höltzlins gewesen. – 1724–1731 war Christof Mauritii Pfarrer in Lörrach, vorher gleichzeitig mit Höltzlin in Pforzheim (vgl. Anm. 16 u. ö.).
[30] *Exequias* pias justas viro summe reverendo, amplissimo, doctissimo Domino Conrado Burkardo Weinniger, Consiliario Ecclesiastico, Capituili Röttelani Praesidi, Superintendenti in Dynastia Röttelana Speciali, nec non Pastori Lörracensium Primario, Dominca XVII. Trinit. ipsis Calend. Octobris A. O. R. MDCCXXIV Lörraci celebrandas. Indicat Scholarcha Johannes Laurentius Höltzlein, Lörraci (?) 1724 (4 S. 4°) – mit einem langen geistlich-lyrischen und mit biographischen Angaben verwobenen Text (datiert: Michaelis = 29. Sept. 1724) und einem kurzen Epigramm. Vgl. Schriftenverzeichnis Nr. 18 in Teil I dieser Arbeit über Höltzlin, in: JBKRG, 8/9 (2014/2015), 2016, 324 – (Ex(s)equiae, Ex(s)equiarum, Exsequien: kirchliche Trauerfeierlichkeiten.)

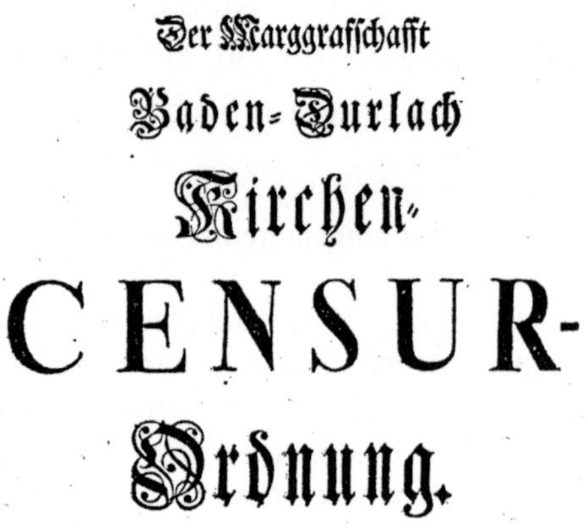

> Der Marggraffschafft
> Baden-Durlach
> Kirchen-
> CENSUR-
> Ordnung.

Abb. 4:
Kirchenzensurordnung von 1717, Titelblatt
(Landeskirchliche Bibliothek)

visitationen und der Kirchenzucht.[31] Hinzu kam das Bemühen um die Neueinführung der Konfirmation als Zulassung zum Abendmahl, wie sie besonders der Pietismus Philipp Jakob Speners förderte, einschließlich des Gelübdes der Konfirmanden.

Die Kirchenzucht war schon im unmittelbaren Anschluss an die Kirchenordnung von 1556 durch eine Censurordnung von 1557 geregelt worden. Im Rahmen des Reformationsjubiläums von 1717 hatte sie der Landesherr als Kirchen-Censur-Ordnung neu eingeführt (restauravit optime) und 1718 als undatierten 6-Seiten-Druck in der ganzen Markgrafschaft verteilen lassen.[32] Auf diese bezog sich Hötzlin, zum Teil wörtlich zitierend, als er im Mai 1725 als Spezialsuperintendent und Schulaufseher auf einer Pfarrsynode der Diözesen Sausenberg und Rötteln zusammen mit einem der Pfarrer die gemeindliche Kirchenzensur als Fortbildungsthema behandelte. In Auszügen soll aus Höltzlins Schrift berichtet werden.

---

[31] Vgl. Michael Schellenberger, Kirchencensur, Kirchenconvent, Ruggericht [Rüge-Gericht]. Gemeindliche Kirchenzuchtorgane in Württemberg und Baden-Durlach seit der Reformation. Diss. jur, Heidelberg 2011, III, 366 S., graph. Darst.; hier 162–184 zum (ungedruckten) *Entwurf* der Kirchen-Censur-Ordnung von 1702 unter Markgraf Friedrich Magnus (nach GLA KA 74/4510, 314–316 in Transkription abgedruckt) und zur gedruckten Kirchen-Censur-Ordnung von 1718 unter Markgraf Carl Wilhelm, siehe die folgende Anmerkung.

[32] Es ist unerklärlich, dass diese kleine Druckschrift heute nur noch in der Saarländischen Universitäts- und Landesbibliothek Saarbrücken vorhanden sein soll (Signatur: HV 341, angeb. an: Kirchen-Agenda, wie es in des Durchlauchtigsten Fürsten und Herrn, Herrn Carl Friedrich, Marggrafen zu Baaden und Hochberg ... gesamten Fürstenthumen und Landen mit Verkündigung des göttlichen Worts, Administrirung und Austheilung der heiligen Sacramenten und anderen Kirchen-Ceremonien gehalten werden solle. Carlsruhe 1775; anscheinend im Südwestdeutschen Bibliotheksverbund nicht mehr vorh.). Sie ist allerdings wortgleich abgedruckt in: Carl Friedrich Gerstlacher, Sammlung aller Baden-Durlachischen, das Kirchen- und Schulwesen, das Leben und die Gesundheit der Menschen ... betreffenden Anstalten und Verordnungen, Bd. 1–3, Karlsruhe 1773–1774; hier Bd. 3, 559–562; Titel dort: Der Marggraffschafft Baden-Durlach Kirchen-Censur-Ordnungen [sic], s. l., s. a. [1718]. Gerstlacher schreibt in einer Fußnote dazu: *Die gedruckte Kirchen-Censur-Ordnung, wovon dieser Abdruk genommen ist, hat kein Datum. Die Acten aber zeigen, daß solche im Jahr 1755 wieder neu aufgelegt worden.*

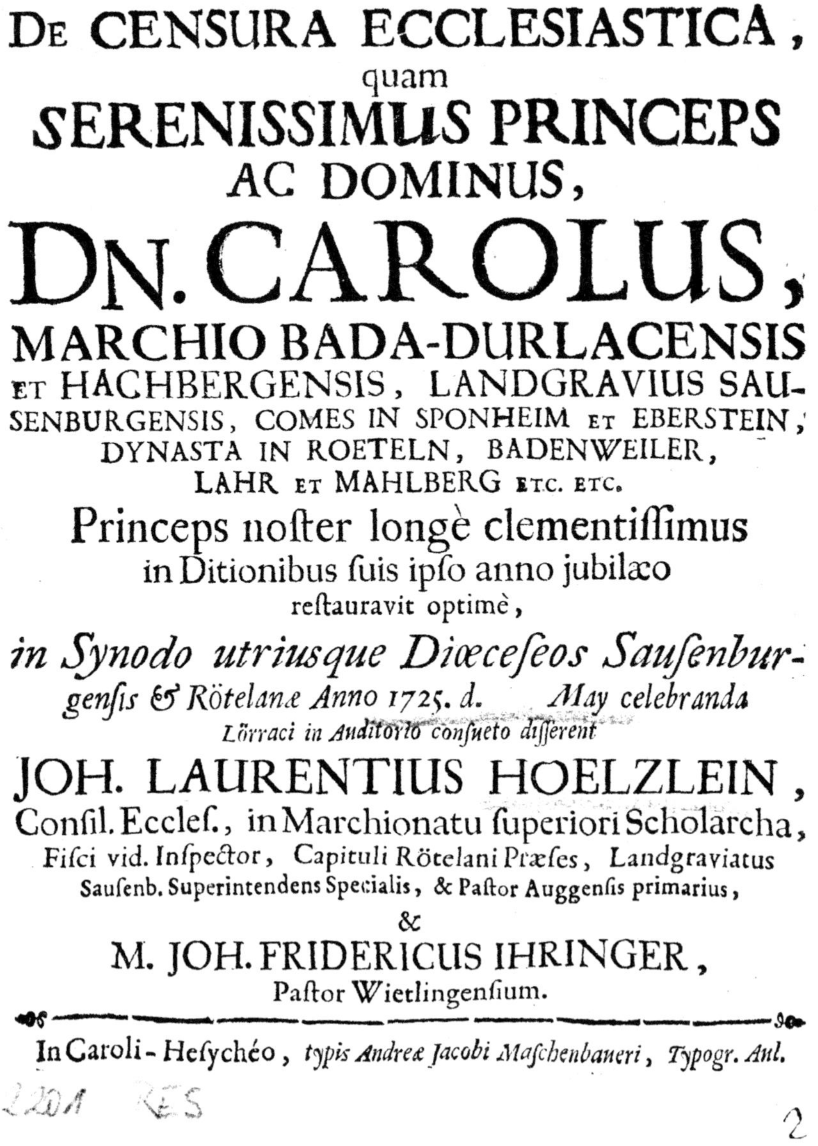

DE CENSURA ECCLESIASTICA,
quam
SERENISSIMUS PRINCEPS
AC DOMINUS,
DN. CAROLUS,
MARCHIO BADA-DURLACENSIS
ET HACHBERGENSIS, LANDGRAVIUS SAU-
SENBURGENSIS, COMES IN SPONHEIM ET EBERSTEIN,
DYNASTA IN ROETELN, BADENWEILER,
LAHR ET MAHLBERG ETC. ETC.

Princeps noster longè clementissimus
in Ditionibus suis ipso anno jubilæo
restauravit optimè,

in Synodo utriusque Diœceseos Sausenbur-
gensis & Rötelanæ Anno 1725. d.   May celebranda
Lörraci in Auditorio consueto different

JOH. LAURENTIUS HOELZLEIN,
Consil. Eccles., in Marchionatu superiori Scholarcha,
Fisci vid. Inspector, Capituli Rötelani Præses, Landgraviatus
Sausenb. Superintendens Specialis, & Pastor Auggensis primarius,

&

M. JOH. FRIDERICUS IHRINGER,
Pastor Wietlingensium.

In Caroli-Hesychéo, *typis Andreæ Jacobi Maschenbaneri*, Typogr. Aul.

Abb. 5:
„De Censura Ecclesiastica", Titelblatt, Karlsruhe 1725 (Universitätsbibliothek Heidelberg)

De censura ecclesiastica, quam Serenissimus Princeps ac Dominus, Dn. Carolus, Marchio [Markgraf] Bada-Durlacensis et Hachbergensis, Landgravius Sausenburgensis [sic], Comes [Graf] in Sponheim et Eberstein, Dynasta [Herr] im Roeteln, Badenweiler, Lahr et Mahlberg etc. etc., Princeps noster longe clementissimus in ditionibus suis [seinen Herrschaftsgebieten] ipso anno jubilaeo restauravit optime, in Synodo [hier: Pfarrkonvent] utriusque Dioeceseos Sausenburgensis [sic] & Rötelanae anno 1725 d[ie] – May celebranda Lörraci in auditorio consueto disserent Joh. Laurentius Hoelzlein, Consil[iarius] Ecclesiasticus [Kirchenrat], in Marchionatu superiori [in der oberen Markgrafschaft] Scholarcha [Schulaufseher], Fisci vid[uarum] Inspector [Inspektor der Pfarrwitwenkasse], Capituli Rötelani Praeses [Vorsitzender des Rötteler Pfarrkapitels], Langraviatus Sausenb[ergensis] Superintendens specialis [Spezialsuperintendent der Landgrafschaft Sausenberg], & Pastor Auggensis primarius [Hauptpfarrer in Auggen] & M[agister] Joh. Fridericus Ihringer[33], Pastor Wietlingensium [Pfarrer in Wittlingen]. In Caroli-Hesycheo [Karlsruhe], typis Andreae Jacobis Maschebaueri, Typogr[avius] Aul[ensis] [Hofdrucker] (1725, 32 S.) (UB Heidelberg, Signatur: 1, 2201 RES)

Der anscheinend im Voraus versandte 32-Seiten-Druck Höltzlins besteht, nach einer Vorrede, aus 24 Paragraphen, teils in Deutsch, teils in Lateinisch formuliert. Manchmal wird auf Paragraphen der Kirchen-Censur-Ordnung von 1718 verwiesen.[34] Gleich zu Anfang (§§ 2.3) wird festgehalten, dass es um Kirchenzucht geht *(vulgo utimur Kirchen-Censur, Kirchen-Zucht, Kirchen-Konvent, Kirchen-Straf ec.; Kirchen-Bussen, Ex[s]ecutions-Predigten)*, also nicht um obrigkeitliche Polizeimaßnahmen.[35]

Die Pfarrer hatten die gemeindliche Kirchenzensur nicht allein auszuüben, sondern vielmehr innerhalb eines Gremiums zusammen mit anderen Amtspersonen, dem sogenannten Kirchenkonvent: Es *haben der Censur beyzuwohnen in den Städten die Beamte nebst dem Stadt-Pfarrer, der Burgermeister, die Kirchen- und Allmosen-Pfleger oder sonst zwey Persohnen aus Gericht und Rath ec. samt dem Stadtschreiber, der das Protocollum unentgeldlich zu führen ec.; in denen Dortfschafften sollen in Abwesenheit derer Beamten die Censores bestehen in dem Pfarrer, Schultheissen oder Vögten, Allmosen-Pfleger samt einer Gerichts-Persohn und dem Schulmeister, wenn er das Protocoll zu führen tüchtig ec.* (§ 11)

Welche Vergehen festgestellt werden sollen, wird als Zitat aus Abschnitt VI der Censur-Ordnung von 1718 in § 14 aufgezählt: *Bey solcher Censur nun solle sonderlich vorgenommen werden, was wider die Fürstliche Kirchen-Mandata gehandelt wird, wo man nemlich mit Abgötterey, Aberglauben, Zauberey, Segen-sprechen, Fluchen, Schwören, GOttes-lästern, Mißbrauch und muthwilliger Profanirung deß Namens GOttes, Versaumung derer Predigten; auch was sonsten mit allerley Aergernuß und Unfug bey denen GOttes-Diensten und Predigten an Fest- Sonn- und Feyer-Tägen, auch zwischen denen Wochen-Predigten in- und ausser, auch um die Kirchen mit Kauf und Verkauf auf dem Marckt, herum lauffen auf der Gassen, Geplauder und Tumulten Straf-würdiges passiret; sodann wann Ehe-Leute in Uneinigkeit leben,*

---

[33] Johann Friedrich Ihringer (1684–1742), 1715 Praeceptor primarius und Diakon in Lörrach, 1718 Pfarrer in Wittlingen (bei Lörrach)..

[34] Dort sind es keine gezählten Paragraphen, sondern sieben mit römischen Ziffern versehene Abschnitte. Gerstlacher setzte 1774 zu diesen an den Rand: *I. Von dem Orte und der Zeit, wo und wann die Kirchen-Censuren zu halten. II. Wer der Censur beizuwohnen habe: a) in Städten, III. b) in denen Dorffschaften. IV. Was vor Sachen für die Kirchen-Censur gehören. V. Daß solche dem Pfarrer zeitlich anzuzeigen, und wie es mit Vorladung der gerügten Personen zu halten. VI. Nähere Anzeige der Sachen, welche vor die Kirchen-Censur gehören. VII. Was vor Strafen bei der Kirchen-Censur dictirt werden mögen.*

[35] Höltzlin gab allerdings später eine Kleinschrift zum allgemeinen Problem der Trunkenheit heraus: *Treuherzige Warnung vor dem sehr gemeinen Laster der Trunckenheit*, Johann Lorenz Hölzlein, Basel 1729 (Umfang nicht bekannt, vorh.: WLB Stuttgart).

Eltern und Kinder wider einander seynd und diese aus dem Gehorsam gegen ihre Eltern tretten.[36]

Regelmäßig ist vom Kirchenkonvent Bericht zu erstatten, namentlich bei den Kirchenvisitationen. Auch der gemeine Mann soll das Recht haben, Anzeigen zu erstatten; und niemand soll dabei verschont werden. So heißt es in § 13: *Nachdeme auch der gemeine Mann auf die Oberkeit, Amt-Leut, Schultheissen, Vögt, Gerichts- und Raths-Persohnen und wer dem gemeinen Nutzen vorstehen soll (intellige etiam redituum administratores* [die die Geldeinkünfte verwalten] *&c.), gemeiniglich sein Aufsehen hat ec. ec. sollen also auch die Pfarrer und Kirchen-Diener auf solches ihr Aufsehen haben, und so sie bey ihnen Fahrlässigkeit und Aergernüß befinden, solches an gebührenden Orten in Visitationibus oder sonst anzeigen und darinnen Niemands verschonen.*

Den kirchlichen Amtsträgern wird auch hier wiederum vorgeworfen, was Höltzlin bereits in seinen Karlsruher und Pforzheimer Jahren beschäftigt hatte, nämlich der Vorwurf der Amtsanmaßung, der Kompetenzüberschreitung.[37] So heißt es in § 14: Andere beschuldigen oft die Diener der Kirche, dass sie das Laster der Einmischung begehen, indem sie die Begrenztheit ihres Amts allzu sehr ausdehnen *(Accusant saepius alii Ministros ecclesiae, quod limites officii nimis extendendo Polypragmosyneos incurrant vitium).*

Doch es gab offensichtlich im Volk auch Kritik oder Bedenken im Blick auf das Denunzieren bei der Kirchenzucht und ihre Sanktionen. So heißt es in § 21: *Uxorum commune oraculum est (Unter den (Ehe-)Frauen gibt ein allgemeines Gerede): Man muß doch mit den Leuten leben, man braucht sie wieder, warum soll man sich jedermann zu Feind machen; Weib und Kind müssen es einmal entgelten.* – Wiederum werden die Diener der Kirche gesondert angesprochen: Das alles betrifft nicht den treuen Diener der Kirche, der untadelig zu sein hat, sofern er sich im pflichtgemäßen Dienst befindet *(absint haec omnia a fido ecclesiae ministro quem irreprehensibilem esse decet, qui in officii stadio permanens).*

Höltzleins Buch zur Auggener Feuersbrunst vom 18. Oktober 1727

Am 18. Oktober 1727, einem Samstag, wurde das Auggener Unterdorf, das Hauptdorf von Auggen, von einer großen Feuersbrunst heimgesucht, welche über 100 Häuser, Scheunen und Ställe zerstörte, der jedoch keine Toten und Verletzten zum Opfer fielen. Pfarrer Höltzlein berichtete darüber ausführlich innerhalb seines umfangreichen Druckwerks „Weinende Augen in dem mit Feuer gestrafften Auggen", welches ein Jahr später im Dezember 1728 in Basel erschien (208 S., 10 ungez. S.). Darin nehmen die acht „Feuer-Predigten" den größten Umfang ein, die Höltzlein gleich nach dem Brand zwischen dem 21. Oktober und dem 23. November an Dienstagen und Sonntagen gehalten hatte. Der „Historische Vorbericht an den geneigten Leser" über das drei Tage und drei Nächte andauernde Brandunglück findet sich auf den Seiten

---

[36] Vgl. Adolph Hausrath, Die kirchengeschichtliche Bedeutung der Regierung Carl Friedrichs, Heidelberg 1882, 33. Danach ist zumindest diese Textpassage identisch mit der entsprechenden in der Censurordnung von 1557.

[37] Vgl. im Schriftenverzeichnis von Teil I dieser Arbeit die Nummern 02, 08 und 11, in: JBKRG, 8/9, 2014/2015, 2016, 320–322.

12–23. Diesen Bericht hat Günter Klugermann 2002 in seinem Buch über Auggen wörtlich abgedruckt[38], eingeleitet und aufgrund zweier anderer Originalquellen ergänzt.[39] Bei den Quellen handelt es sich neben einem Bittgesuch Auggener Bürger an den Markgrafen um einen Visitationsbericht Höltzleins als Superintendent, beides vom Dezember 1727. Nach Höltzleins Berichten wurde bei dem Brand, der „durch Unvorsichtigkeit eines 5-jährigen Kindes"[40] ausgelöst worden sei, die Kirche im Unterdorf[41] weitgehend verbrannt, nur der Altar mit drei aus Holz geschnitzten Heiligenbildern sei im Schutz des gewölbten Chores wunderbarerweise erhalten geblieben. Wenn Gutermann jedoch schreibt, Höltzleins „Bußpredigten" (es handelt sich ebenso um Trostpredigten) „enthalten keine weiteren Mitteilungen über die Katastrophe", dann ist das zwar im engeren Verständnis richtig; andererseits enthält der Band jedoch manche andere interessante Informationen. Aus diesen Gründen lohnt es sich, diese hier wiederzugeben.

An zwei Stellen kündigte Höltzlein in seinem Buch an, noch an anderen Stellen über das Brandunglück berichten zu wollen. So heißt es auf Seite 32: „Ich behalte mir zuvor, diese entsetzlich Feuers-Brunst annoch zur andern Zeit in lateinisch- und teutschen Versen [...] zu beschreiben." Und auf Seite 204: „Ich werde es [die Erinnerung an dieses Feuer] in das Kirchen-Buch schreiben". Beides konnte nicht aufgefunden werden und scheint nicht realisiert worden zu sein.

Sehr bald schon nach dem Unglück scheinen „Collectanten" ausgesandt worden zu sein, in die nicht betroffenen Häuser, zumal des Oberdorfs, aber wohl auch in die benachbarten Dörfer. Auf Seite 31 ist eine Fürbitte für die „Abgebrandten" abgedruckt, die bei der Aussendung und bei der Rückkehr der Kollektanten gebetet wurde. Diesen wurden zudem folgende „Reime", anscheinend auf gedruckten Blättern, mitgegeben, welche sie bei ihren Besuchen in den Häusern wohl vorlegen sollten: *Auggen, ach, weinende Augen so vieler hungerigen, durstigen, nackenden Männer, Weiber und Kinder, die der 18. October 1727 durch ein gar plötzliches Schaden-Feuer ihrer Häuser, Scheuren, Früchten, Weine, Kleider, Betten und alles Vorrats elendiglich beraubet, seuffzen, ächzen in tieffster Hertzens-Demuth zu dem gesegneten, vornehmen Leser um eine selbst-beliebig-christliche Brand-Steuer, wünschen dargegen Gottes segen-reiche Wieder-Vergeltung, durch ihren Pfarrer Johann Laurentium Höltzlein.* (Seite 208/209)

In der Tat trafen viele Gaben, zuerst Lebensmittel wie Brot, bald darauf Sach- und Geldspenden für die Bedürftigen in Auggen ein. So konnte Höltzlein am Ende seines Buches auf vier Seiten (215–218) eine lange, detaillierte Liste darüber abdrucken: *Richtiges Verzeichnuß alles dessen, was denen A. 1727 den 18. October abgebrannt-armen Unterthanen in Auggen an Brod, Büchern, Frucht und Geld von gutthätig-mit-*

---

[38] Nicht ganz vollständig: Bei Klugermann fehlen die beiden Schlussabschnitte VIII und IX (im Orginal 22f.), welche allerdings nur kurz auf die acht Gottesdienste eingehen, die anschließend im Buch ausführlich dokumentiert werden.

[39] Günther Klugermann, Auggen – Geschichte und Geschichten aus frühester Zeit bis zur Gegenwart, Auggen 2002, 199 S. Abb.; dort 66–75 u. 85 (Anm.); deshalb soll hier auf diese Schilderung nicht weiter eingegangen werden. – Die beiden weiteren Quellen sind: die „pflichtmäßige Relation" an das Oberamt Rötteln, d. i. der amtliche Visitationsbericht Höltzleins als Superintendent vom Dezember 1727 (in: GLA KA 229/42830) und das Bittgesuch der „armen abgebrannten Unterthanen von Auggen" vom 26. Dezember 1727 an den Landesherrn, die ruinierte Kirche wieder reparieren zu lassen, unterzeichnet vom Vogt und vier weiteren Bürgern (in: GLA KA 229/3670).

[40] Im Historischen Vorbericht ist es ein 8-jähriges Töchterlein eines Bürgers.

[41] Auch im Oberdorf gab es eine Kirche.

leydenden Christen-Hertzen gesteuret worden. (Nachlässe, Gulden und Kreuzer; Brotleibe, Bibeln, Traktate) Danach beschließt Höltzlein sein Buch mit dem Segenswunsch: *GOTT sey ein reicher Vergelter in Zeit und Ewigkeit, Amen!*

Schon ein Jahr vorher, am Ende der 7. Predigt vom 16. November 1727, hatte er seinen Hörern Hoffnung machen können: *Im Leiblichen könnet ihr hoffen: I. Euer Gnädigster Landes-Fürst werde sich auch in diesem Augenblick als ein sorgfältiger Vatter euer getreulich annehmen; ihr habt schon Proben davon. II. Es werden sich da und dort gutthätige Hertzen finden, die mit Fürbitt eurer Armuth aufhelffen und mit thätigen Allmosen euch beyspringen. III. Hoffentlich haben wir den edlen Frieden noch länger zu geniessen. IV. Es wird durch GOttes-Seegen auch wieder Frucht und Wein wachsen. V. Etwan haben wir einen leidentlichen Winter zu gewarten, da ihr nach und nach euer Bau-Wesen führen und euch wieder empor helfen könnet.*

Abb. 6:
Auggener „Brandbuch", Titelblatt, Basel 1728
(Landeskirchliche Bibliothek)

GOttes heilige Liebes-Augen werden wachen und alles befördern. Sehet, das ist die Hoffnung, die ihr übrig habt nach dem Brande. Ist sie nicht herrlich, ist sie nicht trefflich genug? (Seite 197)

Zu den acht Predigten vom 21. Oktober bis zum 23. November; die erste, dritte und fünfte an einem Dienstag, alle anderen an den Sonntagen. Alle werden wörtlich dokumentiert, mit ihren Predigttexten, meist kurze Bibelworte, so dass es sich, dem Anlass angemessen, mehr um Mottopredigten als um Textpredigten handelt. Bußtexte wie Matthäus 22,1–14 (das Gleichnis von der königlichen Hochzeit) und Trostworte wie Hosea 6,1 (Kommt, wir wollen wieder zum Herrn; denn er hat uns zerrissen, er wird uns auch heilen; er hat uns geschlagen, er wird uns auch verbinden). Auch die gesungenen Lieder werden wiedergegeben; es sind auch heute noch bekannte Lieder zum Kasus.[42] Den ersten drei Predigten hat Höltzlein, in eitler, zeitüblicher Manier,

---

42 Der mich hat bißher ernähret / und so manches Glück bescheret, / ist und bleibet ewig mein. / Der mich wunderlich geführet / und noch leitet und regieret, / wird forthin mein Helffer seyn (aus: Alles ist an Gottes Segen ...; 1676); Es ist ja HErr, dein Geschenck und Gaab / mein Leib, und Seel / und alles, was ich hab, / in diesem armen Leben ... (aus: Herzlich lieb hab ich dich, o Herr ...; 1571); Ach wie nichtig, ach wie flüchtig / sind der Menschen Schätze. / Es kann Gluth und Fluth entstehen, / dadurch, eh wir uns versehen, / alles muß zu Trümmern gehen ... (aus: Ach wie flüchtig ...; 1652); Weg hast du aller Wegen, / an Mittlen fehlt dirs nicht. / Dein Thun ist lauter Segen, / dein Gang ist lauter Licht. / Dein Werck kann niemand hindern, / dein Arbeit kan nicht ruh'n, / wann du, was deinen Kindern / ersprießlich ist, wilt thun. (aus: Befiehl du deine Wege ...; 1653); Was GOtt thut, das ist wohl gethan,

lateinische Nota homiletica bzw. Observationes homileticae angefügt; dann nicht mehr. Es ist nicht verwunderlich, dass im Exemplar der Landeskirchlichen Bibliothek Karlsruhe ein Leser an einer Stelle (Seite 114) an den Rand geschrieben hat: „Was will doch der Pfaff dem Teutschen Latein vorplaudern, der es nicht versteht." Dabei sind die Predigten für den „geneigten Leser zur Erbauung" gedruckt worden. (Seite 32)

Mit dreien der acht Gottesdienste waren Beerdigungen verbunden, ohne dass der Tod der Verstorbenen durch das Brandunglück verursacht gewesen ist: Am 21. Oktober war es ein Kind. Am 4. November die *Beerdigung einer frommen, doch lang geplagten Ehe-Frauen, welche sich zum Leichen-Text erwählet hatte den 2. und 3. v. aus dem 42. Psalm Davids, den ich auch mit allem Fleiß bey dieser Fünnfften Feuer-Predigt behalten – Wie ein Hirsch schreyet nach frischem Wasser ...* – Am 16. November war ein Bürger zu begraben, mit dem Höltzlein als Pfarrer zuvor seelsorgerlich zu tun hatte, wovon er in einem eigenen Abschnitt erzählt, wohl als eine an seine Zuhörer gerichtete Mahnung (Seite 197f.): *Application [sic] auf den Verstorbenen: Ich habe dem Verstorbenen offt zugeredet: Kommet, wir wollen zum HErrn. Er hat mir aber nicht gerne gefolget. GOtt selbst hat ihn durch die brennenden Unglücks-Fackeln letzthin aufgewecket. Es ist wunderbahr, seine Scheuer und was darinnen gewesen hat ihm das Feuer auch genommen. Aber damit er doch in seinem Neste sterben könnte, durffte es ihm das Haus nicht angreiffen. Das Erstere hat er gar nicht mehr nöthig gehabt, das Andere aber lediglich zu seinem Sterbe-Bette gebrauchet. Hat er nun meiner priesterlichen Stimme, dem Rath GOttes zu seiner Seeligkeit gehorchet, so mag ihm nun die Brunst nichts schaden, obschon der davon erlittene Verlust und daraus entstandene Schrecken seinen Tod befördert haben mag. Er ist zum HErrn gekommen, seine Wunden sind verbunden, seine Kranckheit geheilet, er selbst ruffet einem jeden unter uns zu, das läßt er uns zu letzte: Hoff, o du arme Seele, / hoff nun, sey unverzagt. / GOtt wird dich aus der Höle, / da dich der Kummer plagt, / mit grossen Gnaden rücken ...*

Widmung des Bands an das Erbprinzenpaar
und Huldigung an den neugeborenen Prinzen Carl Friedrich

Kurz vor Drucklegung des Bands trat ein Ereignis ein, welches noch mit in die „Zuschrift" genannte Widmung integriert wurde und das, nach dem Haupttitelblatt, die ersten zehn ungezählten Seiten bestimmt: die Geburt des Prinzen Carl Friedrich am 22. November 1728 [S. 2]. Am Schluss heißt es [S. 11]: *als Dero treu gehorsamster Knecht J. L. H., Auggen, im Jahr oberwehnter Geburth, am 9. Tag nach derselben*, also am 1. Dezember, zu Beginn der *Advent-Zeit* [S. 4]. In hymnischer Sprache, in zentrierten, unterschiedlich langen Zeilen, mit unterschiedlich großen Buchstaben, die Fürstennamen in (schwer lesbaren) Zierbuchstaben gesetzt, wird das Buch Markgraf Friedrich und seiner Gemahlin Anna Charlotte Amalie gewidmet sowie dem Prinzen Carl Friedrich [S. 2], dessen beide Namen beziehungsreich ausgedeutet wer-

---

/ darbey will ich verbleiben. / Es mag mich auf die rauhe Bahn, / Brunst, Feuer und Armuth treiben, / so wird GOtt mich gantz vätterlich / in seiner Gnad erhalten. / Drum laß ich ihn stäts walten. (Was Gott tut, das ist wohlgethan ...; 1675); Hoff, o du arme Seele, / hoff nun, sey unverzagt. / GOtt wird dich aus der Höle, / da dich der Kummer plagt, / mit grossen Gnaden rücken. / Erwarte nur die Zeit, / so wirst du auch erblicken / die Sonn der schönsten Freud. (aus: Befiehl du deine Seele ...; 1653).

den. Außer den durchlauchtigsten Eltern werden auch die erfreuten Großeltern Carl und Wilhelmine angesprochen [S. 7].

Mehr noch, die Geburt des *Engel-gleichen Fürsten-Kindes* [S. 9] wird in Beziehung gebracht zur *frohen Advent-Zeit* und damit typologisch neben den Immanuel gestellt: *Freude die Fülle – Uns ist ein Kind gebohren, ein Sohn ist uns gegeben – erwünschte Christen-Freude – Immanuel! Gott ist mit uns, Er bevestiget den Stuhl seines Gesalbten, ein durchlauchtigster Purpur-Sohn lachet in dem Schoos seiner Durchlauchtigsten Frauen Mutter.* [S. 4f.] *– Alleluja Hosianna! – Helden-Geburth – Freuden-Geburth eines so auserlesenen Pupur-Sohns.* [S. 7. 10]

Bekanntlich hat dieser Prinz, der die Erbfolge sicherte, lange Zeit gebraucht, bis er zu dem hochgeschätzten Fürsten und Landesvater wurde. Und sein Vater, zu dieser Zeit noch der eigentliche Erbprinz, starb keine dreieinhalb Jahre später plötzlich im März 1732. Davon wird im Folgenden die Rede sein, wiederum anhand einer Druckschrift Höltzleins.

Die ersten Jahre in Lörrach

Nachdem Ende 1731 der Lörracher Pfarrer Christof Mauritii, den Höltzlein von Pforzheim her kannte, gestorben war, wechselte Höltzlein Anfang 1732 von Auggen in die Pfarrei Lörrrach, unter Beibehaltung seiner weiteren Titel und Ämter als Kirchenrat, Präses des Pfarrkapitels, Schulaufseher und Spezialsuperintendent[43].

Das Lörracher Pfarrhaus befand sich in Basler Besitz und war „in ruinösem Zustand". Auch nach einer ungenügenden Renovierung hatte sich der Zustand nicht wesentlich gebessert, so dass Höltzlein 1736 in Gedichtform um eine erneute Reparatur bat.[44]

Am 26. März 1732, also kein Vierteljahr nach Höltzleins Dienstantritt in Lörrach, starb in Karlsruhe überraschend der Erbprinz von Baden-Durlach und Vater des keine vier Jahre zuvor geborenen Carl Friedrich, der noch nicht 29-jährige Markgraf Friedrich, der allerdings schon länger vielfach kränkelte. Dazu weiter unten.

Am 28. Januar 1733 verstarb im der Stadt Lörrach benachbarten Dorf Weitenau die Pfarrwitwe Anna Salome Bechtold geb. Zandt aus Grötzingen, welche Höltzlein aus seiner Grötzinger und Durlacher Zeit kannte.[45] Sie wurde am 11. Februar auf dem Friedhof des ehemaligen Klosters Weitenau begraben, weil ihr Schwiegersohn Adam Christoph Vollbracht von ihr dort Pfarrer war; auch zwei andere Töchter waren in der Landgrafschaft Sausenberg mit Staatsbeamten verheiratet. Alle diese Hinterbliebenen baten Höltzlein um die Beerdigung und die „Leichenpredigt", welche anschließend,

---

[43] Auf dem Titelblatt der Ausgabe von Scrivers Seelen-Schatz von 1738 (Schriftenverzeichnis Nr. 25 in Teil I dieser Arbeit, in: JBKRG, 8/9 (2014/2015), 2016, 325) heißt es: Fürstl. Marggraff-Baden-Durlachischer Kirchen-Rath, des Röttlischen Capituli Praeses, in denen Oberen Landen Scholarcha, und der Landgraffschafft Sausenburg und Herrschaft Röttlen Superintendent und Pfarrer zu Lörrach.

[44] Nach: Paul Rothmund, Streiflichter aus drei Jahrhunderten, Lörrach vom 16.–18. Jahrhundert, in: Loerrach. Landschaft, Geschichte, Kultur, hrsg. von der Stadt Lörrach, Lörrach 1983, 260 (nach Quellen im Staatsarchiv Basel).

[45] Anna Salome Bechtold geb. Zandt (1671–1733), Tochter des baden-durlachischen Rentkammerrat Jakob Christoph Zandt, Enkelin des Pfarrers Martin Biermann in Badenweiler. Ihr Ehemann war: Johann Hartmann Bechtold (†1710), 1698–1710 Pfarrer in Grötzingen, seit 1709 zugleich Hofdiakon auf der Augustenburg.

mit weiteren Beigaben versehen, im Druck erschien.[46] Anna Salome Bechtold hatte selbst Pfarrer unter ihren Vorfahren. Dies alles macht ein weiteres Mal deutlich, wie viele Verflechtungen zwischen baden-durlachischen Pfarrfamilien bestanden.

Dies zeigte sich auch in Höltzlein eigener Familie: Seine beiden Töchter wurden in den 1730er Jahren in Lörrach wiederum an Pfarrer verheiratet: Augusta Dorothea, 1714 in Denzlingen geboren, wo ihr Vater damals für ein Jahr Pfarrer war, ehelichte am 8. September 1733 in Lörrach den Tüllinger Pfarrer Matthias Wilhelm Tulla (1703–1763). Carolina Wilhelmina, 1718 in Grötzingen geboren, als ihr Vater Oberhofprediger des Stadtgründers von Karlsruhe, Markgraf Carl Wilhelm, war, ehelichte, vermutlich auch in der 1730er Jahren, den Denzlinger Pfarrer Heinrich Christoph Wagner († 1763).[47]

Trauerschrift zum Tod des Erbprinzen Friedrich 1732

Am 26. März 1732 starb in Karlsruhe Erbprinz Friedrich nach längerer Krankheit, der einzige Träger der Erbfolge in seiner Generation. Ihm widmeten zahlreiche Staatsdiener der Landgrafschaft Sausenburg und der Herrschaft Rötteln zusammen mit Höltzlein, und wohl auf dessen Initiative hin, eine Trauerschrift von gut 50 Seiten, zusammengesetzt aus vielen verschiedenen Textteilen. Sie ist ein interessantes Zeugnis für den Staatsapparat im absolutistischen Staat, mit einer Unzahl, nämlich fast 90 Namen der badischen-durlachischen Beamten in der Oberen Markgrafschaft. Vorwiegend handelt e sich um gereimte oder ungereimte, lateinische oder deutschsprachige Trauerverse im barocken Pathos jener Zeit und viel Eitelkeit erkennen lassend.

Es beginnt mit einem Widmungsblatt an die Eltern des Verstorbenen, Markgraf Carl Wilhelm und Markgräfin Magdalene Wilhelmine [2]; die 22 Jahre junge Witwe Anna Charlotte Amalien von Oranien wird nicht erwähnt, sie war allerdings seit der Geburt eines zweiten Sohnes im Januar desselben Jahres, nach dem inzwischen gut dreijährigen Carl Friedrich, nunmehr in fortgeschrittenem Stadium geisteskrank. Es folgt noch ein dreiseitiger Anredetext an das Fürstenpaar [3–5]. Die als Nächstes abgedruckte Predigt über den vom Erbprinzen selbst gewählten Text Phil 1,23 (Ich habe Lust aus der Welt zu scheiden und bei Christus zu sein), mit einer dreiseitigen „Einleitung", wurde „auf Fürstlichen Befehl in der Kirche zu Lörrach am Sonntag Cantate

---

[46] Unvergeßliches *Angedencken* einer hertzgeliebten Mutter, als der weyland hoch-edlen ... *Frauen Anna Salome Zandtin*, deß ... Herrn Johann Hartmann Bechtolds, gewesenen treu-eyfferigen Pfarrers zu Grötzingen seel[ig] nachgelassenen Wittib, bey ihrem Grab in dem Closter Weidnau [= Weitenau, Landgrafschaft Sausenberg]... den 28. Januarii ... 1733 seelig verschieden ... aufgerichtet von ihren hinterbliebenen Kindern u. Groß-Kindern (Leichenpredigt von Johann Lorentz Höltzlein), Carls-Ruh, Maschenbauer (31 S. 4°). Titelblatt-Rückseite: Widmung an die drei Schwiegersöhne und Töchter (dritte Tochter verheiratet mit dem Pfarrer von Weitenau: Adam Christoph Vollbracht, †1733 in Weitenau); 3–20. Leichenpredigt über Psalm 31,6; 20–23: Personalia = Lebenslauf der Verstorbenen; 24–25); Gedenken an Pfr. Bechtold und Ehefrau: 10 vierzeilige gereimte Strophen; 25–30: Abdankung an die „Leichenbegleiter" des Vetters Pfarrer Johann Dieterich Bohm zu Maulburg; Bohm (Bohemius), Johann Dietrich (1693–1768), 1716 Vikar in Durlach u. Pfarrer in Hohenwettersbach, 1717 Hofvikar u. Stadtvikar in Karlsruhe, seit 1725 Pfarrer in Maulburg (auch Landgrafschaft Sausenberg); (31) Epicedium (Verse) der moestissimi (= maestissimi) Nepotes (= Enkel, ohne Namen)

[47] Schließlich war deren Mutter Johanna Sophia geb. Moevius (1674–?), die Höltzlein am 18. Oktober 1712 geheiratet hatte, Witwe des mit 28 Jahren verstorbenen Pfarrers von Hagsfeld Martin Matthias Böckh (1673–1701) gewesen.

den 11ten My 1732" gehalten (2–15), einen Tag nach der Beisetzung in der alten Residenzstadt Pforzheim[48].

Den größten Teil der Druckschrift (17–51) bilden: das Einladungsblatt des Rötteler Pfarrkapitels unter seinem Präses Hölzlin zu einer von diesem veranstalteten öffentlichen Feier des Leichengedächtnisses (Ex[s]equiarum solemnia)[49] – deren Datum nicht genannt wird – , gerichtet an alle Bürger; die dabei von Johann Theophil Nuding[50], dem Prorektor des Lörracher Paedagogium[51], gehaltene lange Rede (21–39); die (vermutlich von Höltzlein verfassten Texte der dabei aufgeführten Trauermusik; und endlich zehn verschiedene Personengruppen mit ihren Trauerversen in dieser Reihenfolge (41–51): der Geheime Hofrat und Landvogt Ernst Friedrich Leutrum von Ertringen (1690–1760) mit seinem Landschreiber; das fürstliche Forstamt mit Leutrum und einem „Cassier-Rath"; die fürstlichen Bergwerk-Bediensteten mit Leutrum, einem Kammerrat und vier weiteren Beamten;

Abb. 7:
„Demüthiges Thränen-Opffer", Titelblatt, Karlsruhe 1732 (Badische Landesbibliothek)

„Fürstl. verrechnete Bediente" (sic, im Rechnungswesen tätige Beamte) mit acht Namen; das Capitulum Roetelanum mit Höltzlein als Präses und vier weiteren Pfarrern; Pfarrwitwenbetreuer (qui Pastorum viduis praesunt) mit Höltzlein als Inspektor und zwei weiteren Pfarrern; die „Sausenburgische Kirchen-Diener" mit Höltzlein als Superintendent und 21 weiteren; die Ecclesiarum Roetelanarum Ministres mit Höltzlein[52] als Superintendent und 20 wei-

---

[48] Vgl. das Trauergedicht der Durlacher Diözese: *Die freudenreiche Friedens- und Frühlingszeit, sollte bey desz ... Herrn Friedrichs, Marggraf- und Erb-Printzens zu Baden und Hachberg, ... den 26. Martii 1732 erfolgten ... Hintritt, und darauf den 10. May h.a. veranstalteten ... Einsenckung deroselben Hochfürstlichen Leichnams in die ... Krufft in der alten Residenz-Stadt Pforzheim zu ... Beizeigung wehmütigster Condolenz, zu erwägen vorlegen das Ministerium der Dioeces Durlach. Carls-Ruh: Maschenbauer (1732)* (2 Bl.).

[49] Bei solchen landesweit angeordneten und durchgeführten Trauerfeierlichkeiten war ein Lebenslauf des Verstorbenen zu verlesen, der als Druckschrift verteilt worden war: *Die Abbildung deß höchstrühmlichen, obschon sehr kurtzen Lebens, welches der weyland Durchlauchtigste Fürst und Herr, Herr Friderich, Marggraf und Erb-Printz zu Baden und Hachberg ... durch einen höchst-seligen Hintritt mit der ewigen Freude verwechselt. Carls-Ruh: Maschenbauer 1732* (26 S.).

[50] Siehe Anhang.

[51] An der später Hebel-Gymnasium genannten humanistischen Schule unterrichtete 1783–1791 Johann Peter Hebel als Präzeptorratsvikar.

[52] Höltzleins Name taucht im Band insgesamt sechsmal auf.

teren; die Moderatores Paedagogii Loerracensis cum cuiusque classis Discipulis mit Johann Theophil Nuding als Prorektor, zwei Kollegen und insgesamt 27 Schülern der Klassen 1–3, überwiegend Pfarrerssöhnen; und endlich fünf Candidati ministerii. – Auffallend ist das Übergewicht der kirchlichen Staatsdiener.

Die letzten Lebensjahre in Lörrach

Sechs Jahre nach dem Erbprinzen starb am 12. Mai 1738 sein Vater, der regierende Markgraf Carl Wilhelm, Stadtgründer Karlsruhes. Wiederum gab es auch in Lörrach, wie in anderen Landesteilen der Markgrafschaft, zwei Monate später Trauerfeierlichkeiten: Am 13. Juli fand zunächst eine Trauerzeremonie in der Landvogtei statt, danach zog eine Prozession zur Trauerfeier in die Kirche, in der Höltzlein wieder die Predigt[53] hielt. Am 15. August folgte in Lörrach die Erbhuldigung vor dem vormundschaftlichen Regenten, dem noch nicht 20 Jahre alten Markgraf Carl August (1712–1786).[54]

Dass Höltzlein auch ein knappes Jahr vor seinem Tod noch einen Text von sich hat drucken lassen, zeigt seine vom 21. Juni 1738 datierte vierseitige Vorrede in einem Folioband, dessen Auffinden sensationell anmutet, weil er sonst nirgends nachweisbar ist als im Dreiländermuseum Lörrach: M. Christian Scrivers ... Seelen-Schatz ... Nebst einer Neuen Vorrede Herrn Joh. Laurentii Hoeltzleins, Fürstl. Marggraff-Baaden-Durlachischen Kirchen-Raths, des Röttlischen Capituli Praesidis, in denen Oberen Landen Scholarchae, und der Landgraffschafft Sausenburg und Herrschaft Röttlen Superintendenten, und Pfarrer zu Lörrach. Basel MDCCXXX-VIII, gedruckts u. verlegt bey Johannes Pistorius (16 ungez. Bl., 897 S., 8 ungez. Bl., 4°). Höltzlein empfiehlt in seiner Vorrede Scrivers[55] vielfach gedruckte Sammlung

Abb. 8:
„Seelen-Schatz" von Christian Scriver, Titelblatt, Basel 1738 (Dreiländermuseum Lörrach)

---

[53] Vermutlich nicht im Druck erschienen.
[54] Rothmund, in: Loerrach, 1983 (wie Anm. 44), 270, nach dem handschriftlichen Bericht des Landvogts Leutrum in: GLA KA 65/564
[55] Christian Scriver (1629–1693), mit seinem „Seelen-Schatz" (Erstausgabe 1675–92) einer der bedeutenden Erbauungsschriftsteller seiner Zeit; verfasste auch geistliche Lieder (*Der lieben Sonne Licht*

von Wochenpredigten nicht nur dem frommen Leser, sondern auch dem sich aufs Pfarramt vorbereitenden Kandidaten.

Der Fund ist deshalb überraschend, weil es eine genau gleiche Ausgabe von Scrivers Seelen-Schatz, allerdings in Folioformat, mit einem „neuen Vorwort" des Basler Magisters an St. Peter Theodor Burckhardt gibt, die mehrfach nachweisbar ist.

Am 10. April 1739 starb Johann Laurentius Höltzlein gegen Ende seines 53. Lebensjahres in Lörrach. Näheres ist nicht bekannt.

Würdigung

Johann Laurentius Höltzlin war ein barocker Theologe und Prediger, ausschweifend, formbewusst, eitel. Er ist dem orthodoxen Luthertum zuzuordnen. Dies schloss durchaus konfessionelle Abgrenzungen ein, vor allem vom „Papismus".

Über die Gründe für seine Berufung zum Hofprediger 1717 und damit über seine Qualitäten äußerte sich sein Biograph Johann Kaspar Malsch 1722: Er sei berufen worden „wegen seines bekannten Scharfsinns, seines einzigartigen Eifers und seines Durchblicks in Kirchensachen" – *Quippe cognita illius anchinoia in rebus Ecclesiasticis ac sacris prom[p]titudine singulari ac perspicientia, Serenissimus noster eundem in aulam suam accersivit* [arcessivit]. Malsch zählt zugleich Höltzleins viele damit verbundene Ämter auf: *auctum munere Ecclesiastae Aulae primarii, Confessarii, Consiliarii Ecclesiastici, itemque Scholarchae, ac paulo post, translata sede regiminis, in C[aroli] Hesycheo Pastoris metropolitani.*

Höltzlein war ebenso ein barocker Schriftsteller, wie seine vielen literarischen Texte für die Gottesdienstmusiken während seiner Hofpredigerjahre zeigen.

Über Höltzleins vielfache Aufgaben und sein weitgefächertes, schweres Amt als Pforzheimer Spezialsuperintendent während gut zwei Jahren schreibt Malsch gegen Ende der Historia vitae: Er habe fünf Superintendenten und über 40 Pfarrer eingeführt (*ab ipso inauguratos Superintendentes quinque, pastores ultra quadraginta*), vier öffentliche Vorträge gehalten, bei elf Disputationen den Vorsitz geführt, Programme und Reden verfasst, drei in der heimischen Sprache, vier in Latein, dazu Sprüche und Inschriften in Stein. Die feierliche Einweihung der im Orleanschen Krieg 1689 durch Brand zerstörten, nun wieder aufgebauten Pforzheimer Stadtkirche am 23. November 1721 habe er organisiert und dabei gepredigt. Seit ihrer Einweihung der Karlsruher Hofkapelle am 31. Okt. 1717) habe er weiterhin täglich die die dortigen Gottesdienste mit eigenen Hymnen gestaltet, von ihm selbst auf höchsten Befehl zusammengestellt (*Hymnis ejusdem, compositis ab ipso jussu Serenissimi, personat quotidie sacellum aulicum*). Das bekannte Pforzheimer Waisenhaus (*illustre Orphanodocheum*) habe er initiiert und am 1. Mai 1718 eingeweiht (es war zugleich ein Haus zur Unterbringung von Armen, Geisteskranken und Sträflingen – „Waisenhaus, wie auch Toll- und Krankenhaus zu Pfortzheim, ingleichen Zucht- und Arbeitshaus daselbst"). Er habe die Pfarrwitwenkasse (*fiscus Ecclesiasticus, unde viduis Pastorum succurreretur*) eingerichtet (1721). Unter seinem Einfluss und mit seinem Rat sei auch das Athenäum genannte Karlsruher Gymnasium illustre vom Fürsten geschaffen worden (*ejus quoque*

---

und Pracht, Evang. Gesangbuch 479). Mit Philipp Jakob Spener befreundet, war Scriver einer der Wegbereiter des Pietismus.

auctoritate suasuque hoc ipsum nostrum Athenaeum, unde haec scribo [Malschius], *ab Serenisssimo Principe institutum, curae sollicitudinique meae commendatum est* – welches nunmehr meiner, also Malschs Aufsicht und Fürsorge anvertraut ist). – Abschließend kommt Malsch auf Höltzleins Predigten (*conciones*) und die Homiletik bei den Pfarramtskandidaten sprechen, was in der Oberen Markgrafschaft (*per Marchiam superiorem*) in der Herrschaft Sausenberg fortwirken solle (*in Ephoriam Sausenberggensem* [sic] *transferretur*).

Als Superintendent, in Pforzheim wie in Südbaden, veranstaltete und präsidierte Höltzlein Disputationen jüngerer Geistlicher zu systemtisch-theologischen Fragen sowie Pfarrkonvente („Synoden", Kollegien) zur Fortbildung der ihm zugeordneten Pfarrer, unter Einbeziehung von Pfarramtskandidaten, wiederum oft mit dem Schwerpunkt Homiletik.

In der Mitte von Höltzleins Wirkens stand also die Predigt, neben der Gottesdienstpredigt ebenso die Kasualpredigt, und die homiletische Fortbildung.

Anhang

In Höltzlins Schriften erwähnte baden-durlachische bzw. in der Markgrafschaft amtierende Theologen, besonders wichtige Namen kursiv, sowie weitere Personen in eckigen Klammern – Auswahl: (in runden Klammern die Nummern des Schriftenverzeichnisses) [56]

Bechtold, Anna Salome geb. Zandt (1671–1733), vermutlich entweder eine Tochter des Pfarrers Johann Erhard Zandt (1642–1696, in Emmendingen, dann Berghausen) oder eine Schwester des Pfarrers D. Jakob Christoph Zandt (1683–1748, 1710 Hofdiakon auf Schloss Augustenburg, 1712 Diakon u. Professor am Gymnasium illustre in Durlach) (24)

Bechtold, Johann Hartmann († 1710), 1698–1710 Pfarrer in Grötzingen, seit 1709 zugleich Hofdiakon auf der Augustenburg (24)

Bergmann, Georg Philipp († 1734 an Fleckfieber), 1708 Archidiakon in Pforzheim, 1719 Pfarrer und Superintendent in Auggen, 1722 wieder in Pforzheim (7)

[Boch, Philipp Jakob (†1741), 1714 Hofdiakon in Durlach, 1717 Stadtvikar in Karlsruhe, 1718–1741 Pfarrer in Dinglingen]

Böckh, Martin Matthias (1673–1701), Pfarrer in Hagsfeld (16)

Bohm (Bohemius), Johann Dietrich (1693–1768), 1716 Vikar in Durlach u. Pfarrer in Hohenwettersbach, 1717 Hofvikar u. Stadtvikar in Karlsruhe, seit 1725 Pfarrer in Maulburg (23)

Bür(c)klin, Philipp Jakob (1692–1760; jüngerer Bruder des Geh. Sekretärs Carl Wilhelms: Johann Ernst B.), geb. in Straßburg, 1717 Pfarrer in Grötzingen u. Hofprediger der Markgräfin-Witwe Augusta Maria, darin Nachfolger Höltzlins; Reisebegleiter des Erbprinzen Friedrich; weiterer Aufstieg in Durlach, 1724 Rektor des Gymnasiums in Karlsruhe u. Kirchenrat (1734 Leichenrede auf Carl Wilhelm), 1735 1. Pfarrer u. Superintendent in Pforzheim, 1742 wieder in Durlach (2)

---

[56] In Teil I: JBKRG, Doppelband 8/9 (2014/2015), 2016, 333–335. – Unentbehrlich für die biographischen Angaben ist das badische Pfarrerbuch von NEU von 1939. Nach den hier ausgewerteten Originaldrucken wurden Neus Angaben bisweilen geändert.

[Crüger, Franz Rudolf (1666–1741), seit 1722 als Oberhofprediger Nachfolger Höltzlins, Kirchenrat u. Superintendent in Karlsruhe]

Dietz, Johann Georg (1667–1737), 1710–1715 Oberhofprediger in Durlach, 1716–1723 Pfarrer u. Superintendent in Emmendingen (8) (hat 1718 „tägliche Musicalische Morgen-Andachten" hrsg., 175 S.)

[Eichrodt, Johann Andreas (um 1690 – 1737), Leibarzt des Markgrafen]

Eisenlohr, Johann Jakob (1655–1736), geb. in Reutlingen, 1702–1736 in Durlach als Stadtpfarrer, Professor, Kirchenrat Superintendent; Ahnherr einer großen bad. Pfarrerdynastie (1)

Fecht, Johann (1636–1716), bekannter theol. Schriftsteller, während des Studiums befreundet mit Spener, später dessen scharfer Gegner; 1666 in Denzingen, 1667 Hofvikar u. Professor in Durlach, dann Kirchenrat u. 1669 Oberhofprediger, Theologieprofessor u. Superintendent, seit 1690 Professor in Rostock – insofern war Hölzlin fast 50 Jahre später in mehrfacher Hinsicht Nachfolger von Fecht und blieb wie dieser nur kurz in Denzlingen (2) (10)

Förtsch, Johann Michael (1654–1724), 1681 Hofprediger u. Professor in Durlach, 1689 Hofprediger des Markgrafen Friedrich Magnus in Basel (8)

Haff, Johann Melchior (1679–1752), 1718 Informator in Karlsruhe, 1719–1752 Pfarrer in Hügelsheim (6)

Ihringer, Johann Friedrich (1684–1742), 1715 Praeceptor primarius und Diakon in Lörrach, 1718 Pfarrer in Wittlingen (19) (23)

[Käfer, Johann Philipp (um 1660 – nach 1730), 1715–722 Komponist und Hofkapellmeister in Karlsruhe (5)]

Körner (auch Kerner), Johann (Raphael) Japhet (1688–1734), 1715 Hofidakon in Durlach, 1718 Hofprediger u. Stadtpfarrer in Karlsruhe, zugl. Wirkl. Geh. Rat u. Assessor consistorii, 1732 in Ungnade nach Auggen strafversetzt (23)

Krüger: siehe Crüger

Kümmich (nicht: Kimmich), Johann Wilhelm (1695–1742), geb. in Durlach, u. a. seit 1720 Pfarrer in Niefern, seit 1729 in Kirchen (10) (23)

Malsch, Johann Kaspar (1674–1742), 1715 Prorektor des Gymnasiums in Durlach; 1722 Professor, ab 1735 Rektor am Gymnasium Athenaeum in Karlsruhe (16)

Maurer, Johann Laurentius (1690–1757), 1719 Pfarrer am Spital u. Waisenhaus in Pforzheim, 1720–1728 Confessarius der Markgräfin Augusta Maria auf Schloss Augustenburg, seit 1725 zugl. Pfarrer von Grötzingen, 1729 Pfarrer in Kandern, 1735 in Stein, 1745 1. Pfarrer u. Spezial in Pforzheim (23)

Mauritii, Christoph († 1731), 1720 Pfarrer in Pforzheim, 1724 Pfarrer in Lörrach.

[Molter, Johann Melchior (1696–1765), 1717 Geiger in Karlsruhe, 1719–1721 Italienreise, 23.11.1721 Kantor in Pforzheim?]

Nuding, Johannes Theophilus (1686–1742), 1710 Präzeptor u. 1718 Prorektor in Pforzheim, 1721 Pfarrer in Remchingen, 1728 Prorektor in Lörrach, 1737 Pfarrer in Ihringen (23)

Rabus, Johann Philipp (geb. in Durlach, Jahr nicht ermittelt, † 1734 am Fleckfieber), 1720 Vikar in Karlsruhe, 1721 Subdiakon in Pforzheim, 1722 Pfarrer am Spital- und Waisenhaus in Pforzheim, 1724 in Langenalb, 1731 Rektor in Pforzheim (8) (9) – Nicht erwähnt wird bei Hölzlin seltsamerweise dessen Vater: Christian Heinrich Rabus (1669–1716), geb. in Durlach, 1691 Rektor in Durlach, 1695 Hofdiakon u. 1700 Hofprediger der Markgräfin Augusta Maria, 1705 Pfarrer u. Superintendent in Emmendingen; Herausgeber eines Gesang- u. Gebetbuchs (1697) und einer Bibelausgabe (1698) – vgl. Udo Wennemuth, Die Hofprediger am badischen Hof. Eine Annäherung, in: *Jahrbuch für bad. Kirchen- u. Religionsgeschichte / JBKRG* 6 (2012), 109–124, hier 113f.

Resch, Friedrich Wilhelm († 1758), geb. in Durlach, 1711 Hofdiakon auf Schloss Augustenburg bei Grötzingen, 1711–1742 Pfarrer in Mappach (23)

[Schmauß, Johann Jakob (1690–1757), Jurist, Historiker]
Seufert, Johann Heinrich (1684–1744), seit 1719 Archidiakon in Pforzheim (8) (14)
[Trost, Johann Baptist Matthias (1668–1727), als kath. Priester 1717 konvertiert, seit ca. Aug. 1721 bis 1727 Pfarrer in Betberg]
Tulla, Matthias Wilhelm (1703–1763), 1732 „Adjunctus zu Feldberg" (Schwiegersohn von Hölzlin?) (23)
Vetterlin, Johann Bernhard (1696–1756), 1721 Pfarrer in Karlsruhe, seit 1724 an verschiedenen Orten (11)
Weininger (sic, Höltzlin: Weinniger), Konrad Burkhard (1676–1724), 1706 Hofdiakon in Durlach, 1709 erster Pfarrer in Pforzheim, 1717 Pfarrer in Lörrach u. Superintendent der Herrschaft Röttlen (18)
(Zandt, Jakob Christoph Zandt (1683–1748), 1710 Hofdiakon auf Schloss Augustenburg, 1712 Diakon u. Professor am Gymnasium illustre in Durlach – siehe Anna Bechtold)
(Zandt, Johann Erhard (1642–1696), Pfarrer, in Emmendingen, dann Berghausen – siehe Anna Bechtold)

Zahlreiche Namen benennen Geistliche, mit denen oder mit deren Tätigkeit und Wirkungsorten Höltzlin in besonderer Beziehung stand; elf Genannte waren wie Höltzlin Hofprediger oder Hofdiakone; häufige Bezüge gibt es zu Höltzlins eigenen Wirkungsorten Grötzingen/Augustenburg, Durlach, Karlsruhe, Pforzheim, Auggen und Lörrach.

Besonders hervorgehoben seien folgende Personen (oben kursiv, in alphabetischer Reihenfolge):

Bürklin: (6 Jahre jüngerer) Bruder des Geheimsekretärs Carl Wilhelms, Pfarrer in Grötzingen und Hofprediger der Markgräfin-Witwe Augusta Maria auf Augustenburg, Reisebegleiter des Erbprinzen Friedrich, Rektor in Karlsruhe, Pforzheim und Durlach; Höltzlins Mitdisputant (2)
Eisenlohr (31 Jahre älter): mit Höltzlin gleichzeitig Stadtpfarrer, Professor, Kirchenrat und Superintendent in Durlach
Fecht (50 Jahre älter): fast 50 Jahre früher Vorgänger in mehrfacher Hinsicht
Körner (2 Jahre jünger): mit Höltzlin gleichzeitig Hofprediger und Stadtpfarrer in Karlsruhe, Nachfolger in Auggen
Rabus (? Jahre jünger): Nachfolger Höltzlins als Waisenhauspfarrer und als Rektor in Pforzheim; Höltzlins zweifacher Mitdisputant (8, 9)
Weininger (10 Jahre älter): Vorgänger Höltzlins in Pforzheim als erster Stadtpfarrer und in Lörrach/Röttlen als Pfarrer und Superintendent

Insgesamt werden sechs verschiedene Mitdisputanten Höltzlins benannt und vier Mitprediger.

Auffallenderweise fehlt eine Erwähnung des Konvertiten (1717) Johan Baptist Matthias Trost (1678–1737), obwohl (oder weil?) dieser vermutlich in Höltzlins „Karriere" eine negative Rolle gespielt hat.

Auffallend sind weiterhin häufige jüdische bzw. alttestamentliche (Zweit-)Vornamen: Salome, Henoch, Samuel, Gerson, Isaak, Elias, Raphael, Japhet; dazu zählen kann man auch, obwohl nicht so selten wie die anderen vorkommend: Adam, David, Immanuel, Josef, Jakob.

Ein ekklesiologischer Vergleich von Friedrich Wilhelm Hitzigs „Katechismus der christlichen Religionslehre" und Johann Peter Hebels „Christlichem Katechismus"[1]

Johanna Pähler

1 Einleitung

Mit der Kirchenunion von 1821 wurden im Großherzogtum Baden die zuvor eigenständige reformierte Kirche, deren Hauptgebiet in der vormaligen Kurpfalz lag, und die lutherische Kirche, deren meiste Kirchenglieder in Altbaden lebten, zu einer neuen protestantisch-evangelischen Kirche vereinigt.[2] Auf der Unionssynode gelang es, alle wichtigen Entschlüsse zu treffen, die für eine Vereinigung der Konfessionen notwendig waren.[3] Eine Frage blieb allerdings offen: Die Entscheidung über den neuen, gemeinsamen Katechismus der unierten Kirche, da der von Friedrich Wilhelm Hitzig erarbeitete Entwurf zwar diskutiert, in der vorgelegten Form aber abgelehnt worden war.[4] In der Zeit nach der Unionssynode entstand außerdem ein weiterer Katechismus:[5] Der Prälat Johann Peter Hebel, der ein enger Freund Hitzigs war und als Revisor für dessen Katechismusentwurf wirkte, schrieb ebenfalls ein Unterrichtsbuch für die unierte Kirche.[6]

Im vorliegenden Artikel sollen die Katechismen von Hitzig und Hebel daraufhin verglichen werden, welche Kirchenlehre in ihnen entfaltet wird. Welche Schwerpunkte setzen beide Katechismen bei der Behandlung ekklesiologischer Themen? Und welche pädagogischen Ziele verfolgten die Autoren mit ihren Werken? Dafür sollen

---

[1] Dieser Artikel wurde in einer früheren Fassung bei Professor Dr. Johannes Ehmann, Universität Heidelberg, als Hausarbeit eingereicht. Ich danke Herrn Professor Ehmann vielmals für seine Unterstützung und die Ermutigung, die Hausarbeit für eine Publikation einzureichen.

[2] Zur Unionssynode von 1821 siehe Gustav Adolf Benrath, Die Entstehung der vereinigten evangelisch-protestantischen Landeskirche in Baden (1821), in: Vereinigte Evangelische Landeskirche in Baden, 1821–1971. Dokumente und Aufsätze, hrsg. von Hermann Erbacher, Karlsruhe ²1971, 49–113, hier 87–110.

[3] Ebd., 112.

[4] Friedrich Wilhelm Hitzig, Katechismus der christlichen Religionslehre, Basel 1825; Johannes Ehmann, Die badischen Unionskatechismen. Vorgeschichte und Geschichte vom 16. bis 20. Jahrhundert, Stuttgart 2013, 231–232.

[5] Zum Zeitpunkt der Entstehung des Katechismus und zu der Frage, warum Hebel überhaupt einen eigenen Katechismusentwurf verfasste, ihn aber nicht selbst veröffentlichte, siehe ebd., 249–250; 253.

[6] Benrath, Entstehung (wie Anm. 2), 81; 90; Ehmann, Unionskatechismen (wie Anm.4), 241–242; der Katechismus ist abgedruckt in: Johann Peter Hebel, Liturgische und andere Beiträge nebst Katechismus. Johann Peter Hebels sämmtliche Werke 7, Carlsruhe 1838, 117–226; erstmals wurde der Katechismus 1828 in Karlsruhe herausgegeben unter dem Titel „Christlicher Katechismus von Hebel. Aus dessen hinterlassenen Papieren herausgegeben", so Ehmann, Unionskatechismen (wie Anm. 4), 249.

zunächst die beiden Katechismen getrennt auf die in ihnen vermittelte Ekklesiologie untersucht werden. Anschließend sollen die beiden Werke miteinander verglichen und schließlich ein zusammenfassendes Fazit gezogen werden.[7]

2 Die Ekklesiologie in Hitzigs „Katechismus der christlichen Religionslehre"

2.1 Die Verortung der Ekklesiologie im Katechismus

Hitzigs Katechismus ist in der Form von Frage und Antwort aufgebaut. Am Ende der Unterabschnitte stehen zusätzlich jeweils „Anwendungen", in denen der Leser Hinweise erhält, wie das Gelernte auf sein eigenes Leben zu übertragen ist.

Der Katechismus gliedert sich in zwei große Teile, die Christliche Glaubenslehre (Fr. A 1–218) und die Christliche Pflichtenlehre (Fr. B 1–270). Nach einer Einleitung (Fr. A 1–21), folgen in der Glaubenslehre *I. Artikel. Von Gott* (Fr. A 22–83), *II. Artikel. Von Jesu Christo dem Erlöser der Menschen* (Fr. A 84–124) und *III. Artikel. Von der Heiligung* (Fr. A 125–218). Die Verortung des Abschnittes *Von der christlichen Kirche* (Fr. A 150–157) im Artikel zur Heiligung ist folgerichtig, da sich Hitzig im Aufbau der Glaubenslehre am Apostolicum orientiert (Fr. A 20–21). Den zweiten Hauptteil seines Katechismus, die Pflichtenlehre, unterteilt Hitzig in drei große Abschnitte, *I. Pflichten gegen Gott* – *II. Pflichten gegen uns selbst* – *III. Pflichten gegen andere Menschen*, darauf folgt ein Anhang mit *Hülfs- und Beförderungsmittel*[n] *der christlichen Frömmigkeit*.

Welche Teile von Hitzigs Katechismus der Ekklesiologie zuzuordnen sind, ist nicht eindeutig zu bestimmen. Sicher gehören hierzu die Fragen A 150–157 mit der Überschrift *Von der christlichen Kirche*. Aufgrund der unmittelbaren Relevanz für kirchliche Vollzüge und um die Vergleichbarkeit mit Hebels Katechismus sicherzustellen, werden im vorliegenden Artikel aus der Glaubenslehre auch die darauf folgenden Abschnitte *Christliches Lehramt* (Fr. A 158–161) und *Sacramente, Taufe und heil. Abendmahl* (Fr. A 162–188) untersucht. In der Pflichtenlehre greift Hitzig darüber hinaus erneut ekklesiologische Themen auf. So werden im Abschnitt zu *Pflichten gegen andere Menschen* die *Pflichten der Lehrer und Zuhörer* (Fr. B 263–264) erörtert, die sich auf das kirchliche Lehramt beziehen. Unter den *Hülfs- und Beförderungsmittel*[n] *der christlichen Frömmigkeit* werden die Sakramente (Fr. B 267–268) erneut behandelt. Auch diese Abschnitte sollen daher hier berücksichtigt werden.

Die Verortung der Ekklesiologie in Glaubens- und Pflichtenlehre macht bereits deutlich, dass für Hitzig die Heiligung eine wichtige Rolle für das kirchliche Leben spielt. Die Kirche ist der Ort, wo der erlöste Christ mit Hilfe des Heiligen Geistes ein Leben nach Gottes Willen lebt.

---

[7] Die Abendmahlslehre wird hier nicht behandelt, da beide Autoren die Fragen der auf der Unionssynode beschlossenen Abendmahlskonkordie übernehmen, die entsprechenden Texte also nicht selbst verfassten, siehe Ehmann, Unionskatechismen (wie Anm. 4), 247; 255. Für nähere Informationen zu Entstehung und Theologie von Hitzigs Katechismus siehe ebd., 239–249. Zu Hebels Katechismus siehe ebd., 249–256.

2.2 Inhaltliche Analyse der Ekklesiologie in Hitzigs Katechismus

2.2.1 Von der christlichen Kirche (Fr. A 150–157)

Zunächst beleuchtet Hitzig das Verhältnis zwischen der einen Kirche und den verschiedenen Konfessionskirchen (Fr. A 150–152). Hitzig betont, dass es nur eine Kirche gibt, die aus all denjenigen Menschen besteht, die Jesus Christus als ihrem Haupt angehören. Dieser einen Kirche stellt Hitzig die verschiedenen Konfessionskirchen gegenüber, die sich in ihren *Lehrmeinungen* und ihren *Gebräuche*[n] *und Einrichtungen* (Fr. A 152) unterscheiden und die der eigentlichen Einheit der Kirche in gewisser Weise entgegenstehen.

Bezugnehmend auf das Oberthema des III. Artikels bestimmt Hitzig danach die Heiligkeit als Merkmal der Kirche (Fr. A 153–154), das sich aus der Heiligkeit ihres Stifters Jesus ableite. Die Heiligkeit der Kirche erweise sich darin, dass sie ihre Mitglieder zu einem gottgefälligen Leben führe. Hitzig bestimmt die Kirche also als *corpus permixtum*, da nur ein Teil der *Bekenner* (Fr. A 153) die *Gemeine der Heiligen* (Fr. A 154) bildet, in der *der heilige Geist der Wahrheit und der Liebe herrscht* (Fr. A 154).[8] Wichtiger als die Unterscheidung zwischen den verschiedenen Konfessionen, die rein äußerlich ist („Gesellschaften", Fr. A 152), ist damit die Zugehörigkeit zur wahren Kirche.

In einem dritten Schritt führt Hitzig in Fr. A 155–156 die Gedanken aus Fr. A 150–152 und Fr. A 153–154 zusammen und zieht daraus Schlussfolgerungen: Die Rechtfertigung der einzelnen Konfessionen leitet sich nur daraus ab, inwiefern sie sich an Gott orientieren anstatt menschlicher *Willkühr* (Fr. A 155) zu folgen. Die äußerlich sichtbare Unterscheidung durch *Gebräuche* (Fr. A 152) wird damit relativiert. Die Christen haben gegenüber ihrer jeweiligen Konfession die Aufgabe, mit Gottes Hilfe die Wahrheit immer deutlicher zu erkennen und zu beherzigen. Für Hitzig bedeutet damit ein christliches Leben stetes Streben nach Vervollkommnung.

Fr. A 157 beendet das Kapitel, indem erneut auf Jesus Christus als das Oberhaupt der Kirche zurückverwiesen wird, der sowohl ihre Einheit (vgl. Fr. A 151) als auch ihre Heiligkeit (vgl. Fr. A 153) verbürgt und ihre Sicherheit gewährleistet. Hitzig fundiert diese Konzeption biblisch mit seiner Charakterisierung Christi als Hirte, Bischof und Eckstein (Fr. A 157).

An die Fragen und Antworten schließen sich fünf Punkte unter der Überschrift *Anwendung und Lehren* an, die den Leser dazu anregen möchten, das Gelernte auf sein Leben zu übertragen. Einen neuen Gesichtspunkt bietet darin Punkt 2, der Fr. A 155 und 156 aufgreift und sie auf die Reformatoren anwendet, die dazu beitrugen, dass die *Wahrheit wieder heller scheinen konnte*, und den Gläubigen die *Bibel wieder in die Hände gaben*. Während im Haupttext der Fragen und Antworten damit keine Wesensbestimmung speziell der evangelischen Kirche zu finden ist, zeigt Hitzig hier, inwiefern seiner Meinung nach seine eigene Kirche Anteil an der *Gemeine der Heiligen* (Fr. A 154) habe. In diesen Bestimmungen steckt implizit auch eine Distanzierung zur römisch-katholischen Kirche, gegen die der Protestantismus die erwähnten Bestimmungen erneut durchgesetzt habe. Mit dem Hinweis in Punkt 5, Jesus brauche keinen Stellvertreter, findet hier auch eine beiläufige Abgrenzung ohne Polemik von

---

[8] Zum Konzept der Kirche als *corpus permixtum* siehe Rochus Leonhardt, Grundinformation Dogmatik, Göttingen ⁴2009, 367.

der römisch-katholischen Kirche statt. Gleichzeitig findet auch hier keine einseitige Bevorteilung der protestantischen Kirche statt, indem Punkt 4 daran erinnert, dass dem Menschen nicht erkennbar ist, wer zur unsichtbaren Kirche gehört, womit Hitzig zu Toleranz aufruft. Hitzig zielt in diesem Abschnitt darauf ab, bei seinen Lesern eine Identität als tolerante evangelische Christen zu bilden. Obwohl Hitzig, wie aus dem Titel des Katechismus ersichtlich, sich nicht konfessionell binden möchte, gibt er durch die sekundäre Gewichtung der organisierten Kirchen und die Betonung der Unmittelbarkeit der Kirche gegenüber Christus eine protestantische Kirchenlehre.[9] Auf gemeinsames christliches Erbe greift er allerdings zurück, indem er sich auf das Nicaeno-Constantinopolitanum beruft und in den Fragen A 150–152 das Attribut der Einheit betont, in den Fragen A 153–154 das Attribut der Heiligkeit. Das Kennzeichen der Katholizität ist dadurch gegeben, dass der christliche Glaube nicht an den Lehren einer bestimmten Konfession festgemacht wird (Fr. A 155).[10] Auf etwaige Unterscheidungen innerhalb der protestantischen Konfessionen geht er, entsprechend dem Verwendungszweck seines Werkes, nicht ein.

Nachdem Hitzig das Wesen der Kirche bestimmt hat, geht er dazu über, zu beschreiben, wie diese Kirche im Leben der Gläubigen wirkt. Er behandelt entsprechend der Reihenfolge der Begriffe in Fr. A 158 zuerst das Lehramt und wendet sich dann in Fr. A 162 den Sakramenten zu.

2.2.2 Das Christliche Lehramt (Fr. A 158–161 und Fr. B 263–264)
Als direkt durch Jesus eingesetzt zur *Ausbreitung und Erhaltung der christlichen Kirche* bestimmt Hitzig in Fr. A 158 Lehramt und Sakramente. Das Lehramt steht in Kontinuität zu den Anfängen, als Jesus Lehrer und Apostel zur Verbreitung seines Evangeliums bestimmte (Fr. A 159). Über das Lehramt führt Hitzig damit das Kennzeichen der Apostolizität in seine Kirchenlehre ein, so dass (zusammen mit dem Abschnitt zur allgemeinen Kirchenlehre) alle Bestimmungen des Nicaeno-Constantinopolitanum in seiner Kirchenlehre übernommen sind.[11] Sowohl durch dieses frühe gemeinsame Bekenntnis als auch durch das gemeinsame Lehramt ist die weitere Gemeinschaft der Konfessionen in der „christlichen Kirche" gewährleistet.[12] Die Frage, wie genau die Weitergabe des Lehramtes geschieht, lässt Hitzig offen, sodass er sich nicht klar von der römisch-katholischen Kirche abgrenzt.[13] Als Aufgaben des Lehrers zählt Hitzig in Fr. A 159 *Unterricht, sittliche Bildung* und *Zucht* auf. Damit nimmt Hitzigs Lehrer auch Aufgaben wahr, die in reformierten Gemeinden eher den Ältesten zukommen.[14] Auf eine ausführliche Ämterlehre mit mehreren Ämtern verzichtet Hitzig und ver-

---

[9] Ebd., 365.
[10] Zu den Kennzeichen der Kirche im Nicaeno-Constantinopolitanum siehe ebd., 359.
[11] Ebd., 359.
[12] Wolf-Dieter Hauschild, Art. Nicäno-Konstantinopolitanisches Glaubensbekenntnis, in: Theologische Realenzyklopädie, hrsg. von Horst Robert Balz u.a., Bd. 24 (Berlin/New York 1994), 444–456, online verfügbar unter: <http://www.degruyter.com/view/TRE/TRE.24_444_34> (08.04.2016), hier 454.
[13] Friedrich Mildenberger, Art. Apostel / Apostolat / Apostolizität. III. Systematisch-theologisch, in: Theologische Realenzyklopädie, hrsg. von Horst Robert Balz u.a., Bd. 3 (Berlin/New York 1995), 466–477, online verfügbar unter <http://www.degruyter.com/view/TRE/TRE.03_430_1?pi=0&moduleId=common-word-wheel&dbJumpTo=apostel> (08.04.2016), hier 472.
[14] Eddy van der Borght, Reformed Ecclesiology, in: The Routledge Companion to the Christian Church, hrsg. von Gerard Mannion und Lewis Mudge, London/New York 2008, 187–201, hier 189.

meidet damit ein zwischen den reformatorischen Konfessionen strittiges Thema. Im Vordergrund stehen die Funktionen des Amtes für das kirchliche Leben.

Während in den Fr. A 158 und 159 die Grundlagen des Lehramtes erörtert werden, stehen in Fr. A 160–161, aber auch schon in Fr. A 159, sowie in der auf die Fragen folgenden *Anwendung* für Hitzig die praktischen und auf die Leser bezogenen Implikationen des Lehramtes im Vordergrund. Primäre Empfänger des Handelns der Lehrer sind Jugendliche, die durch *Unterricht, Warnung, Ermahnung* und *Trost* entsprechend dem Evangelium zu *guten Menschen und wahren Christen* (Fr. A 160) werden sollen. In den Anmerkungen wird darum den Lernenden besonders ans Herz gelegt, dankbar von dem Unterricht zu profitieren und folgsam gegenüber dem Lehrer zu sein. Doch nicht nur den Schülern sondern auch den Lehrern wird in Fr. A 161 das angemessene Verhalten als christliches Verhalten der Liebe geschildert, durch das sie die Schüler „überzeugen" sollen, statt Zwang auf sie auszuüben. Hitzig zielt also mit seiner Darstellung des Lehramtes zwar auf ein Verständnis der Wichtigkeit und Ziele dieser Institution ab, möchte aber gleichzeitig darauf hinwirken, dass diese auch zur Erreichung ihrer Ziele beitragen kann.

Dieses Anliegen greift Hitzig außerdem noch einmal in seiner Pflichtenlehre in den Fr. B 263–264 im Abschnitt *Kirchliches Verhältniß* auf. Die Lehrer werden darin ermahnt, sowohl ihre fachlichen Kenntnisse ständig zu erweitern als auch den Schülern das *Beispiel eines frommen Sinnes und Wandels zu geben* (Fr. B 263). Sie sollen sich um eine gute Erfüllung ihrer Aufgaben bemühen, die darin bestehen, *Gottes Wort rein und lauter* [zu] *predigen* [und] *die heiligen Sacramente würdig zu verwalten*. Hitzig sieht das Amt des Lehrers als sehr anspruchsvoll an, weshalb dieser ermahnt wird, fest im Glauben zu bleiben und nicht am Sinn der eigenen Arbeit zu zweifeln. Dazu passt, dass die Pflichten der Schüler nur dahingehend beschrieben werden, die Arbeit der Lehrer leichter zu machen, weniger steht dagegen im Fokus, dass die Schüler hier das Lernen um ihrer selbst willen ernst nehmen sollten.

Das Lehramt ist zu Recht innerhalb von Hitzigs Artikel zur Heiligung verortet, denn hier erinnert Hitzig die Lehrer an ihr eigenes Wachsen in der Heiligung, wodurch diese wiederum dazu beitragen, ihre Schüler auf dem Weg zur Heiligung zu führen. Heiligung und Kirche ereignen sich also für Hitzig vor allem im Beziehungsgeschehen. Hitzig selbst versucht dieses Geschehen zu beeinflussen, indem er sowohl in der Glaubens- als auch der Pflichtenlehre die Leser zu einem stetigen Bemühen um Wachstum anhält.

2.2.3 Die Sakramente (Fr. A 162–163)
Der Zweck der Sakramente besteht laut Fr. A 158 darin, die *Ausbreitung und Erhaltung der christlichen Kirche* zu gewährleisten. Seine Sakramentsdefinition formuliert Hitzig in Fr. A 162–163. Ein Sakrament ist [e]*ine heilige, von Christo selbst angeordnete kirchliche Handlung, in welcher uns unter gewissen sichtbaren Zeichen die unsichtbaren Gnadenwohlthaten Gottes zugesichert, und von uns heilige Verpflichtungen übernommen werden* (Fr. A 162). Mit der Aussage, die Sakramente seien „angeordnet" (Fr. A 162 und 163) betont Hitzig deren obligatorischen Charakter und orientiert sich damit an der reformierten Tradition, die ein wesentliches Moment der Sakramen-

te darin sieht, dass sie „Bekenntnis-, Verpflichtungs- und Unterscheidungszeichen"[15] sein sollen.

Die *unsichtbaren Gnadenwohlthaten Gottes* werden Hitzig zufolge den Teilnehmern in den Sakramenten *zugesichert* (Fr. A 162), ihr Erhalt ist damit nicht sicher. Bauer sieht Hitzig daher in größerer Nähe zum reformierten Bekenntnis als zum lutherischen.[16] Die Definition Hitzigs betont die mit den Sakramenten gegebene „Verheißung"[17] Gottes; wovon der Erhalt der *Gnadenwohlthaten* abhängig ist, wird erst im Zusammenhang mit der Taufe deutlich werden. Mit dem Hinweis auf die mit den Sakramenten verbundenen *Verpflichtungen* (Fr. A 162) betont Hitzig deren ethische Dimension, so auch im entsprechenden Abschnitt der Pflichtenlehre (Fr. B 265–268): Die Sakramente sollen uns daran erinnern, uns zu bemühen, *auch so zu denken und zu leben, wie es wahrhaften Gottes Kindern und Bekennern Jesu des Heiligen gebühret* (Fr. B 267).

Im Anschluss an seine allgemeine Sakramentsbestimmung behandelt Hitzig die Taufe als Spezialfall dieser Ausführungen.

2.2.4 Von der heiligen Taufe (Fr. A 164–179, Fr. B 267)

Die Fragen A 164–179 der Glaubenslehre widmet Hitzig seiner Tauflehre sowie der Konfirmation. Dabei orientiert sich Hitzig an dem in Fr. A 162 gegebenen allgemeinen Sakramentsbegriff und wendet dessen einzelne Bestandteile auf die Taufe an.

Hitzig beginnt in Fr. A 164 mit einer allgemeinen Bestimmung der Taufe, in der deren soziale Funktion im Vordergrund steht, da durch sie der Täufling Mitglied der christlichen Kirche wird. Die biblische Fundierung und gleichzeitig die Verbindung mit der kirchlichen Praxis liefert Hitzig in Fr. A 165 durch den Taufbefehl (Mt 28,19–20). Bei der Beschreibung der *sichtbaren Zeichen* des Taufvorgangs in Fr. A 166 legt sich Hitzig nicht fest, er nimmt sowohl den eher lutherischen Ritus des Untertauchens auf, lässt aber mit der Besprengung auch eine Form zu, die weniger starke Zeichenhandlungen enthält und damit auch der reformierten Tradition entgegenkommt.[18] Fr. A 167 erläutert die Bedeutung dieser Zeichen: Der Täufling *soll [...] durch das Christenthum, das er bekennt, von allem Bösen und Schlechten gereiniget und in allem Guten gestärkt werden.* Die Wirkung geht also nicht von dem Akt der Taufe an sich, sondern von der Religion aus, in die das Kind getauft wird. Dies entspricht Hitzigs allgemeiner Sakramentsbestimmung, da auch dort der Erhalt der *Gnadenwohlthaten* (Fr. A 162) nicht direkt aus den Sakramenten resultiert. Der Begriff der Sünde als anthropologischer Bestimmung fällt nicht, im Vordergrund steht die Befähigung des Menschen zu einem neuen Leben, nicht die Verstrickung in Sünde. Fr. A 169 expliziert den mit diesem Geschehen verbundenen „Zweck": Die Aufnahme in das Christentum bringt die *Zusicherung aller Wohlthaten und Segnungen die wir dem Evangelium verdanken.* Diese Formulierung lässt offen, ob der Täufling diese *Wohlthaten und Seg-*

---

[15] Gunther Wenz, Art. Sakramente. I. Kirchengeschichtlich, in: Theologische Realenzyklopädie, hrsg. von Horst Balz u.a., Bd. 29 (Berlin/New York 1998), 663–684, online verfügbar unter <https://www.degruyter.com/view/TRE/TRE.29_663_22?pi=0> (09.04.2016), hier 675.

[16] Johannes Bauer, Die Union 1821. Urkunden und Dokumente (Veröffentlichungen der evangel. kirchenhistorischen Kommission in Baden 1), Heidelberg 1921, 30.

[17] Wenz, Sakramente (wie Anm. 15), 675.

[18] Andreas Müller, Tauftheologie und Taufpraxis vom 2. bis zum 19. Jahrhundert, in: Taufe, hrsg. von Markus Öhler (Themen der Theologie 5), Tübingen 2012, 83–136, hier 115; 117.

nungen (Fr. A 169) *auch wirklich erhält.* Dagegen ist die *Verpflichtung, als Bekenner Jesu und seiner Lehre zu leben und zu sterben* (Fr. A 169) bedingungslos formuliert. Die Fragen A 170 bis 172 führen dies aus: Laut Fr. A 170 darf der Christ auf die *ewige [...] Seligkeit* hoffen, allerdings ist deren Erhalt abhängig von dem in einem Konditionalsatz angefügten Leben der Heiligung. Diese „Verpflichtung" präzisiert Fr. A 172 als *Bekenntniß* und *nach Jesu Lehre und Beyspiel sündenfreye[s] und fromme[s] Leben*. Dies nimmt Hitzig in der Pflichtenlehre in Fr. B 267 erneut auf: Die Taufe soll den Menschen dazu motivieren, *so zu denken und zu leben, wie es wahrhaften Gottes Kindern und Bekennern Jesu, des Heiligen gebühret.*[19]

Obwohl laut Fr. A 172 auch das Bekenntnis verpflichtend zur Taufe gehört, ist dieses nach Fr. A 173 keine Voraussetzung, sondern eine Folge der Taufe. Diese Sichtweise macht es möglich, dass in Fr. A 174 Gründe angeführt werden, warum auch Kinder getauft werden können. Sowohl seelsorgerliche Aspekte als auch die Orientierung an der Bibel sind hier für Hitzig gleichermaßen entscheidend. Die Vorstellung, dass ohne Taufe gestorbene Kinder die Seligkeit nicht erreichen, weist Hitzig in Fr. A 175 zurück, denn [w]*o keine Schuld ist, kann auch keine Strafe seyn*. Auch damit wird deutlich, dass Hitzig die Menschen nicht primär durch die Sünde bestimmt sieht, auch nicht durch die Erbsünde.[20] In seiner Antwort steckt ein seelsorgerlicher Zuspruch: Nur *muthwillige Verachtung der Taufe* [sei] *strafbar*. Seine Tauflehre beendet Hitzig in Fr. A 176 mit der Beschreibung der Pflichten von Eltern und Paten. Nicht nur auf Seiten der Täuflinge, sondern auch ihrer Erziehungsberechtigten folgen aus der Taufe also Auflagen.

Im Zusammenhang mit der Taufe behandelt Hitzig in den Fragen A 177–178 außerdem auch die Konfirmation. Das entscheidende Geschehen in der Konfirmation ist das mündige Bekenntnis im Anschluss an die ohne Voraussetzungen erteilte Taufe. Auf dieses Bekenntnis folgen Einsegnung und Erlaubnis zur Teilnahme am Abendmahl. Hitzig bezeichnet die Konfirmation als wichtig (Fr. A 178), macht damit also auch den Konfirmanden, für deren Unterricht der Katechismus bestimmt war, deutlich, dass für sie mit der Religionsmündigkeit ein entscheidender neuer Lebensabschnitt beginnt. Allerdings hat die Konfirmation gegenüber der Taufe keine zusätzliche Heilsrelevanz, der in der Konfirmation erteilte Segen ist an die Taufe rückgebunden. Während mit der Taufe Pflichten zu einem heiligen Lebenswandel einhergehen, tritt dieser Aspekt im Zusammenhang der Konfirmation zugunsten des selbstständigen Bekenntnisses zurück.

Entsprechend Hitzigs Bemühen, den Zusammenhang zwischen Taufe und Lebensführung deutlich zu machen, werden die Lernenden in der *Anwendung und Lehre*, die an die Tauflehre anschließt, zu Dankbarkeit für ihre christliche Erziehung, zur folgsamen Mitwirkung an dieser Erziehung und zur Erinnerung an die aus der Taufe und der Konfirmation resultierenden Verpflichtungen aufgerufen.

---

[19] Siehe auch Fr 171: Der Anreiz zu einer christlichen Erziehung wird noch dadurch erhöht, dass sie auch Vorteile in der weltlichen Gemeinde nach sich zieht.

[20] Karl-Heinz zur Mühlen, Art. Taufe. V. Reformationszeit, in: Theologische Realenzyklopädie, hrsg. von Horst Balz u.a., Bd. 32 (Berlin/New York 2001), 701–710, online verfügbar unter <https://www.degruyter.com/view/TRE/TRE.32_659_26?pi=0&moduleId=common-word-wheel&dbJumpTo=taufe> (09.04.2016), hier 703; 707.

3 Die Ekklesiologie in Johann Peter Hebels „Christlichem Katechismus"

3.1 Die Verortung der Ekklesiologie im Katechismus

Hebels Katechismus ist wie der Hitzigs in einem klassischen Schema von Frage und Antwort verfasst. Die insgesamt 156 Einzelfragen sind eingeteilt in eine Einleitung (12 Fragen), sowie sieben Hauptstücke mit den Titeln *Die Lehre von Gott und göttlichen Dingen* (36 Fragen), *Von der Sünde* (9 Fragen), *Von der Erlösung* (19 Fragen), *Von der Heiligung* (41 Fragen), *Von der christlichen Kirche* (25 Fragen), *Die Lehre von dem Eid* (4 Fragen) und *Von den zukünftigen Dingen oder von der Vollendung* (10 Fragen).

Der Katechismus konzentriert sich in seinen vorderen Teilen zunächst auf den Einzelnen.[21] Breiten Raum nimmt das Hauptstück zur Heiligung ein. Erst danach wendet sich Hebel der Kirche, der Gemeinschaft dieser einzelnen Heiligen, zu, als der „Sozialform[…], innerhalb derer sich christliches Leben bewährt."[22] Der Abschnitt zur Kirche ist das drittgrößte Hauptstück des Katechismus, war Hebel also keineswegs unwichtig. Er ist gerahmt durch die Ausführungen zur Heiligung, also dem Lebenswandel des einzelnen Christen (Hauptstück 4), und zum Verhalten des Christen in der Gesellschaft, wie es im Abschnitt zum Eid dargelegt wird (Hauptstück 6).

Innerhalb des Abschnittes zur Ekklesiologie können weitere Unterabschnitte abgegrenzt werden: Hebel behandelt zunächst allgemeine Fragen zum Wesen der Kirche, darauf folgen Ausführungen zum Wort Gottes, zur Sakramentslehre, zu Taufe und Abendmahl, zu Feiertag und Gottesverehrung, sowie zum angemessenen Verhalten der Kirchenmitglieder als Repräsentanten ihrer Kirche. Im Folgenden sollen diese Unterabschnitte einzeln untersucht werden.

3.2 Inhaltliche Analyse der Ekklesiologie in Hebels Katechismus

3.2.1 Das Wesen der Kirche (Fr. 118–120)

Hebel beginnt seine Kirchenlehre entsprechend dem Titel seines Katechismus mit einer Bestimmung dessen, was die „christliche Kirche" ausmacht, *in welcher alle Bekenner des Evangeliums auf der Erde unter Jesus Christus […] vereinigt sind* (Fr. 118). Hebel beginnt also nicht mit der reformatorischen Kirche, sondern konfessionsneutral.[23] Zur Charakterisierung der Kirche bedient er sich der ekklesiologischen Bestimmungen des Nicaeno-Constantinopolitanum.[24] Hebel stellt sich also bewusst

---

[21] Ehmann, Unionskatechismen (wie Anm. 4), 255.
[22] Ebd., 255.
[23] Gerhard Schwinge, Der katholische Bruder bekehrt den lutherischen und der lutherische den katholischen. Hebel und die Konfessionen, in: Jahrbuch für badische Kirchen- und Religionsgeschichte 4 (2010), 163–179, hier 177.
[24] Die Einheit der christlichen Kirche besteht, weil alle Kirchenglieder dem einen Oberhaupt Jesus Christus angehören; das Attribut der Heiligkeit wird wörtlich genannt; die Apostolizität der Kirche ist durch den Verweis auf die Kirchengründung durch die Apostel gewährleistet; katholisch ist Hebels Kirche, insofern sie *alle Bekenner des Evangeliums auf der Erde* (Fr. 118) umschließt. Zu den Bestimmungen des Nicaeno-Constantinopolitanums siehe Leonhardt, Grundinformation (wie Anm. 8), 358–359.

in die Tradition des Urchristentums und gewährleistet so die Kontinuität seines Katechismus zu den Anfängen.[25] Dies entspricht seinem Bemühen um eine für alle christlichen Konfessionen annehmbare Bestimmung der Kirche.[26] Das Bekenntnis des Evangeliums und die Zugehörigkeit zum auferstandenen Christus begründen die Kirchenmitgliedschaft. Die Aussage, die Bekenner seien in der Kirche *vereinigt* (Fr. 118), kann im Hinblick auf die unierte Kirche, für die der Katechismus gedacht war, so interpretiert werden, dass diese Union sogar über die reformatorischen Konfessionen hinausgehend bereits vorweggenommen ist durch die Zugehörigkeit zu Jesus Christus.[27]

In Fr. 119 wendet sich Hebel der protestantischen Kirche zu. Hebel möchte seinen Lesern also sowohl ein Bewusstsein für ihre Zugehörigkeit zum weltweiten Christentum als auch für ihre Identität als protestantische Christen vermitteln. Innerhalb der reformatorischen Konfessionen unterscheidet Hebel, entsprechend der Verwendungsabsicht seines Katechismus, dagegen nicht. Das Wesen des Protestantismus beschreibt Hebel an erster Stelle anhand des *solus Christus*, dem auferstandenen Jesus Christus als Oberhaupt. Zwar war bereits in Fr. 118 Jesus Christus als Oberhaupt der Gesamtkirche bestimmt worden, doch nun grenzt sich Hebel explizit, aber ohne Polemik, gegen das Papsttum der römisch-katholischen Kirche ab, indem er feststellt, Jesus Christus habe keine Stellvertretung.[28] Darauf folgt als zweites protestantisches Identitätsmerkmal das *sola scriptura*, die *Lehre der heiligen Schrift* stellt für den Christen *den Grund seines Glaubens, die Richtschnur seines Lebens, das Unterpfand seiner Hoffnungen ohne alle menschlichen Zusätze* (Fr. 119) dar. Damit grenzt sich Hebel zusätzlich vom Traditionsprinzip der römisch-katholischen Kirche ab.[29] In der Aufzählung dessen, was diese Lehre für den evangelischen Christen bedeutet, zeigt sich mit dem Verweis auf klassische christliche Tugenden (vgl. 1 Kor 13,13) bereits Hebels Abzielen auf das Wirksamwerden des Gelernten im Leben des Lesers.

Mit Fr. 120 leitet Hebel über zu den nun folgenden Teilen seines Katechismus, indem er die Charakterisierung der Kirche als *heilige und segensvolle Anstalt* aus Fr. 118 aufgreift und die Begründung für diese Charakterisierung gibt: Die Kirche hält die Gnadenmittel bereit, die Christus der Kirche *geschenkt* (Fr. 120) hat, das Wort Gottes und die Sakramente. Mit der Bezeichnung als „Gnadenmittel" (Fr. 120) steht Hebel tendenziell der lutherischen Tradition näher als der reformierten.[30] Die Aufzählung der Bereiche, auf die Wort und Sakramente wirken, ist aufschlussreich: Die Gnade verwandelt die gesamte Lebenswirklichkeit des Gläubigen.[31] Hebel geht

---

[25] Ehmann, Unionskatechismen (wie Anm. 4), 253.
[26] Zum Nicaeno-Constantinopolitanum als gemeinsamem Erbe der Konfessionen siehe Hauschild, Glaubensbekenntnis (wie Anm. 12), 454.
[27] Vgl. Schwinge, Bruder (wie Anm. 23), 174, der das positive Verhältnis Hebels zur katholischen Kirche nachzeichnet. Auch Schwinge, Bruder (wie Anm. 23), 177 zufolge betont Hebel mit seinem „christlichen Katechismus" mehr das Überkonfessionelle als das Konfessionelle.
[28] Ebd., 177.
[29] Ebd., 177.
[30] Zur Interpretation der Sakramente in den protestantischen Konfessionen siehe Wenz, Sakramente (wie Anm. 15), 670–671.
[31] Vgl. Wolf-Dieter Hauschild, Art. Gnade. IV. Dogmengeschichtlich (Alte Kirche bis Reformationszeit), in: Theologische Realenzyklopädie, hrsg. von Horst Robert Balz u.a., Bd. 13 (Berlin/New York 1985), 476–495, online verfügbar unter <https://www.degruyter.com/view/TRE/TRE.13_459_27?pi=0&moduleId=common-word-wheel&dbJumpTo=gnade> (23.04.2016), hier 491–492.

es damit nicht um die Vermittlung theoretischen Wissens, sondern um die gelebte Frömmigkeit.

Entsprechend der Einführung der Gnadenmittel in Fr. 120 behandelt Hebel im Folgenden zunächst das Wort Gottes und danach die Sakramente.

3.2.2 Das Wort Gottes (Fr. 121–122)

In Frage 121 gibt Hebel zunächst eine Definition des Wortes Gottes, indem er dieses mit dem Evangelium gleichsetzt; das Gesetz dagegen bleibt unerwähnt.[32] Außerdem unterscheidet er das Wort Gottes von der heiligen Schrift, in der Gott dieses offenbart hat. Diese Unterscheidung expliziert Hebel noch einmal in Fr. 122, das Wort Gottes ist unter anderem in der Schrift, aber auch in *Lehr- und Erbauungsbüchern* oder im *christlichen Unterricht und Vortrag* zu finden.[33] Das Wort Gottes ist zwar auf die Bibel bezogen und in ihr zu finden, als Botschaft von Jesus Christus kann es aber auch in anderen Formen begegnen.[34] Darin zeigt sich etwa auch der Wert des christlichen Unterrichts, für den Hebels Katechismus ja gedacht war. Auf eine Inspirationslehre verzichtet Hebel.[35]

Nach dieser theoretischen Einführung zum Wort Gottes adressiert Hebel die Anwendung des Gelernten auf das Leben des Lernenden, indem er fragt, [w]*ie* [...] *das Wort Gottes zum Mittel der Gnade* wird. Dies geschieht Hebel zufolge dadurch, dass der Lernende sich bemüht, das Wort Gottes, wo er es hört, zu verstehen und auf sein Leben zu beziehen. Damit übernimmt Hebel das für die Union so wichtige Prinzip der freien Schriftforschung, das als wesentliches Merkmal des Protestantismus betrachtet wurde, auch für die jugendlichen Leser seines Katechismus und ermutigt sie zum selbstständigen Bibellesen.[36] Zu einem Leben als mündiger Christ gehört auch das selbstständige Nachdenken über glaubensrelevante Themen. Voraussetzung ist *Sehnsucht nach Erleuchtung, Heiligung und Trost* (Fr. 122). Damit schließt Hebel an Fr. 121 an, da im Zusammenhang mit dem Wort Gottes weniger die Sündenerkenntnis als vielmehr die Erbauung im Vordergrund steht. Dabei soll der Lernende den Heiligen Geist um Unterstützung bitten, der Gläubige kann also nicht selbst für die gnadenreiche Wirkung sorgen. Damit sichert Hebel die Bedingungslosigkeit der Gnade und ihren alleinigen Ursprung bei Gott.[37] Bereits in der Einleitung zu seinem Katechismus hatte Hebel sich mit der Rolle der heiligen Schrift und ihrem Verhältnis zum Ver-

---

[32] Zum Wort Gottes in Gesetz und Evangelium siehe Joachim Ringleben, Art. Wort Gottes. IV. Systematisch-theologisch, in: Theologische Realenzyklopädie, hrsg. von Horst Balz u.a., Bd. 36 (Berlin/New York 2004), 315–329, online verfügbar unter <https://www.degruyter.com/view/TRE/TRE.36_291_9?pi=0&moduleId=common-word-wheel&dbJumpTo=wort%20gottes> (09.04.2016), hier 321–322.

[33] Dass Hebel die Unterscheidung zwischen Wort Gottes und Schrift wichtig war, zeigt auch ein Brief an Hitzig bezüglich dessen Katechismusentwurf von 1821, in dem er Hitzig darauf hinweist, dieser Unterschied sei deutlich zu machen. Abgedruckt bei Johann Anselm Steiger, Johann Peter Hebels und Friedrich Wilhelm Hitzigs Katechismen. Etappen auf dem langen Weg zum Katechismus der badischen Union (1830), in: Jahrbuch für badische Kirchen- und Religionsgeschichte 6 (2012), 11–25, hier 17.

[34] Vgl. Ringleben, Wort (wie Anm. 32), 324–325.

[35] H. Gommel, Johann Peter Hebels Katechismus. Ein katechetisches Charakterbild aus der Zeit des Rationalismus, in: Monatsschrift für Pastoraltheologie, 8. Jg. (1911/1912), 458–469, hier 463.

[36] Siehe dazu die Einleitung sowie § 2 der Unionsurkunde in Bekenntnisschriften der Evangelischen Landeskirche in Baden. Band I: Textsammlung, hrsg. von der Evangelischen Landeskirche in Baden, Karlsruhe ¹⁰2015, 133; 134–135.

[37] Vgl. Hauschild, Gnade (wie Anm. 31), 490; 492.

stand beschäftigt: Zwar können Menschen schon aufgrund ihrer Vernunft teilweise zu religiösen Einsichten gelangen (Fr. 3); allerdings ist „[d]ie Vernunft […] bei Hebel weder autonom noch allmächtig. Sie muss sogar durch die Heilige Schrift korrigiert werden."[38] Hierin zeigt sich Gottes Fürsorge für den Menschen.

3.2.3 Die Sakramente (Fr. 123–124)

Das einzige Lehrstück, zu dem von der Unionssynode 1821 eine eigene Bestimmung verabschiedet wurde, war das Abendmahl, da die Einigung hierin Voraussetzung für die Zusammenführung der beiden Kirchen war.[39] Hebel führte die Sakramente bereits in Fr. 120 mit einer eigenen Formulierung ein, übernahm die Definition der Sakramente aus der Unionsurkunde für seinen Katechismus (Fr. 123) und fügte selbst Fr. 124 hinzu.[40] Im Folgenden werden die Fragen entsprechend der Nummerierung in Hebels Katechismus zitiert.

Ein Sakrament ist für Hebel [e]*ine heilige und kirchliche Handlung, gestiftet von unserm Herrn und Heilande Jesus Christus, in welcher uns unter sichtbaren Zeichen unsichtbare Gnaden und Güter dargestellt und gegeben werden*. Auf einen Vorschlag Hebels in der Generalsynode ist es zurückzuführen, dass die Sakramente als durch Jesus Christus „gestiftet" bezeichnet werden (Fr. 123; 124).[41] Dies drückt damit ein persönliches Anliegen Hebels aus. Zumal Hebel auch deren Funktion als „Gnadenmittel" (Fr. 120) betont, steht für ihn die positive Wirkung in ihrer Veränderung des Verhältnisses zwischen Gott und Mensch im Vordergrund, in ihrer Einsetzung zeigt sich das Wohlwollen Gottes. Sowohl mit der Bezeichnung als Gnadenmittel als auch der Idee des Gabencharakters der Sakramente steht Hebel der lutherischen Lehre näher als der reformierten.[42] Indem die *unsichtbaren Gnaden und Güter dargestellt und gegeben* (Fr. 123) werden, sagt Hebel deren Erhalt als sicher aus. Die Formulierung Hebels betont also das lutherische Anliegen der Unabhängigkeit der Sakramente von menschlichen Voraussetzungen.[43]

Ein Hinweis auf mit den Sakramenten zusammenhängende Pflichten findet sich in der von Hebel übernommenen Definition in Fr. 123 nicht. Doch in der von ihm selbst formulierten Fr. 120 stellt Hebel fest, deren Sinn liege unter anderem in der *Heiligung des Sinnes und Lebens* (vgl. auch Fr. 127). Auch hier allerdings sind die Sakramente der Kirche von Gott *geschenkt* (Fr. 120), so dass das aus ihnen resultierende ethische Leben letztlich von Gott ausgeht.

3.2.4 Die Taufe (Fr. 125–128)

Auch den Abschnitt zur Taufe beginnt Hebel mit einer allgemeinen Begriffsbestimmung, in der einerseits der Ritus der Taufe und andererseits das damit verbundene

---

[38] Uwe Hauser, Die Theologie Johann Peters Hebels im Horizont seiner Wandlungsfähigkeit, in: Jahrbuch für badische Kirchen- und Religionsgeschichte 4 (2010), 181–185, hier 182.
[39] Friedemann Merkel, Geschichte des evangelischen Bekenntnisses in Baden von der Reformation bis zur Union (Veröffentlichungen des Vereins für Kirchengeschichte in der Evangelischen Landeskirche in Baden 20), Karlsruhe 1960, 172.
[40] Ehmann, Unionskatechismen (wie Anm. 4), 255; zu den Fragen der Abendmahlskonkordie vgl. Bekenntnisschriften der Evangelischen Landeskirche in Baden (wie Anm. 36), 133.
[41] Ehmann, Unionskatechismen (wie Anm. 4), 228; Bauer, Union (wie Anm. 16), 82.
[42] Vgl. Wenz, Sakramente (wie Anm. 15), 670–671.
[43] Vgl. ebd., 671. Merkel, Geschichte (wie Anm. 39), 173–175 sieht dagegen in der Formulierung lutherische wie reformierte Anliegen gleichermaßen berücksichtigt.

Geschehen der Aufnahme *in die Gemeinschaft Jesu Christi und seiner Kirche* (Fr. 125) enthalten sind. Somit hat die Taufe zunächst eine soziologische Funktion. Indem Hebel den Ritus als Besprengung mit Wasser beschreibt, wählt er eine Version, die beiden protestantischen Konfessionen entgegen kommt.[44] Den biblischen Bezug seiner Tauflehre verdeutlicht Hebel durch die wörtliche Wiedergabe der Einsetzungsworte in Fr. 126, wobei er sowohl die Version von Matthäus als auch die von Markus nennt. Durch die Aufnahme des Markus-Textes betont er besonders den durch die Taufe vermittelten Segen.

Wie bereits im Abschnitt zum Wort Gottes fragt Hebel auch in Bezug auf die Taufe wieder danach, wie diese zum *Mittel der Gnade* (Fr. 127) werde. Dies geschieht laut Hebel, indem der Täufling in der Taufe zu Gottes *Eigenthum* wird und *Antheil an allen Wohlthaten seiner Erlösung* erhält, *der heilige Geist bewegt und bekräftigt mich zum Glauben, zur Liebe, zur Hoffnung, wenn ich ihm nicht widerstrebe* (Fr. 127). Die Antwort ist in der ersten Person Singular und in der Vergangenheitsform formuliert, der Lernende, der diese Worte spricht, hat das mit der Taufe verbundene Geschehen damit bereits erlebt. Der Text enthält die seelsorgerliche Zusage der Zugehörigkeit zu Gott und der Erlösung, betont allerdings auch, dass zum christlichen Glauben ein heiliges Leben gehört. Dazu hat der Täufling die Zusage der Hilfe durch den Heiligen Geist. In seinem Bemühen um eine tugendhafte Lebensführung darf sich der Täufling ganz auf Gott verlassen, von dem die aktive Handlung ausgeht, die einzige Möglichkeit des Täuflings liegt in der Verweigerung. Obwohl die Taufe auch der Zugang zur Gemeinschaft der Kirche ist, liegt der Schwerpunkt von Hebels Taufverständnis auf dem individuellen Verhältnis des Täuflings zu Gott. Dagegen behandelt Hebel die Buße im Zusammenhang mit der Taufe nicht, wie auch die weiterhin bestehende Betroffenheit durch die Sünde nicht thematisiert wird.[45] Somit relativiert er in keiner Weise die tatsächlich geschehene Veränderung durch die Taufe und ist zuversichtlich, dass der Täufling zu einem heiligen Leben tatsächlich im Stande ist.

Im Kontext der Taufe behandelt Hebel in Fr. 128 zusätzlich die Konfirmation. Gegenüber der Taufe ändert sich an dem Erlösungsstatus durch die *wiederholte Zusicherung aller Wohlthaten und Segnungen der Kirche* (Fr. 128) nichts, entscheidend ist die Glaubensmündigkeit, die aus Unterricht und Bekenntnis resultiert. Hier wird die Unterscheidung Hebels zwischen Gesamtkirche und Konfessionskirche unklar, zumal er in der Frage von „der Kirche" spricht. Während die Frage zur Taufe (127) in der ersten Person Singular und in der Vergangenheit formuliert ist, spricht Hebel von der Konfirmation im Präsens und in der dritten Person Singular (Fr. 128). Aus Fr. 127 weiß der Konfirmand, dass der Heilige Geist ihm die Kraft zu einem tugendhaften Leben in der Taufe bereits gegeben hat, erst vor diesem Hintergrund kann ihm in Fr. 128 auch aufgetragen werden, als Erwachsener selbst christliche Pflichten zu übernehmen. Die Entscheidung, ob der Konfirmand dies auf sich persönlich übertragen will, liegt noch vor ihm. Damit nimmt Hebel die Verbindung zwischen Konfirmation und Glaubensmündigkeit ernst, zeigt aber auch auf, dass der Zuspruch der Taufe nicht mehr rückgängig zu machen ist.

---

[44] Müller, Tauftheologie (wie Anm. 18), 115;117.
[45] Vgl. Mühlen, Taufe (wie Anm. 20), 703.

Nachdem Hebel die beiden im Zusammenhang mit der allgemeinen Bestimmung der Kirche eingeführten Gnadenmittel des Wortes und der Sakramente erörtert hat, wendet er sich dem Feiertag und der damit verbundenen Gottesverehrung zu.

3.2.5 Feiertag und Gottesverehrung (Fr. 136–140)

Der Sonntag hat für Hebel den Stellenwert einer wichtigen Tradition, er ist eine *wohlthätige Einsetzung* (Fr. 136), die aus der frühen Zeit der Kirche übernommen wurde. Schon an dieser Charakterisierung wird deutlich, dass Hebel wie die Gnadenmittel auch den Feiertag vor allem unter dem Gesichtspunkt seiner positiven Wirkungen auf den Menschen betrachtet. Dies wird auch deutlich an Fr. 137: Der Wert der Ruhe liegt für Hebel einerseits in der körperlichen Regeneration, andererseits auch in den positiven Auswirkungen auf den Geist, der sich dadurch *mit sich selbst, mit Gott und göttlichen Dingen [...] beschäftigen möge* (Fr. 136). Obwohl Hebel in den beigefügten Bibelzitaten auf das Dekaloggebot der Sabbatheiligung verweist, stehen die gesetzliche Dimension und die Forderung Gottes nicht an erster Stelle. In der Aufforderung zur Beschäftigung mit sich selbst zeigt sich Hebels starker Bezug zum Individuum.

In Fr. 138 wendet sich Hebel der mit dem Feiertag verbundenen Gottesverehrung zu. Predigt und Kinderlehre sind die Orte, wo das Wort Gottes den Menschen vermittelt wird, in seinem Bezug auf dieses Gnadenmittel gewinnt der Feiertag zusätzlich an Wichtigkeit. Bis hierhin beziehen sich Hebels Ausführungen zum Feiertag allgemein auf „die Kirche". In Fr. 139 stellt er dagegen einen Bezug zur Konfessionskirche her, der Kirche, *zu welcher ich mich bekenne, und deren Wohlthaten ich theilhaftig bin*. Aus diesen „Wohlthaten" resultiert eine Schuldigkeit, die dazu bewegt, den Gottesdienst zu besuchen. Hinzu kommt die Motivation, aus eigenem Bedürfnis teilzunehmen, um *Gott [...] gemeinschaftlich anzubeten und zu verehren, und sich durch und miteinander zu erbauen* (Fr. 139). Die Gottesverehrung ist damit einer der wenigen Punkte in Hebels Kirchenlehre, wo der Gemeinschaftscharakter der Kirche betont wird. Obwohl Hebel die Verpflichtung gegenüber der eigenen Konfessionskirche im Zusammenhang mit der Gottesverehrung stärker als anderswo in seiner Kirchenlehre betont, bezieht er sich auch auf das Gefühl und die gelebte Religion der Leser. Die Motivation zum Gottesdienstbesuch resultiert aus dem *Gemüth*, aus dem *Bedürfniß* und der *Erweckung* (Fr. 139).

Eindringlich empfohlen, obwohl nicht als verpflichtend dargestellt, werden in Fr. 140 Hausandachten, sowie das gemeinsame regelmäßige Gebet. Gelebte Religion ereignet sich für Hebel im alltäglichen Zusammenleben und in der Gemeinschaft. Das private Gebet wird hier nicht thematisiert, Gottesverehrung ist Gemeinschaftsaufgabe. Gelebte Religiosität hat ihren Ort auch im Zusammenleben mit denen, die einem am nächsten stehen und verbindet öffentliches (Fr. 139) und privates Leben (Fr. 140).

Mit dem Thema des christlichen Lebens in der Gesellschaft beschäftigt sich Hebel auch in den Fragen 141 und 142, indem er in danach fragt, wie ein Christ seine Kirche in der Öffentlichkeit vertreten soll.

3.2.6 Das Verhalten der Kirchenmitglieder[46] als Repräsentanten ihrer Kirche (Fr. 141–142)

Hebel beendet seine Kirchenlehre mit Erörterungen zum angemessenen Verhalten der Kirchenmitglieder als Repräsentanten ihrer Konfessionskirche. Auch hier formuliert Hebel im Blick auf die Konfirmanden, die er in seiner Frage direkt anspricht und die in der Ich-Form antworten. Ihnen wird als mündigen Mitgliedern der Kirche, die ihr Bekenntnis öffentlich gemacht haben (Fr. 128), eine Verantwortung für ihren Glauben übertragen, sie sollen sich als *würdige[...] Mitglied[er] der Kirche* (Fr. 141) erweisen. Dies tun sie durch ihren heiligen Lebenswandel, der ihren Glauben als den *wahre[n] und lebendige[n]* (Fr. 141) rechtfertigt. Die Wahrheit des Glaubens und die Rechtfertigung der Kirche werden nicht in rationalen Diskussionen und Begründungen bewiesen, sondern zeigen sich darin, wie sie im Leben der Gläubigen wirksam werden.

Diese Gedanken führt Hebel in Fr. 142 weiter im Hinblick auf das richtige Verhalten denen gegenüber, die nicht der eigenen Kirche angehören. Hebel übt mit den Konfirmanden Toleranz ein, die sich darin ausdrückt, dass Christen andere nicht herabsetzen oder benachteiligen, sondern im Gegenteil auch Andersgläubigen gegenüber Nächstenliebe beweisen.[47] Es gilt: *Nur Einer kann selig machen und verdammen* (Fr. 142), es liegt darum nicht bei den Menschen, zu richten.[48]

Bezeichnenderweise endet Hebel mit Wünschen gerade für diejenigen, die nicht seine Glaubensgenossen sind. Er bittet Gott zunächst für diejenigen, die sich *aus Irrthum oder Stolz von der Kirchengemeinschaft absondern und ausschließen. Sie gehen einer großen Gnade verlustig* (Fr. 142). Aber auch für diejenigen betet er, die noch nicht zum Christentum gefunden haben, und damit *des Trostes ihrer Erlösung entbehren* (Fr. 142). Der Schaden liegt damit bei den Ungläubigen, nicht bei der Kirche. Der Wert der Religion, die sich in der Kirchenmitgliedschaft ausdrückt, liegt darin, dass sie das Leben verwandelt und der Gnade Gottes Raum gibt. Bemerkenswert ist, dass sich Hebels Wünsche nur auf diejenigen beziehen, die keiner Kirche angehören, für Angehörige anderer Konfessionen dagegen bittet er nicht. Diese bedürfen aus Hebels Sicht auch keiner Fürbitte, da sie ja bereits Mitglieder der einen christlichen Kirche sind.

Nachdem nun die ekklesiologischen Konzepte Hitzigs und Hebels gesondert untersucht wurden, sollen diese in einem dritten Schritt miteinander verglichen werden, um Gemeinsamkeiten und Unterschiede festzustellen.

---

[46] Der Ausdruck entspricht dem Sprachgebrauch in Hebels Katechismus.
[47] Vgl. Schwinge, Bruder (wie Anm. 23), 177.
[48] Diese Auffassung hatte Hebel bereits früher vertreten. Schwinge (ebd., 169–170) vollzieht Hebels Argumentation in einer Kalendergeschichte von 1810 nach, in der er dazu aufruft, die Wahrheit der Religion in der Lebensführung zu erweisen, nicht in theologischen Diskussionen.

4 Vergleich der Katechismen von Hitzig und Hebel hinsichtlich ihrer ekklesiologischen Aussagen

Vergleicht man die ekklesiologischen Abschnitte in Hitzigs und Hebels Katechismen, fällt auf, dass beide Autoren ähnliche Themen in einer vergleichbaren Reihenfolge behandeln. Beide Autoren beginnen mit einer allgemeinen Bestimmung des Wesens der Kirche, behandeln danach die Verkündigung, in Form des Lehramts bei Hitzig und als Wort Gottes bei Hebel, und schließlich die Sakramente. Dies erleichtert einen direkten Vergleich der beiden Katechismen. Im Folgenden sollen nun zunächst die beiden Autoren gemeinsamen Themenbereiche auf Gemeinsamkeiten und Unterschiede untersucht werden. Für die nur bei Hebel der Ekklesiologie zugeordneten Themen soll untersucht werden, ob Hitzig in seinem Katechismus an anderer Stelle ähnliche Themen behandelt. Außerdem soll festgestellt werden, inwiefern Hebel durch ihre Verortung innerhalb Ekklesiologie besondere Schwerpunkte setzt.

4.1 Das Wesen der Kirche (Fr. A 150–157 bei Hitzig, Fr. 118–120 bei Hebel)

Beide Autoren beginnen ihre Ekklesiologie mit einer Wesensbestimmung der Kirche. Dabei beschäftigen sich sowohl Hitzig als auch Hebel zunächst mit der einen weltweiten Kirche, nicht mit den Konfessionskirchen. Die Einheit dieser Kirche besteht aufgrund ihrer Zugehörigkeit zu Jesus Christus als ihrem Stifter und Oberhaupt. In der Behandlung der Konfessionskirchen unterscheiden sich die Autoren: Hebels Katechismus schließt an die allgemeine Bestimmung der Kirche einen eigenen Abschnitt zum Protestantismus an, Kennzeichen der evangelischen Kirche sind die Abgrenzung vom Papsttum und das Schriftprinzip. Innerhalb des Protestantismus differenziert er dagegen, entsprechend dem Verwendungszweck seines Katechismus für die unierte Kirche, nicht. Hebel ist es also wichtig, dass seine Leser zwar um ihre Zugehörigkeit zu der einen Kirche wissen, aber auch die Besonderheiten ihrer eigenen Konfession benennen können. Hitzig gibt in seinen Fragen keine eigene Bestimmung des Protestantismus, differenziert dafür aber innerhalb der Gesamtkirche im Sinne des *corpus permixtum*. Die Grenze geht durch die Konfessionen hindurch, was deren Relevanz zusätzlich relativiert. Dass Hitzig im Zuge der Wesensbestimmung der Kirche zur Toleranz aufruft, ergibt sich folgerichtig aus der vergleichsweise geringen Bedeutung, die er den Konfessionen beimisst (Anm. 4). In seinen Anmerkungen finden sich allerdings auch bei Hitzig Hinweise darauf, was für ihn den Protestantismus ausmacht. Damit gehört dieser Punkt für Hitzig nicht zum Kern des Lernstoffes, aber wie Hebel möchte auch er eine Identifizierung der Konfirmanden mit ihrer eigenen Konfession erreichen. Den Protestantismus zeichnet für Hitzig, wie für Hebel, die Orientierung an der Schrift und darüber hinaus die Glaubens- und Gewissensfreiheit aus. Die Organisationsform der Kirche behandelt Hitzig dagegen, anders als Hebel durch die Abgrenzung vom Papsttum, nicht. Hebel interessiert sich, anders als Hitzig, nicht für das Problem der Kirche als *corpus permixtum*, das Bekenntnis konstituiert die Zugehörigkeit zur Kirche. Dass auch Hebel sich die Kirche als *corpus permixtum* dachte, ist damit nicht ausgeschlossen. Indem er diese Frage nicht thematisiert, betont er den Wert der empirisch vorfindlichen Kirche und vermittelt den Lesern Vertrauen in diese.

4.2 Lehramt und Wort Gottes (Fr. A 158–161 und Fr. B 263–264 bei Hitzig, Fr. 121–122 bei Hebel)

Nach der Einleitung zum Wesen der Kirche behandelt Hebel das von Christus gestiftete Gnadenmittel des Wortes Gottes, während Hitzig sich in einem Kapitel mit der Überschrift *Christliches Lehramt und Sakramente* an gleicher Stelle dem Lehramt widmet. Da Wort Gottes und Lehramt aufeinander bezogen sind und in beiden Katechismen auf die allgemeine Definition der Kirche folgen, sollen die entsprechenden Abschnitte in Hebels und Hitzigs Katechismen in der vorliegenden Arbeit zueinander in Beziehung gesetzt werden.[49]

Für einen solchen Vergleich spricht auch, dass Wort Gottes und Lehramt ähnliche Auswirkungen auf das Leben der Gläubigen haben: Den Schülern soll Wissen vermittelt werden, sie sollen befähigt werden, ein heiliges Leben zu führen, und für schwierige Situationen gewappnet werden (Hitzig Fr. A 159–160, Hebel Fr. 122). Während diese Ziele bei Hebel gleich stark gewichtet sind, liegt bei Hitzig ein deutlicher Schwerpunkt auf der Erziehung der Konfirmanden zu einem tugendhaften Leben.

Indem Hebel das Wort Gottes behandelt, setzt er auf einer abstrakteren Ebene an als Hitzig und konzentriert sich auf die direkte Vermittlung zwischen Gott und Mensch. Damit liegt der Fokus auf dem individuellen Erleben und der Erlösung des Einzelnen. Hebel beschreibt zwar, wie das Wort Gottes zum „Mittel der Gnade" (Fr. 122) werden kann, doch weniger ausführlich als Hitzig versucht er, diesen Prozess gezielt zu steuern. Wo er Hinweise zum Studium des Wortes Gottes gibt, konzentriert er sich ganz auf den Schüler und dessen Erleben.

Hitzig dagegen betont stärker als Hebel das menschliche Beziehungsgeschehen, durch das die Verbindung zu Gott und die Erziehung zu einem gottgefälligen Menschen möglich werden. Entsprechend behandelt er sehr ausführlich das angemessene Verhältnis zwischen Lehrer und Schüler und ermahnt beide zu einem dem Lernprozess des Schülers günstigen Verhalten. Er interessiert sich also dafür, auf welchen Wegen die gewünschten Veränderungen im Leben des Schülers erreicht werden und versucht sowohl in seiner Glaubens- als auch in seiner Pflichtenlehre, diese Prozesse zu beeinflussen. Lehrer wie Schüler sollen dafür immer weiter an sich arbeiten. Die Kirche braucht Hitzig zufolge eine bestimmte Organisationsform, um ihren Zweck erfüllen zu können. Christus selbst schuf die nötigen Einrichtungen, um die Ziele der Kirche zu erreichen. Entsprechend dient das Lehramt Hitzig zufolge der *Ausbreitung und Erhaltung der christlichen Kirche* (Fr. A 158). Während sich also Hebel auf die direkte Verbindung zwischen dem einzelnen Menschen und Gott konzentriert und die genaue Art dieser Verbindung offen lässt, stehen bei Hitzig ein Prozess und ein überindividuelles Ziel im Vordergrund.

Nachdem die beiden Autoren mit der Behandlung von Lehramt und Wort Gottes unterschiedliche Schwerpunkte gesetzt haben, folgt bei beiden die Sakramentslehre.

---

[49] Das Wort steht auch für Hebel im Zusammenhang mit dem Lehramt, da *Lehre* für ihn ein Synonym zum Wort Gottes ist (Fr. 121) und das Wort Gottes in *Unterricht und Vortrag* vermittelt wird (Fr. 122). Hitzig auf der anderen Seite bestimmt in seiner Pflichtenlehre die Aufgabe der Lehrer darin, *Gottes Wort rein und lauter* [zu] *predigen* […] (Fr. B 263), das von ihm in den Vordergrund gestellte Lehramt ist also auf das Wort Gottes bezogen.

4.3 Die Sakramente (Fr. A 162–163 bei Hitzig, Fr. 123–124 bei Hebel)

Indem beide Autoren die Sakramentslehre mit einer allgemeinen Definition beginnen, nehmen sie sowohl die reformierte Tradition des Heidelberger Katechismus als auch die des lutherischen Katechismus Eisenlohrs auf.[50] Gemeinsam ist ihnen auch die Zusammenschau von „sichtbaren Zeichen" (Hitzig, Fr. A 162, Hebel, Fr. 123) sowie einem „unsichtbaren" Element, bei Hebel *Gnaden und Güter* (Fr. 123), bei Hitzig *Gnadenwohlthaten* (Fr. A 162). Damit schließen sie an den lutherischen Katechismus Eisenlohrs an.[51] Beide sehen in der Einsetzung durch Christus das Kriterium für den Sakramentscharakter einer kirchlichen Handlung (Hebel, Fr. 124; Hitzig, Fr. A 163), grenzen sich also ohne Abwertung von der katholischen Kirche ab.[52] In der Sakramentslehre weichen damit beide Autoren von ihrem Ziel ab, ein allgemein christliches Lehrbuch zu verfassen. Es handelt sich um protestantische Sakramentslehren, denen aber daran liegt, sowohl das reformierte als auch das lutherische Erbe Badens aufzunehmen.

In der Beschreibung der Einsetzung durch Christus setzen die Autoren unterschiedliche Schwerpunkte: Hebel betont besonders die gute Gabe der Sakramente als Gnadenmittel, während Hitzig zusätzlich deren obligatorischen Charakter betont und eine Schuldigkeit der Gemeinde gegenüber Gott sieht. Auch im Hinblick auf die Formulierung der Wirksamkeit der Sakramente findet sich eine Akzentverschiebung zwischen den beiden Autoren. Bei Hebel findet sich gegenüber Hitzig ein stärkerer Zuspruch an die Gläubigen, da sich der Teilnehmer des Erhalts der *Gnaden und Güter* (Fr. 123) im Sakrament sicher sein kann. Insgesamt betont Hitzig stärker die Eigenständigkeit des Menschen in Bezug auf die mit den Sakramenten verbundene Heiligung. Während bei Hebel die Heiligung aus den von Gott eingesetzten Sakramenten folgt (Fr. 120), betont Hitzig die Übernahme von *Verpflichtungen* (Fr. A 162) durch die Menschen, die zwar im Zusammenhang mit den Sakramenten stehen, aber nicht durch diese ermöglicht werden. Auffällig ist, dass beide Autoren die Sündenvergebung und die weitere Betroffenheit des Getauften durch die Sünde im Zusammenhang mit den Sakramenten nicht behandeln, sondern zuversichtlich sind, dass der Getaufte zu einem heiligen Leben fähig ist.[53]

Für Hebel steht die Beziehung zwischen dem einzelnen Teilnehmer und Gott bei den Sakramenten im Vordergrund, eine gesamtkirchliche Dimension wird dagegen nicht thematisiert. Obwohl auch bei Hitzig das individuelle Verhältnis zu Gott thematisiert wird, sind die Sakramente für ihn enger verbunden mit der gesamten Kirche. Sowohl die *Gnadenwohlthaten Gottes* (Fr. A 162) als auch die kirchenerhaltende Funktion der Sakramente werden bedacht.

Für Hebel ist, wie bei der separaten Behandlung der Sakramentsbestimmungen gesehen, tendenziell eine größere Nähe zur lutherischen Lehre festzustellen, während Hitzig eher reformierte Anliegen aufnimmt. Erst im Zusammenhang der gesamten Ekklesiologie soll abschließend untersucht werden, ob eine Bevorteilung einer der Konfessionen bei den Autoren anzunehmen ist.

---

[50] Merkel, Geschichte (wie Anm. 39), 172.
[51] Ehmann, Unionskatechismen (wie Anm. 4), 222.
[52] Vgl. Wenz, Sakramente (wie Anm. 15), 670.
[53] Vgl. Ehmann, Unionskatechismen (wie Anm. 4), 248.

4.4 Die Taufe (Fr. A 164–179 und Fr. B 267 bei Hitzig, Fr. 125–128 bei Hebel)

Beide Autoren wollen in ihrer Tauflehre Wissen darüber vermitteln, was in der Taufe geschieht, welche biblische Begründung dafür gegeben werden kann und welcher kirchliche Ritus zur Taufe gehört. Die Wissensvermittlung dient bei beiden Autoren dazu, zu verdeutlichen, dass es um etwas elementar Wichtiges für das Leben der Leser geht, und zu beschreiben, wie die Taufe verändert: Der Täufling wird Mitglied der Kirche, er ist erlöst, gehört zu Gott und lebt daher ein Leben der Heiligung. Als bereits Getaufte dürfen die Leser dies auf sich beziehen. Beide Autoren gehen davon aus, dass es den Getauften möglich ist, ein Leben der Heiligung zu leben. Während sich Hebel ganz auf die Beziehung zwischen Gläubigem und Gott konzentriert, durch die ein heiliges Leben möglich wird, interessiert sich Hitzig auch für die Erziehungsprozesse, durch die dieses beeinflusst wird.

Beide Autoren bringen die Taufe in eine enge Verbindung sowohl mit der Erlösung als auch mit einer heiligen Lebensführung. In der Beschreibung dieses Verhältnisses zwischen Erlösung und Heiligung ist bei den Autoren allerdings ein deutlicher Unterschied feststellbar: Wie schon beim allgemeinen Sakramentsbegriff werden bei Hitzig dem Täufling die Wohltaten Gottes zwar zugesichert, der Erhalt ist allerdings nicht sicher (Fr. A 169). Die mit der Taufe einhergehenden Verpflichtungen dagegen sollen auf jeden Fall übernommen werden (Fr. A 169). Besonders pointiert erscheint das Verhältnis von Gaben und Verpflichtungen in Fr. A 170, wo beides mit einem Konditionalsatz verbunden wird: Erlösung und Beistand des Heiligen Geistes sind hier rückgebunden an die Bedingung der Bemühung um ein sündenfreies Leben. Auch Hebel beschäftigt sich mit der Verbindung zwischen Taufe und Heiligung. Er betont dabei die Bedingungslosigkeit der Erlösung durch die Taufe (Fr. 127). Der Täufling darf sich sicher sein, dass er die Erlösung in der Vergangenheit in der Taufe aufgrund der Gnade Gottes bereits erhalten hat; nun befindet er sich auf dem Weg zu einem tugendhaften Leben, bei dem ihm der Heilige Geist hilft. Der aktive Beitrag des Täuflings kann dabei nur in der Verweigerung dieses Wirkens des Heiligen Geistes bestehen.

Diese starke Betonung des aktiven Beitrages des Menschen zur Heiligung wird bei Hitzig auch darin deutlich, dass er sie in einem separaten Punkt noch einmal als *Verpflichtungen* (Fr. A 172) des bereits Getauften zu einem tugendhaften Leben formuliert, und zusätzlich auch die Erziehungspflichten von Eltern und Paten behandelt. Damit bekommt die Hitzigsche Tauflehre einen stark erzieherischen Aspekt. Während Hebel zwar die Wichtigkeit der Verbindung zwischen Taufe und Tugend betont, redet er von Pflichten erst in Verbindung mit der Konfirmation. Im Zusammenhang mit der Glaubensmündigkeit betont Hebel damit nicht mehr nur die bedingungslose Gnade, sondern führt den Leser auch an die zunehmende Verantwortung des Erwachsenenlebens heran.

Bis zur Behandlung der Taufe weisen die beiden Katechismen einen ähnlichen Themenverlauf auf. Hebel schließt daran zusätzlich Abschnitte zur Gottesverehrung und zur angemessenen Repräsentation der eigenen Kirche an. Im Folgenden soll untersucht werden, ob sich bei Hitzig in anderen Teilen seines Katechismus vergleichbare Aussagen finden und welche besonderen Akzente die ekklesiologischen Konzepte beider Autoren durch die Behandlung bzw. Nichtbehandlung dieser Themen erhalten.

4.5 Feiertag und Gottesverehrung (Fr. B 104–119 sowie die zugehörigen *Bemerkungen* bei Hitzig, Fr. 136–140 bei Hebel)

Wie bereits festgestellt behandelt Hebel die Gottesverehrung innerhalb seiner Ekklesiologie. Bei Hitzig ist dieses Thema dagegen nur Bestandteil der Pflichtenlehre und wurde daher oben nicht behandelt. Hier soll nun Hebels Konzeption in Beziehung gesetzt werden zu den Vorstellungen Hitzigs.

Sowohl für Hebel als auch für Hitzig ist der Feiertag zum Nutzen der Menschen eingerichtet, die an diesem Tag neue Kraft sammeln, sich mit sich selbst und mit Gott beschäftigen und sich in der Gemeinschaft erbauen können. Der Gottesdienst und die Hausandacht sind die Anlässe, bei denen die Zusammengehörigkeit innerhalb der Gemeinde besonders stark zutage tritt. Da Hitzig die Gottesverehrung innerhalb der Pflichtenlehre behandelt, führt er daneben detaillierter als Hebel aus, mit welcher inneren Haltung die Gläubigen dem Gottesdienst und der Gottesverehrung beiwohnen sollen. Zusätzlich benennt er auch, welche innere Einstellung der Gottesverehrung nicht angemessen ist und warnt vor Scheinheiligkeit. Stärker als für Hebel braucht für Hitzig der Gottesdienstbesuch damit erzieherische Begleitung.

Während Hebel sonst in seinem Katechismus vor allem die eine Kirche in den Mittelpunkt stellt, ist der Gottesdienstbesuch einer der wenigen Anlässe, wo er eine Verpflichtung der eigenen Konfession gegenüber betont. Hebel betrachtet den Gottesdienstbesuch als eine Schuldigkeit der Gläubigen gegenüber ihrer eigenen Kirche, als eine Art Gegenleistung für die *Wohlthaten* (Fr. 139), die sie ihr verdanken. Das innere Bedürfnis nach Erbauung steht an zweiter Stelle. Hitzig dagegen behandelt ausführlich und gefühlvoll den *Nutzen und Segen* (Fr. B 116) des Gottesdienstes. Auch Hitzig betrachtet den Besuch des Gottesdienstes als Pflicht der Gläubigen, alle Menschen sind *verbunden, an dem öffentlichen Gottesdienste Theil zu nehmen* (Fr. 117). Anders als bei Hebel gilt hier die Verpflichtung allerdings nicht der Konfessionskirche sondern Gott, dem gegenüber die Besucher verpflichtet sind, öffentlich ihr Christsein zu bekennen. Gegen eine Konzentration auf die eigene Kirche spricht sich Hitzig auch in der letzten der an die Fragen und Antworten angehängten *Bemerkungen* aus, da er ausdrücklich zum Respekt gegenüber der Gottesverehrung derjenigen aufruft, die *andern Glaubens sind*. Die unterschiedlichen Motive der Autoren beim Gottesdienstbesuch entsprechen ihren Darstellungen zum Wesen der Kirche: Hebel, der eine explizite Definition des Protestantismus bietet, betont auch stärker die Verpflichtung gegenüber der eigenen Konfessionskirche. Hitzig dagegen betont jeweils mehr die Zugehörigkeit zur Gesamtkirche, die ein christliches Leben von ihren Mitgliedern verlangt, wozu auch der Gottesdienstbesuch gehört.

4.6 Das Verhalten der Kirchenmitglieder als Repräsentanten ihrer Kirche (Antw. A 4 *Von der christlichen Kirche*, Bem. B 7 *Öffentlicher und häuslicher Gottesdienst* bei Hitzig, Fr. 141–142 bei Hebel)

Hebel behandelt am Ende seiner Kirchenlehre in zwei Fragen das angemessene Verhalten protestantischer Christen in einer gemischtkonfessionellen Gesellschaft. [A]*ls ein würdiges Mitglied der Kirche, zu der* [er] *sich bekenn*[t] (Fr. 141), erweist sich der Leser Hebel zufolge, indem er durch eine heilige Lebensführung die Wahrheit des eigenen Glaubens aufzeigt. Hitzigs Katechismus dagegen enthält keinen gesonderten Abschnitt zu dieser Fragestellung. Der Grund für diesen unterschiedlichen Aufbau wird auch hier deutlich, wenn man sich die Bestimmungen der beiden Autoren zum Wesen der Kirche ins Gedächtnis ruft: Während Hebel eine gesonderte Definition des Protestantismus bietet, ist diese Unterscheidung für Hitzig gegenüber der Differenzierung innerhalb des *corpus permixtum* zweitrangig. Obwohl Hebel eine explizite Identifizierung mit der eigenen Kirche wichtig ist, bedeutet dies für ihn keine Absonderung der unterschiedlichen Konfessionen. Hitzig betont zwar die Wichtigkeit der Heiligung und stimmt Hebel darin zu, dass sich *die Frömmigkeit [...] in der Gesinnung und im Leben zeigen* [muss] (Fr. B 118), allerdings nicht mit dem Zweck der angemessenen Repräsentation der Kirche.

Zusätzlich bemüht sich Hebel am Ende seiner Kirchenlehre darum, die Lernenden zur Toleranz gegenüber Andersgläubigen zu erziehen, indem er darauf hinweist, dass das Urteil über die Lebensführung und den Glauben der Menschen allein Gott zusteht (Fr. 142). Eine ähnliche Sichtweise äußert Hitzig, indem er dazu aufruft, denjenigen zu respektieren, *der es redlich meint bey seinem äußern Glauben, auch wenn er nicht der deine ist*.[54] Auch Hitzig begründet dies damit, dass allein Gott richten könne *über des Menschen Herz*.[55] Anders als Hitzig hat Hebel allerdings auch diejenigen im Blick, die vom Glauben abgefallen sind oder noch nicht zum Glauben gefunden haben. Durch die Fürbitte Hebels für diese Menschen, die exponiert am Ende seiner Kirchenlehre steht, bekommt dieses Thema bei Hebel ein besonderes Gewicht. Während also Hitzig, wie gesehen, innerhalb der sichtbaren Kirche als *corpus permixtum* trennt, sind für Hebel auch die im Blick, die außerhalb der Kirche stehen.

5 Fazit

Analyse und Vergleich der beiden Katechismen haben eine Reihe von Gemeinsamkeiten und Unterschieden aufgezeigt. Vor dem Hintergrund der Freundschaft der beiden Autoren ist verständlich, dass ihre Katechismen zahlreiche Ähnlichkeiten aufweisen. Beide Autoren machen schon durch ihre Titel deutlich, dass sie den Anspruch haben, „christliche" Werke zu verfassen, es ging den Autoren nicht um eine Bewahrung von dogmatisch strittigen Lehraussagen. Besonders vor dem Hintergrund der Kirchenunion ist dies bemerkenswert, da für diesen Zweck ja auch ein Werk denkbar gewesen wäre, das deutlich macht, dass es auf die Bildung einer gesamtprotestantischen Identität abzielt. Innerhalb der Kirchenlehre bieten beide Autoren mehr oder weniger explizite Darstellungen des Protestantismus, die allerdings ebenfalls gerade nicht die Festlegung auf bestimmte Dogmen enthalten, sondern die Schrift sowie Glaubens- und Gewissensfreiheit ins Zentrum rücken und die Eigenständigkeit der Kirchenmitglieder betonen. Es passt zu dem Anliegen der Autoren, die Differenzen nicht zu

---

[54] Anwendung 4 des Kapitels *Von der christlichen Kirche* sowie Bemerkung 7 im Abschnitt *Öffentlicher und häuslicher Gottesdienst* der Pflichtenlehre.
[55] Anwendung 4 des Kapitels *Von der christlichen Kirche*.

betonen, dass sie die Jugendlichen zur Toleranz gegenüber Andersgläubigen erziehen möchten. Bei Hebel ist dieses Anliegen durch die prominente Positionierung am Ende der Kirchenlehre besonders hervorgehoben.

Statt einer starken Abgrenzung hinsichtlich der eigenen protestantischen Identität betonen beide Autoren innerhalb der Kirchenlehre die Wichtigkeit der Heiligung als Eigenschaft eines christlichen Lebens.[56] Die Kirche ist in erster Linie *Gemeinde der Heiligen* (Hitzig, Fr. A 154). Die Kirchenlehren beider Autoren sind „auf ein praktisches Christentum gerichtet [...] und auf Pflege des kirchlichen Lebens."[57] Die Lebensführung ist der Ort, wo sich der Glaube als wahr erweist. Beide Autoren sind sehr optimistisch bezüglich der Fähigkeit der Jugendlichen zu einem tugendhaften Leben.[58] Bei Hitzig wird dieser Punkt stärker als bei Hebel dadurch ergänzt, dass der Autor versucht, den Prozess hin zu einem heiligen Leben durch Hinweise zu einer christlichen Erziehung zu begleiten. Die Heiligung ist für Hitzig stellenweise sogar Voraussetzung für das Wirksamwerden der Gnade Gottes im Leben der Menschen. „Einen ethischen, mitunter gesetzlichen Grundzug des Hitzigschen Katechismus wird man deshalb kaum leugnen können. Zu oft erfährt das konsekutive Geschehen der Heiligung eine quasi konditionale Attitüde, der Hitzig offenbar nicht entrinnen konnte bzw. wollte."[59] Auch für Hebel folgt die Heiligung notwendigerweise aus der Zugehörigkeit zur Kirche, allerdings legt er weniger Wert als Hitzig darauf, konkrete Erziehungsprozesse zu beeinflussen. „In der Berührung mit den religiösen Wahrheiten und sittlichen Idealen des Christentums, wenn sie nur mit der Wärme des persönlichen Glaubens vorgetragen werden, liegt ihm die einzige Hoffnung auf ihre Herz und Gemüt bildende Kraft."[60] Dadurch findet sich bei Hebel eine stärkere Konzentration auf die individuelle Verbindung zwischen Gott und Gläubigem, die die Heiligung nach sich zieht. Die einzigen Anlässe, zu denen die Gemeinschaft und auch die Pflicht für Hebel in den Vordergrund rücken, sind die Konfirmation und die Gottesverehrung. Hebel trennt damit die individuelle Gotteserfahrung, in der sich der Gläubige ganz auf die durch Gott gewirkte Heiligung verlassen darf, von den Pflichten, die ein mündiges Kirchenmitglied gegenüber der organisierten Form der Kirche hat.

Vor diesem Hintergrund werden auch die unterschiedlichen Schwerpunktsetzungen der beiden Autoren in der Sakramentenlehre verständlich. Beide Autoren bemühen sich, sowohl Anliegen der lutherischen als auch der reformierten Tradition aufzunehmen. Gleichzeitig wurden bei den Autoren allerdings auch Differenzen festgestellt, die als Nähe zu einer der beiden protestantischen Konfessionen interpretiert werden können. Doch warum hätten die Autoren gerade in einem Unionskatechismus eine der beiden Konfessionen bevorteilen sollen?[61] Wichtiger als Anleihen bei traditionellen Dogmen scheint, dass die Autoren persönliche Ziele verfolgten hinsichtlich dessen, was sie ihren Lesern beibringen wollten. Die von Hebel aus der Unionsurkunde übernommene Sakramentsdefinition fügt sich insofern gut in seinen Katechismus

---

[56] Vgl. Gommel, Katechismus (wie Anm. 35), 468, der in Hebels Kirchenlehre eine Fortführung des Kapitels zur Heiligung sieht.
[57] Ebd., 468, der sich allerdings nur auf Hebel bezieht.
[58] Vgl. Ehmann, Unionskatechismen (wie Anm. 4), 248: Hitzig war „von dem Gedanken durchdrungen, dass ein rechtes Leben in privaten wie bürgerlichen Verhältnissen [...] im Prinzip möglich war".
[59] Ebd., 248.
[60] Gommel, Katechismus (wie Anm. 35), 462.
[61] Vgl. Merkel, Geschichte (wie Anm. 39), 173.

ein, als Hebel auch in seiner Tauflehre den Erhalt der verheißenen Güter versichert und Gott als den Handelnden darstellt. Hebel will die jugendlichen Leser in erster Linie dazu ermutigen, sich auf Gottes wohltätiges Handeln in ihrem Leben zu verlassen. Da Hitzig, wie gesehen, gezielt auf die Erziehungsprozesse zu einem christlichen Leben hinwirkt, fügt es sich sinnvoll in seine gesamte Ekklesiologie, dass er auch im Zusammenhang mit den Sakramenten deren verpflichtenden Charakter und die aus ihnen resultierenden Verpflichtungen betont. Bei beiden Autoren ist damit möglicherweise weniger eine bewusste Bevorteilung einer der beiden Konfessionen festzustellen als vielmehr ein persönliches Lernziel, das sich auch auf die Sakramentenlehre auswirkte.

Zusammenfassend gilt für beide Autoren: „Katechismus war keine Theologie, keine Doktrin, sondern zu lehrende Religion."[62] In einem Brief lobte Hebel einen früheren Katechismusentwurf Hitzigs wegen seines *feinen Sinns […] für das wesentliche, wichtige, erweckende und wohlthätige in dem, was man Religion nennt.*[63] Trotz der unterschiedlichen Schwerpunktsetzungen beider Autoren hat die Untersuchung der Katechismen gezeigt, dass die Autoren mit ihrer Ekklesiologie das Ziel verfolgten, ihren Lesern die Wichtigkeit des Erlernten für ihr persönliches Leben zu vermitteln und sie damit an die Kirche zu binden als den Ort, der sie zu einem gottgefälligen Leben hinführt.

---

[62] Ehmann, Unionskatechismen (wie Anm. 4), 256, der sich hier nur auf Hebel bezieht.
[63] Abgedruckt bei Ebd., 240.

„Möge Gott unserer Kirche helfen!" Theologiepolitik, ‚Kirchenkampf' und Auseinandersetzung mit dem NS-Regime: Die Evang. Landeskirche Badens, 1933–45 – Einige Kernthesen[1]

Rolf-Ulrich Kunze

Ich möchte im Folgenden drei ausgewählte Ergebnisse meines Buches „Möge Gott unserer Kirche helfen!" Theologiepolitik, ‚Kirchenkampf' und Auseinandersetzung mit dem NS-Regime: Die Evang. Landeskirche Badens, 1933–45 (Stuttgart 2015) zur Diskussion stellen: *Erstens*, die Intaktheitsthese, *zweitens* die Neubewertung der Wiederausgliederung der Landeskirche aus der Reichskirche, *drittens* die Bedeutung der Stärke des aus der kirchlich-positiven Vereinigung hervorgegangenen Bekenntnismilieus im Kirchenkampf vor und nach Einrichtung der Finanzabteilung 1938.[2]

Lassen Sie mich wie schon in meinem Vortrag aus Anlass der Buchvorstellung in der Christuskirche am 18. Oktober letzten Jahres nochmals ausdrücklich zweierlei feststellen:[3] Zum einen etwas zur Motivation. Ich habe mit der Studie keinerlei geschichts- oder erinnerungspolitische Agenda verfolgt, vielmehr ein rein zeitgeschichtliches Interesse. Es handelt sich um Ergebnisse eines DFG-Projekts, das der Kollege Jochen-Christoph Kaiser, Fachbereich Ev. Theologie/Kirchengeschichte der Philipps-Universität Marburg, und ich als Neuzeit- und Allgemeinhistoriker der Universität Karlsruhe im sogenannten KIT eingeworben und durchgeführt haben. Um hier kein Missverständnis aufkommen zu lassen: Unser Anliegen und Interesse ist es, die kritische Aneignung der NS-Geschichte zu befördern, und zwar durch eine Differenzierung der Bewertung an einem konkreten Beispiel. Dies wird für die Glaubwürdigkeit zeitgeschichtlicher Vermittlung immer wichtiger, weil wir Zeithistoriker mit einiger Sorge beobachten, dass mit wachsendem Abstand zur NS-Zeit eine oft kenntnisarme, rein moralische Ex-post-Betrachtung einem kontextualisierenden Verständnis des nationalsozialistischen Zivilisationsbruchs vor allem bei Jüngeren zunehmend im Weg steht, die darauf mit Indifferenz und Ablehnung reagieren. Der Historiker ist weder ein anklagender Staatsanwalt noch ein verteidigender Advokat oder gar spruchfällen-

---

[1] Einführung in einem Kolloquium „Die Evangelische Kirche in Baden im Dritten Reich" am 7. Juni 2016 im Evangelischen Oberkirchenrat.
[2] Der Beitrag beruht im Wesentlichen auf den folgenden eigenen Projektdarstellungen: Rolf-Ulrich Kunze, Theologiepolitik, ‚Kirchenkampf' und Auseinandersetzung mit dem NS-Regime: Die evangelische Landeskirche in Baden, 1933/45, in: Jahrbuch für badische Kirchen- und Religionsgeschichte 1 (2007), 271–278; Ders., Die Quellenedition ‚Die Evangelische Landeskirche in Baden im Dritten Reich' und ihre Bedeutung für die Geschichte der badischen Landeskirche, 1933–1945, in: Jahrbuch für badische Kirchen- und Religionsgeschichte 2 (2008), 185–200.
[3] http://christuskirche-karlsruhe.de/files/pdf/2015-10-18_Kunze.pdf [1.6.2016].

der Richter, sondern ein rückwärts gewandter Prophet vorletzter Dinge, der versucht, Menschen in ihrer Zeit zu verstehen.

Zum anderen etwas zur Methode: Das Projekt und die Neubewertung der Landeskirche waren nur möglich, weil die Überlieferungs- und Dokumentationslage ausgezeichnet ist. Die grundlegende Erforschung der badischen Kirchenkampfgeschichte seit den 1950er Jahren insbesondere durch den Verein für Kirchengeschichte in der Badischen Landeskirche mit Unterstützung des EOK ist beispielhaft dicht. Der Verein hat bekanntlich neben vielen Detailstudien die umfangreiche und konzeptionell anspruchsvolle Quellenedition zum Kirchenkampf unter dem Titel ‚Die Evangelische Landeskirche in Baden im Dritten Reich' in sechs Bänden vorgelegt.[4] Deren Ergebnisse stellen wir nicht in Frage, wir arbeiten mit ihnen weiter, gemäß dem kritisch-historisch-genetischen, prozess- und performanzorientierten Objektivitätsbegriff der Geschichtswissenschaft. Das Projekt präsentiert keine sensationellen neuen Erkenntnisse aus den gedruckten und ungedruckten Quellen insbesondere der Pfarrer-Personalakten, es geht um die Neubewertung von Bekanntem aus einem anderen Blickwinkel.

Zur Intaktheitsthese: Ich meine begründen zu können, dass die Badische Landeskirche nach ihrer Wiederausgliederung aus der gleichgeschalteten, braunen Reichskirche 1934 die vierte intakte Landeskirche im Kirchenkampf neben denen Hannovers, Württembergs und Bayerns war. Darauf brachte mich übrigens u. a. die Einschätzung in einem Beitrag von Gustav Adolf Benrath aus dem Jahr 1984: „Zu einem offenen Kirchenkampf sollte es in Baden (…) nicht kommen. Konfrontationen wurden vermieden, und die badische Landeskirche konnte zu den ‚intakten' Kirchen zählen."[5] Benrath weicht hier von Klaus Scholders Bewertung des badischen Kirchenkampfs als „Sonderweg" zwischen Intaktheit und Zerstörung von 1970 ab,[6] die, mit blickrichtungsbedingten Nuancierungen, zugleich die herrschende Meinung bis zu dem Überblick zur Entwicklung der badischen Landeskirche in der NS-Zeit von Jörg Thierfelder im Abschlussband der Quellenedition ‚Die evangelische Landeskirche in Baden im Dritten Reich' darstellt.[7] Jüngst hat Caroline Klausing in ihrer Mainzer Dissertation zur Geschichte der Badischen Bekenntnisgemeinschaft von 2013 eine Reihe kritischer Fragen zum Intaktheitsbegriff gestellt, ohne ihnen allerdings in ihrer Arbeit weiter nachzugehen.[8] Daraus folgt notwendig die Frage und Diskussion der Maßstäbe

---

[4] Die Evangelische Landeskirche in Baden im Dritten Reich. Quellen zu ihrer Geschichte. Hg. v. Hermann Rückleben, Hermann Erbacher. Bd. I: 1931–1933. Karlsruhe 1991; Bd. II 1933–1934. Karlsruhe 1992; Bd. III: 1934–1935. Karlsruhe 1995, Bd. IV: 1935–1945, Karlsruhe 2003; Bd. V: 1933–1945/46; Bd. VI: Generalregister, Karlsruhe 2005.

[5] Gustav Adolf Benrath, Die Evangelische Landeskirche in Baden von den Anfängen bis zum Zweiten Weltkrieg, in: Die Religionsgemeinschaften in Baden-Württemberg, hrsg. von Heinz Sproll/Jörg Thierfelder, Stuttgart u. a. 1984, 115–136, 131.

[6] Klaus Scholder, Baden im Kirchenkampf des Dritten Reiches. Aspekte und Fragen, in: Oberrheinische Studien. Neue Forschungen zu Grundproblemen der badischen Geschichte im 19. und 20. Jahrhundert. Bd. 2, hrsg. von Alfons Schäfer. Bretten 1973, 223–241, hier 229.

[7] Jörg Thierfelder, Die badische Landeskirche in der Zeit des Nationalsozialismus – Anpassen und Widerstehen, in: Die Evang. Landeskirche in Baden im Dritten Reich VI, 287–366.

[8] Caroline Klausing, Die Bekennende Kirche in Baden. Machtverhältnisse und innerkirchliche Führungskonflikte, 1933–1945, Stuttgart u. a. 2013 (Veröffentlichungen zur badischen Kirchen- und Religionsgeschichte, Bd. 4; zugl. Diss. phil. Mainz).

der Intaktheit. Sie war und ist strittig, wurde und wird in den intakten Kirchen seit Jahrzehnten intern auch kritisch relativiert. In der Kirchenkampfgeschichtsschreibung nahm der Intaktheitsbegriff mehrere und wechselnde Bedeutungen an, was nicht nur die kirchengeschichtliche, sondern auch die kirchen- und theologiepolitische Auseinandersetzung mit dem Nationalsozialismus in den Kirchen nach 1945 spiegelte. Ich folge hier Joachim Mehlhausens TRE-Artikel ‚Nationalsozialismus und Kirchen'.[9] Ein allgemeines Begriffsverständnis laufe, Mehlhausen zufolge, auf theologische Legitimität wie weitgehende kirchenrechtliche Legalität des Kirchenregiments hinaus, gemessen am Maßstab der Barmer Theologischen Erklärung einerseits, des geltenden und nicht gebrochenen Landeskirchenrechts andererseits.[10] *Intakt* ist dann der Gegensatz zu *zerstört*, womit eine Landeskirche nach der Machtergreifung oder beherrschenden Mehrheitsposition der Deutschen Christen und/oder Gleichschaltung in der Reichskirche unter Reichsbischof Ludwig Müller beschrieben wird, in der das kirchliche Notrecht zur Anwendung kommt und eine kirchenpolitische Dreiteilung in DC, BK und Neutrale auftritt. Schon das ist problematisch, denn diese Fraktionenbildung gab es auch in intakten Kirchen. Ein enges, dahlemitisches Intaktheitsverständnis zielt auf die Verweigerung der Gleichschaltung einer Landes- mit der Reichskirche und eine durchgehende Unterstellung der Kirchenleitung unter die im Entstehen begriffene Bekennende Kirche.[11] Genau deshalb ging die bisherige Kirchengeschichtsschreibung davon aus, Baden sei im Unterschied zu den formal nicht gleichgeschalteten, wenn auch keineswegs intern und extern mit einer Stimme sprechenden lutherischen Landeskirchen von Hannover, Württemberg und Bayern ein Sonderfall: intakt im Allgemeinen, nicht im dahlemitischen Sinn, weil vorübergehend gleichgeschaltet. Ich komme hier zu einer anderen Bewertung, weil ich die Wiederausgliederung der Badischen Landeskirche aus der gleichgeschalteten Reichskirche vor dem Hintergrund einer klaren Bekenntnismehrheit unter der Pfarrerschaft für bislang in der Gesamtbewertung unterschätzt halte. Sie war nicht nur ein kirchenleitungspolitischer Zufall. Ich bin mir bewusst, dass man über den Sinn eines Schwarz-Weiß-Begriffs wie Intaktheit auf die graue historische Realität streiten kann und sollte. Wenn man diese Dichotomie aber schon anwendet, dann muss man das meiner Meinung nach auch auf Baden.

Legt man nun die Maßstäbe für allgemeine Intaktheit einer Landeskirche im Sinne Mehlhausens an die Badische Landeskirche nach ihrem Ausscheiden aus der Reichskirche an, bleibt aus meiner Sicht wenig Zweifel, dass sie eine intakte Landeskirche war. Einer Minderheit fanatischer Deutscher Christen stand in der Pfarrerschaft eine klare Mehrheit kirchlich-positiver Bekenntniskräfte gegenüber. Nach einer Phase der Zusammenarbeit besann sich diese Mehrheit und übte auf den eher schwachen Landesbischof Julius Kühlewein einen solchen Druck aus, dass der die Gleichschaltung der Landeskirche rückgängig machen musste. Damit soll nicht das anthropologische Generalpardon verbunden sein, dass Irren in wichtigen Dingen menschlich ist. Aber einen Irrtum einzugestehen und zu beheben, ist jedenfalls kein Fehler.

Zur Neubewertung der Wiederausgliederung der Landeskirche aus der Reichskirche: Ich möchte mit Blick auf die Nutzung von Handlungsspielräumen – auch vor dem

---

[9] Joachim Mehlhausen, Nationalsozialismus und Kirchen, in: TRE 24, Berlin 1994, 43–78.
[10] Vgl. Karl Heussi, Kompendium der Kirchengeschichte, Tübingen, [12]1960, 227, § 135e.
[11] Vgl. J. Mehlhausen, Nationalsozialismus und Kirchen (wie Anm. 9), 43.

Hintergrund vorheriger Verstrickung in die Gleichschaltung – als dem entscheidenden Kriterium für die Beurteilung von Entschleunigung der nationalsozialistischen Durchherrschungsdynamik ausdrücklich betonen, dass es sich dabei um einen einmaligen Vorgang in der gesamten, an Sonderfällen und Sonderwegen reichen Kirchenkampfgeschichte handelt. Die Karlsruher und badischen Vorgänge ließen nicht nur die NS-Kirchenpolitiker, sondern den NS-Staat insgesamt schmerzhaft spüren, wo die Grenzen seiner Macht verliefen. Alles, was die badischen Deutschen Christen danach noch erreichen konnten, war ein spätes Neuaufflammen des Kirchenkampfs ab 1938 durch die Einrichtung einer braunen Finanzabteilung der Reichskirche beim Karlsruher EOK zur Disziplinierung und Schikanierung der kirchenbeherrschenden Badischen Bekenntnisgemeinschaft. Das Strafinstrument der Finanzabteilung ist die Bestätigung aus der DC- und Regimesicht für die Intaktheit der badischen Kirchenleitung.[12]

Landesbischof Kühleweins Bemühungen, die Eingliederung in die Reichskirche unter den badischen Geistlichen zu vermitteln, war auf den scharfen Widerspruch der badischen Bekenntnisgemeinschaft gestoßen, insbesondere ihres Vorsitzenden Karl Dürr, der mit drei weiteren badischen BK-Vertretern, Pfarrer Hermann Weber, Friedrich Dittes und Prof. Dr. Gerhard Ritter, Freiburg,[13] an der Barmer Bekenntnissynode teilgenommen hatte.[14] Am 27. Juli 1934 schrieb Dürr an Kühlewein über die „Enttäuschung und Verbitterung" bei den positiven Geistlichen über dessen verfassungswidrige, unreformatorische und bekenntniswidrige Kirchenpolitik, die zudem die gewachsenen Besonderheiten des badischen Protestantismus geopfert hatte.[15] Die Bildung des Bruderrats der badischen Bekenntnisgemeinschaft am 19. Juni 1934 reagierte unmittelbar auf die Eingliederungskrise.[16] Dürr deutete in einem Schreiben vom 13. August 1934 an alle Mitglieder der badischen Bekenntnisgemeinschaft an, dass er mit einer weiteren Zuspitzung der innerkirchlichen Auseinandersetzung nach preußischem Vorbild rechne.[17] Dem badischen Bruderrat gehörten außer Dürr an:[18] Friedrich Dittes, Pfarrer Karl Mondon, Karlsruhe, Prof. Dr. Gerhard Ritter, Freiburg, Gymnasialprofessor Dr. Theodor Uhrig, Lahr, Pfarrer Hermann Weber, Freiburg und Pfarrer Julius Bender, Nonnenweier.[19] Die positiven Bekenntniskräfte waren allein aufgrund ihrer Zahl in einer Position der Stärke: Ende 1934 standen über 230 KPV-Mitgliedern lediglich 90 bis 100 badische DC-Pfarrer gegenüber.[20] Aus der kirchenpolitischen Mitte neigten nicht wenige auch unter dem Eindruck der Radikalisierung und Zersplitterung im DC-Lager der positiven Bekenntnisposition zu. Auf der Dahlemer Bekenntnissynode stimmten die badischen Vertreter Dürr, Weber und Ritter für

---

[12] Das folgende nach Kunze, „Möge Gott unserer Kirche helfen!", 71–77.
[13] Die Evang. Landeskirche in Baden im Dritten Reich II, 747–752.
[14] Vgl. Die Evang. Landeskirche in Baden im Dritten Reich III, 190–306.
[15] KPV und Bruderrat der bad. BK an Landesbischof Kühlewein, in: Die Evang. Landeskirche in Baden im Dritten Reich III, 1216, 190–194, 191.
[16] Bad. Bruderrat der BK/Dürr an sämtliche Mitglieder, 9.8.1934, in: Die Evang. Landeskirche in Baden im Dritten Reich III, 1125, 203–205.
[17] Bad. Bruderrat der BK/Dürr an sämtliche Mitglieder, 205.
[18] Nach Kunze, „Möge Gott unserer Kirche helfen!", 71f.
[19] Ebd., Kurt Meier, Der evangelische Kirchenkampf, Bd. I: Der Kampf um die ‚Reichskirche', Halle an der Saale/Göttingen 1984, 441.
[20] Ebd., 442.

das am 20. Oktober 1934 verkündete Notrecht.[21] Bereits wenige Tage später setzte der badische Bruderrat den lavierenden Kühlewein[22] stark unter Druck.[23] Er sollte sich durchsetzen und den Zustand der ‚Zerstörung' beheben, und das in einem kirchenpolitischen Thriller eigener Art.

Über die kirchlich-positive, sich zur badischen Organisationsform der Bekennenden Kirche entwickelnde Vereinsstruktur der KPV wurden die Gemeinden gegen die Karlsruher Kirchenleitung mobilisiert, wie u. a. aus einem Schreiben Pfarrer Hermann Webers an die Mitglieder der Bekenntnisgemeinschaft vom 25. Oktober 1934 hervorging.[24] Kirchenpolitisch den Ausschlag gab vor diesem Hintergrund, dass der vorübergehend in der Reichskirchenregierung tätige OKR Voges im November 1934 geläutert aus Berlin zurückkehrte und seine Bindung an die DC löste, so dass sich die Mehrheitsverhältnisse in der badischen Kirchenleitung zugunsten der positiven BK-Haltung veränderten. Am 10. November 1934 forderte Dürr Kühlewein ultimativ auf, die badische Landeskirche dem Reichsbruderrat der BK zu unterstellen und bestritt die Legalität und Legitimität des herrschenden Kirchenregiments.[25] Er hatte Erfolg. Am 13. November 1934 teilte Kühlewein Reichsbischof Ludwig Müller in einem Schreiben mit, dass er die badische Landeskirche von der Reichskirche trenne.[26] Kühlewein, der in einem Schreiben an alle badischen Geistlichen diese um eine Erklärung bat, ob sie seine Entscheidung mittragen oder nicht,[27] erhielt sofort die Rückendeckung durch den badischen Bruderrat.[28] 616 Geistliche erhielten Kühleweins Schreiben. 478, 77,9%, unterstützen seinen Kurs; 90, 14,6 %, lehnten ihn ab; 18, 2,9 %, enthielten sich der Stimme; 32, 5,1 %, hatten bis zum 26. November 1934 noch nicht geantwortet. Damit wurde die Ausgliederung der Landeskirche von knapp 78 % aller Geistlichen gebilligt.[29] Die Frage, ob die badische Kirchenleitung nach dem 13. November 1934 als intakt angesehen werden konnte, äußerte sich Dürr im Rückblick eindeutig:[30]

Mit der Ausgliederung war für die Badische Bekenntnisgemeinschaft die Möglichkeit, Landesbischof D. Kühlewein als rechtmäßige Kirchenleitung wieder anzu-

---

[21] Ebd., 221–240.
[22] LKA KA: Nachlass Dürr, Bd. 26: Notizen über die kirchlichen Verhältnisse Baden in den Jahren 1933 bis 1937, S. 29: *Trotz der schwankenden Haltung in der Frage der Eingliederung besteht an der theologischen und kirchlichen Integrität von Landesbischof Kühlewein kein Zweifel. Zwar ist sein ältester Sohn Wolfgang, der am 6.3.1935 nach dreijähriger Krankheit an Leukämie starb, überzeugter DC gewesen, aber bei […] Söhne Gerhard und Berthold […] gehörten von Anfang an der BK an.*
[23] LKA KA: Nachlass Dürr, Bd. 26: Notizen über die kirchlichen Verhältnisse Baden in den Jahren 1933– bis 1937, S. 31; K. Meier, Der evang. Kirchenkampf I, 442.
[24] Bruderrat der bad. BK/Hermann Weber an sämtliche Mitglieder, Karlsruhe, 25.10.1934, S. 268 f.; Kunze, Quellenedition (wie Anm. 2), 191–193.
[25] Bruderrat der bad. BK/Karl Dürr an Kühlewein, Pforzheim, 10.11.1934, in: Die Evang. Landeskirche in Baden im Dritten Reich III, 1278, S. 302–304, hier 303 f.
[26] Kühlewein an Reichsbischof Müller, Karlsruhe, 13.11.1934, in: Die Evang. Landeskirche in Baden im Dritten Reich III, 1359, 403.
[27] Kühlewein an sämtliche Geistlichen, Karlsruhe, 13.11.1934, in: Die Evang. Landeskirche in Baden im Dritten Reich III, 1360, 403f.
[28] Bad Bruderrat der BK/Karl Dürr an sämtliche Mitglieder, Pforzheim, 14.11.1934, in: Die Evang. Landeskirche in Baden im Dritten Reich III, 1361, 404f.
[29] LKA KA: Nachlass Dürr, Bd. 26: Notizen über die kirchlichen Verhältnisse Baden in den Jahren 1933– bis 1937, 33.
[30] Nach Kunze, „Möge Gott unserer Kirche helfen!", 75.

nehmen, gegeben. Von diesem Zeitpunkt an hat die Badische Bekenntnisgemeinschaft den Landesbischof und Oberkirchenrat als rechtmäßige Kirchenleitung wieder anerkannt und diese Haltung auch dann beibehalten, wenn der Landesbruderrat mit einzelnen kirchenpolitischen Maßnahmen der Kirchenleitung nicht einverstanden war.[31]

Die Wiederausgliederung der badischen Landeskirche als Ausdruck des unmittelbaren Bekenntniseinflusses auf die Kirchenleitung ist für mich ein bislang nicht genügend gewürdigter Umstand und der Hauptbeleg für die Intaktheitsthese. Intakt heißt doch im Kirchenkampf nicht, dass alles in Ordnung ist und es keine Kompromisse mehr gibt. Wer das ex post von den Erlebniszeugen einer modernen Diktatur einfordert, verlangt zu viel und argumentiert kontextfern über den Horizont der Zeit hinaus. Niemand in der Landeskirche, niemand in der Kirchenleitung konnte wissen, welche Konsequenzen die Wiederausgliederung hat. Dass sie gleichwohl vollzogen wurde, ist von Widerstand weit entfernt. Es ist nicht mehr und nicht weniger als die Nutzung eines sich bietenden Handlungsspielraums.

Zur Bedeutung der Stärke des aus der kirchlich-positiven Vereinigung hervorgegangenen Bekenntnismilieus im Kirchenkampf vor und nach Einrichtung der Finanzabteilung 1938. Aufgrund der Besonderheiten der am politisch-parlamentarischen Modell orientierten badischen Kirchenverfassung hatten sich bereits in der Zwischenkriegszeit die kirchenpolitischen Gruppierungen frei entfalten[32] und die zahlreiche Milieus der Landeskirche auch außerhalb der Synode theologie- und kirchenpolitisch mobilisieren können.[33] Bei den Wahlen zur Landessynode am 10. Juli 1932[34] kandidierten vier politische Gruppen:[35] die Kirchlich-Positive Vereinigung (im Folgenden: KPV), die Kirchlich-Liberale Vereinigung, die im Volkskirchenbund evangelischer Sozialisten organisierten, in Baden verhältnismäßig starken und durch den Skandal um Pfarrer Erwin Eckart reichsweit Aufmerksamkeit erregenden Religiösen Sozialisten sowie die evangelischen Nationalsozialisten, die unter dem Namen einer Kirchlichen Vereinigung für positives Christentum und deutsches Volkstum antraten und sich durch diese Betonung positiver Identität vor allem für kirchlich-positiv Orientierte attraktiv machen wollten. Die Landeskirchliche Vereinigung, eine kleine Organisation der ‚unionstreuen' Mitte, trat 1932 gar nicht mehr zur Synodalwahl an. Die Zusammensetzung der Landessynoden von 1920, 1926, 1932 und 1933 zeigt vor allem die Kontinuität der Stärke der Positiven.[36] Am 19. Juni 1933 ging die liberale Fraktion in der Synode eine Fraktionsgemeinschaft mit den DC ein – dies im Unterschied zur Entwicklung in der pfälzischen Landeskirche, in der die Liberalen sich zur Bekenntnisgruppierung wandelten. Die KPV blieb unter den Pfarrern der Landeskirche die

---

[31] Ebd., 34.
[32] Vgl. Meier, Der evang. Kirchenkampf I (wie Anm. 19), 436; Kunze, Quellenedition (wie Anm. 2), 188f.
[33] Vgl. Die Evang. Landeskirche in Baden im Dritten Reich I, 87–129; Kunze, „Möge Gott unserer Kirche helfen!", 67f.
[34] Vgl. ebd., 87–167.
[35] Vgl. ebd., 167–300.
[36] LKA KA: Nachlass Dürr, Bd. 26: Notizen über die kirchlichen Verhältnisse Baden in den Jahren 1933– bis 1937, 5; vgl. Die Evang. Landeskirche in Baden im Dritten Reich I, 301–324.

stärkste Kraft, aus der im Februar 1934 die badische Bekenntnisgemeinschaft hervorging. Rückblickend wies Karl Dürr auf die nicht zu unterschätzende organisatorische Stärke der KPV hin:

> *Träger des Kirchenkampfes gegen die Deutschen Christen war von Anfang an die KPV. Sie hatte seit Jahrzehnten eine bewährte Organisation: In den großen Gemeinden bestanden Ortsgruppen, in Gemeinden mit liberalen oder religiössozialistischen Pfarrern waren, wenn keine Ortsgruppen möglich waren, Vertrauensleute der KPV vorhanden. Die Synodalwahlen vom 23. Juli 1933 wurden von uns noch unter dem Namen der KPV geführt. Erst nach der BK-Synode in Barmen wurde der Namen in ‚Badische Bekenntnisgemeinschaft' geändert und vom Landesverband der KPV ein Landesbruderrat gewählt.*[37]

Die Entwicklung auch nach Einrichtung der Finanzabteilung ist nur vor dem Hintergrund dieser Organisationsstärke der Kirchlich-Positiven richtig einzuschätzen. Die KPV war trotz aller Kirchenkämpfe im Kleinen in den Gemeinden und erst recht im Karlsruher Oberkirchenrat das Rückgrat der Intaktheit. Aber auch hier gilt, dass der Versuch von Autonomiebehauptung keinesfalls mit Widerstand gleichgesetzt werden kann. Nichts war gut in der Landeskirche unter dem Hakenkreuz. Zu gedächtnispolitischem Stolz besteht kein Anlass. Aber, wie ich finde, zu einer Differenzierung des Bilds und zur Diskussion der Maßstäbe.

---

[37] LKA KA: Nachlass Dürr, Bd. 26: Notizen über die kirchlichen Verhältnisse Baden in den Jahren 1933 bis 1937, 14; vgl. Die Evang. Landeskirche in Baden im ‚Dritten Reich' III, 335–367.

Philipp Melanchthons Vermittlungen in Worms, Frankfurt und Heidelberg und ihr Widerhall in Baden-Durlach und Kurpfalz (1557–1559)

Johannes Ehmann

1 Vorbemerkungen

Phänomen und Begriff der Vermittlungstheologie sind Teil der Kirchen- und Theologiegeschichte des 19. Jahrhunderts. Schon klassisch ist die Charakterisierung Emanuel Hirschs:

„Die vornehmsten Verkörperungen des allgemeinen Typus dieser Theologie sind der Schleiermacher befreundet gewesene Carl Immanuel Nitzsch [...], wohl der angesehenste Theologe und Kirchenmann der altpreußischen Union im zweiten Drittel des Jahrhunderts, und dann Karl Ullmann [...], der angesehenste süddeutsche Theologe. Nitzsch' [...] ‚System der christlichen Lehre' (1829, [6]1851) ist die beliebteste Dogmatik ihres Menschenalters. Ullmanns Schriften ‚Die Sündlosigkeit Jesu (1828, [7]1863) und ‚Das Wesen des Christenthums' (1845, [5]1865) gehören zu den meist gelesenen theologischen Büchern jener Jahre."[1]

Fasst man das Anliegen der genannten Werke zusammen, so konkretisiert sich, was mit den die Theologie prägenden *Vermittlungen* gemeint ist: Es geht um die Vermittlungen des konfessionellen Erbes innerhalb des Protestantismus, von Luthertum und Reformiertentum. Darin steckt die Nähe der Vermittlungstheologie zur systematischen Begründung und Ausgestaltung der Union. Es geht aber auch um die Vermittlung der Subjektivität des religiösen Bewusstseins im Gefühl mit der Objektivität der Lehre im Begriff, also um nichts Geringeres als die Vermittlung von Schleiermacher und Hegel. Es geht weiter um die Vermittlung von Wissenschaft und Glaube in der Theologie selbst und (sich daraus entwickelnd) um die Vermittlung von Glaube und Kultur, wie sie den Liberalismus der zweiten Hälfte des 19. Jahrhunderts prägte. Carl Ullmann steht selbst und persönlich für die schmerzhafte Ablösung der neuen liberalen „Vermittlungen" von der alten Vermittlungstheologie. Was sich aber durchzieht – dies einmal nachzuzeichnen ist eine noch unerledigte Forschungsaufgabe[2] – ist die Wertschätzung der Person und Theologie Melanchthons, sei es bei Schleiermacher,

---

[1] Vgl. Hirsch, Geschichte der neueren evangelischen Theologie V, 3. Aufl. Gütersloh 1964, 148.
[2] Erste Ansätze bietet Hans Pfisterer, Melanchthon in der Vermittlungstheologie, besonders bei Carl Ullmann und Richard Rothe; in: Martina Jantz (Hg.), Erinnerungen an Melanchthon. Beiträge zum Melanchthonjahr 1997 aus Baden, Karlsruhe 1998 (VVKGB 55), 69–73.

Abb. 9:
Porträt des alten Melanchthon, Kupferstich 1561 (Landeskirchliche Bibliothek)

bei Nitzsch, bei Ullmann, bei dessen Seelenverwandten August Ebrard oder bei einem liberalen Theologen wie Emil Otto Schellenberg.

Dieser umfassenden Aufgabe kann ich mich im Folgenden gar nicht angemessen annehmen. Aber ich möchte fragen, ob im Blick auf Melanchthon (und wenn ja, wie) von Vermittlungen zu sprechen ist, welche Melanchthon im 19. Jahrhundert vielleicht interessant machten oder hielten.

Das heißt aber auch zwei Unschärfen in Kauf nehmen: Die eine bezieht sich darauf, dass wir trotz des Gleichklangs der Hochschätzung Melanchthons keineswegs von einem einhelligen Melanchthonbild ausgehen können. Der Präzeptor Germaniae wird durchaus in Anspruch genommen, sei es von den Aufklärern aufgrund seiner „vernünftigeren" Abendmahlstheologie, sei es von katholischer Seite ob seines ekklesiologischen Historismus und Traditionalismus, oder überhaupt wegen seines im Vergleich zu Luther weniger schroffen Wesens.

Was hier Analyse, was Projektion ist, muss offen bleiben. Wichtiger erscheint mir die Herausstellung der Bedeutung *Philipp Melanchthon*s, wie sie in einem Vortrag Carl Immanuel Nitzschs von 1855 anklingt. Sie rückt nämlich ganz in den Bereich der *persönlichen Identifikation* des Vermittlungstheologen mit Melanchthon – und zwar aufgrund der Wahrnehmung der undankbaren Rolle des von allen Seiten befehdeten Vermittlers, der wie Nitzsch, aber eben auch Ebrard und Ullmann, Gräben zuschütten möchte und nun von Rationalisten wie „orthodoxen" Konfessionalisten ins Kreuzfeuer des Parteigeistes genommen wird. Die biographische Identifikation ist mit Händen zu greifen, wenn Nitzsch einst formulierte.

„Zwanzig Jahre nach seinem Tode fing Melanchthons Lob [gen. obj.] an zu verstummen. Man erzählt unglaubliches, aber glaubhaft, daß, als aus Melanchthons Schriften Beweise angeführt wurden, eine theologische Leidenschaft sein Bild abriß und es mit Füßen trat, und das geschah zu Wittenberg. [...] Unsre Zeit ist besser als irgend eine vergangene in Stand gesetzt, gerechte Dankbarkeit zu üben. Dennoch geschieht es noch zu oft, daß gerade auf alle die Männer, in welchen sich seit Melanchthon am meisten Licht und Leben der evangelischen Reformation sammelte, und die am meisten geeignet waren, den inneren Zwist der Kirche zu beschwören [im Sinne von: zu bannen; J. E.], auch am meisten die Schatten parteisüchtiger Meinung fallen. Daß dieses dann den Melanchthon wieder mittreffen muß, ist leicht zu erachten."[3]

Man wird ergänzen können: Und umgekehrt wird alle Melanchthonkritik auch und gerade die treffen, die dem inneren Streit der Kirche wehren wollen, obwohl (oder gerade weil ?!) es diejenigen sind, in welchen sich am meisten Licht und Leben der Reformation sammelt. Das ist mehr als eine historische Analyse. Das ist die pastoraltheologische Verortung aller guten Theologie in Konflikten – Weisheit und Tragik liegen da nahe beieinander. Und zugleich ist hier auch historisch Richtiges gesehen. Es sind (noch dazu missverstandene) Banalitäten, zur Charakterisierung Melanchthons immer wieder den „stille fahrenden" oder gar leise tretenden Philippus zu bemühen.[4] Vielmehr gewinnt ein Melanchthon Konturen, dessen Vermittlungen keine Kompromisse beschreiben, sondern in jeweils konkrete Verstrickungen einzuzeichnen sind, in denen Philipp ebenso konkrete Lösungsmöglichkeiten vorgeschlagen hat. Dazu will ich drei Beispiele aus den drei letzten vollständigen Lebensjahren Melanchthons nennen und deuten.

Die zweite noch anzudeutende Unschärfe ist die, dass wir einen nicht unproblematischen Spagat zwischen 19. und 16. Jahrhundert wagen. Die Vermittlungen der Vermittlungstheologie sind nicht die des Philipp Melanchthon, *pietas* und *eruditio* nach dem Begriff Melanchthons nicht dem Gottesbewusstsein und dem Bildungskonzept des 19. Jahrhunderts gleichzusetzen, und wohl nur begrenzt kompatibel sein

---

[3] Vgl. Vortrag (1555): Ueber Melanchthon, 4f.
[4] Vgl. Luther: *Philippus fähret still dahin* (WA 30/2, 68); zum angeblichen „Leisetreten" Melanchthons, WA.BR 5, 319 (Nr. 1568).

Begriff von *doctrina*, und sicherlich gar nicht seine Vorstellung einer Synode, wobei darauf noch genauer einzugehen ist.

Halten wir uns deshalb an die konkreten, schon angedeuteten Vermittlungen der Jahre 1557–59, die zum einen Melanchthon in ganz unterschiedlichen Rollen zeigen, zum andern aber doch im Blick auf die *doctrina* und ihr Konfliktlösungspotential konvergieren.

Oder ist das nur Wunschdenken? Vielleicht sind Sie mit mir der Meinung, dass eine Kirche, die ihre Entscheidungen nicht auf *Lehr*konsense stellt, eigentlich nicht mehr legitim agiert. Historisch müssen wir freilich konzedieren, dass die Initiativen Melanchthons zum Lehrkonsens dem äußeren Anschein nach allesamt nicht von Erfolg gekrönt waren: das Wormser Gespräch 1557 endet mit der Spaltung des Protestantismus, der Frankfurter Rezess 1558 verbindet nicht, sondern vertieft die Spaltung. Und der Heidelberger Ratschlag 1559 befriedet den Abendmahlsstreit nicht, sondern wirkt katalytisch im Übergang der Kurpfalz zum Reformiertentum. Trotzdem ist Melanchthons Wirken im deutschen Südwesten – im „Oberländischen" – nicht spurlos geblieben. Die Vermittlungen – so die These – wirken fort.

2 Worms 1557

Das Wormser Religionsgespräch von 1557 war das letzte der sog. Reichsreligionsgespräche zwischen Katholiken und Protestanten.[5] Bemerkenswert an ihm ist, dass es *nach* dem Augsburger Frieden von 1555 stattfand, zu Zeiten also, als bereits ein Friedstand erklärt worden war, der selbst dann gelten sollte – das war die Linie seit dem Passauer Frieden von 1552 – wenn es zu *keinem* Religionsausgleich kommen sollte. Insofern ist auch die gängige Bezeichnung des Augsburger Friedens als eines *Religionsfriedens* falsch. Der Augsburger Friede war ein Reichsfriede, dem ein Religionsfriede folgen sollte (aber eben nicht musste).

Mit diesem Umstand war freilich, wie Friedrich Staphylus es ausdrückte, bei den Protestanten *Pyxis Pandorae*, die Büchse der Pandora geöffnet: Was aus der Perspektive des Reichs als wohl letzte Möglichkeit einer theologischen Verständigung zwischen zwei (nennen wir es:) Konfessionen gedacht war, geriet zur Selbstinszenierung des gespaltenen Protestantismus. Worms wurde zum Synonym für Streit, Desaster oder sogar *Schisma* (Björn Slenczka).

Die Gründe liegen auf der Hand: Nachdem der reichsrechtliche Druck auf die Protestanten nach dem Schmalkaldischen Krieg 1546/47 bzw. dem Augsburger Interim 1548 nun, seit dem Fürstenkrieg 1552 und dem schon genannten Passauer Frieden, gewichen war, bestand die Möglichkeit und für die sog. gnesiolutherischen Theologen des niedersächsischen, sachsen-weimarischen Raumes sowie Magdeburgs auch die Notwendigkeit, in Rückkehr zu einem wahren Luthertum alle im Widerstand gegen

---

[5] Vgl. dazu die Monographien von Benno von Bundschuh, Das Wormser Religionsgespräch von 1557 unter besonderer Berücksichtigung der kaiserlichen Religionspolitik (rst 124), Münster 1988; Björn Slenczka, Das Wormser Schisma der Augsburger Konfessionsverwandten (Beiträge zur historischen Theologie 155), Tübingen 2010; auch Irene Dingel, Art. Religionsgespräche IV, TRE 28, 661f.

den Kaiser geschwächelt habenden Mächte und Theologen der Irrlehre zu überführen. Hier also die Häupter der Gnesiolutheraner, Flacius Illyricus und Nikolaus Gallus (Regensburg), aber auch die anderen Theologen Magdeburgs, Braunschweigs und Lüneburgs sowie die in Jena und Weimar – dort als prominenter Angriffspunkt Philipp Melanchthon und die Wittenberger Universität, deren aus Sicht der lutherischen Extreme kompromissbereite und deshalb falsche Theologie als Adiaphorismus gebrandmarkt wurde. Ja mehr noch: Den Gnesiolutheranern wurde immer deutlicher, dass die wahre Kirche Luthers[6] durchdrungen war von Irrtümern: sogar in der Rechtfertigungslehre, wie von Andreas Osiander vorgetragen, in der Lehre von den guten Werken eines Georg Major und Justus Menius, oder in der Abendmahlslehre Melanchthons selbst, die immer mehr *der* der alten Sakramentierer (Zwinglianer) ähnle, und in der faktischen Verleugnung der CA von 1530 und der Schmalkaldischen Artikel von 1537.

Für die Vorbereitung und das Verfahren des Wormser Gesprächs hatte diese Vorgeschichte die katastrophale Konsequenz, dass der katholischen Partei eine schon gespaltene protestantische gegenübertrat bzw. die Spaltung zum Haupteffekt des Gesprächs wurde.

Auf die Einzelheiten des Gesprächs ist hier nicht einzugehen. Wichtig ist, dass die katholische Gruppe den Protestanten vorwarf, dass sie untereinander ja gar nicht einig seien. Deshalb drängte sie auf Verdammung von Irrlehren um die gemeinsame Basis auszuloten. Das war freilich der sicher auch intendierte und inszenierte Spaltpilz des Gesprächs und insofern ein taktisches Foul. Denn Melanchthon und seine Anhänger, allen voran die Württemberger Brenz und Andreä, gingen von einer prinzipiellen Lehreinheit des Protestantismus und damit der Evangelischen Kirche aus. Die bestehenden Fragen sollten *nach* dem Wormser Gespräch innerprotestantisch geklärt werden, am besten bei einer Zusammenkunft friedliebender Experten. Basis für die Einheit sei die CA von 1530 und ihre jeweiligen Konkretionen, z. B. die Confessio Saxonica von 1552 – also Melanchthons für das Konzil von Trient verfasstes Bekenntnis, das von den Gnesiolutheranern bisher auch nicht inkriminiert worden war.

Ganz anders lautete die Grundüberzeugung der Theologen aus dem herzoglichen Sachsen (nicht Kursachsen!), allen voran Erhard Schnepf, Maximilian Mörlin und Johannes Stössel. Diese vertraten die Position, dass eine innerprotestantische Einheit *vor* dem Gespräch mit den Katholiken erzielt werden müsse u. z. durch *namentliche Verurteilung* aller Irrlehrer. Einheit der Kirche war für sie nur zu gewinnen durch Affirmation wahrer Lehre und Damnation der Irrlehrer.

Beide Positionen waren nicht miteinander vereinbar; man hätte den Graben vielleicht überspielen können, doch haftete an der an Melanchthon und Brenz orientierten Mehrheit ja selbst der Verdacht, Irrlehrer zumindest zu schonen. So kam die katholische Forderung auf Verurteilung von Irrlehren den Gnesiolutherischen entgegen; die Weigerung der württembergischen Theologen, Osiander zu verurteilen führte zum Eklat. Im Protest gegen diese Position und nach ihrem Ausschluss vom Gespräch verließ die gnesiolutherische Gruppe Worms. Der Protestantismus hat 20 Jahre gebraucht, nämlich bis zur Konkordienformel von 1577, um diesen Riss halbwegs zu heilen. Halbwegs! Denn einerseits die Profilierung des Luthertums und andererseits

---

[6] Vgl. Hans Christoph von Hase, Die Gestalt der Kirche Luthers. Der casus confessionis im Kampf des Matthias Flacius gegen das Interim von 1548, Göttingen 1940.

die Ausgrenzung des Reformiertentums ist eine der nachhaltigen Folgen des Wormser Dramas.

Melanchthon hat bei den Verhandlungen des Wormser Gesprächs das Äußerste versucht. Er scheint mit seinen Zugeständnissen an die Forderungen der Gnesiolutheraner, die gerade ihn nicht schonten, ganz dem Klischee des ewigen Vermittlers zu entsprechen. Doch ist dies nur die eine Seite; die andere, die uns eigentlich mehr interessiert, ist die Vermittlung der eigenen Position auch im Sinne medialer Steuerung. D. h. zunächst einmal, dass Melanchthon nach dem Scheitern des Wormser Gesprächs und zwar noch in Worms selbst ein Manifest erarbeitet hat, dem gewissermaßen der Rang einer Presseerklärung zukommt, die unter dem 1. Dezember gedruckt wurde und zwar u. a. in Erfurt, Frankfurt, Straßburg und – was uns aufhören lässt – in Pforzheim.

Damit wandelt sich der Begriff der Vermittlung vom reinen Ausgleich zur Profilierung melanchthonischer Theologie im Streit. Vermittlung ist nicht die Suche nach dem arithmetischen Mittel binnen zweier Extreme, was in der Theologie ohnehin nicht funktioniert, sondern die Rückkehr und Behauptung zu den Positionen, die Melanchthon für die Einheit der Kirche als notwendig erachtete. Dem diente das von allen evangelischen in Worms zurückgebliebenen Theologen unterzeichnete Manifest, dessen Sprache klar auf Melanchthon hinweist, der auch als erster die *Schrifft der Colloquenten auff der Augspurgischen Confession seiten, die zu Wormbs gewesen seind, biß die Widersächer das Colloquium zertrent haben* unterzeichnet hat.

Worum geht es: Melanchthon wünscht in seiner *Schrifft* nichts lieber als eine Zusammenkunft gelehrter und gottesfürchtiger Männer zur notwendigen (Er)Klärung von Lehrartikeln – ohne Hass und Sophisterei. Man ahnt schon, dass offen gelassen wird, ob hier die Katholiken oder die Gnesiolutheraner gemeint sind. Hass ist Melanchthon auf Seiten der Katholiken kaum begegnet, wohl aber meinte Melanchthon seit Mitte der 1550er Jahre, dass seine (protestantischen) Gegner ein Mordkomplott gegen ihn schmiedeten.

Er wünscht (und hätte das auch für Worms erhofft) eine ehrliche Disputation, keinen Schaukampf. Ziel ist die Vermeidung von Abgötterei, ein im Zuge der Auseinandersetzung Philipps gegen die römische Messe gängige Polemik. Jetzt sind also die Katholiken gemeint. Das sonst bei Melanchthon positiv formulierte Ziel: „wahre Gottesverehrung" fehlt hier noch.

Im Weiteren wird dem „Widerparth" vorgeworfen, sie hätten *mit list Trenung gesucht / damit sie fug hetten dz gespräch abzubrechen vnd zuuerhindern*. Hier geht es schlicht und einfach – wie bei allen scheiternden Verhandlungen – um die nachträgliche Deutungshoheit hinsichtlich der Schuldfrage. Der publizistische Streit darum prägte die folgenden Monate und wurde nicht nur zwischen Katholiken und Protestanten ausgetragen, sondern eben auch zwischen Philippisten und Gnesiolutheranern – im engsten Zirkel sogar zwischen Wittenberg und Stuttgart, da Melanchthon auch Brenz' Weigerung, Osianders Rechtfertigungslehre nicht zu verurteilen, nicht nachvollziehen konnte.

Im Weiteren bekräftigte Melanchthon die prinzipielle Einheit des Protestantismus, beschwor Ruhe und Einigkeit und betonte feierlichst als Grundlage der Kirche, Schrift, altkirchliche Symbole und die CA von 1530, dass in der Kirche die *wahre Gottesverehrung* (jetzt fällt der Begriff) nicht verhindert werde. Der Schlusssatz lautet so:

Lasset vs der lieben Kirchen verschonen / welche on das inn disem Thorechten [törichten] alter der Welt / schwecher vnd betrubter ist / vnnd lasset vns mit allerley Gottseligen diensten sie befürderen. Wie wir dann / so hie gegenwertig [also die in Worms zurückgebliebene Mehrheit] / dasselbig zuthun versprechen / vnd scheüwen gar nit Gelehrter vnd frommer leut vrtheyl / in vnseren Kirchen.

Was ist hier wahrzunehmen? Zunächst einmal Widersprüchliches: Denn Melanchthon behauptet die Einheit des Protestantismus angesichts der sich soeben ereignet habenden Spaltung. Er bezieht sich mit seinen Genossen ganz auf Schrift, „Symbola" und CA 1530, was auch seine Gegner tun. Die Frage der Fortschreibung der Bekenntnisse, wie er sie ständig praktiziert hat, wird nicht gestellt. Und die Formel von der Unterwerfung unter ein Urteil der frommen Gelehrten ist zum Teil formelhaft. Auch sonst taucht die Bezeichnung *pii et docti et eruditi* o. ä. auf, wenn es um Klärung der Lehre und Konfliktlösung geht. Einer allgemeinen Synode von Theologen hat Melanchthon aber fast durchgehend widerraten. Diese würde nur den Extremen eine Plattform geben. Melanchthon bevorzugte im Grunde ein aristokratisches Prinzip der Kirchenleitung, und das in obrigkeitstheologischer Anbindung, also Konsistorien statt Synoden. Das ist nicht unproblematisch, was die Freiheit der Kirche betrifft. Es ist aber auch strukturnaiv, denn wer *soll*, wer *kann* beurteilen, wer fromm und gelehrt ist? Die alte Frage also: Quis custodit custodes?!

Wir müssen wieder die Perspektive unseres Themas gewinnen: die Grundlinie der philippistischen Mehrheit gegen die Gnesiolutheraner in ihrem Einfluss auf den deutschen Südwesten, konkret Baden.

Zwei Sachverhalte sind zu nennen: 1. waren die gnesiolutherischen Herren Mörlin und Stössel in Baden-Durlach bzw. damals Baden-Pforzheim keine unbekannten. Sie nämlich waren die aus dem Herzogtum Sachsen entbotenen Reformatoren und Visitatoren gewesen, welche einerseits (*mit* den Württembergern) im Baden Karls II. die Reformation eingeführt hatten, andererseits im Kampf für den Kleinen Katechismus Luthers den Schwaben unterlegen waren. Die badische Reformation ist ja in sich schon ein Kampffeld unterschiedlicher Strömungen des Luthertums nach 1555 gewesen. Karl II. hat damals der Aufnahme der Schmalkaldischen Artikel in die Kirchenordnung von 1556 zugestimmt, orientierte sich aber weiterhin und eng an dem Württemberg Herzog Christophs, da es in Baden schlichtweg an evangelischen Pfarrern und vor allem einer Universität fehlte. Deshalb blieb der mildere Kurs Württembergs bestimmend.

Wenn nun aber 2. das Manifest bzw. die philippistische „Presseerklärung" ausgerechnet (auch) in der badischen Residenz Pforzheim gedruckt wurde und das nur 1½ Jahre nach Erlass der reformatorischen Kirchenordnung, dann darf dies als bewusste Entscheidung des Markgrafen begriffen werden, sich mittels des Druckes der „Schrifft" an der philippistischen (und württembergischen) Mehrheit zu orientieren, wie sie sich in Worms gebildet hatte – eine Entscheidung des Markgrafen erneut auch gegen Mörlin und Stössel und für Brenz und Jakob Andreä, vor allem aber auch für Melanchthon.

Nur ein kurzer atmosphärischer Blick auf Melanchthon und die Kurpfalz: Die Unklarheiten der religionspolitischen Orientierung der Kurpfalz unter Ottheinrich hatten sich noch nicht zum Streit verdichtet. Während des Wormser Gesprächs – der Weg war ja ohne weiteres überbrückbar – reiste Melanchthon nach Heidelberg und wirkte bei der Universitätsreform mit. Hier (und zwar im Herrengarten hinter der damals noch nicht bestehenden Providenzkirche) hat er vom Tod seiner Frau erfahren.

Ein wesentlicher theologischer Einfluss auf die Kurpfalz rührte von diesem Aufenthalt nicht her. Dennoch besteht ein solcher. Ich komme darauf zurück.

3 Frankfurt 1558

„Frankfurt 1558" steht im Folgenden für den Versuch, im Rahmen der Übertragung der Kaiserwürde an Ferdinand I. zu Frankfurt a.M. eine von den drei evangelischen Kurfürsten verantwortete Klärung theologischer Fragen vorzunehmen, an der auch andere Fürsten Anteil nahmen und den sog. Frankfurter Rezess (Beschluss) auch unterzeichneten. Dazu gehörten Landgraf Philipp von Hessen, Herzog Christoph von Württemberg, Pfalzgraf Wolfgang von Pfalz-Zweibrücken – und wieder Markgraf Karl II. aus Pforzheim.

Nur anreißen kann ich das Grundproblem. Kursachsen mit dem klugen, ja gerissenen Kurfürsten August, der ein Territorium ohne theologische Spannungen regierte und ansonsten sehr kaisernah agierte, war an theologischen Fragen nur insoweit interessiert, als und wie deren Lösung oder Konfliktträchtigkeit sich auf den Reichsfrieden auswirken konnten. Wie bekannt galt der Reichsfriede ja nur für die Altgläubigen und die Augsburger Konfessionsverwandten. Die Berufung auf die CA und die Legitimität einer solchen Berufung war kein theologisches Glasperlenspiel, sondern ein politisch und reichsrechtlich hochsensibles Feld.Die politischen Konflikte zwischen (albertinischem) Kursachsen und dem (ernestinischen) Herzogtum Sachsen waren seit dem Schmalkaldischen Krieg und dem Verlust der Kurwürde der Ernestiner an die Albertiner heftig und wurden durch die theologischen Konflikte zwischen ernestinischem Gnesioluthertum (Jena) und albertinischem Philippismus (Wittenberg) noch verstärkt. Kurfürst August suchte entsprechend Dämpfung aller Konflikte und Vermeidung aller Konfliktherde, auch von Synoden. Theologen durfte man nicht allein lassen. Zumindest juristische Räte mussten mäßigend eingreifen und für Frieden sorgen. In dieser Meinung hat Melanchthon seinen Fürsten grundsätzlich bestärkt.

Den Gegenpol bildeten in seltener Eintracht, die aber nach 1559 zerbrach, Württemberg und Kurpfalz. In Württemberg hatte das Interim, also der Versuch einer katholisierenden Zwischenlösung nach dem Schmalkaldischen Krieg heftige Wellen geschlagen. Benachbarte Stände waren rekatholisiert worden (Konstanz!), die prominentesten Prediger in Württemberg oder der Nachbarschaft hatten fliehen müssen (u. a. Schnepf, Brenz aus Hall). In der Kurpfalz hatte man 1545/46 versucht, die Reformation einzuführen – zum denkbar ungünstigsten Zeitpunkt, so dass eine reformatorische Kirchenordnung aus dem Osiander/Brenzschen Erbe erst 1556 zum Tragen kam (die dann auch Markgraf Karl II. aus Württemberg übernahm).

In Kurpfalz wie Württemberg war also die Zeit nach dem Augsburger Frieden eine Zeit der Konsolidierung der Reformation bei (kurzgefasst) größerer theologischer Bandbreite, die auch täuferische und spiritualistische Bewegungen kannte. Der

Wille zu theologischer Klärung war hier viel ausgeprägter als in Kursachsen. Dem gesellte sich hinzu eine bei Herzog Christoph erkennbare, bei Ottheinrich vehement und aggressiv formulierte Kritik am Augsburger Frieden wegen seiner erkennbaren Bevorzugung der katholischen Reichsstände.

Schlagwortartig formuliert: Kursachsen verfocht den *status quo*, politisch und theologisch. Man war saturiert. Württemberg und Kurpfalz drangen auf Veränderung der Reichspolitik, Württemberg mit Augenmaß, Kurpfalz ungestüm.

Zu einer Zusammenarbeit der evangelischen Stände musste es freilich nach dem Wormser Desaster kommen, wenn beim Kaiser als Oberhaupt des Reiches nicht Zweifel an der Verlässlichkeit der Protestanten aufkommen sollten. Denn wenn etwa Protestanten über andere Protestanten sagten, dass diese nicht auf dem Boden der CA stünden und etwa „Rotten und Sekten" anhingen, dann war dies ein Politikum. So beeinhaltete auch der Frankfurter Rezess vom März 1558 ein klares Bekenntnis der anwesenden Fürsten zur ungeänderten CA – eine Erklärung, der sich die anderen evangelischen Stände, auch die gnesiolutherisch geprägten anschließen sollten. Auch dieses Unternehmen ist gescheitert; vor allem am Widerstand im Herzogtum Sachsen, das gegen den Frankfurter Rezess das sog. Weimarer Konfutationsbuch stellte, das nur aus Verwerfungen bestand (!), womit also die Gnesiolutherischen das nachholten, was Ihnen in Worms von der philippistischen Mehrheit verwehrt worden war.

Wenn wir nun aber den Frankfurter Rezess betrachten, dann stellen wir fest, dass nach der Erklärung zur Einheit der Evangelischen Kirche im Insistieren auf der CA vier Fragen diskutiert wurden, bei der auf Namensnennung grundsätzlich verzichtet wurde: Rechtfertigung, Notwendigkeit der guten Werke, Abendmahl und Umgang mit den sog. Adiaphora, also des Problems geistlichen Widerstandes, wie es sich durch das Interim ergeben hatte.

Dass alle diese Klärungsversuche von einem Melanchthonschüler, nämlich dem Zweibrücker Kanzler Ulrich Sitzinger mit Melanchthonzitaten formuliert wurden, auch dass der in Frankfurt nicht anwesende Melanchthon mit dem Ergebnis nicht zufrieden war; vor allem aber: dass die Gnesiolutheraner sich durch diese Theologie negativ bestätigt sahen und einen Abfall von der CA und den Schmalkaldischen Artikeln konstatierten, all das kann hier nur angedeutet werden.

Viel einschneidender, prägender und schicksalsträchtiger für die weitere Geschichte der Kurpfalz sind zwei Linien, die zum Frankfurter Rezess hin und von ihm weg zu ziehen sind. Nämlich der Zusammenhang des Interesses an einer reichsweiten evangelischen Synode einerseits und einer als oberländisch bezeichneten Abendmahlslehre andererseits.

Was die Frage einer Synode angeht, so hatte ich erklärt, dass Melanchthon eine solche ablehnte, weil sie den Streit verschärfe. Freilich musste Melanchthon nach Worms erkennen, dass irgendetwas geschehen musste, um zu verlässlichen Klärungen zu kommen. So entwarf er kurz vor dem Frankfurter Rezess seine Schrift „Vom Synodo", die voller Skepsis steckt, aber auch Ansätze zu synodaler Beratung mit Mehrheitsprinzip erkennen lässt.

Ausgerechnet diese Schrift, die Kurfürst August in Auftrag gegeben hatte, wahrscheinlich um Argumente *gegen* eine Synode parat zu haben, hat Melanchthon an Herzog Christoph nach Stuttgart geschickt (heimlich?), den stärksten *Befürworter* einer (natürlich obrigkeitlich gesteuerten) Synode. War Melanchthon in dieser Frage also unklar, unschlüssig oder gar illoyal?

Fest steht, dass Herzog Christoph und in seinem Schlepptau Kurfürst Ottheinrich im Grunde ein System entworfen hatten, dass dem obrigkeitlichen und kirchlichen Interesse Rechnung trug: nämlich klare Vorgaben für eine Synode, die dem zu wahrenden Reichsfrieden dienen sollte und im Beisein der Fürsten dann die Klärung der theologischen Fragen und Ausschluss der Irrlehrer aus Lehre und Predigt. Das klingt rigide, aber sollte den synodalen Austausch ermöglichen, den Kurfürst August für gefährlich und überflüssig hielt.

Diese Frage, nennen wir sie einmal eine Verfahrensfrage wurde nun überlagert von Lehrfragen. Nur eine können wir herausgreifen: die Frage des Abendmahls. Sie ist deshalb entscheidend, weil an der Frage der Abendmahlsgemeinschaft in Lehre und Praxis die Frage der Kirchengemeinschaft und damit Kircheneinheit hängt und auch damals hing. Hochkritisch wurde diese Frage auch durch die damalige Flüchtlingskrise, vor allem in Hamburg und dann Frankfurt a. M. Denn die Duldung der hugenottischen und niederländischen Flüchtlinge in den freien Städten war ja nur möglich, wenn deren Bekenntnis der CA entsprach. Das nahmen die Flüchtlinge selbstverständlich in Anspruch, bezogen sich aber ebenso selbstverständlich auf Melanchthons CA Variata (1540) oder auch die Confessio Saxonica, deren Abendmahlslehre zweifellos eine Fortentwicklung der Lehre Luthers darstellt. FORT-Entwicklung im durchaus doppelten Sinne. Der Streit musste also auch hier weiter wuchern. Der Bremer Abendmahlsstreit, den Melanchthon bis zu seinem Tode mit großer Besorgnis verfolgte, endete mit der Entlassung des Melanchthonfreundes Albrecht Hardenberg, der sich in seiner Verteidigung auf den Frankfurter Rezess berufen hatte, was ihm wie dem Rezess zum Verhängnis wurde. Hier wurde also das Problem ganz konkret und brennend, wie man sich auf die CA berufen konnte bzw. ob deren melanchthonische Fortschreibung denn legitim sei.

Gehen wir aber zurück und geben wir dem im Februar 1559 verstorbenen Ottheinrich die Ehre einer besonderen Sprachschöpfung bzw. Herstellung einer Traditionslinie Ende 1557: Denn als sich das Scheitern des Wormser Gesprächs abzeichnete, zeigte sich der Kurpfälzer außerordentlich bedrückt.[7] Er befürchtete nicht nur nachhaltige Spaltung der evangelischen Kirche und deshalb Triumph der Altgläubigen, sondern sah klar, dass eine Verweigerung der Verurteilungen von den Gegnern als Zustimmung zu Irrlehren gewertet werden konnte. Dringend empfahl er, die Theologen noch in Worms zu erneuter Beratung zu verpflichten und dazu insbesondere Gutachten Melanchthons, Brenz' und Johannes Marbachs einzuholen, *daran allen oberlendischen teutschen und andern kirchen dieser zeit merglich vil gelegen.*

In seiner Bedeutung ist dies Schreiben des Heidelberger Kurfürsten bisher kaum gewürdigt worden. Denn Ottheinrich empfahl nicht nur eine Zusammenstellung der strittigen Artikel durch die Theologen, sondern auch deren Beratung durch weitere Hinzuziehung weltlicher Räte und stellte das weitere Verfahren in die Geschichte der oberdeutschen („oberlendischen") Theologie und insbesondere die Abendmahlsfrage in den Horizont der *concordia, so anno 1536 zu Wittenberg zwuschen* [sic] *weilunt* [sic] *Luthero, Bucero und andern oberlendischen und saxischen theologen von den sacramentis ufgericht*[8] – also der sog. Wittenberger Konkordie.

---

[7] Das Weitere nach Briefwechsel des Herzogs Christoph von Wirtemberg, hrsg. von Viktor Ernst, Teil 4, Stuttgart 1907, Nr. 345 (21. Oktober).
[8] Ebd., S. 432.

Man wird Ottheinrich – er dürfte von seinem Hofprediger Michael Diller beraten worden sein, der als Nachfolger des verstorbenen kurpfälzischen Generalsuperintendenten Heinrich Stoll ins Wormser Gespräch eingetreten war – zugestehen dürfen, dass es genau so gekommen ist: Melanchthon, Brenz und Marbach waren die Erstunterzeichneten der Pforzheimer *Schrifft* vom Dezember 1557. Und natürlich hat auch Diller diese unterschrieben. Und die Vermittlungsartikel, die Melanchthon lateinisch noch in Worms gestellt hatte und die nun in Deutsch vorlagen, waren genau die, die Ulrich Sitzinger dann dem Frankfurter Rezess zugrunde legte.

Ottheinrich positionierte sich also hier bez. der Abendmahlslehre eindeutig vermittelnd auf der Basis der Wittenberger Konkordie, die gnesiolutherischen Theologen (aber auch Brenz) *nicht* genügen konnte. Und: In der kurpfälzischen Kirchenordnung von 1556 war Melanchthons *Examen Ordinandorum* aufgenommen, das sich hinsichtlich der Abendmahlslehre vom sächsischen Luthertum unterschied.[9] Summa summarum: Ottheinrich empfahl eine oberländisch grundierte Lehrentwicklung, die er bezüglich des Abendmahls als Wirkungsgeschichte der Wittenberger Konkordie begriff, in seiner eigenen Kirchenordnung verankert hatte, und die ganz und gar allen Abendmahlslehrstücken Melanchthons seit 1540 entsprach: nämlich die Beziehung der „res" (Sache) des Abendmahls auf die Verheißung der Präsenz Christi, die Unterscheidung von himmlischen und irdischen Dingen (mit Irenäus), und der Bezug der Gemeinschaft mit Christus auf die *Handlung* des Essens und Trinkens und nicht der Elemente als solcher.

Im Zuge der sich 1557 in Magdeburg parallel entwickelnden Lehre von der Allenthalbenheit des *Leibes* Christi im Abendmahl (Ubiquität durch entsprechende Interpretation der *communicatio idiomatum*) im Mahlgeschehen, grenzte sich Melanchthon (ebenfalls seit 1557) von dieser Lehre ab.

Damit sind wir beinahe schon beim letzten kurzen Punkt angelangt, da eben diese Fragen des Abendmahls, der Fortentwicklung von dessen Lehre wie auch der Einfluss der Flüchtlinge den Heidelberger Abendmahlsstreit auslösten.

Doch zuvor noch eine kleine Reminiszenz aus badischer Sicht. Als der Frankfurter Rezess weite, aber eben nicht ungeteilte Zustimmung erfuhr, mangelte es nicht an Initiativen, doch zunächst wieder auf fürstlicher Ebene zu theologischen Klärungen vorzustoßen. Eine Initiative war die zweite Eheschließung des verwitweten badischen Markgrafen Karl II. Jetzt waren es Hessen und wieder Württemberg, die anregten, im Zusammenhang der Hochzeit in Pforzheim im Oktober 1558 eine Unterredung mit befreundeten und kritischen Fürsten – die Gutachten zum Frankfurter Rezess lagen ja mittlerweile vor – anzustrengen. Trotz des hohen Engagements vor allem des Landgrafen Philipp verhallte dieser Ruf weitgehend.[10] Melanchthon war froh, dass er nicht reisen musste – und das in eine ihm so angenehme Stadt – weil er wieder nur neuen Streit befürchtete. Dem Kurfürsten August war Pforzheim einfach zu weit, der arme Ottheinrich war gar nicht mehr transportfähig. Und der gastgebende Markgraf wird vielleicht auch am Tag seiner Hochzeit anderes im Sinn gehabt haben als theologische Subtilien. Ein Ergebnis hat der Pforzheimer Tag nicht erbracht. Was wir wissen, wissen wir angesichts der badischen Aktenlage nur aus hessischen Quellen.

---

9 Vgl. EKO 14, 198f.
10 Vgl. Neudeckers Neue Beiträge I, Nrr. LXXIIf.

4 Heidelberg 1559

Aus oberländischer Sicht den letzten Akt der Wirkungen Melanchthons läuten wir ein mit dem Heidelberger Abendmahlsstreit; aus der Sicht Melanchthons ist es der zweitletzte Streit seines Lebens, denn buchstäblich bis zum Tode hat er sich noch 1560 für Albrecht Hardenberg in Bremen eingesetzt – und das vergeblich. Man könnte auch beide Streite zu einem zusammenfassen, denn in beiden hat Melanchthon dasselbe gesagt. Und eben das wiederholt, was sich in seinen späten loci, der Confessio Saxonica, den früheren Gutachten, Artikeln und wie seine Verlautbarungen immer heißen mögen, findet, auch im Frankfurter Rezess (bzw. dessen melanchthonischen Vorarbeiten) – vor allem aber im schon genannten *Examen Ordinandorum*.

Leitgedanken dieser Abendmahlslehre, deren sprachliche Form sich seit 1526 verfestigt[11], in den 1550er Jahren sich profiliert und 1557 auch ihre christologische Abrundung findet, sind:

(1) Betonung der Gemeinschaft in biblischer (und patristischer) Orientierung an 1 Kor 10, 16,
(2) Zurückhaltung gegenüber einer identifizierenden Verhältnisbestimmung der Gegenwart Christi zu den Elementen von Brot und Wein,
(3) Zurückhaltung gegenüber den christologischen Konsequenzen Luthers (im Sinne der Allgegenwart/Ubiquität der menschlichen Natur Christi im Abendmahl), sowie
(4) Herausstellung des Handlungscharakters im Abendmahl.

Das alles hat Melanchthon im Heidelberger Ratschlag an den jetzigen Kurfürsten Friedrich III. zur Geltung gebracht, als 1559 der Streit zwischen dem lutherischen Generalsuperintendenten Heshusen und dem „Reformierten" Klebitz eskalierte. Der Streit muss hier nicht mehr geschildert werden.[12] Das er mit der Entlassung beider Streithähne endete, lässt vielleicht noch auf den Willen des Kurfürsten schließen, quasi mit den Vermittlungen Melanchthons einen, eben *Mittel*-Weg zu gehen. Doch hat die weitere Entwicklung, nicht zuletzt in Bremen gezeigt, dass die Polarisierung im Protestantismus ganz in Richtung Übergang zum Reformiertentum hie und Abkehr vom Philippismus verliefen. Dennoch trägt der reformierte Heidelberger Katechismus ganz gewiss die theologischen Züge auch Melanchthons, dessen Schüler Zacharias Ursinus, der Hauptverfasser des Katechismus, ja gewesen ist.

---

[11] Vgl. Wilhelm H. Neuser, Die Abendmahlslehre Melanchthons in ihrer geschichtlichen Entwicklung 1519–1530 (Beiträge zur Geschichte und Lehre der reformierten Kirche 26), Neukirchen-Vluyn 1968, 433f.
[12] Vgl. Johannes Ehmann, Das evangelische Abendmahlsverständnis von 1529 und 1536 bis heute – Annäherung an Melanchthon?, in: Erinnerung an Melanchthon (wie Anm. 2), 137–156.

5 Fazit

Welches Fazit ist möglich? Melanchthons Vermittlungen, sind sie allesamt gescheitert? Und – ggf. und *doch* – irgendwie wirksam?

Ich habe eingangs auf die Hochschätzung Melanchthons bei den Vermittlungstheologen des 19. Jahrhunderts verwiesen. Und ich habe das mit dem Versuch verbunden, Melanchthons Theologie eben nicht als die eines weichgespülten Luther zu verstehen.

Damit wiederum war gemeint, dass Melanchthon m. E. nicht als purer Ausmittler, vielleicht noch ehrlicher Makler oder auch als distanzierter Moderator begriffen werden darf, sondern auch und gerade seine Vermittlungen durchaus Affirmationen kennen, feste Behauptungen, die um wahre Gottesverehrung, heilvolle Gemeinschaft mit Gott und durch das Evangelium getröstete Zeugenschaft der Kirche kreisen. Nehmen wir diese an der Einigkeit Gottes und seiner Kirche ausgebildete Grundorientierung ernst, dann müssen theologische Probleme, die spaltend wirken können, als theologische Probleme ernst genommen werden, die nicht nur in Beziehungsebenen verflüchtigt werden können. Dass sie gleichsam miteinander verflochten sind, das hat einem Melanchthon das Leben schwer gemacht, aber eben auch einem Ullmann oder einem Nitzsch oder einem Ebrard oder wie sie alle heißen. Das Risiko des Scheiterns ist für alle Vermittlungstheologen offenbar ein signifikant hohes.

Aber dass – ein letztes Mal komme ich darauf zurück – die oberdeutsche Abendmahlstheologie 1536 eine *forma verborum* gefunden hat, die sogar innerhalb der Konkordienformel überwintern konnte und als Denken Melanchthons (und Bucers) innerhalb des Reformiertentums wie eines milden Luthertums im 19. Jahrhundert zur Einigkeit neue Triebe entwickelte, die bis zum Leuenberg 1973 reichen, das nenne ich schließlich auch eine späte Frucht der Vermittlungen Philipp Melanchthons.

Diese freilich müssen lebendig gehalten werden durch die *pii et docti et eruditi seu piae et doctae et eruditae* – zu guter heilsamer *doctrina*, sprich Lehre. Entgegen manchen Verdachts gibt's nichts Doktrinäreres als den Verzicht auf rechte *doctrina* und deren liquide Transparenz.

Doch hier sollte ich enden, wenn nicht ein neuer Bogen gespannt werden soll, nämlich der zur Union, zur theologischen Bildung und zur angemessenen Sprache in Theologie und Kirche.

Carl Ullmann (1796–1865) – ein badischer Vermittlungstheologe

Hans Pfisterer

I. Carl Ullmann – Herkunft und Werdegang

Carl Ullmann wurde im Jahre 1796 im damals noch kurpfälzischen Epfenbach geboren, wenige Jahre bevor durch Napoleon die territorialen Karten neu gemischt wurden und Dorf und Landschaft an Baden kam.

In Epfenbach, einem Dorf im Übergang vom „kleinen" Odenwald zum Kraichgau, war der Vater reformierter Pfarrer. Hier verbrachte das einzige Kind der Eltern, ein Töchterlein verstarb früh, seine Kindheitsjahre, bevor es dann nach Mosbach auf die Lateinschule und von dort für viele Jahre nach Heidelberg ging. In Heidelberg, wo der junge Carl Ullmann das Gymnasium besuchte, wohnte er als Gast und Pflegekind bei Johann Konrad Maurer, dem Kirchheimer Pfarrer, der bis zur Vollendung des Pfarrhausbaus in Kirchheim bei Heidelberg wohnte.

Der junge Gymnasiast lebte jetzt in einer Stadt, die nach Jahren der Bedeutungslosigkeit unter badischer Ägide zu neuem Leben erwacht war. Ullmann war ein eifriger und sehr guter Schüler, nahm sich aber doch außerhalb des Schullebens immer wieder genügend Zeit, seiner Leidenschaft nachzugehen, dem Malen und Zeichnen. Inspirieren ließ er sich von der Ruine des Schlosses, von der Stadt, vom Neckartal und der Landschaft des „kleinen" und „großen" Odenwalds. Als die aus Köln stammenden Brüder Boisserée mit ihrer Sammlung spätmittelalterlicher Kunst vom Niederrhein 1810 nach Heidelberg kamen und sich im ehemaligen Anwesen der Grafen von Sickingen und Leiningen an der Nordseite des Karlsplatzes niederließen, war Ullmann auch dort häufiger Gast.

Gerne wäre der Abiturient Landschaftsmaler geworden, doch die Eltern verpflichteten ihn zum Theologiestudium. So schrieb er sich in der Theologischen Fakultät ein. Doch bei den Theologen war er eher selten zu sehen. Viel lieber besuchte er die Vorlesungen des klassischen Philologen, Altertums- und Mythenforschers Friedrich Creuzer, der eine der Hauptgestalten der romantisch-idealistischen Bewegung an der Universität und in der Stadt war. Creuzer war nicht nur Ullmanns bevorzugter akademischer Lehrer, sondern wurde auch sein Freund und der Förderer über viele Jahre hin.

Die Eltern jedoch vermissten eine intensivere Beschäftigung mit der Theologie und veranlassten einen Wechsel nach Tübingen, an eine Fakultät, die noch weithin den alten Supranaturalismus pflegte. Nach mehreren Semestern kam Ullmann zurück nach Baden, um hier das theologische Examen zu absolvieren. Es folgte das Vikariat und danach die Vorbereitung auf die akademische Laufbahn, zu der man ihn ermunterte.[1]

Zum Abschluss unternahm Ullmann, wie das damals häufig der Fall war, eine Bildungsreise, und zwar nach Berlin, mit der Absicht, die Vertreter der „neueren Theologie" kennenzulernen, vorab Friedrich Schleiermacher, dann aber auch die beiden einige Jahre zuvor noch in Heidelberg lehrenden Theologen Wilhelm Martin Leberecht De Wette und August Neander. Sieht man den überragenden Schleiermacher in der Mitte der „neueren Theologie", dann bildete De Wette gleichsam den linken, aufklärerischen Flügel, während Neander die Brücke zur Erweckung schlug.[2]

Nach der Rückkehr nahm Ullmann seine Lehrtätigkeit auf, wobei sowohl das Neue Testament als auch frühchristlich-patristische Literatur zunächst die Schwerpunkte bildeten, bis er sich dann im Laufe der Zeit auch mit Dogmatik beschäftigte. Nach allem, was wir wissen, muss die erste Zeit des akademischen Wirkens recht erfolgreich gewesen sein – bis der junge Dozent in die heftigen, ungezügelten Auseinandersetzungen zwischen den großen Antipoden der Theologischen Fakultät hineingeriet. Es war dies auf der einen Seite der entschiedene Rationalist Heinrich Eberhard Gottlob Paulus und auf der anderen Seite der Dogmatiker und Ethiker Karl Daub, der auf seiner wissenschaftlich-theologischen Wanderung durch den deutschen Idealismus inzwischen bei Hegel vor Anker gegangen war.

So heftig wurde der Streit geführt, dass selbst der ansonsten sehr zurückhaltende Großherzog in seinen Funktionen als Regent und als Landesbischof de jure die Parteien zur Mäßigung aufrief. Doch die Lage blieb angespannt. Die Studenten zog es zu den beiden theologischen Schulhäuptern, die Mitte und mit ihr vor allem die jüngeren Theologen litten darunter, so auch der feinsinnige, ästhetisch gestimmte Ullmann, dem der Streit und vor allem die Art des Streitens ohnehin zuwider war.[3]

So wird hier schon früh sichtbar, dass eine vermittelnde Theologie, wie Carl Ullmann sie mit Freunden zusammen anstrebte, für ihn nicht nur eine theologische Notwendigkeit war, sondern auch eine Herzenssache auf Grund persönlicher, existentieller Erfahrung. Es gab aber auch erfreuliche Begebenheiten. So schloss Ullmann recht bald enge Freundschaft mit dem 1820 aus Göttingen kommenden Friedrich Wilhelm Karl Umbreit, der in Heidelberg Altes Testament und Orientalistik lehrte. Nachdem Ullmanns Position Mitte der zwanziger Jahre trotz der tiefen Kluft in der Fakultät durch Veröffentlichungen gefestigt war, befasste sich der inzwischen zum Ordinarius Ernannte immer intensiver mit dem Plan der Gründung eines theologischen Journals. Für diesen Plan konnte er seinen Freund Umbreit gewinnen. Darüber hinaus nahm er mit dem Schleiermacher-Schüler Friedrich Lücke in Bonn erfolgreich Verbindung auf. Der wiederum konnte seine beiden Bonner Kollegen, den praktischen Theologen Karl Immanuel Nitzsch und den Kirchenhistoriker Johann Karl Ludwig Gieseler für das Unternehmen begeistern. Und der bekannte Verleger Friedrich Perthes erklärte sich bereit, den Verlag des Journals zu übernehmen.

---

[1] Kurze Zusammenfassung von: Hans Pfisterer, Carl Ullmann. Romantik und „positive Vermittlung", Heidelberg/Ubstadt-Weiher etc. 2014, S. 7–30 (I Kindheit, Jugend, Studienzeit – Carl Ullmann und die Heidelberger Romantik).
[2] Ebd., 32–34.
[3] Ebd., 35–38.

II. Die „Theologischen Studien und Kritiken" (1828) - Vermittlungstheologie im Gespräch mit Friedrich Schleiermacher

Im Frühjahr 1827 trafen sich die Freunde in Rüdesheim, um Grundsätzliches und Konkretes miteinander zu besprechen. Ullmann und Umbreit, die beiden Heidelberger, waren bereit, die redaktionelle Arbeit zu übernehmen. „Theologische Studien und Kritiken" sollte der Name des neuen Journals sein. Mit einer Ankündigung wollte man auf die Gründung hinweisen und zur Mitarbeit einladen. Breiten Raum nahm in Rüdesheim natürlich die Diskussion über die Programmatik ein. Auch hier war es wieder Ullmann, der einen Entwurf vorlegte. Danach wolle die Zeitschrift *keiner Partei angehören, noch viel weniger versuchen, eine Partei zu machen.*

Das Grundanliegen formulierte er mit Wendungen, die an die Diktion Schleiermachers in der „Kurzen Darstellung des theologischen Studiums" aus dem Jahre 1811 sowie in manch anderen Schriften erinnern: *Überall werden sich die Herausgeber bestreben, die Forderungen des religiösen Interesses und die des wissenschaftlichen Geistes zu vereinigen und gleichmäßig zu berücksichtigen, und ihrerseits nie verkennen, in welchem innigen erhebenden Bunde das Christentum mit wahrer Wissenschaft steht.*[4]

Welche Theologen brachte man damit in Verbindung? Zunächst und zuerst dachte man an alle, die im breiten Strom der „neueren Theologie" miteinander verbunden waren – an Schleiermacher, De Wette, Neander und die große Schar derer, die zu ihren Schülern und Geistesverwandten zählten. Ein theologisches Journal für die „neuere Theologie" also – doch unter ausdrücklichem Ausschluss der spekulativen Theologie Schellingscher und Hegelscher Prägung, wie sie von Karl Daub in Heidelberg gelehrt wurde und in Berlin mit dem ehemals in Heidelberg lehrenden Philipp Konrad Marheineke ihr Schulhaupt gefunden hatte. In der spekulativen Theologie erblickten die Gründer der „Theologischen Studien und Kritiken" nämlich nichts anderes als einen Rationalismus höherer Ordnung! Moderaten Rationalisten und Supranaturalisten wollte man freilich ebenso Raum geben wie denjenigen Theologen der Erweckung, welche die Entwicklung zu einem neuen Konfessionalismus nicht mitzugehen bereit waren.[5]

Abschließend kam man offenbar überein, auch Lücke und damit den Bonnern die Gelegenheit zu geben, einen Entwurf einzubringen. Wenige Tage später traf das Ergebnis in Heidelberg ein. Lücke hatte das umfangreiche Programm Ullmanns gestrafft. Zugleich ließ er an die Stelle der zeitgenössischen Diktion klassische theologische Kategorien wie etwa „Glaube" und „Wissen", „Buchstabe" und „Geist" treten, ohne wiederum grundsätzlich auf Ullmanns Ausdrucksweise zu verzichten. Und schließlich stammt von Lücke das Wort, das die auf dem Boden der „Theologischen Studien und Kritiken" sich sammelnde Bewegung bezeichnen sollte: Die Herausgeber glauben, ihr Unternehmen *bei all denen rechtfertigen zu können, welche mit ihnen der Meinung sind, dass es in keiner Zeit, am wenigsten aber in der unsrigen, der wahren Vermittlungen zu viele geben könne.* Der Umgang mit dem Entwurf blieb Ullmann

---

[4] Ebd., 43; ausführlicher: Hans Pfisterer, Carl Ullmann (1796–1865). Sein Weg zur Vermittlungstheologie, Karlsruhe 1977, 226–228.
[5] Pfisterer, Romantik und „positive Vermittlung (wie Anm. 1), 43f.

und Umbreit überlassen, die Lückes Vorschläge weitgehend einarbeiteten. So konnte nun die Ankündigung auf den Weg gebracht werden, mit dem Programm für eine Theologie, die sich der Vermittlung verpflichtet wusste. Und zwar der „wahren" Vermittlung.[6] Was mag sich mit dem Wort „wahr" verbinden? Ein Blick auf Ullmanns ursprünglichen Entwurf mag uns weiterhelfen: Vermittlung ja, aber keine Vermittlung um der Vermittlung willen. Sondern Vermittlung auf dem Grund des *biblischen Christentums* unter *Anerkennung des historischen und positiven Elements*.

Das erste Heft der „Theologischen Studien und Kritiken" erschien im Frühjahr 1828. Ullmann eröffnete es mit der Abhandlung *Über die Unsündlichkeit Jesu*, später *Die Sündlosigkeit Jesu*. Man kann diese Schrift als Modell vermittlungstheologischen Bemühens im Gespräch mit Schleiermacher bezeichnen, wobei die Bandbreite und Vielfalt vermittlungstheologischer Ansätze naturgemäß sehr groß und vielfältig war. Die „Sündlosigkeit Jesu" erschien bald auch als Sonderveröffentlichung und wurde mit sieben Auflagen ein theologischer Bestseller des 19. Jahrhunderts.

Unverkennbar der theologische Hintergrund: Es ist Schleiermachers Hauptwerk *Der christliche Glaube nach den Grundsätzen der evangelischen Kirche im Zusammenhang dargestellt*, erste Ausgabe 1821/22. Der Gedanke der Sündlosigkeit Jesu findet sich in der „Glaubenslehre" unter den christologischen Leitsätzen und ist insofern wichtig, als Sündlosigkeit die vollendete geistig-sittliche Erscheinung Jesu mit konstituiert. Zugänge zum Verständnis Jesu wie der vom Supranaturalismus angewandte Wunder- und Weissagungsbeweis sind für Ullmann nicht mehr zeitgemäß.

Will man einen Zugang zum Verständnis der Göttlichkeit seiner Sendung und seiner Person finden, muss man der „Gesamtbildung" der Zeit entsprechend auf die Besonderheit der Person und des Wesens Jesu schauen. Doch während Schleiermacher seine Christologie in der „Glaubenslehre" aus der Gestimmtheit des frommen Selbstbewusstseins heraus erschloss, finden wir bei Ullmann einen dezidiert anderen Ansatz: Zunächst und zuerst sucht er den festen Boden historischer Betrachtung, indem er sich in einem ersten Argumentationsgang mit den Evangelien auseinandersetzt.[7] Dabei malt er vor allem unter Bezug auf das Johannesevangelium das Bild eines Erlösers, dessen Vollkommenheit im harmonischen Zusammenklang der Kräfte und Äußerungen zur Geltung kommt.

In einem zweiten Gedanken- und Beweisgang[8] kommt Ullmann der Methode Schleiermachers dann näher, wenn er von den Wirkungen ausgehend rückschließt auf den Wirkenden, vom Erlösungsglauben und seinen Gestaltungen auf den Erlöser. Allerdings sucht er auch hier zunächst nach einem festen Grund und findet ihn in seinem ureigenen Gebiet, in der Geschichte der Kirche: *Das Dasein der christlichen Kirche also samt des Guten, was in und an ihr ist, zeugt für die heilige Güte des Stifters*.

Gegen Ende des zweiten Gedankengangs kommt es dann aber doch noch zu einem Schulterschluss mit Schleiermacher, wenn Ullmann die persönliche, innere Erfahrung thematisiert, die im Erleben von Gericht und Gnade auf Wesen und Wirken des Erlösers schließen lasse.

---

[6] Ebd., 44.

[7] Carl Ullmann, Über die Unsündlichkeit Jesu. Eine apologetische Betrachtung, in: Theologische Studien und Kritiken (ThStKr) Jg. 1828, Heft 1, 14/16–35.

[8] Ebbd., 36–49.

Abb. 10:
Carl Ullmann, Lithographie um 1840 (Landeskirchliches Archiv)

Die Bezugnahme auf Schleiermacher ist in Ullmanns Abhandlung deutlich. Zugleich werden aber auch Unterschied und Eigenständigkeit erkennbar. Man könnte sagen: Schleiermacher ja, aber biblischer, historischer, oder auch positiver! So nämlich, „positive Vermittlung", hat man häufig die theologische Bewegung genannt, die sich um Ullmann und seine Freunde sammelte.

III. „Das Wesen des Christentums" (1845) – Vermittlungstheologie im Gespräch mit moderat-spekulativer Theologie

Carl Ullmann hatte sich bereits durch seine Monographie über Gregor von Nazianz, einen der drei großen Kappadozier, bekannt gemacht. Durch die Gründung der „Theologischen Studien und Kritiken" und die apologetische Schrift im ersten Heft wurde man im damals nicht nur politisch, sondern auch kulturell-akademisch Ton angebenden Preußen auf ihn aufmerksam. So wurde er 1829 nach Halle berufen, an die damals größte Theologische Fakultät Deutschlands. Häufige Begegnungen mit den Theologen in Berlin wurden dadurch ermöglicht. In Halle blieb Ullmann bis 1836, um dann wieder nach Heidelberg zurückzukehren.

In diesen Jahren lässt sich eine bemerkenswerte Entwicklung feststellen, die zugleich deutlich werden lässt, dass die Gestalt der Vermittlungstheologie durchaus flexibel war und imstande, auf die theologischen Veränderungen der Zeit einzugehen. In seinen unveröffentlicht gebliebenen dogmatischen Versuchen findet man Bemerkungen, die auf eine neue, positive Einschätzung einer moderat-spekulativen Theologie schließen lassen, habe sie doch die Bedeutung des Denkens und der Erkenntnis nach einer sehr auf das Gefühl fokussierten Phase in die theologische Diskussion wieder eingebracht.

Im Jahre 1845 erschien in den „Theologischen Studien und Kritiken" eine Abhandlung, in der kirchenhistorisch-dogmengeschichtliche Erkenntnisse und dogmatische Überlegungen zusammenfließen. Die Abhandlung trägt den Titel *Über den unterscheidenden Charakter des Christentums, mit Beziehung auf neuere Auffassungsweisen*. Mit dem Titel „Das Wesen des Christentums" ist diese Abhandlung dann in verschiedenen Auflagen gesondert erschienen.

Nicht ohne Absicht wird Ullmann diesen Titel gewählt haben – als Gegenschrift gegen Feuerbachs gleichlautende Schrift aus dem Jahre 1841.

Ullmann deutet die Geschichte des Christentums als Entfaltung einer ursprünglichen Einheit des Glaubens und Lebens. Diese Entfaltung geschieht in einzelnen Epochen, in denen wiederum einzelne wichtige Grundthemen zur Geltung kommen. In den ersten Jahrhunderten kommt es unter dem Einfluss der spätgriechischen Welt zur Ausbildung der Lehre. Im Mittelalter versteht sich die Kirche unter dem Einfluss des abendländischen Geistes als lebensgestaltende Macht – das Christentum als Gesetz. In der Zeit der Reformation schließlich kommt der erlösende Charakter des christlichen Glaubens machtvoll zur Geltung. Dasselbe wiederholt sich im Zeitraffer in der Neuzeit: Orthodoxie und Supranaturalismus verstehen den Glauben vor allem als Lehre, Kant und seine rationalistischen Jünger als lebensgestaltende Sittlichkeit, Schleiermacher und seine Epoche als religiöse Erhebung durch erlösende Kraft.

Die Epochen selber sind nicht strikt voneinander abgesetzt, vielmehr wird die vorhergehende in der folgenden mitaufgenommen. Man nimmt einen Hauch Hegelscher Geschichtsphilosophie wahr, allerdings nicht konsequent und zielbewusst durchgeführt, zumal sich auf den Dreitakt der Epochen in der Neuzeit die Tür öffnet zu einer Epoche hin, die nach Ullmann die Zukunft bestimmen wird: Die *drei Auffassungsweisen enthalten, was wir ihnen nicht absprechen wollen, etwas Wahres, aber nur in ihrer lebendigen Zusammenfassung, unter dem letzten und höchsten Punkte geben sie die volle Wahrheit.*[9] Der „letzte und höchste Punkt" aber und zugleich der Quellgrund des christlichen Glaubens und Lebens ist das *eigentümliche Sein* Jesu Christi, *die vollkommene Einheit des Göttlichen und Menschlichen in seiner Person.*[10] Eigentlich nichts Neues, wie Ullmann vermerkt, indem er auf Strömungen im christlichen Altertum, die Mystik des Mittelalters und auf die *philosophische und theologische Spekulation der neueren Zeit* verweist. Gegen Ende seiner Schrift bringt es Ullmann unter Rückbezug auf den Titel der Abhandlung noch einmal deutlicher als zuvor auf den Punkt:

---

[9] Carl Ullmann, Über den unterscheidenden Charakter des Christentums, ThStKr Jg. 1845, 18.
[10] Ebd., 33.

Dasjenige, was den spezifischen, unterscheidenden Charakter des Christentums ausmacht, ist nicht seine Lehre, nicht sein sittliches Gesetz, selbst nicht seine erlösende Kraft, sondern die eigentümliche Beschaffenheit und religiös sittliche Bedeutung seines Stifters als der mit Gott vollkommen geeinigten, wahrhaft göttlichen und wahrhaft menschlichen Persönlichkeit.[11]

Eine solche Theologie werde für die Kirche der Zukunft bestimmend sein, und das werde die *wahrhaft universale, die geistig und frei katholische*[12] sein. Dabei gelte es aber zwei Prinzipien zu verteidigen: Die „theistische" Gottesvorstellung darf nicht preisgegeben werden, ebenso nicht die Historizität der Gesamtpersönlichkeit Jesu, wie es Ullmann in strikter Abgrenzung zu David Friedrich Strauß und Ludwig Feuerbach fordert.

So erleben wir in Ullmanns theologischer Position einen durchaus bemerkenswerten Wandel. Die strikte Grenzziehung der zwanziger Jahre wird aufgehoben, Elemente der spekulativen Philosophie und Theologie finden deutlich Berücksichtigung. Dies dürfte zweifelsfrei durch die kirchenhistorische Beschäftigung mit der Mystik im Rahmen seiner Arbeit am Hauptwerk „Reformatoren vor der Reformation" gefördert worden sein, doch nicht zuletzt auch durch die kollegiale Freundschaft und Zusammenarbeit mit Richard Rothe in Heidelberg, dem spekulativen enfant terrible der Vermittlungstheologie.

IV. Prälat D. Carl Ullmann (1853–1860) – Vermittlung als Brückenschlag im kirchenleitenden Handeln

Nach Erscheinen seines Hauptwerks „Reformatoren vor der Reformation" in den Jahren 1841 und 1842[13] wandte sich Ullmann immer mehr den praktisch-kirchlichen Fragen zu – im Bemühen, in den immer heftiger werdenden Auseinandersetzungen die Wogen zu glätten und Wege einvernehmlicher Veränderungen aufzuzeigen.

Die revolutionären Ereignis der Jahre 1848/49 und ihr Scheitern führte zu einer Neuvermessung der theologischen und kirchlich-geistlichen Landschaft in Baden. Die Aufklärung mit einem moderaten Rationalismus als Wurzel und religiös-kulturellem Milieu der badischen Union verlor an Bedeutung, die Vermittlungstheologie hatte mehr und mehr das Sagen. Carl Ullmann wurde zum Mann der Stunde. Im Landesverein für Innere Mission, der in engem Kontakt mit Johann Hinrich Wichern gegründet wurde, und dann vor allem in den Durlacher Konferenzen sammelten sich diejenigen, die der Landeskirche ein neues Gepräge geben wollten.[14]

Dabei wurde auch hier wieder die Bewegung der Vermittlungstheologie zu einem Spiegel bemerkenswerter Veränderungen. Es lässt sich dies exemplarisch an der Entwicklung der Bekenntnisfrage bei Ullmann nachzeichnen: Im Jahr 1830 setzte sich

---

[11] Ebd., 56f.
[12] Ebd., 16.
[13] Carl Ullmann, Reformatoren vor der Reformation, Bd. 1, Hamburg 1841, Bd. 2, Hamburg 1842.
[14] Hans Pfisterer, Romantik und „positive Vermittlung" (wie Anm. 1), 83 und 85f.

Ullmann als Professor in Halle entschieden für die von der Berliner Erweckung angegriffenen rationalistischen Kollegen ein. Das Bemühen um mehr Einheit in der evangelischen Kirche habe in der protestantischen Freiheit seine Grenze. Die Bekenntnisse seien bei allem Respekt *Werk irrtumsfähiger Menschen*.

In den unveröffentlichten dogmatischen Fragmenten, die über die dreißiger Jahre hin entstanden sind, klingt das schon anders. Die Bekenntnisschriften sind immerhin ernstzunehmende *testimonia fidei*.[15] Diese Tendenz setzte sich fort und kam dann nach den Revolutionsjahren voll zur Geltung. Nicht zuletzt deshalb, weil Ullmann und seine Gefährten in der bekenntnislosen oder bekenntniskritischen Haltung vieler akademischer Theologen und Pfarrer einen der Gründe für die heftigen innerkirchlichen Turbulenzen und Flügelkämpfe der vierziger Jahre sahen.

Im Jahr 1853 wurde Carl Ullmann Prälat der badischen Landeskirche.[16] Als Ziel setzte er sich den „positiven Ausbau" der Union mit Entscheidungen über einen neuen Katechismus, ein neues Gesangbuch, eine neue Biblische Geschichte, dann aber vor allem einer Klärung des Bekenntnisstandes und einer neuen, liturgisch reichen Gottesdienstordnung unter Rückgriff auf altkirchliche und reformatorische Traditionen. Das Kapitel der Aufklärung und des Rationalismus in der badischen Kirche sollte endgültig abgeschlossen sein, ein neues Kapitel aufgeschlagen, ja geschrieben werden. So wurde die Vermittlung aus einer Bewegung mit dem Anliegen, unter Ausschluss der Extreme unterschiedliche Richtungen auf einer gemeinsamen Grundlage zu sammeln, zu einer kirchenpolitischen Position und damit schlussendlich mehr und mehr zu einer kirchenpolitischen Partei.

Auf der Generalsynode 1855[17] wurden die entsprechenden Vorlagen und Anträge des Evangelischen Oberkirchenrats mit großer Mehrheit gebilligt. Als aber 1858 die neue Gottesdienstordnung eingeführt wurde, entstand vor allem in den ehemals kurpfälzischen Gebieten mit reformierter Tradition heftige Gegnerschaft bis weit ins bürgerliche Lager hinein. Die verpflichtend eingeführte einfache Form des Gottesdienstes war zwar der bisherigen schlichten Gottesdienstform recht nah – dennoch warf man dem Kirchenregiment eine Abkehr von protestantischen Prinzipien und „katholisierende" Tendenzen vor. Der Evangelische Oberkirchenrat musste schmerzhafte Kompromisse akzeptieren und ging beschädigt aus dem „Agendenstreit" hervor. Als dann beim Ringen um eine neue Verfassung die Gegensätze wieder aufbrachen,[18] nahm Carl Ullmann seinen Abschied.

Nur selten noch wirkte er in die Kirchenöffentlichkeit hinein, obschon er an den Geschicken der Landeskirche weiterhin *sehr herzlichen und schmerzlichen Anteil* nahm. Umso mehr aber widmete sich Ullmann nun wieder den „Theologischen Studien und Kritiken", um die er sich in der Zeit, in der er das Prälatenamt innehatte, nur beiläufig kümmern konnte.

Am 12. Januar 1865 verstarb Carl Ullmann. Auf dem alten Friedhof in Karlsruhe wurde er beigesetzt.

---

[15] Zu Ullmann und der Bekenntnisfrage: Ebd., 63 (siehe auch 48).
[16] Ebd., 87ff.
[17] Ebd., 90 ff.
[18] Ebd., 104–106.

V. Schlussgedanken

Beim Blick auf sein Leben und Wirken Ullmanns drängt sich die Frage auf: Ist Carl Ullmann, als eines der Häupter der Vermittlungstheologie hochgeachtet, als Prälat gescheitert?

Wenn man die Frage in einen weiteren kirchengeschichtlichen Kontext hineinstellt, wird man sie verneinen müssen und dürfen. Denn Ullmann hat mit der Gründung des diakonischen Landesvereins für Innere Mission eine bleibende Brücke gebaut zwischen Kirche und Gesellschaft. Als theologischer Direktor des Evangelischen Oberkirchenrats (die Vorgänger waren Juristen) hat er trotz Widerständen für ein klareres theologisch-geistliches Profil der Kirchenleitung gekämpft.

Schließlich hat er mit seinen Weggefährten und darüber hinaus mit einer ganzen Reihe von Diözesen im Land die Frage nach der Bedeutung der Bekenntnisse neu zur Geltung gebracht und so die badische Landeskirche mit ihren reformatorischen Wurzeln konfrontiert.

Und nicht zuletzt hat er mit dem Bemühen um einen liturgisch reicheren Gottesdienst unter Einbeziehung der Gemeinde die badische Unionskirche mit hineingenommen in den breiten Strom allgemeinkirchlicher gottesdienstlicher Traditionen.

Und wenn wir heute in Baden Gottesdienst feiern, tun wir es mit Freude in den Formen, die damals schon angedacht waren.

Das Bauland – eine lutherische Adelslandschaft zwischen Religionsfrieden und Centenarium der Reformation

Helmut Neumaier

Mit der Entstehung des Großherzogtums Baden entstand auch die Evangelische Landeskirche, die mit der Markgrafschaft Baden-Durlach als Kern weitere lutherische Territorien und mit der Kurpfalz ein reformiertes Kirchenwesen einbezog. Sie alle konnten auf unterschiedliche Traditionen zurückblicken, so dass neben vielen anderen Aufgaben die Schaffung einer gesamten evangelischen Kirchengeschichte unumgänglich war, um der neugeschaffenen Landeskirche eine ihr zukommende Beschreibung und auch Legitimierung zu bieten. Bildete Burkhard Gotthelf Struves Kirchengeschichte der Kurpfalz eine zuverlässige Stütze,[1] sah dies für die meisten anderen Territorien und vor allem für die Reichsritterschaft ungleich schlechter aus. Es währte denn auch mehr als vier Jahrzehnte, bis Karl Friedrich Vierordt (1790–1864), Direktor des Karlsruher Lyzeums,[2] diese Herausforderung annahm und mit seinem auch heute noch beeindruckenden zweibändigen Werk zum Abschluss brachte.[3]

Zwei Ritterschaften – Die im Kraichgau und die im Bauland

Der Aufgabe der Erforschung der Reformation bei der Reichsritterschaft hat Vierordt sich selbstverständlich gestellt. Welche Hürden sich hier auftaten, geht allein schon aus der Tatsache hervor, dass Archive damals als Staatsgeheimnisse gehütet wurden oder wie diejenigen des Adels kaum zugänglich waren. Ein Beispiel möge genügen: Das Schriftgut der Abtei Amorbach wurde in den Privaträumen des Abtes aufbewahrt[4] Gerade die Amorbacher Archivalien wären für die Darstellung der Reformation bei den Rüdt unverzichtbar gewesen.

---

[1] Burkhard Gotthelf Struve, Ausführlicher Bericht von der Pfälzischen Kirchen-Historie, Frankfurt 1721.
[2] Fritz Frankhauser, in: ADB 55, Leipzig 1910, 300–302; Theodor Löhlein, Karl Friedrich Vierordt, in: Badische Biographien, Bd. 2, Heidelberg 1875, 405–407.
[3] Karl Friedrich Vierordt, Geschichte der evangelischen Kirche in dem Großherzogthum Baden, 2 Bde., Karlsruhe 1847/1856.
[4] Leonhard Scherg, P. Bonifatius Rand und die Neuordnung des Amorbacher Klosterarchivs 1774–1784, in: Friedrich Oswald/Wilhelm Störmer (Hgg.), Die Abtei Amorbach im Odenwald, Sigmaringen 1984, 383–387.

Zur fränkischen Reichsritterschaft des Kantons Odenwald[5] hat Vierordt das Folgende angemerkt[6]:

„Die früheren Bewegungen der Reformationsfreunde unter der fränkischen Ritterschaft des Kantons Odenwald waren in der Zeit, als Franz von Sickingen fiel, durch die Waffen des Schwäbischen Bundes überwältigt worden, und machten sich, wenigstens bei den meisten, erst viel später wieder bemerklich, als die Furcht vor mächtigen Landesherren hauptsächlich vor den geistlichen Fürsten von Mainz und Würzburg, in Folge des Passauer Vertrags und des Religionsfriedens von 1555 sich minderte, und als in pfälzischen Theilen des Odenwaldes die Reformation 1556 Eingang fand."

Eine zweite Anmerkung[7]: „Wenn wir daraus annehmen dürfen, wie Mainz und Würzburg in ihrem übrigen odenwäldischen Gebiete das Wormser Edikt handhabten, so bietet sich uns unter dem Adel am Neckar ein anderes Schicksal der evangelischen Lehre dar." Hier nennt er u. a. Götz von Berlichingen, Hans Landschad von Steinach, Dietrich von Handschuhsheim.

Vierordt stellt hier die Reformation bei zwei Ritterschaften gegenüber, nämlich die von Rittern im Kraichgau, die sich dann als fünftes (!) Viertel der Schwäbischen Reichsritterschaft anschlossen, und derjenigen im Bauland, dann Teil des Orts/Kantons Odenwald der Fränkischen Reichsritterschaft. Inzwischen sind für letztere einige Korrekturen erfolgt. So hielt sich die Unterstützung Sickingens durch die Ritter des Baulandes durchaus in Grenzen, und die Einführung der Confessio Augustana vollzog sich unabhängig von derjenigen in der Kurpfalz, obwohl die mit dem Amt Boxberg ja im Bauland unmittelbar präsent war. Zur Zeit Sickingens hat es die Reichsritterschaft bekanntlich noch nicht gegeben.[8] Völlig zurecht hat Vierordt jedoch auf die unterschiedlichen Zeiten der Einführung der Augsburgischen Konfession hingewiesen. Im

---

[5] Vierordt meint hier das Bauland, also das Gebiet zwischen Hinterem Odenwald, Tauber, Jagst und Neckar, welcher Landschaftsname sich damals noch nicht allgemein durchgesetzt hatte; vgl. Peter Assion, ‚Odenwald' und ‚Bauland' – Zur Geschichte der beiden Begriffsbildungen, in: Beiträge zur Erforschung des Odenwaldes und seiner Randlandschaften, Bd. 2, Breuberg-Neustadt 1977, 23–36. Der Kanton Odenwald umfasste einen ungleich größeren Raum als das Mittelgebirge. Die Bezeichnung Kanton verdrängte erst in der zweiten Hälfte des 17. Jahrhunderts diejenige als Ort, doch um Missverständnissen vorzubeugen, wird hier nur Kanton verwendet.

[6] Vierordt, Geschichte (wie Anm. 3), Bd. 1, 480.

[7] Ebd., 140f.

[8] Wolfgang von Stetten, Die Rechtsstellung der unmittelbaren freien Reichsritterschaft, ihre Mediatisierung und ihre Stellung in den neuen Landen. Dargestellt am fränkischen Kanton Odenwald (Forschungen aus Württembergisch Franken, Bd. 8), Schwäbisch Hall 1973; Volker Press, Der Ort Odenwald der fränkischen Reichsritterschaft, in: Handbuch der baden-württembergischen Geschichte, Bd. 2, Stuttgart 1995, 810–813; Christoph Bauer, Reichsritterschaft in Franken, in: Anton Schindling/Walter Ziegler (Hgg.), Die Territorien des Reichs im Zeitalter der Reformation und Konfessionalisierung, Bd. 4: Mittleres Deutschland, Münster 1992, 182–213; Wolfgang Wüst, Reformation und Konfessionalisierung in der fränkischen Reichsritterschaft. Zwischen Modernisierung und patriarchalischer Politik, in: Zeitschrift für bayerische Landesgeschichte 65/2 (2000), 177–199; Erwin Riedenauer, Fränkische Reichsritterschaft und römisch-deutsches Reich. Elemente einer politischen Symbiose, in: Erich Schneider (Hg.), Nachdenken über fränkische Geschichte (Veröffentlichungen der Gesellschaft für fränkische Geschichte, Bd. IX/50), Neustadt/Aisch 2005, 155–278; Helmut Neumaier, „Daß wir kein anderes Haupt oder von Gott eingesetzte zeitliche Obrigkeit haben". Ort Odenwald der fränkischen Reichsritterschaft von den Anfängen bis zum Dreißigjährigen Krieg (Veröffentlichungen der Kommission für geschichtliche Landeskunde in Baden-Württemberg, Bd. B 161), Stuttgart 2005; Richard J. Ninness, Im konfessionellen Niemandsland – Neue Forschungen zur Geschichte der Reichsritterschaft zwischen Reformation und Dreißigjährigem Krieg, in: Historisches Jahrbuch der Görres-Gesellschaft 34 (2014), 142–164.

Kraichgau geschah dies außerordentlich früh,⁹ im benachbarten Bauland mehr als drei Jahrzehnte später. Verantwortlich dafür machte Vierordt den von Mainz und Würzburg als Lehnherren ausgehenden Druck.

Vergleicht man das politische Umfeld der beiden Ritterschaften, sind Unterschiede nicht zu übersehen. Die Ritter im Kraichgau gehörten ganz überwiegend zum Lehnhof der Kurpfalz, die ihren Adel offensichtlich an recht langer Leine ließ.¹⁰ Kirchlich unterstanden sie der Obödienz des stark von seinem Schirmvogt, dem pfälzischen Kurfürsten, abhängigen Bistums Worms.¹¹ Zwar schloss sich Kurpfalz offiziell erst 1556 dem evangelischen Lager an, doch zuvor befand sich das Land in einem mehr als dreißigjährigen „konfessionellen Schwebezustand"¹². Von da aus gesehen, besaß der Adel im Kraichgau eine nicht geringe Freiheit des Handelns.¹³

Um einiges anders stellte sich das politische Bild des Baulands dar. Die Strafaktion der Städtebank des Schwäbischen Bundes im Jahre 1523 gegen Edelleute, die man der Unterstützung des Thomas von Absberg und der Plackerei verdächtigte und die mit der Zerstörung einiger Burgen, vor allem der Depossedierung der Herren von Rosenberg auf Boxberg endete, hatte dem Adel sehr drastisch seine Machtlosigkeit vor Augen geführt.¹⁴ Vollends die Erhebung des Gemeinen Mannes, die einen ihrer Schwerpunkte im Bauland hatte, ließ es den Rittern geraten sein, sich zunächst enger an den Lehnherrn in Würzburg anzuschließen.¹⁵ Die Formierung der Reichsritterschaft seit 1542, wenn auch mit gewissen Anlaufschwierigkeiten, verlieh dann dem Adel im Bauland trotz des selbstverständlichen Weiterbestehens des Lehnbandes einen gewissen Handlungsspielraum. Vor allem die Raubunternehmungen des Markgrafen Albrecht Alkibiades von Brandenburg-Kulmbach sollten die politische Einflussnahme des Würzburger Ordinarius auf den Adel erheblich einschränken.¹⁶

Die strukturellen Unterschiede sind jedoch nicht so groß gewesen, als dass sie im Bauland eine frühere Reformation unmöglich gemacht hätten, wie sie dann Jahrzehnte später erfolgt ist. Auslöser für die frühe Einführung der Glaubensneuerung im Kraichgau bildete der Eindruck, den Martin Luther bei seiner Heidelberger Dis-

---

9   Vierordt, Geschichte (wie Anm. 3), Bd. 1, 142–149.
10 Volker Press, Die Ritterschaft im Kraichgau zwischen Reich und Territorium 1500–1623, in: ZGO 122 (1974), 35–98, hier 40ff.
11 Eike Wolgast, Hochstift und Reformation. Studien zur Geschichte der Reichskirche zwischen 1517 und 1648 (Beiträge zur Geschichte der Reichskirche, Bd. 16), Stuttgart 1995, 137f.; Ders., Die reformatorische Bewegung in der Kurpfalz bis zum Regierungsantritt Ottheinrichs 1556, in: Udo Wennemuth (Hg.), 450 Jahre Reformation in Baden und Kurpfalz (Veröffentlichungen zur badischen Kirchen- und Reformationsgeschichte, Bd. 1), Stuttgart 2009, 25–44, hier 26.
12 Wolgast, Reformierte Konfession und Politik im 16. Jahrhundert. Studien zur Geschichte der Kurpfalz im Reformationszeitalter (Schriften der Philosophisch-Historischen Klasse der Heidelberger Akademie der Wissenschaften, Bd. 10), Heidelberg 1998, 16–22, hier 17.
13 Zuletzt Paul Warmbrunn, Hoch- und Niederadel in der Kurpfalz im Spannungsfeld von Reformation und Konfessionalisierung, in: Ulrich A. Wien/Volker Leppin (Hgg.), Kirche und Politik am Oberrhein im 16. Jahrhundert (Spätmittelalter, Humanismus, Reformation, Bd. 89), Tübingen 2015, 153–171.
14 Joseph Frey, Die Fehde der Herren von Rosenberg auf Boxberg mit dem Schwäbischen Bund und ihre Nachwirkungen (1523–1555). Diss. phil. (masch.schr.) Tübingen 1924.
15 Ernst Schubert, Landständische Verfassung des Hochstifts Würzburg (Veröffentlichungen der Gesellschaft für Fränkische Geschichte, Bd. IX/23), Würzburg 1967, 112f.
16 Bernhard Sicken, Würzburg, seine Territorialnachbarn, der Fränkische Reichskreis und das Reich, in: Peter Kolb/Ernst-Günter Krenig (Hgg.), Unterfränkische Geschichte, Bd. 3, Würzburg 1995, 131–164, hier 143–154.

putation am 26. April 1518 bei Zuhörern hinterließ.[17] Dafür entscheidend war die Anwesenheit von Martin Bucer, Johannes Brenz und Erhard Schnepf, die gleichsam als Multiplikatoren wirkten.[18] Der nächste Impuls ging von Luthers Auftreten auf dem Wormser Reichstag 1521 aus, wo mit Dietrich von Gemmingen und Georg von Hirschhorn zwei Angehörige der Kraichgauer Ritterschaft anwesend waren und in deren Kirchen dann auch am frühesten im reformatorischen Sinne gepredigt wurde.[19] Zu den Kraichgauer Edelleuten gehörte auch Götz von Berlichingen, der sich recht vorsichtig dem evangelischen Lager anschloss.[20] Am Wormser Reichstag nahm auch Graf Georg II. von Wertheim (gest. 1530) teil, der, von Luther tief beeindruckt, sich schon 1522 von ihm einen evangelischen Prediger empfehlen ließ.[21] Es kennzeichnet die konfessionelle Haltung der Edelleute im Bauland, dass sie keine reformatorischen Impulse aus Wertheim aufnahmen.

Das soll allerdings nicht heißen, es hätte hier keine ‚Vorläufer' gegeben. Es besteht aber kein Zweifel – die Reformation bei der Ritterschaft des Baulands auf breiter Basis war das Ergebnis eines Generationswechsels. Dazu ein Beispiel, das zwar im hohenlohischen Sindeldorf angesiedelt war, der Handelnde aber ein Edelmann aus dem Bauland gewesen ist.[22] Der mainzische Amtmann von Sindeldorf Bernhard von Hardheim vertrieb 1538 den dortigen Pfarrer Alexander Sendler, der das Abendmahl in beiderlei Gestalt gespendet hatte. Der Amtmann war Vaterbruder des Wolf von Hardheim, des nachmaligen Protagonisten des Luthertums. Bernhard von Hardheim steht stellvertretend für die Generation, die den reformatorischen Rittern im Kraichgau entsprach, doch der Glaubensneuerung ablehnend oder wenigstens gleichgültig gegenüberstand. Das unterstreicht das oben zu Wertheim Gesagte.

---

[17] Heinz Scheible., Luther und die Anfänge der Reformation am Oberrhein, in: Badische Landesbibliothek (Hg.), Luther und die Reformation am Oberrhein, Karlsruhe 1983, 15–39; Ders., Die Universität Heidelberg und Luthers Disputation, in: ZGO 131 (1983), 309–329 und Ders., Die Universität Heidelberg und Luthers Disputation, in: Ders., Beiträge zur Kirchengeschichte Südwestdeutschlands (Veröffentlichungen zur badischen Kirchen- und Religionsgeschichte, Bd. 2), Stuttgart 2012, 29–48; Gottfried Seebass, Luthers Heidelberger Disputation, in: Heidelberger Jahrbücher, Bd. 27 (1983), 77–88; Hermann Ehmer, Die Kraichgauer Ritterschaft und die Reformation, in: Stefan Rhein (Hg.), Die Kraichgauer Ritterschaft in der frühen Neuzeit (Melanchthon-Schriften der Stadt Bretten, Bd. 3), Sigmaringen 1993, 73–195; Ders., Adelssolidarität oder Opportunismus? Ritterschaft und Reformation in den Kantonen Kraichgau und Odenwald 1520–1580, in: Wien/Leppin (wie Anm. 13), 173–193, hier 174f.

[18] Martin Brecht/Hermann Ehmer, Südwestdeutsche Reformationsgeschichte, Stuttgart 1984, 55; Ehmer, Die Kraichgauer Ritterschaft (wie Anm. 17), 184.

[19] Klaus Gassner, So ist das creutz das recht panier. Die Anfänge der Reformation im Kraichgau, Ubstadt-Wiher 1994, 36; auch Gerhard Kiesow, Von Rittern und Predigern. Die Herren von Gemmingen und die Reformation im Kraichgau, Ubstadt-Weiher 1997.

[20] Ehmer, Kraichgauer Ritterschaft (wie Anm. 17), 184; zu ihm Helgard Ulmschneider, Götz von Berlichingen. Ein adeliges Leben der deutschen Renaissance, Sigmaringen 1974, 221–224.

[21] Hermann Ehmer, Geschichte der Grafschaft Wertheim, Wertheim 1989, 103–105; Thomas Wehner, Wertheim, in: Schindling/ Ziegler (Hgg.), Die Territorien (wie Anm. 8), 214–232, hier 219.

[22] Bechreibung des Oberamts Künzelsau, Stuttgart 1883, 680; Otto Haug (Bearb.), Baden-Württembergisches Pfarrerbuch, Bd. II: Pfarrerbuch Württembergisch Franken, Teil 2, Stuttgart 1981, 428 Nr. 2501.

Zu rechter, warer christenlicher [...] Religion

Dem souveränen Überblick von Volker Press verdankt man das Wissen von den drei Phasen der Einführung der Reformation in den reichsritterschaftlichen Herrschaften[23]: 1. die der spontanen Einzelaktion einzelner Edelleute bis etwa 1520, 2. die der Orientierung im territorialen oder reichspolitischen Rahmen, d.h. die Anlehnung an bestimmte Territorialherren, 3. die des Schrittes nach dem Religionsfrieden. In seiner profunden Studie zur Reformation in den Reichsritterorten/Kantonen Kraichgau und Odenwald gelangte Hermann Ehmer für sie zu einer Präzisierung[24]: 1. Periode der frühen Reformation 1518–1546, 2. Periode der Stagnation 1546–1555, 3. Periode Konfessionalisierung 1555–1580. Als Trennlinie zwischen dem 1. und dem 2. dieser Abschnitte setzte er den Sieg der kaiserlichen Waffen im Schmalkaldischen Krieg und dem darauffolgenden Geharnischten Reichstag zu Augsburg und dem Interim an. Genau genommen, müsste noch eine Zwischenperiode eingefügt werden: Es wurde schon darauf hingewiesen, dass es eine jüngere Generation von Edelleuten gewesen ist, die gleichsam auf breiter Front den Weg zur Glaubensneuerung beschritten. Mit Ausnahme des Albrecht von Rosenberg zu Boxberg bzw. Schüpf waren sie bei ihrem Herrschaftsantritt zumindest formal noch altgläubig, denn sie präsentierten ihre Patronatspfarrer zur bischöflichen Approbation noch in Würzburg. Damit ihr Schritt mit dem Religionsfrieden, vielleicht schon nach dem Passauer Vertrag 1552 oder gar einige Jahre früher überhaupt erklärlich wird, ist eine Bekanntschaft oder auch Beschäftigung mit der neuen Theologie anzunehmen. Von daher gesehen, wird man von einem theologischen Zwischenstadium sprechen dürfen. Wie weit es zeitlich zurückreicht, ist nicht zu belegen.

Die 1. Phase: Die Berlichingen
Um es vorauszuschicken – diese Frühphase ist geprägt durch ein unübersehbares Übergewicht des Kraichgaus. Als Anhänger der Reformation haben wir Götz von Berlichingen für seine Herrschaft im Neckartal schon kennengelernt. Das wirft die Frage auf, ob er auch im Bauland in ihrem Sinne gehandelt hat. Hierzu ist eine Stelle aus den Lebenserinnerungen des Götz heranzuziehen.[25] Er verwahrte sich gegen die Beschuldigungen durch den Abt von Amorbach, während des Bauernkrieges dort Silbergeschirr entwendet zu haben. Nach dem Tod des Abtes sei dieses nämlich unter dessen Bett aufgefunden worden. Als Gewährsmann bezog Götz sich auf Friedrich Wolfhart, *seiner pfarher einer, der ein frumer erlicher man, vnnd freikich niehe khein lugen von im gehort worden [...], der dann lenger dann 50 jar mein vnnd meiner bruder pferrer zu Jagsthausen vnnd Neunstetten gewest*. Das Konzept der Lebensbe-

---

[23] Volker Press, Adel im Reich um 1600, in: Grete Klingenstein/Heinrich Lutz (Hgg.), Spezialforschung und ‚Gesamtgeschichte'. Beispiele und Methodenfragen zur Geschichte der Frühen Neuzeit (Wiener Beiträge zur Geschichte der Frühen Neuzeit, Bd. 8), Wien 1981, 15–47, hier 28; dazu Anton Schindling, Konfessionalisierung und Grenzen von Konfessionalisierbarkeit, in: Ders./Ziegler (Hgg.), Die Territorien (wie Anm. 8), Bd. 7, Münster 1997, 9–44, hier 24f.; Ninness, Im konfessionellen Niemandsland (wie Anm. 8).
[24] Ehmer, Adelssolidarität (wie Anm. 17), 174.
[25] Götz von Berlichingen, Mein Fehd und Handlungen, bearb. von Helgard Ulmschneider (Forschungen aus Württembergisch Franken, Bd. 17), Sigmaringen 1081, 128f.

schreibung ist vor dem Juli 1562 entstanden.[26] Nimmt man die Angabe von der gut ein halbes Jahrhundert währenden Amtszeit Wolfharts wörtlich, woran zu zweifeln kein Grund besteht, dann müsste er seit 1510/20 in Neunstetten amtiert haben. Ob dies schon wie bei Berlichingens Pfarrer in Neckarzimmern schon 1522 im lutherischen Sinne geschah, ist freilich nur schwer zu entscheiden; Hermann Ehmer geht vom Jahr 1533 aus.[27] Wie dem auch sei, die frühe Einführung des Luthertums vor dem Religionsfrieden ist nicht anzuzweifeln.[28]

Sie findet ihre Bestätigung im Zusammenhang mit der unten noch anzusprechenden Befragung des fränkischen Adels im Jahre 1548. Der mainzische Amtmann zu Tauberbischofsheim, Sebastian Rüdt von Collenberg, informierte damals den Bischof von Würzburg, dass der Pfarrer des Götz von Berlichingen in Neunstetten nach der *neuen sektirerischen Manier* amtiere, so dass man nicht wisse, ob er noch Priester sei.[29] Mit Bezug auf das Interim und die Bestimmungen des Reichsabschieds, gegen die er *stracks* verstoße, forderte Würzburg ihn auf, diesen Pfarrer zu entlassen. Am 23. August 1548 ließ Götz seinen Standpunkt wissen: Ihm komme der Patronat zu und er folge nur dem Vorbild benachbarter Fürsten. Wahrscheinlich bezog er sich hier auf die Grafschaft Wertheim und das Herzogtum Württemberg. Dann ist von der Angelegenheit nichts mehr zu hören. Götz hatte also ein evangelisches Kirchenwesen geschaffen, wobei er sich bemühte, die Kenntnis davon möglichst nicht nach außen dringen lassen, was offensichtlich nicht ganz gelang.

Der Berlichingen sprach aber auch von Jagsthausen, wo er nicht selbst den Patronat besaß, doch dafür sein Bruder. Ob Wolfhart nach Neunstetten hier wirkte oder beide Pfarreien gleichzeitig versah, ist nicht zu entscheiden. Für Jagsthausen ist die Zugehörigkeit zur Confessio Augustana schon in der Zeit vor dem Religionsfrieden jedenfalls belegt. Zeugnis ist die *Marggrevisch Ordnung in der Kirchen*[30], bei der es sich um das 1548 als Reaktion auf das Interim im Markgraftum Brandenburg-Ansbach erlassene *Auctuarium* handelt.[31]

Hier stellt sich die Frage, ob es nicht noch weitere kryptische Lutheraner unter den Rittern gegeben hat. Naturgemäß sind gesicherte Aussagen zu solchen Arcana schwierig und mit erheblichen Unsicherheiten behaftet. Als Quelle bietet sich zunächst das von Kaiser Karl V. erlassene an die einzelnen Ritterschaften gerichtete Ausschreiben an, wonach deren Mitglieder ihre konfessionelle Haltung offenzulegen hatten.[32] Für die fränkische Ritterschaft wiesen die kaiserlichen Kommissarien die Ritter Sebastian Rüdt von Collenberg, Sebastian Geyer von Giebelstadt und Martin von Adelsheim

---

[26] Ulmschneider, Götz (wie Anm. 20), S. 166.
[27] Ehmer, Adelssolidarität (wie Anm. 17), 185.
[28] Verf. muss seine früher geäußerte These revidieren, wonach Götz seine Pfarreien im Neckartal früh der Reformation zuführte, einen solchen Schritt im Bauland aber unterlassen habe; Helmut Neumaier, Reformation und Gegenreformation im Bauland unter besonderer Berücksichtigung der Ritterschaft (Forschungen aus Württembergisch Franken, Bd. 13), Schwäbisch Hall 1978, 142.
[29] Emil Ballweg, Einführung und Verlauf der Reformation im badischen Frankenland. Diss. phil. (masch schr.) Freiburg 1944, 187–191.
[30] Freiherrlich-Berlichingisches Archiv Jagsthausen Best.-Nr. 3003.
[31] Dazu nur Karl Schornbaum, Das Interim im Markgraftum Brandenburg-Ansbach, in: Blätter für bayerische Kirchengeschichte 14 (1908), 1–17, 49–79, 101–126.
[32] Horst Carl, Die Haltung des reichsunmittelbaren Adels zum Interim, in: Luise Schorn-Schütte (Hg.), Das Interim 1548/50. Herrschaftskrise und Glaubenskonflikt (Schriften des Vereins für Reformationsgeschichte, Bd. 203), Heidelberg 2005, 147–165, hier 161–163.

den Jüngeren an, die Standesgenossen auf den 11. März 1549 nach Mergentheim zu fordern, wo sie sich zu ihrer Haltung äußern sollten.[33] Der Verlust des Befragungsergebnisses ist bedauerlich, doch wird man seine Aussagekraft auch nicht überbewerten dürfen, denn die Ritter waren darauf bedacht, es mit ihrem kaiserlichen Herrn nicht zu verscherzen.

Neben Götz von Berlichingen kennen wir nur zwei Edelleute als der Augsburgischen Konfession Verwandte. Das sind Hans Thoman von Rosenberg zu Boxberg 1536[34] und der berühmte Söldnerführer Albrecht von Rosenberg zu Boxberg bzw. Schüpf 1546[35], deren evangelische Haltung bezeugt ist. In beiden Fällen jedoch liegt nur ein privates Bekenntnis vor, denn ersterer war damals ein ins Exil getriebener landloser Mann. Der andere gebot über keine Patronatsrechte. In der Rechtssprache späterer Zeit liegt demnach ein Exercitium privatum vor. Den über kirchliche Rechte verfügenden Rittern insgesamt ein solches zuschreiben zu wollen, verbietet der Fall Wolf von Hardheim. Vor seiner Eheschließung mit Margaretha von Berlichingen im Jahre 1548 suchte er um kirchliche Dispens wegen zu naher Verwandtschaft nach.[36] Wenn er also altkirchliche Autorität anrief, müsste er noch katholisch gewesen sein.

Die 2. Phase: Die Ganerbschaft Widdern

Die Einführung der Confessio Augustana in Widdern vollzog sich in enger Anlehnung an das Herzogtum Württemberg und ist somit ein für das Bauland untypischer Sonderfall. Die Vogtei über das Städtchen im Jagsttal teilten sich mehrere Herren. Als Beute aus dem Bayerischen Erbfolgekrieg hatte sich Württemberg 1504 u. a. Anteil an Widdern zu sichern vermocht. Hinzu kamen die Gemmingen, die ja zu den frühen Protagonisten der Reformation im Kraichgau gehörten, die Züllenhard und die Venningen. Letzteren folgten die Hofwart von Kirchheim zu Münzesheim.[37] Hans Israel von Züllenhard (gest. 1568) bekleidete das Amt des württembergischen Obervogts zu Stuttgart, Christoph von Venningen (gest. 1545) dasjenige des Obervogts von Vaihingen. Nachweislich gehörten sie schon 1542 dem evangelischen Lager an.

Man hat es hier mit einer Reformation zu tun, die sich am Territorialfürstentum orientierte. Württemberg hatte sich nach der Restitution Herzog Ulrichs 1534 entschieden deren Einführung zugewandt.[38] Wahrscheinlich im Jahre 1544 setzten die Ganerben einen evangelischen Pfarrer ein.[39]

Die 3. Phase: Transitus

Sieht man von Götz von Berlichingen und der Ganerbschaft Widdern ab, war es das Jahr 1555, in welchem die Schwelle von der Alten Kirche zum Luthertum überschrit-

---

[33] Staatsarchiv Ludwigsburg JL 425 Sammlung Breitenbach Bd. VII Nr. 25.
[34] Stadtarchiv Ulm Bestand 1138; Frey, Die Fehde (wie Anm. 14), 57.
[35] Hauptstaatsarchiv Stuttgart A 155 Bü 152.
[36] Staatsarchiv Ludwigsburg B94a Bü 2 *Inventarium Weylandt des Gestrengen Edlen / vnnd Vesten Georg Wolffen von / vnd zu Hartheim vnd Doomenckh / Seeligen verlassenschafft [...] Durch Conradum Hindermayer Notarium Publicum verfertiget*, fol. 166r.
[37] Wolfram Angerbauer, Aus der Geschichte von Widdern, in: Widdern einst und heute, Widdern 2011, 18–28.
[38] Zur Bedeutung dieses Schritts Franz Brendle, Württemberg unter habsburgischer Herrschaft, in: Martina Fuchs/Alfred Kohler (Hgg.), Kaiser Ferdinand I. Aspekte eines Herrscherlebens (Geschichte in der Epoche Karls V., Bd, 2), Münster 2003, 177–190, hier 169f.
[39] Angerbauer, Kirche und Pfarrer in Widdern bis um 1800, in: Widdern (wie Anm. 37), 85–89.

ten wurde. Der Religionsfrieden bezog mit Art. 26 die Reichsritterschaft mit ein (*Und jn solchem friden sollen die freien ritterschaft, welche one mittl der ksl. Mt. und uns underworfen, auch begriffen sein*), der damit das Ius reformandi zukam.[40] Mit diesem Übergang gleichsam auf breiter Front gewann die Reichsritterschaftslandschaft Bauland ein Bild mit drei besonderen Merkmalen:

1. Protagonisten dieser Reformation waren keine bekannten Theologen, vielmehr erfolgte der Vorgang ausschließlich durch die Edelleute selbst. Auf anderer Ebene bietet sich hier der Vergleich mit Kurpfalz an, wo das Fürstenhaus das Reformationswerk initiierte und durchführte.[41]
2. Volker Press hat für Gebiete und auch Familienverbände des reichsritterschaftlichen Adels von „konfessionellem Niemandsland" gesprochen, eine Formulierung, die Richard J. Ninness jüngst wieder aufgegriffen hat. Gemeint ist die Familienpolitik, sich konfessionelle Optionen offenzuhalten oder einer Entscheidung zunächst auszuweichen.[42] Diese Strategie verfolgten die Adelshäuser, die den Verlust von kirchlichen Pfründen zu vermeiden oder sich solche zu sichern wussten.[43] Im Bauland ist zur Zeit des Religionsfriedens und in den folgenden zwei bis drei Jahrzehnten nur ein einziger Angehöriger einer Adelsfamilie bezeugt, der in einem Domkapitel bepfründet war.[44] Der Adel des Baulands brauchte folglich hier keine Rücksicht zu nehmen. Folglich trifft das Wort „konfessionelles Niemandsland" hier nicht zu.
3. Das konfessionelle Bild des Adels im Bauland ist seit 1555 ausnahmslos durch die Zugehörigkeit zur Confessio Augustana geprägt, womit es innerhalb des fränkischen Ritterkreises eine Ausnahmestellung einnahm.[45] Wann sich dies änderte, lässt sich aufs Jahr sagen. 1575 erloschen die Dürn zu Rippberg, worauf Bischof Julius Echter seine Brüder mit deren Herrschaft belehnte. Zwar vermochten sie sich faktisch erst nach dem Tod der Witwe des Schweikhard von Dürn in den Besitz der kleinen Herrschaft zu setzen, doch die konfessionelle Homogenität des Baulandadels – noch nicht die der Confessio Augustana selbst – war aufgebrochen.

---

[40] Hier nur Axel Gotthard, Der Augsburger Religionsfrieden (Reformationsgeschichtliche Studien und Texte, Bd. 148), Münster 2004, bes. 308–310. – Zur Reformation beim fränkischen Adel allgemein Wüst, Reformation (wie Anm. 8) und Ninness, Im konfessionellen Niemandsland (wie Anm. 8); zum Bauland speziell Ballweg, Einführung (wie Anm. 29) und Neumaier, Reformation (wie Anm. 28).

[41] Armin Kohnle, Landeskunde und kurpfälzische Identität in der Frühen Neuzeit, in: Irene Dingel/Günther Wartenberg (Hgg.), Kirche und Regionalbewusstsein in der Frühen Neuzeit (Leucorea-Studien, Bd. 10), Leipzig 2009, 157–178, hier 173.

[42] Press, Adel im Alten Reich (wie Anm. 25), 28. Dazu auch Schindling, Konfessionalisierung und Grenzen von Konfessionalisierbarkeit (wie Anm. 23), 9–44, hier 24.

[43] Beispiel hierfür ist die Reichsritterschafr des Mittelrheingebiets; vgl. Alexander Jendorff, Reformatio catholica. Gesellschaftliche Handlungsspielräume kirchlichen Wandels im Erzstift Mainz 1514–1630 (Reformationsgeschichtliche Studien und Texte, Bd. 142), Münster 2000, 286–289.

[44] Wolf Rüdt von Bödigheim und Collenberg von der Eubigheimer Linie, gest. 1610, Domherr in Bamberg; Walther Möller, Stammtafeln westdeutscher Adelsgeschlechter im Mittelalter, Bd. 3, Darmstadt 1936, Taf. CXXXVI.

[45] Immer noch heranzuziehen Matthias Simon, Evangelische Kirchengeschichte Bayerns, Nürnberg ²1952; auch Rudolf Endres, Ritterschaftlicher Adel und reichsgräfliche Geschlechter in Franken, in: Gerhard Müller/Wolfgang Zorn (Hgg.), Handbuch der Geschichte der evangelischen Kirche in Bayern, Bd. 1, St. Ottilien 2002, 253–257; Wüst, Reformation (wie Anm. 8).

Die Familien, die den Schritt unternahmen waren Adelsheim, Aschhausen zu Aschhausen, Aschhausen zu Merchingen, Dürn zu Rippberg, Eicholzheim, Hardheim, Rüdt zu Bödigheim, Rüdt zu Eubigheim und Walderdorff zu Eubigheim. Hinzu kamen die Gemmingen, deren Schwerpunkt ja im Kraichgau lag, und ein Zweig der Landschad von Steinach, welcher an die Stelle der 1559 erloschenen Eicholzheim trat. Beide brachten ihr evangelisches Bekenntnis sozusagen mit ins Bauland.

Soweit bei ihnen Vogtei und Patronat in einer Hand lagen, verlief die Einführung der Confessio Augustana reibungslos. Genaue Jahreszahlen anzugeben, ist aufgrund der misslichen Quellenlage kaum möglich. Es ist also nicht zu entscheiden, ob die Ritter den Schritt gleichzeitig unternahmen oder es aus nicht erkennbaren Gründen zu Verzögerungen kam. Genaueres wissen wir nur von Albrecht von Rosenberg, der erst nach seiner Rückkehr vom Türkenkrieg 1557/58 einen evangelischen Pfarrer nach Boxberg berief (s. u.). Als er 1561 diese Herrschaft an Kurpfalz verkaufte, fiel sie längerfristig dem reformierten Bekenntnis zu. Dafür nahm er in seiner Herrschaft Schüpf den Aufbau eines lutherischen Kirchenwesens in Angriff.[46]

Es gab im Bauland mehrere Orte, wo die Vogtei in evangelischer, der Kirchenpatronat in altgläubiger Hand lag.[47] Das war der Fall in der Herrschaft Schüpf, wo der Patronat in Uiffingen dem Neumünsterstift Würzburg, derjenige in Kupprichhausen dem Kloster Bronnbach zukam. In gleichsam privatem Abkommen mit beiden Institutionen sicherte sich Albrecht von Rosenberg die Pfarrbesetzungen. Hatte die Augsburgische Konfession in ersterem Ort Bestand, fiel mit dem Restitutionsedikt Kupprichhausen wieder der Alten Kirche zu. Als Stiefvater der jungen Georg Christoph und Stefan Rüdt gelang es Albrecht von Rosenberg gegen den Widerstand des Klosters Amorbach als Patronatsherrn in Bödigheim und Eberstadt die Reformation durchzusetzen. Als Vormund der Rüdt zu Eubigheim hatte er damit auch in Waldhausen, wo die Rüdt die Vogtei, Amorbach aber den Patronat besaßen, Erfolg.

Einen besonderen Fall kennt man mit Hardheim, wo das Würzburger Domkapitel den Patronat der Pfarrkirche, Wolf von Hardheim über zwei Drittel des Dorfes gebot. Mit Unterstützung Herzog Christophs von Württemberg erreichte er die Würzburgische Zustimmung zu evangelischem Gottesdienst in der Spitalkapelle, während Würzburg die Pfarrkirche behauptete,[48] doch der größte Teil der Einwohnerschaft dem evangelischen Bekenntnis anhing. Zu erwähnen sind ferner noch ein schon im Ansatz gescheiterter Versuch der Berlichingen in Hettigenbeuern und nach einem lutherischen Zwischenspiel in Hüngheim.

Spätestens Ende der Fünfzigerjahre des 16. Jahrhunderts konnte die Reformation beim Bauländer Adel als abgeschlossen gelten. Ein knappes halbes Jahrhundert lang blieb es eine homogene lutherische Adelslandschaft. Mit dem schon erwähnten Fußfassen der Echter von Mespelbrunn in Rippberg endete zwar die konfessionelle Homogenität der Ritterschaft, doch blieb das Luthertum noch unbeeinträchtigt, da die Echter hier über keine kirchlichen Rechte verfügten.

---

[46] Die lokale Forschung geht von Albrecht von Rosenberg als dem Reformator des Schüpfergrundes aus, doch haben wohl schon die Grafen von Hohenlohe als Patronatsherren der Unterschüpfer Kirche die Glaubensneuerung eingeführt.

[47] Zum Problem, inwieweit hier der Reformationsanspruch evangelischer Reichsritter griff, vgl. Gotthard, Der Augsburger Religionsfrieden (wie Anm. 40), 308–310.

[48] Helmut Neumaier, Hardheim contra Würzburg. Religionsfrieden und reichsritterschaftliche Herrschaft – eine Fallstudie, in: Blätter für württembergische Kirchengeschichte 98 (1998), 30–48.

Der Ablauf

Der Übertritt der Ritter zum Luthertum erfolgte als Gewissensentscheidung, die Schaffung eines reformatorischen Kirchenwesens geschah als individueller hoheitlicher Rechtsakt der neuen Kirchenherren, wie man sie nun nennen darf. Mitsprache oder zumindest Anhörung räumten sie ihren Untertanen nicht ein.[49] Offenen Widerspruch dagegen hat es offenbar nicht gegeben, doch hie und da scheint das Vorgehen der Herrschaft auf Kritik gestoßen zu sein. Belegt ist das nur für das Rüdtsche Eberstadt, wo noch mehr als 30 Jahre nach Einführung der Glaubensneuerung aus der Mitte der Dorfgemeinde Unmut laut wurde, sie sei seinerzeit nicht hinzugezogen worden.[50] Hier klang die schon im späten Mittelalter und zuletzt im Bauernkrieg erhobene Forderung nach freier Pfarrerwahl nach.

Die Einführung als Rechtsakt glich weitgehend demjenigen in einem Territorium wie etwa in der Grafschaft Hohenlohe, doch wies er auch durchaus eigenständige Züge auf. In raschen und planmäßigen Schritten wurde der Aufbau des reformatorischen Kirchenwesens vorangetrieben. Kennzeichnend für Territorien ist die Visitation, zu der auch die Auflistung der Vermögensverhältnisse, Kirchenausstattung, Pfarreinkommen u. ä. gehörte. Bei den adligen Kleinkirchenherrschaften ist das nicht entfallen, doch in eingeschränkter Form als Bestandsaufnahme durchgeführt worden. Bezeugt ist das nur für das Rüdtsche Bödigheim und das erst aus späterer Zeit.[51] Im Jahre 1594 übergab man einem neuen Messner ein Verzeichnis der Kirchenausstattung wie Bilder und Altartücher; einem Pfleger war die Verwaltung des Geldbestandes der ehemaligen Geistlichen Bruderschaft übertragen. Nichts verbietet die Annahme, diese Maßnahmen seien auch schon früher getroffen worden.

Ein weiterer Schritt bestand in der Beschaffung der notwendigen Bücher. Dazu gehörten eine deutschsprachige Bibel, Luthers Katechismen und eine Kirchenordnung. Um bei Letzterem zu bleiben: Sie schuf eine verbindliche Lehrgrundlage. Das ist die eine Seite, die andere die, dass sich der Kirchenherr damit – wie Eike Wolgast formuliert hat – „neues Gehorsamsfeld" erschloss.[52] Es erstreckte sich auf Zwang zum Gottesdienstbesuch, Schule, Sozialfürsorge u. ä.

Was die Rezeption betrifft, so lassen sich zwei Gruppen erkennen. Der Pfarrer und Historiograph Jakob Ernst Leutwein überliefert, er habe bei seinem Amtsantritt in Schüpf im Jahre 1730 die *markgräfische* und neben ihr die hohenlohische Ordnung angetroffen, im Oberschüpfer Kirchlein allein die *markgräfische*.[53] Die Angabe, erste-

---

[49] Zu diesem Feld Eike Wolgast, Obrigkeitliche Einführung der Reformation – Kirchenvisitationen und Kirchenordnungen, in: Peter Schiffer (Hg.), Aufbruch in die Neuzeit. Das nördliche Württemberg im 16. Jahrhundert (Forschungen aus Württembergisch Franken, Bd. 53), Ostfildern 2012, 45–56, hier bes. 52f.; Ders., Die Einführung der Reformation im internationalen Vergleich, in: Wien/Leppin, Kirche und Politik (wie Anm. 13), 9–27, hier 19f.

[50] Helmut Neumaier, Die Anrufung des Abtes von Amorbach durch die evangelischen Untertanen des Hans Rüdt von Bödigheim und Collenberg im Jahre 1593 – Zur Deutung eines außergewöhnlichen Vorgangs im konfessionellen Zeitalter, in: Jahrbuch für badische Kirchen- und Religionsgeschichte 8 (2016).

[51] Ludwig {Graf} Rüdt, Materialien zur Geschichte der Rüden, Bd. III (masch. schr., ohne Jahr), 130f. Verwahrt im GLA unter der Signatur 69 P 19. 3659.

[52] Wolgast, Obrigkeitliche Einführung (wie Anm. 49), 52; auch Ders., Die Einführun der Reformation im internationalen Vergleich, in: Wien/Leppin, Kirche und Politik (wie Anm. 11), 19.

[53] Jakob Errnst Leutwein, Schüpfer Kirchenhistorie. Des zweyten Theils [...] Viertes Buch, Cap. XVI, 37.

re sei 1564 gedruckt worden (in Nürnberg durch Christoph Heusler), beweist, dass es sich um die bekannte Brandenburg-Nürnbergische Gemeinschaftsordnung von 1533 handelt, die das Vorbild für Hohenlohe abgab. Im Gebrauch war die Ordnung von 1533 auch in der Kirchenherrschaft der Rüdt, wo sie im Testament des Stefan Rüdt von Bödigheim vom 28. März 1592 genannt wird.[54]

Daneben zeichnet sich ein zweiter Rezeptionskreis ab, der sich an Württemberg orientierte. In der Jagsthausener Dorfordnung vom 28. März 1561 des Götz und seines Sohnes Hans Jakob von Berlichingen wird die Kirchenordnung des *Fürstenthums Wirtenberg* genannt.[55] Hans Pleickhard von Berlichingen zu Illesheim und Neunstetten hat in Neunstetten zunächst die Ordnung der Reichsstadt Rothenburg ob der Tauber eingeführt, doch dann verbindlich den Summarischen Begriff, die Große Württembergische Kirchenordnung von 1559.[56] Aus späterer Zeit stammt ein Beleg für den Aschhausenschen Vogtort Merchingen, wo im Pfarrvertrag für Andreas Ziegler vom 23. Februar 1620 der Text sich an den Summarischen Begriff anlehnt.[57] Für Hardheim und Adelsheim sprechen gewisse Indizien für dessen Übernahme, doch ein eindeutiges Quellenzeugnis gibt es nicht.

Den Edelleuten war sehr wohl an der theologischen Bildung ihrer Pfarrer gelegen. So verfügte Hans Jakob von Berlichingen am 12. November 1563 zum *ewigen Gezeugnis unseres Glaubens und Gottesdiensts gegen der Kirchen Christi* die Beschaffung von in 14 Büchern gedruckten Werken Luthers zu, nämlich acht deutschsprachige und vier lateinische, sämtliche gedruckt in Jena, und vier lateinische in Nürnberg gedruckte. Die Bände sind auf der Vorderseite mit vier Wappen – Hans Jakob und seiner Gattin Eva Geyer von Giebelstadt, Gailing von Illesheim und Spessart – zu versehen und in einer besonderen Truhe aufzubewahren.[58] Ferner stattete er die Pfarrei mit 20fl Gült von 400fl Hauptgut zu Unterhalt und Förderung der theologischen Studien des jeweiligen Jagsthausener Pfarrers aus (*desto stattlicher erhalte, ernehre, auch in seinem studio theologico desto fleißiger anliegen*). Erstmals im Jahre 1564 hat sie sein Vogt zu Jagsthausen oder Rossach auf Petri Cathedra auszubezahlen///.

Um zum Modus der Reformationseinführung zurückzukehren, so bestand die sicher wichtigste Aufgabe in der Berufung eines geeigneten Geistlichen. Neben selbstverständlicher theologischer Qualifikation hatte er zwei Erwartungen zu erfüllen: Als herrschaftlicher ‚Angestellter' erwartete man von ihm die Vertretung von Interessen der Herrschaft gegenüber den Untertanen. „Vertreter und Sprachrohr der Obrigkeit" hat man zurecht gesagt.[59] Auf der anderen Seite sahen die Untertanen in seiner Person einen Fürsprecher gegenüber als ungerecht empfundenen Ansprüchen ihrer Obrigkeit.

---

[54] GLA 69 P 19 Rüdt von Collenberg U 251; Gustav Adolf Benrath, Reformation und Gegenreformation in den ehemals reichsritterschaftlichen Gemeinden der Freiherren Rüdt von Collenberg, in: ZGO 114 (1966), 366–372, hier 366.

[55] Freiherrlich-Berlichingisches Archiv Jagsthausen Best.-Nr. 2801.

[56] Freiherrlich-Berlichingisches Archiv Jagsthausen Best.-Nr. 5073.

[57] Ebd., Best.-Nr. 307.

[58] Freiherrlich-Berlichingisches Archiv Jagsthausen Kasten 1 Fach 22; Dagmar Kraus (Bearb.), Archiv der Freiherren von berlichingen Jagsthausen. Urkundenregesten 1244–1860 (Inventare der nichtstaatlichen Archive in Baden-Württemberg, Bd. 25), Stuttgart 1999, S. 199 Nr. 246.

[59] Martin H. Jung, Die neue Stellung des Pfarrers, in: Helge bei der Wieden (Hg.), Die Ausstrahlung der Reformation. Beiträge zu Kirche und Alltag in Nordwestdeutschland (Studien zur Kirchengeschichte Niedersachsens 43), Göttingen 2011, 53–60, hier 60.

Dieser Spannung dürfte mancher Patronatspfarrer nicht gewachsen gewesen sein. Vielleicht ist darin eine der Ursachen für die häufig beobachtete Fluktuation zu suchen.

Gab es insbesondere seit dem 18. Jahrhundert mehr Bewerber auf Pfarrstellen, als solche vorhanden waren, stellte sich dies in der Mitte des 16. Jahrhunderts noch gegenteilig dar. Da es sich um eine späte Reformation handelte, war der Markt an evangelischen Theologen fast leergefegt, sodass man sich vielfach auf katholische, doch übertrittbereite Geistliche zurückgreifen gezwungen sah. Wie groß dieses Problem war, verdeutlicht das Herzogtum Württemberg, für welches man annimmt, dass der größte Teil der evangelischen Pfarrerschaft der ersten Generation mit ehemaligen Priestern identisch war.[60] Eine ähnliche Situation kennt man von der Grafschaft Hohenlohe.[61] Doch anders als dort, wo die alten Pfarrer mehrheitlich im Amt blieben, schauten sich die Ritter des Baulands nach Persönlichkeiten um, die sich willens zeigten, im Sinne der Confessio Augustana zu wirken. Johannes Cantzler, den die Berlichingen auf die Pfarrei Jagsthausen beriefen und der bei ihnen eine besondere Vertrauensstellung einnahm, entstammte dem Amorbacher Konvent.[62] Auch der von den Herren von Adelsheim auf die eponyme Pfarrei berufene Andreas Bopp scheint ehemaliger Mönch gewesen zu sein.[63] Gesichert ist es für Johann Weinlein, der am 14. März 1551 die Subdiakons-, am 23. Mai dieses Jahres die Priesterweihe empfangen hatte,[64] dann als Vicarius in Rippberg amtierte, bis ihn Wolf von Hardheim auf die Pfarrei Höpfingen berief.[65] Auch Petrus Löhr, sein Patronatspfarrer in Gerichtstetten, wurde noch unter den *Presbyteri seculares* verzeichnet.[66] Selbst der von Albrecht von Rosenberg gegen den Widerstand des Abtes von Amorbach in Eberstadt installierte Johann Scherer aus Grünsfeld war Zisterzienser von Bronnbach gewesen und noch am 19. September 1551 zum Priester geweiht worden.[67] Dasselbe gilt für den aus Buchen stammenden Bödigheimer Pfarrer Leonhard Stolz, der nach der Diakonsweihe am 8. Dezember 1546 als Plebanus in Hainstadt gewirkt hatte.[68]

Erhalten ist nur eine einzige Korrespondenz zur Berufung eines evangelischen Geistlichen. Als Albrecht von Rosenberg nach seiner Rückkehr vom Krieg gegen das Osmanische Reich nach einer geeigneten Persönlichkeit für die Pfarrei Boxberg Ausschau hielt,[69] empfahl man ihm Konrad Hochmut, seit 1555 Diakon an St. Jakob, seit

---

[60] Martin Brecht, Herkunft und Ausbildung der protestantischen Geistlichen des Herzogtums Württemberg im 16. Jahrhundert, in: Zeitschrift für Kirchengeschichte 80 (1969). 163–173; etwas vorsichtiger Sabine Holtz, Schule – Universität – Staat. Württembergische Bildungspolitik im 17. Jahrhundert, in: Zeitschrift für württembergische Landesgeschichte 67 (2008), 129–142, hier 130.

[61] Gunter Franz, Die Kirchenleitung in Hohenlohe in den Jahrzehnten nach der Reformation (Quellen und Forschungen zur württembergischen Kirchengeschichte, Bd. 5), Stuttgart 1971, 16f.

[62] Otto Haug(Bearb.), Pfarrerbuch, Bd. II, 2: Württembergisch Franken (wie Anm. 22), 212.

[63] Max-Adolf Cramer, Die ersten evangelischen Pfarrer im Badischen und Württembergischen Franken, Karlsruhe 1990, 113 will ihn mit einem gleichnamigen aus (Ober?)Wittstadt stammenden, am 19. September 1556 zum Priester Geweihten identifizieren.

[64] Theobald Freudenberger (Bearb.), Die Würzburger Weihematrikel der Jahre 1520 bis 1552 (Quellen und Forschungen zur Geschichte des Bistums und Hochstifts Würzburg, Bd. XLI), Würzburg 1990, 80, 373, 382.

[65] Ebd., 386f., 282.

[66] Ebd., 372.

[67] Ebd., 360.

[68] Ebd., 325.

[69] Staatsarchiv Nürnberg. Bestand Reichsstadt Rothenburg Akten 2083 fol. 323–326.

Abb. 11:
Epitaph des 1576 verstorbenen Pfarrers Andreas Bopp in der
Jakobskirche in Adelsheim (Foto: Hans Müller, Osterburken)

1557 Spitalkaplan der Reichsstadt Rothenburg ob der Tauber.[70] Dieser, einem Wechsel nicht abgeneigt, folgte der Einladung des Ritters nach Boxberg, wo man sich rasch einig wurde. Am 2. Dezember 1558 teilte er dem Rat der Reichsstadt mit, er habe Hochmut zu *einem Prediger allhie geen Boxsperg auff- unnd angenommen, meine armen Underthanen daselbsten mit Predigen, Raichen der hailigen Sacramenten und andern nottwendigen Kirchengebreuchen zu versehen.* Er hofft, der Rat werde ihn *guetlich undt freundtlichen* ziehen lassen. Sollte Hochmut jemand etwas schuldig sei, möge man ihm eine angemessene Frist einräumen, um dies zu begleichen. Als verständiger Mann werde Hochmut von sich aus entsprechend handeln. In Rothenburg

---

[70] Karl Borchardt, Die geistlichen Institutionen in der Reichsstadt Rothenburg ob der Tauber und dem zugehörigen Landgebiet von den Anfängen bis zur Reformation (Veröffentlichungen der Gesellschaft für fränkische Geschichte, Bd. IX/37), Neustatdt/Aisch 1990, 221f.

war man überrascht und verärgert zugleich. In seinem Antwortschreiben vom 5. Dezember äußerte der Rat sein Befremden, dass Hochmut ohne sein Wissen und ohne den Spitalmeister zu informieren (*kein Wörttlein nicht davon gemeldet* [...] *oder sonst ein Anzeigung gethan hett*), sich in andere Dienste begeben wolle. Sobald jedoch ein geeigneter Nachfolger gefunden worden sei, erlaube man ihm zu gehen. In seiner Erwiderung vom letzten Dezembertag 1558 entschuldigte sich Albrecht, wenn der Eindruck entstanden sein sollte, er habe Hochmut *heimlicher weiß* abgeworben, tue ihm das leid. Falls der Rat ihn nicht ziehen lasse, möge er ihm eine andere geeignete Person nennen. Wie dem Schreiben des Rats am 3. Januar 1559 zu entnehmen ist, machte er gute Miene zum nicht so guten Spiel und erteilte nachträgliches Einverständnis.

Hinsichtlich der Amtseinführung der Pfarrer macht sich erneut eine missliche Quellenlage bemerkbar. Wahrscheinlich erfolgte sie als hoheitlicher Akt, bei welcher der Gemeinde die Neuerung verkündet und ihr der neue Pfarrer vorgestellt wurde. Diesen Teil nahm der Reichsritter wohl selbst vor, der damit nicht nur sein Selbstverständnis als Kirchenherr zu demonstrieren wusste, sondern auch zeigte, dass ihm die cura religionis zukomme.[71] Mit der eigentlichen Pfarrordination betraute man selbstverständlich einen Geistlichen, wahrscheinlich eine Persönlichkeit aus dem eigenen Herrschaftsbereich oder einer benachbarten Adelsherrschaft. Erst aus einer späteren Zeit besitzen wir eine Quelle zu einem solchen Vorgang: Hans Erasmus von Aschhausen zog im Jahre 1591 zur Einsetzung seines neuen Merchinger Pfarrers den Adelsheimschen Pfarrer M. Heinrich Weißkircher hinzu, der das Examen durchführte und auch die Probepredigt beurteilte.[72] Ähnlich darf man sich das auch bei den anderen Kirchenherrschaften vorstellen. Einen Sonderfall stellt das Kirchenwesen der Herren von Rosenberg der letzten Generation dar, die über eine tatsächliche Kirchenorganisation verfügten. Hier oblag dem Superintendenten die Pfarrordination.

Wurde im Bisherigen die Einführung der Confessio Augustana aus der obrigkeitlichen Perspektive aufgezeigt, ist wenigstens ein Blick auf die Untertanen zu richten. Sie bedeutete einen tiefen Einschnitt in ihrem Leben, denn die Glaubensneuerung wirkte auch weit in ihren Alltag hinein. Die althergebrachte und altvertraute Gottesdienstform, in deren Zentrum die Messe gestanden hatte, wich „grundstürzend religiös-dogmatischer, zeremoniell-ritualer" Veränderung[73]. Das Abendmahl in beiderlei Gestalt, die Predigt in der Volkssprache und der deutsche Kirchengesang stießen zweifellos auf breite Zustimmung. Gerade der Laienkelch gehörte ja zu den alten Forderungen der Bevölkerung. Was das Kirchenlied angeht, kann man sich an der Gegenseite orientieren. So setzte sich die Würzburgische Visitation des Jahres 1594 u. a. das Ziel, das evangelische Liedgut im katholischen Gottesdienst auszumerzen. Dass ‚Ein feste Burg ist unser Gott' von den Gläubigen in Berolzheim besonders gerne gesungen wurde, stieß auf höchstes Missfallen des Visitators.

Wie nun der Gottesdienst und die Kasualien aussahen, zeigen die späteren sogenannten evangelischen Bekenntnisgemälde.[74] Auch wenn es solche Darstellungen im

---

[71] Irene Dingel, Integration und Abgrenzung, in: Dies./Armin Kohnle (Hgg.), Gute Ordnung. Ordnungsmodelle und Ordnungsvorstellungen in der Reformationszeit (Leucorea-Studien, Bd. 25), Leipzig 2014, 11–30, hier 17.
[72] Freiherrlich-Berlichingisches Archiv Jagsthausen Kasten XV Fach 13.
[73] Wolgast (wie Anm. 49), 45.
[74] Wolfgang Brückner, Lutherische Bekenntnisgemälde des 16. bis 18. Jahrhunderts. Die illustrierte Confessio Augustana, Regensburg 2007.

Bauland wie in dessen weiterem Umkreis nicht gegeben hat, kann das Dargestellte wohl übertragen werden. Auf Zustimmung dürfte die Eheschließung des neuen Pfarrers gestoßen sein, denn mancher der früheren Priester lebte keineswegs zölibatär, was nicht selten Anlass zu Unmut gab. Im Kircheninneren vollzogen sich die Veränderungen nicht abrupt. Beispiel ist die Bildausstattung, die wie in Bödigheim noch einige Zeit unangetastet blieb. Auf weit weniger Akzeptanz stieß dagegen das Verbot althergebrachter Brauchtumsformen, Verehrung von Heiligen, das Begehen bestimmter Feuertage, die ihren festen Platz in der agrarischen Lebenswelt einnahmen.

Im Zeitalter der Konfessionalisierung

Um die von Ernst Walter Zeeden geprägte Definition von Konfessionalisierung heranzuziehen, sie sei „die geistige und organisatorische Verfestigung der seit der Glaubensspaltung auseinanderstrebenden christlichen Bekenntnisse zu einem halbwegs stabilen Kirchentum nach Dogma, Verfassung und religiös-sittlicher Lebensform"[75], so war das Bauland zwar Schauplatz einer späten Reformation, dafür aber einer frühen lutherischen Konfessionalisierung.[76]

Neben der Rezeption von landesherrlichen Kirchenordnungen erließen die Edelleute nach territorialstaatlichem Vorbild Polizeiordnungen. Bei allen unterschiedlichen Gewichtungen des Inhalts ist diesen normativen Ordnungen ein dezidiert kirchendisziplinärer Zug zu eigen.[77] Mittels Zwang zum Gottesdienstbesuch und dessen Kontrolle, Abendmahlsvermahnung, Kinderlehre, strenger Ahndung von Fluchen und Gotteslästerung setzte man sich zum Ziel, gottesfürchtige Untertanen zu erziehen. Um nur einige wenige Beispiele herauszugreifen: In Schüpf verpflichtete Albrecht von Rosenberg die Eltern bei angedrohter Strafe, ihre Kinder und das Gesinde zur Kinderlehre und zum Nachmittagsgottesdienst zu schicken.[78] Die Polizeiordnung der Herren von Adelsheim führte Strafgelder für Nichtbesuch des Gottesdiensts, Arbeit an Sonn- und Feiertagen oder Gotteslästerung dem Almosen zu.[79] Eine Besonderheit enthält die von Hans Pleickhard von Berlichingen zu Illesheim und Neunstetten 1589 für Neunstetten erlassene Dorfordnung.[80] Danach hatte der Pfarrer eine Kurzfassung der Kirchenordnung anzufertigen, die zweimal im Jahr im Gottesdienst zu verlesen war, damit die Gläubigen ihren Inhalt kannten.

Ein anderes und nicht minder wichtiges Ziel war die Sicherstellung der lutherischen Theologie, Albrecht von Rosenberg wandte sich am 25. August 1562 an Graf Ludwig Kasimir von Hohenlohe, er möge ihm seinen Superintendenten Johannes

---

[75] Ernst Walter Zeeden, Die Entstehung der Konfessionen. Grundlagen und Formen der Konfessionsbildung im Zeitalter der Glaubenskämpfe, München/Wien 1965. 0f.
[76] Zur Phasengliederung Schindling, Konfessionalisierung (wie Anm. 23), 9–44, hier 21.
[77] Dazu auch Dingel/Kohnle, Gute Ordnung (wie Anm. 71).
[78] Helmut Neumaier, Ritteradlige Herrschaft im Schüpfergrund. Das Briefbuch des Albrecht von Rosenberg (gest. 1572) (Veröffentlichungen der Gesellschaft für fränkische Geschichte, Bd. III/10), Würzburg 2006, Urkundenanhang III, 133–139.
[79] Stadtarchiv Adelsheim U 4.
[80] Freiherrlich-Berlichingisches Archiv Jagsthausen Best.-Nr. 1926.

Hartmann nach Schüpf entsenden, weil er seine Pfarrer *zuesamen erfordern und sie der Gebür nach examiniren und von Sachen reden lassen* wolle[81].Tatsächlich begaben sich Johannes Hartmann und sein Bruder Gallus, Hofprediger in Neuenstein, nach Unterschüpf. Von den Rüdt weiß man, dass sie im Jahre 1584 den bisherigen Schulmeister von Eberstadt, Sebastian Knapp, vor dessen Einsetzung als Pfarrer in Bödigheim zum Examen dem Konsistorium der Reichsstadt Heilbronn zusandten.[82] Ein weiteres Beispiel, wenn auch aus viel späterer Zeit, kennt man von den Berlichingen: Hans Reinhard und Wolf Konrad sandten den Anwärter auf die Pfarrei Jagsthausen, Konrad Moser, 1650 dem Rektor des Heilbronner Gymnasiums zu.[83]

Die lutherische Konfessionalisierung äußerte sich nicht minder in der Abwehr des reformierten Bekenntnisses. Bei der Ritterschaft des Baulands fand es keinen Eingang,[84] obwohl – vielleicht auch wegen der unmittelbaren Nachbarschaft – es im Schefflenztal und im Amt Boxberg unmittelbar präsent war. Ob die Lehrstreitigkeiten innerhalb des Luthertums die Adelsherrschaften berührten, ist nur in einem Fall bekannt. Im Jahre 1589 versuchten die Herren von Stetten und die Dienheim in Schüpf einen flacianischen Geistlichen einzusetzen, was am Widerstand der Rosenberg als Mitdorfherren scheiterte.[85]

Ein scheinbarer Widerspruch ist auf den ersten Blick die Begegnung mit der Konkordienformel.[86] Herzog Ludwig von Württemberg, der zu den eifrigsten Werbern für die Unterzeichnung zählte, war bestrebt, auch die fränkische Reichsritterschaft in das Konkordienwerk einzubinden.[87] In der Instruktion für den damit betrauten Rat Hans Burkhard von Berlichingen vom 19. November 1581 stellte er als Ziel heraus, die Edelleute davon abzuhalten, in ihren Patronatskirchen der Augsburgischen Konfession zuwiderlaufende Irrtümer zu dulden. Einem dem Emmissär mitgegebenes Exemplar des Konkordienbuches war zusätzliche Überzeugungskraft zugedacht.

Der Berlichingen betrieb als erstes die Werbung beim eigenen Familienverband, was ihm später seitens der Ritterschaft zum Vorwurf geriet. Aus seinem Schreiben an den Herzog geht hervor, dass seine Vettern, die Brüder Philipp Ernst und Hans Reinhard zur Unterzeichnung willens seien, nur Valentin zu Dörzbach trage noch Bedenken. Auf Mittwoch, den 21. Februar 1582 wurden die Patronatspfarrer nach Jagsthausen beschieden, wo ihnen Hans Georg von Berlichingen zu Schrozberg, dem die lokale Werbung übertragen worden war, das Konkordienbuch vorlegte. Die erschienenen Pfarrer erklärten sich zur Subskription bereit: M. Daniel Löher zu Sennfeld, Jo-

---

[81] Hohenlohe- Zentralarchiv Neuenstein Oe Öhringer Particulararchiv Kasten 89 Fach 5 Fasz. 6.
[82] Fürstlich-Leiningisches Archiv Amorbach 3/41; Benrath, Reformation (wie Anm. 54), 365.
[83] Freiherrlich-Berlichingisches Archiv Jagsthausen Best.-Nr. 3026.
[84] Erst im Jahre 1701 wandte sich ihm ein Zweig der Herren von Adelsheim zu, doch blieb dies ein 1761 endendes Intermezzo; John Gustav Weiss, Regesten der Freiherren (vormals Reichsritter) von Adelsheim, Mannheim 1888, S. 1132 Nr. 644 u. 150 Nr. 767.
[85] Helmut Neumaier, Jura episcopalia evangelischer Reichsritter – Die Ganerbschaft Schüpf als Fallstudie, in: Jahrbuch für badische Kirchen- und Religionsgeschichte 7 (2013), 232–252, hier 240–245.
[86] Zu ihr Werner Ulrich Deetjen, „damit wir ob diesem Concordi Buch bestendig bleiben", in: Blätter für württembergische Kirchengeschichte 79 (1979), 28–53; Brecht/Ehmer Reformationsgeschichte (wie Anm. 18), 439–442.
[87] Hauptstaatsarchiv Stuttgart A 63 Bü 58 *Die Adels Personen von wegen des Negocii Concordiae belangend*; Helmut Neumaier, Zum konfessionellen Verhalten der fränkischen Ritterschaft Ort Odenwald im späten 16. Jahrhundert, in: Zeitschrift für württembergische Landesgeschichte 55 (1996), 109–130, hier 120–126.

hann Cantzler zu Jagsthausen, Sebastian Stöcklin zu Neunstetten, Heinrich Lemichius zu Hornberg und Neckarzimmern, ferner M. Heinrich Weißkircher zu Adelsheim und Andreas Ziegler der Ältere zu Merchingen.[88] War die Werbung beim eigenen Familienverband sowie den Adelsheim und Aschhausen von Erfolg gekrönt, fand sie bei den anderen Edelleuten des Baulandes keine Akzeptanz. Bezeugt ist die Ablehnung des Widderner Pfarrers Johannes Müller. Der erklärte, ohne Genehmigung der Ganerben Züllenhard, Gemmingen und Hofwart von Kirchheim werde er nicht an dem Kolloquium in Jagsthausen teilnehmen.

Ernüchternd verlief die Werbung bei der Spitze des Orts Odenwald. Dieser legte Burkhard von Berlichingen das herzogliche Ausschreiben vom 18. Februar 1582 vor: Ihnen allen wäre nicht unverborgen geblieben, dass die lutherischen Kurfürsten und andere Reichsstände eine Eintrachtsformel mit den Unterschriften ihrer Pfarrer und Schulmeister publizierten. Die größtenteils mit dem Licht des Evangeliums begabten Ritter werden ohne Zweifel ihrer Pflicht, das heilsame Wort Gottes zu fördern, nachkommen und ihr Kirchenpersonal zur Unterzeichnung anhalten. Entsprechende Listen werden zugehen. Die Führung des Ortes reagierte aber anders, als man in Stuttgart vorgesehen hatte,

Am 1. April trafen sich die Vertreter der fränkischen und schwäbischen Reichsritterschaft zu einem Generalkorrespondenztag in Heilbronn. In dem dort abgefassten Memorial erhob man eingangs den Vorwurf, der Herzog habe sich zuerst an einzelne Mitglieder und dann erst an den Ort gewandt, wobei die Ersteren sich *merer Gewalt und Authoritet* angemaßt hätten. Ohne dann auf weitere Argumente einzugehen, schlug man mit Erfolg die Taktik des Verschleppens ein, was der Ablehnung gleichkam. Sie hatte keineswegs theologische Gründe. Um einen parallelen Fall heranzuziehen, auch die Pfarrerschaft der Grafschaft Wertheim lehnte mit der Begründung ab, sie stünden fest zur Augsburgischen Konfession und sorgten durch alljährliche Synoden und regelmäßige Visitationen dafür, dass sich keine neuen Lehren und unnötige Zänkereien einschlichen.[89] Dabei waren sie sich bewusst, dass der Anschluss an die Konkordie sie vor Lehrstreitigkeiten schützen würde. Doch schwerer wog ein Bedenken politischer Art, denn die Furcht, über die Unterzeichnung in den Sog der größeren Territorialstaats gezogen zu werden, ist mit Händen zu greifen. Nicht anders dachten die Ritter.

Bikonfessionalität

Hatten sich die Ritter im Bauland gegenüber dem reformierten Bekenntnis, das seit 1585 erneut virulent geworden war, resistent gezeigt, den Versuch, einen Pfarrer der flacianischen Erbsündentheologie zu installieren, erfolgreich abgewiesen und den Werbungen für die Konkordie widerstanden, sahen sie sich zu gleicher Zeit einer ungleich ernsteren Bedrohung konfrontiert. Es handelte sich um dasjenige Phänomen, für welches 1776 der Göttinger Jurist Johann Stephan Pütter den Begriff Gegenre-

---

[88] Die Namen auch bei Vierordt, Geschichte, (wie Anm. 3), Bd. 2, 7 Anm. 3.
[89] Ebd., 7; Wehner, Wertheim (wie Anm. 21), 227.

formation prägte.⁹⁰ War das Bauland nach dem Religionsfrieden Schauplatz eines evangelischen Siegeszuges gewesen, der in der alleinigen Geltung der Confessio Augustana in den ritterschaftlichen Vogteiorten gipfelte, setzte im späten 16. Jahrhundert die Gegenbewegung ein. Im Würzburger Fürstbischof Julius Echter von Mespelbrunn (1573–1617) sah sich die Reichsritterschaft einer Persönlichkeit gegenüber, in der sich die Gegenreformation gleichsam verkörperte und die neuerdings zurecht gleichzeitig als Frühabsolutist charakterisiert wird.⁹¹ Sein politisches Gesamtprogramm für das Hochstift Würzburg war auf die Formierung eines homogen katholischen Territorialstaates gerichtet, wobei er sich an protestantischen Vorbildern etwa der Landgrafschaft Hessen unter Philipp dem Großmütigen orientierte⁹² bei gleichzeitiger Ausrichtung am Tridentinum. Er galt der Reichsritterschaft auch des Baulandes als Feind schlechthin, der es sowohl auf die Vernichtung ihres Glaubens als auch auf den Untergang ihres Status als Reichsunmittelbare abgesehen hatte. Man kennt von den Rittern des Baulands keine diesbezüglichen Äußerungen, doch muss sich ihr Denken in einem Rahmen bewegt haben, den man von anderer Seite kennt: Im Jahre 1599 nämlich schrieb Herzog Johann Kasimir von Sachsen-Coburg voll Entsetzen an Landgraf Moritz von Hessen, eine *schwarze Persohn* sei Bote zwischen dem Bischof von Würzburg und den Spaniern am Niederrhein.⁹³ Entbehrt dies zwar jeder Wahrscheinlichkeit – es gibt nicht den mindesten Quellenbeleg für die Verbindung von Würzburg und den Niederlanden –, illustriert es doch angesichts der Echterschen Rekuperationsabsichten die damalige Stimmung, die gewiss auch im Bauland geteilt wurde. Bischof Julius verfolgte im Bauland zwei Ziele. Es galt zum einen die katholische Homogenität in den mainzischen Städtchen wiederherzustellen und zum andern möglichst viel konfessionelles Terrain von der Ritterschaft zurückzugewinnen. Um bei ersterem zu bleiben: Im mainzischen Buchen gab es eine nicht geringe Anzahl Evangelischer vor allem in der Oberschicht. Wie man durch die Landkapitelsvisitation von 1594 erfährt, besuchten die Evangelischen den sonntäglichen Gottesdienst im Rüdtschen Bödigheim.⁹⁴ Dasselbe war der Fall in Krautheim, wo der mainzische Amtmann Andreas Mosbach von Lindenfels (gest. 1609) mit seiner Familie und nicht wenigen Bürgern den evangelischen Gottesdienst im Berlichingischen Vogteiort Neunstetten besuchte.⁹⁵ Dem evangelischen Bekenntnis gehörte auch der Stadtschreiber von Osterburken an.⁹⁶ Angesichts der von Mainz als Landesherr und Würzburg als Diözesan unternom-

---

[90] Albert Elkan, Entstehung und Entwicklung des Begriffs Gegenreformation, in: Historische Zeitschrift 112 (1914) 473–493, hier 475 Anm. 3.

[91] Peter Baumgart, Julius Echter von Mespelbrunn und Maximilian von Bayern als Exponenten des konfessionellen Zeitalters, in: Hans-Günter Krenig (Hg.), Wittelsbach und Unterfranken (Mainfränkische Studie Bd. 65), Würzburg 1999, 15–33, bes. 29; auch Alfred Wendehorst (Bearb.), Julius Echter von Mespelbrunn (1573–1617), in: Germania Sacra. N.F. 2: Bistum Würzburg, Bd. 3, Berlin/New York 1978, 162–238.

[92] Anton Schindling, Fürstbischof und Universität. Die Hochschulen der Germania Sacra im Alten Reich, in: Bettina Braun/Mareike Menne/Michael Ströhmer (Hgg.), Geistlicher Fürst und Geistliche Staaten in der Spätphase des Alten Reichs, Epfendorf/Neckar 2008, 163–193, hier 179.

[93] Holger Th. Gräf, Protestantischer Fundamentalismus in Hessen und der Wetterau, in: Heinz Schilling (Hg.), Konfessioneller Fundamentalismus/(Schriften des Historischen Kollegs, Bd. 70), München 2007, 189–208, hier 194f.

[94] Diözesanarchiv Würzburg Landkapitelsvisitationen des Geistlichen Rats Nr. 21, fol. 5v.

[95] Staatsarchiv Würzburg Adel 60/1145.

[96] Neumaier, Reformation (wie Anm. 28), 168f.

menen Anstrengungen konnte es nur eine Zeitfrage sein, bis das „Auslaufen", wie man es nannte, von Rippberg nach Höpfingen, von Krautheim nach Neunstetten und von Osterburken nach Rosenberg oder Bofsheim endete. Wie die Quellen erkennen lassen, vollzog sich dieser Vorgang zwar schrittweise, doch unabänderlich.

Eine erste Einbuße erlitt das evangelische Lager, als die Nachkommen des Götz von Aschhausen zu Aschhausen den Weg zur Alten Kirche fanden.[97] Vollzog sich dies ohne Eingreifen von Mainz oder Würzburg, sah dies bei den folgenden Vorgängen anders aus. Konnten sich die altgläubigen Mächte auf das im Reich geltende Recht stützen, standen die Reichsritter, sofern sie Vogtei und Patronat innehatten, mit § 26 des Religionsfriedens ebenfalls im Schutz dieses Rechts, Bischof Julius blieb keinen Augenblick zweifelhaft, dass er hier nach Schwachpunkten suchen musste. Hier boten sich die Rüdtschen Dörfer Bödigheim und Eberstadt mit dem eigentlich Amorbach zukommenden Patronatsrecht für seine Rekuperationspolitik geradezu an. Nicht nur dass sich die Ortsherren den Versuchen von Mainz als Schutzvogt des Klosters, dieses wieder in den Besitz des Patronats zu setzen, erfolgreich widerstanden, sondern ihnen kaum auch die Politik des Klosters entgegen, das es lange verstand, zur Wahrung seiner Unabhängigkeit geschickt zwischen Mainz und Würzburg zu lavieren.[98]

Wie sehr der Abt auf Wiedergewinnung des Patronats, der Bischof auf die Geltung seiner Diözesangewalt bedacht war, offenbart sich, als im Jahre 1583 Stefan Stolz, der langjährige Pfarrer von Bödigheim starb. Am 15. August dieses Jahres präsentierten Stefan und Wolfdietrich Rüdt dem Abt einen gewissen Johann Janus, damit dieser *mit underrichtung gottlichs wort, auch administrirung hochw. Sacramenta und ander pfarrlicher rechten den weg der wahrheit weisen und fürsehen* möchte.[99] Der Abt reagierte darauf mit der Präsentation eines Nikolaus Vend, einem *wolgelärdten und dazu wolwürdig Augspurgischer Confession pfarr und predigherr,* den er auch schon Würzburg angezeigt habe. Vend hätte – und darin liegt die taktische Raffinesse des Abtes – versprochen, die bischöfliche Steuer und Kommendgelder zu entrichten. Das wäre der Anerkennung der bischöflichen Diözesangewalt gleichgekommen und hätte die Geltendmachung des klösterlichen Patronatsrechts zur Folge haben müssen. Die Rüdt durchschauten die Absicht und lehnten Vend ab. Sah Abt Theobald seinen Plan durchkreuzt, sah er sich gleichzeitig dem Druck aus Würzburg ausgesetzt. Am 11. September teilte er den Rüdt mit, er werde die Pfarrei mit einem Priester besetzen, doch da er um ein gutes Verhältnis bemüht sei, wolle er Würzburg einen den Rüdt genehmen Kandidaten präsentieren.[100] Dabei blieb es; der Bödigheimer Pfarrer hieß Janus. Bischof Julius fehlten die Machtmittel, um in so weiter Entfernung seine Diözesangewalt zur Geltung zu bringen.

Doch in einem anderen Ort gelang den altgläubigen Mächten ein erster Erfolg. In Waldhausen besaßen die Rüdt zu Eubigheim die Vogtei, doch Amorbach den Patronat. Die Versuche des Klosters, die Pfarrbesetzung wieder in seine Hand zu bekommen und das Dorf zu rekatholisieren, waren stets gescheitert. Mittels eines bewaffneten

---

[97] Helmut Neumaier, Die Herren von Aschhausen zu Merchingen. Eine wenig bekannte Reichsritterfamilie im Bauland, in: ZGO 160 (2012), 225–202, hier 193–196.
[98] Helmut Neumaier, Kloster Amorbach im Reformationszeitalter, in: Oswald/Störmer, Amorbach (wie Anm. 4), 179–202, hier 193–196.
[99] Ludwig [Graf] Rüdt, Materialien (wie Anm. 51), 131f.
[100] Benrath, Reformation (wie Anm. 54), 365.

Zentaufgebots – Waldhausen lag innerhalb der mainzischen Zent Mudau – gelang es 1595 einen Priester einzusetzen.[101] Der Erfolg besaß für Abt Johannes Baumann (1584–1617) einen gewissen Beigeschmack, denn Bischof Julius erreichte, dass, wogegen das Kloster sich stets mit Erfolg gesträubt hatte, die Waldhausener Pfarrer sich fortan in Würzburg vorzustellen hatten.

Mit Aschhausen und Waldhausen hatte das evangelische Lager zwei Pfarreien verloren, doch erst das Erlöschen des Hauses Hardheim brachte eine wirkliche Einbuße an evangelischer Substanz. Bischof Julius brauchte nur auf den kinderlosen Tod des Georg Wolf von Hardheim im Jahre 1607 zu warten. Unverzüglich betrieb er dann das Werk der Gegenreformation, dem sich notgedrungen der evangelische Bevölkerungsanteil Hardheims in den nächsten Jahren zu unterwerfen gezwungen sah.[102] Als das Erzstift Mainz 1612 die Pfarrei Höpfingen wieder der Alten Kirche zuführte, bedeutete dies den vorläufigen Abschluss der Gegenreformation, ehe dann der Dreißigjährige Krieg neue Verhältnisse schuf.

Konfessionelle Demonstrationen und Centenarium

Der konfessionelle Antagonismus personifizierte sich gleichsam in dem Würzburger Bischof und dem Ritterhauptmann Albrecht Christoph von Rosenberg, die – um es freundlich zu sagen – in tiefer Feindschaft verbunden waren. Verstand der Bischof zwar jede Möglichkeit zur Rekuperation zu nutzen, kann er andererseits als Realpolitiker bezeichnet werden, der entschieden auf die Integrität der Reichsverfassung bedacht war und gewaltsame Lösungen mit all ihren Risiken zu vermeiden suchte.[103] Von dieser politischen Gedankenwelt war sein Gegenspieler Albrecht Christoph von Rosenberg nicht weit entfernt. Ihm, dem Hauptmann des Orts Odenwald,[104] war ebenfalls nur zu gut bewusst, dass die Stellung der Reichsritterschaft nur auf der Basis der bestehenden Reichsverfassung und des intakten Bandes zum Kaiser zu erhalten war, was Gewaltausübung, wäre sie denn überhaupt möglich gewesen, von vornherein ausschloss. Zudem gehörten der fränkischen Reichsritterschaft Ort Odenwald Mitglieder beider Konfessionen an, die mit dem konfessionellen Gegensatz zu leben gelernt hatten. Jedenfalls hätte jede Form von gewaltsamem Vorgehen gegen würzburgische oder mainzische Maßnahmen für die Organisation unabsehbare Folgen bedeutet.

Dafür trafen sich Ritterhauptmann und Bischof auf einem Kampffeld eigener Art, nämlich dem der architektonischen Demonstration. Im späten 16. Jahrhundert entstanden im Bauland mehrere Kirchenneubauten oder bestehende erfuhren Um- oder Anbauten. Es ist natürlich gut möglich, dass dies eine Folge von Baufälligkeit oder Platzmangel war. Würde man Letzteres annehmen, wäre von einer kräftigen Bevölkerungszunahme auszugehen, für die es aber keinen Hinweis gibt. Die beiderseitige Bautätigkeit ist zu auffällig, um an Zufälle zu glauben.

---

[101] Neumaier, Kloster Amorbach (wie Anm. 98), 196f.
[102] Jakob Albert Prailes, Die Einführung der Reformation in Hardheim (Amt Buchen), in: Freiburger Diözesanarchiv 33 (1905), 258–341, hier 339f.
[103] Axel Gotthard, Protestantische „Union" und katholische „Liga", in: Volker Press (Hg.), Alternativen zur Reichsverfassung in der Frühen Neuzeit (Schriften des Historischen Kollegs. Kolloquien 23), München 1995, 81–112, hier 97; Peter Baumgart, Julius Echter (wie Anm. 91), bes. 29.
[104] Helmut Neumaier, Albrecht Christoph von Rosenberg. Reichsritter und Hauptmann des Orts Odenwald, 1561–1632, in: Lebensbilder aus Baden-Württemberg, Bd. XXII, Stuttgart 2007, 49–77.

Die Funktion des Sakralbaus als Ausdruck der Konfession ist unstrittig, wenn dies auch nicht für jede Baumaßnahme zutrifft. Für Bischof Julius bildete der Bau von Kirchen ein wesentliches Instrument für die Durchführung seines Reformwerks.[105] Der „Echter-Nadel", dem weit ins Land sichtbaren Kirchturm dachte der Bischof zweifellos demonstrative Aufgabe zu.[106] Schwieriger zu beantworten ist die Frage für die evangelische Seite. Anders als für die Echter-Kirchen gibt es im Bauland keine Inschriften, denen diesbezügliche Aussagen zu entnehmen sind. Dafür sei ein Befund aus entfernterer Gegend herangezogen, deren politische Situation von der des Baulands gar nicht so weit entfernt ist. Der Architrav der Kirche von Ostheim vor der Rhön, einer Exklave des Herzogtums Sachsen-Eisenach innerhalb würzburgischen Gebiets, trägt eine Inschrift mit der unmissverständlichen Aussage: *Der Jesuit möge weit entfernt bleiben und die calvinistische Nachteule weichen.*[107]

Am Beginn der Serie stehen zwei und am Ende eine dritte evangelische Kirche. All diesen Bauten ist Albrecht Christoph von Rosenberg als spiritus rector gemeinsam. Eine Inschrift in der Kirche von Rosenberg kündet von deren Erweiterung durch ihn als Patronatsherrn, die 1610 zum Abschluss gekommen war.[108] Der de facto-Patronat der Pfarrei Bödigheim kam zwar den Rüdt zu, doch ihr Kirchenwesen war damals der kirchlichen Organisation der Rosenberg angeschlossen.[109] Hier wurde 1609 mit einem Neubau begonnen, der 1612 zum Abschluss kam.[110] Letzteres Datum lässt nicht ausgeschlossen erscheinen, dass geradezu auf das Reformationsjubiläum hin gebaut wurde.

Auf diese beiden Bauten folgte zeitlich die demonstratio catholica. In Hardheim ließ Bischof Julius die alte, eine Zeit lang auch von den Lutheranern – rechtlich fragwürdig – genutzte Pfarrkirche abbrechen und 1613/14 einen Neubau errichten.[111] Von dieser Maßnahme kündet eine nicht erhaltene, doch überlieferte Inschrift.[112] Sie ist eine von insgesamt 47 nachgewiesenen Exemplaren, die den Sieg über den Protestantismus verkünden.[113] Eine Stelle – *Darzu dich wieder hat bekehrt / Bischof Julius zu dessen Heerdt Du bis vermahnt, dem sei trew* – ist zweifelsfrei an die Adresse der ehemaligen Untertanen der Herren von Hardheim gerichtet, die sich mit der aus

---

[105] Erich Schneider, Architektur als Ausdruck der Konfession? Fürstbischof Julius Echter als Bauherr, in: Helmut Bier/Erik Soder von Güldenstubbe (Hgg.), „Bei dem Text des Heiligen Evangelii wollen wir bleiben". Reformation und katholische Reform in Franken (Einzelarbeiten aus der Kirchengeschichte Bayerns 82), Neustadt/Aisch 2004, 291–309, hier 296; zuletzt Konrad Bedal, Dorfkirchen in Franken. Kontinuität und Wandel in Bauformen und Ausstattung 1000–1800, Bad Windsheim 2015, 164.

[106] Schneider, Architektur (wie Anm. 105), 297.

[107] Brückner, Lutherische Bekenntnisgemälde (wie Anm. 74), 89.

[108] Heinrich Köllenberger (Bearb.), Die Deutschen Inschriften, Bd. 8:Die Inschriften der Landkreise Mosbach, Buchen und Miltenberg, Stuttgart 1964, 41f. Nr. 114.

[109] Helmut Neumaier, Superintendentur, Synodus und Konsistorium. Die Kirchenherrschaft der Reichsritter von Rosenberg, in: Jahrbuch für badische Kirchen- und Religionsgeschichte. 5 (2011) 200–220, hier 217f.

[110] Gerlinde Trunk, Die Pfarrei Bödigheim seit der Reformation, in: 1000 Jahre Bödigheim, Bödigheim 2010, 192–210. hier 192.

[111] Julius Rapp, Die alte Kirche und ihr Abbruch 1881, in: Hardheim, Bausteine zu seiner Geschichte, Heft 2, Hardheim 1932, 39–41,

[112] Prailes, Die Einführung (wie Anm. 102), 339f.

[113] August Amrhein, Fürstbischof Julius Echter von Mespelbrunn als Reformator der Pfarreien, in: Clemens Valentin Heßdörfer (Hg.), Julius Echter von Mespelbrunn. Fürstbischof von Würzburg und herzog von Franken (1573–1617). Eine Festschrift, Würzburg 1917, 127–152, hier144–152 die Inschriften.

Würzburg kommenden Glaubensveränderung nachweislich schwer taten.[114] Man wird dem Text aber auch keinen Zwang antun, versteht man ihn auch als Warnung an die Ritterschaft, Einflussnahme im lutherischen Sinne auf die neuwürzburgischen Untertanen zu unterlassen.

In dieser aufgeheizten Stimmung des konfessionellen Fundamentalismus beider Seiten sah die Ritterschaft dem Centenarium der Reformation entgegen.[115] Man darf sich gewiss sein, dass in den Adelsherrschaften dieses Jubiläum gebührend begangen wurde, doch ist nicht ein einziges Schriftzeugnis bewahrt, das über einen solchen Festakt unterrichten würde. Selbst der Historiograph des Schüpfergrundes Pfarrer Jakob Ernst Leutwein (1684–1763) fand dazu keine Aufzeichnungen. Als er im Jahre 1730 vor der Aufgabe stand, wie das zweihundertjährige Jubiläum der Überreichung der Confessio Augustana zu feiern sei, vermochte ihm von den befragten Pfarrkindern niemand zu sagen, wie es seinerzeit beim Gedenken an die Überreichung als auch beim ersten Centenarium des Thesenanschlags gewesen war.[116] Ihm kommt dafür aber das Verdienst zu, auf die Jahreszahl an einer der Emporensäulen hingewiesen zu haben: *Das Kirchen Gebäude war vor Zeiten nicht groß [...]. Und so bliebe es, bis gegen die Zeit des Ersten Evangelischen Jubelfestes, da ein großes Stück gegen den Flecken zu, angebauet worden, hiemit also navis des Kirchengebäuds die Gestalt eines Winckels bekom(m)en hat.* Es gibt keine Bauakten, so dass man nicht weiß, ob die Erweiterung der Kirche zu dem Winkelgrundriss nach dem Vorbild von Heinrich Schickhards Freudenstadter Kirche geschaffen wurde[117] und aus denen das Jahr der Erbauung hervorgehen würde. Leutwein hat aber die Memoria der Reformation ganz richtig gesehen: *Meine vorherige Muthmaßung beruht 1) auf der beym Eingang der großen Thüre, an einer Säulen, unter der Emporkirchen angeschriebenen Jahrzahl 1617 und 2) auf die an der steinern Cantzel angemachten, damaligen Ganherrschaftlichen Wappen: Rosenberg, Dienheim und Stetten.*

Wie gesagt – Zufall ist die architektonisch aufwändige Erweiterung der Unterschüpfer Kirche nicht. Mit ihr haben die Ortsherren dem Centenarium des Thesenanschlags ein würdiges Denkmal geschaffen. Wir, dürfen davon ausgehen, dass die Baumaßnahme auch als demonstratio protestantica an die Adresse Würzburgs gedacht war.

Als mit Albrecht Christoph das Haus Rosenberg im Jahre 1632 erlosch, zeichnete sich bald die Bikonfessionalität des Schüpfergrunds ab, womit die homogene lutherische Adelslandschaft Bauland endgültig der Vergangenheit angehörte.

---

[114] Prailes (wie Anm, 112), 338–340.
[115] Hans-Jürgen Schönstädt, Antichrist, Weltheilsgeschehen und Gottes Werkzeug. Römische Kirche, Reformation und Luther im Spiegel des Reformationsjubiläums 1617, Wiesbaden 1978; Friedrich Looft, Die Jahrhundertfeier der Reformation an den Universitäten Wittenberg und Halle 11617, 1717, 1817, in: Zeitschrift des Vereins für Kirchengeschichte in der Provinz Sachsen 14 (1917), 1–68; Volker Leppin, „...das der Römische Antichrist offenbaret und das helle Liecht des heiligen Evangelii wiederumb angezündet". Memoria und Aggression im Reformationsjubiläum 1617, in: Schilling, Konfessioneller Fundamentalismus (wie Anm. 93), 115–131.
[116] Jakob Ernst Leutwein, Kirchenhistorie (wie Anm. 55), Viertes Buch 2. Cap., S. 5.
[117] Heinrich Niester, Die evangelische Kirche in Unterschüpf. Zu ihrer Charakterisierung und Restaurierung im Jahre 1960, in: Nachrichtenblatt der Denkmalpflege in Baden-Württemberg, Jg. 4/4 (1961), 68–73; Adolf von Oechelhauser, Die Kunstdenkmäler des Großherzogthums Baden, Bd. 4/2: Die Kunstdenkmäler des Amtsbezirks Tauberbischofsheim, Freiburg/Leipzig/Tübingen 1898, 214; H. R. Heyer, Die Winkelhakenkirche. Ein Beitrag zum protestantischen Kirchenbau in der Schweiz, in: Zeitschrift für schweizerische Archäologie und Kunstgeschichte 26 (1969), 151–162, hier 159.

Zur Geschichte der evangelischen Gemeinde an der Johanneskirche in Heidelberg-Neuenheim im Wandel des 20. Jahrhunderts

von Udo Wennemuth

Die Geschichte der evangelischen Gottesdienste und der evangelischen Gemeinde in Neuenheim reicht deutlich weiter zurück als die der 1902 errichteten Johanneskirche.[1] 1556 wurde wie in der übrigen Kurpfalz auch in Neuheim eine neue reformatorische Kirchenordnung verbindlich eingeführt. Die Gemeinde wurde von Heidelberg aus gottesdienstlich und seelsorgerlich bedient. 1573 ist erstmals ein eigener Pfarrer für Neuenheim erwähnt. Nach dem 30jährigen Krieg wurde die Gemeinde von Handschuhsheim aus versorgt, zwischen 1737 und 1808 von den Senioren des Sapienz-Kollegs, gewissermaßen eines theologischen Studienhauses, betreut, von 1808 bis 1834 von Ziegelhausen. 1821 schloss sich auch in Neuenheim die reformierte Gemeinde mit der kleinen lutherischen zur unierten Kirchengemeinde Neuenheim zusammen, die Filiale von Ziegelhausen blieb. Von 1834 bis 1867 war Neuenheim wieder Filialgemeinde von Handschuhsheim. 1867 wurde in Neuenheim eine selbstständige Pfarrei begründet, behielt jedoch bis 1918 mit Handschuhsheim eine gemeinsame Vikarsstelle. Als Vikar war 1865 der Bauernsohn (Karl) Robert Schneider (*1839 in Oberweiler) nach Neuenheim gekommen, er wurde dann auch der erste Pfarrer der Gemeinde, in der er dann bis zu seinem Tod 1913 bleiben sollte. Das Pfarrhaus befand sich in der Bergstraße 7. 1929/30 konnte das Gemeindehaus in der Lutherstraße errichtet werden, in dem sich außer den Gemeindesälen und einem Zimmer für eine Krankenschwester auch eine Pfarrwohnung befand. 1934 wurde die auf fast 7000 Seelen angewachsene Gemeinde in eine West- und Ostpfarrei aufgeteilt. 1967 wurde schließlich eine dritte Pfarrstelle in Neuenheim eingerichtet, die sich als Jakobuspfarrei verselbständigte. 1968 vereinigte sich schließlich der bis dahin eigenständige Kirchengemeinderat Neuenheim mit dem Kirchengemeinderat Heidelberg. Für die Aufgaben in den Gemeinden standen nun die Pfarrgemeinderäte oder Ältestenkreise zur Verfügung.[2]

Ich möchte an dieser Stelle nicht die Geschichte der evangelischen Kirche in Neuenheim von ihren Anfängen bis zur Gegenwart rekapitulieren; der gebotene kur-

---

[1] Bei der vorliegenden Arbeit handelt es sich um die leicht überarbeitete und um zeitbedingten Bezüge entlastete Fassung des Festvortrags zum 100jährigen Bestehen der Johanneskirche aus dem Jahre 2002; die angekündigte Festschrift, in der der Vortrag veröffentlicht werden sollte, ist jedoch nie erschienen. Da nun in der Festschrift zum 1250jährigen Geburtstag Neuenheims aus diesem Vortrag zitiert wird, habe ich mich zur Veröffentlichung entschieden, zumal es seit 2002 keine weiterführenden Untersuchungen zur Geschichte der evangelischen Kirche in Neuenheim gegeben hat.
[2] Vgl. H. Erbacher (Bearb.), Die rechtliche Struktur und Pastoration der Gemeinden von der Reformation bis zur Gegenwart, Karlsruhe 1994, 98; Neuenheim im Wandel. Eine Sozialgeschichte in Bildern 1870 bis 1950, hrsg. von M. Lurz und D. Vogt, Stadtteilverein Neuenheim 1990, 22–27, 255f.

ze Überblick muss als eine Orientierung genügen. Für diese ältere Geschichte der Gemeinde kann ich verweisen auf die umfangreichen Kapitel der Geschichte Neuenheims (1928) von Heinrich Schmith, dem Ortspfarrer von 1914–1934.[3] Ich will mich im Folgenden auf das 20. Jahrhundert beschränken. Ich verzichte darauf, die Geschichte der Johanneskirche als Kirchengebäude näher auszubreiten, sondern will versuchen einige exemplarische Erscheinungen aufzuzeigen, um daraus über das Wesen der Gemeinde im Wandel des Jahrhunderts etwas zu erfahren. Ich werde mich also zunächst in einem ersten Abschnitt mit der Gemeinde vor 100 Jahren beschäftigen, sodann in einem zweiten Abschnitt die Zeit des „Kirchenkampfes" in der Johannesgemeinde in den 30er Jahren beleuchten, um schließlich in einem letzten Abschnitt die neuen Entwicklungen der 50er und 60er Jahre zu skizzieren.[4]

I. Die Gemeinde in Neuenheim um 1900

Um 1900 veränderte auch Neuenheim sein Gesicht und sein Wesen. Neuheim hatte sich seit der Mitte des 19. Jh. als Wohngebiet für Zuwanderer aus der Stadt, aber auch aus dem Hinterland entwickelt und war auch zu einem beliebten Villenviertel vermögender Heidelberger Bürger geworden, und auch sonst war Neuenheim immer näher an Heidelberg herangerückt. Die Einweihung der zweiten Neckarbrücke am 7. Oktober 1877 machte Neuenheim faktisch bereits zu einem Brückenkopf und Vorort Heidelbergs, ein Zustand, der durch die Eingemeindung zum 1. Januar 1891 auch rechtlich besiegelt wurde. Ein wesentliches Argument für die Eingemeindung war gewesen, dass die umfangreichen notwendigen Infrasturkturmaßnahmen in Neuenheim von der dörflichen Gemeinde allein nicht mehr zu finanzieren waren. Die Eingemeindung ließ die Einwohnerzahl rasch weiter anwachsen von knapp über 3000 im Jahre 1891 auf 5000 1901 und 7000 1905. 1903 zählte die Gemeinde 3608 Evangelische. „Neuenheim verlor damit zunehmend sein dörfliches Gepräge und seine ländliche Sozialstruktur. Jedoch [...] blieb Neuenheim von Industrie verschont, es wurde ausgesprochenes Wohngebiet mit den dazu notwendigen Geschäftsstraßen" (Kollnig, S. 22).

Das Wachstum der Gemeinde (immerhin waren über 70% der Bevölkerung evangelisch) und der soziale Wandel konnten nicht ohne erhebliche Auswirkungen auch auf die Kirchengemeinde und ihr Wesen bleiben. Rein äußerlich erforderte die größere Gemeinde auch eine größere Kirche. Die im Kern auf das frühe 18. Jahrhundert zurückreichende kleine Johanneskirche auf dem heutigen Marktplatz genügte trotz aufwändiger Instandsetzungsarbeiten im Jahre 1848 der Gemeinde schon längst

---

[3] Heinrich Schmith, Neuenheim. Vergangenheit einer Pfälzer Dorfgemeinde in Verbindung mit der Geschichte der Heimat, Heidelberg 1928, bes. 165–195; vgl. auch die Ausführungen von Karl Kollnig in der Festschrift zum 75jährigen Bestehen der Johanneskirche (1977).

[4] Als Quellen standen mir für meine Ausführungen zur Verfügung die Gemeindeblätter und Protokollbücher des Ältestenkreises, Visitationsakten und die Personalakten der Pfarrer, Akten über Pfarrstellenbesetzungen und über den Kirchenbau sowie über spezielle Vorgänge in der Gemeinde (aus dem Landeskirchlichen Archiv sowie aus dem Pfarrarchiv) sowie die älteren Festschriften der Johannesgemeinde (1903, 1952 und 1977).

nicht mehr, auch wurden wieder umfassende Renovierungen und eine Erweiterung des kleinen Kirchleins nötig. So war bereits 1889 der Plan aufgetaucht (Visitationsbericht 1889), eine neue Kirche zu erbauen (Pläne hatte der Mannheimer Architekt A. Karch kostenlos erstellt). Wie auch in anderen Fällen dauerte es dann doch noch eine geraume Zeit, bis das Vorhaben verwirklicht werden konnte: Es musste ein geeigneter Bauplatz gefunden werden (u.a. waren ein Bauplatz zwischen Bergstraße und Brückenstraße am Mönchhofplatz bzw. an der Ecke Schröderstraße/Werderstraße im Gespräch) und vor allem musste die Finanzierung geklärt werden, ein äußerst schwieriges Unterfangen in einer Zeit, in dem die Kirchenfonds nur über bescheidene Mittel verfügten und die Kirchensteuer als wirksames Instrument zur Finanzierung kirchlicher Aufgaben sich gerade erst zu etablieren begann. Die Neuenheimer hatten 1892 jedenfalls nicht mehr als 5000 Mark in ihrem Baufonds bei einem geschätzten Bedarf von mindestens 150.000 Mark bei einfachster Ausführung. Der Beschluss zum Ankauf des Platzes zwischen Lutherstr. und Handschuhsheimer Str. (Besitzer F. A. Keppler und J. Voth) mit einem Aufwand von 40.300 Mark fiel schließlich 1898. Der Voranschlag für den Neubau belief sich auf 250.000 Mark. So konnte erst am 13. Mai 1900 unter Beteiligung der beiden Gesangvereine „Sängerbund" und „Eintracht" und einer großen Festgemeinde der Grundstein für die neue Kirche gelegt werden. In der Grundsteinurkunde heißt es: *Im Jahre des Heils eintausend neunhundert, am Sonntag Cantate, am 13. des Maimonds, im 30. Jahre des ruhmvoll wieder aufgerichteten deutschen Reiches, im 12. der kraftvollen Herrschaft Kaiser Wilhelms II., im 49. der gesegneten Regierung unseres allgeliebten Großherzogs und ehrwürdigen Landesbischofs Friedrich wurde der Grundstein dieser Kirche gelegt.* Und weiter: *[...] möge dieses Gotteshaus der lange Jahrhunderte dauernde Kern sein, um den sich alle evangelischen Christen dieses Stadtteils vereinigen, eine gut besuchte Stätte gemeinsamer Andacht und Erbauung, der Erhebung über die Sorgen und Nöte des Alltagslebens, der Stärkung für heiligen Lebensernst und christlichen Wandel, ein Wahrzeichen des kirchlichen Sinnes, mit dem das Werk unternommen ward, eine weithin sichtbare und laute Mahnung an das jetzige und jedes kommende Geschlecht, sich zu einem h[eiligen] Tempel zu erbauen, da Jesus Christus der Eckstein ist, und festzustehen auf dem für alle Zeiten gelegten Grund* (Grundsteinurkunde in LKA SpA 8360; gekürzt u. z.T. fehlerhaft in der Festschrift 75 Jahre, S. 24, 25). Die Pläne für die Johanneskirche stammen von dem Architekten Hermann Behaghel, dem Leiter der Kirchenbauinspektion Heidelberg, die Bauausführung war seinem Assistenten Emil Döring anvertraut worden.. Nach zweijähriger Bauzeit wurde die Kirche am 11. Mai 1902 in Gegenwart des Großherzogspaares eingeweiht. Es folgt in allen Schriften zur Johanneskirche die pauschale Feststellung: „Sie trägt im Unterschied zu ihrer Vorgängerin [nicht mehr den Namen Johannes des Täufers, sondern] den Namen des Apostels Johannes, des Lieblingsjüngers unseres Herrn" (Kollnig, S. 24). Es gilt daher im Folgenden zunächst die Ursachen und Motive für den Wechsel des Patrons plausibel zu machen, zum anderen die Bedeutung der neuen Kirche für die Gemeinde zu erschließen und schließlich die allgemeine geistliche Situation der Gemeinde zu erfassen.

    1. Die Einladung zur Grunsteinlegung spricht schlicht von der *neuen evangelischen Kirche in Heidelberg-Neuenheim*, die Grundsteinurkunde selbst bestimmt einfach, dass auch die neue Kirche *als Nachfolgerin des alten Gotteshauses den Namen*

Abb. 12:
Ansicht der Johanneskirche von Norden, Postkarte 1902 (Landeskirchliches Archiv)

Johanneskirche tragen soll (Grundsteinurkunde). Diese Mitteilung ist zweifellos so zu verstehen, dass der Name der alten Kirche gleichsam auf die neue übertragen wurde. Wenn von der Einweihung der Johanneskirche gesprochen wird, kann dies immer auch im Sinne der ursprünglich beabsichtigten Namensgebung verstanden werden. Der die Weihe vollziehende Dekan Ruckhaber aus Mannheim spricht von der „Johanniskirche" (Bericht vom 13. Mai). Erst der im Dezember 1902 abgeschlossene Text der Einweihungsfestschrift spricht eindeutig aus, dass die neue Kirche den Namen des Apostels Johannes trage (S. 9). Wann der Namenswechsel des Kirchenpatrons eintrat, ist nicht sicher zu belegen. Weder die Kirchengemeinderatsprotokolle noch die Bauakten enthalten einen entsprechenden Hinweis.

Für den Bedeutungswandel des Namens sind wohl zwei Entscheidungen während der Bauphase von Belang gewesen. Während die große Glocke nach dem Landesherrn benannt wurde und die kleine sich auf die Taufe bezog, womit eine Assoziation zu Johannes dem Täufer hergestellt war, wurde die mittlere der Glocken, die am 14. November 1901 im Turm angebracht wurden, „Johannesglocke" genannt mit Bezug auf einen Vers aus dem 1. Johannesbrief *Gott ist die Liebe...* So hatte man denn im Grunde zwei Johannesglocken. Sollte nicht bereits bei der Wahl des Glockenspruchs und der Benennung der mittleren Glocke die künftige Namensgebung für die Kirche bereits feste Formen angenommen haben, so bewirkte spätestens die Hervorhebung der auf einen Spruch des Apostels Johannes sich beziehenden Glocke einen Stimmungswandel. So erscheint der Apostel Johannes, der mit dem Evangelisten gleich gesetzt wurde, auch auf einem der Fensterbilder, und der Glockenspruch erscheint auch im Inneren der Kirche als einer der die Wände schmückenden Bibelsprüche. Diese Linie wird nachträglich vervollständigt durch die Wahl des Predigttextes durch den Ortsgeistlichen, Pfarrer Robert Schneider, der gleichfalls über 1 Joh 4,16 (*Und wir haben erkannt und geglaubet die Liebe, die Gott zu uns hat. Gott ist die Liebe; und wer in der Liebe bleibet, der bleibet in Gott und Gott in ihm*) ging.

Es lässt sich aber weder die Genese des Bedeutungswandels erkennen noch lassen sich die Ursachen für den Wechsel des Patrons in den Quellen festmachen. Sicherlich erschien der Lieblingsjünger und Evangelist als moderner und zeitgemäßer als die düstere Gestalt des Täufers, die im Gegenüber zu der erotischen Erscheinung der Salome in der umstrittenen zeitgenössischen Kunst – sei es in der Musik bei Richard Strauß oder in der Malerei bei Lovis Corinth – eine eigenartige, die Bürger erschreckende Faszination ausübte. Diese Assoziationen aber waren kaum geeignet, Andacht und Erbauung zu erregen. In der Festschrift zum 50jährigen Jubiläum lieferte Pfarrer Kampp eine plausible, aber sicher nicht authentische Begründung für den Namenswechsel. Er bezeichnete den Täufer, *der selbst am Flusse stand*, als den rechten Schutzpatron für die Neuenheimer Fischer, aber – so darf man hinzufügen – nicht mehr recht passend für die moderne Bürgergemeinde. Für das gebildete Bürgertum sollte der Apostel stehen, der *vielleicht größte Schriftsteller des Neuen Testaments*, eine Deutung, die 1952 auf Verständnis stoßen konnte, kaum jedoch bereits 1902. Auch die Bezugsetzung von Vorläuferkirche, verbunden mit dem Vorläufer Jesu, und Nachfolgerkirche, verbunden mit dem Jünger und Nachfolger Jesu, ist nur ein – vielleicht interessantes – Gedankenspiel.

2. Die Neuenheimer Johanneskirche steht in ihrem zeitlichen und architektonischen Umfeld nicht allein. Allein in Heidelberg sind in den Jahren um die Jahrhundertwende fünf neue evangelische Kirchen errichtet worden, neben der Johanneskirche auch die Friedenskirche in Handschuhsheim (1902) und die Christuskirche in der Weststadt (1904), die Kreuzkirche in Wieblingen (1906) und die Bergkirche in Schlierbach (1910); die Kirche in Rohrbach wurde 1907/08 so umfassend erweitert, dass dies fast einem Neubau gleichkommt. Wie in der Friedenskirche setzte sich auch in der Johanneskirche das von Emil Sulzes (1832–1914) neuen Ideen zum Gemeindeaufbau beeinflusste funktionale Raumkonzept durch, wie es im sog. Wiesbadener Programm (1891) formuliert worden ist, ausgehend von der Einheit der Gemeinde und dem allgemeinen Priestertum.

3. Der Prälat der badischen Landeskirche, D. Albert Helbing (1837–1914), urteilte über die neue Kirche: *Die neue Kirche selbst aber ist außerordentlich schön, günstig gelegen, zweckmäßig eingerichtet, akustisch gelungen und macht dem Erbauer Baurat Behaghel alle Ehre. Ob nun auch der ziemlich darniederliegende Gottesdienst-*

besuch sich heben wird, bleibt abzuwarten, erscheint aber nicht recht verbürgt, weil die Bedingungen zu solcher Besserung nur zum Teil vorhanden sind (Bericht vom 13. Mai 1902; LKA SpA 8360). Diese kritischen und zweifelnden Töne hatten mit Blick auf das Gemeindeleben Tradition. War mit der Errichtung einer eigenständigen Pfarrei in Neuenheim die Hoffnung verbunden gewesen, *daß der geistige Segen in himmlischen Gütern um so freudiger und tiefer erkannt und ergriffen werde, je unmittelbarer und reichlicher die Gelegenheit gegeben ist, ihn kennen zu lernen und seiner teilhaftig zu werden* (Bericht der Visitationskommission vom 5.11.1885), so hatten sich diese Erwartungen nach Auskunft der Visitationsbescheide nicht erfüllt. Man führte das wenig befriedigende kirchliche Leben in der Gemeinde zum einen auf den Einfluss der nahen „Großstadt" Heidelberg zurück, zum anderen auf die große Zahl der Zugezogenen und die dadurch verursachte fehlende Kontinuität in der Gemeinde. Die einstige Landgemeinde hatte ihren ländlichen Charakter zunehmend verloren, die „einheimische" Bevölkerung war durch die Zuwanderer „überfremdet" worden. Sorgen bereitete insbesondere die stark fluktuierende Arbeiterbevölkerung, die *sich dem kirchlichen Einfluß* weitestgehend entzog, dagegen pflegten die zahlreichen Pensionäre (unter ihnen auch viele Engländer) oftmals ihre eigenen kirchlichen Traditionen (Visitationsbericht 1885). Viele in Neuenheim ansässige Bürger besuchten zudem die Gottesdienste in der Stadt; namentlich für die Kapellengemeinde wurde von einigen Frauen *aufs eifrigste [...] geworben, wodurch nicht wenige kirchlich gesinnte Personen unserem Gottesdienste entfremdet wurden* (Visitationsbericht 1889). Wurde die Bevölkerung auch als heiter, fröhlich, pragmatisch und friedfertig beschrieben, so war die andere Seite der Medaille eine gewisse Neigung zu Leichtlebigkeit, Geschwätzigkeit und Spottsucht, ja selbst zum Wankelmut. Vergnügungssucht und mangelnde „Heiligung" des Sonntags gehörten freilich zu den gängigen Klagen nicht nur in Neuenheim. *Die Erwachsenen lassen sich durch Geschäftsgänge in die Stadt und in die Nachbarorte, durch werktägliche Arbeit, Ausflüge, und vor allem durch kirchliche Lauheit vom Gottesdienste abgehalten* (Visitationsbericht 1889). Besonders spärlich war der Gottesdienstbesuch der männlichen Bevölkerung. Besorgnis erregend zu allen Zeiten auch das Verhalten der konfirmierten Jugend, die sich alsbald dem Elternhaus entzog und *teilweise sehr rasch der Unkirchlichkeit* verfiel. Resignierend stellte der Geistliche fest: *Es ist unmöglich, gegen die Gleichgültigkeit inbezug auf eine würdige Sonntagsfeier und gegen die Kirchenscheu insbesondere der Männer anzukämpfen* (Visitationsbericht 1895). Vergnügungssucht, aber auch das aufsprießende Vereinswesen und nicht zuletzt die recht starke Sozialdemokratie in Neuenheim wurden für die Krise des kirchlichen Lebens in großem Umfange mit verantwortlich gemacht (Visitationsbericht 1898). So forderte der EOK in seinem Wort an die Ältesten insbesondere die Männer mit *ernster geistlicher Gesinnung in angesehener Stellung* auf, durch ihr Beispiel ein positives Zeichen zu setzen (Visitationsbericht 1898).

Die Arbeit des seit 1865 in Neuenheim tätigen Ortspfarrers Robert Schneider (1839–1913), eines Vertreters der liberalen Richtung unter der badischen Pfarrerschaft, wurde immer sehr positiv beurteilt. In den als sehr schwierig geschilderten Neuenheimer Verhältnissen, bei der inneren Zerrissenheit und fehlenden Bodenständigkeit der Gemeinde, wurde ihm die zur Bewältigung der Aufgabe nötige Weisheit und Umsicht bescheinigt. Doch bestehen erhebliche Zweifel, ob ihm tatsächlich das Vertrauen seiner ganzen Gemeinde zuteil wurde. Die hohe Zahl der „Ausläufer" zu fremden Gottesdiensten und die fehlende Beziehung zu den christenlehrpflichtigen Jugendlichen sprechen eine andere Sprache. Konnte Schneider auf die Praktiken der erwecklich geprägten (*Wir können diesem Treiben leider nicht steuern*, Visitationsbericht 1895) und zur Stadt sich hinwendenden Erwachsenen sowie auf das Fernbleiben der „Kirchenscheuen" (*Mittel, diese Kirchenscheu zu brechen, stehen uns nicht zugebot*, Visitationsbericht 1889) nur mit Resignation antworten, so blieb ihm zur Disziplinierung der unbotmäßigen und unwilligen Jugendlichen (und ihrer Dienstherren) letztlich auch nur das Mittel obrigkeitlicher Repression, indem er die Ortspolizei zum Einschreiten aufforderte. Das Gemeindeleben ruhte auf den Schultern einer kleinen Kerngemeinde der noch Landwirtschaft betreibenden Bewohner und hier namentlich der Frauen. Insgesamt gelang es nicht, die sozial, landsmannschaftlich und mental sehr heterogene Bevölkerung wenigstens unter dem Dach der Kirche zu einer gottesdienstlichen Gemeinde zusammen zu fügen: Wenn sich die einen zierten, mit einfachen Gemeindegliedern in einer unzulänglichen Kirche in der gleichen Bank zu sitzen, und andere sich wegen des *ungläubigen Geistlichen* (Visitationsbericht 1889) außer Stande sahen, den Neuenheimer Gottesdienst zu besuchen, so fehlte insbesondere die Ausstrahlung einer Kirche, die auch die Gleichgültigkeit der „Lauen" hätte überwinden können. Hinzu kam, dass nicht Wenige einen *akademischen Gottesdienst* (Visitationsbericht 1898) in der Stadt bevorzugten. Es entsprach ganz der Linie des liberalen Geistlichen, wenn er dazu ausführte: *Wir können diese Absplitterung nicht verhindern, sondern müssen sie* [die Abtrünnigen] *nach dem Grundsatze der evangelischen Freiheit gewähren lassen. Abgesehen vom seelsorgerlichen Zuspruch haben wir keine Mittel gegen diesen Schaden* (Visitationsbericht 1903). Zu allem Übel machte sich nach der Jahrhundertwende auch noch eine Verschärfung des Verhältnisses zur katholischen Gemeinde bemerkbar.

Erst um die Jahrhundertwende scheint mit der Konsolidierung des Stadtteils allmählich eine Änderung eingetreten zu sein, zunächst in dem Sinne, dass die Aufteilung in alteingesessene und kirchliche Gesinnte auf der einen und die nicht integrierten oder integrierbaren und „unkirchlichen" Zuwanderer nicht mehr allgemein zu erkennen war. Mit der Wohndauer stieg auch die Bereitschaft, sich mit dem eigenen Stadtteil stärker zu identifizieren und sich hier zu engagieren. So konnte 1898 Dekan Gustav Ruckhaber aus Mannheim feststellen, dass inzwischen *aus beiden Bevölkerungsklassen heraus sich ein guter, fester, kirchlich gesinnter Bestandtheil herausgebildet und zusammengefunden hat. Daher ist auch die Zunahme des Kirchenbesuchs und der Theilnahme am hl. Abendmahl Seitens der Gemeindeglieder aller Stände zu constatieren.*

Zu den positiven Erscheinungen des Gemeindelebens zählten neben dem Fleiß und der allgemeinen Beachtung der guten Sitten die lobenswerte Wohltätigkeit – *viel stärker als die Anhänglichkeit an die Kirche hat sich in eurer Gemeinde die Mildtätigkeit und Opferwilligkeit erwiesen*, heißt es beispielsweise im Visitationsbescheid vom 18.2.1890 – und das Engagement von kirchlich ausgerichteten oder motivierten Vereinen, so des Kranken- und Sterbekassenvereins oder des Frauenvereins, *der sich die Unterstützung Dürftiger und die Hebung der Erwerbsfähigkeit des weiblichen Geschlechts angelegen sein* ließ. Selbst der Kriegerverein war im sozial-karitativen Bereich mit Billigung und Würdigung der Kirche tätig. 1907 wurden noch der „Gemeinnützige Verein" und der „Verein Neuenheim" lobend erwähnt. Der Gustav-Adolf-

Verein, eine die Diasporaarbeit der evangelischen Kirche fördernde Organisation, die damals weitgehend von einem nationalprotestantischen Geist geprägt war, hatte in Neuenheim zahlreiche Mitglieder. Seit dem Spätjahr 1889 bestand – wenn auch nur für kurze Zeit – auch ein von Hauptlehrer Wagner geleiteter Kirchengesangverein. Erst im Herbst 1902 wurde der Kirchenchor unter Oberlehrer Braun wieder ins Leben gerufen, der immerhin ca. 70 Sängerinnen und Sänger umfasste. Doch trotz dieser positiven Ansätze gelang es nicht, die Mehrzahl besonders der männlichen Bevölkerung für die kirchliche Arbeit zu gewinnen. Während sich ein Großteil des gesellschaftlichen Lebens und der Freizeit in den zahlreichen Vereinen abzuspielen begann, hatte die Kirche auch hier den Zug der Zeit verkannt und es versäumt, rechtzeitig die nötigen Konsequenzen zu ziehen. Es genügt eben nicht, das weltliche Vereinswesen abzulehnen, sondern man muss den Gemeindegliedern selbst Möglichkeiten und Formen eines sozialen und kulturellen Engagements oder einfach nur der Begegnung im Rahmen der Kirche bieten. Während die Männer von Pfarrer Schneider im Grunde bereits aufgegeben waren (*Wir haben kein Mittel, sie zu gewinnen*), so eröffnete sich der Gemeinde mit der Einführung der Kindergottesdienste Anfang der 1890er Jahre ein neues, zukunftsträchtiges Feld kirchlicher Arbeit (Visitationsbericht 1895).

Die Darstellung und Analyse der Zustände der Gemeinde aus den Visitationsberichten und -bescheiden seit 1885 ist in ihren Grundsätzen und Tendenzen sehr konstant und oft sogar bis in die Formulierungen hinein identisch. Es waren typische Faktoren, wie sie insgesamt für Zeiten des Umbruch und rasanten Wandels gelten, wie sie sich in den Jahren vor und nach 1900 vollzogen. Die Kirche stand diesem Wandel oft hilflos gegenüber, weil sie versuchte die einmal als richtig erkannten Zustände und Sinngebungen zu bewahren. Die Kirche trat hier nicht als gestaltende, die Herausforderungen der Zeit an- und aufnehmende Institution auf, sondern sie ließ sich in die Defensive drängen, beharrend auf unhaltbaren Prämissen und nur noch reagierend auf ungewohnte Strömungen und Veränderungen im sozialen und mentalen Bereich. Die Überforderung der christlichen Gemeinde und ihres Pfarrers findet Ausdruck in der Ratlosigkeit und Resignation gegenüber den neuen Entwicklungen, wie sie auch die Berichte des Neuenheimer Pfarrers Schneider kennzeichnen. Hoffnungen richteten sich aber auf den Bau der neuen Kirche, die die Gemeindeglieder zu einem *allseitigen Kirchenbesuch* anregen sollte. Doch 1903 musste man zur Kenntnis nehmen, dass der Abendmahlsbesuch stagnierte, was keineswegs dem Wachstum der evangelischen Bevölkerung entsprach, und beim Kirchenbesuch war sogar ein starker Rückgang zu verzeichnen; im Jahre 1902 war der Gottesdienstbesuch trotz der neuen Kirche auf dem Stand von 1893 stehengeblieben. Im Ganzen hinterließ die Gemeinde nach der Jahrhundertwende zwar keinen ungünstigen Eindruck, doch *mangelte [es...] der Gesamtgemeinde, welche in der Hauptsache von ererbten geistigen Gütern zehrt, und ihren Vertretungskörpern an dem frisch pulsierenden Leben, das von der Benützung der neuen Kirche erwartet wurde und für eine gedeihliche Fortentwicklung unentbehrlich ist*, fasste der schon 1902 skeptische Prälat Helbing seine Beobachtungen 1903 zusammen.

Was ereignete sich noch in der Gemeinde? Es fanden außerordentlich viele Haustaufen statt; der Dienst des alten Organisten verursachte einen schleppenden Gesang; als Problem erschien die zu lange Amtszeit des Pfarrers: es ändert sich nichts, zumal der Pfarrer auch kein fesselnder Prediger war, so dass die Visitatoren selbst Verständnis dafür hatten, dass ein Großteil der Gemeindeglieder ihre Erbauung woanders suchte (Visitationsbericht 1913). Der Kirchengemeinderat (hauptsächlich Bauern und Handwerker) unterstützte zwar den Pfarrer, entwickelte aber keine eigene Initiative. Untätigkeit wurde mit Liberalismus und Alltoleranz begründet; angesichts der Passivität war keine Abhilfe in Sicht. Das Gemeindeleben war rückständig. Der Evangelische Oberkirchenrat suchte daher Pfarrer Schneider dazu zu bewegen, nach 48 Jahren Dienst in der Gemeinde einen Antrag auf Versetzung in den Ruhestand zu stellen (Visitationsbericht 1913). Doch trotz Einsicht in die Mängel, zeigten die Ältesten eine rührende Anhänglichkeit an ihren Pfarrer. Auch wenn ein Mitglied der Visitationskommission das anders sah, das Ergebnis der Visitation von 1913 war eindeutig: *Die Entwicklung des kirchlichen und religiösen Lebens der Gemeinde hat mit ihrem äußeren Wachstum nicht gleichen Schritt gehalten. Neues Leben sollte geweckt werden und müßte sich entfalten. Der Pfarrer, der seiner Pflicht zwar nach bestem Können und Wissen nachkommt, hat dazu nicht mehr die Fähigkeit und die Kraft. Die Errichtung eines Vikariats kann darin nicht volle Abhilfe schaffen. Die Besetzung der Pfarrei mit einer jüngeren Kraft tut dringend not.*

II. Die Johannesgemeinde(n) in den 30er Jahren

Wenn man sich mit der Kirchengeschichte des 20. Jahrhunderts beschäftigt, kommt man nicht umhin, sich gerade den Jahren des „Dritten Reiches" mit besonderer Aufmerksamkeit zu widmen. Um ihrer Glaubwürdigkeit willen muss die Kirche die Wege in ihrer Vergangenheit offenlegen. Das erscheint mir zumal mit Blick auf die Johannesgemeinde dringlich, denn in der ausgezeichneten Studie von Klaus Heidel und Christian Peters über die Kirchen und das „Dritte Reich" in Heidelberg[5] erscheint zwar Pfarrer Heinrich Kampp (1889–1981) in seiner Eigenschaft als Dekan als Akteur, doch ist von der Situation der Johannesgemeinde dort nicht die Rede; der zweite Pfarrer der Gemeinde, Hans Barner (1901–1964), ist in der gesamten Darstellung nicht ein einziges Mal erwähnt. Es waren aber zweifellos die Pfarrer, die die Gemeinde in diesen Jahren prägten. Mit ihnen müssen wir uns daher beschäftigen – zumal sie über das Ende des „Dritten Reiches" hinaus die Kontinuität der evangelischen Kirche verkörpern -, doch zuvor wollen wir die Gemeinde in ihrer Gesamtheit zu erfassen versuchen.

1. Leider müssen wir uns angesichts der katastrophalen Quellenlage für Neuenheim mit wenigen Andeutungen begnügen, denn Akten existieren für diese Zeit nur äußerst lückenhaft, die Protokolle des Kirchengemeinderats sind nichtssagend und die Nachrichten im Gemeindeblatt beschränken sich auf die Ankündigung von Gemeindeveranstaltungen. Leider fanden zwischen 1935 und 1950 auch keine Visitationen mehr

---

[5] Klaus Heidel/Christian Peters, Nicht nur ein Kampf um Seelen: Die Kirchen und das „Dritte Reich" in Heidelberg, in: Jörg Schadt/Michael Caroli (Hgg.), Heidelberg unter dem Nationalsozialismus. Studien zu Verfolgung, Widerstand und Anpassung, Heidelberg 1985, 51–341.

statt, wodurch unsere Kenntnis dieser Jahre zusätzlich eingeschränkt ist. Ich will daher versuchen drei Fragen nachzugehen: Wie verhielt sich die Gemeinde zur „Machtergreifung" der Nationalsozialisten, wie gestaltete sich die Situation der Gemeinde Mitte der 30er Jahre, welche Auswirkungen hatte die Errichtung der Finanzabteilung beim Evangelischen Oberkirchenrat auf die Gemeinde?

Schon die erste Frage hinterlässt einige Ratlosigkeit, denn zu dürftig sind die konkreten Nachrichten aus der evangelischen Gemeinde in Neuenheim. Es lässt sich daher auch nicht eindeutig sagen, wie der Weg ins „Dritte Reich" von und in der Gemeinde empfunden und begleitet wurde. Sicher sagen lässt sich nur, dass Pfarrer Heinrich Emil Schmith, von 1914 bis 1934 in Neuenheim tätig, eine nationalkonservative Haltung vertrat, die zur *seit 1918 bestehenden Staatsform* [...] *immer wieder im Widerspruch* stand, wie er auf der Pfarrkonferenz der Heidelberger Geistlichen am 17. Mai 1935 bekannte. Damit stimmte Schmith mit der ganz überwiegenden Zahl seiner Kollegen überein. Unmittelbare Reaktionen auf die „Wende" in der deutschen Politik am 30. Januar 1933 lassen sich den Neuenheimer Akten und Gemeindeblättern nicht entnehmen.

Festzuhalten ist freilich, dass am 30. Januar 1934 anlässlich des Jahrestags der Berufung Adolf Hitlers zum Reichskanzler ein besonderer Gottesdienst abgehalten wurde. Selbstverständlich wurde am 1. Mai, dem „Tag der nationalen Arbeit", wie in anderen Gemeinden auch, ein Gottesdienst abgehalten (Visitationsbericht 1935), ohne dass dies besonders ausgeführt wurde.

Das Jahr 1934 brachte für die Kirchengemeinde einen bedeutsamen äußeren Wandel. Die Gemeinde war inzwischen auf 6.892 Evangelische angewachsen, und so war es nur konsequent, dass das Vikariat zum 1.10.1934 in eine zweite Pfarrstelle an der Johanneskirche umgewandelt wurde. Auf die neue Westpfarrei wurde Heinrich Kampp berufen, zuletzt Vikar in Neuenheim und Leiter des Friedrichsstifts des Melanchthonvereins für Schülerheime in der Bergstraße. Nachdem Heinrich Schmidt auf den 1. November in Ruhestand gegangen war folgte ihm in der Ostpfarrei zum 1.12.1934 Dr. Hans Barner.

Neben den Hauptgottesdiensten fanden wöchentlich Kindergottesdienste als Guppenunterricht oder mit Kinderpredigt, vierzehntägig Christenlehre, aber auch regelmäßig Missionsgottesdienste und Gottesdienste aus nationalen Anlässen statt. Die Gottesdienste wurden regelmäßig durch einen respektablen Kirchenchor von 70–80 Sängerinnen und Sängern unter Leitung des Hauptlehrers Frey mitgestaltet. Nur ein Viertel der Taufen wurde in der Kirchen gehalten. An neun Tagen im Jahr wurde Abendmahl gefeiert, wobei der Abendmahlsbesuch in den letzten Jahren leicht angestiegen war auf 20,9 %. Dagegen war der Gottesdienstbesuch deutlich zurückgegangen mit einem Tiefststand 1933. Gewohnt war die Klage, dass sich ein Großteil der Gemeinde am kirchlichen Leben überhaupt nicht beteiligte. Es fehlten vor allem die Akademiker und die Arbeiter, während der „Mittelstand" und besonders die Frauen im Gottesdienst überwogen. *Die Jungmännerwelt ‚in den besten Jahren' fehlt am stärksten* (Visitationsbericht 1935). Der Gottesdienstbesuch wurde insbesondere beeinträchtigt durch Ausflüge und Wanderungen, neuerdings vermehrt durch Ausmärsche, Übungen, Sportveranstaltungen u.a. *Die Übungen der Hitlerjugend, ihre Ausmärsche und Fahrten wirken praktisch auf den Kirchenbesuch gänzlich entfremdend* [...]. *Übungen, die 10 Minuten vor Beginn des Gottesdienstes abgebrochen werden, lassen theoretisch noch die Möglichkeit des Gottesdienstbesuchs zu, praktisch ist die Jugend müde, muss sich umkleiden usw., es kommt keiner. Auch die Vorschrift einer schriftlichen Abmeldung zwecks Gottesdienstbesuchs von Seiten der Eltern wirkt praktisch auf die Jugend so, dass sie das scheut und vermeidet.* Das wirkte sich natürlich auch sehr nachteilig auf den Besuch der Christenlehre aus, zumal auch an den offiziell (und vertraglich garantierten) „dienstfreien" Tagen außerordentliche Veranstaltungen und Feste, „freiwillige" Ausflüge und Fahrten veranstaltet wurden. Man gab sich in dieser Hinsicht schon längst keinen Illusionen mehr hin, zumal sich abzeichnete, dass die Respektierung kirchlicher Interessen rasch weiter abglitt.

Für die Arbeit in der Gemeinde kam dem 1930 eingeweihten Gemeindehaus eine große Bedeutung zu. Im Gemeindehaus hatte man eine Nähschule eingerichtet, und im Keller befand sich ein von den Jugendlichen *selbst eingerichteter Raum für Heimabende der männlichen Jugend.* Die Jugendarbeit war ein besonderes Merkmal in der Gemeinde gewesen – bis zur Eingliederung der Evangelischen Jugend in die HJ. Ich zitiere aus dem Visitationsbericht des Jahres 1935: *Im Leben der kirchlichen Jugendbünde hat der politische Umbruch vielleicht die grösste Wirkung insofern hinterlassen, als bei, mit und nach der Eingliederung der evangelischen Jugendbünde in die Hitlerjugend die bisher bestehenden und dem B.D.J. angehörenden Bünde auf eine sehr geringe Zahl zusammengeschmolzen sind. Die ältere Mädchengruppe hat sich am stärksten erhalten, eine ältere Knabengruppe ist nicht mehr vorhanden.* Noch bestanden als evangelische Gemeindejugend zwei Knabengruppen der Jungschar unter Leitung von Pfarrer Barner, eine Mädchengruppe der Jungschar unter Leitung der Gemeindehelferin Erna Weber und eine ältere Mädchengruppe ab 14 Jahren unter Leitung von Pfarrer Kampp. Ein Teil der Mitglieder der ehemaligen evangelischen Jugendbünde hatte sich auch in einem Jugendchor unter Leitung des Lehrers Rosewich zusammengefunden, der auch gelegentlich im Gottesdienst mitwirkte, besonders am feierlich begangenen Jugendsonntag. In der Jugendarbeit engagierten sich auch immer noch Jugendliche, die selbst in der bündischen Jugend tätig gewesen waren. Wie stark die bündische Jugend das Leben der Gemeinde bis 1933 geprägt hatte, zeigte etwa im Februar 1933 eine Abendsingwoche mit Walther Hensel (Gemeindebote 1933), als deren Folge die Konfirmanden in ihrem Konfirmationsgottesdienst das alte Volkslied *All mein Gedanken, die ich hab* – hier allerdings geistlich umgedeutet – vortrugen (Gemeindebot 1933). Auch an der in der Gesamtgemeinde durch Jugendpfarrer Heinrich Schmidt geförderten Jugendarbeit (Bibelstunde, Vorträge, Aufführungen, Freizeiten etc.) beteiligte sich die Neuenheimer Gemeindejugend. Insgesamt jedoch kam man nicht umhin festzustellen, dass die Doppelmitgliedschaft in evangelischer Gemeindejugend und Hitlerjugend sich infolge der starken Inanspruchnahme durch den HJ-„Dienst" doch sehr negativ auf die Möglichkeiten einer Jugendarbeit in der Gemeinde auswirkte.

Was ist sonst über das Leben der Gemeinde zu berichten? Die Alteingesessenen bildeten längst nur noch eine Minderheit der Neuenheimer Gemeinde, mit allen nachteiligen Folgen auf die kirchlichen und religiösen Bräuche. Das Gemeindeleben wurde insbesondere gefördert durch die regelmäßig durchgeführten Gemeindeabende mit Vorträgen, Lichtbildern oder musikalischen oder dramatischen Darbietungen, *Das Gemeindehaus erweist sich [...] als ein grosser Segen und das Gemeindeleben befruchtender Mittelpunkt. Wir wollen froh sein, dass das Haus steht, als heute der*

Bau wohl nicht mehr durchgeführt werden könnte (Visitationsbericht 1935). Ein Gemeindepflegeverein unterhielt im Gemeindehaus eine Schwesternstation und eine Nähschule – es arbeiteten vier Freiburger Diakonissen in der Gemeinde. Ein Arbeitskreis von Frauen und Müttern bereitete regelmäßig Arbeiten für den Weihnachtsbazar vor. Das Gemeindehaus erwies sich so als ein wichtiges Bindeglied zwischen der Kirche und den *gottesdienstlich weniger regsamen Gliedern der Gemeinde*, die sonst den kirchlichen Veranstaltungen fern blieben. Das „Evangelische Gemeindeblatt für Neuenheim" erschien wöchentlich als Sonderausgabe der „Kirche" mit einer eigenen Seite mit Nachrichten aus Baden, Heidelberg und der Gemeinde (hier leider meistens nur der Wochenkalender). Kollekten und Sammlungen waren leider im Allgemeinen deutlich zurückgegangen; hier wirkten sich die Sammlungsaktivitäten der verschiedenen NS-Parteigliederungen negativ aus.

So schien, wenn man dem Urteil der Visitationskommission folgen will, die Welt in Neuenheim doch noch einigermaßen geordnet: *Unter den kirchlichen Gegensätzen der letzten Zeit hat die Gemeinde an örtlichen Reibungen nicht zu leiden gehabt. Sie verdankt den wertvollen friedlichen Zustand dem politisch nur vereinzelt infizierten, massvoll-vernünftigen kirchlichen Sinn ihrer Vertretungen und vor allem dem klugen Verhalten der Geistlichen früherer und gegenwärtiger Zeit. Man kann natürlich nicht wissen und voraussehen, welche überraschende Wendung bei dem immer noch revolutionären Charakter des Geschehens unerwartet eintreten kann*, lautete das Urteil des visitierenden Stellvertretenden Dekans D. Theodor Oestreicher. Also doch noch – trotz aller Behinderungen und Ernüchterungen ein Schein von heiler Welt in Neuenheim? Welche Verbiegungen zur Aufrechterhaltung des kirchlichen Friedens seitens der kirchlichen Amtsträger nötig war, lässt sich nur erahnen.

Doch auch in Neuenheim war der Kirchenkampf zu spüren. Ein späteres – und daher nicht unproblematisches – Zeugnis besagt, dass der Druck des Nationalsozialismus zwar zunächst den Gottesdienstbesuch beeinträchtigt habe, dass sich dem gegenüber dann aber ein *Gegendruck des Glaubens* bemerkbar gemacht habe, der die Gemeinde die Treue zur Kirche bewahren ließ. Die Kindergottesdienste musste freilich ganz eingestellt werden. Auch die Wohltätigkeitsveranstaltungen der Gemeinde (Bazare) mussten eingestellt werden (Visitationsbericht 1950). Die kirchliche Jugendarbeit ließ sich nur mit einem kleinen Kreis insbesondere der Mädchenjugend fortsetzen, *und die Arbeit in dieser Schar war eine ganz besonders schöne. Es war eine Art Kerngemeinde der Jugend* (Visitationsbericht 1950). Die Arbeit mit der männlichen Jugend litt abgesehen von deren Einbeziehung in die vormilitärische Ausbildung auch durch die Abwesenheit Pfarrer Barners während der Kriegszeit. Der Religionsunterricht in der Volksschule wurde nicht nur durch die Lehrplanänderungen stark reduziert, sondern auch durch die Niederlegung des Religionsunterrichts durch die Volksschullehrer beeinträchtigt; dies konnten die Geistlichen durch ihren Einsatz nicht auffangen.

Bei den Auseinandersetzungen in der Kirche seit 1937 fällt die Zurückhaltung der Neuenheimer Gemeinde ins Auge. Dekan Kampp hatte darauf reagiert mit dem Versuch einer Standortbestimmung der Kirche. Auf der Pfarrkonferenz im November 1937 hielt er eine Andacht über den Beginn des Bußpsalms *Aus der Tiefe rufe ich, Herr, zu dir* (Ps 130,1) und führte dazu aus: *Wir stehen schon in der Tiefe, brauchen uns nicht erst hinabzubegeben [...]. Alle Stützen sind uns genommen* (LKA GA 5318). In der Protestbewegung gegen die Einrichtung der durch und durch als Instrument des

NS-Staates gegen die Kirchenleitung etablierten Finanzabteilung taucht der Name Hans Barners nicht auf. In diesem Fall hing das wohl damit zusammen, dass Barner sich in diesen Wochen an einer Wehrübung beteiligen musste. Dekan Kampp nutzte im Sommer 1939 dagegen wiederum ein biblisches Wort zur Lagebeschreibung: *Seid nüchtern und wachet; denn euer Widersacher, der Teufel, geht umher wie ein brüllender Löwe* (1 Petr 4,5): *Früher ein Wort, das uns lächerlich schien. Wie schonungslos ist uns das Lächeln genommen worden. Nicht mehr feines Locken, Sirenengesang umtönt uns, sondern Druck und Gewalt, Paukenschlag, mächtige weltliche Gewalt, Presse, Rundfunk, alles in den Dienst des Widersachers gestellt. Die dritte Versuchung Jesu stürmt auch auf uns ein: ‚wenn du niederfällst ...'* (LKA GA 5319).

Die Bewahrung des Friedens in der Gemeinde war aber ein Anliegen beider Pfarrer und ließ daher Aktionen, die offen als Widerstand gegen Partei oder Staat gedeutet werden konnten nicht zu. Energisch, aber vergeblich, protestiert hatte man seitens der Kirchengemeinde in Neuenheim freilich gegen die Einbeziehung Neuenheims in die als „Kirchensteuerzweckverband" verstandene Bildung einer Gesamtkirchengemeinde Heidelberg, weil man hierin finanzielle Nachteile für Neuenheim erblickte (Visitationsbericht 1950).

Eine Episode verdient noch Erwähnung. Im Sommer 1939 wurden die aus der Kirche Ausgetretenen in Neuenheim zu einem Gespräch von keinem Geringeren als dem Dozenten Helmuth Thielicke aufgesucht. Die Gründe für die Kirchenaustritte sind leider in den seltensten Fällen benannt, neben weltanschaulichen Gründen und dem Druck der Partei wurde besonders die Kirchensteuer als Ursache des Austritts angeführt.

Bemerkenswert ist die Mitteilung, dass es im Neuenheimer Kirchengemeinderat auch Vertreter der deutschkirchlichen oder neuheidnischen Richtung („Hauer- und Ludendorff"-Bewegung) gab (Visitationsbericht 1950).

Nach Kriegsbeginn wurden Teile des Gemeindehauses beschlagnahmt: der kleine und der große Saal dienten zeitweise als Getreidelager, im Keller wurden Kartoffeln aufgeschüttet, schließlich wurde er zum öffentlichen Luftschutzraum ausgebaut, der im Ernstfall kaum wirklichen Schutz gewährt hätte. Auch mussten die Säle gegen Begehrlichkeiten der Partei verteidigt werden, die sie gern für Parteiveranstaltungen und Schulungen benutzt hätten. Gegen Ende des Krieges wurden Kirche und Gemeindehaus durch glückliche Umstände vor Zerstörungen oder größeren Beschädigungen bewahrt, als ein amerikanisches Feldgeschütz in der Lutherstraße von deutscher Abwehrartillerie beschossen wurde. Die Glocken waren der Kirche erhalten geblieben, da nach der „Glockenspende" im Ersten Weltkrieg die Bronzeglocken durch Stahlglocken ersetzt worden waren. (Registratur des EOK, Az 11/8)

Die Geschichte der Neuenheimer Gemeinde ist immer wieder durch beeindruckende Pfarrerpersönlichkeiten geprägt worden. Zwei von ihnen möchte ich mich nun zuwenden, da sie ein Bindeglied zwischen dem „Dritten Reich" und der Nachkriegszeit darstellen.

Heinrich (Philipp) Kampp, geboren am 11. August 1889 in Neckarkatzenbach, 1914 unter die badischen Pfarrkandidaten aufgenommen und 1918 mit dem badischen Kriegsverdienstorden ausgezeichnet, wurde 1920 zum Pfarrer in Hasel (Bezirk Schopfheim) ernannt, bevor er zum 1. April 1925 die Leitung des Friedrichsstifts in Heidelberg (Bergstraße 106–108) übernahm. Zum 1. Oktober 1934 wurde er auf die neuerrichtete Pfarrei in Neuenheim berufen. Bereits 1935 wurde er als Nachfolger von Maximilian Weiß [auf 6 Jahre] zum Dekan des Kirchenbezirks Heidelberg berufen, 1936 wurde er uniertes Mitglied des Disziplinarhofes der Deutschen Evangelischen Kirche. 1960 in den Ruhestand getreten, verstarb er am 17.6.1981.

Bereits Ende 1932 dachte Kampp an einen Abschied aus dem Friedrichstift; er bewarb sich auf die neu zu besetzende Pfarrstelle an Providenz (auf die dann der Liberale Fritz Hauß berufen wurde), zog seine Bewerbung dann aber mit Rücksicht auf die Gesundheit seiner Frau wieder zurück, um stattdessen um eine Religionslehrerstelle nachzusuchen. Die Stelle eines Krankenhausseelsorgers in Mannheim wies er zurück, erbot sich aber Ende 1933 nach der Wegberufung des Vikars Heinrich Schmidt dessen Vikarsstelle in Neuenheim (nebenamtlich) zu übernehmen. Dieser Dienst wurde (auf einstimmigen Wunsch der Gemeindevertretung) mit der Berufung auf die neu errichtete zweite Pfarrstelle in Neuenheim belohnt; Kampp wechselte aber nach der Emeritierung von Pfarrer Schmith der Pfarrwohnung wegen auf die erste Pfarrstelle, die Westpfarrei. Am 7. Oktober 1934 wurde er ins Amt eingeführt und predigte über 2 Kor 4, v. 5 und 6 *Wir predigen nicht uns selbst, sondern Jesum Christum, dass er sei der Herr, wir aber Eure Knecht um Jesu willen. Denn Gott, der da hiess das Licht aus der Finsternis hervorleuchten, der hat einen hellen Schein in unsere Herzen gegeben, dass durch uns entstünde die Erleuchtung von der Erkenntnis der Klarheit Gottes in dem Angesichte Jesu Christi.* Kampp: *Mit Freude und Dank im Herzen trete ich in dieser Stunde mein Amt als Pfarrer der Gemeinde Neuenheim an. Mit Dank gegen Gott, der mich und die Meinen bis hierher geführt. Mit Dank gegen Kirche und Gemeinde, die diese Stätte der Wortverkündigung bereitet haben. Mit Dank gegen alle Vorgänger und Mitarbeiter in diesem Amt. Allerdings, ich gestehe: Auch mit Bangen im Herzen ob der schweren Verantwortung, die sich in dieser Stunde auf mich legt. Ich lehne mich zurück an das Wort eines Mannes, der ein Prediger über alle Prediger gewesen ist, der mit seinem Wort eine Welt für Christus erobert hat, Paulus, um aus ihm Wegweisung für mein Amt in dieser Gemeinde zu entnehmen. Es blickt mich aus diesem Wort an die Not des Amtes, die Grösse und Schönheit des Amtes und der Segen seiner Wirkung. Ich möchte die Gedanken aufreihen an drei schlichten Fragen, die ich mir selbst in dieser Stunde stelle und die sicherlich in irgendeiner Form auch aus Euren Reihen an mich gestellt werden. Sie heissen: Wer bin ich? Was soll ich? was erflehe ich?* Es ging Kampp in seiner Predigt vor allem auch um seine Glaubwürdigkeit als Pfarrer und Mensch, der nicht sich selbst predigen kann und darf, um die Vorstellung Christi als des wahren und einzigen Herren der Erde, um das Aufrichten des Evangeliums auf deutschem Boden, eine Gemeinde die diese Botschaft annimmt und in der ein heller Schein entsteht im dunklen Tal: *Hier unter uns soll die ausgerichtete Botschaft einen hellen Schein geben.* Auf einmal wurde die Predigt auch politisch, wenn er sich gegen deutschkirchliche und neuheidnische Ansichten wandte, wie *Jesus Christus mag ruhig Herr und Erlöser genannt werden, aber nicht für deutsche Art und deutsche Seele.* Er stellte klar, dass Sünde, Schuld und Tod nicht Eigentümlichkeiten einer bestimmten Rasse seien, sondern Menschenlos, ohne Rücksicht auf Art und Rasse. Kampp trat für eine offensive, diesseitige Kirche ein: Die Erde als Vorbereitungszeit und Anmarschstraße auf das Jenseits. *Du sollst deinen Nächsten lieben wie dich selbst, gilt für die Erde, im Himmel ist es selbstverständlich. Und wenn Christus sprach: Ich bin gekommen, dass ich ein Feuer anzünde, so soll es auf Erden brennen, im Himmel geschieht es von selbst, und wenn ein heller Schein in den Herzen werden soll, so haben wir dies auf Erden nötig, im Himmel ist es von selber Licht.* Und in seiner Visitationspredigt sagte er u.a.: *Denken wir uns die gesamte Menschheit mit ihren genialsten Führern, Plänen, Leistungen auf einer Plattform versammelt und wir bäten dann Gott den Vater, nun zieh einmal alles das, was deine Gabe und dein Geschenk an die Menschheit ist zurück, so dass nur noch das übrig bliebe, was Menschenschöpfung ist, –– im gleichen Augenblick würde diese Menschheit ins totale Nichts stürzen.* Erkenntnis der Hybris der deutschen Wirklichkeit?

Im Zweiten Weltkrieg musste Heinrich Kampp die Gemeinde weitgehend allein versorgen, nachdem Barner und der Vikar gleich zu Kriegsbeginn eingezogen wurden. Ein aufreibender Dienst bei seinen vielen sonstigen Verpflichtungen im Dekanat und dem Samariterhaus. In seinem Bescheid zur Kirchenvisitation des Jahres 1950 heißt es daher auch: *Sie haben in der Zeit, die der Visitationsbericht umspannt, ein aussergeöhnliches Mass an Arbeit geleistet, da Sie neben der grossen Gemeindearbeit noch die Verantwortung für den Kirchenbezirk Heidelberg zu tragen hatten, die in der wirren Zeit besonders groß war. Viele Entscheidungen, ja oft gerade die bedeutsamsten Massnahmen mussten von den Mittelinstanzen getroffen werden. Und Sie haben [...] den heiligen Auftrag der Kirche und ihre Würde nicht verleugnet, sondern unter Gefahren den Schild blank gehalten. Dass über alledem Ihre physischen Kräfte über die Massen verbraucht wurden, ist nicht zu verwundern.* Die Predigt, die der großartige Prediger zu jener Visitation im Sommer 1950 hielt, ging über ein sehr zeitnahes Thema: Die Flucht in die Leistung. Leider wurden die späten Dienstjahre durch manche Erkrankungen beschwert. Ein letztes Wort der Würdigung möchte ich Hermann Maas überlassen, der ihm 1956 eine tiefe Verbundenheit mit seiner Gemeinde bescheinigte: *Sie haben ihr Ihr Herz geschenkt und Ihre Gebete, Ihr Sinnen und Mühen, Ihre Meditation und Verkündigung, und es gab Zeiten, da wir befürchten mussten, dass Ihr Herz über dem grossen Dienst versagen müsse. Gott hat Sie durch tiefe Täler geführt, aber er war bei Ihnen auch beim Wandern durch die Finsternis [...]. Sie haben die Schwäche mit erstaunlicher Energie immer wieder überwunden und haben in wunderbarer Kraft das Evangelium rein und lauter verkündigt. Ihre grosse Gabe bildhaft und anschaulich zu sprechen, die Herzen zu packen, Gericht und Gnade Gottes zu verkündigen, den alten Text der heiligen Schrift immer wieder neu auszudeuten, und das Gefundene der Gemeinde in mitreissender Kraft zu übermitteln, sei dankbar hervorgehoben [...] Dahinter aber spüren wir den demütigen Kämpfer und Beter des Herrn, der weiss, dass alles, was wir der Gemeinde schenken können, ja doch nur ein armes Wort wäre, wenn es nicht von IHM gesegnet ist*: Kampp sei einer, *der einen tiefen Blick in die Not unserer Zeit getan hat, in die Not der Häuser und Herzen, als ein wahrhafter Zeuge, der aber auch um die Seligkeit der Botschaft von der Gnade weiss und das Grosse sieht: Dass wir aus dem Tod zum Leben hindurch gedrungen sind* (Bescheid vom 14.6.1956, PA Kampp).

Fast gleichzeitig mit Heinrich Kampp trat auch **Hans Barner** seinen Dienst an der Johanneskirche an und ebenso wie Kampp hat er die Gemeinde nicht mehr auf eine andere Stelle verlassen. Hans Barner stammt aus einer alten badischen Pfarrerfamilie. Am 19.8.1901 wurde er in Mauer geboren. 1924 wurde er als Jahrgangsbester unter die badischen Pfarrkandidaten aufgenommen. Nachdem er 1928 mit einer Arbeit über zwei theologische Schriften Goethes zum Dr. theol promoviert worden war, wurde er 1931 auf seine erste Pfarrstelle nach Wiesloch berufen. Von Seiten des Neuenheimer Kirchengemeinderats wurde ihm, den man von seiner Vikarszeit an der Johanneskirche von November 1924 bis Oktober 1928 als fleißigen und gewissenhaften und zum geistlichen Beruf hervorragend begabten Mann[6] kennen und schätzen gelernt hatte, die zweite Pfarrstelle an Johannes angetragen. Die Argumente der Gemeinde waren offensichtlich so überzeugend, dass die Kirchenleitung dem vorzeitigen Wechsel Barners auf eine neue Pfarrstelle zustimmte. Von 1936 bis 1938 wurde Barner mit der nebenamtlichen evangelischen Standortseelsorge betraut. Ab Sommer 1937 hat er daher mehrfach an Militärübungen teilgenommen und wurde Ende August 1939 schließlich zum Heeresdienst einberufen, wo er es, für seine Tapferkeit ausgezeichnet, bis zum Oberleutnant brachte. Endgültig in seine Gemeinde kehrte er erst im September 1945 nach der Entlassung aus amerikanischer Gefangenschaft zurück. Das Spruchkammerverfahren stufte ihn als vom Gesetz zur Befreiung vom Nationalsozialismus nicht betroffen ein. Barner wurde 1948 Dekanstellvertreter und 1959 Dekan des Kirchenbezirks Heidelberg. Barner gehörte der Landessynode an und war Bezirksbeauftragter für Innere Mission und das Evang. Hilfswerk. Am 30.10.1964, kurz nach seinem 40jährigen Dienstjubiläum, ist er verstorben (LKA PA 7328/7329).

In sein Amt in Neuenheim wurde Barner am 1. Advent, dem 2. Dezember 1934 eingeführt. Seine Antrittspredigt über Röm 13,11–14 zeigt noch eine fast naive Erwartung in eine Verknüpfung des Heils für Volk und Kirche mit dem politischen Aufbruch des Jahres 1933. *Kein Ausdruck ist uns Deutschen heute geläufiger, als das Wort ‚Heil'. Denn es ist ein Teil unseres deutschen Grusses. Mit ihm wünschen wir unserem Führer, Volk und jedem Volksgenossen das Beste, was wir empfinden: Wohlergehen und Glück für Leib und Seele. Wo diese Wünsche in Erfüllung gehen, da weicht die Nacht der Lebenssorgen, des Kummers und des Herzeleidens dem hellen lichten Tag der Sorglosigkeit, der Freude und der Zufriedenheit.* Barner sagt jedoch nicht, dass dieses Heil von einem menschlichen Heilsbringer kommen könne, sondern allein durch Christus. Der Advent *will uns heute das höchste Gut, das uns auf Erden und im Himmel zuteil werden kann, vor die Seele stellen: <u>Das Heil in Christus</u>!* Und: *Soll uns das Heil in Christus aber persönlich zuteil werden, so genügt es nicht, dass Christus es persönlich heraufführt. Wir müssen vielmehr uns zum Aufbruch anschicken – ihm entgegen! Wir erinnern uns doch alle lebhaft an das Kommen eines politischen Heils für unser Volk und unseren Staat in den vergangenen Jahren. Nur wenige Männer waren es, die dieses Heil entdeckt hatten und unserem Volk nahezubringen suchten. Niemals aber wäre dieses Heil unseres Volkes Eigentum geworden, wenn es nicht in unserem Volke zu einem Aufbruch gekommen wäre – dem Heil entgegen! Wenn nun das Heil in Christus in unserem Volke eine geistige Macht werden soll, dann bedarf es nicht nur des Eifers vieler treuer Zeugen, die die Botschaft von Christus in alle Lande tragen, sondern des entschiedenen Aufbruchs jeder Gemeinde, jedes einzelnen! Dabei gilt es zuerst aufzuwachen vom Schlafe der Gleichgültigen gegenüber Gott und seinem Wort, gegenüber Christus und seiner Kirche. Wir müssen mit wachen Sinnen die Botschaft von Christus und seinem Heil wieder hören und überdenken, ob sie nicht*

---

[6] So das Urteil von Pfarrer Schmith 1925 (in PA H. Barner).

vielleicht auch uns Menschen von heute Licht in unsere Lebensnacht zu bringen vermag. Barner fordert den neuen, wahrhaften, entschiedenen Christen.

Die von Barner hier gebrauchte Rhetorik wird uns heute befremden, weil sie mit Begriffen arbeitet, die in der deutschen Wirklichkeit dieser Jahre eine z. T. ganz andere Bedeutung gewannen. Sicherlich, Barner ersehnte den starken Staat, die Volksgemeinschaft, die Volkskirche, die Einheit in Kirche und Staat – und er war wohl auch als ehemals Deutschnationaler begeistert von der Führergestalt Adolf Hitlers. Sich in den Dienst von Volk und Kirche zu stellen als Deutscher und als Christ war ihm selbstverständlich. Aber Barner war kein Nazi (wie Kampp hatte er sich nur der NSV angeschlossen) und kein Deutscher Christ, aber in seiner Hoffnung auf einen neuen Aufbruch in der Kirche hat er die Gefährdungen durch die politische Bewegung verdrängt, obgleich diese in die Jugendarbeit, die ihm so stark am Herzen lag, doch schon mit aller Gewalt eingebrochen war. Beim Religionsunterricht, in dem er ebenfalls beachtliche Erfolge erzielte durch das Vertrauen, das die Schüler zu ihm entwickelten, und den hohen Anspruch, an dem er auch im Unterricht festhielt, sollten die kommenden Jahre ebenfalls durch das Einwirken von Staat und Partei heftige Einbrüche erfolgen.

Barners Verhältnis zur Gemeinde war geprägt von ungebrochener Liebe und Wertschätzung, wo *das Sich-Verstehen, Sich Tragen, Sich Helfen und das Zueinanderreden nur immer tiefer und erfüllter wird,* wie wiederum Hermann Maas urteilte. *Sie stehen in Ihrer Gemeinde als ein Mann, der gereift ist im Dienst an ihr und gereift in schweren Kriegserlebnissen. Sie sind klar und fest in ihrem Urteil, gütig und freundlich in Ihren Worten, haben Humor und innere Überlegenheit gegenüber den kleinen Dingen und die grosse, tiefe Ehrfurcht und eine demütige Haltung vor dem Herrn und seiner gewaltigen Hand. Darum hat Ihre Gemeinde sie so gern und schätzt Sie als ‚ihren' Seelsorger. Dies zeigt packend aber auch Ihre Predigt. Sie haben uns eine Predigt vorgelegt über eines der tiefsten Worte der heiligen Schrift* [1 Joh 16b-21]. *Ohne jede Phrase gehen Sie in großer Schlichtheit ganz fest gebunden an Gottes heiliges Wort und seine großen Taten der Frage nach ‚was ist die völlige Liebe'. Diese Predigt muss die Menschen ergriffen und beglückt haben, denn nach dieser völligen Liebe verlangt ja das Herz der Gemeinde in dieser Zeit voller Lieblosigkeit. Beim Anhören Ihrer Verkündigung muss ein Strahl aus der ewigen Welt hineingefallen sein in die durstigen Herzen* (Bescheid vom 16. Juni 1956, LKA PA 7330).

Seine Fähigkeit auf Menschen zuzugehen und mit ihnen umzugehen, prägte auch seinen Dienst als Dekan. So gelang es ihm auch hier in kurzer Zeit, die Gemeinschaft unter den Pfarrern des Bezirks zu stärken und eine vertrauensvolle Atmosphäre zu schaffen.

III. Neue Entwicklungen und Strukturen nach dem Zweiten Weltkrieg

Das Erleben des Dritten Reiches musste auch in der Kirche ernsthafte Erschütterungen hervorrufen, auch dort, wo sie diese Zeit in gewisser Integrität überstanden hatte. *Wir danken [...] unserem himmlischen Vater, dass er die Gemeinde ohne inneren Scha-*

den und ohne grössere äussere Zerstörung durch die Anfechtungen und Wirrnisse des letzten Jahrzehnts geleitet hat, glaubte der Oberkirchenrat 1950 feststellen zu können. Zweifel bleiben erlaubt, besonders wenn man den doch sehr differenzierten Bericht der beiden Ortsgeistlichen liest. Zunächst einmal war festzustellen, dass in Heidelberg nicht wie in anderen größeren Städten die Gemeinden infolge der Kriegsschäden geschrumpft waren, sondern durch Zuzüge nicht unerheblich angewachsen waren, und das obwohl nicht wenige Villen von den Amerikanern beschlagnahmt worden waren. Das ehemals bäuerliche Element war nur noch rudimentär zu sehen; im Ganzen war die Gemeinde durch Krieg und Währungsreform verarmt. In Neuenheim lebten im Oktober 1946 über 9.200 Evangelische, so dass die Errichtung einer zweiten Kirche im Stadtteil erwogen werden musste, da eine weitere Bautätigkeit im Neuenheimer Westen bevorstand. Neben den Hauptgottesdiensten wurden Abendgottesdienste, Christenlehre und Kindergottesdienste weitergeführt, neu eingeführt wurde die Bibelbesprechung des Männerkreises. Die Abendmahlsgottesdienste waren vermehrt worden und so stieg auch die Zahl der Abendmahlsgäste deutlich an. Beim Gottesdienstbesuch jedoch hatte sich wenig verändert. Trotz zweier hervorragender Prediger blieb die Zahl der Gottesdienstbesucher konstant, was faktisch bei größerer Gemeinde einen Rückgang bedeutete. Immerhin war es gelungen, die Männer wieder etwas stärker in das gottesdienstliche Leben einzubinden. Die Jugendlichen wieder für die Christenlehre zu gewinnen, war unvergleichlich schwieriger: Wenn sie früher durch Dienst in der HJ abgehalten wurden, so waren es nun hauptsächlich sportliche Aktivitäten. Hatten in der Kriegszeit noch Sorgen und Not den Weg zum Gottesdienst geebnet, so meinte man Ende der 40er Jahre nur noch „Flachheit" feststellen zu können. *Eine allgemeine Einebnung der ethischen Werte und der Glaubensinhalte ist wohl der tiefste Grund für das Nachlassen des kirchl. gottesdienstlichen Lebens.* Und dann folgt der erschütternde, Irritationen auslösende Satz: *Verlorene Kriege sind dem Glauben nie zuträglich gewesen* (Visitationsbericht 1950).

Es dauerte einige Jahre, bis das Gemeindehaus wieder vollständig genutzt werden konnte. Dagegen konnten auch Kontinuitäten gewürdigt werden, so die ununterbrochene Arbeit des Kirchenchors. Ein Mädchenchor der Gemeindejugend wurde wieder aufgebaut. Völlig neu aufgebaut werden mussten die Gemeindeveranstaltungen, die beiden Frauenkreise mit ihren Zusammenkünften und Vorträgen, die Männerabende mit Vorträgen und Aussprachen, die Bibel- und Evangelisationswochen, die jeweils nur einen kleinen Kern „treuer" Gemeindeglieder zusammenführten.

Einen großen Zuspruch fanden die Gemeindeveranstaltungen, die einen karitativen Charakter (Bazare) hatten oder kulturellen Bedürfnissen (Vorträge, Lichtbilder etc.) entgegen kamen. Hier kam der Kirchenmusik eine immer größer werdende Bedeutung zu.

Der bisher von den Nonnenweierer Schwestern eigenständig geführte Kindergarten wurde von der Kirchengemeinde übernommen, ein zweiter Kindergarten musste dringend eröffnet werden. Die kirchliche Krankenpflege wurde weiterhin durch den Evangelischen Gemeindepflegeverein durchgeführt, der drei Diakonissen-Krankenschwestern (bis 1950 aus Freiburg, dann aus Wertheim) für die Gemeinde beschäftigte und auch den Betrieb einer Nähschule aufrechterhielt.

War bei der religiösen Erziehung der Kinder das Erbe des „Dritten Reiches" und des Zusammenbruchs des Reiches auch besonders nachteilig zu spüren (durch die Relativierung der Religion und die Untergrabung der kirchlichen Autoritäten), so machten die Pfarrer aus den durch den Schulhausmangel verursachten schwierigen Unterrichtsbedingungen bei der Erteilung von Religionsstunden eine Tugend, indem sie in der Kirche einen „Not-Unterricht" einteilten. Sie verteilten die Klassen im Schiff und auf den Emporen in Gruppen und begannen und schlossen den Unterricht mit Orgel, Lied und Gebet. *Manchmal überkommt uns ein Heimweh nach dieser Unterweisung, die schon rein äußerlich in beträchtlichem Gegensatz zum Schulzimmer stand. Das kam der Innerlichkeit zu gut* (Visitationsbericht 1950). Dennoch wirkte sich dieses Erleben nicht positiv im Sinne eines stärkeren kirchlichen Engagements der Jugendlichen aus. Der erhoffte Aufschwung der kirchlichen Jugendgruppen mit dem Zusammenbruch der HJ und des *militärischen Zwangs* blieb aus. Das Erbe der Hitlerjugend schien in Gruppen wie der Pfandfinderbewegung aufgefangen zu werden. Mit reiner Bibelarbeit jedenfalls konnte man die Jugendlichen nicht mehr begeistern.

Die kirchliche Jugendarbeit war geprägt von einem ständigen Auf und Ab. Die beiden Pfarrer hatten diese Arbeit wegen ihrer vielfältigen anderen Aufgaben den Vikaren und Gemeindehelferinnen überlassen. Das rasche Vergehen der Jugendgruppen, die stark von den Aktivitäten einzelner befähigter Gruppenführer abhingen, und der allgemein geringe Zuspruch, auch die Schwierigkeiten, die divergierenden Interessen der Jugendlichen aus verschiedenen Sozial- und Bildungsschichten unter einen Hut zu bringen, ließen auf diesem Gebiet eine resignative Stimmung einkehren: *Aufs ganze gesehen ist unsere Gemeinde für die freie Jugendarbeit kein ergiebiger Boden* (Visitationsbericht 1956). Bezeichnend sind die Erfahrungen der Gemeindehelferin Charlotte Mai: *In der Jungschar und auch in den Mädchenkreisen wollen wir versuchen, ein Stück Christenleben miteinander zu leben. Die Kinder sind im allgemeinen aufgeschlossen, bereit zu helfen und Freude zu machen. Aber andererseits ist zu beobachten, dass den Kindern so vielerlei geboten wird, was sie ablenkt und zerstreut, dass auch schon bei ihnen immer wieder das ‚ich habe keine Zeit' zu hören ist. So ist schon bei diesen Kindern zu merken, dass ihnen oft in ihrem Tun die Stetigkeit und Ausdauer fehlt* (Visitationsbericht 1956). Eine Singgruppe wurde von den Jugendlichen selbstständig gebildet und geleitet.

Völlig neu aufgebaut werden musste nach 1945 auch die „kirchliche Liebestätigkeit", nachdem die gesamte Wohlfahrtspflege im Dritten Reich in der NSV monopolisiert worden war. Da der Staat in vielen Bereichen noch nicht oder nicht mehr helfen konnte, fielen die Lasten nun in einem erhöhten Maße auf die Kirche zurück. Hier half besonders die Zentralstelle des Hilfswerks der Evangelischen Kirche, die unter Leitung von Pfarrer Barner im Lutherhaus eingerichtet wurde.

Zu Beginn der 50er Jahre konnte daher die Neuenheimer Gemeinde charakterisiert werden als *eine Gemeinde, die eine gewisse Liberalität und aufgeschlossene Interessiertheit zeigt, aber trotzdem einer straffen Gemeindegeschlossenheit entbehrt* (Visitationsbericht 1950).

Am Karfreitag 1952 wurde eineinhalb Jahre nach Verabschiedung durch die Synode die neue Liturgie in der Gemeinde eingeführt, die die Gemeinde stärker am gottesdienstlichen Geschehen beteiligen sollte. Doch wurden in der Johanneskirche damals Glaubensbekenntnis und Vater Unser nur vom Pfarrer gesprochen, wobei akustische und ästhetische Gründe den Ausschlag gaben. Insgesamt wurde die neue Liturgie von der Kerngemeinde sehr positiv aufgenommen, auch wenn – wie dies immer bei Veränderungen ist – einige Gemeindeglieder die alten Gepflogenheiten vermissten und neue Gottesdienstbesucher auch durch die reichere Liturgie nicht gewonnen werden konnten. Der Gottesdienstbesuch ging in der ersten Hälfte der 50er Jahre auf 7,16% (gegenüber 9,45% vor 1950) zurück, der der Abendmahlsgäste von 27,4% auf 20,77%. Die Gründe für den statistisch schwachen Gottesdienstbesuch waren vielfältig: das Überwiegen materieller Interessen vor den geistlichen, Geringschätzung christlicher Lebensgrundsätze und der Teilhabe an der göttlichen Gnade, die Anstrengungen der Werktagsarbeit und die Vergnügungen am Samstagabend, die den Sonntagvormittag als Ruhephase „benötigen", die reichlichen „alternativen" Veranstaltungen bereits am Sonntagvormittag, die verbreitete Ansicht, dass der Kirchgang nur ein untergeordnetes Zeichen eines evangelischen christlichen Lebens sei u.a.m. Ein starker religiöser Individualismus der gebildeten Bürgerschicht wirkte sich in Neuenheim ebenfalls eher in der Distanzierung vom Gemeindeleben aus. Bei der sozialen Zusammensetzung der Bevölkerung hatte sich spezifisches religiöses Brauchtum in Neuenheim längst nicht mehr erhalten. Dagegen bemerkte der Visitator Hermann Maas ganz zu Recht: *In Neuenheim sitzt eine wirkliche Gemeinde unter der Kanzel [...]. Ihre Kirche ist in den Gottesdiensten immer dicht besetzt, wenn auch die Prozentzahl [...] das Gegenteil auszusagen scheint [...]. Dass Sie nicht los kommen von der grossen Sorge um die Tausende, die noch draussen sind, verstehen wir [...]. Es ergibt sich natürlich notwendig die Frage, was wir für die tun wollen, die den Weg zur Kirche nicht mehr finden. Und an diesem Punkt steht das Wort [...] ‚Mitarbeiter gesucht' [...], dass alle Gemeindeglieder wo sie nur können, mitwirken sollen am Gottesdienst, am Bruder. [...Wir] wurden uns auch darüber klar, dass vieles vielleicht umsonst ist, an Mühe und Opfer und dass der Herr selbst den Pflug schicken muss, der den hart gewordenen Boden wieder aufreisst, und dass die Gemeinde spürt, dass alles Wachsen und alles Hineinwachsen nur dort sich finden kann, wo man hinaufwächst in allen Stücken an dem, der das Haupt ist, Christus* (Visitationsbescheid 1956).

Zwei wesentliche Defizite in unserer Gesellschaft werden deutlich und sind es bis heute geblieben: die Überflutung der Menschen mit Eindrücken und Reizen einerseits und die mangelnde Bereitschaft, die Gemeinde als Gemeinde im Wortsinne wahrzunehmen und als Gemeinschaft für die ganze Familie anzunehmen. Nur wo sich die Familie als Ganze in der Gemeinde heimisch fühlt, können auch dauerhafte Strukturen für die Gemeindearbeit geschaffen werden, denn ohne Unterstützung aus der Gemeinde müssen alle Bemühungen in einer Gemeindearbeit scheitern, in der einzelne Bereiche und Angebote unverbunden nebeneinander stehen.

In gewissem Sinne gleichen die Verhältnisse zur Gründungszeit der Johanneskirche im Rückblick auch denen in unserer Zeit. Wenn sich eine Lehre formulieren lässt für solche Zeiten des Übergangs, dann die, dass die Kirche auf ihre gestaltende Kraft vertrauen muss, damit sie offensiv in die Gesellschaft hinein wirkt und den unvermeidlichen Wandel aktiv mitgestaltet.

Die evangelische Kirche in Gaggenau im Ersten Weltkrieg[1]

Ulrich Behne

1 Die Evangelische Gemeinde Gaggenau

1.1 Bezirksfest der Äußeren und Inneren Mission

Aus dem Bericht des Diözesanausschusses Baden-Baden im Jahre 1914: *Das Bezirksfest der Äußeren und Inneren Mission, das am Sonntag, dem 21. Juni 1914, nachmittags in der freundlichen kleinen Kirche zu Gaggenau unter zahlreicher Gemeindebeteiligung und schönem Mitwirken des dortigen Kirchenchors gefeiert werden konnte, war noch vom Hauch des Friedens umweht. [...] Eine stimmungsvolle Nachfeier hielt die von auswärts zum Fest Gekommenen noch eine frohe kleine Weile mit den heimischen Festgenossen zusammen.*

Ob freilich die Eindrücke diesmal irgendwie haftend waren, wer will dies sagen? denn kurze Zeit darauf brach der ungeheure Kriegsorkan über uns herein, riss alles Empfinden, alle Gedanken, alle Kräfte an sich und beherrscht seither mit seinen gewaltigen Sturzwellen unser ganzes Leben.[2]

1.2 Rückblick auf die Anfänge der Gemeinde

Das freundliche kleine Kirchlein, von dem im Bericht die Rede ist, steht zu dieser Zeit auf freiem Felde am Fuße des Amalienbergs, wo der damals noch nicht kanalisierte und verdolte Grempelbach fließt. Es ist erst im November 1891, also 23 Jahre zuvor, in Anwesenheit von Großherzog Friedrich I. und dessen Gemahlin Luise eingeweiht worden. Noch handelt es sich um keine eigenständige Kirchengemeinde, sondern um die Diasporagenossenschaft Gaggenau-Rotenfels als Filialkirche von Gernsbach.

1908 ist der aus Eschelbach im Kraichgau stammende Pfarrer Karl Höfer als Filialverwalter eingesetzt worden,[3] der sich mit großer Tatkraft an den Aufbau der Ge-

---

[1] Vortrag zum Abschluss der Ausstellung „Verbündete im Himmel – Religiöse Motive in Bildwerken des Ersten Weltkrieges", gehalten am Sonntag, dem 15. November 2015, in der Markuskirche Gaggenau.

[2] Diözesanausschuss 1914, 3, siehe auch S. 14. Die benutzten Quellen und Literatur sind im Anhang aufgeführt, daher werden in den Anmerkungen nur Kurztitel verwendet.

[3] Die Diasporagenossenschaft hat am 1. Okt. 1905 mit Vikar Julius Paret den ersten Pastorationsgeitlichen erhalten; vgl. Festschrift, 13.

meinde macht. Im Jahre 1911 wird die Diasporagenossenschaft zur evangelischen Kirchengemeinde Gaggenau-Rotenfels erhoben.[4]

Im Visitationsbericht erwähnt Höfer, dass Markgraf Wilhelm von Baden in seinem Rotenfelser Schloss vor 55 Jahren einen evangelischen Gottesdienst eingerichtet hatte – *den ersten wieder, seit 1632 der letzte evangelische Prediger aus Rotenfels vertrieben worden war*. Und mit lutherischem Stolz setzt er hinzu: *So wurde Gaggenau-Rotenfels ein festes Bollwerk des Protestantismus im vorderen Murgtal*.[5]

Im Dezember 1911 zieht Karl Höfer als erster evangelischer Pfarrer in das neu errichtete Pfarrhaus ein.[6] Eine stark in Anspruch genommene Volksbücherei geht auf seine Initiative zurück.[7] Gleich zu Beginn seiner Amtszeit hat er einen Jugendverein gegründet.[8] 1913 hat er eine evangelische Krankenpflegestation durchgesetzt und hiermit im Zusammenhang – im Jahre 1914, aber noch in Friedenszeiten – einen Frauenverein.[9]

2 Die Arbeit der Gemeinde im Kriege

2.1 Der Geist von 1914

Die erst vier Jahre alte Kirchengemeinde wird nun in das Kriegsgeschehen hineingerissen. Der Evangelische Oberkirchenrat ordnet *im Blick auf die überaus ernste Lage* für alle Kirchengemeinden einen Bettag an. Die Anregung geht von Großherzog Friedrich II. aus; denn das Oberhaupt der badischen Landeskirche ist immer noch der Landesherr – laut Luthers Lehre vom „landesherrlichen Kirchenregiment".[10]

Wie ganz allgemein in Deutschland gibt es auch in der evangelischen Gemeinde Gaggenau einen sprunghaften Anstieg der Zahl der Gottesdienstbesucher.[11] Das kleine Kirchlein kann die Gläubigen kaum fassen. In die protestantischen Pfarreien zieht jene euphorische Bewegung ein, die seither als „der Geist von 1914" bezeichnet wird.

---

[4] Visitation, 1. – In amtlichen Aufstellungen erscheint die Bezeichnung „Gaggenau-Rotenfels mit Ottenau" und den Zusatz „Kuppenheim" als Filialort, das noch keinen gottesdienstlichen Raum besitzt, wo aber regelmäßig Gottesdienste stattfinden. Ferner der Zusatz „Diaspora", womit die Protestanten aus umliegenden Dörfern gemeint sind. Laut Visitationsbericht 1906–1910 umfasst die Diasporagenossenschaft Gaggenau-Rotenfels die weiteren Orte: Bischweier, Kuppenheim, Michelbach, Oberndorf, Oberweier, Selbach, Sulzbach. – Im Volksmund spricht man auch vom Gustav-Adolf-Kirchlein, weil dar Gustav-Adolf-Verein den Bau besonders unterstützt hat (Diözesanausschuss 1916, 14).– Der Name „Markusgemeinde" gilt erst für die Zeit nach dem Wiederaufbau nach dem Zweiten Weltkrieg.
[5] Visitation, 1f.
[6] Festschrift, 10 ff.; Visitation, 1, siehe auch Humpert u. Echle.
[7] Visitation, 18.
[8] Badische Chronik der Badischen Presse, 15. Nov. 1928 (Personalakte Karl Höfer).
[9] Finanziell kann diese Station allerdings nicht durch die Gemeinde allein unterhalten werden, sondern ist auf die Unterstützung von außen angewiesen, d.h. in erster Linie vom Evangelischen Bund und vom Gustav-Adolf-Verein, ansonsten durch Spenden, wobei sich immer wieder Frau Oertel hervortut (Diözesanausschuss, 1914, 23; 1916, 13f.).
[10] „Der Murgtäler", 7. Aug. 1914 („Bettag und außerordentliche Andachten").
[11] Mommsen, 251.

Die Kirchenleitungen hoffen, dass all diejenigen, die sich von Gott abgewandt haben, sich mit den anderen zu einer neuen gläubig-patriotischen Gemeinschaft zusammenfinden. Außer den üblichen Gottesdiensten finden in den ersten Wochen des August vier Abendmahlsfeiern und zwei Kriegsandachten statt.

2.2 Kirchenchor und Kirchenkonzerte

Der Kirchenchor veranstaltet 1914 ein Bußtagskonzert, dem in den nächsten Kriegsjahren Abendkonzerte folgen, deren Ertrag für die Gemeindemitglieder im Feld bestimmt ist.[12] Obwohl der Krieg immer wieder Lücken in die Reihen der Sänger reißt, kann er seine Arbeit ohne Unterbrechung, wenn auch oft gehemmt, fortsetzen.[13]

2.3 Ermutigung und Erbauung für die Krieger

Allen im Felde stehenden Gemeindemitgliedern geht wöchenltlich eine Zeitungssendung zu, vermehrt durch religiöse Flugblätter und monatlich durch den Gemeindeboten. Insgesamt werden bis Kriegsende annähernd 2000 Sendungen an die Front gehen.[14] Finanziert wird die Aktion durch Spenden; um den Versand kümmern sich Mitglieder der Gemeinde, u.a. Apotheker Blaß und „Fräulein Werner",[15] die Tante von unserem Klaus Werner.

2.4 Vaterländische Abende

Die Evangelische Gemeinde Gaggenau-Rotenfels hält mehrere vaterländischer Abende ab, *um den vielen Wünschen, die aus der Gemeinde laut wurden, zu entsprechen.* Bei den Veranstaltungen ist die Gambrinushalle, die 700 Personen fasst, im Allgemeinen gut gefüllt. Pfarrer Höfer hat jedesmal ein *erbauendes, hoffnungsvolles und dennoch unterhaltendes* Programm zusammengesetzt, wie „Der Murgtäler" berichtet.[16] Der rührige Kirchenchor unter dem Dirigenten Neuert singt, z. B. *Schön ist Gottes Erde und schön meine Vaterland.* Schüler tragen patriotische Gedichte vor. Der Hauptprogrammpunkt des Abends liefert ein Vortrag mit dem Thema „Unsere Front im Osten" oder „Die 500-jährige Geschichte der Hohenzollern". Bilder von einem Bergmann'schen Projektionsapparat sorgen für eine Illustration des gesprochenen Wortes.[17]

---

[12] Diözesanausschuss, 1914, 15; 1915, 14; 1916, 13; siehe z.B. auch „Der Murgtäler", 20. Okt. 1914 („Gaggenau – Kirchenkonzert").
[13] Diözesanausschuss 1918, 12.
[14] Diözesanausschuss 1918, 12; Visitation, 16.
[15] Diözesanausschuss, 1916, 13; 1917, 16.
[16] „Der Murgtäler", 12. Febr. 1916.
[17] Diözesanausschuss 1916, 13.

2.5 Gefallenenehrung

Der Gefallenen wird im Gottesdienst durch Nachruf und Gebet gedacht.[18] Zur ehrenden Erinnerung wird ein Kranz mit Schleife für jeden Gefallenen in der Kirche aufgehängt.[19] Insgesamt wird die Kirchengemeinde 32 Gläubige in diesem Kriege verlieren.[20]

Zum Andenken der „auf dem Felde der Ehre" gefallenen Söhnen Fritz und Wilhelm spenden der Direktor des Eisenwerkes Steinsiek und seine Gattin tausend Mark, deren Zinsen zur Unterstützung von bedürftigen Hinterbliebenen gefallener Krieger oder sonst durch den Krieg in Bedürftigkeit geratenen Familien dienen soll.[21]

3 Kriegspropaganda

3.1 Der Evangelische Bund und das Reich von 1871

In den Diözesanberichten wird von Pfarrer Höfer häufig der Evangelische Bund erwähnt,[22] eine Organisation von einer halben Million Mitgliedern in knapp dreitausend Ortsvereinen, die es sich zum Ziel gesetzt hat, den in zahlreiche Landeskirchen zersplitterten deutschen Protestantismus zu festigen. Jetzt versucht der Bund mit der Verbreitung von *Volksschriften zum großen Kriege* und *Heroldsrufen in eiserner Zeit* den nationalen Durchhaltewillen zu stärken.

Der Evangelische Bund verkauft für jeden Deutschen für zwanzig Pfennig als Postkarte und für zwei Mark als Wandschmuck eine politische Allegorie der Verschmelzung von Religion und Politik: „Die beiden größten Deutschen", Luther und Bismarck, erscheinen auf diesem Kunstblatt unter einer knorrigen Eiche *als Streiter für deutsche Ehre, deutschen Glauben, deutsche Macht.*[23] Auch der Historiker Heinrich von Treitschke, ein heute berüchtigter, damals jedoch der angesehenste Historiker überhaupt, bezeichnete 1883 Luther als einen, der den Weg zur deutschen Einigung und zur politischen Größe des Deutschen Reichs gebahnt habe, Bismarck aber sei sein kongenialer Nachfolger.[24]

Die Reichsgründung von 1871 war für die evangelische Kirche ein Mythos, die Bismarck jedoch um der militärischen Sicherheit Preußens willen angestrebt hatte, nicht aus Liebe zu Deutschland. Er vollbrachte sie nach drei Kriegen mit einem überlegenen, höchst modernen Heer, das er auf Kosten eines Verfassungsbruchs in Preußen geschaffen hatte. So konnte er im Deutschen Krieg von 1866 nicht nur Österreich besiegen, sondern fast alle deutschen Staaten, darunter auch Baden und Württemberg.

---

[18] Diözesanausschuss, 1914, 15; Silvester 1916 findet eine Totengedenkfeier unter Mitwirkung des Kirchenchores statt (13).
[19] Diözesanausschuss, 1915, 14.
[20] Diözesanausschuss 1918, 12.
[21] Diözesanausschuss 1916, 14.
[22] Diözesanausschuss 1916, 14; 1917, 17. Visitation, 6.
[23] Zitiert nach Hübinger, 242.
[24] Hartmut Lehmann: Luther in der Welt heute sehen – Der konfessionelle Stolz von 1617 (Internet).

Es folgte die gewaltsame Annexion mehrerer deutscher Länder durch Preußen. Dann sagte Bismarck im internen Kreise: *Den Rest macht jetzt der nationale Schwindel.*

Er provozierte die Franzosen, die in chauvinistischer Verblendung prompt Preußen die Kriegserklärung sandten, die Bismarck brauchte. Das Ergebnis ist bekannt: die Wegnahme von Elsass-Lothringen aus militärischen Gründen, die Demütigung des geschlagenen Frankreich durch einen Einmarsch in Paris und die Ausrufung des Deutschen Reichs im Spiegelsaal des Schlosses von Versailles, wo man nur die Uniformen von Adeligen und Generälen sah, aber keinen einzigen Zivilisten. Das war der Beginn eines durch und durch militarisierten Deutschen Reiches, dessen Symbol der Sedantag war, an dem Staat und Kirche, Thron und Altar zusammengeführt werden sollten, der aber in erster Linie ein Tag der Militärparaden und der nationalistischen Parolen unter einem schwarz-weiß-roten Flaggenmeer war.[25] Es war ein Reich der Generäle, die Deutschland schließlich in die Katastrophe des Ersten Weltkriegs stürzten.

Ganz vom Mythos dieses Reiches erfüllt waren auch seit 1914 die Wanderprediger, die, vom Evangelischen Bund verpflichtet,[26] auf Tausenden von Kanzeln ihr nationalpolitisches Credo verkündeten, das in Tausenden von gedruckten Einzel- und Sammelbänden auf den Markt geworfen werden.[27]

3.2 Kriegspredigt „Feuer auf Erden"

Franz Rohde, Pfarrer an der Christuskirche in Karlsruhe, ist solch ein eifriger Prediger und Herausgeber, aus denen das euphorische Augusterlebnis spricht. Unter der Überschrift *Feuer auf Erden* verkündet er seine Auslegung des Lukasevangeliums.

> *Ruchlose Hände haben die Brandfackel des Krieges entzündet. Schon flammt die blutige Lohe empor über ganz Europa und niemand kann sagen, wohin die Feuerfunken noch zündend überspringen werden. [...] Und wie auf einer Jagd, hoch aufgerichtet, nur den Kopf mit dem gewaltigen Geweih vorgebeugt, der Edelhirsch die Meute erwartet, die von allen Seiten her auf ihn eindringt, so steht inmitten des nun beginnenden blutigen Ringens das deutsche Volk: Tod dem deutschen Wesen, das ist die Losung dieses Krieges!*[28]

Es sei die deutsche Tüchtigkeit, weswegen die Welt sich gegen Deutschland verschworen habe: *der Neid Englands, die Furcht und die Revanchelust Frankreichs* und *die unersättliche Ländergier des slawischen Kolosses*. Für Rohde gibt es keinen Zweifel: *Ist je ein Krieg gerecht gewesen, so ist es dieser Krieg!*

Doch dann geschieht in seiner Predigt Merkwürdiges. Nachdem er gerade noch vom unschuldigen Deutschland geredet hat, das in einen Verteidigungskrieg ge-

---

[25] Siehe Winkler, 207.
[26] Hübinger, 239, 242; Wikipedia: „Der Evangelische Bund." Dieser arbeitete eng mit dem Gustav-Adolf-Verein zusammen, der ebenfalls in den Akten der Markusgemeinde erwähnt wird.
[27] Brakelmann, 95, 143; siehe auch Schneider-Harppprecht, 22f.
[28] Rohde, 1. Predigt am 9. August 1914 nach Lukas 12, 49/50: *Volk steht auf, der Sturm bricht los!* (Diesen Ruf gebrauchte auch Joseph Goebbels, der hiermit Jugendliche und Alte in die letzten Gefechte des Zweiten Weltkriegs schickte. Es stammt aber von Theodor Körner, dem Dichter der Freiheitskriege.)

drängt worden sei, träumt er wie viele andere Kriegsprediger von einem mächtigeren Deutschland, das über andere gebieten wird:[29]

> *Wenn wir aber siegen – o, es ist nicht auszudenken, was dann sein wird, dann wird der deutsche Aar endlich, endlich frei seine Schwingen regen können, und der deutsche Kaiser wird gebieten in Europa, und er wird gebieten die Werke des Friedens, nach denen sein Volk sich sehnt, und er wird die Halbwilden in Osten und die fränkischen Unruhestifter im Westen mühelos im Zaune halten, und im kühnen Flug eilt der deutsche Aar zur Sonne![30]*

So entlarvt sich die Lüge seiner Rede selbst.

3.3 Die Kriegsunschuldlüge

Wenn an der These vom Überfall der Mächte auf das unschuldige Deutschland überhaupt etwas wahr ist, dann ist es die Tatsache, dass sich Deutschland nach der Abdankung Bismarcks 1890 vor allem aufgrund der unbesonnenen Politik Kaiser Wilhelms II. in eine isolierte Position begeben hat.

Doch die Mächte der Entente Frankreich, England und Russland haben Deutschland nicht überfallen, sondern Deutschland hat Frankreich den Krieg erklärt und zum Zweck der Vernichtung der französischen Armee das neutrale Belgien überfallen. Zwar stellt der Historiker Christopher Clark in seinem großartigen Werk „Die Schlafwandler" dar, wie die europäischen Mächte allesamt ein leichtfertiges Machtspiel betrieben haben, das in die Katastrophe des Großen Krieges führte. Tatsache ist aber auch, dass der deutsche Generalstab seit langem geplant hat – Stichwort Schlieffen-Plan[31] –, Frankreich in einem Blitzkrieg zu erobern, um sich dann gegen Russland zu wenden.

Um den Kriegsmechanismus in Gang zu setzen, hat der Generalstab alles getan, um Österreich in einen Krieg gegen Serbien zu treiben, auch als eine friedliche Lösung schon ganz nahe war. – Aber wie man auch immer die Geschichte interpretieren mag: Auf keinen Fall ist Deutschland in einen Verteidigungskrieg gedrängt worden, wie die Kriegspredigten durchweg behaupten. Der Historiker Heinrich August Winkler beantwortet die Frage mit der Formel: „Von einer Alleinschuld Deutschlands am Ersten Weltkrieg lässt sich nicht sprechen, wohl aber von einer Hauptschuld."[32]

Die Gaggenauer haben in ihrer Tageszeitung „Der Murgtäler" lesen können, wie ihr Gernsbacher Chefkommentator seit der Kriegserklärung Österreichs an Serbien dem Krieg mehrfach das Wort redet. Der Krieg sei da, und er sei *besser als ein fauler Friede*.[33] Als der in Karlsruhe erscheinende sozialdemokratische „Volksfreund" hellsichtig warnt, dass Europa vor der *entsetzlichsten Katastrophe* stehe, *die je in der*

---

[29] Siehe Brakelmann, 91, 117 f.
[30] Rohde, 5f.; siehe auch Schneider-Harpprecht, 22f. Kunze (S. 44) zitiert diese Predigt in einer Fußnote. Siehe auch Brakelmann, 91, 118; Mommsen, 252.
[31] Siehe z. B. Cabanes/Duménil, 59.
[32] Winkler, 332.
[33] „Der Murgtäler", 27. Juli 1914 („Der Krieg mit Serbien").

Weltgeschichte sich ereignet hat,³⁴ beschimpft er diesen als „unpatriotisch".³⁵ Man glaubt einen völkischen Propagandisten zu hören, wenn er meint: *Im Grunde genommen fühlt sich auf die Dauer ein starkmutiges Geschlecht im ruhig flimmenden Licht des Friedens nicht wohl.*³⁶ Darum gelte es jetzt, den *angebotenen Kampf aufzunehmen und die aufgetragene Opferpflicht zu erfüllen.*

Nach der Kriegserklärung Deutschlands an Frankreich spricht der gleiche Autor unter der Überschrift „Ich bin ein Deutscher!" jedoch von einem Krieg, *der gegen das Deutschtum entfesselt worden ist.* Dieser werde *den letzten Rest von Ausländerei, von Fremdtümelei, von Weltbürgerei, von Nachäfferei undeutscher Art und Sitte hinwegfegen.*³⁷

3.4 Die Kriegspredigt „Krieg und Glaube"

Es gibt einige wenige Stimmen, die einem Verständigungsfrieden das Wort reden, aber „in der allseits proklamierten Kriegstheologie untergehen".³⁸ Ein Kriegstheologe der reinsten Art ist Dr. Paul Grünberg, Pfarrer der Reformierten Kirche zu Straßburg, der als Wanderprediger und Autor von Druckschriften seine Botschaften unter das Kirchenvolk bringt. Am Sonntagabend des 11. Februar 1917 spricht er in der evangelischen Kirche Gaggenau über das Thema „Der Krieg und der Glaube".³⁹

Sein Einsatz richtet sich gegen diejenigen, die sagen, Christentum und Krieg seien unvereinbar, denn nach seiner Überzeugung ist gerade dieser Krieg, der Deutschland *von Neidern und Hassern aufgezwungen* wurde, „irgendwie" ein Teil der göttlichen Weltordnung.⁴⁰ Der Glaube habe durch die *befruchtende Wirkung* des Krieges *eine Förderung und Stärkung* erfahren.⁴¹ Ohne Zweifel könne man auf manches Heldengrab die Worte setzen: Er habe *das Leben verloren und das wahre Leben des Glaubens gefunden.*⁴² Aber allen, die den tausendfachen Tod der jungen Männer betrauern, hält Pfarrer Grünberg vor:

> *Wie viele, die jetzt als Christen jammern wollen über das Unheil des Krieges, haben im Frieden und bis kurz vor dem Krieg nicht genug jammern können über zunehmende Gottlosigkeit und Sittenlosigkeit aller Art. Warum soll denn jetzt auf einmal der Krieg das Schlimmste sein? Und die Verluste des Krieges, die verlorenen Männer und Söhne, sind sie beklagenswerter als das Heer der verlorenen Söhne und Töchter, auch Väter und Mütter, die im Frieden an Leib und Seele zugrunde gehen? Willst du nicht lieber einen Sohn verlieren auf dem Schlachtfeld im ehrlichen Kampfe, als einen Sohn oder eine Tochter in der Schande und im Laster?*⁴³

---

34 Vorwärts und nicht vergessen, 239
35 „Der Murgtäler", 29. Juli 1914 („Kriegsgefahr und Sozialdemokratie").
36 „Der Murgtäler", 1. Aug. 1914 („Aus dem Murgtal – Krieg").
37 „Der Murgtäler", 30. Sept. 1914 („Ich bin ein Deutscher!").
38 Hammer, 121.
39 „Der Murgtäler", 10. Febr. 1917 („Gaggenau – Vortrag"). Siehe auch Diözesanausschuss 17, 16.
40 Grünberg, 2, 8, 12.
41 Grünberg, 13, siehe auch 13 – 15.
42 Grünberg, 17.
43 Grünberg, 7.

Man erschrickt über den kalten Rigorismus dieses Theologen. Wenn Grünberg von *Bildern des Elends und des Grauens* in *Spitälern, Idioten- und Irrenanstalten* spricht und dann fragt, ob es wirklich besser wäre, *wenn alle Menschen ungestört durch Krankheit und Krieg die volle ausgebildete Senilität erreichen würden, ob nicht manche besser und leichter in der Jugend sterben,*[44] dann sehen wir die Sprache nationalsozialistischer Weltanschauung schon vorweggenommen.

3.5 Kriegstheologie

Nach Feststellungen von Historikern entwickeln die Kriegspredigten eine eigene Kriegstheologie, in der Jesus im neutestamentlichen Sinn gar nicht vorkommt. Vielmehr macht man Gott zu einer Art Erfüllungsgehilfen, der dem massenhaften Sterben einen „göttlichen Sinn" verleihen soll.[45] Der Weltkrieg wird Teil eines göttlichen Weltplans, der den Aufstieg Deutschlands zu einer Weltmacht in Europa bringen werde. Gott steht also auf Seiten des deutschen Volkes, das den anderen Völkern „sittlich und geistig überlegen" ist.[46]

Auf der guten Seite steht die deutsche Seele mit ihrer unergründlichen Tiefe,[47] auf der Gegenseite „das pharisäische England", „die Dirne Frankreich" und „das kulturlose Russland".[48] Auf der guten Seite Deutschland, *dem das Vaterland ein ewig heiliges Gut bedeutet*, auf der Gegenseite *Krämernationen, denen das Vaterland nichts weiter ist als eine Versicherungsanstalt für persönliches Wohlbefinden.*[49]

Das ist das am häufigsten gebrauchte Negativattribut: „Krämernation", „Krämerseele" etc., das in erster Linie die Engländer meint, im weiteren Sinne jedoch die westlichen Nationen allgemein. Gemeint ist damit im Grunde das, was die Grundlage unserer Demokratie ist: Pluralismus, Verschiedenhaftigkeit der Interessen, die ihren Ausgleich im parlamentarischen Prozess finden. Die Interessenvertretung wird von der deutschen Kriegspropaganda aber als Krämertum, Egoismus, Materialismus bezeichnet, über den sich der deutsche Idealismus erhebt. „Deutschsein heißt, eine Sache um ihrer selbst willen tun."

Zwei Verfassungstypen stehen sich gegenüber: die westliche parlamentarische Demokratie und die deutsche halbautoritäre Form, in der die Regierung dem Parlament nicht verantwortlich ist. Der geschichtliche Hintergrund besteht darin, dass die Länder des Westens unter Beteiligung ihrer Völker zur nationalen Identität gefunden haben – vereinfachende Stichworte: amerikanische Unabhängigkeitserklärung, Französische Revolution, die englische Glorious Revolution – während die deutsche Einigung „von oben" durch Bismarck erfolgte.

---

[44] Grünberg, 6.
[45] Brakelmann, 7, 99f.
[46] Mommsen, 252.
[47] Hammer, 117.
[48] Brakelmann, S.123, 145, siehe auch 90.
[49] Mommsen, 252.

4 „Die Arbeit der Frauen

4.1 Das stille Heldentum der Kriegerfrauen

Abseits von jenem pseudoreligiösen Kriegsgeschrei geschieht die Arbeit der Frauen, die nicht nur die Sorge um den im Felde stehenden Gatten umtreibt, sondern die auch genötigt sind, um der Ernährung der Familie willen stundenlang in einer Schlange zu stehen. Dass man allerorts in Wort und Schrift das *stille Heldentum der Kriegerfrauen* preist, die gezwungen sind, zusätzlich noch in der Waffenproduktion der „Eisenwerke" eingesetzt zu werden, ist für sie vielleicht ein fragwürdiges Lob.

4.2 Frauenpflicht und Frauentrost in schwerer Zeit

Doch auch diese selbstlose, unermüdliche Arbeit der Frauen glaubt man von außen durch Kriegsreden anspornen zu müssen. Am 28. Januar 1917 hält in der evangelischen Kirche Gaggenau die Frau des Dekans Odenwald aus Heidelberg auf einer Versammlung des Frauenvereins einen Vortrag mit dem Thema: „Frauenpflicht und Frauentrost in schwerer Zeit".[50] Ihr Text ist uns nicht erhalten, wohl aber der Vortrag einer gewissen Anna Blanck mit nahezu dem gleichen Titel, der zwei Tage später in Mannheim gehalten wird. Offenbar eine Art von Ableger, in den wir kurz hineinhören wollen.

Die Rednerin stellt sich eingangs ebenfalls die Frage, ob denn das Eintreten für den Großen Krieg vereinbar sei mit dem Christentum und dessen Botschaft: „Liebet eure Feinde". Doch sie hat schon die Antwort bereit, die Jesus selbst uns gegeben habe, als er im Tempel auf die Geldwechsler und Händler traf:

> *Er nimmt, weil er weiß, dass Worte allein nicht fruchten würden, im heiligen Zorn eine Geißel, als er die Entweihung des Tempels sieht. Denn hier galt es nicht seine Person, es galt ein Ideal, es galt das Heiligtum zu schützen, das Habsucht und Geldgier mit unheiligen Händen antasteten und entweihten. – Auch für das deutsche Volk gilt es ein Heiligtum zu schützen, unser heiliges deutsches Vaterland. Schnöde Geldgier und Gewinnsucht haben die Hände ausgestreckt nach dem Heiligtum.*[51]

Darum gibt es für Anna Blanck auch keinen Zweifel an der Berechtigung des angeblichen Verteidigungskrieges. Die großen deutschen Siege wie *die stürmische Eroberung Belgiens* hätten es erwiesen: *Gott war mit uns.*[52]

Errungen wurden diese Siege durch den Opfermut selbstloser Krieger, die von dem Gedanken beseelt seien: *Ob wir leben oder sterben, wenn nur Deutschland siegt.* Den gleichen freudigen Opfermut fordere das Vaterland auch von den Frauen. *Willig gaben sie ihr Liebstes hin fürs Vaterland; den Gatten, den Bräutigam, die Söhne, die Brüder.*

---

[50] „Der Murgtäler", 27. Jan. 1917 („Gaggenau – Versammlung"). Siehe auch Diözesanausschuss 1917, 16; 1918, 12.
[51] Blanck, 3f.
[52] Blanck, 5.

Doch nicht nur Opfer fordert das Vaterland von uns Frauen, sondern Taten – *um nur einen Teil der unendlichen Dankesschuld gegen unsere Millionenheere abzutragen, die in Ost und Süd und West, für Heimat und Herd, für u n s kämpfen.*[53]

4.3 Unermüdliche Tätigkeit des Frauenvereins

In der evangelischen Gemeinde Gaggenau trägt die Hauptlast der Frontunterstützung der Frauenverein. Die von ihm unterhaltene Krankenpflegestation gilt als Segen für die Gemeinde – gegen eine geringe Gebühr oder ganz unentgeltlich hilft man auch für die Besorgung des Haushaltes bei erkrankten Kriegerfrauen und Wöchnerinnen.[54] Hinzukommen die Unterstützung der Armen, Sammelaktionen und zahlreiche andere Tätigkeiten. So pflegt der Frauenverein auch Kriegerkindern unter sechs Jahren eine Weihnachtsfreude zu bereiten.[55]

Für „Frau Geh. Rat Oertel", die auf ihrem Gut Amalienberg einen kleinen Teil der Kriegsverwundeten übernommen hat, und die Helferinnen vom Roten Kreuz[56] ist der 27. Oktober 1914 ein Ehrentag, als die Landesfürstin Hilda das Heim besucht, die Verwundeten mit einem Bild des großherzoglichen Paares beschenkt und die Leiterin nebst deren Helferinnen mit Händedruck und anerkennenden Zuspruch auszeichnet.[57]

4.4 Hilfe in kritischer Ernährungssituation

Der Krieg hat die Erträge der Landwirtschaft schrumpfen lassen. Die bisherigen lebenswichtigen Importe fallen aus, vor allem aufgrund der englischen Seeblockade. Die Knappheit an Lebensmitteln macht Rationierungen in Form von Lebensmittelmarken für Brot, Fleisch, Fett etc. notwendig.

Pfarrer Höfer sieht, dass *jetzt der unerbittliche Krieg, besonders unter dem Druck der Ernährungsfrage, immer fühlbarer* wird. Die Behörden suchen über die Amtsblätter und die Regionalzeitungen wie den „Murgtäler" erzieherisch auf die Ernährungsgewohnheiten einzuwirken. In Gaggenau werden sie wie in vielen Gemeinden auch vom Frauenverein der evangelischen Kirche unterstützt, der – *statt der Bibelstunde* – zu Vorträgen über Volksernährung in der Kriegszeit einlädt.[58]

4.5 Liebesgaben an die Front

Zu Weihnachten erhält jeder an der Front Stehende ein Liebespaket. Jede Woche treffen sich Frauen und Mädchen im Pfarrhaus zu einem Stricknachmittag und einem Nähabend. Ein Teil der Handarbeiten wird den Liebesgaben beigelegt; ein anderer Teil geht an das Rote Kreuz.[59]

---

[53] Blanck. 6f.
[54] Diözesanausschuss, 1914, 14f.; 1916, 14; 1918, 12; Visitation, 15.
[55] Diözesanausschuss u. a. 1916, 14.
[56] „Der Murgtäler" 27. Okt. 1914: Zum „Hilfsausschuss für das Rote Kreuz".
[57] „Der Murgtäler" 29. Okt. 1914.
[58] „Der Murgtäler" 11. März 1915 („Gaggenau. Vortrag"); siehe auch 11. Mai 1916.
[59] Diözesanausschuss, 1914, 15; Visitation, 19.

4.6 Pfarrerin Gertrud Höfer als Vorbild

Im Hintergrund steht die deutsche Pastorin, von der man sagt, dass sie die Fülle der Aufgaben demütig hinnimmt. Frau Gertrud Höfer geb. Rose ist ihrem Mann eine treue Lebensgefährtin, organisiert den Alltag des Pastorats[60] und zieht nebenbei fünf Kinder auf. Ferner leitet sie den Frauenverein und dessen Stricknachmittage und Nähabende.[61]

5 Pfarrer Höfers Arbeit im Kriege

5.1 Das evangelische Pfarrhaus

Das deutsche evangelische Pfarrhaus ist häufig in der Literatur behandelt worden als Geburtsstätte deutscher Geistesgrößen und Ort von großer geistiger und kultureller Ausstrahlung. Als Vermittler der Lutherschen „Freiheit eines Christenmenschen", welche die Heilige Schrift zur Grundlage des Glaubens macht, gingen von ihm immense Impulse für die Aufklärung aus. Doch im 19. Jahrhundert ist mehr und mehr der Mythos von Thron und Altar in die Pfarrhäuser eingezogen.[62] So wurden die evangelischen Pfarrer während des Ersten Weltkrieges vor Ort die Hauptsprachrohre der kaiserlichen Politik.[63]

5.2 Skepsis gegenüber gewissen Parolen

An Pfarrer Höfers Einstellung zu Kaiser, Reich und der Berechtigung des Krieges besteht kein Zweifel. Doch meidet er allzu laute und fanatische Töne und steht leichtsinnigen Parolen mit einer gewissen Skepsis gegenüber.

Angesichts der verschiedenartigen Reaktionen auf die Kriegsnot mahnt er 1915: *Man sollte sich in Bezug auf die guten Wirkungen des Krieges nicht allzu rosigen Illusionen hingeben.* Und er beklagt den *wenig christlichen und vaterländischen Sinn so vieler, die die Dauerprobe nicht bestehen.*[64] – Am Ende seines Berichts fragt er: *Ob wir wohl den heiß ersehnten Frieden in diesem Jahr noch schauen dürfen? Wer in die Häuser ein wenig Einblick hat, weiß, wie heiß und dringend es zu wünschen wäre.*[65]

---

[60] Siehe Aschenbrenner, 21ff.
[61] Personalakte Karl Höfer, 6. Dez. 1928.
[62] Luise Schorn-Schütte: Vorbild Pfarrhaus, in: Stiftung, 116.
[63] Siehe u.a. Brakelmann, 93; Hübinger, 237.
[64] Diözesanausschuss 1915, 14.
[65] Diözesanausschuss 1915, 16. Ein Beispiel für seine Abneigung gegen laute Töne sind die Worte, die er in den Bericht des Diözesanausschusses hineinschreibt: *Das ist das Jahr 1917 – ein Jahr des schweren, geduldigen Ringens. Die Propheten der Welt sind still geworden. 1917 hat sie alle enttäuscht, die Optimisten wie die Pessimisten. Weder hat die Religion einen Eroberungszug entfaltet, noch hat sie ausgespielt. Sie ist geblieben, was sie ist, auch hier: den einen ein Ärgernis, den anderen eine Quelle der Kraft.*

5.3 Pfarrer Höfers seelsorgerische Arbeit

Die seelsorgerliche persönliche Fühlung mit der Gemeinde nennt Höfer *die Seele aller Gemeindearbeit*. Dies gilt für ihn vor allem für die Kriegszeit:

Sehr ernste seelsorgerische Pflichten schuf der Krieg. Wie oft galt es, schmerzliche Kunde zu bringen. Oder nach Eintreffen solcher zu trösten und zu raten. Oder aufzumuntern oder aufzurichten.[66]

In Gaggenau gibt es zwei Genesungsheime und im Filialort Kuppenheim ein Vereinslazarett, in denen Verwundete liegen, die den Zuspruch eines protestantischen Pfarrers brauchen. Mit den im Felde Stehenden unterhält Höfer brieflichen Verkehr.[67]

Im Laufe seiner Tätigkeit schaut Höfer in viele Häuser hinein und ist erschrocken, *wie wenig wirklich harmonisches Familienleben es hier gibt und wie wenig die alte Sitte der häuslichen Erbauung noch vorhanden ist. Der Krieg bringt es mit sich, dass es oft zu Ehezerwürfnissen kommt, bei denen auch der Pfarrer nicht in der Lage ist, eine echte Gesundung herbeizuführen.*[68]

5.4 Die Gründung der Heimstättengenossenschaft

Von Höfers hohem sozialem Engagement zeugt die bis heute bestehende „Gemeinnützige Gaggenauer Heimstätten-Genossenschaft eG", die auf seine Initiative im Juni 1918 gegründet wurde.[69] Ihre Aufgabe, *breite Schichten der Bevölkerung mit guter Wohnqualität zu bezahlbaren Mieten zu versorgen* und dabei auch an jene zu denken, die aus eigener Kraft auf dem freien Wohnungsmarkt keine Chance haben,[70] gibt noch heute Höfers Intention wieder.

5.5 Pfarrer Höfer und die katholische Kirche Gaggenaus

Zuweilen äußert sich Pfarrer Karl Höfer zum Verhältnis zur katholischen Konfession: In den letzten Jahren habe es keine öffentlichen Konflikte gegeben, schreibt er, aber nicht etwa, weil der Katholizismus friedlicher geworden wäre, sondern weil der durch den Krieg erzwungene „Burgfriede" eine offene Fehde erschwere.[71] Wie ein roter Faden durchziehen die Berichte Höfers Bemerkungen, dass das Verhältnis der Konfessionen „im allgemeinen gut" sei, dass es jedoch der katholische Geistliche nicht unterlassen könne, *von der Kanzel herab immer wieder den evangelischen Volksteil anzugreifen.*[72] Auch über den Pfarrer von Ottenau führt Höfer bittere Klage.[73] Ein

---

[66] Visitation, 15; siehe auch Diözesanausschuss, 1914, 15.
[67] Visitation, 16.
[68] Visitation, 22.
[69] www.ghg-gaggenau.de; siehe auch Diözesanausschuss 1917, 30; 1918, 12.
[70] Geschäftsbericht und Jahresabschluss 2014, 6.
[71] Visitation, 24.
[72] Diözesanausschuss 1916, 15. Nach seinen Worten habe Pfarrer Leuthner die Kinder seiner Gemeinde aufgefordert, nicht mit den anstandslosen protestantischen Kindern zu spielen. Auch Aufforderungen gebe es, nicht bei Protestanten einzukaufen. Siehe Visitation 23ff.
[73] Diözesanausschuss, 1915, 15; Visitation, 25.

besonderes Ärgernis ist es jedesmal für ihn, wenn in einer Mischehe zwischen einer einheimischen Katholikin und einem nach Gaggenau abgeordneten protestantischen Soldaten die Kirche auf einer katholischen Taufe besteht.[74]

Doch kommt es zu einzelnen Formen der Zusammenarbeit. Bei der Bildung eines Gaggenauer Hilfsausschusses für Kriegsfürsorge kooperieren die Vorstände des evangelischen und katholischen Frauenvereins.[75] Als der Dirigent des evangelischen Kirchenchores zum Heeresdienst einberufen wird, übernimmt der katholische Hauptlehrer Orth die Leitung[76] – heute eine Selbstverständlichkeit, damals eine seltene Ausnahme. – Zum Reformationsjubiläum im Jahre 1917 findet am Abend eine *glänzend verlaufene Gemeindefeier* statt, die laut Höfer eine *ganz enorme Anziehungskraft auch auf Katholiken ausübte* – doch dann sein Zusatz: *trotz der Gegenagitation*.[77]

Zusammenfassend kann man vielleicht sagen, dass seine Position klar antirömisch ist. Am katholischen Klerus übt er z. T. wohl berechtigte Kritik, scheint aber auch nicht frei von Voreingenommenheit zu sein.[78] Jedoch ist ihm an einer ersprießlichen Zusammenarbeit mit der katholischen Bevölkerung Gaggenaus gelegen.

6 Die katholische Kirche im Weltkrieg

6.1 Unvereinbarkeit von Kriegstheologie und katholischem Glauben?

In diesem Zusammenhang wäre natürlich auch zu fragen, wie sich die katholische Kirche im Ersten Weltkrieg verhalten hat. Bei einem Blick in die Murgtäler Tagespresse lässt sich eine Verquickung von Gottesdienst und Kriegsthematik auf den ersten Blick nicht feststellen, während von Aktivitäten der evangelischen Kirche im Zusammenhang mit dem Weltkrieg ständig die Rede ist. Dass eigene gottesdienstliche Formen zum Thema Krieg entwickelt[79] oder dass ein Vortrag über „Volksernährung in der Kriegszeit", wie wir es eben vernommen haben, etwa statt einer Rosenkranzandacht gehalten wird, ist schlecht vorstellbar. Dass der katholische Pfarrer Leuthner zu einem „vaterländischen Abend" in die Gambrinushalle einlädt, dessen Hauptprogrammpunkt im Vortrag eines Militärs über die Lage an der Front besteht, ist ebenfalls wenig wahrscheinlich. Während auf evangelischer Seite der Krieg, wie wir eben hörten, *alles Empfinden, alle Kräfte an sich gerissen hat und seither unser ganzes Leben beherrscht*, scheint von außen gesehen in den katholischen Kirchen des Murgtals in erster Linie das Kirchenjahr mit seinen Festen weiterhin seinen gewohnten Lauf zu nehmen.

---

[74] Visitation, 25.
[75] Diözesanausschuss 1914, 15; Visitation, 19.
[76] Diözesanausschuss 1917, 17.
[77] Diözesanausschuss 1917, 17.
[78] Hans Jörg Staehle: „Zu katholischen Kirche hatte er in der Weimarer Republik offenbar ein recht distanziertes Verhältnis. Der katholische Pfarrer Franz Rudolf von der Handschhsheimer St.-Vitus-Kirche beklagte sich jedenfalls 1931 beim Erzbischöflichen Ordinariat über den ‚kirchlich-liberalen, aber recht gehässigen protestantischen Pfarrer Höfer von der Südpfarrei" (1).
[79] Siehe Brakelmann, 93 f.

6.2 Nicht mehr abseits stehen wollen

In dem unter preußisch-protestantischen Vorzeichen gegründeten Reich von 1871 schienen die deutschen Katholiken denn ja auch zunächst Fremde zu sein,[80] die durch Bismarcks Kulturkampf zusätzlich in eine Isolierung getrieben worden waren. Doch schon früh war unter den deutschen Katholiken das Bedürfnis deutlich geworden, im neuen Deutschland heimisch zu werden und nicht mehr abseits zu stehen.[81]

Freilich gibt es noch immer das Wort vom ultramontanen (also romhörigen) Katholizismus, d.h. Zweifel an der patriotischen Haltung der Katholiken. Zu Beginn des Weltkrieges muss sich die katholische Kirche Badens gegen Verdächtigungen wehren, dass Geistliche der Erzdiözese Freiburg sich einer landesverräterischen Haltung schuldig machten. Das Ordinariat beteuert, dass der Klerus und sein Volk sich *von niemand an vaterländischer Gesinnung und freudigem Opfersinn übertreffen lassen.*[82]

Es gibt also einen Anpassungsprozess des deutschen Katholizismus, der so weit geht, dass sich mancher Hirtenbrief so liest, als hätte ihn ein protestantischer Theologe geschrieben.[83] Der „Spiegel" machte hierzu die böse Bemerkung, dass katholische „Lobpreisungen des Blutvergießens keinen Vergleich mit den protestantischen Kriegspredigten zu scheuen" brauchten.[84]

6.3 Kaiserverehrung

In der Tageszeitung „Der Murgtäler" lesen wir, dass anlässlich von „Kaisers Geburtstag" am 27. Januar 1915 in der Gaggenauer St.-Josefs-Kirche ein Festgottesdienst stattfindet. Pfarrer Franz Leuthner hält von der Kanzel herab *eine schöne patriotische Ansprache mit Segenswünschen für unseren geliebten Kaiser und auf einen baldigen ehrenvollen Frieden.*[85]

Dass Wilhelm II. in seinen berüchtigten Randbemerkungen die Jesuiten als „Höllensöhne", die katholische Zentrumspartei als „Hundebande"[86] bezeichnete, hat die Forschung erst später ans Licht gebracht, genauso wie das Briefzitat, dass er den *katholischen Aberglauben* hasse, *dessen Vernichtung ich als meine Lebensaufgabe ansehe.*[87]

---

[80] Nachdem die Preußen 1866 das katholische Österreich aus dem Deutschen Bund geworfen und die Macht in Deutschland innehatte, soll „eine Art von ‚apokalyptischer Stimmung' durch den deutschen Katholizismus" gegangen sein (Morsey, 32). Ein Kardinalsstaatssekretär des Kirchenstaates soll ausgerufen haben: „Casca il mondo – Die Welt bricht zusammen!" (nach Winkler, 199).
[81] Hammer, 73; siehe auch 83.
[82] Amtliches Verkündigungs-Blatt für den Amtsbezirk Rastatt und die Amtsgerichtsbezirke Rastatt und Gernsbach 1914, Nr. 40, 18. Sept.; siehe auch Behne, BNN 14. Juni 2014.
[83] Hammer, 80f.
[84] Der Spiegel, 16. Dez. 1968 (siehe auch 3/1968).
[85] „Der Murgtäler" 28. Jan. 1915: „Gaggenau – Kaiser-Geburtstagsfeier".
[86] Nach Morsey, 41; dort auch das Briefzitat, Sozialdemokraten und Zentrumsleute seien *bald reif, samt und sonders gehängt zu werden.*
[87] Nach Hammer, 78; siehe auch Stössel, 7.

6.4 Deutsche Katholiken und die Verbrechen im katholischen „Feindesland"

Das alles kann Pfarrer Leuthner nicht wissen. Aber kann er auch nicht wissen, dass Deutschland das neutrale Belgien überfallen hat und dabei Tausende seiner katholischen Glaubensbrüder Opfer von Massakern und Deportationen wurden? Weiß er von der Zerstörung der Stadt Löwen und der bewussten Inbrandsetzung der berühmten katholischen Universitätsbibliothek mit Tausenden von mittelalterlichen Handschriften und wertvollsten Büchern? Bis heute sind diese Vorgänge in der deutschen Bevölkerung wenig bekannt, so wenig wie auch die Beschießung der Kathedrale von Reims, der alten Krönungskirche des französischen Königtums, womit man den Gegner offenbar bewusst demütigen will.[88]

Als Vertreter der katholischen Kirche Deutschlands von französischer Seite auf diese Gräueltaten angesprochen werden, widersprechen diese heftig und fühlen sich durch diese Kritik noch mehr mit dem nationalistischen Lager verbunden.[89] Es gilt also auch für die katholische Kirche, was der Berliner Theologe Christoph Markschies über die evangelische Kirche im Ersten Weltkrieg sagt: „Sie war so blind, wie es die gesamte Bevölkerung war."[90]

7 Totaler Wirklichkeitsverlust

7.1 Das Versagen der Sozialdemokratie

Anpassung der Katholiken an die nationalistische Kriegseuphorie, Anpassung leider auch der Sozialdemokratie. Sie, die kurz zuvor noch so klarsichtig vor einer Katastrophe gewarnt hatte, geht jetzt – von der Regierung auf schäbige Weise fehlinformiert und von der allgemeinen Stimmungslage überrollt – den berühmten „Burgfrieden" ein.

7.2 Das Versagen der intellektuellen Elite

Der von Zeitungen und Reden von Politikern und Militärs vermittelte Wirklichkeitsverlust ist total. Er gilt auch für die 93 Vertreter der deutschen Bildungselite – Wissenschaftler, Künstler und Schriftsteller –, die ein Manifest veröffentlichen, in dem behauptet wird, dass die deutsche Regierung bis zuletzt sich für den Frieden eingesetzt habe; in dem man ferner bestreitet, dass Deutschland die Neutralität Belgiens verletzt habe, und in dem man behauptet, dass die Meldung von deutschen Kriegsgräueln auf Lügen und Verleumdungen beruhten.

Nur ganz wenige Wissenschaftler wie Albert Einstein verweigerten die Unterschrift oder distanzierten sich danach wie Max Planck. International löste dieser Aufruf nur Kopfschütteln aus. Auch für die meisten Gelehrten aus neutralen Ländern

---

[88] Siehe z. B. Hirschfeld/Krumeich, 108.
[89] Hammer, 75.
[90] Herfried Münkler, „Für Gott und Vaterland". Interview in: Die ZEIT/Christ und Welt 7/2014 (Internet).

wie der Schweiz oder den Niederlanden kamen die Rechtfertigungen ihrer deutschen Kollegen einer intellektuellen Bankrotterklärung gleich.[91]

7.3 Die Wahrheit als erstes Opfer

Der bekannte Satz „Im Krieg ist die Wahrheit stets das erste Opfer", gilt zwar allgemein. Speziell für Deutschland ist jedoch zu beachten, dass es unter einem autoritären System steht, in dem inzwischen der Kaiser seinen Einfluss verloren hat, obwohl er weiterhin von der Öffentlichkeit gefeiert wird. Deutschland ist eine verkappte Militärdiktatur. Deshalb sind in diesem Land Front und Heimat sehr viel weiter voneinander entfernt, als dies in den kriegsführenden alliierten Ländern der Fall ist.[92]

7.4 Der kleine Mann und die großen Ereignisse

Wie weit die Bevölkerung von den Kriegsereignissen entfernt ist, demonstriert ein Brief vom 7. Februar 1915, den das Mitglied der evangelischen Gemeinde Gaggenau Christian Weiß zusammen mit seiner Frau Wilhelmine an deren Brüder in Mexiko schreiben:

Bis Du diese Karte erhältst, wird ja die angekündigte Blockade gegen England eingetreten sein. Wenn wir diese siegreich durchführen können und die Neutralen auch wirklich neutral bleiben, wird es bald Friede werden, denn dann müssen die Engländer klein beigeben und mit den Franzosen & Russen werden wir bald fertig sein.[93]

8 Allgemeine Friedenssehnsucht

8.1 Die Friedensnote Benedikts XV.

Einen klaren Akzent gegen die nachlassende Kriegseuphorie löst die Friedensnote Papst Benedikts XV. vom Frühjahr 1917 aus. Sein entschiedener Befürworter wird der schwäbische Abgeordnete Matthias Erzberger von der katholischen Zentrumspartei, der am 6. Juli 1917 mit seiner Reichstagsrede für einen „Verständigungsfrieden ohne Sieger und Besiegte" ein politisches Erdbeben auslöst.

Auf protestantischer Seite werden dadurch teilweise alte antipäpstliche und antikatholische Ressentiments wiederbelebt; es sind aber doch nur einzelne nationalistische Stimmen, die besonders über den Zusammenfall mit dem Reformationsjubiläum im Lutherjahr 1917 verärgert sind. – Absurde Reaktionen gibt es auch bei einer katho-

---

[91] Hirschfeld/Krumeich, 108f. (Abdruck des Textes 110f.); siehe auch Cabanes, 71; Wikipedia: Manifest der 93. – Stoessel geht in seinem Vortrag sehr ausführlich auf das Manifest ein und bringt ein längeres Zitat.
[92] Hirschfeld/Krumeich, 117.
[93] Sammlung Gerhard Rissmann, Gaggenau.

lischen Minderheit, die lieber an den Kriegszielen der Reichsregierung festhält als an den Friedensworten ihres Papstes.[94]

8.2 Die Glocken ziehen ins Feld

Die Kirchenchronik der evangelischen Gemeinde Gaggenau vermerkt: *Eine schwarze Stunde folgt am 30. Juli 1917: Die Glocken werden beschlagnahmt – der Erste Weltkrieg fordert seinen Tribut.*[95] Bereits am 16. Juli 1917 waren vom Turm der katholischen St.-Josefs-Kirche vier Glocken geholt worden, um für die Kriegswaffenproduktion eingeschmolzen zu werden. Bei beiden Kirchen durfte nur die kleinste bleiben.[96]

Im Gegensatz zu Gernsbach, wo man zur Beschlagnahme der Glocken einen Gottesdienst abhält und ein Gedicht rezitiert wird mit dem Titel: „Die Glocken ziehen ins Feld",[97] sorgt die rigorose Art, mit der man in das Leben der Kirchengemeinden eingreift, im Allgemeinen für Verstimmung.[98]

8.3 Gegensatz Gemeinde – Geistlichkeit?

Der „Geist von 1914" besteht schon lange nicht mehr. Während der evangelische Klerus im Allgemeinen an den nationalprotestantischen Doktrinen festhält, wächst unter den Gläubigen die Friedenssehnsucht. Vermutlich gilt das konservative Beharren auch für Pfarrer Höfer; doch hat der engagierte Seelsorger immerhin die Sensibilität zu sehen, wie in vielen Häusern die Fremdheit gegenüber der Kirche wächst.

Wie viele sind der Beteiligung am kirchlichen Leben ganz entwöhnt! Wie viele stehen der Kirche misstrauisch gegenüber, weil sie meinen, dass die Kirche [...] zu sehr dem Krieg statt dem Frieden die Stange gehalten habe, weil sie befremdet sind, dass auch jetzt die Kirche am wenigsten Glaube an das Wort Friede auf Erden habe, während sie doch am ersten daran glauben sollte.[99]

Deshalb ist der Gottesdienstbesuch zurückgegangen, was auch an der starken Heranziehung der Frauen in der Industrie und an der verstärkten Sonntagsarbeit liegt.[100] Der Mangel an Kleidung und Schuhen soll ebenso eine Rolle spielen wie auch die Sorge für die Ernährung, wozu auch das Hamstern gehört, das besonders an Sonntagen stattfindet.[101]

---

[94] Hammer, 81ff. – Früher als beim Gros der evangelischen Stimmen sei unter dem Einfluss der Friedensnote von Papst Benedikt XV. und seines eifrigen Werbers Matthias Erzberger bei den Katholiken eine gewisse Aufgeschlossenheit für den Frieden festzustellen. – Siehe auch Hirschfeld/Krumeich, 148: Mommsen, 257f.
[95] Mitteilung von Elke Schapeler.
[96] Katholische Pfarrgemeinde, 55; man weiß wenig über die Angelegenheit, da die Archivmaterialien bei der Bombardierung im September 1944 verbrannten.
[97] „Der Murgtäler", 29. und 30 Juli 1917.
[98] Schneider-Harpprecht, 47.
[99] Visitation, 17.
[100] Diözesanausschuss 1916, 13; 1917, 16.
[101] Visitation, 7; Diözesanausschuss, 1918, 12: *Der Sommer 1918 sah die Kirchen oft sehr schwach besucht. Die Sorge um das tägliche Brot wirkte hemmend.*

8.4 Der letzte „vaterländische Abend" in Gaggenau

Am 12. Oktober 1918 findet im „Grünen Hof" ein „vaterländischer Abend" statt, auf welchem *über die Kriegsziele unserer Feinde* referiert wird und man für die neunte Kriegsanleihe wirbt.[102]

Dieser offenbar schwach besuchte Vortragsabend[103] ist wohl der letzte seiner Art in Gaggenau. In ganz Deutschland ist es zu einem rapiden Stimmungsabfall bei der Bevölkerung gekommen, welche die amtlichen Propagandaparolen endgültig satt hat. Nur noch einen „Frieden um jeden Preis" scheinen die Menschen zu wollen, aber keinen grauenhaften fünften Kriegswinter mehr.[104]

Auch die Zeitung „Der Murgtäler" wirbt verzweifelt um eine neue Kriegsanleihe, nach deren Zweck aber immer mehr Bürger fragen.[105] – Am 25. Oktober 1918 erscheint im „Murgtäler" nach Hunderten von martialischen Kriegsgedichten zum ersten Mal das Gedicht einer Frau, betitelt *Schon naht des Friedens Morgenrot!*

8.5 Kriegsmüde Soldaten

Auch an der Front wächst die Friedenssehnsucht. Nach den vergeblichen Versuchen der Obersten Heeresleitung, durch neue Offensiven eine Entscheidung zu erzwingen, die Hunderttausende von Opfern gefordert haben, schwindet unter den deutschen Soldaten die Kampfmoral.[106] Die Lauschposten der wilhelminischen Obrigkeit und die Zensoren der Feldpostbriefe notieren Bemerkungen wie: *Kein Schlachtvieh mehr für Wilhelm und Söhne!* oder *Keiner denkt mehr an Sieg; was die Zeitungen schreiben, ist Lug und Trug.*

9 Ende und Neuanfang

9.1 Die Abdankung des Kaisers

Revolutionäre Unruhen in Deutschland. Am 11. November 1918 lesen die Gaggenauer in ihrer Zeitung die Schlagzeile von der „Abdankung des Kaisers".

Am 27. Januar 1918 hatte der Kriegerverein Gaggenau noch den Geburtstag des Kaisers gefeiert – verbunden mit Festgottesdiensten in beiden Kirchen und einer Kir-

---

[102] „Der Murgtäler", 17. Okt. 1918: „Gaggenau. Vortragsabend." *Die Feinde, die nichts anderes wollten als vollständige Vernichtung Deutschlands.* Im Kampf um unsere Selbsterhaltung seien wir verpflichtet, *jeden übrigen Pfennig dem Vaterlande zu liefern und in der Zeichnung der neunten Kriegsanleihe zu zeigen, dass wir einig, fest und treu hinter der Reichsregierung stehen.*

[103] Jedenfalls meldet die Nachricht keinen gut gefüllten Saal, wie das bisher bei ähnlichen Veranstaltungen stets der Fall war.

[104] Siehe Ullrich, 555.

[105] Z. B. „Der Murgtäler", 26. Okt. 1918 („Hat es denn noch Zweck..."). Siehe auch Cabanes/Duménil, 167.

[106] Siehe Ullrich, 552.

chenparade. Im Gasthaus „Kreuz" (heute das Jugendhaus) hatte man am Ende der Generalversammlung ein dreifaches Kaiserhoch ausgebracht, *mit dem Wunsche, dass unser Heldenkaiser in dem neuen größeren und stärkeren Deutschland noch eine lange glückliche Regierungszeit beschieden sei.*[107] Jetzt aber – nicht einmal zehn Monate später – weint dem zur Abdankung gezwungenen Kaiser Wilhelm keiner mehr eine Träne nach.

9.2 Revolution in Gaggenau

Dann die Ausrufung der Republik durch den Sozialdemokraten Philipp Scheidemann und die Übertragung der Regierungsgeschäfte an den SPD-Vorsitzenden Friedrich Ebert. Am 11. November die Unterzeichnung des Waffenstillstandsabkommens durch Matthias Erzberger als Bevollmächtigten der deutschen Regierung.

Gaggenau erlebt den Beginn einer neuen Zeit am 13. Dezember in einem Umzug, wie ihn die Gemeinde bisher noch nicht erlebt hat. Mehrere tausend Arbeiter und Angestellte der Benzwerke, Eisenwerke und der Bergmannschen Industriewerke marschieren hinter einer roten Fahne gesammelt zum Rathausplatz. Auf der dort stattfindenden Volksversammlung geißeln die Redner vor allem den preußischen Militarismus und eine wahrheitswidrige Berichterstattung durch die Presse. Wie auch in anderen deutschen Gemeinden wird ein Arbeiterrat gewählt, der soziale Forderungen wie den Achtstundentag und eine gerechte Verteilung der Nahrungsmittel durchsetzen und Ruhe und Ordnung bewahren soll.[108]

9.3 Höfer und die Revolution

Wie erlebt Pfarrer Höfer Ende und Neubeginn?

Am zweiten Weihnachtstag bot unsere Gemeinde den heimgekehrten Kriegern, die unsere Heimat vor dem Feinde beschirmt hatten, einen herzlichen Begrüßungsgottesdienst in der Kirche.

Wie wird aber die Revolution von ihm gesehen, für den die Einheit von Thron und Alltar zur Grundüberzeugung seines Denkens und Fühlens seit jeher gehörte? Im Diözesanbericht schreibt er:

Trotz aller Enttäuschungen können wir in der Revolution nicht bloß Leidenschaften am Werke sehen, sondern auch schaffende Ideen. [...] Mit Gesetzen und äußeren Umformungen allein kuriert man die Seele unseres Volkes nicht.

---

[107] „Der Murgtäler", 29. Januar 1918.
[108] „Der Murgtäler", 14, Nov. 1918: „Aufruf. An die Einwohnerschaft von Gaggenau und Umgebung!"; 15. Nov. 1918: „Gaggenau. Umzug u. Versammlung"; Bericht des „Volksfreundes" in „Vorwärts und nicht vergessen", 279f.

9.4 Höfer in der neugegründeten Deutschen Demokratischen Partei

Wenig Verständnis für die Revolution zeigen die Gaggenauer Liberalen, die jedoch froh sind, dass *die klugen Köpfe der Sozialdemokratie sich als regierungsfähige Männer erwiesen haben* und ihnen somit der Sieg der radikalen Sozialisten erspart blieb. In der „Glashütte"[109] und in einer weiteren Versammlung in der „Hechtstube"[110] tun sich die Männer um den Arzt Dr. Richard Rahner[111] und den Kaufmann und Kirchenältesten C. F. Werner zur neuen Deutschen Demokratischen Partei (DDP) zusammen. Aber auch Pfarrer Karl Höfer ist dabei, der heilfroh ist, dass es nicht zu einer Trennung von Staat und Kirche gekommen ist.

In einer Verlautbarung heißt es: Nachdem die Deutschen bisher *in blindem Autoritätsglauben dahingelebt* hätten, käme es darauf an, dass Männer und jetzt zum ersten Mal auch Frauen das Land aus tiefster Erniedrigung zu Demokratie, Freiheit und Fortschritt führten.

9.5 Wiederaufbau der Kirchengemeinde

1919, im Jahr des Friedensschlusses von Versailles, herrscht auch in der evangelischen Kirchengemeinde Gaggenau gedrückte Stimmung.[112] Pfarrer Höfer ist vor allem besorgt über die Lebenseinstellung vieler Menschen:

Der Krieg und Kriegsausgang hat dieselben demoralisierenden Wirkungen gezeigt, wie überall eine ungeheure Verstärkung der Selbstsucht und des Materialismus, eine maßlose Vergnügungssucht, Lockerung aller Sitten, auch in sexueller Hinsicht, eine Verrohung des Umgangs und eine Verneinung alles Bisherigen.[113]

Es handelt sich um ein Thema, das bereits auf der Synode der evangelischen Diözese Baden-Baden im Juni 1916 angesprochen wurde. Man beklagte damals den *Unzuchtsgeist in Schund und Schmutz, Theater, Kino und Volksleben* und beschloss einstimmig den Beitritt zum „Deutschen Sittlichkeitsverein". Auch jetzt stemmt sich Höfer in lutherischem Trotz gegen den Zeitgeist: *Unsere Vorpostengemeinde steht fest, Sie hat tiefere Wurzeln, als dass Zeitstürme sie entwurzeln konnten.*[114]

Aber auch in materiellem Sinne macht sich Höfer mit gewohnter Energie an den Aufbau der Gemeinde. 1922 feiert man *gleichzeitig und zum Teil gemeinsam mit der katholischen Kirche* das Fest der Weihe der neuen Glocken.[115] Ein weiteres Jubelfest findet – ebenfalls unter Beteiligung der katholischen Bevölkerung – am 28. November 1926 statt, als das lange schmerzlich vermisste Gemeindehaus eingeweiht wird. Kindergarten, Nähschule und die Volksbücherei finden darin Platz. Ein Saal steht zur

---

[109] „Der Murgtäler", 13. Dez. 1918: „Gaggenau. Generalversammlung".
[110] „Der Murgtäler", 24. Dez. 1918: „Gaggenau. Öffentliche Versammlung".
[111] Höfer in Visitation 8 (siehe auch 17): *Ein hiesiger katholischer Arzt Dr. Rahner, ein starker Agitator für den Monistenbund. Er warf ihm vor, dass er den Kirchenaustritt betreibe. Jetzt ist er sein Parteigenosse.*
[112] Diözesanausschuss 1919, 11.
[113] Visitation, 18; siehe auch Diözesanausschuss 1920/21, 5.
[114] Diözesanausschuss 1922/23, 9.
[115] Ebd.

Verfügung für Vortragsabende und musikalische Veranstaltungen, für die die Familie C. F. Werner ein *schönes, großes Harmonium* gestiftet hat.[116]

9.6 Höfers 20-jähriges Dienstjubiläum

Am 9. November 1928 würdigt der „Gaggenauer Anzeiger" Höfers Wirken nach zwanzigjähriger Amtszeit mit den Worten:

Er hat es in seltener Weise unauffällig und doch mit Nachdruck in der ganzen politischen Gemeinde, gleich welcher religiösen Anschauung, verstanden, großes und unumschränktes Vertrauen zu erwirken. Seine liberale Einstellung, sein freundliches und stets hilfsbereites Wesen und nicht zuletzt seine außergewöhnliche Rednergabe haben ihn auch im Lager der Andersgläubigen Achtung und Verehrung verschafft.[117]

9.7 Höfers Versetzung nach Heidelberg-Handschuhsheim

Höfer ist also in Gaggenau hochangesehen, und man hätte ihn gerne länger dabehalten. Aus seiner Sicht würde auch nichts dagegen sprechen, denn er hat sich in Gaggenau wohlgefühlt. Wenn es nur nicht die Last des auswärtigen Dienstes gäbe! Bei der *jahrelangen Versorgung der Diaspora auf dem Fahrrad bei Wind und Wetter*, – das waren vor allem wohl Fahrten nach Kuppenheim – hat sich sein Gehörleiden verschlimmert.[118]

Auch ist er Vater von fünf Kindern, von denen einige studieren sollen; aber Gaggenau hat weder ein Gymnasium, noch liegt es in der Nähe einer Universitätsstadt.[119] Nachdem er sich lange vergeblich um günstigere Pfarreien beworben hat, wird Höfer 1929 Pfarrer in der Südpfarrei der Friedensgemeinde Heidelberg-Handschuhsheim.[120]

10 Pfarrer Höfer und das Dritte Reich

10.1 Höfer bei den Liberalen

Wir hörten eben, dass Karl Höfer an der Gründungsversammlung der fortschrittlich liberalen DDP in Gaggenau teilgenommen hat. Daraus könnte man folgern, dass er aus der Weltkriegskatastrophe die richtigen Schlüsse gezogen und vom obrigkeitshö-

---

[116] Diözesanausschuss 1926/27, 9 f.
[117] Personalakte Karl Höfer, 9. Nov. 1928.
[118] Personalakte Karl Höfer, 22. Juli 1928, 4. Febr. 1922.
[119] Personalakte Karl Höfer, 30. Nov. 1928 (Brief an Oberkirchenrat).
[120] Hierzu schreibt mir Hans Jörg Staehle: „Herr Höfer war Pfarrer der Südpfarrei (dort wohnte vornehmlich die besser situierte bürgerliche Schicht), und Herr Vogelmann war der ‚Bauernpfarrer' für die Nordpfarrei; hier wohnten vornehmlich die Ureinwohner. Die Friedensgemeinde war sehr groß mit einem höchst lebendigen Gemeindeleben. Deshalb waren es zwei Pfarreien, nach dem Krieg sogar zeitweise noch mehr." – Die Eingemeindung der politischen Gemeinde Handschuhsheim nach Heidelberg erfolgte laut Wikipedia 1903.

rigen Thron-und-Altar-Denken Abschied genommen hat. – Auch als Landessynodaler gehört er zur Gruppe der Liberalen, die kirchenpolitische und allgemeinpolitische Toleranz in ihr Programm geschrieben hat und sich von einer völkischen Gruppierung abgrenzt, die in den nationalsozialistischen Deutschen Christen aufgehen wird.[121]

10.2 Der Wechsel zu den Deutschen Christen

Doch bei den Kirchenwahlen im Juli 1933 findet sich sein Name zu unserem Erstaunen auf der Liste eben dieser Deutschen Christen,[122] also der Gruppierung, die nach dem nationalsozialistischen Führerprinzip ausgerichtet ist und eine Vereinigung aller Religionen und Konfessionen in einer „völkischen Nationalkirche" anstrebt, die „von allem Undeutschen befreit" werden soll, „wie es dem Luthergeist und heldischer Frömmigkeit entspricht".[123] Vorausgegangen ist die Auflösung der Kirchlich-liberalen Vereinigung und der Beintritt ihrer Mitglieder zu den Deutschen Christen.[124]

Bedeutet dieses für Höfer und seine Kollegen einen Bruch mit ihrem bisherigen Denken und Handeln? Haben sie sich einschüchtern lassen? Sind sie Opportunisten? – Die Antwort heißt jedesmal nein; sie sind, wie es der Historiker Rolf-Ulrich Kunze ausdrückt, der gerade ein umfassendes Werk über die Evangelische Landeskirche Badens im Dritten Reich herausgebracht hat, seit jeher „alten nationalprotestantischen und völkischen Einigungsutopien verpflichtet" gewesen.[125]

Bereits auf der Diözesansynode 1916 in Baden-Baden hatte Höfer leidenschaftlich gefordert: *Angesichts der großen Aufgaben der Kirche in Gegenwart und Zukunft braucht unsere Kirche bitter nötig eine innere Geschlossenheit.* Alle dogmatischen Parteikämpfe seien deshalb zurückzustellen zugunsten *einer wahren Gemeinschaft des Willens zu gemeinsamer religiös-sittlicher Arbeit an unserem Volke.*[126]

Vermutlich fühlte er sich wie viele protestantische Geistliche, welche die staatliche Ordnung als von Gott, aber nicht vom Volk gegeben ansahen und von dem extremen Parlamentarismus der Weimarer Republik und dem Hader der Parteien angewidert waren. Wie wir wissen, gehörte er auch zu den Pfarrern, denen schon in der Kaiserzeit gewisse Erscheinungsformen im kulturellen Leben wie in Film, Theater, Revue,

---

[121] Ein Höfer-Zitat aus jener Zeit: *Unsere evangelische Kirche steht immer in der Spannung zwischen Autorität und Freiheit* (Rückleben/Erbacher, Bd. I, 181f.). – Zur Gruppe der Liberalen und zur Kirchlichen Vereinigung für positives Christentum und deutsches Volkstum siehe Kunze, 411.

[122] Rückleben/Erbacher, Bd. II, 40; siehe auch 251.

[123] Wikipedia: Deutsche Christen. – Zur Trennung von den Deutschen Christen kam es vor allem durch den „Sportpalastskandal", als Gauobmann Dr. Reinhold Krause auf der Gautagung am 13. November 1933 das Wort ergriff und die *Vollendung der Reformation im Dritten Reich* forderte. Dazu gehörte seines Erachtens die Ersetzung der lutherischen, reformierten und unierten Kirchen durch *die deutsche Volkskirche.* Doch nicht nur die Bekenntnisse, sondern auch die Schrift wurden von ihm massiv in Frage gestellt. So forderte der Studienassessor neben der *Befreiung von allem Undeutschen im Gottesdienst und im Bekenntnismäßigen* auch die *Befreiung vom Alten Testament mit seiner jüdischen Lohnmoral, von diesen Viehhändler- und Zuhältergeschichten.* Das nicht grundsätzlich abgelehnte Neue Testament sollte immerhin von allen *offenbar entstellten und abergläubischen Berichten* gereinigt, und *auf die ganze Sündenbock- und Minderwertigkeitstheologie des Rabbiners Paulus* sollte verzichtet werden. Siehe auch Kunze, 107; Staehle, 1.

[124] Siehe auch Lang, 447.

[125] Kunze, 69.

[126] Diözesanausschuss 1916, 27; siehe auch 1917, 3; 1914, 25.

Literatur missfallen hatten und die nun in der Zwischenkriegszeit den Einbruch von „westlichen Sitten" erlebten.[127] Befreiung von all dem soll nun der Nationalsozialismus bringen und mit ihm die Deutschen Christen, von denen Höfer und die anderen ehemaligen Liberalen sich die Einheit einer Nationalkirche erhoffen.

10.3 Zweifel an den Deutschen Christen

Doch durch einen Brief vom 2. Mai 1936 an Julius Kühlewein, den ersten Landesbischof der badischen Kirchengeschichte, erfahren wir, dass Höfer sich von den Deutschen Christen wieder getrennt hat.[128] Gewalt und fanatische Agitation, die er in ihrem Umfeld erlebt haben muss, werden ihn besonders entsetzt haben. Vielleicht hat auch der leidenschaftlich lutherische Prediger die Wandlung des evangelischen Gottesdienstes zu einem Massenritual mit Fahnenkult und wohlmöglich dem Horst-Wessel-Lied als Orgelausklang[129] erlebt. Dazu die bizarre Erscheinung des sog. Reichsbischofs Ludwig Müller, den Höfer entschieden ablehnt, da er das Evangelium „umbiege", wie er es ausdrückt.

Aber Höfer lehnt nicht nur die Deutschen Christen ab, sondern auch die Bekennende Kirche, da sie wie die Deutschen Christen die Einheit einer Reichskirche verhindere. Jetzt aber soll nach seinem Wunsch die nationalsozialistische Reichsführung die Kircheneinheit durchsetzen. Der Minister für kirchliche Angelegenheiten Hanns Kerrl[130] sei allein in der Lage, so Höfer, die beiden Parteien an einen Tisch zu bringen, um aus zwei Fronten eine einzige zu machen, natürlich unter dem Schirm der nationalsozialistischen Reichsleitung. Der Kampf der Reichskirche habe sich zu richten *gegen den Bolschewismus und das ihn sekundierende Rom*.[131]

Man glaubt nicht richtig zu lesen: *Der Kampf habe sich zu richten gegen den Bolschewismus und das ihn sekundierende Rom*. In der Tat kam in der Weimarer Republik bei esoterischen radikalen Rechten die Parole von der „schwarz-rot-goldenen Internationale" auf, der sich Deutschland unterworfen habe: Schwarz stand hier für den ultramontanen Katholizismus, Rot für den internationalen Sozialismus und das Gold für das internationale Kapital bzw. das Judentum.[132]

10.4 Höfer als nationalsozialistisch gesinnter Pfarrer in Handschuhsheim

Mit solchen abstrusen Thesen zeigt sich Karl Höfer als Pfarrer in Handschuhsheim als durch und durch überzeugter Nationalsozialist. Er ist Mitglied einiger Naziorga-

---

[127] Siehe Manfred Gailus: Fatale Entgleisungen – Evangelische Pfarrer in der Zwischenkriegszeit, in: Stiftung, 173 f.
[128] Personalakte Höfer, 2. Mai 1936 (Brief an Landesbischof Kühlewein); 22. Okt. 1946 (Spruchkammer); 20. Juni 1945 (Fragebogen, Anmerkung auf der letzten Seite); Schwinge, Bd. III, 402.
[129] Gailus (wie Anm. 127), 178.
[130] Siehe Kunze, 112 f.
[131] Personalakte Höfer, 2. Mai 1936.
[132] Von der Parole der schwarz-rot-goldenen Internationale erfuhr ich zum erstenmal durch den Vortrag von Dr. Hendrik Stössel. Wikipedia-Artikel „Schwarz-Rot-Gold", Fußnote 24: Rede des Abgeordneten Graefe im Reichstag am 12. Mai 1926 (Stenografische Berichte, Bd. 390, 7200).

nisationen, jedoch nicht der Partei.[133] Vielleicht hat er den Beitritt vermieden aus dem gleichen Grund, aus dem er die Deutschen Christen verlassen hat. Denn der sensible Pfarrer scheut alles Überlaute, Fanatische und Gewaltsame und glaubt innerhalb des Nationalsozialismus einen sauberen Weg gehen zu können, wie es damals die Selbsttäuschung von Abertausenden war.

In den Unterlagen finden wir von ihm zwar keine antisemitischen Äußerungen, wohl aber von Rednern, die von Höfer eingeladen wurden. – Im Gemeindeblatt, für das Höfer verantwortlich ist, wurden diverse Artikel mit antisemitischem Inhalt abgedruckt.

Keinen Zweifel an seiner Naziüberzeugung lassen seine Äußerungen zum Kriegsgeschehen. Die anfänglichen Kriegserfolge kommentiert er in der Art, die wir schon aus dem Ersten Weltkrieg kennen: *Es ist offensichtlich, dass hinter dem ganzen Geschehen der Allmächtige steckt, der Gericht hält über die wortbrüchigen Kriegsverbrecher im Westen.*

Selbst als sich die Niederlage immer deutlicher abzeichnet, fordert Höfer nach den Aussagen von Zeitzeugen seine ihm anvertrauten Konfirmanden dazu auf, für den Lebensraum des deutschen Volkes *zu leben, zu kämpfen und zu siegen.*[134]

10.5 Entnazifizierung

Nach dem Krieg wird Höfer von der Spruchkammer Heidelberg nicht einmal als Minderbelasteter oder Mitläufer eingestuft, sondern das Verfahren gegen ihn wird ganz einfach eingestellt, da er vom Gesetz nicht betroffen sei. Als Gründe werden genannt, dass er nie politisch hervorgetreten sei, dass seine Reden oder Veröffentlichungen nur religiösen Inhalts gewesen seien. Besonders ins Gewicht fällt, dass er sich von den Deutschen Christen 1936 getrennt hat und dass er nicht Mitglied der NSDAP war.[135]

10.6 Höfers letzte Jahre

1942 hatte er seine Ehefrau Gertrud verloren.[136] 1942 heiratete er erneut, und zwar Marie Werner aus Gaggenau, die Tochter des Mitglieds der evangelischen Kirchengemeinde C. F. Werner Senior, also die Tante von unserem Klaus Werner. Diese war die beste Freundin seiner Frau gewesen und hatte auch deren Kinder von klein auf betreut. So erfolgte die Eheschließung *noch im Einverständnis mit meiner verstorbenen Frau,* wie er den Kirchenbehörden mitteilte.[137]

Klaus Werner berichtet, dass er zwischen 1946 und 1950 von seinen Verwandten in Schriesheim aus oft seine Tante Marie und deren Mann Karl Höfer besucht hat. Er weiß noch, dass die Kirche, wenn Höfer predigte, immer „rappelvoll" gewesen sei. Später habe er an Gedächtnisschwund gelitten, der ihn am Predigen gehindert habe.

---

[133] Staehle, 1; Personalakte Höfer, 21. März 1939.
[134] Staehle, 2f.
[135] Personalakte Karl Höfer, 22. Okt. 1946 (Spruchkammer); 20. Juni 1945 (Fragebogen des „Military Government of Germany").
[136] Personalakte Karl Höfer, 19. Nov. 1942.
[137] Personalakte Karl Höfer, 20. Juli, 6. Sept., 19. Sept. 1944.

Auch sei seine Schwerhörigkeit so schlimm geworden, dass er den Konfirmandenunterricht kaum noch durchführen konnte.[138] – 1949 haben der Oberkirchenrat und der Landesbischof dem Siebzigjährigen empfohlen, in den Ruhestand zu treten, womit er einverstanden war.[139] Im Januar 1961 ist Karl Höfer verstorben.[140]

11 Schlussbetrachtung

11.1 Fragen an Höfer

Zurück bleibt für uns die Frage, wie ein so intelligenter und wohl auch charakterstarker Mensch wie Pfarrer Karl Höfer zu solch einer Fehleinschätzung der Nazidiktatur kommen konnte. Das nationalsozialistische Reich, auf das er so große Hoffnungen setzte, hat die Welt in ein bis dahin nie gekanntes Unglück gestürzt. Er selbst hat zwei Söhne in diesem Kriege verloren. Vom Kirchlein seiner ehemaligen Gemeinde Gaggenau, die er auf so bewundernswerte Weise geschaffen hatte, standen 1945 nur noch die Grundmauern; das Pfarrhaus war beschädigt; das Gemeindehaus ausgebrannt.[141]

Für unseren Handschuhsheimer Gewährsmann Prof. Hans Jörg Stähle ist Karl Höfer ein Mensch mit offenbar zwei Gesichtern: auf der einen Seite der wunderbare Pfarrer und ungewöhnlich feinfühlige Seelsorger, der seine Gemeindemitglieder bei Trauerfällen vorbildlich tröstete; auf der anderen Seite der bis zum Schluss unbelehrbare Nationalsozialist.[142]

Es ist nicht bekannt, dass sich Pfarrer Höfer nach Ende der NS-Herrschaft je von seinen früheren Verlautbarungen distanziert hätte. Der Vermutung Stähles, dass er sich von seinen alten Positionen nie grundlegend gelöst hat,[143] könnte man vielleicht zustimmen. Der Thron-und-Altar-Glaube war so sehr Teil seines Innern, dass er sich auch nach Kriegsende unschuldig fühlte, zumal ihn die Spruchkammer ja freigesprochen hatte. Und die furchtbaren Naziverbrechen hatten ja mit ihm nichts zu tun.

Es ist unter Historikern eine umstrittene Frage, ob man eine klare Kausalkette zwischen den Geschehnissen von 1871 (der Gründung des Kaiserreichs), 1914 (dem Ausbruch des Ersten Weltkrieges) und 1933 (der sog. Machtergreifung) ziehen darf. Aber Verbindungslinien sind gewiss vorhanden. Sie lauten: militärische Gewalt, autoritäre Führung, Unmündigkeit des Volkes und dessen permanente Täuschung. In Karl Höfers Bewusstsein war dieser Zusammenhang fest verankert. Bei aller Bewunderung für sein Werk bleibt also Befremden zurück.

---

[138] Zum Ohrenleiden siehe auch z. B. Personalakte Karl Höfer, 24. Apr. 1927 u. folgende.
[139] Personalakte Karl Höfer, 2. Mai 1949 (Oberkirchenrat), 27. Mai 1949 (Landesbischof).
[140] Personalakte Karl Höfer, 11. Jan. 1961 (Sterbeurkunde).
[141] Festschrift, 13.
[142] Staehle, 4; siehe auch 1.
[143] Staehle, 3f.

11.2 Endlich angekommen

Wir heute sind jedoch froh, eines Martin Luthers gedenken zu können, der nicht mehr auf triumphale Weise an die Seite von Bismarck tritt und wohlmöglich noch an die Seite von Gustav Adolf und dem alten Fritz. Wir haben heute einen Luther, den auch katholische Theologen „als gemeinsamen Lehrer und Vater im Glauben" ansehen können, wie ich neulich in einer katholischen Zeitschrift las.[144] Neben den konfessionellen haben wir als ein anerkannter Partner der westlichen Staaten auch die nationalistischen Kampfpositionen aufgegeben, von einer Minderheit Unbelehrbarer abgesehen. So können wird auch froh sein, dass das Ausland nicht mehr über ein schwarz-rot-goldenes Fahnenmeer erschrickt – z. B. nach einem gewonnenen Fußballturnier – sondern vielleicht sogar daran freundlichen Anteil nimmt.

Literatur

Abkürzungen
BLB = Badische Landesbibliothek Karlsruhe
GLK = Generallandesarchiv Karlsruhe
StaBi = Stadtbibliothek Gaggenau

Akten
[Diözesanausschuss] Berichte des Diözesanausschusses über die kirchlichen und religiös-sittlichen Zustände der Diözese Baden-Baden (Evangelisches Pfarramt Gaggenau, laufende Archiv-Nr. 23, Aktenzeichen 12/2)
Personalakte Karl Höfer (Landeskirchliches Archiv Karlsruhe)
[Visitation] Evangelischer Oberkirchenrat: Bericht zur Kirchenvisitation in Gaggenau am 24. Okt. 1920 über die Jahre 1910–1920 (Landeskirchliches Archiv Karlsruhe)

Zeitgenössische Veröffentlichungen
Blanck, Anna: Frauentrost und Frauenpflicht zur Kriegszeit; Mannheim 1917, Schriftenvertrieb der Mannheimer Stadtmission (Württembergische Landesbibliothek Stuttgart, Fernleihe über BLB / StaBi)
Der Murgtäler – Generalanzeiger für den nördlichen Schwarzwald; Jahrgänge 1914–1918 (Kreisarchiv Rastatt)
Grünberg, Paul, Pfarrer an der Neuen Kirche zu Straßburg: Der Krieg und der Glaube – Vortrag gehalten in der Reformierten Kirche zu Straßburg am 2. Februar 1915; Straßburg 1915 (Staatsbibliothek zu Berlin, Fernleihe über BLB / StaBi)
Rohde, Franz: Kriegspredigten – gehalten in der Christuskirche zu Karlsruhe i.B. am 9., 16., 23. August, 6. u. 13. September 1914; Karlsruhe 1914 (BLB)

---

[144] Thomas Brose: „Wittenberg in Rom – Wie bringt die Reformation von 1517 die Ökumene 2017 weiter?" (Christ in der Gegenwart Nr. 38, 20. Sept. 2015, 416.

Fachliteratur

Aschenbrenner, Cord: Das evangelische Pfarrhaus – 300 Jahre Glaube, Geist und Macht: Eine Familiengeschichte; München 2015 (Stadtbibliothek Gaggenau)

Bendikowski, Tillmann: Sommer 1914 – Zwischen Begeisterung und Angst – wie Deutsche den Kriegsbeginn erlebten; München 2014

Brakelmann, Günter: Deutscher Protestantismus in den Kriegen 1870/71 und 1914–1918. Sechs Einblicke; Kamen 2014

Cabanes, Bruno/Duménil, Anne (Hg.): Der Erste Weltkrieg – Eine europäische Katastrophe; Darmstadt 2013

Frank, Günter/de Lange, Albert (Hg.): Verbündete im Himmel – Religiöse Motive in Bildwerken des Ersten Weltkrieges – Katalog der Ausstellung des Melanchthonhauses Bretten; Verlag 89, Karlsruhe 2014

Hamann, Brigitte: Der Erste Weltkrieg – Wahrheit und Lüge in Bildern und Texten, München 2004

Hammer, Karl: Deutsche Kriegstheologie (1870–1918); München 1971

Hirschfeld, Gerhard/Krumeich, Gerd: Deutschland im Ersten Weltkrieg, Frankfurt a.M. 2013

Hübinger, Gangolf: Sakralisierung der Nation und Formen des Nationalismus im deutschen Protestantismus; in: Krumeich/Lehmann, S. 233ff.

Krumeich, Gerd/Lehmann, Helmut (Hgg.): „Gott mit uns" – Nation, Religion und Gewalt im 19. und frühen 20. Jahrhundert, Göttingen 2000

Kunze, Rolf-Ulrich: „Möge Gott unserer Kirche helfen!" Theologiepolitik, Kirchenkampf und Auseinandersetzungen mit dem NS-Regime: Die Evangelische Landeskirche Badens 1933 – 1945, Stuttgart 2016

Lang, Christoph: Karl Dürr (1892–1976) – Wegbereiter der badischen Bekenntnisgemeinschaft, in: Johannes Ehmann (Hg.): Lebensbilder aus der Evangelischen Kirche in Baden im 19. und 20. Jahrhundert; Bd. II: Kirchenpolitische Richtungen; Ubstadt-Weiher 2010, 445–469

Mann, Golo: Deutsche Geschichte des 19. und 20. Jahrhunderts; Frankfurt a.M. 1958

Mommsen, Wolfgang J.: Die nationalgeschichtliche Umdeutung der christlichen Botschaft im Ersten Weltkrieg; in: Krumeich/Lehmann, S. 249ff.

Morsey, Rudolf: Die deutschen Katholiken und der Nationalstaat zwischen Kulturkampf und dem Ersten Weltkrieg; Historisches Jahrbuch Bd. 90, Münster 1970, 31–64

Rückleben, Hermann/Erbacher, Hermann (Hgg.): Die evangelische Landeskirche in Baden im Dritten Reich – Quellen zu ihrer Geschichte, Bd. 1, Karlsruhe 1991, Bd. 2, Karlsruhe 1992.

Schneider-Harpprecht, Christoph, Evangelischer Oberkirchenrat Karlsruhe (Hg.): Krieg! – In Gottes Namen? 1914–1918: Zeugnisse aus der evangelischen Kirche in Karlsruhe und Baden, 2014

Steinmann, Wolf-Dieter/Panzer, Lucie: Für Gott und Vaterland – Die evangelische Kirche und der Erste Weltkrieg; Deutschlandradio Kultur 6. April 2014

Stiftung Deutsches Historisches Museum (Hg.): Leben nach Luther – Eine Kulturgeschichte des evangelischen Pfarrhauses, o.O. [Berlin], o.J. [2013]

Stössel, Hendrik: Die Evangelische Kirche im Ersten Weltkrieg. Vortrag zur Vernissage der Ausstellung „Verbündete im Himmel" in der Markuskirche Gaggenau am 17. Okt. 2015; Manuskript

Winkler, Heinrich August: Der lange Weg nach Westen, Bd. I: Deutsche Geschichte vom Ende des Alten Reiches bis zum Untergang der Weimarer Republik, München (5. Auflage) 2002

Lokalgeschichtliche Literatur

Behne Ulrich: Gaggenau und der Erste Weltkrieg – Eine Serie der Badischen Neuesten Nachrichten 2014

Echle, Willi: Von der evangelischen Diaspora bis zur eigenen Kirchengemeinde; in Ders.: Gaggenau in Vergangenheit und Gegenwart, Gaggenau 1968, S. 113ff.
Festschrift 120 Jahre Markuskirche Gaggenau (1891–2011), hrsg. von der Evangelische Markusgemeinde, Gaggenau 2011
Humpert, Theodor: Die evangelische Diasporagemeinde; in Ders.: Rotenfels im Murgtal – Gesammelte Aufsätze, Rotenfels 1928, S. 9 ff.
Katholisches Pfarrgemeinde Gaggenau (Hg.): 100 Jahre Kirche St. Josef Gaggenau, Gaggenau 2001
Stähle, Hans Jörg: Karl Höfer als Pfarrer der Südpfarrei in der Friedensgemeinde Handschuhsheim (persönliche Mitteilungen 2015)

Das Stiftungsbuch der Freiburger Lutherkirche – ein Dokument der Nachkriegs-Kirchengeschichte

Von Ulrich Bayer

Am 31.Januar 2016 ging die Geschichte der Freiburger Lutherkirche als Sakralgebäude im Rahmen eines feierlichen Entwidmungsgottesdienstes unter Teilnahme der südbadischen Prälatin Dagmar Zobel zu Ende. Damit verlor die Evangelische Kirche in Freiburg ihr größtes Kirchengebäude und gleichzeitig die einzige protestantische Kirche, die sich an einem der großen, belebten Plätze der Stadt, nämlich dem Friedrich-Ebert-Platz, befand.

Damit endete die fast einhundertjährige Geschichte der Freiburger Lutherkirche, deren erster, 1919 eingeweihter Bau, beim Großangriff auf Freiburg am 27. November 1944 vollständig zerstört worden war.[1] Der unter großen Opfern in den Nachkriegsjahren wiedererrichtete Kirchenbau war am 14. Juni 1953 im Beisein des damaligen badischen Landesbischofs Julius Bender eingeweiht worden.

Der Entwidmung vorausgegangen war eine fast fünfzehnjährige Diskussion, ob und wie das Areal der Lutherkirche zu verwenden sei. Schon lange war klar, dass die Lutherkirche mit mehr als 800 Plätzen für die stets rückläufige Zahl an Gottesdienstbesuchern und Gemeindegliedern viel zu groß war. Nach langen Verhandlungen ging die Lutherkirche dann 2016 auf Basis von Erbpachtzins an das Freiburger Universitätsklinikum, das im Innern des großen Kirchenraumes einen zentralen Hörsaal für Medizinstudierende einbaute. Der Korpus der Lutherkirche sowie der Glockenturm mit dem Geläut blieben erhalten, so dass das äußere Erscheinungsbild der Lutherkirche bleiben wird, wenngleich nicht mehr in Funktion als Kirche. Auf einem kleineren Teil des Luther-Areals soll dann bis 2020 das „Haus der Kirche" mit evangelischem Dekanat, Schuldekanat, Kirchenverwaltung sowie einem Gottesdienstraum errichtet werden.

Den Abschiedsprozess von der Lutherkirche hat im Jahr vor der Entwidmung Vikarin Britta Goers durch ein „Erzählcafé" begleitet, bei dem an mehreren Nachmittagen Gemeindegliedern der Lutherkirche die Möglichkeit geboten wurde, über ihre Kirche und das, was sie ihnen bedeutet, ins Gespräch zu kommen.[2] Beim gesam-

---

[1] Vgl. Johannes Zitt, „Auferstanden aus Ruinen" – Fakten und Gefühle rund um den Aufbau der zweiten Lutherkirche 1953, in: In Gottes Wort gehalten. Die Evangelische Kirchengemeinde Freiburg 1807–2007, hrsg. von Rüdiger Overmans in Zusammenarbeit mit Ulrich Bayer u.a., Freiburg 2006, 75–80. Die Zerstörung evangelischer und katholischer Kirchen im Zweiten Weltkrieg anhand ausgewählter Beispiele in Freiburg, Karlsruhe, Pforzheim, Bruchsal und Mannheim dokumentiert Ulrich Bayer in: Auswirkungen des Luftkriegs auf Kirchengemeinden in Baden, in: Udo Wennemuth (Hg.), Unterdrückung – Anpassung – Bekenntnis. Die Evangelische Kirche in Baden im Dritten Reich und in der Nachkriegszeit (VVKGB 63), Karlsruhe 2009, 209–230.

[2] Britta Goers hat ihre Erfahrungen mit diesem Projekt zum Gegenstand einer pastoraltheologischen Projektarbeit im Rahmen des II.Theologischen Examens gemacht: Abschied von der Lutherkirche.

ten Entwidmungsprozess wurde versucht, der Bedeutung von Kirchengebäuden als „kollektive[n] Identitätssymbole[n] einer Gesellschaft", Rechnung zu tragen. Kirchen stellen nach Auffassung des Soziologen Hans-Georg Soeffner „Orientierungsmarken im Raum, im Handeln und in der Zeit" dar und sind so eine Art „Statthalter des kollektiven Gedächtnisses".[3]

Bei der Sicherung der „Vasa sacra" sowie anderer wichtiger liturgischer und kirchlicher Gegenstände wurde das im Altar der Lutherkirche aufbewahrte „Stifterbuch" entdeckt. Es handelt sich dabei um ein 18 cm breites und 23 cm langes Buch mit Pergament, auf der Vorder- und Rückseite mit einem Holzdeckel versehen und in Leder gebunden. Auf der Vorderseite befindet sich als Intarsie eine in das Holz eingearbeitete Lutherrose. Das Buch trägt den Titel „Altar Stiftungsurkunde" und enthält zwei Teile. Mittlerweile befindet es sich als Depositum im Bestand „Luthergemeinde Freiburg" im Landeskirchlichen Archiv Karlsruhe.

Der erste Teil enthält die Namen der Stifter, die 1953 Spenden für den Wiederaufbau der Lutherkirche und den Bau des Altars gegeben haben, der zweite Teil besteht aus den Namen der Spender, die vierzehn Jahre später, im Jahr 1967 die Anschaffung von drei neuen Glocken für das Geläut der Lutherkirche ermöglicht haben.

Die Luthergemeinde war die Freiburger Pfarrgemeinde mit dem höchsten Anteil an Heimatvertriebenen, laut Freiburger Gemeindebuch waren Ende der 1950er Jahre von 4.000 Gemeindegliedern ca. 1.200 Heimatvertriebene, das entsprach einem Anteil von 30 Prozent.[4] Der Einfluss von Heimatvertriebenen auf das Gemeindeleben prägte jahrzehntelang die Lutherkirche, man könnte fast von einer Art „Heimwehkirche" sprechen.[5] Noch bis 1980 fand einmal im Monat in der Lutherkirche ein Gottesdienst in schlesischer Mundart statt. Jeweils im Januar gab es Gedenkgottesdienste zur Erinnerung an den Beginn der Vertreibung aus Ostpreußen im Januar 1945, die in der alten, ostdeutschen Liturgie gehalten wurden. Die Abendmahlskelche, die ebenfalls eine Spende von Heimatvertriebenen waren, trugen Kreuze, die mit Bernstein von der ostpreußischen Ostseeküste verziert waren. Die Heimatvertriebenen in der Luthergemeinde, die vornehmlich aus Ostpreußen und Pommern stammten, hatten mit Erich Hermann Schulz einen eigenen Vertreter für ihre Angelegenheiten im Ältestenkreis. Auf ihn gingen auch die großen Spendensammel-Aktionen der Jahre 1953 und 1967 zurück. Entsprechend heißt es auch in der Vorrede der Stiftungsurkunde:

Dieser Altar der zweiten Lutherkirche zu Freiburg i.Br. ist ein Dankopfer der evangelischen Heimatvertriebenen der Luthergemeinde. Die Geldmittel dazu wurden durch regelmäßige Gaben aufgebracht, deren Sammlung der Vertreter der Hei-

---

Ein Erzählcafé für die Erinnerungen, Freiburg 2015.

[3] Klaus Raschzok, Kirchenbau. Kirchengebäude, Kirchenraumfrömmigkeit, Raumwirkung. Atmosphären, in: Wilhelm Gräb/Birgit Weyel, Handbuch Praktische Theologie, Gütersloh 2007, 566–577, Zitat: 571.

[4] Vgl. Gemeindebuch der Evangelischen Kirchengemeinde Freiburg im Breisgau, Freiburg 1960, 35. Zur Integration der Heimatvertriebenen in die evangelischen Kirchen grundlegend: Hartmut Rudolph, Evangelische Kirche und Vertriebene 1945 bis 1972. Bd. I: Kirchen ohne Land. Die Aufnahme von Pfarrern und Gemeindegliedern aus dem Osten im westlichen Nachkriegsdeutschland: Nothilfe – Seelsorge – kirchliche Eingliederung (Arbeiten zur kirchlichen Zeitgeschichte B 11), Göttingen 1984. Bd. II: Kirche in der neuen Heimat: Vertriebenenseelsorge – politische Diakonie – das Erbe der „Ostkirchen" (AKIZ B 12), Göttingen 1985.

[5] Goers, Abschied von der Lutherkirche (wie Anm. 2), 5.

matvertriebenen im Ältestenrat der Lutherpfarrei, Erich Hermann Schulz, anregte und leitete und am Tage der Einweihung, dem 2. Sonntag nach dem Fest der Hl. Dreieinigkeit, dem 14. Juni 1953, dem derzeitigen Pfarrer an der Lutherkirche, Robert Zitt, überreicht.[6]

Der Altar solle ein Mal des Dankes, des Gedächtnisses, der Tröstungen, des Lobpreises, der Fürbitte, des Gebetes und der Mahnung sein:

*Dieser Altar soll den Heimatvertriebenen und den Einheimischen, ihren Kindern und Kindeskindern ein **Mal des Dankes**[7] sein gegen den Gott, der auf den Wegen der Flucht zu Wasser und zu Lande, im Bersten der Bomben und Granaten bei ihnen war, dass die Ströme sie nicht ersäufen und die Flammen sie nicht versengen konnten, der sie hungrig und durstig und mit verschmachteter Seele auf rechter Straße führte zu einer Stadt, da sie wohnen konnten. Der sein Wort zu ihnen sandte und sie errettete, dass sie nicht starben.*
*Dieser Altar soll den Heimatvertriebenen, ihren Kindern und Kindeskindern ein **Mal des Gedächtnisses** sein an alle ihre Brüder und Schwestern [...], die umkamen oder sich in ausweglos erscheinender Verzweiflung das Leben nahmen, – die verschleppt wurden und bis zur Stunde verschollen sind.*[8]
*Dieser Altar soll den Heimatvertriebenen, ihren Kindern und Kindeskindern, ein **Mal der Tröstungen** des Gottes sein, der durch sein Wort und Sakrament uns tröstet in aller Trübsal [...], der abwischen wird alle Tränen von unseren Augen*
*Dieser Altar soll den Heimatvertriebenen, ihren Kindern und Kindeskindern ein **Mal der Fürbitte** sein für alle, denen in den Feuern der Gerichte Gottes über alle Götzen, die wir uns gemacht haben, die Augen geblendet wurden, für die Gnade der Heimsuchung, für alle Gefangenen und Vermissten und ihre Angehörigen, für unsere Brüder und Schwestern unter der Zwingherrschaft des Ostens.*[9]

Schließlich kam in dem Vorwort auch der Wunsch der Heimatvertriebenen nach Rückkehr in die verlorene Heimat zum Ausdruck, was 1953 dem politischen Konsens in der jungen Bundesrepublik entsprach.[10] Der sprachliche Duktus erscheint jedoch nationalreligiös überhöht und erinnert an das Pathos der NS-Terminologie („Blut und Schweiß getränkt"):

---

[6] Den in Sütterlinschrift verfassten Text hat dankenswerter Weise Frau Cordelia Koppitz aus der Luthergemeinde transkribiert.
[7] Hervorhebung im Original, d.Verf.
[8] Ca. 1 Million Deutsche sind nach Kriegsende zur Zwangsarbeit in die Sowjetunion deportiert worden, mehr als 12 Millionen wurden aus ihrer Heimat in Ostpreußen, Pommern, Schlesien, dem Sudetenland sowie aus Jugoslawien, Ungarn und Polen vertrieben.
[9] Im Frühjahr 1953 hatte die DDR-Führung den Druck auf die Bevölkerung nochmals erhöht, die Kirchen sahen sich systematischer Verfolgung ausgesetzt, tausende von jugendlichen Mitarbeitern der „Jungen Gemeinde" waren von ihren Schulen verwiesen worden, die Bahnhofsmission war als „feindliche NATO-Spionageorganisation" verboten worden, die kirchliche Presse wurde einer strengen Zensur unterworfen und der Religionsunterricht an den Schulen wurde abgeschafft. Wenige Tage nach Einweihung der Freiburger Lutherkirche entlud sich der Unmut der Bevölkerung in der DDR im Arbeiteraufstand des 17.Juni 1953.
[10] Außer bei der KPD, die sich in ihrer Sicht der DDR-Regierung anschloss, welche bereits 1950 im Görlitzer Vertrag auf die Gebiete östlich der Oder-Neiße-Linie verzichtet hatte.

*Dieser Altar soll den Heimatvertriebenen ein **Mal des Gebetes** sein, dass es dem allmächtigen Gott wohlgefallen möge, in seiner wundersamen Weise die Geschichte der Völker so zu lenken, dass unserem deutschen Volke die Länder des Ostens im Frieden wiedergegeben werden, deren Erde unsere Väter mit ihrem Blut und Schweiß getränkt und mit ihrem Glauben an den dreieinigen Gott geweiht haben.*

Schließlich wird in der letzten Bitte in geradezu prophetischer Redeweise der Bezug zur neuen Heimat im Südwesten Deutschlands hergestellt:

*Dieser Altar soll den im Boden und in der Geschichte unserer badischen Heimat Eingewurzelten ein **Mal der Mahnung** sein, dass sie den Heimatvertriebenen durch einen Herrn, einen Glauben und einen Gott verbunden sind, der das Recht der Fremdlinge, der Witwen und der Waisen hervorbringt wie den Mittag und seine ewige Erbarmung weigert denen, die nicht barmherzig sind [...]*
Für die Heimatvertriebenen: Erich Hermann Schulz
Für die Gemeinde der Lutherkirche: Robert Zitt.

Im weiteren Verlauf folgen nach Straßen geordnet nun die Namen der circa 210 Spender, jeweils mit ihrer landsmannschaftlichen Herkunft und mit der Berufsangabe versehen, also zum Beispiel *Müller, Erich. Straßenbahnschaffner aus Elbing/Ostpreußen* oder *Hugo Grossmann, Tischlermeister aus Dönhoffstadt, Kreis Rastenburg/Ostpreußen*. Den Schwerpunkt mit fast zwei Dritteln bildeten dabei Heimatvertriebene aus Ostpreußen, es finden sich aber auch viele Spender, die aus Pommern und Schlesien stammten. Ein kleineres Kontingent bilden die Spender, die als Heimat „Freiburg" angaben. Vereinzelt tauchen auch Namen von vertriebenen Donauschwaben auf wie etwa *Heinrich Blasius, Fleischer aus Neusatz in der Batschka*[11] oder von *Gegner, Karl und Christina, Gärtner aus der Batschka, jetzt in Seattle* (USA) wohnhaft – hier zeigt sich, dass auch weit entfernt im Ausland lebende Personen zum Wiederaufbau der Lutherkirche beigetragen haben.

Es folgt noch der Text eines Kirchenliedes des schlesischen Liederdichters Benjamin Schmolck (1672–1737): *Herr, höre, Herr, erhöre, breit deines Namens Ehre an allen Orten aus*, EG 423.

Der zweite, ausführlichere Teil des Stiftungsbuches ist 1967 den Spendern der „Heimatglocke" gewidmet worden. Sie bildet seither neben den Glocken „Frieden" und „Hoffnung" und der „Golgatha"-Glocke, die unversehrt aus dem Trümmerschutt der Lutherkirche geborgen werden konnte, das Glockengeläut der Lutherkirche. Im Stiftungsbuch heißt es hierzu:

14 Jahre nach der Einweihung der zweiten Lutherkirche durch den heimgegangenen Landesbischof D. Julius Bender weihte Oberkirchenrat Gerhard Kühlewein (1929–1932 Vikar an der Lutherkirche) am Reformationsfest, dem 5.November 1967 (450.Jahrestag des Anschlags der 95 Thesen) 3 Glocken, die zu der einzigen, in der Zerstörung der ersten Lutherkirche am 27. November 1944 erhaltenen und aus den Trümmern geborgenen b°-Glocke 'Golgatha' traten [...] Die Geldmittel für den Guss, den Transport, die Aufhängung, die Läutemaschine und alle anderen

---

[11] In Südungarn und Serbien.

Nebenkosten der Heimatglocke wurden durch einen 'Aufruf an die Heimatvertriebenen der Lutherpfarrei und ihre Freunde' erbeten und daraufhin durch Heimatvertriebene und Einheimische beider Konfessionen als Stiftung aufgebracht. Diese Stiftung wurde, wie beim Altar, vom Vertreter der Heimatvertriebenen im Ältestenrat der Lutherpfarrei angeregt und verwaltet.

Die Inschrift der Heimatglocke lautet:

Heimatvertriebene bitten, Gott wolle in seiner Gnade die Geschichte so lenken, dass sich ihnen zu seiner Zeit der Weg in die Heimat der Väter wieder auftue. 31. Oktober 1967. Einheimische danken, dass ihnen in der Stunde der Heimsuchung die Heimat erhalten wurde. Ostpreussen. Pommern. Schlesien. Berlin-Brandenburg. Baden-Württemberg.

Im Gegensatz zu 1953, wo in der Stiftungsurkunde für den Altar noch die Rückerlangung der verlorengegangenen Gebiete im Osten gefordert wurde, hieß es nun im Stiftungstext der Heimatglocke:

Wir Heimatvertriebene, die durch die Schrecken und das Unheil des Krieges hindurchgerettet wurden, stellen uns durch diese Stiftung ganz bewußt in die uns gewiesene neue Heimat und Gemeinde. Wo immer sie sich durch die Glocken rufen lässt nach der bleibenden Stadt zu fragen, findet sie überall in der Welt den Vorgeschmack der ewigen Heimat und darin die Kraft, alle irdische Heimatlosigkeit still und tapfer zu tragen.

Vielleicht steht im Hintergrund dieser Akzentverschiebung zwischen 1953 und 1967 die ab Mitte der sechziger Jahre aufkommende Debatte um eine realistische Ostpolitik und die damit verbundene endgültige Anerkennung der Oder-Neiße-Grenze. Zwei Jahre zuvor hatte der Rat der EKD die berühmte Ost-Denkschrift veröffentlicht „Die Lage der Vertriebenen und das Verhältnis des deutschen Volkes zu seinen östlichen Nachbarn". Die Denkschrift plädierte für eine Anerkennung der Grenze zu Polen als Voraussetzung für eine Aussöhnung mit den östlichen Nachbarn Deutschlands. Obwohl die Denkschrift eine heftige Kontroverse innerhalb des deutschen Protestantismus wie auch in der deutschen Öffentlichkeit auslöste, leistete sie letztendlich „einen wesentlichen Beitrag zur Durchsetzung der neuen Ostpolitik der sozialliberalen Koalition unter Brandt und Scheel."[12]

Auf weiteren Seiten finden sich dann postkartengroße Schwarz-Weiss-Fotografien, die die Herstellung, den Guss, den Transport und die Weihe der neuen Glocken dokumentieren. Daran schließt sich ein Teil des Stiftungsbuches an, in dem diverses Erinnerungsmaterial aus der alten Heimat zusammengetragen ist wie Ansichtskarten aus der ostpreußischen Hauptstadt Königsberg oder von der Bernsteinküste bei Palmnicken sowie zahlreiche Augenzeugenberichte zu Flucht und Vertreibung. Für den

---

[12] Martin Greschat, Der Protestantismus in der Bundesrepublik Deutschland 1945–2005, Leipzig 2011, 90. Zu den Mitgliedern der Kammer für Öffentliche Verantwortung, die den Text der Denkschrift 1965 erarbeitet hatten, gehörten der Rektor der Universität Tübingen, Ludwig Raiser, die FDP-Politikerin Liselotte Funcke, die CDU-Bundesministerin Elisabeth Schwarzhaupt sowie der damalige Kirchentags-Präsident Richard von Weizsäcker.

heutigen Beobachter besonders beeindruckend erscheinen Fotos von freilebenden Elchen in der Kurischen Nehrung.

Auch hier folgen zum Schluss die Namen der etwa 360 Spender, unter ihnen auch der damalige Bundeskanzler Kurt-Georg Kiesinger.[13] Gegenüber 1953 finden sich hier mehr Namen einheimischer Spender sowie zahlreiche Freiburger Firmen und Betriebe aber auch die Kirchenkanzlei der Evangelischen Kirche der Union (EKU) in Berlin und Hans Graf von Lehndorff, Verfasser des berühmten „Ostpreußischen Tagebuchs".

Am Ende des Buches ist noch eine Ein-Reichsmark-Münze „Martin Luther" aus dem Jahr 1933 eingelegt (zum 450.Geburtstag des Reformators) sowie eine Zwei-Reichsmark-Münze von 1913 mit dem Emblem Kaiser Wilhelms II. Außerdem findet sich hier noch eine undatierte Gedenkmünze zum Thesenanschlag Luthers 1517 (geprägt eventuell zum 450.Jahrestag 1967).

---

[13] Der noch 1966 in seiner Funktion als Ministerpräsident von Baden-Württemberg für die Glocke gespendet hat.

Das Theologische Studienhaus Heidelberg e. V. – Von der so genannten „Klingenteichverwerfung" bis zu einer neuen Standortsuche (1979–1996)[1]

Walter Schnaiter

Mit dem Baugutachten des Architekturbüros J. W. Mengler aus Heidelberg vom 15. Februar 1979 wurde festgestellt, dass die an der Ostseite des Theologischen Studienhauses stehende Stützmauer am Hang des Heiligenberges sich um etwa 10 cm talabwärts bewegt hatte, verbunden mit einer gleichzeitigen Kippbewegung. Risse im Gebäude und in der Bodenoberfläche der Außenanlagen mit unterschiedlichen Festigkeiten ließen auf „Kriechbewegungen" im Hang und im oberen Bodenbereich schließen, welche eine Maßnahmen zur Sicherung des Hanges mit Kontrollmessungen erforderlich machten. Die überall im Gebäude aufgetretenen Risse und Schadstellen mit Wassereintritt[2] deuteten darauf hin, dass das Gebäude unter enormer Spannung stehen müsse. Die Frage stand im Raum: Konnte diese enorme Schadensentwicklung mit der Aushebung der „Baugrube Mengler" im Bereich des Nachbargrundstückes ausreichend erklärt werden oder waren hier noch andere Kräfte am Werk, welche den Hang unterhalb des Philosophenwegs ins Rutschen gebracht hatten? Nach einer ersten Kostenschätzung des Evangelischen Oberkirchenrates vom 7. September 1979 beliefen sich die Kosten zur Wiederherstellung der Standsicherheit des Gebäudes auf ca. 2,3 Millionen DM, sofern eine auf Dauer angelegte Sanierung überhaupt möglich sei. Am 12. Juli 1979 wird von einer Bauzeit von 17 bis 21 Monaten ausgegangen mit voraussichtlichem Abschluss der Sanierungsarbeiten mit Sicherung der Standfestigkeit durch zusätzliche Verankerungen bis Mitte 1981.[3] Zur Frage der Schadenshaftung durch die Badische Gebäudeversicherungsanstalt erstellte das Geologische Landesamt Baden-Württemberg ein ausführliches Gutachten.[4] Darin wird festgestellt, dass in dem Vorgängerbau, dem 1874 erbauten Theologischen Studienhaus (Neuenheimer Landstraße 34), im 2. Obergeschoss im Jahre 1956 starke Risse aufgetreten waren und eine Stützmauer weitere Schäden verhindern sollte. Starke Regenfälle im Jahre 1965 brachten eine Stützmauer zum Einsturz. Ein Antrag auf Schadensregulierung des Hauseigentümers gegenüber der Gebäudeversicherungsanstalt wurde damals abgelehnt mit der Begründung, dass die beobachteten Hangbewegungen nicht plötzlich erfolgt seien, das Gebäude auf ungünstigem Baugrund stehe, hervorgerufen durch menschliche Eingriffe im vorigen Jahrhundert,[5] die Erdrutschgefahr spätestens seit

---

[1] LKA Abt. 120.09 Nr. 95 Theologisches Studienhaus Heidelberg, Unterhaltung, Planung Neubau (Standortfrage), 1979 bis mit 1998, Az.66/2.
[2] Vgl. die fortlaufenden Schadensbeschreibungen und das ca. 20-seitige Beweissicherungsgutachten von Dipl. Ing. Wilhelm Färber aus Mannheim vom 11. Dezember 1978.
[3] Vgl. Schreiben des Evangelischen Oberkirchenrates vom 12. Juli 1979.
[4] S. Schreiben des Geologischen Landesamts Baden-Württemberg aus Freiburg vom 24. September 1980.
[5] Z.B. Mauerbau und Aufschüttungen für die Nutzung als Weinberg.

1956 bekannt gewesen sei und das Gebäude gravierende bauliche Mängel aufwies. Daraufhin wurde das Gebäude des alten Theologischen Studienhauses abgerissen. *1974 wurde an gleicher Stelle das derzeit bestehende Theologische Studienhaus erstellt* mit Sicherung *durch eine rückverankerte Bohrpfahlwand gegen den üblicherweise anzusetzenden Erddruck.*[6] Der Aufbau des Hanges nördlich des Theologischen Studienhauses lasse sehr komplexe Untergrundverhältnisse erkennen, die bisher nicht bekannt waren.[7] Das Gutachten kommt zur abschließenden Zusammenfassung:

Die schadensverursachende Rutschung am Hang oberhalb des Theologischen Studienhauses in Heidelberg hat elementaren Charakter. Sie ist verursacht durch, z. T. bislang unbekannte geologische Verhältnisse, welche von denen der weiteren Umgebung erheblich abweichen. Die in jüngster Vergangenheit ausgehobenen Baugruben haben die Rutschung nicht ausgelöst, möglicherweise jedoch den Schadensumfang beeinflusst. Bautechnisch schlechter Baugrund im Bereich des Theologischen Studienhauses liegt nicht vor. Die Rutschgefahr des Hangs war nicht allgemein bekannt. Sie war auch während der Baugrunduntersuchung 1966 nicht eindeutig feststellbar.[8] Durch dieses Gutachten wurde der Weg frei gemacht für eine Anerkennung als Schadensfall gegenüber der Badischen Gebäudeversicherungsanstalt im Rahmen des Elementarschadensgesetzes, die einen Großteil der Aufwendungen übernehmen sollte.[9] Architekt Vieth beabsichtigte die geplanten Arbeiten zum 1. April 1981 zum Abschluss zu bringen.[10]

Die feierliche Wiedereröffnung des Theologischen Studienhauses erfolgte zusammen mit der Einführung des neuen Studienleiters Roland Hennig am Freitag, dem 26. Juni 1981 mit einem Abendmahlsgottesdienst im Theologischen Studienhaus im Beisein von Dekan Gerd Schmoll und Oberkirchenrat Klaus Baschang.[11]

Nach dem Bescheid des Evangelischen Oberkirchenrates vom 21. September 1981 wurden die Kosten der Sanierungsmaßnahme auf insgesamt 3.957.000 DM veranschlagt, wobei die Landeskirche von einem Zuschuss der Badischen Gebäudeversicherungsanstalt und einem Staatszuschuss ausgegangen ist.[12] In Bezug auf zusätzliche Sanierungswünsche von Duschen und Behindertenanlagen und eines Gasrohres teilte Kirchenbauamtsrat Stein mit, dass *aktuell kein Pfennig mehr vorhanden ist, um eine Maßnahme im TSH zu bezahlen*.[13] Nach dem Überwachungsbericht vom 8. Oktober 1985 hätten sich die Geländebewegungen aufgrund der Sicherungsmaßnahmen konsolidiert und seien zur Ruhe gekommen.[14] Mit der Beseitigung der Gebäudeschäden,

---

[6] S. Gutachten, 2.
[7] Vgl. LKA Abt. 120.09 Nr. 93 Einweihung und Wiedereröffnung des Theologischen Studienhauses. Der Presseartikel aus „Heidelberg Stadt und Land" vom Freitag, den 13. Juli 1973: Neues Theologisches Studienhaus: Studentenwohnheim und Kommunikationszentrum. 62 Zimmer – 37 Studenten/ Hohe Kosten für Hangsicherung beschreibt das Ergebnis der geologischen Untersuchung damit, dass der Baugrund des Theologischen Studienhauses *genau auf der Verwerfungsspalte zwischen immer noch absinkendem Rheingraben und dem sich noch weiter auffaltendem Odenwald liegt.*
[8] S. ebd., 11.
[9] Vgl. Schreiben des Evangelischen Oberkirchenrates aus Karlsruhe vom 27. November 1980.
[10] Vgl. Aktennotiz aus Heidelberg vom 24. Februar 1981.
[11] Vgl. LKA Abt. 120.09 Nr. 93.
[12] Vgl. Schreiben des Evangelischen Oberkirchenrates aus Karlsruhe vom 21. September 1981.
[13] S. ebd., Gesprächsnotiz vom 5. August 1992.
[14] Vgl. Überwachungsbericht des Büros für Baukonstruktionen Wenzel Frese Pörtner Haller aus Karlsruhe vom 8. Oktober 1985.

verursacht durch die Hangbewegungen, sind weitere Arbeiten am Theologischen Studienhaus Heidelberg keineswegs abgeschlossen. Betoninstandsetzung, Abdichtungsarbeiten an der Terrasse und Reparaturarbeiten an den Platten und Verschlusskappen der Anker[15] an der Pfahlwand machten das Theologische Studienhaus zu einer Dauerbaustelle.[16] Das führte dazu, dass nach Alternativlösungen für das bestehende Studienhaus gesucht werden musste.[17] Ein Gesichtspunkt für einen neuen Standort war ein Haus im Bereich der Heidelberger Altstadt mit Nähe zur Theologischen Fakultät und ihren Seminaren, zu anderen geisteswissenschaftlichen Instituten und zur Mensa. Nach dem Gespräch mit der Stadt geriet das Areal im Bereich Leyergasse/Heiliggeiststraße, welches unmittelbar östlich an das Anwesen Schmitthenner-Haus in der Heiliggeiststraße angrenzt und zum größten Teil im Besitz der Stadt war, in den Blick. Wäre diese Lösung zum Zuge gekommen, hätte weiteres Gelände – und zwar in erster Linie das Grundstück Heiliggeiststraße 17/Obere Neckarstraße 20 der Evangelischen Kirchengemeinde Heidelberg in die Überlegungen mit einbezogen werden müssen. In großen „Dienstrunden", zusammen mit Dekan, Kirchengemeinderat, Pfarrer Heiliggeist, Vertretern des Vereins des Studienhauses wurde eine „Große Lösung" angestrebt unter Einbeziehung der Pfarrhäuser Heiliggeist und des Schmitthenner-Hauses, was jedoch zu keinen konkreten Ergebnissen führte.[18] Fest stand lediglich der Beschluss des Evangelischen Oberkirchenrates, das jetzige Gebäude des Theologischen Studienhauses spätestens bis zum Jahr 2000 verkaufen zu wollen, um die nicht enden wollende Misere um das Studienhaus zu einem Ende zu bringen.[19]

Abb. 13:
Hangarbeiten beim Bau des Theologischen Studienhauses an der Neuenheimer Landstraße in Heidelberg (Landeskirchliches Archiv)

---

[15] Vgl. Aktennotiz über den gerissenen Erdanker vom 11. Oktober 1996.
[16] Vgl. Aktennotiz vom 17. April 1989.
[17] Vgl. Schreiben des Evangelischen Oberkirchenrates aus Karlsruhe vom 18. Juni 1990.
[18] Vgl. Schreiben des Vorstandes des Theologischen Studienhauses Heidelberg vom 14. September 1993.
[19] Vgl. Schreiben des Theologischen Studienhauses Heidelberg vom 9. Oktober 1996.

Das Erleben des Krieges in der Heimat –
Das Karlsruher „Kriegstagebuch" der Clara Faisst 1914–1918

Einleitung[1] und Edition

Udo Wennemuth

Unter dem Titel „Wie die Kriegsjahre in der Heimat wirkten" gab die Musikerin und Dichterin Clara Faisst (1872–1948)[2] ihre „Tagebuchaufzeichnungen und Selbsterlebnisse" aus der Kriegszeit wieder.[3] Sie war die Tochter des Garnisonspredigers und Oberkirchenrats Gustav August Faisst (1834–1873) und Schwägerin des Pfarrers Dr. Ernst Lehmann. Sie selbst blieb unverheiratet. Clara Faisst studierte Klavier und Komposition, letzteres in der Meisterklasse von Max Bruch. Ihren Lebensunterhalt verdiente Clara Faisst als Pianistin und vor allem als Klavierlehrerin. Sie unterhielt regen Kontakt zu anderen Künstlern, u.a. zu Hans Thoma. Clara Faisst, die als eine der wenigen Frauen ihrer Zeit berufstätig war, unterstützte u.a. Marie Baum in ihrem Kampf um die Gleichberechtigung der Frauen in der Arbeitswelt.

Das sog. Karlsruher Kriegstagebuch ist wohl unmittelbar nach Kriegsende in der vorliegenden Form zusammengestellt worden, wenn die Reinschriften und eingefügten Korrekturen auch sehr zeitnah gefertigt worden sein dürften. Es beruht, wie sie selbst sagte, auf eigenen Tagebuchnotizen und Erinnerungen. Auf 159 mit der Schreibmaschine eng beschriebenen Seiten schildert sie ihre Sicht des Krieges an der „Heimatfront" in Karlsruhe. Die ursprünglichen handschriftlichen Aufzeichnungen sind teilweise noch vorhanden. Dabei hat sie die Stellen, die sie übernommen bzw. verarbeitet hatte, in der Vorlage ausgestrichen. Es handelt sich also teilweise auch um eine Überarbeitungen der ursprünglichen Niederschriften, ohne dass jedoch die Unmittelbarkeit der Sprache und Gedanken verloren gegangen wäre. In die Schilderungen des Geschehens sind z.T. umfangreiche Reflexionen eingeflochten, aber auch dichterische Arbeiten (Abhandlungen und Gedichte), die in den Jahren des Krieges entstanden sind. Diese mit schriftstellerischen Ambitionen geschriebenen Abhandlungen stechen durch Papier und Typografie auch optisch und formal aus dem eigentlichen Tagebuchnotizen heraus. Beide Teile waren ursprünglich gesondert durchpagi-

---

[1] Vgl. hierzu die allgemeinen Bemerkungen zum „Karlsruher Kriegstagebuch" bei Udo Wennemuth, Tagebücher als Quellen zur Geschichte der Frauen in der Kirche, in: JBKRK 8/9 (2014/15), S. 447–457, hier: 447ff., die hier in diese überarbeitete und erweiterte Fassung eingegangen sind.
[2] Zur Biografie vgl. Martina Rebmann, Auf den Spuren der Karlsruher Komponistin und Dichterin Clara Faisst (1872–1948), in: Zeitschrift für die Geschichte des Oberrheins 154 (2006), 517–555.
[3] LKA Bestand 150.041 (Nl Lehmann/Faisst), Nr. 151.

Abb. 14:
Clara Faisst, Ölgemälde um 1920 (Landeskirchliches Archiv)

niert und wurden nach der endgültigen Zusammenstellung 1920 mit einer durchgehenden Paginierung versehen.

Der erste Tagebucheintrag stammt vom 31. Juli 1914, der letzte vom 15. Januar 1920. Sie verarbeitet in ihrem Tagebuch auch zahlreiche Berichte über die Kämpfe und Schlachten an der Westfront, die in dieser Edition nicht weiter kommentiert werden können; immerhin geben sie einen guten Eindruck, welche Wirkung Nachrichten von der Front zu Hause hervorriefen. Doch der eigentliche Wert der Aufzeichnungen liegt dort, wo sie Alltagserlebnisse aus Karlsruhe schildert oder wo sie sich durch die Kriegsereignisse persönlich betroffen zeigte; immerhin waren ihre Neffen an den Kriegsereignissen beteiligt. Das größte Interesse dürften jedoch die Abschnitte finden, in denen sie über ihre Begegnungen mit Persönlichkeiten aus Kunstbetrieb oder Kirche berichtet, so die wiederkehrenden Besuche bei Hans Thoma oder ihre Eindrücke über eine Predigt des Mannheimer Pfarrers Paul Klein (Bl. 97).

Clara Faisst hat gleich zu Beginn das Ungeheuerliche des Krieges wahrgenommen und ihn als „Weltkrieg" bezeichnet. Für sie war es völlig unverständlich, wie es zum Kriegsausbruch kommen konnte, denn ein Krieg passt nicht in ihr Weltbild, das geprägt war von den Werten des Christentums und der abendländischen Kultur.

In ihren Urteilen über den „Feind" ist sie in dem Bemühen, Deutschlands Haltung zu rechtfertigen, nicht frei von Nationalismen, klischeehaften Feindbildern und Fehleinschätzungen. Bis zum Ende des Krieges vertritt sie eine Haltung eines Krieges bis zum Sieg. So übernimmt sie leichtgläubig die von deutsch-nationaler Propaganda verbreitete Legendenbildung der im Felde unbesiegten Armee.

Über weite Passagen sind Faissts Äußerungen jedoch aus einem Geist des Humanismus und der christlichen Wertevorstellungen gespeist. So national und treu zum regierenden Hause ihre Haltung auch ist, so deutlich sieht und benennt sie gesellschaftliche Missstände insbesondere im Adel und den „besseren" Kreisen, deren Verhalten sie mit spitzer Ironie und bösem Witz beschreibt. In der pointierten Charakterisierung solcher „Alltagsszenen" tritt ihr Erzähltalent besonders hervor. Es entbehrt nicht der Tragik, dass sie nicht bemerkt, wie sehr sie selbst bildungsbürgerlichen Klischees entspricht mit ihrer Überheblichkeit der „Gebildeten" über die Massen, die – vor allem die geistigen Schöpfungen – nicht verstehen können.

Clara Faisst ist immer wieder zerrissen zwischen hoch aufstrebener Hoffnung und tiefster Verzweiflung. Durch ihre vielfältigen Begegnungen mit (Schwerst-)Verwundeten kann sie das Furchtbare des Krieges sehr realistisch schildern. Dennoch führt aus heutigem Empfinden das immer wieder aufscheinende Pathos bei der Beschreibung heldenhafter Charaktere einfacher Soldaten und der damit verbundene schwärmerische Ton immer wieder an die Grenzen des Erträglichen. Dem „Feind", insbesondere den Engländern, wirft sie schnell Falschheit, Grausamkeit und Feigheit vor, während sie Deutschen die Tugenden der Treue, Fürsorge und Tapferkeit zuschreibt. Sehr getroffen hat sie das Urteil des Auslandes, das in den Deutschen „Barbaren" sieht; dieses Bild bemüht sie oft, wo sie von „vorbildlichen", selbstlosen und feinsinnigen Handlungen deutscher Soldaten berichtet.

Das Tagebuch ist ein authentisches Dokument, das jedoch aus einer uns fremd gewordenen Geisteshaltung heraus entstanden ist und gestaltet wurde. Dass sich die Autorin als Künstlerin sah, hat diesen Umstand zweifellos befördert.

Wegen des Umfangs des Tagebuchs wird an dieser Stelle nur das eigentliche „Kriegstagebuch" ediert, das mit den Ereignissen des 11. November 1918 (Waffenstillstand) und der Reflexion darüber abschließt. Der abschließende Teil des Tagebuchs, das die Verarbeitung des Traumas des verlorenen Krieges und den Übergang zur Republik behandelt, wird im nächsten Jahrgang des Jahrbuchs erscheinen. In der folgenden Edition werden Orthographie und Zeichensetzung originalgetreu wiedergegeben. Hinzufügungen wurden in eckige Klammern gesetzt, Auslassungen in eckige Klammern mit Pünktchen […], weggelassen sind Strichelungen zur Absatzmarkierung; Offensichtliche Schreibfehler (vergessene Buchstaben, Buchstabendreher etc.) wurden stillschweigend korrigiert (so auch Sarajewo statt „Serajewo"), unterschiedliche Schreibweisen desselben Wortes in unmittelbarer Nachbarschaft vereinheitlicht. Größere Veränderungen im Rahmen der Bearbeitung durch die Autorin werden in den Fußnoten angemerkt. Einige gestalterische Eigenheiten, wie doppelte Interpunktion am Satzende, wurden behutsam bereinigt (so immer ! statt .! oder !.), die vielen Gedankenstriche mit ihren vielfältigen Funktionen (auch statt eines Punktes am Satzende), wurden beibehalten. Die Namenskürzungen wurden wo möglich aufgelöst. Dabei war auffällig, dass die Kürzel (auch) dort, wo die Autorin sie nachträglich selbst auflöste, oft nicht mit den Personennamen übereinstimmten.

Edition[4]

Clara Faisst:
1914–1920
„Wie die Kriegsjahre in der Heimat wirkten".[5]
(Nach Tagebuchaufzeichnungen und Selbsterlebnissen einer badischen Künstlerin)
Karlsruhe i[n] Baden

[1] 31. Juli 1914
Deutschland in den Kriegszustand versetzt. –
Ich bin wie gelähmt von der Nachricht – Gott verhüte einen Krieg!

An allen Ecken sind Telegramme angeschlagen.
In der Westendstrasse traf ich zwei Schutzleute mit einem Feuerwehrmann, der musste an den sich kreuzenden Strassen ein Signal blasen und zwar drei Mal nach den vier Himmelsgegenden, worauf der Schutzmann die Meldung verlas. Aufregung und Spannung in allen Gesichtern. Wem man begegnet – nur ein Thema: der Krieg.
Warum? Las ich nicht erst vor Kurzem, dass die deutsch-russische Politik eine friedliche wäre? Und nun!
Was kommt? Es ist bitter ernst. –

01. August 1914
Wir reisen nicht. Alle bleiben hier. Die Völker machen mobil: Holland und die Schweiz auch!
An der Grenze Frankreichs soll alles mit Militär besetzt sein, ebenso an der russischen Grenzen. Die Russen hätten schon wochenlang gerüstet. Russland unterstützt Serbien, tritt auf Seiten eines unkultivierten Volkes, billigt – indem es dies tut – die abscheuliche Freveltat in Sarajewo.[6] Oesterreich wird ja längst fertig mit dem kleinen Serbien – aber da macht sich Russland diesen Feuerherd zu nutze, indem es die Faust über die deutsche Grenze ballt und das ganze Slaventum wendet sich gegen das Germanentum in blinder Wut. –[7]
Es war heute ergreifend und erhebend in der überfüllten Kirche das Trutzlied Luthers zu singen: „Ein feste Burg ist unser Gott." Heute verstand ich den Sinn dieses Liedes erst ganz und voll! Ich hörte in den letzten Tagen nirgends auch nur ein unwürdiges Wort niederen Hasses.[8] Ueberall grösste Ordnung und würdiges Verhalten. Das ist ein gutes Vorzeichen! Deutschland geht gezwungen in den Krieg aber mit gutem und reinen (sic!) Gewissen!
Je höher ein Volk in der Kultur steht, je mehr wahrt es den Frieden, je ferner ist es von Kriegsgedanken. Allein auf so heimtückisches Handeln wie das Russlands <u>gegen alles Erwarten</u>, geziemt sich nur eine Antwort: der Krieg.

---

[4] Ich danke Frau Susanne Lehmann und ihren Mitarbeiterinnen für die Übertragung des Typoskripts in eine elektronische Vorlage.
[5] Ursprünglicher Titel: „Wie ich die Kriegsjahre in der Heimat erlebte."
[6] Gestrichen: die ihren Ursprung in Serbien hatte und die von dort unterstützt wurde.
[7] Gestrichen: Der Kaiser suchte so lange es ging, den Krieg abzuwenden – umsonst.
[8] Gestrichen: oder Schadenfreude entsprungen

3. August
Wie glücklich sind doch die, die fortziehen dürfen und ihr alles drangeben, der grossen Sache zu dienen!

Frau Hauptmann Sch. meint, unser „gottloses Volk" müsste diese schwere Zeit zur Züchtigung hinnehmen!

Es lebt doch ein guter Geist im deutschen Volk, sonst wäre die Mobilmachung nicht so vor sich gegangen. Mit solcher Ruhe und Sachlichkeit, mit so viel froher Zuversicht!

Man sieht so viele ernste Frauengesichter, wenn man durch die Strassen geht. Die Frauen sind schwerer daran, sie müssen zurückbleiben und bangen Nachrichten entgegenharren. –

Ich hörte heute, dass wir eine Streitmacht von nahezu 7 Millionen [2] gegen den Feind zu schicken hätten. Welch ein Wort! – Von Frankreich und Russland werden keine Postsachen angenommen und auch nicht hingeschickt. –

4. August 1914
Heute Nacht schlief ich nicht. Ich hörte immer von Ferne das Pfeifen der Lokomotiven, das Rasseln der Züge und wusste – als Mitternacht kam: jetzt fahren so viele Soldaten fort, der Grenze zu, in's Dunkle der Zukunft hinein. Einmal war mir's, als hörte ich abgerissene Klänge der „Wacht am Rhein" – da durchfuhr es mich. Ich ging ans Fenster und lauschte. Draussen tropfte es von den Bäumen, nach dem Gewitter war eine feucht-schwüle Augustnacht ohne Sterne.

Deutschland, mein liebes Deutschland, Gott ist doch mit dir, wenn auch die Sterne am Himmel zu verschwinden drohn – wenn Donner rollen und unheimliche Blitze die Nacht durchzucken – wie heute Nacht!

Dort im Brausen der Züge fährt ein treues Brudervolk, das an die Grenzen eilt, zu deinem Schutz und deiner Ehre.

Ich habe heute hier bei der Frau Oberbürgermeister angefragt, ob man mich zu etwas brauchen kann. Ich! Künstlerin, ungewandt mit der Nadel! Aber mit der Feder kann ich vielleicht irgendwo helfen.

Nur etwas tun für's allgemeine Wohl!

Als ich heute Abend durch die Strassen ging, fiel mir die Totenstille auf. Kein Wagen, keine Ausläufer auf Velos, keine Droschken, nur ab und zu ein Auto mit Militärpersonen und dann da und dort ein kleiner Trupp feldmarschmässig ausgerüsteter Soldaten. Ob sie zur Bahn zogen? –

Ausgezeichnet ist bei diesem Ausrücken, dass man die Soldaten nicht in endlosen Kolonnen vorübermarschieren sieht, womöglich noch mit Musik! Das würde die Hierbleibenden furchtbar bewegen. In kleineren Zügen marschieren sie ruhig, als ginge es zu einer gewöhnlichen Uebung. Heute Abend sah ich viele, viele Männer mit Koffer oder Karton mit militärischem Geleit vom Bahnhof kommen. Wahrscheinlich der Landsturm! Sie sangen die Wacht am Rhein und dann Lieder vom Vaterland. Wie ruhig und geschlossen sich das alles abwickelt!

Ich kann die Vielen, die da kommen, um von hier aus gegen den Feind zu ziehen, nur mit tiefer Bewegung sehen.

Man hört, es sei schon an der Grenze Blut geflossen – unsererseits – aber die Zeitungen dürfen nichts melden – wegen der Gefahren. Herr St., der Brauereien in

Margelan[9] – russisch Asien – hat, ist hier mit seinem Schwiegersohn. Er ist von jeder Verbindung mit dort abgeschnitten, kann weder schreiben noch telegraphieren! Die Frau des Schwiegersohnes kann ermordet sein, die Brauereien zerstört – sie können bankrott sein – und wissen es nicht! Welche Zustände! Auch Basel ist abgeschnitten vom Verkehr. Briefe kommen dort nicht an! Man soll dort weder Obst noch Gemüse auf dem Markt bekommen, weil alle Obst- und Marktfrauen aus dem Badischen dorthin kommen!

Die Rede des Kaisers im heutigen Reichstag war würdig und gut. Ja, mit reinem Gewissen und reinen Händen geht Deutschland in den Krieg!

Gott gebe, dass es nicht lange daure!

[3] 5. August 1914

Nun hat auch England uns den Krieg erklärt. Man erstaunt schon nicht mehr und erschrickt nicht mehr. Wie ist es nur möglich, dass England zu Frankreich und Russland hält; zu den Slawen! Ein germanisches Volk! Die politischen Fäden laufen immer wirrer durcheinander! Eines steht fest: solche Weltkriege – drei Nationen gegen eine – dürften gar nicht sein! Auf christlichem Boden nicht.

Millionen von Menschenleben gehen zu Grund, oder werden vor die Kugeln geführt um die politischen Pläne Einzelner auszuführen.

Die Tausende und Abertausende, die sich da mit freudiger oder ernster Miene zum Krieg melden, sie wissen ja gar nicht, <u>was</u> da im Hintergrund eigentlich für Schachzüge gemacht wurden, damit es so kam. Sie wissen nur, dass im Osten und Westen der Feind steht, den es zu verdrängen gilt. Aber das – was sie unter „Feind" verstehen – das ist ja nicht der Feind! Das sind Menschen, die den Krieg ebensowenig wollten, wie die vielen Tausende unserer Soldaten!

Der Feind, das sind die hohen Schachspieler der Politik! Die sollte man in Waffen sich gegenübertreten lassen, sich im Kampf zu messen – aber nicht diese ungezählten Scharen! Christentum ist keines auf Erden, solange solche Ideen in der Welt herrschen – solange eine Nation nicht sehen kann, dass eine andere sich erhebt und gross dasteht. Das konnte England lange schon nicht sehen, der Krieg war schon lange sein Ziel – nun kam die „günstige Gelegenheit". –

Deutschland hat sich schon gegen zwei Feinde zu wehren, packen wir es von der dritten Seite!

Wo nur zwei Dinge gelten: Weltmacht und Besitz – da sollte man von Christentum nichts sagen. Deutschland wuchs durch die Arbeit und Intelligenz seines Volkes – es wollte nur <u>seinen</u> rechtmässigen Platz behaupten, aber den gönnte man ihm nicht.

Das Leben in der Stadt steht ganz unter dem Zeichen des Krieges. In der Kaiserstrasse sausen die Militärautos mit lauten, schrillen Hupen und Signalen. Immer wieder eine Abteilung ausrückender Truppen. Wie viele, viele! Ich sah eine Batterie ausrücken, man sagte in der Elektrischen, sie müssten in die Gegend von Belfort. Die Offiziere zu Pferde sangen mit den Mannschaften die Wacht am Rhein und: „Wohlauf, Kameraden, auf's Pferd" – Am Mühlburger Tor zog eine Kompagnie zum Militär kommandierter Postbeamten vorbei mit Gesang. An den Kasernen war ein lebhaftes Treiben, aus und ein ging's und viele Leute standen da, um vielleicht einen der Ihrigen noch einmal zu sehen.

---

[9] Marg'ilon in Usbekistan (freundlicher Hinweis von Frau Susanne Lehmann).

In der Elektrischen sass neben mir ein Soldat, der von einem Unteroffizier gefragt wurde: „Was sind Sie?" Er: „Führer" –„Na, da kommen Sie ja vorne dran gegen den Feind, da lernen Sie die blauen Bohnen aus nächster Nähe kennen". „Ja, ich will sie auffangen, dass sie die Andern nicht treffen!" „Haben Sie schon Ihr Testament gemacht?" – „Was Testament! Was wir haben, das haben wir!". – „Na, dann hoffe ich, dass wir uns später wieder sehen, wenn nicht: da oben!" (Er deutete gen Himmel).

Eine Frau frug eine andere: „was macht die Familie?" „Was, Familie, wir sind nur noch zwei zu Haus!"

[4] Als ich ¾ 11 Uhr heimkam, stand unser 18jähriger Walter[10] da, er muss morgen früh 7 Uhr in der Dragonerkaserne sein. Er trug schon die Reiterstiefel mit Sporen. –

6. August 1914
In einer Zeitung hatte der Leitartikel heute die Ueberschrift: Wir werden siegen! Das missfiel mir sehr. So ein frühzeitiges Wort sollte <u>jetzt</u> nicht gesprochen werden. Wer kennt die Zukunft? – Die französischen und schweizerischen Blätter stellen uns als die Veranlasser des Krieges hin! Unglaublich.

Herr L. sprach mit dem Bruder seiner Köchin, der ausrücken muss und fragte ihn: „Sie haben ja eine Braut?" „Was, Braut" sagte der, „Jetzt gibt's keine Braut, jetzt gibt's nur ein <u>Vaterland</u>!"

Ein Dienstmädchen aus Sinsheim schrieb unserer Anna eine Karte, in der sie so schön von der gegenwärtigen Zeit spricht und am Schluss schrieb sie: „Wie froh bin ich, dass ich nicht verheiratet bin!" Das war mal ein vernünftiges Wort – gerade jetzt vor dem Krieg. Diese Massentrauungen halte ich nicht für gut – noch weniger das rasche Verloben vor dem Krieg! Für solche, die schon länger verlobt waren, ist es natürlich, sich trauen zu lassen, dass – im Fall des Nichtwiederkommens des Mannes, die Frau wenigstens eine Sicherheit hat – sonst aber glaube ich – dass manche übereilte Verlobung jetzt zustande kommt!

7. August 1914
In der Zeitung stand, dass ein Bauer aus dem Schwarzwald <u>8 Söhne</u> mitziehen lässt!

Eine arme Frau brachte für's rote Kreuz zwei Hemden und eine Tafel Schokolade und frug, wohin sie dann die Pfennige bringen dürfte, die sie sammle!

Das sind edle Taten, grösser als wenn der reiche Herr L. seinen Geldsack öffnet und 50 Mark stiftet!!!

Ja – da sieht man, dass die Armen im Verhältnis zu den Reichen viel mehr geben!

Unser einquartierter Soldat erzählt eben, dass sich ein Engländer unter Vorweis der Einziehungspapiere eines <u>Deutschen</u> in's Heer schmuggeln wollte! Er wäre bei der Einziehung neben ihm gestanden. Der Engländer wurde verhaftet – aber welcher elende Deutsche gab dazu seine Papiere her? – – –

Abends – wie sich alles so glatt, so vortrefflich abwickelt – Da zieht eine Batterie – dort eine Fusstruppe, dort ein Train, so tadellos ausgerüstet, so nagelneu alle Bezüge, alles Riemenzeug, alle Beschläge – musterhaft, dass es einem freuen kann. Wie werden sie wiederkommen? –

Tennisplätze sind Aushebestellen für Pferde. Wo sonst die Bälle fliegen, steht Pferd neben Pferd, der Boden ist bedeckt mit Lederriemen. – Schulen wurden zu Kasernen,

---

[10] Walter Gerhard Lehmann, geb. am 24. März 1894 in Mannheim; gefallen am 17. April 1917.

Abb. 15:
Familie Ernst Lehmann mit Ehefrau Marie und den vier Söhnen Kurt, Walter, Helmut und Anton in Uniform, Foto um 1915 (Landeskirchliches Archiv)

die Baugewerkschule zum Lazarett, das Palais Prinz Karl soll zum Offizierlazarett umgewandelt werden. Und alle Hände wollen helfen im Dienst des roten Kreuzes. Es sind sogar zu viele Hände da, ein ungeheurer Organismus hat sich fabelhaft rasch entwickelt und die kleinen Pfadfinder und Gymnasiasten sind fortwährend die Boten zu Rad.

[5] 8. August 1914
Unser Helmut[11] ist immer noch nicht für Lazarettzwecke als Kriegsfreiwilliger genommen, weil alle Regimenter überfüllt sind. 300 meldeten sich heute früh wieder freiwillig! Von 6 bis 12 Uhr standen sie im Kasernenhof.

Ein Unteroffizier rief 20 Freiwillige – darunter Helmut – zu den Pferden und H. – dem das Herz schon stärker klopfte – hoffte: „Nun geht's los, nun komme ich dran, denn man gibt mir schon einen Gaul." Sie mussten die Pferde im Hof herum führen und dann in den Stall – und dann war die Herrlichkeit vorbei!

Das war alles! Er sucht mit aller Energie in ein Artillerie-Regiment zu kommen.

Fräulein H. aus Strassburg besuchte uns. Sie war 11 Stunden von Müllheim bis Karlsruhe gefahren, immer zwischen Militär-Zügen durch. „So ein Jubel wie hier bei Ihnen in Baden, ist im Elsass nicht, obwohl sich dort das Blatt sehr geändert hat. Die Elsässer meldeten sich zu vielen Hunderten zu den Fahnen und immer wieder habe sie im Süden des Landes gehört: „Wir wollen doch nicht wieder französisch werden!"

---

[11] Helmut Heinrich Lehmann, geb. 29. Juli 1896 in Hornberg; Schreibweise des Namens im Text mit Hellmut wechselnd.

Die reichen Fabrikanten von Mühlhausen, die mit Frankreich liebäugeln, würden alle in die Festung Neu-Breisach gebracht, um unschädlich zu sein.

Fräulein H. fuhr mit einem Mädchen, die aus Paris kam und drei Tage unterwegs war. Mit einem grossen Trupp Deutscher wurde sie expediert, und mit 20–25 in ein Abteil gestopft. Sie bekamen nichts zu essen an den Stationen und mussten für eine Flasche Wasser, die sie untereinander teilten, einen Franken bezahlen. Einer Mutter soll ihr kleines Kind auf dem Schoss gestorben sein, denn sie bekam keine Milch und nichts!

Beim Umsteigen wurden die Deutschen mit Kolbenstössen vom Militär wie eine Schafherde vor diesem hergetrieben. Wer vorn und hinten ging, bekam Püffe! An der schweizer Grenze wurden sie endlich wie Menschen behandelt, man hätte sie (natürlich militärisch) bis zu ihrem Zug gebracht.

Bei Mühlhausen sollen 3 Armeekorps stehen (etwa 1 Million Mann) und man vermutet, dass in den nächsten Tagen ein Schlag ausgeführt wird.

In Strassburg herrscht gedrückte Stimmung – da leben eben viele die 1870 mitgemacht haben!

Beim Passieren der Rheinbrücke, von Mühlhausen kommend, mussten alle Fenster geschlossen werden. Im Nebenabteil schloss ein Fenster nicht fest und ging immer wieder herab. Da kam ein Soldat herein und schrie: „Wenn Sie das Fenster nicht sofort schliessen, wird rücksichtslos hineingeschossen!" – Sie müssen so vorsichtig sein, weil immer jemand im Zug sein könnte, der eine Bombe herauswerfen würde zum Sprengen der Brücke!

Auf den Trittbrettern des Zuges standen Soldaten mit geladenen Revolvern solange der Zug die Brücke passierte – und zweimal hätte man Schüsse fallen hören. Auch wurde der Zug genau untersucht, unter dem Wagen mussten sie herumkriechen, ob sich keiner da versteckt hielt zum Bomben werfen!

Am Bahnhof hier muss jeder, der den Bahnhof betritt, einen Ausweis vorzeigen. Alles zur Vorsicht!

[6] Frl. H. sagte: „Nun wird endlich aufgeräumt mit dem falschen Traum von Frankreichs Kulturgrösse!" –

10. August 1914
Kurt[12] ging um 6 Uhr schon die Artillerie Kaserne – wurde aber wieder nicht angenommen. Zum dritten Male nun meldet er sich bei der Stammrolle in Mannheim. H. scheint in Lahr angenommen zu sein auf Fürsprache des Landeskommissär's. 330000 Kriegsfreiwillige haben sich im deutschen Reich gemeldet!

Früh war ich im Viktoria Pensionat. Welch verändertes Bild! In die Schule gegenüber sind Soldaten gelegt. Aus den Fenstern, von wo ich sonst Choräle oder friedliche Volkslieder erklingen hörte, sahen Soldaten, Wäsche hing zum Trocknen heraus. Das V. P. war verödet und leer.

11. August 1914
Es gibt „Wohltätigkeitsdamen" – es gibt Wohltätigkeitsstreberinnen, das habe ich nun wieder erfahren.

---

[12] Kurt Gustav Ernst Lehmann, geb. 19. April 1892 in Dossenbach.

Ich kenne solche, die melden sich sofort bei allem, was zur genannten Wohltätigkeit zählt – überall sind sie vornedran, man sieht sie, man liest sie, man dankt ihnen, man wendet sich an sie! Sie spielen plötzlich eine Rolle: sie sind wohltätig!

Nun der Krieg ausbrach und aufgerufen wurde, da meldeten sich viele bei den Komitee's, zu viele – denn man nahm von Vielen, die sich meldeten, gar keine Notiz.

Da dachte ich: ach wie unendlich viel Edelmut, Aufopferungsfähigkeit, Selbstlosigkeit, Liebe, Barmherzigkeit steckt doch in den Menschen – in den Frauen unserer Residenz! Aber da sah ich, wie sie's „betrieben". Viele trieb der Ehrgeiz, mit an erster Stelle d a b e i zu sein! – Es ist so schön, wenn man so ungeheuer geschäftig in die „Wohltätigkeit rennt", seinen Bekannten auf der Strasse nur rasch zurufend: ja, ich habe keine Zeit, jetzt nähe ich für's rote Kreuz den ganzen Morgen, heute Mittag wickle ich Binden und heute Abend nehme ich den Samariterkurs mit.

Man ist bei allem und fühlt sich ungemein edel dabei – es steht ja überall zu lesen! Junge Damen der sog. „Gesellschaftsklasse" (nämlich solche, die im Winter viele Gesellschaften mitmachen) gehen barhäuptig in weissen Kleidern – die rote Kreuzbinde um den Arm – durch die Kaiserstrasse. Das sieht auch sehr gut aus, denn es ist in der jetzigen Zeit fast eine Auszeichnung „dazu" zu gehören.

Nicht ihrer inneren Qualitäten wegen gehören sie dazu, auch nicht ihrer <u>Kenntnisse</u> und ihrer <u>Geschicklichkeit</u> wegen, lediglich der Stellung der Eltern wegen, oder weil sie bekannt sind von all den Bazaren des Winters her, die unter dem Zeichen des allseitigen Amüsements irgend einer „Wohltätigkeit" dienen!

O gütige Fürstin! Sähst du den Wohltätigkeitsdamen, die du so lobst, allen in's Herz! Dein Lob und Dank bliebe dir oft in der Kehle stecken!

[7] Wie viele Damen wollen <u>Offiziere</u> pflegen – nicht die „Gemeinen", nein – Offiziere! Sie melden sich sogar offen und ehrlich gerade dazu! Wer bei solchen Werken der Menschenliebe keine Nebengedanken hat, der fragt nicht nach der Art der Arbeit, der putzt auch Böden wenn's sein muss!

Meine Mutter hat im Kriege 1870/71 oft beobachtet, dass die Damen deshalb sich so legionenweise zur Pflege meldeten – weil sie die Romantik dabei suchten – nicht die selbstlose Arbeit.

Da gehen sie in den Samariterkurs in weissen Stöckelschuhen und eleganten, hellen Kleidern, engen Röcken und allzuweiten Blusen! O – eure Wohltätigkeit mag ich nicht. Sie schmeckt nach Eitelkeit – es gibt auch eine eitle Selbstlosigkeit! Sie s c h e i n t und ist nicht. Ihr fühlt euch zu sehr in euerm Massenbetrieb!

Die arme Frau, die Soldatenstrümpfe strickt, tut im Vergleich mit euch viel mehr – und niemand weiss, <u>dass</u> sie es tut. Die Wohltaten, die in der Verborgenheit getan werden, wiegen schwerer!

Und wer seine Pflicht zu Hause an den Eigenen versäumt, der hat die allererste Pflicht versäumt.

12. August 1914
Ich hörte gestern Abend von Frau X. der Kaiser hätte etwas Schönes getan: Als der Krieg erklärt war, da lag noch viel Getreide im Mannheimer Hafen für die Schweiz bestimmt; Eigentum der Schweiz, das habe der Kaiser noch alles dorthin gehen lassen mit <u>freier</u> Durchfuhr! Die Dankbarkeit der Schweizer war gross. Auch habe er einige

Regimenter zum Schutz der schweizer[ischen] Grenze geschickt. Frau X. sagte: „Das Herz hat sich mir ganz umgewendet vor Freude!"

14. August 1914
Willi ist gottlob nicht in Mühlhausen beteiligt gewesen. Er passierte gestern mit seiner Truppe das Schlachtfeld und berichtete seine ersten Eindrücke nach Hause.
 Gott behüte ihn! Man kann ja nur für Alle beten! –
 Prof. von Schultze-Gaevernitz[13] [!], Freiburg, (Reichstagsabgeordneter) ist als Freiwilliger in die Armee eingetreten und dient an der Front als „Gemeiner"!

15. August 1914
Ich trug schweren Herzens die rote Kreuz-Binde zurück, weil ich fühle, dass meine Nervenkraft es nicht aushält, wenn ich acht Stunden hintereinander am Bahnhof mit den Verwundeten zu tun hätte, auch alle drei Tage die g a n z e Nacht von 11 Uhr morgens an! Die Damen sitzen in der Zwischenzeit und stricken und das kann ich auch nicht lange. Die Haut löst sich mir vom Finger wenn ich längere Zeit stricke. Ich muss andere Dienstleistung suchen – so von <u>Herzen gern</u> ich gerade da geholfen hätte.
 Das U n r e c h t herrscht in der Welt!
 Ein Wanderer zieht ruhig des Weges, da wird er von drei Strolchen überfallen – so ist's! Das zum Himmel schreiende Mordattentat von Sarajewo soll ungesühnt bleiben? Blut floss, unschuldiges Blut, und daraus folgt ein Blutvergiessen, wie es die Welt kaum sah.
 Alle Niedrigkeiten, alle Lüge und List der Gegner rückt in grellstes Licht – wir sehen plötzlich klar, w e r uns umgab. Gottlob, [8] dass wir wissen, wer unser Nachbar ist.
 Über uns allen aber ist G o t t !

16. August 1914
Ob wohl die Schlacht bei Mühlhausen weiter verfolgt wird gegen Belfort zu? Es ist eine erdrückende Stille überall, man sagt, dass die Franzosen das Aeusserste versuchen, um den Deutschen eine Niederlage zu bereiten, und viele seien gefallen bei Mühlhausen.

17. August 1914
Wie ein Sanitätsmann erzählt, seien 450 Mann am Mittwoch von hier ausgeschickt worden. Ihre Ausrüstung war auch vollkommen. In den braunen, nagelneuen Ledertaschen, die sie umhängen, habe aber auch nichts gefehlt bis zur letzten Nadel! Er war Schreiner – aus Kassel – und liess Frau und 6 Kinder zurück. „Als ich von zu Hause fortging"[,] so erzählte er, „sagten mir die Nachbarn, ich könnte ruhig in's Feld ziehen, wenn ich nicht mehr käme, würden sie sich der Frau und der Kinder annehmen!" Er muss mit an die Front. – Der Sanitätsdienst ist grossartig eingerichtet im deutschen Heer. Fällt einer, so wird er von der Sanität aufgehoben, einem zweiten Sanitäter, der weiter hinten steht, zugetragen u.s.w. bis ins Hilfslazarett, das ausserhalb der Schusslinie liegt und wo gleich der Arzt hilft. Die Soldaten haben unter dem Gürtel eine

---

[13] Gerhart von Schulze-Gaevernitz (1864–1946) war Ordinarius der Volkswirtschaftslehre in Freiburg.

Schnur mit Verbandwatte, die sie sofort loslösen können, um sich schnell einen Notverband machen zu können.

Die Franzosen sollen über der linken Brust eine Schutzvorrichtung tragen! (Ob das wahr ist?)

Die Messer, die die Soldaten mit ins Feld bekommen, sind ausgezeichnet zusammengesetzt. Man kann 10 bis 12 Instrumente herausklappen. In der Mitte gehen sie auf und da kommt eine eingefädelte Nadel heraus! Und Heftpflaster! Es ist wunderbar wie die Ausrüstung des deutschen Militärs bis in's Kleinste ausgedacht und vollkommen ist. –

Ich hörte, dass alle Brücken über den Rhein mit Sprengvorrichtungen versehen sind. Wenn die Franzosen je bis an den Rhein kämen – herüber käme keiner!

Bei Mühlhausen sollen 70000 Franzosen das Schlachtfeld bedecken! Es war eine heisse Schlacht und eine wahre Heldentat der süddeutschen Truppen, die nach einem Marsch von 50 km – mit Tornister bepackt – gleich in's Gefecht mussten. Drei Tage hätten sie nicht geschlafen. Sie hätten wie die Löwen gekämpft. –

Wäre der Kriegsplan von Mühlhausen nicht verraten worden, so wäre der Sieg der Deutschen noch viel vollständiger gewesen.

Geradezu empört bin ich über die „liebevolle" Behandlung franz. Gefangener seitens der Damen. In Württemberg, Köln u.s.w. sind Befehle vom Generalkommando gegeben worden, die Damen nicht mehr an die Züge zu lassen. Wenn man bedenkt, dass deutsche Kriegsgefangene im Jahre 1870 aus Schweinetrögen essen mussten, in die die Franzosen noch hineinspuckten, da versteht man nicht, wie es auch nur einer „Dame" einfallen kann, den französischen Gefangenen [9] Rosen bringen zu wollen, wie man aus Stuttgart hörte! Meine Hefte, die ich für's rote Kreuz als „Kriegshefte" klebe, haben schon Liebhaber gefunden. Den Verdienst trage ich in's rote Kreuz.

19. August 1914

Ich ging „hausieren" mit meinen „deutschen Heften" und hatte Erfolg. Nun habe ich 20 Mark für's rote Kreuz! Und die Besuche freuten mich. Wo ich hinkam strickt Gross und Klein Strümpfe für Soldaten. Mittags besuchte ich Frau Schloemann, die gottlob wohler ist – wenn auch noch schwach und sehr abgemagert. Nach 8 monatlicher Krankheit kein Wunder. Auch sie schreibt sich die Erlebnisse, die ihr Mann und Sohn in's Haus bringen, auf. Sie meint, der Krieg, der unsererseits so gerechtfertigt sei und mit so viel Opfer an Selbstlosigkeit, mit so viel Liebe, Tapferkeit und Frömmigkeit begonnen wurde, der könnte nur Gutes zeitigen für unser Volk. Schon allein die einmütige Erhebung war etwas Grosses! Ihr Mann, als Militärpfarrer[14], hört viel von den Soldaten. So habe der Freiburger Divisionspfarrer, der mit in's Feld zog, ihm geschrieben:

„… Unsere Soldaten sind prächtige Menschen. Kein rohes Wort, keine Unmässigkeit, kein freches Wesen. Es sind meist auch religiöse Menschen, die den obersten Kriegsherrn kennen".–

---

[14] Adolf Friedrich Schlömann (1858–1926), 1902–1920 Militäroberpfarrer des XIV. Armeekorps und Divisionspfarrer der 28. Division in Karlsruhe.

Ein Veteran, dem im Krieg 1870/71 der Daumen an der rechten Hand weggeschossen wurde, bat, dass er, der kein Gewehr halten könnte, doch zum Truppeninstruieren verwendet werde, dann könnte doch ein anderer Unteroffizier für ihn einrücken!

Immer wieder liest man: ein Vater ging mit seinen fünf Söhnen in's Feld; ja, eine Witwe stellte neun Söhne in's Heer!

— — — Abends hörten wir von zwei siegreichen Gefechten bei Schlettstadt und Namur.

Die Zeitungsberichte kommen sehr spärlich und ohne jede Phrasenmacherei und Uebertreibungen.

21. August 1914
Zwischen Metz und den Vogesen wurde eine grosse Schlacht geschlagen. Mehr als 10000 franz. Kriegsgefangene, 50 Kanonen!

8 Armeekorps standen von französischer Seite gegen uns.

Gott sei Dank aus tiefster Seele! –

Die Fahnen wurden hier gehisst.

Wie es Willi geht? — — Das ist stets mein erster Gedanke. –

22. August 1914
Die Schwester[15] kam heute früh und erzählte mir von einem Verwundeten der gestern bei Ihnen zum Abend war. Er hatte einen Schuss durch den Hals, Arm und Bein. Am Hals hätte es beinah die Schlagader getroffen und wie durch ein Wunder kam er davon mit dem Leben.

Er hatte 41° [Grad] Fieber. Da bat er, als er besser war, einen Soldaten um eine Zigarre, tat ein pa[a]r Züge und darauf kam ein Hustenanfall, der das geronnene Blut aus Lunge und Hals trieb und von dem Augenblick an war er gerettet. Er erzählte von der Schlacht bei Mühlhausen, wie unsere Soldaten voll Begeisterung oft die Röcke sich aufrissen, um mit offener Brust dem Feind entgegenzustürmen.

[10] Die Franzosen springen davon, wenn sie die Flucht ergreifen, die Deutschen würden in geschlossener Reihe ruhigen Schrittes zurückgehen, wenn sie dazu gezwungen werden. Es wird zum Sammeln geblasen und dann geht es geordneten Zuges – bei den Franzosen aber wie in wilder Flucht. – Die Soldaten, mit denen der Mannheimer Verwundete in's Feld zog, hatten ausgemacht: wenn einer so zerschossen würde, dass er doch sterben müsse, dann solle einer der ihrigen ihm einen Gnadenschuss geben, dass er nicht leiden müsse. Die französischen Verwundeten hätten oft die Sanitätsleute, die sie zum pflegen holen wollten, erschossen oder erstochen mit letzter Kraft. Dabei werden die französischen Gefangenen gut verpflegt, wenn sie zu uns kommen. Aber weil dies vorkam werden erst die deutschen Verwundeten vom Schlachtfeld getragen, dann erst die französischen. Früher war da kein Unterschied.

Abends ½ 9 Uhr war eine bescheidene Siegesfeier auf dem Schlossplatz. Tausende waren da versammelt. Der Grossherzog sprach vom Balkon des Schlosses einige warme, bewegte Worte. Ein Zug Männer mit roten Lampions – die Feuerwehr und der Männergesangverein – soweit er noch hier ist – sangen einige patriotische Lieder. Bei

---

[15] Marie Lehmann

dem Kehrreim der „Wacht am Rhein" sangen die Tausende ringsum mit. Das vergesse ich nie.

23. August 1914

Die ersten französischen Verwundeten habe ich gesehen. In Tragbahren, die auf zwei gekoppelten Fahrrädern ruhten, brachte man sie in's Garnisonslazarett. Mit welcher Vorsicht und Sorgfalt führen die jungen Leute sie. Es ergriff mich tief. Manche nahmen den Hut ab, als der geschlagene, verwundete Feind vorbeigetragen wurde. Man sah ihre sehr schäbige Uniform. Ein blauer Mantel deckte sie zu – bei einem lag das Käppi auf dem Mantel – die roten Hosen waren sichtbar. Ich sah einen dieser Verwundeten, wie er die Fahnen, die anlässlich des Sieges bei Metz heraushingen, betrachtete. Welch ein Gefühl muss so ein armer Mensch haben, der ohnmächtig auf der Bahre im Feindesland einzieht! Nein, da stimme ich gar nicht mit Herrn X. zusammen. Auch der Feind, und wenn er sich in einzelnen Fällen unerhört roh gegen uns benahm, ist doch ein Mensch und hat bis zuletzt Anrecht auf unsere Menschlichkeit. Die Grossherzogin Luise gab kund, das[s] die französischen Verwundeten ebenso gepflegt werden sollten wie die deutschen. Wie sie's in Frankreich halten mit den deutschen Verwundeten – das ist i h r e Sache und fällt auf sie zurück. –

24. August 1914

Auf dem Schlossplatz stehen die 15 von unseren badischen Truppen eroberten französischen Geschütze. Eine Menschenmenge begleitete ihren Einzug hier. Die Soldaten brachen Zweige von den Bäumen und schmückten sie damit. An einer Kanone war Lorbeer mit den deutschen und badischen Farbenschleifen befestigt.

[11] Einen guten Kriegsscherz hörte ich heute:

Der Zar fragte seinen General: „Sagen Sie, warum <u>siegen</u> denn die Deutschen immer?"

Er: „Ja, Majestät, die Deutschen singen immer den Choral: Eine feste Burg ist unser Gott" und das gibt ihnen doppelte Kraft."

Zar: „Nun- so lassen sie <u>unsere</u> Soldaten den zweiten Vers singen von diesem Lied."

Er: „Majestät, das geht nicht gut, der der fängt an: mit unserer Macht ist nichts getan, wir sind gar bald verloren!"

Es ist rührend wie überall gestrickt wird für die Soldaten im Feld. Die 84jährige Frau Clady strickt, die alte Frau T. – die Künstlerinnen stricken (die Frauen der Sänger unseres Theaters, die z.T. selbst Sängerinnen sind)[,] die Arbeiterfrauen stricken, die Geheimrätinnen stricken, die jungen Mädchen stricken, mit ernstem Eifer halten sie ihre meist grauen Strumpfstrickzeuge. Tausende und Abertausende von Paaren werden gestrickt. Ob wohl in Frankreich dasselbe Bild ist?

Ich las heute, dass die Franzosen in Paris einen <u>elsässischen Grenzpfahl,</u> den sie im Auto dahin gebracht aufgestellt hätten[16]!!!

---

[16] Gestrichen: auf der place ……

Eine englische Brigade wurde geschlagen. Die ersten Engländer, die den Deutschen in den Weg kamen.

Dass man dem so tapfer kämpfenden General der Feste Lüttich den Degen nicht abnahm, den er dem Gesetz nach übergeben sollte, das war eine edle deutsche Tat. Man gab ihn dem General wieder.

26. August 1914
Um 11 Uhr kam ein trauriger Zug durch die Kriegsstrasse. Acht Bahren mit verwundeten deutschen Kriegern. (Unter den Trägern war auch der Maler Tyrahn[17]) Mit schnitt es in's Herz. Unter dem regengrauen Himmel in der einsamen Strasse machten die Träger (immer 4 Mann) Halt, setzten die Bahren ab und wischten sich den Schweiss von der Stirn. Da lagen junge Leute mit bleichem Gesichtern und todmüden Mienen. Einige hatten die Augen geschlossen. Sie waren nur mit einem Tuch bedeckt und hatten zum Teil Soldaten-Mützen auf. Das ist der Krieg! Nun weiss ich's. Vor 14 Tagen noch kerngesund und mit Begeisterung die Wacht am Rhein singend, ausgerückt – und heute krank geschossen in's Lazarett! Das allein zu sehen ergreift tief. Vier junge Leute fuhren so einen Verwundeten. Um die Bahre, wenn es den Gehweg wieder hinaufging[,] nicht im Geringsten zu erschüttern, hoben sie den Fahrstuhl sacht. Der Ausdruck der Träger und Fahrer ist so ernst. Einerlei ob ein Franzose oder ein Deutscher gebracht wird – dieselbe zarte Vorsicht, dasselbe Mitgefühl im Auge der Vorübergehenden. Kein Zeichen des Hasses gegen den Feind. – So nimmt Deutschland den verwundeten Feind auf.

In der Familie v. L. – Freiburg – fielen Vater und Sohn am selben Tag!

Das ist der Krieg, der nicht in Einklang gebracht werden kann mit Kultur, Religion, Geistesfortschritt, Humanität! –

[12] Abends kam die Siegesbotschaft, dass ein englischer Divisionsstab gefangen genommen wurde.

Ich sprach an der Post Hans Thoma[18]. Dies war mir so wohltuend. Er ist eben immer derselbe ruhige, klare, stille Mann, der „nicht aus'm Häuschen" kommt, wie er einmal schrieb – auch wenn alles um ihn erregt ist. Aber die Begeisterung beim Hereinbringen der 15 französ. Kanonen, die hat ihn so bewegt, das erzählte er mir. Auch er meint, ob dieser Krieg nicht n ö t i g war und ob unser Volk nicht geläutert aus ihm hervorgehe? – Anzeichen sind ja vorhanden. – – Gott gebe es!

Frau Arnold, die Mutter eines Schwarzwälders, ass wieder bei uns. Was das ein guter Sohn sein muss! Er hat immer der Mutter seinen Verdienst gebracht, als er Dreher in der Porzellanfabrik war. Er hat, wenn er daheim war, alle Arbeit gemacht wie ein Mädchen: Böden gesputzt, Geschirr gespült, ja sogar gestrickt! Dann wurde er Soldat und mit Begeisterung! Er will dabei bleiben vorderhand. In der Schlacht bei Sarburg erhielt er einen Schuss in den Oberschenkel und Streifschuss am Hinterkopf von „Schardell" (Schrapnell wollte sie sagen!) „Si Teschtamentle hat er verlore us'm Tornischter, des isch'm so arg gsi. Der Helm, der Tornischter, die Koppel und's Seitegewehr – alles hat er nimme gha, als mer'n in's Lazarett brocht hot. Er ist, wie ner d'Schuss bekomme hot, noch e wengle mitgloffe bis er nimme könnt hot und dann hab er grufe: „hebet mi" und dann hat er nix me gwust. Aber sei Teschtamentle, wo

---

[17] Georg Tyrahn (1860–1917), Maler aus Karlsruhe.
[18] Der Maler Hans Thoma, mit dem C.F. befreundet war.

er zur Konfirmation bekomme hot, des vermisst er so." (Die Mutter will es ihm vom Pfarrer wieder besorgen) „Mi Hermännle!" sagte sie immer wieder. [„]S'Notizbuch hot er no ghat. Da hat er neigschriewe von de erschte Kriegstäg. Do stoht au drin, dass er mit seim Hauptmann aus <u>einer</u> Tass Kaffee trunke hätt. Des tät er sei Lebtag nit vergesse! Der Hauptmann hab ihm grufe: „Arnold!" und da sei er hin und da hab er trinke dürfe." Wie sich das verhält – weiss man nicht – auf jeden Fall war der Hauptmann sehr gut zu ihm. Die einfache Frau war so nett und anständig bei Tisch. Im Pfarrhaus hat sie ja immer in der Küche gegessen, aber mich störte sie gar nicht bei Tisch.

Immer wieder sagte sie: „gelt, Fräulein Clara, dass ich so an ihrem Tisch sitz! Aber mi Sohn hat ja auch für <u>Sie</u> kämpft, für s'Vaterland, des isch für <u>alle Lüt!</u>"

Jawohl! Sie soll dieselbe Ehre haben, wie jeder andere Gast! Der Sohn wurde verwundet im Krieg, das genügt!

Während ich schreibe, ziehen grosse Scharen neu einrückenden Landsturmes durch die Strasse und singen ein Lied, das man eben so oft hört: „in der Heimat, in der Heimat, da gibt's ein Wiedersehen" – heisst es darin. – Alle die vielen starken, in bester Kraft stehenden Männer! Und die Züge mit den Verwundeten ziehen durch andere Strassen.

Auf dem Friedhof sollen Franzosen und Deutsche in ein Grab kommen, sie werden mit denselben militärischen Ehren begraben, da wird kein Unterschied gemacht.

[13] 29. August 1914
Mein Kriegsheft hat heute dem Blechner, der meine Lampe in Ordnung brachte, so gefallen, dass er sich gleich am Montag eines besorgt und weiter empfiehlt. Er vergass ganz den Glühstrumpf anzubringen vor Interesse. Auch das Bilderbuch, das ich mir vom Krieg zusammenstelle, gefiel ihm so, dass er sich gleich die Berliner Illustrierte Zeitung aufnotierte, die er sich vom August an nachbestellen will.

Gestern Abend sangen die Leichtverwundeten, als ich am Vinzentius-Haus vorbeiging, den Choral: „Grosser Gott wir loben dich". Bald darauf aus hundert Männerkehlen wieder von der Strasse her „Lieb Vaterland magst ruhig sein!". Der Landsturm rückte aus. Grosse Scharen von Reservisten durchziehen die Strassen. Wo kommen alle die Tausende und Abertausende nur immer wieder her?! Gibt es ein Land, das eine so streitfrohe, kampfbegeisterte Millionenschar sein eigen nennt? –

1.September 1914
Die Rückreise von Strassburg war[19] interessant. Zwei Wagen von französ. Gefangenen und 21 französ. Offiziere waren in dem Zug. Wo sollen nur all die Tausende von Verwundeten und Gefangenen hin? Und die Verpflegung und Bewachung nimmt gar so viele Menschen unsererseits in Anspruch!

Als ich heute früh fortging, da brachten Sie wieder einen Schwerverwundeten – einen Mann in mittleren Jahren – wahrscheinlich Familienvater. Er lag mit geschlossenen Augen – so blass auf der Bahre, die drei junge Leute mit äusserster Vorsicht fuhren. Der blaue Himmel strahlte herab und Kinder, die das tiefe Leid nicht ahnten, sangen das Soldatenlied: in der Heimat, in der Heimat, da gibt's ein Wiedersehn! – Ja, hier vielleicht in der himmlischen Heimat! Mir tut das Herz so weh, wenn mir die

---

[19] Gestrichen: für B.

Bahren begegnen und das ist doch nur ein kleiner Teil der Ungezählten, die im Krieg fallen!

Ich habe den Schwarzwälder „Herrmännle" besucht im Lazarett. In einem hellen freundlichen Saal lag er – mit etwa 26 anderen. Die Fenster waren auf, man sah in's Grüne und die Luft war gut im Saal. Oben am offenen Fenster stand sein Bett. Drüber auf einer Tafel der Name und welche Compagnie u.s.w.[,] und da hing auch an einem Pfosten seine Soldatenmütze. Tornister, Helm und Jacke samt Seitengewehr waren ihm in der Schlacht verloren gegangen. Er hat noch ein Knabengesicht. Er ist scheu, wie seine Mutter sagte, er sagte nur wenig, wies auf seine Verletzung, die schwer war (Oberschenkel), seine Kopfwunde ist scheinbar schon auf dem Weg der Heilung. Wir brachten ihm Brombeersaft und ich hatte ihm eine illustrierte Kriegsnummer gekauft und Karten von den eroberten französ. Kanonen und vom Grossherzog. Das hat in gefreut. Er konnte aber noch nicht recht lächeln, obwohl er's versuchte. Wir frugen ob er Schmerzen habe – aber er meinte „o s'geht schon!" – Das ist die Art der Schwarzwälder, mit solchen Worten schneiden sie jede Klage, jeden Jammer ab.

Ja, da muss er nun liegen, der so froh in den Kampf zog. Der frühere Hirtenbub vom Fohrenbühl!

[14] Es sollen mehrere sterbende Franzosen in demselben Lazarett liegen. Einer dieser Franzosen habe neulich geweint. Da fragte ihn die Schwester: „Haben Sie solche Schmerzen?" Er sagte: „Nein, ich muss weinen, weil ich so gut gepflegt werde und es so gut hier habe – und wenn ich dann an die Deutschen denke, wie die es bei uns haben, wenn sie verwundet kommen, das tut mir so weh." Diese Tränen waren keine Lüge und wogen schwer. Arme Franzosen!

Die Landbewohner Frankreichs sind gewiss eben so friedliebend und gutherzig wie bei uns. Sie wurden aber aufgehetzt[,] bis sie in uns den Feind sahen. –

Bertha[20] erzählte vom Hauptmann L., der in Sa[a]rburg gewohnt hat. Dort hausten die Franzosen wüst. Er wurde verwundet und konnte nicht mehr an der Schlacht teilnehmen, liess sich aber später – als die Franzosen abgezogen waren – in sein Haus führen, um zu sehen, wie es da aussähe. Alles war demoliert. Sie hatten seine Uniform aus dem Schrank gerissen und die Achselstücke herausgeschnitten, hatten alle Möbel beschmutzt und z.T. zerschlagen. Ja, sie hatten den Salon in der ekelhaftesten Weise verunreinigt. Man sah französ. Soldaten, die sich elegante Kleider der Offiziers-Damen angezogen hatten und sich so auf der Strasse zeigten! Nein, ich glaube nicht, dass unsere Truppen diese Komödie zum Besten geben im Feindesland.

Eben – 11 Uhr nachts – höre ich abziehende Truppen singen: „Morgenrot, leuchtest mir zum frühen Tod"! Das ganze Lied singen sie. Der letzte Vers: „Darum still, darum still füg ich mich wie Gott es will" verhallt ferner und ferner in der Nacht.

Nein – wer diese Lieder singt, der ist kein „Barbar". (So werden wir in französ. Blättern genannt)

Der ist ein Mensch, der deutsches Gemüt und deutsche Seele hat, der Gott und den Sternen vertraut! Deutschland – mir ist nicht bange um dich!

2. September 1914
Wir erfuhren, dass unser W. eine schwere Kopfverletzung erlitten hat. Er liegt im Lazarett Raon l'Etappe. Seine Mutter fuhr gleich im Auto von Strassburg mit dem Arzt

---

[20] Bertha Faisst, Schwester von Marie Lehmann und Clara Faisst

dorthin, durfte ihn aber nicht mitnehmen. Ich habe keine Worte für den Schmerz, den ich empfinde. Das also ist der Krieg!

[*1] Strassburger Eindrücke aus der Kriegszeit.
War es mir doch, als redete Münster in noch gewaltigerer Sprache zu mir, denn sonst, als ich es in diesen Kriegstagen wiedersah. Jahrhunderte überdauernd sah es herab auf Zeiten gesegneten Friedens und flammenden, mordenden Kriegs – sah es Kämpfe und Siege und wieder Kämpfe, und in all dem bunten Wechsel war dieser herrliche Bau derselbe geblieben. Seine Sprache blieb unberührt, ob auch feindliche Kugeln selbst ihn, den Gewaltigen, erschüttert hatten und so steht er jetzt wie ehedem in ernster Schöne, winklige Gässchen und stolze Plätze hoch überragend, einer Riesenhand vergleichbar, deren ausgestreckter Finger nach oben, nach dem Himmel deutet. – Ich komme – an einem klaren Herbstmorgen – vom Militärfriedhof, der vor den Toren Strassburgs liegt, von einem frischen Grab. An den von der Sonne überstrahlten Wällen üben Truppen, reiten Offiziere hin und her, ertönen kurze Kommandorufe.

Durch die Festungstore ziehen Truppen in Feldgrau. Statt der Helme tragen sie graue Mützen, statt dem Tornister viele von ihnen Rucksäcke. Es ist bayrischer Landsturm. Ein langer, langer Zug. – Der gleichmässige Marschtakt des Schritts klingt noch an unser Ohr, als der Zug schon ferner ist. Gott lasse Euch die Heimat wieder sehen! –

Sie singen nicht, wie man's bei den badischen Truppen oft hörte beim Ausrücken, auch haben sie die Gewehre nicht mit Blumen besteckt. Ernst ziehen sie aus, der Ausdruck der Gesichter ist aber zuversichtlich.

Wenige Stunden später stehe ich in einem der grossen Strassburger Lazarette am Bett eines verwundeten Bayern. Während die Rheinländer, die in dem grossen Krankensaal lagen, fast alle, trotz Wunden und Schmerzen, ihren Humor noch nicht ganz verloren haben, liegt [*2] dieser Mann finster und gedrückt in den Kissen. Ich frage ihn, wo seine Heimat ist. „In Füssen." „Da sind Sie in einer schönen Gegend zu Hause!" Ein wehmütiger Zug huscht über sein Gesicht. Als ich aber näher herantretend sage: „Ihr Volk hat in Deutschland einen ruhmvollen Klang! Man nennt es nie anders, als die tapfern Bayern, und wenn wir siegen, so haben Sie und Ihre Landsleute einen Hauptanteil an dem Gelingen. Wir Deutsche sind stolz auf die Bayern!" Da laufen dem Mann ein paar Tränen übers Gesicht. „Wenn ich nur nicht so daliegen müsste! Wenn ich nur wieder zu den Kameraden ins Feld könnte!"[,] kommt es gepresst heraus. Er hat einen Lungenschuss.

Sie liegen 50–60 Mann oben im 4. Stock einer Schule an der Ill. Der Blick aus dem Fenster in die herbstlichen Baumkronen und auf das stillfliessende Wasser ist so schön!

Aber die Wenigsten können sich aufrichten, um das zu sehen. Sie hoffen Alle, dass sie nicht forttransportiert werden, ehe sie Strassburg, „die wunderschöne Stadt", auch gesehen haben!

Ein anderer Verwundeter erzählt mir das gewiss seltene Vorkommnis, dass man ihn mit 6 Anderen in Frankreich im Totenwagen forttransportiert habe! Es war kein anderer Wagen da, „und", meint er lächelnd, „so hab ich schon einen Vorgeschmack davon bekommen, wie man da drin liegt!" –

Beim Verlassen des Hauses werden gerade eine grosse Zahl verwundeter Franzosen auf Bahren in den Tram getragen, der aus einigen Güterwagen gebildet war, in die man die Bahren hineinschiebt. Auf der Brücke, über die die verwundeten Feinde bis zum Tram getragen werden müssen, haben sich neugierige Kinder und Erwachsene angesammelt, die aber von den Soldaten weggetrieben werden, was ich nur richtig finde. Es ist etwas anderes, wenn einem im Vorübergehen solch ein Zug begegnet, der Jedem ans Herz greifen muss, als wenn man sich extra aufstellt, um jedem Verwundeten ins Gesicht zu sehen!

Strassburg steht im Zeichen des Roten Kreuzes. Von so vielen [*3] Häusern, Wagen und Autos flattert die bekannte weisse Fahne.

Auffallend ist mir, dass ich kein französisches Wort auf der Strasse oder in den Läden höre. Manche Geschäfte haben ihre französischen Namen abgelegt, so der „Louvre", der jetzt „Kaufhaus zum hohen Steg" heisst. Ein erfreuliches Zeichen der Zeit! Das Stadttheater ist geschlossen, ein anderes Theater ist zum Lazarett umgewandelt. Die Münsterglocken schweigen, sie dürfen in Kriegszeiten ihre Stimmen nicht wie sonst feierlich über die Stadt hin erklingen lassen – erst wieder, wenn Frieden wird.

Wann dürfen wieder die 4 Fahnen am Münsterturm herausgesteckt werden zum Zeichen, dass ein Sieg errungen wurde?

[15] 10. September 1914
Der Krieg geht weiter. Fordert Tag für Tag Opfer, die Besten, die Tüchtigsten lassen ihr Leben auf den französ. Schlachtfeldern.

Gestern früh sah ich an der Bahn ein Auto stehen mit aufgeschnalltem Sarg.

Als ich heimging zog eine Abteilung Truppen vorbei, die in's Feld rückten. Sie sangen: „Morgenrot, Morgenrot, leuchtest mir zum frühen Tod" – – gestern noch auf stolzen Rossen – heute durch die Brust geschossen – morgen in ein kühles Grab". –

Das Lied verfolgt mich beständig. Woher nehmen alle die Männer die freudige Zuversicht, mit der sie der mörderischen Schlacht entgegengehen? Wenn doch ein Einhalten käme dieses Massenmordens.

Willi wurde bei Raon l'Etappe durch den Kopf geschossen. Ein Wunder, dass er noch lebt! Gott erhalte ihn seiner Mutter, die am 9. Sept. Witwe wurde. Das ist mein stündliches Gebet! Man brachte ihn im Auto nach Strassburg, weil das Feldlazarett geräumt werden musste – die Franzosen waren wieder näher gekommen! In Strassburg entdeckte man, dass er noch einen Schuss in die Seite bekommen hatte, der dann erst verbunden wurde. Auch hatte er viele verfallene Stellen am Körper – ein Zeichen, dass er viel durchgemacht hatte.

Was haben sie wohl mit ihm gemacht!

Es schreit zum Himmel, was man sieht und hört und erlebt. Solche Kriege dürften in unserer Zeit nicht mehr sein.

So viele sind gefallen! So viele Offiziere, so viele einzige Söhne! In ein Jammer und Elend sieht man hinein, wenn man hört von Fällen, wo Frauen ihren Mann und ihre Söhne verloren – – – so viel geistiger Besitz und Zukunftshoffnung Deutschlands wird da hingeschlachtet!

Und die französ. Zeitungen melden, wir führen den Krieg aus Habsucht und Dünkel! „Preussen müsste vernichtet werden!"

Wenn doch die Menschen sich gegenseitig bei hereinbrechendem Leid mehr sein könnten! Es heisst wohl auch da: Unvollkommenheit!

Und für mich: bescheide dich! Denn Andere tun das, erfüllen vollkommen das, was zu tun deine Seele so verlangt. Wenn diese gebundenen Liebeskräfte einmal in einem anderen Leben freigegeben sind, wie stark, wie weit darf dann meine Liebeskraft sich entfalten! Hier muss ich sie zurückdrängen, weil man sie nicht in dem Mass braucht, als ich geben möchte. – – –

Ob Deutschland aushält im Kampf gegen so viele Feinde! Ich sah heute wieder grosse Scharen von Einberufenen, Männer von 30–45 Jahren im Schulhof zur Musterung – alle müssen in die Lücken der Gefallenen treten!

Vorhin zogen die Soldaten über die Hirschbrücke und sangen:

Als ich zur Fahne fortgemüsst,
hat sie so herzlich mich geküsst,
mit Bändern meinen Hut geschmückt
und mich an's treue Herz gedrückt.

So treuherzige deutsche Volkslieder hört man täglich in den Strassen. – Das Volkslied wacht wieder zu neuem Leben auf und geht Schritt für Schritt mit den Soldaten.

Wo solche Weisen, solche Worte gesungen werden, da steht's gut um ein Volk!

[16] Seine Seele ist empfänglich für das Reine, das Stille und Tiefe, was im Volkslied lebt.

Frl. L. war lang bei uns. Sie wollte meine Kriegshefte sehen und wird Sie auch kaufen. Sie wartete immer auf einen „guten Gedanken"[,] wie sie die Zeitungsausschnitte verwerten könnte und war froh über meinen Gedanken.

17. September 1914

Immer noch die Ersatztruppen-Mobilmachung! Heute Nacht um 11 Uhr zogen sie aus und die „Wacht am Rhein" klang durch die stille Nacht zu uns herüber – – – immer ferner das „lieb Vaterland magst ruhig sein" – – – so frische, helle Männerstimmen sagen es. Sie können alle noch singen!

Ein Offizier erzählte, dass seine Truppen auf der neustündigen Eisenbahnfahrt immer gesungen hätten und so guten Mutes geblieben wären.

Eben erzählte eine Bekannte dass in Norddeutschland ein Dienstmädchen Gott gelobt habe, wenn die Deutschen siegen, opfere sie ihre ganzen Ersparnisse dem Vaterland. Als dann Sieg auf Sieg kam, ging sie zum Bürgermeister und brachte ihr Sparbuch mit 2400 Mark – Dieser wollte es nicht annehmen, denn, sagte er, sie solle an ihr Alter denken, wo sie das Geld brauchen könnte. Sie könnte ja einen kleinen Teil davon geben – – – aber das Dienstmädchen blieb dabei: ich habe es Gott gelobt und tue es. Ich bin bei einer so guten Herrschaft, bei der ich bis in's Alter bleiben kann und wo mir nie etwas abgehen wird. Deshalb nehmen sie die ganze Summe nur an. – Hat dieses Mädchen nicht viel mehr gegeben, als der Millionär, der tausend Mark gibt?? –

18. September 1914

Als es heute Nacht in Strömen goss und hagelte draussen, wir aber geborgen vor Unwetter in weichen Betten lagen – da wurde es mir so schwer um's Herz. Die Truppen im Feld! So rief's in mir und ich hätte viel darum gegeben, auch nur einem Soldaten eine Wohltat erweisen zu dürfen, um mein bedrücktes Gewissen zu beruhigen. –

Heute wurde mir erzählt, dass einem Mann wie durch ein Wunder im Krieg mit dem Leben davon kam. Zwei Kugeln trafen sich auf seiner Brust – von zwei entgegengesetzten Seiten –[,] drückten sich aneinander platt und verletzten ihn nur leicht! Ein Matrose der „Ariadne", der – als das Schiff sank – in's Wasser sprang und gerettet wurde, kam hier durch und sagte leuchtenden Auges: „Glauben Sie nur nicht, dass die Marine nichts tut! Wir sind bis zum letzten Atemzug im Dienst geblieben und mit dem Lied: Deutschland, Deutschland über alles sanken wir mit dem Schiff und im Wasser bewusstlos treibend, wurden einige gerettet. Sobald ich wohl genug bin, gehe ich in Dienst <u>gegen England</u>. Darauf brennen wir – je eher es losgeht – je besser!" –

19. September 1914
Es goss in Strömen die ganze Nacht und den gestrigen Tag und immer dachte ich an die Soldaten draussen – – – und ich liege im weichen Bett und habe ein Dach überm Kopf!
[17] Man liest von Teilsiegen der Deutschen bei Noyon – „die Verbündeten Heere der Franzosen und Engländer wurden zurückgeschlagen unter starken Verlusten" – und unsere Verluste?? – Wann kommt der Sieg!

21. September 1914
Und noch immer kann ich die deutschen Fähnchen auf der Karte Frankreichs, die ich an der Türe befestigt habe, nicht weiter vorrücken lassen! Reims wird seit drei Tagen beschossen! Aber ein durchschlagender Erfolgt war bis jetzt – trotz so vieler Einzelerfolge – nicht. Wie müssen unsere Truppen kämpfen gegen zwei verbündete Gegner nebst afrikanischem „Gefolge"!! Und wir müssen unsere Streitmacht doch <u>teilen</u> nach Osten u n d Westen! Was will das sagen, dass die zwei vereinigten Feinde nicht einmal die <u>Hälfte</u> unseres Heeres bezwingen. Wie sind unsere Soldaten geschult und diszipliniert! In den Berichten der Einzelnen – den Briefen nach Haus – heisst es immer wieder: die Disziplin versagt selbst nicht in der Schlacht. Die Kommandos werden befolgt wie auf dem Kasernenhof! Ja, – die Feinde sollten die Feldbriefe lesen, die unsere Soldaten heimschreiben – schreiben oft während tagelangem Liegen im Schützengraben! Ob sie sie überhaupt verstünden, die Briefe der „Barbaren", der „Vandalen", in denen so viel Heldentum, so viel Ehrlichkeit und Frömmigkeit steht?
Ich war wieder im Lazarett. Aber der „Hermännle" war nicht wie sonst. Er war wieder operiert worden und – wir konnten nicht so viel mit ihm reden wie sonst. So legte ich ihm nur die Schwarzwälder Zeitungen – Heimatgrüsse – hin und die Schokolade, die er an einem andern Tag essen kann und gab einem traurig im Lehnstuhl Sitzenden, am Fuss Verwundeten die illustrierten Blätter, die ich bei mir hatte. Da wurde der Gesichtsausdruck gleich freundlich und belebt! Im Vorübergehen hielten wir uns am Bett eines Heidelberger Soldaten auf. Den frug ich, ob er gern etwas Neues läse und gab ihm auf's freudige Bejahen einige Zeitschriften, das Büchlein von Rosegger und den „Landsturm" von Fontane. – Da war gleich die Brücke geschlagen! Er erzählte uns viel. Natürlich frug ich gleich nach der Wunde! Der Knöchel durchschossen! Das Bein war hochgelegt und eine Schutzvorrichtung darum, dass keine Decke es berühre. Er wurde in der Schlacht bei Sa[a]rburg verwundet. Arm- und Beinschuss. Zuerst verband er sich die stark blutenden Wunden selbst und musste die Nacht über dem Schlachtfeld bleiben, über das anscheinend die Franzosen wieder kamen, denn er bediente sich eines neben ihm liegenden Toten als Schutz für sich selber! Am Morgen

sei die deutsche Sanität in der Nähe vorbeigekommen, da habe er laut gerufen und so habe man ihn entdeckt und mitgenommen. Er musste viele Schmerzen aushalten und hat oft starke Blutverluste und hohes Fieber gehabt, doch jetzt ist's endlich besser, nur muss er immer auf dem Rücken liegen, schon vier Wochen, da wird man ganz gerädert und alle Knochen tun weh.

[18] 7. Oktober 1914
Am 3. Oktober besuchte ich Hans Thoma, der nun Exzellenz geworden ist! Das passt zu dem einfachen grossen Thoma gar nicht. Ich konnte es auch nicht zu ihm sagen. Andere sollen's sagen! Sein Name – Hans Thoma – steht hoch über allem Titelwesen – aber er sagte, dass die Bezeichnung Exzellenz insofern gut wäre für ihn, weil er bei Hof verkehren muss. Jetzt hat er Anrecht auf dieselben Ehren wie die Andern die da verkehren.

O lächerlich, dass es so ist! Ob ein späteres Geschlecht nicht mit all dem aufräumt? Auch an Fürstenhöfen sollte der Mann, die Frau gelten, nicht ein „verliehener Adel oder Rang"!

Mein tiefstes Wesen sträubt sich vor diesen „Klassen" und Ehrenverleihungen. Der Künstler ist mehr als die Titel, die man ihm gibt. Ein Bismarck brauchte wahrlich keinen „Herzogstitel"!!

Am 4. Oktober musizierte ich im Offizier-Lazarett. Wer hätte gedacht, dass ich je das Haus betreten würde, in dem ein tragisches Geschick die Fürstenfamilie Prinz Karl so rasch hinweggenommen hat! Leer stand das Palais, seit Vater, Mutter und Sohn hinausgezogen waren – in einem Jahr! – bis sich jetzt die Türen wieder öffneten, um Verwundete aufzunehmen.

Frau Lauer Kottler[21] von der Oper sang Lieder von Beethoven – ich spielte ruhige Kompositionen. In der offenen Halle im zweiten Stock stand der Flügel. An den Wänden entlang und in den Fensternischen rings um mich sassen und lagen die Verwundeten. Ich fühlte: hier bist du am Platz, und wenn deine Töne auch nur einem von den Kranken in's Herz ziehen – so ist der Zweck erreicht. – Während ich spielte[,] liess der Arzt die Türen zu den Krankensälen weit öffnen, so dass es auch diejenigen hören konnten, die im Bett lagen. Es herrschte tiefe Stille und tiefe Freude.

10. Oktober 1914
Antwerpen gefallen! In deutschem Besitz. –
Das bedarf keiner weiteren Worte. Ich glaubte abends alle Glocken läuten zu hören und ging deshalb um ½ 9 Uhr fort, um zu erkundigen, ob Antwerpen gefallen wäre. Aber kein Telegramm sagte es! Da – um ½ 11 Uhr kam gegenüber auf dem Balkon die deutsche Fahne heraus. Ich frug und erhielt die Antwort vom Fall Antwerpens! Das Herz schlug mir. Leise hob der Wind die schwarz-weiss-rote Fahne in der menschenleeren stillen Strasse.

12. Oktober 1914
Heute bekam ich 200 Kriegsflugblätter von Rittelmeyer-Nürnberg. Darunter das mit meinem Gedicht zu Dürer's: Ritter, Tod und Teufel!

---

[21] Emilie Lauer-Kottler

Wenn ich nur ruhige „Einkehrstunden" bei Keller, Meyer oder Anderen halten dürfte. Da stehen die Bände auf dem Bücherschrank aber man darf sie nicht herunterholen, denn jede freie Stunde tue ich, was ich durch den Krieg lernte und was alle deutschen Frauen von der Urgrossmutter bis herab zur [19] 7-jährigen Enkelin tun: stricken für Soldaten. Für Millionen von Soldaten rühren sich die Hände der Frauen. Ich sah selbst Schulknaben es lernen, um in freien Minuten auch da zu helfen.[22] [W]as wurde allein von Karlsruhe am letzten Samstag an Liebesgaben für die badischen Truppen im Feld abgeschickt! Ein Herr, der die Sachen entgegennahm, war so ergriffen von all der helfenden Liebe, dass er seine Bewegung nicht verbergen konnte. Z. B. brachte eine arme Frau einen Laib Brot, „mehr hätte sie nicht zu geben". Eine andere gab ½ Pfund Kaffee oder ein paar selbstgestrickte Socken. Zwei grosse Eisenbahnwagen wurden ganz voll mit den Gaben der Stadt Karlsruhe.

Letzte Woche war ich in Straßburg – um Willi zu besuchen – der schwer verwundet im Lazarett liegt. Dort hatte ich Teil an einem improvisierten Kriegs-Gottesdienst in einer alten Kirche. Es waren nur Verwundete in der Kirche ausser dem 75-jährigen Pfarrer und mir, die ich den Gesang begleitete. – Das war eine ewig unvergessliche Stunde. Die verwundeten Krieger hatten den alten Pfarrer gebeten ihnen eine Andacht zu halten, ehe sie weiter transportiert wurden. – Was nur gehen oder humpeln konnte, an Krücken – oder gestützt von der Schwester – mit verbundenen Köpfen, den Arm in der Schlinge, kam zur Kirche. Wie sie das Lied sangen: „Befiehl du deine Wege", da erlebte ich dieses Trostlied so wie noch nie – als sängen es 500!

Wo ein solch tief religiöser Geist in einem Volk lebt – und im deutschen Volk lebt er seit dem Krieg wie seit lange nicht – da steht es gut um ein Volk!

Während der alte Pfarrer am Altar begeisternd und warm sprach über das Wort: „Ist Gott für uns – wer mag wider uns sein" – da tropfte es von manchem Aug' herunter in den Bart. Ich sah es von meinem Harmonium aus und konnte diese Männertränen verstehen.

19. Oktober 1914 – Montag –
Im Lazarett.

Arnold[23] wollte mir zeigen, dass er wieder gehen könne und humpelte im Hemd (!) an zwei Stöcken ein paar Schritte vom Bett aus! Der Berliner im anderen Bett rief ihm zu: „Zieh' doch was an" – aber Arnold meinte: „Jetzt isch Krieg, da wird nix scheniert[".] – Es war komisch und doch rührend – wie er mit dem verbundenen Bein heraus aus dem Bett krabbelte nur um mir den „Fortschritt" zu zeigen!

27. Oktober 1914
Im Lazarett bei den fünf Verwundeten. Der Arnold humpelt herum, hat sein einziges Bekleidungsstück, das er aus dem Krieg mitbrachte, seine Mütze, auf, in der er drei Cigarren versteckt hatte! Und den <u>weissen</u> Kittel an, weil er den gestreiften Lazarett-Kittel nicht mag!

Seit er hörte, dass einer im Krieg vom Gemeinen zum Offizier aufgestiegen ist, will er auch Offizier werden und wieder in den Krieg! Er ist ehrgeizig. Aber lachen muss man bei ihm. Er zeigte mir sein zerschossenes Notizbuch und bat mich, darin

---

[22] Gestrichen: Sie hätten sehen sollen,
[23] Das „Hermännle" aus früheren Eintragungen.

zu lesen – „seine Aufzeichnungen"! Ja – die waren nicht weit her. Zuerst kam die Aufzeichnung, welche Summe er im Fall seines Todes von einer Lebensversicherung erhielte. Dann – [20] die Summe, die er bekäme, wenn er so verwundet würde, dass er arbeitsunfähig würde, dann was er im Lazarett erhalte u.s.w. Also ein ganzer Rechner! Das hätte ich hinter dem ehemaligen Hirtenbub nicht gesucht! Aber er ist doch ein guter, harmloser Kerl! Da schrieb er in's Notizbuch, dass er mit seinem Hauptmann aus einer Schüssel getrunken habe: „das vergesse ich nie im Leben"!!

Der Blechner aus Elzach, ein so guter, ernster Mann, sass im Bett und ––– strickte Socken! Das rührte mich, denn er ist der geistig Lebhafteste und Interessierteste von den Fünfen.

4. November 1914
Heute erhielt ich von einem[24] Schweizer Verwandten einen verletzenden Brief, dass ich ihn bat, mir keine derartigen Briefe mehr zu schreiben.

Drei Seiten verdammen Deutschland, sein Militär[25], seine Führer – ja selbst Bismarck, den Riesen, in Grund und Boden und dann schreibt er zum Schluss: „… Du musst nicht denken, dass ich „Hass" gegen Euch empfinde!!!! – Nein, weil G. sich so stark zu denjenigen Vertretern des Christentums zählt, die glauben, ihren Nächsten „richten", verdammen, an den Pranger stellen zu dürfen – weil sie – die Schweizer – ein so duldsames, milddenkendes christlich gesinntes Volk sind – im Gegensatz zu uns Barbaren (ja nach ihm sind wir schlimmer als Barbaren[)] – darum giesst er seine Antipathie – um kein anderes Wort zu gebrauchen – ! – aus über mich, die doch ganz unschuldig an all den „Barbarentaten" unserer tapferen Truppen ist. Man gibt jemand einige Ohrfeigen und sagt dann: du musst aber nicht meinen, dass ich dich nicht mag! – Ich möchte ihm seine eigenen Worte zurufen: „Comme c'est noble, comme c'est chretieu." – Da es keinen Zweck hat, derartige Briefe zu schreiben, ist schweigen hier das erste Gebot. –

Heute las ich das seltsame Wortspiel: Jof – fre
fre – nch

Die Fortschritte unserer Truppen sind sehr langsam und vielfach gehemmt. Die Ueberschwemmungen in Flandern hindern den Vormarsch.[26] –

Ich hörte[,] dass ein Mediziner und Consul auf einer der Carolinen-Inseln, kam aus England, wo er im Conzentrations-Lager drei Wochen festgehalten worden war. 6000 Deutsche sind in New Berry in einem Rennstall eingesperrt, liegen je 8 zusammen in einem Pferdebox – ob Geheimerat oder Strassenkehrer – ist gleich -erhalten Tee in Kübeln oder Eimern – eine elende Brühe – dazu trockenes Brot und Mittags ungeniessbares Fleisch – abends wieder den Tee. ––– Viele kämen um vor Schwäche. Wenn einer eine Zeitung hätte zum lesen, so bekäme er sechs Wochen Zwangsarbeit u.s.w. – es spottet der Beschreibung – Worte hat man keine für solche Behandlung. – Tsingtau ist gefallen. Welch eine Leistung der Japaner! Es ist ungefähr dasselbe, wie

---

[24] Gestrichen: französisch eingestellten
[25] Gestrichen: (Dieses Element[,] was jetzt unser ganzer Stolz und unsere einzige Wehr ist!)
[26] Gestrichen: Und dann immer diese Lügen und Verleumdungen!

wenn eine Horde auf ein Kind losgeht und diesem das Stück Brot das es essen will, entreisst.

Sie werden diesen „Sieg" triumphierend verkünden, der das elendeste [21] ist, was je die Welt sah. – Das soll schwer im Schuldbuch Englands wiegen! –

Und es gibt immer noch Menschen, die sagen: aber im Osten steht's so so – und im Westen geht's ja auch nicht vorwärts. Diese Menschen haben keine Ahnung von dem heutigen Krieg – von der ungeheuren Schlachtlinie und den Millionen, die da kämpfen. Dass solche Entscheidungen nur sehr langsam kommen, wo drei oder sechs gegen e i n e n kämpfen – das ist doch klar!

Gegen alle Lügen und Verleumdungen, die wie ein dicker Nebel um uns sind – gegen die können wir uns nicht wehren – da wäre jedes Wort überflüssig – das kann nur einmal die Geschichte zur Sonnenklarheit bringen! Und sie wird's.

[„]Ihr zogt durch Belgien[.]"

Wer wäre sonst durchgezogen?

„Ihr habt es verheert"!

Warum gab man unserer Anfrage kein Gehör? Das Land wäre verschont geblieben und wir hätten Entschädigung für den Durchmarsch bezahlt! „So viele Belgier wurden durch eure Soldaten Waisen und Witwen"! Wer schoss hinterrücks auf unsere Soldaten? Wussten die Belgier nichts vom Kriegsrecht???[27]

„Ihr zerstört Baudenkmäler von Weltruf[.]"

Sind diese wertvoller als das Leben unserer Truppen, das in Frage stand?

Wer benützt Türme von Kathedralen zu Spionagezwecken und stellt neben den Kathedralen Geschütze auf?

Ist das nicht frevelhaft an den eigenen Kunstwerken gehandelt? Ihr beschimpft den deutschen „Militarismus", den ihr in den Boden stampfen zu müssen meint! Derweilen kämpfen unsere Soldaten wie die Löwen in Westen und Osten, tun ihre Pflicht bis zum letzten Mann und ihnen verdanken wir's, dass der Krieg nicht in unserem Land tobt! –

11. November 1914

Die E m d e n vernichtet! Das war eines unserer kühnsten Schiffe, das herrliche Taten getan hatte. Übermacht! –

In Flandern aber sind die Unsern gestern siegreich gewesen. – Vikar B. dankte mir aus La Bassee[28] für die Kriegsflugblätter und bat um neue. Es war mir eine grosse Freude.

Auch der Besuch einer Pflegerin, die viel von Ihren Erlebnissen bei den französ. Verwundeten erzählte, freute mich. Sie werden sehr gut verpflegt und sind so dankbar dafür. Ein Franzose, der auf dem Hohen Asperg in Württemberg verwundet gefangen ist, hat ein Gedicht gemacht, in dem er offen ausspricht, wie falsch alle Franzosen über Deutschland und die Deutschen unterrichtet wären. Ich will mir das Gedicht abschreiben. Die französ. Verwundeten haben der Pflegerin auch schöne Züge der

---

[27] Vgl. hierzu die teilweise stark ideologisch geprägte aktuelle Debatte zu den deutschen Kriegsverbrechen beim Einmarsch in Belgien.

[28] La Basseé in der Nähe von Arras erlangte Berühmtheit durch die Kämpfe vom 12. bis 18. Oktober 1914 und die Herbstschlacht vom 25. September bis 4. November 1915.

Deutschen während der Schlacht erzählt. Gerade das G e g e n t e i l taten sie, was die Hetzblätter von den „Barbaren" berichten!

16. November 1914
Im Lazarett. Der Arnold[29] hat die silberne Verdienst-Medaille bekommen am bad. Band und „platzt" vor Stolz! Er hat ein Gedicht gemacht, das will er der Grossherzogin zum Geburtstag geben – Alle Soldaten sollen ihr ja etwas dazu aufschreiben aus ihren Erlebnissen. In Arnolds Gedicht, das von der Schlacht bei Sa[a]rburg handelt, kommen die Verse vor, [22] nachdem er das Fliegen der Granaten in Reime gebracht:

> Bald aber da konnt ich nimmer gehen,
> denn eine Kugel kam und traf mich am <u>Ben</u> (Bein) – –
> Nun lieg ich in Karlsruhe – im Lazarett –
> In der Schlacht bei Sarburg da war's doch nett!

Diese letzte Behauptung ist wohl einzig dastehend.

<u>23. November 1914</u>
Wieder ein anderes Bild im Lazarett. Am 18. waren neue Verwundete angekommen, die liegen schwer darnieder! Von Ypern kamen sie und Lille! Im ersten Bett – an der Tür – wo sonst ein lustige[r] Pfälzer lag, da liegt ein sehr junger Duisburger und auf der Tafel steht: <u>verwundet: überall.</u> – Ein Schrappnel [Schrapnell] zerplatzte hinter ihm und da drangen an mehreren Stellen Stücke davon in den Rücken und den Leib. Ein Bein und zwei Finger der <u>rechten</u> Hand zerrissen! Kein Zug verriet die Schmerzen, die er litt. Er lächelte sogar. Vor ihm lagen zwei Verwundete, die sich nicht einmal aufrichten konnten. Ein Bayer aus Bamberg, dem der Oberschenkel zerschmettert war und ein Westpreusse mit zerschossenem Fuss. Der Bayer liegt schon fünf Tage unbeweglich auf dem Rücken und kann nicht schlafen vor Schmerzen. Der Preusse mit roten Haaren und blauen Augen erzählte mit Tränen in den Augen, wie schrecklich es bei Ypern war, von der Kälte und Nässe in den Schützengräben und von dem schrecklichen Sterben. Da hiess es: zum Sturmangriff mit Bajonett vor – ja, da war ja solche Uebermacht gegen uns! Die Engländer schiessen gut und da fielen die Kameraden rechts und links, von 175 blieben bei uns, als zu Sammeln geblasen wurde, nur 58! – Er war noch so unter den schrecklichen Eindrücken, dass er immer die Tränen in den Augen hatte. Wie die Nerven leiden in diesem Krieg! –

In einem anderen Bett lag oder sass halb ruhend ein so schöner Mensch, den vergesse ich nicht – Ein ernstes Jünglingsgesicht von dunklem Bart umrahmt – noch so jung, dass der Bart seltsam wirkte! Er atmete schwer – er hatte zwei Bauschüsse. Ich sah immer in das Gesicht und – zum ersten Mal - sah ich – oder dachte ich bei einem Menschenantlitz an „Christus". Es war etwas in diesem Gesicht bei all seiner Schöne und trotz Schmerz Kummer – eine Hoheit und Reinheit lag darin und eine Anklage, dass man <u>solche</u> menschliche Gestalt so verstümmeln kann! Wenn sie wieder gesund sind, treten diese Züge wieder zurück und das Alltägliche tritt wieder mehr hervor. An solchen Betten aber, bei Leidenden, die ohne krank gewesen zu sein, so schwer getroffen wurden und darnieder liegen, lernt man <u>lesen</u> in den Gesichtern! Da entdeckt

---

[29] Das „Herrmännle" von oben.

man im einfachen Mann den Helden und „Adligen" oder das arme Erdenkind[,] das ängstlich und verzagt oder stumpf geworden da liegt.

Richard erzählte uns heute von dem verlustreichen Gefecht bei Dornach, wo die Artillerie bis zuletzt aushielt, einer grossen Ueberzahl gegenüber und der leitende Offizier so heldenhaft starb. Auch von seiner Patrou[i]lle erzählte er, die er zu Pferd begleitete. Er liess die 15 Mann oder 30 nicht allein vorgehen, sondern folgte ihnen und als sie plötzlich in feindliches Feuer kamen, mussten sie alle auf dem Bauch zurückkriechen, nur so rettete er sein Leben und das seiner Leute!

[23] Schön war die Begrüssung einer seiner Leute, der in Mühlheim im Lazarett war und dem ein Bein amputiert wurde. Als Richard später wieder nach Mühlheim kam und gerade auf einem Platz in der Nähe des Lazarettes kommandierte: „Gewehr ab – rührt euch" etc. – da sei plötzlich ein Fenster gegen den Platz aufgemacht worden und oben rief einer: „Mei Hauptmann, mei Hauptmann!" Das war der verwundete Soldat mit dem amputierten Bein, der sich nicht halten konnte vor Freude, die Stimme seines Hauptmanns gehört zu haben! Solche treue Soldaten gibt es viele bei unseren Truppen. Richard hat es sehr gefreut.

26. November 1914
Frau von Göler erzählte mir, ihr Bruder sage oft: der Krieg sei gar nicht zum Aushalten, wenn man nicht ab und zu etwas Gutes lesen könnte oder einmal einen Ton Musik zu hören bekäme. Er vergässe nie, wie er in einer kleinen französischen Kapelle einen Vikar hätte auf der Orgel spielen hören. Diese Töne mitten im Krieg hätten eine Wunderkraft ohne Gleichen.

Dasselbe erzählte mir der junge M. Ein Freund von ihm habe auf der Orgel in dem Ort, wo sie im Quartier lagen, einen Choral gespielt – sich selbst zur Erbauung. Als er sich umsah, waren viele Soldaten hereingekommen, die <u>knieten</u> nieder und hörten andächtig zu.

29. November 1914
Nach Tisch läutete es – und da stand in Feldgrau, etwas magerer, als er fortgegangen war, unser Einquartierungsmann. Er hatte immer aus dem Krieg schreiben wollen, sich aber des Namens nicht mehr erinnert, nur die Wohnung wusste er. Er war verwundet worden bei Delle und von da nach Oschersleben! in's Lazarett gekommen. Nun darf er noch 14 Tage heim – und dann wieder hinaus. Wie anders geht er als das erste Mal! Das sagte er. Und dann sagte er, dass man im Krieg „andere Gedanken" bekäme! Wenn da die Kameraden um einen fallen und man steht noch unverletzt da – da wird man ernst und besinnt sich! Auch das ändert die Menschen, dass <u>sie keinen Alkohol mehr zu sich nehmen</u>! Er meint, das „bessere" die Menschen. Als Bertha ihm Geld zu Cigarren geben wollte, wies er es dankend zweimal zurück. „Schicken Sie es denen draussen im Feld, ich hab's jetzt nicht nötig." Bertha war ganz traurig, dass er es nicht nahm – aber es war doch im Grund schön von ihm. Schokolade für seine Kleinen nahm er aber und sagte dann treuherzig: „Ich will ihn doch heraufholen, er ist mit meiner Frau untern! Und dann brachte er Beide und das Kind gab die Schokolade gleich seiner Mutter. Da sah man, dass das Kind wohlerzogen ist.

Dezember 1914 Mannheim
Gestern Abend freute ich mich so im Konfirmandensaal die vielen strickenden und nähenden Frauen zu sehen, alte, junge und Kinder. Ich begleitete sie am Flügel zu einem gemeinsamen Lied (trotz Nähmaschinenrasseln) und sass dann mit Mutter und Schwester dabei und strickte meinen Schal weiter. Der Pfarrer[30] las vor. Später sagte ein etwa 6-jähriges Kind mit gefalteten Händen ein Gebet [24] auf für die im Feld stehenden. Ernst hob es auf einen Stuhl und es sagte so schön und ernst seinen Vers, es war ganz ergreifend.

5. Dezember 1914
Mein „Reiterlied" erscheint mit dem Lied: „Unsern Getreuen", als Kriegsflugblatt bei Diederichs – Jena.

Abb. 16:
Titelblatt des „Kriegsflugblatts" „Unsern Getreuen" von Clara Faisst, 1916 (Landeskirchliches Archiv)

7. Dezember 1914
Heute ist mir auch für das österr. Reiterlied eine frische und treffende Melodie eingefallen, die hat mich so gefreut. Moll-Dur mit einem kurzen Bläser-Nachspiel.

---

[30] Dr. Ernst Josef Lehmann, Pfarrer an der Lutherkirche in Mannheim seit 1911.

9. Dezember 1914
Reiterlied von Hauptmann.
  Das ist ja gar kein Nachdichten, nicht einmal ein Nachempfinden[,] was dieser M. L.[31] da zusammenschreibt in Tönen. Das ist elendes stümperhaftes Machwerk, Messmusik auf solch wunderbaren Text. Armer Dichter! Was geschieht mit deinen Worten! Wie eine Meute fallen die Musikschreiber drüber her, beissen daran herum nach Belieben (der Text Hauptmann's wurde einfach am Schluss verändert) – und hängen die schönen, feinen Worte an ihre lumpigen Melodien, dass es ein Graus ist! Und ein grosser berühmter Verlag druckt das!! – – – Sucht sie, die gottbegeisterten Harmonien, die von der Wucht und Grösse der Zeit flammenden Melodien! – In der Masse dieser auf den Markt geworfenen Machwerke findet ihr sie nicht.
  Wenn ich den grossen Hindenburg nicht anders „besingen" kann als so armselig, trivial und unoriginell, wie es die N. u. R. taten – dann lasse ich es lieber bleiben. Aber man „widmet" wohl noch so ein Machwerk dem grossen General, und der musikunkundig und höflich, nimmt es an und lässt danken!
  Es sollte ein scharfes Richten und Sondieren über diese Flut gehen – wann endlich geschieht das in deutschen Landen? Solange man mit „Geld" alles machen kann, auch Noten bei berühmten Verlagen drucken lassen – so lange steht es noch schlimm.

11. Dezember 1914
Hans Thoma besucht. Excellenz und alle Titel sind hier überflüssig! Ich kam, um zu danken für den mich so tief beglückendem Festkalender, auf den er eine so liebe Widmung geschrieben hat. Er meinte, es sei am Ende ein grösserer Genuss, die Bilder so e i n z e l n studieren zu können, in der „Kapelle"[32] hingen sie so nacheinander und auch zu tief, sodass die Wirkung nicht ganz erreicht wäre. Die Beleuchtung sei zu grell dort, aber man kann nicht alles haben, wie man es will, meinte er treuherzig. Seemann[33] hat sich sehr bemüht, die Bilder fein in der Farbenwirkung zu bringen und das ist ihm auch gelungen. Ich frug Thoma, was die Zeichen im „immerwährenden" Kalender bedeuten, die da auf den ersten Seiten stünden, da lächelte er: „Hokus-Pokus-Zeichen sind's[.]" Zauberformeln aus dem Persischen, die den Maler reizten!
  [25] Wir kamen auf Dr. Storck[34] zu sprechen. Ich erzählte ihm von diesem feinen Kunstkenner und dessen Artikel über Rolland, Dalcroze usw. und Thoma meinte: man hätte sich über den Protest nicht so aufregen sollen. „Das war ja, als ob die 7. Kriegsmacht sich gegen uns empört hätte! K a n o n e n entscheiden jetzt und keine Worte! In einer Münchener Zeitschrift ist ein grober Artikel gegen Hodler erschienen von L. Thoma, grob, aber berechtigt grob, eben derb ausgedrückt! Da habe i c h Zuschriften bekommen, wie recht ich hätte, so gegen Hodler aufzutreten und habe dann viele Briefe schreiben müssen, das nicht i c h , sondern mein Namensvetter L u d w i g Th. das geschrieben habe. Ich spreche nicht gegen Hodler, schon deshalb nicht, weil ich M a l e r bin. Seine Kunstauffassung mag ja anfechtbar sein – ich bin kein grosser Freund davon, aber immerhin hat er auch schätzenswerte Gaben – und das Unterschreiben des Protestes fällt auf i h n zurück, da braucht man kein grosses Geschrei

---
[31] Wohl der Komponist Max Fiedler (1868–1924).
[32] Die 4. Ausstellung der Künstlerkolonie Darmstadt 1914 in der Russischen Kapelle.
[33] Wohl der Stuttgarter Maler und Grafiker Richard Seemann (geb. 1857).
[34] Dr. W. F. Storck aus Mannheim.

Abb. 17:
„Quadriga" von Hans Thoma mit Widmung an Clara Faisst,
Aug. 1916 (Landeskirchliches Archiv)

davon zu machen. Dass man sich jetzt in der schweren Kriegszeit so lang an solchen Einzelfällen aufhält, ist kein gutes Zeichen für uns["].
 Als ich ihm erzählte, wie ich über einige Compositionen der Flugblätter entsetzt gewesen wäre, weil die trivial und stümperhaft seien – meinte er: „das sei auch in der Malerei heut so". Es entstünden Flugblätter, auf denen Kriegsbilder in Kohle hingeschmiert wären, die weit ab von alledem stünden, was man unter „Kunst" verstehe. Da stehe auf einem „Sieg" und das sei ein schwarzer Brei, in den einige Lichter hineingewischt waren, das sollten „Köpfe" sein und man käme aus dem Ganzen gar nicht heraus. Ich sagte: „das soll wohl Massenwirkung sein!" „Ganz recht," sagte er[, „] aber dabei ist's eine Sudelei und weiter nichts! Ich finde überhaupt, dass es nicht nötig ist, j e t z t unsere Zeit wieder zu geben im Bild. Erst müssen wir alles erleben und dann kann langsam ein Kunstwerk entstehen in Bild- oder Buchform – aber es muss doch alles erst r e i f e n und das braucht immer Jahre! Wenn ich wieder malen kann – dann will ich den tiefsten Ausdruck des Friedens malen, den brauchen die aufgeregten Nerven viel mehr, als Bilder aus dem Kriegsdrama." –
 Ich erzählte ihm, dass man den Soldaten Kriegslieder vorsänge und er sagte, dass man besser täte, die Erinnerung an das schreckliche des Krieges nicht gewaltsam

wach zu rufen – was jeder erlebt, das sei sicher tief eingegraben in sein Herz, man solle nicht immer daran rühren. Sein Freund z. B. habe ein Flugblatt in der Schweiz verbreitet, (er sei Schweizer) dass sie ihre Neutralität besser wahren solle. Der englische Gesandte in Bern habe Spionage getrieben- ungestraft- feindliche Flieger flogen über die Schweiz, ja landeten in Thurgau, ungestraft – es wurde nicht einmal an militärischen Stellen gemeldet! Das nennt man „Neutralität!"[35]

Ich erzählte ihm von dem „überall Verwundeten" wie er mit so freudigem Ausdruck im Gesicht ruhig alles hinnehme und nicht klage – da meinte er: „Ja, darin liegt die Grösse unseres Volkes und die [26] Aussicht auf Sieg unserer Waffen, denn es war noch immer der G e i s t , der in einem Volk herrscht, der siegte, nicht die Zahl.

Als ich ging, zeigte er mir noch seinen neuesten Orden, das Großkreuz zum schwedischen Nordstern-Orden. Er sagte: so eitel sei er schon, dass er sich daran freue, er mache auch gar keinen Hehl daraus, dass ihn solche Auszeichnungen sehr freuten. In rotem Kasten lag ein wundervoll gearbeiteter silberner Ordensstern und daneben an schwarzem Moiréband das Grosskreuz mit einer Krone geschmückt. Er zeigte mir, wie es getragen wird und legte es dann wieder fröhlich lächelnd – wie ein Kind – das etwas Schönes weglegen muss, in den roten Kasten. Und doch ist es ein stiller ernster Mann, der den Wert solcher Dinge der Welt gegenüber wohl kennt. Er sagte mir: „[I]ch bin immer ein schüchterner Mensch gewesen und habe mich nicht so mit dem Wort herausgetraut, aber wissen Sie, wer mich immer wieder dazu anregt und mir Mut macht, auch in Fragen des öffentlichen Lebens, nicht nur der Kunst, meine Meinung zu sagen? Die Grossherzogin! Gestern sagte sie mir nach dem Vortrag dass mein Brief zu ihrem Geburtstag ihr am meisten Freude gemacht habe! – Ich habe nie eine ‚Wehr' gehabt nach aussen, als Künstler – und wenn man bei Hof verkehren muss, da braucht man schon solche ‚Dinger'", darauf deutete er auf den roten Kasten, den er immer noch in Händen hielt und ich verstand, was er damit meinte, denn er ist trotz seiner Höhe ein einfacher, bescheidener Mann mit einem warmen Kinderherzen.

Dem Wachtschiff „H e l g a" von Helgoland mit dem Bild vom Bismarckdenkmal.

Der Alte aus dem Sachsenwald hält treue Wacht –
„Ihr Deutschen rings zu Land und Meer; hab[t] Acht! Habt Acht!
Ich schmiedete des Reiches Schwert für euch auf's Neu –
Nun haltet fest in Not und Tod dem Reich die Treu!
Das Vaterland ist in Gefahr und Kampf noch rings –
Deutschland! Das grosse, schwere Werk mit Kraft vollbrings!
Zwing nieder deiner Feinde Schar mit Mut und Macht!
Ihr Deutschen rings zu Land und Meer, habt Acht! Habt Acht!
Singt eure Lieder, kämpft und trotzt dem Feind zum Spott:
Hoch über Pulverdampf und Rauch wacht euer G o t t ! – –

19. Dezember 1914.
Meine zwei Lieder sind als „Kriegsflugblätter" bei Diederichs erschienen. Eine Vignette Thoma's fand Platz darauf.

---

[35] Anschließend acht Zeilen gestrichen.

21. Dezember 1914.
Am Bahnhof in einem Eisenbahnwagen, der als Aufenthalt für durchreisende Truppen verwendet wurde, traf ich zwei Soldaten, die verkehrt gefahren wurden – von München nach Jüterbock über Karlsruhe! Sie hatten an der russischen Grenze gekämpft und waren verwundet im Lazarett Ingolstadt gelegen. Im Halbdunkel sassen sie am Ofen und rauchten. Es war so gemütlich im Güterwagen. Da fing der Eine – ein Ostpreusse – an zu erzählen.

[27] Von seinem verkehrten Fahren – die vielen Stunden – aber da sei sein Feldwebel schuld und nicht schuld. Im Krieg gäbe es gar viele Verwechslungen, da dürfte sich der Einzelne nicht beschweren. Die Vorgesetzten hätten gerade genug zu tun! Er erzählte, wie er nach dem Gefecht dort in Polen nichts wie Tote im Wald gesehen habe. Bei einer Wegkreuzung sei ein d e u t s c h e r Offizier gelegen – tot – der habe in seinen Händen fest das Bild seiner Frau gehalten! – Der andere Soldat war aus Posen und sah blass aus. Die Kugel steckte noch im Oberschenkel, er sagte, er spürte sie nicht mehr. – Sein Hauptmann war gefallen, an dem er so hing! Man mache sich gar keinen Begriff, was eine Schlacht sei – es sei furchtbar und nur der, der „drin" war – hätte eine Ahnung davon.

Er rauchte die ganze Zeit nicht – wohl aus angeborener Höflichkeit, während Frl. Harff und ich mit ihm sprachen und als ich fortging, schüttelten sie mir fest die Hand. Zwei treuherzige, sympathische Männer!

22. Dezember 1914 E i n l a g e !

[28] Am Abend vor Weihnachten 1914.
In der Stadt herrschte geschäftiges Treiben. Man dachte nicht, dass Kriegszeit ist. Jeder trug die bekannten verhüllten Päckchen unterm Arm oder in der Hand, deren Inhalt bestimmt war, andern Menschen Freude zu machen. O selige Zeit des Schenkens! Mitten in Sorgen und Bangen hat man doch noch Zeit, an andere zu denken, von sich los zu kommen, indem man andere zu erfreuen sucht.

Ich kam auch von solchen Gängen und eilte heimwärts. Da begegnete mir ein Zug ausrückender Truppen. Am Abend vor Weihnachten hinaus ins Feld, zur Front! In festem Marschtritt kam es näher, ohne Musik, ohne Gesang! Haustüren öffneten sich, Dienstmädchen traten heraus, von der Hausarbeit weggeeilt, Fensterläden wurden aufgestossen, mit ernsten und frohstolzen Blicken sah man Strasse auf, Strasse ab: „sie kommen, sie kommen"[,] klang es über mir.

Ja, das war ein unvergessliches Bild. In Feldgrau, schwer bepackt mit Tornister und allerlei grossen und kleinen Weihnachtspäckchen kamen sie, tannengeschmückt. Grüne frische Tannenzweiglein angesteckt, Helm und Gewehrspitze damit geziert – ja selbst aus dem Tornister schauten grüne Spitzchen hervor.

Weihnachtstruppen! Still und ernst zogen sie des Wegs. Kinder liefen voraus und nebenher. Im Weitergehen fuhr manchmal die Hand eines Kriegers wie liebkosend über so ein blondes und braunes Köpfchen, oder griff nach einer weichen Kinderhand.

Drüben aus dem Obstladen kam die Verkäuferin heraus, beide Hände voll Äpfel und Nüsse: „Nehmt mit, nehmt mit und Gott mit Euch!" Die Vorwärtseilenden steckten die Gaben dankend in die Taschen, winkten hinauf nach den hellen Fenstern, grüssten die winkenden Mädchen mit herzhaftem deutschen Gruss – dann ging es festen Schrittes in die neblige Nacht hinein. Ein grünes Wehen von nickenden Zweigen über [29] dem langen Zug.

Ein Zeitungsverkäufer schenkte ihnen rasch noch ein paar Blätter der neuesten Abendnummer –– „auf Wiedersehen, auf Wiedersehen" hörte ich ferne und ferner rufen – dann war der Zug verschwunden. Das laute Läuten der Elektrischen jagte ein paar neugierig stehngebliebene Kinder von der Strasse weg – dann war das Strassenbild wieder das alte – mir aber war's, als sei ein Weihnachtsbote durch den Alltag geschritten, etwas Grosses, Heiliges, Überwältigendes, und als zöge ein Duft von frischen Tannenzweigen durch Nebel, Dunst und Lärm. Den K a n o n e n entgegen mit C h r i s t t a n n e n geschmückt!

O deutsches Gemüt in eiserner, schwerer Zeit !

[30] Kriegsneujahrsnacht.

Vor meinem Fenster fliesst der Neckar. Eine Lichterbrücke spannt ihren Bogen in's Dunkel hinüber. Lichtlein flimmern auf den vielen verankerten Frachtkähnen. Mondglanz über'm Wasser, über der atmenden Stadt, die sich mit Türmen und Schloten am gegenüberliegenden Ufer weithin ausdehnt. Kriegssylvesternacht! Es ist, als halte die Welt einen kurzen Augenblick den Atem an, als ziehe ein stiller Hauch von Haus zu Haus, ein Hauch des Friedens und Schweigens mitten in kampfdurchtobter Zeit.

Wie das Mondlicht zittert in den Wellen! Sei gegrüsst, du Heimatfluss, poesieumworbener Neckar, du Schwabenkind mit all deinem Heimatzauber. Wie viele aus der Schwabenheimat stehen heute draussen im Pulverdampf und denken an dich und deine Ufer, mit denen sie so viel Erinnern verknüpft. Still ziehst du dahin, dem grossen Rheinstrom entgegen, der ganz nahe meinen Blicken dich aufnimmt.

Auch du bist – wie so vieles – ein Sinnbild unseres Lebens. An sagenumwobenen Burgen eilst du jugendfrisch vorüber und musst dann, wenn deine Wellen langsamer fliessen, dienen, hier der grossen Industrie, den rauchigen Fabriken, der fleissigen Schifferei – da verging dir der Uebermut der Jugend und langsam und ernst suchst du den grossen Strom, der dich von neuem verjüngt und in seine Vaterarme schliesst. Aus der Romantik der Jugend in den Ernst des Lebens mit seiner Arbeit und Mühe – und am Ziel in die Vaterarme dessen, dem jedes Menschenleben entgegenströmt, den heute in der grossen, eisernen Zeit Tausende wieder suchen, die ihn fast vergessen hatten!

Da tönt durch die Stille der Nacht feierlich ein Choral an mein Ohr, von Trompeten geblasen. Der Wind weht die Klänge in die Häuser: „Nun danket alle Gott!" Und leise anhebend, dann machtvoll anschwellend, feierlich erbrausend mischen sich die Glockenstimmen der [31] ganzen Stadt hinein! Mitternacht! Das neue Jahr zieht ein in Land, Haus und Herz. „Nun danket alle Gott!" Und ist doch noch kein Frieden im Land Und ist überall „gross Leid ohn Unterlass", Feinde ringsum, die nur ein Gedanke beseelt, uns zu vernichten!

„N u n d a n k e t a l l e G o t t "! Wir wissen's alle, wofür wir doch zu danken haben, aus tiefstem Herzen, in Demut und voll Zuversicht! Wie das hallt und wogt in den Lüften! Jetzt begrüssen auch die Schiffe, die auf dem Neckar liegen, das neue Jahr. Langgezogene Sirenentöne klingen durch die Nacht in das Lied der Glocken hinein. Sterne flimmern heraus – Antwort des Himmels auf der Menschen Loben und Danken. Wie hatte doch der Pfarrer vorhin in der Sylvesterpredigt gesagt? „E i n e Glocke übertönt heute in der Weltenmitternacht alle andern, das ist die grosse K r i e g s glocke, und der an ihrem Strang läutet, das ist der Vorläufer dessen, der kommen soll, der Licht und Frieden bringt. Finsternis liegt heute wieder auf der Erde – aber Einer wird rufen: e s   w e r d e   L i c h t ! Und diesem Licht wird und muss die Finsternis weichen."

Ob sie bald weicht? Ob es bald tagt über den deutschen Landen?- Millionen lauschen jetzt in Dorf und Stadt dem ehernen Mitternachtschor der Glocken, in Millionen Herzen zittert es nach in gewaltigem Widerhall, fragend, bangend, vertrauend – während draussen im Feld die, für die wir beten, von einem andern Lied umbraust werden: vom Kriegslied der Kanonen! Schweigen sie auch nicht in dieser feierlichen Nacht? Donnern sie dem neuen Jahr den grausigen Morgengruss entgegen: Unfrieden auf Erden?! – Die Glocken verhallen allmählich[,] eine nach der andern schweigt, bis zuletzt nur eine tiefe mächtige Glockenstimme drüben über'm Fluss das „Amen" schwingt und summt. Ist es die grosse As-Glocke der Christuskirche, auf der geschrieben stehen soll: „Ich bin das Licht der Welt?!" Ich deute es so, denn dieses Wort wird Sieger bleiben in der Welt – und nach dem Krieg in Kraft und Grösse den Menschen neu aufgehen!

[32] Im Januar 1915
W o l l w o c h e – auf Wunsch der Kaiserin.

Wagen mit Soldaten als Führer ziehen Straße auf – Strasse ab – beladen mit Wollpäcken, Teppichen u.s w. Die Wagen haben eine „Rote-Kreuz-Fahne" und ein Knabe, der Helfer beim roten Kreuz ist, läutet mit einer Glocke vor jedem Haus. Da gehen dann Haustüren auf und Jeder bringt sein Scherflein. Da ein grosser, dicker Pack, dort nur kleine Woll-Lappen zusammengebunden! Alles ist ja willkommen! Diese Sachen kommen dann zuerst zur Desinfektion und Reinigung, dann in eine Fabrik, wo sie zerfasert werden und dann wird Neues daraus gemacht. Wollsachen für unsere Soldaten! Wieviel da zusammenkommt – in einer Stadt bloss! Zu nett ist's – zu sehen – wie die Buben – etwa 4–6, die die rote Kreuz-Binde am Arm haben, die Päcke herbeischleppen, und dem Soldaten, der auf dem Wagen steht, zuwerfen. Ein fleissiges Sammeln in der ganzen Stadt.

31. Januar 1915
In Rastatt – um K. zu sehen – und der musste plötzlich fort. Mittag 12 Uhr hiess es bei der Parole: „Wer meldet sich freiwillig, als Ersatz für 2 erkrankte Mann, heute Abend 6 Uhr auf den Heuberg und dann mit dem Regiment dort nach Osten?! Da trat erst ein Gemeiner vor und dann unser K., in dem es stark kämpfte. Er ward sofort angenommen, 2 Stunden später zog er sein „feldgrau" an und wieder zwei Stunden später gingen wir mit ihm zur Bahn. Sein Freund hatte packen helfen, nachdem wir im Wohnzimmer der Wirtin Thee [!] getrunken. K. war erregt, das sah ich wohl. Er hatte seine nagelneuen, hohen gelben Stiefel an – ein elektrisches Taschenlaternchen hing vorn am Waffenrock, den Mantel trug er auf dem Arm. Der feldgrau überzogene Helm trug die Nummer 30. – So zogen wir über die winterliche Murg zur Bahn. Sein Kamerad, ein netter, bescheidener Mensch, trug seine Sachen in einem Karton. K. hatte alles in einer Art Mantelsack aus Segeltuch gepackt, die Zeltbahn gerollt als zweites Packet.

Als es so weit war – gaben wir uns mit feste[m] Händedruck einen Kuss – er stieg in den Wagen „für Militär" und es waren Viele darin, die wohl an's gleiche Ziel fuhren.

Als ich ihn so am offenen Fenster stehen sah, frisch und gesund, den lieben Bub – da ging etwas in mir vor. Ich hätte laut weinen können – es riss mir am Herzen – aber ich drückte es hinunter mit harter Hand – ich legte den Kopf in den Nacken und sah ihn – der selbst sehr bewegt war, ermutigend an –– noch einen Händedruck und der Zug fuhr langsam fort – nahm mit, was uns allen so lieb – s o lieb ist – und der Bahnhof schien plötzlich dunkel und trüb und leer –– Ich sah flimmernden Auges dem roten Licht am letzten Wagen nach, bis es bei einer Kurve verschwand. Es muss sein – also besser heute als morgen –– Gott ist überall – wir können nur beten und vertrauen – aber schwer ist's.

1.Februar 1915
Heute war ich seit 5 Wochen zum ersten Male wieder im Lazarett. Ach, ich freute mich so, sie alle wiederzusehen. Den aus Bamberg[,] [33] der viel besser aussieht und mir freudig erzählte, seine Frau und der älteste 8-jährige Bub wären dagewesen. Dem Berliner Strehl hat man eine Operation machen müssen. Er lag ganz blass und matt im Bett. Er wickelte aus der Gaze die Knochensplitter, die man ihm entfernt hatte, aus – noch nie habe ich so etwas gesehen – es war schrecklich. –
Mein Kriegstagebuch von Weihnachten hat ihn sehr erfreut, er sagte es gleich. Neben dem Bett stand ein Primelstock – ja –– viel, viel Leid und Trübes herrscht in den Krankensälen. Der lustige Eck, der sein Elend durch seinen Humor etwas leichter machte, ist nicht mehr da.
Der arme Schäfer! der wird am Ende sterben – Nicht an der Schusswunde, die heilt gut – aber er lag im November lange auf dem Schlachtfeld – ehe man ihn holte – und da hat er sich ein Lungenleiden zugezogen – er atmet furchtbar schwer – und quält sich beständig. Es ist ein Jammer, das, gesund an seinem Bett stehend, anzusehen!!
Seine Mutter, eine kerngesunde, behäbige Bäuerin aus Offenburg, sass am Bett, einen grossen Korb neben sich. „30 Eier schicke ich ihm jede Woche und Aepfel und ein Hu[h]n habe ich gebracht", sagte sie – und keine Miene zeigt, dass sie eine Ahnung von dem Zustand des Sohnes hat! Fast teilnahmslos sitzt sie da und spricht nicht und er quält und quält sich mit atmen. Ich sage ihm: „Es wird schon besser, haben Sie nur Geduld" – und er versucht zu lächeln, als ich ihm einiege Postkarten, alle, die ich noch hatte, auf's Bett lege. Er hatte immer so Freude an Postkarten! An Weihnachten gab ich ihm ein Album dazu. Armer Mensch! Sein Anblick verfolgt mich so! Könnte man da helfen![36]
Seit Wochen war ich nicht mehr da. Was habe ich in den fünf Wochen alles gesehen, getan, erlebt –––– und hier liegen sie noch eben so wie vor fünf Wochen und müssen leiden und können oft vor Schmerzen nicht schlafen!

2. Februar 1915
Durch verschneiten stillen Wald mit B. G. auf den Exerzierplatz, wo Truppen in der Sonne übten. Sie machten Bayonett-Angriffe und übten „stürmen" mit „Hurra-Rufen". Wenn dieses „Hurra" aus sechzig Kehlen schon so unheimlich braust und dröhnt

---

[36] Gestrichen: Illustrierte Blätter teile ich aus und suche einen „evangelischen" Soldaten, dem schenke ich Ernst's Blatt, wo das schöne Gedicht von dem Landwehrmann darinnen steht. Am Fenster liegt einer aus Magdeburg. Dem gab ich's.

– wie wirkt es erst im Feld, wenn es zweihundert rufen und dann in der Wut des Sturmangriffes!!

Ich kann mir jetzt denken, dass es Menschen in die Flucht treiben kann!

4. Februar 1915[37]
Ein „Kriegstee" 1915.

„Trinken Sie eine Tasse Tee mit mir am Montag ½ 5 Uhr?" So war auf der Karte gestanden und ich dachte nicht anders, als dass ich ein Stündchen bei der sympathischen Künstlerin, deren Angehörige auch im Feld stehen, verweilen würde, sie nach den Nachrichten von den Ihrigen fragen und ein wenig über einiges [34] die Schwesternkunst Berührendes plaudern könnte. Wie erstaunt war ich aber, als der Kreis der Damen, die erschienen, immer grösser wurde – eine regelrechte „Theeschlacht["] also – und das in der Kriegszeit! – Auch „Modeschau" war nicht ausgeschlossen und man konnte die raffinierten Auswüchse der letzten Mode hier beobachten, dass ich mich im Stillen oft fragte: bist du denn unter deutschen Frauen? Diamanten blitzten an den Händen und am Halsausschnitt – und das in der harten Kriegszeit! Es wurde zwar später mit den Schmuck überladenen Händen gestrickt – für die draussen im Feld, dies Erinnern aber an die „draussen an der Front" sprach dem Hohn, was sich hier abspielte in den eleganten Räumen beim „Damenthee". Man merkte wahrhaftig nichts vom Krieg! Die gedeckte Tafel war reich bestellt mit Kuchen und Süssigkeiten – und die Unterhaltung – – – – ja, die hätte man stellenweise als Kuriosium in den Gramophon aufnehmen sollen, damit die betreffenden „später" selber staunen würden über diese Gespräche zur Kriegszeit.

Nur einen Auszug davon:

„….so, Ihr Herr Gemahl ist auch in Flandern??"
„Ja und mein Sohn im Osten, ich lebe eigentlich immer nur an den beiden Fronten, immer in der Angst und Sorge um sie – ja, s'ist schrecklich! Ach ich sage Ihnen, ich habe neulich wundervolle Skitouren gemacht- nördlichen Schwarzwald – mit Freunden und da oben im Kurhaus Ruhstein waren wir einen Abend urgemütlich beisammen, da hab' ich mich einmal wieder amüsiert. Gott, das gehört auch mit zum Leben, man kann nicht immer im Krieg leben- Der Kuchen ist ganz grossartig, liebe Frau S., eigentlich viel zu fein für die Kriegszeit" – – –
„Waren Sie neulich im Theater? Nein, die L. sah zu hübsch aus! Im Salon macht sie gar keine chike Figur- sie versteht einfach nicht sich anzuziehen! Hat sie da ein gelbes Costum sich angeschafft – zu „blondem" Haar – schad! Sie könnte viel vorteilhafter ausschauen!"
„Ja, find ich auch" erwiedert eifrig kauend Frau v. M.[,] „auch sieht sie auf der Strasse gar nicht mehr so jung aus, wie auf der Bühne, wie alt ist sie eigentlich?"
„Ach fragen Sie nicht, d i e haben ja kein Alter! Uebrigens der H. ist auch nicht mehr so jung wie er sich den Anschein gibt und seine Frau sieht elend aus, kein Wunder – er amüsiert sich auf seine Weise[.]" – – –
Das Telephon läutet an.

---

[37] Gestrichen: Brief aus Siebenbürgen – Also noch keine Nachricht von F. B. Die Familie scheint gar nicht nachzuforschen – sonderbar!

Frau A.: „[A]ch Gott, es wird doch keine Nachricht für mich sein! Ich zittre immer, wenn's anläutet, immer denke ich, wenn's nur keine schlimme Nachricht aus dem Feld ist! Wenn man z w e i draussen hat, ist dies doppelt ängstlich!["]
Alle schweigen und vergessen einen Augenblick Kuchen und Tee. Das Zimmermädchen meldet: „gnädig Frau, der Tapezierer frägt an …["] [35] Gott sei Dank! Erleichtertes Aufatmen!
„Noch eine Tasse Tee auf den Schreck, und bitte, nehmen Sie von der Chocoladen-Torte, die habe ich extra für Sie bestellt, weil Sie diese so lieben" –
„Ja, sie ist grossartig, fast so gut wie die Museumstorte! Ach Frau v. M. erinnern Sie sich an unsern Tee neulich im Museum? Nein – – – – mein Mann sagte, als ich ihm erzählte, dass wir 2 ½ Stunden fort gesessen sind: na, so lange kann man doch nicht Kuchen knabbern! – Aber es war reizend! Einige verwundete Offiziere kamen, hübsche Bengels, noch ganz jung, der eine – v. L. – Freund meines Mannes[,] setzte sich zu uns und da war's mords-interessant!"
Eine Stimme vom unteren Ende des Tisches. „Haben Sie dabei auch „feldgrau" gestrickt?"

„I wo werde ich! Im Museum! Da ist so viel Unterhaltung für die Augen – da geht die Zeit herum – man merkt es kaum. Und wirklich der Tee dort ist fein und erst die Torte[.]" – – – „Ich glaube, ich habe drei stück damals gegessen[.]"

Ich höre zu und sage immer innerlich vor mich her: Und draussen ist Krieg – draus[s]en ist Krieg! – – –
Die Kuchen sind gegessen, man kehrt in den Salon zurück. Eine junge Sängerin, die sich unter den Eingeladenen befindet, ein stilles, ernstes Mädchen[,] wird um Musik gebeten. Wahrhaftig, sie tut's! Hier!! Diesen!!! – Aber vielleicht reinigt's die Luft, wenn „andere Klänge" durch den Raum ziehen. Publikum?!! „Zu Heiterem bin ich nicht gestimmt!"
Und vor den seidenen Blusen und vor den feldgraustrickenden Billianten- geschmückten Händen ertönt ein schlichtes Schubertlied. – Vergessen habe ich den eleganten Salon – vergessen Scheinwelt und Teeklatsch – – – meine Seele schwingt mit in den Worten und Tönen eines der edelsten Lieder, die Einer gesungen hat, der die N o t und den J a m m e r kannte.
Still sassen sie – denn das schickt sich ja so, wohin aber die Gedanken der Hörerinnen wanderten, während Schubert[s] „An den Unendlichen" erklang – das bewies die Bemerkung, die an mein Ohr traf, als eben dies Lied verklungen war:
„Ich bin so froh um meinen Doppelzentner Mehl, wissen Sie, das Mehl habe ich dort so preiswert erhalten und so weiss und schön ist es, das reicht mir ein ganzes Jahr!" Und gleich darauf: „Nein, wie schön haben Sie gesungen – und die Begleitung! Das ist wie aus einem Guss – Sie verstehen sich wohl sehr in der Musik" – „Ja, wir verstehen uns gut, nicht nur in der Musik, gnädige Frau!" Einige Augenblicke später war die Redeschlacht im Gang. Ich hörte noch, wie eine der Eingeladenen von fürchterlichen Verwundungen erzählte, dass ihre Umgebung aus dem Schaudern nicht herauskam – während in der Sofaecke von „süssen Baby's" und „goldigen Krotten" – wohl Kosenamen für Kinder – geplaudert wurde. –

Da steh ich auf. „Liebe Frau S. ich habe noch eine Dienstpflicht um 6 Uhr, entschuldigen Sie, dass ich so plötzlich fort muss[.]" ――― „Ach w i e schade – wir hofften noch ein wenig Musik[.]" ―――

Drunten war ich in der kalten Winterluft. Sterne standen am Himmel. Gott sei Dank, dass ich sie sehen durfte, dass ich die Luft um die Stirn wehen fühlte! Einen Augenblick stand ich aufatmend still und sah nach den ewigen Lichtern dort oben ―― dann ging ich froh durch frisch gefallenen Schnee ―― frei, frei ―― fort von den Salon's und den Brillantringen, den Kuchen und Lachsbrödchen, den „klingenden Schellen" der Unterhaltung in solchen Damenthees die <u>möglich</u> sind im Kriegsjahr 1915!!!

[36] Märzmorgen im Kriegsjahr 1915.
Der Waldrand liegt in grauem Morgenschweigen,
Nichts regt sich in den Frühlingsdurstgen Zweigen.

Einsam der weite Weg. In Dämmerweben
Scheint in das graue Nichts er hinzustreben.

Da kommt ein Zug, voran Musik, geschritten,
es dröhnt der Boden unter festen Tritten.

Es tönt der Pauke Schlag, als wollt er wecken,
was rings noch Schlaf und Dämmerung bedecken.

Wie eine graue Mauer kommt's gegangen,
die Morgenluft weht herb um junge Wangen.

Die Truppen sind's! die grauen Mäntel wehen,
Gewehre blitzen auf im Weitergehen.

Doch heller noch als die Gewehre blitzen
Soldatenaugen unter grauen Mützen.

Gestalten waren's wie die jungen Eichen
Welch anderes Volk hat Söhne ihresgleichen ――

Sie ziehn vorbei. Im Garten mit zur Seite
duckt eine Amsel sich in schwarzem Kleide.

Sie lauscht empor und reckt den Kopf erschrocken,
dann aber höre ich ihr schluchzend Locken,

Und plötzlich hebt sie wie mit Jubelschreie
die Flügel. Aus dem Garten auf in's Freie

fliegt sie dem Zuge nach. Mir war's als riefe
den Frühling sie, der tief im Walde schliefe.

Als wollte sie den grauen Streitern sagen:
„Die Frühlingszeit für Deutschland wird bald tagen!

Durch kahle Zweige spür ich Märzwindwehen,
es steigt der Saft im Baum, ein Auferstehen

bereitet rings sich vor. Hörst du es rauschen?
Deutschland, bald wirst du Siegeschören lauschen!

Noch donnern die Kanonen an den Grenzen –
Doch sei getrost – es wird, es muss bald lenzen!"

[37] Begeisterung.
Er war noch Schulknabe, und es fehlten einige Altersjahre, sonst wäre er sicher einer der ersten Kriegsfreiwilligen gewesen!
Ihn hätte nichts zurückgehalten!

Als im Februar die Blockade gegen England verkündet wurde, da war sein ganzes Denken, soweit es nicht an die Schulbücher gefesselt war, beim bevorstehenden Unterseebootkrieg. Am Tag vor der Blockade, dem 17. Februar, da sagte der Knabe Abends: „Mutter, richte mir den Wecker auf Mitternacht, den 18. will ich nicht schlafend antreten, sondern wach wie den Neujahrstag, denn er ist ein bedeutungsvoller Tag." Er hatte sich von seinem Taschengeld eine Karte von Grossbritannien gekauft und hatte sie voll [I]ngrimm an der Türe seines Schlafzimmers befestigt.

Als ich abends um 11 Uhr in das Zimmer des Knaben trat, lag er wach im Bett und rief mir zu: „Ich brauche keinen Wecker, ich bleibe schon so wach – weisst du, um 12 Uhr bricht der Tag der Blockade an!" Und er reckte sich mit verhaltenem Jubel im Bett, dass dieses zitterte. Um 12 Uhr aber, als eben die Mitternachtsstunde von den Kirchtürmen der Umgegend geschlagen hatte, sah ich durch die Türe den Schatten der langen schmalen Knabengestalt, der sich der Türe zu bewegte.

Erst ging der Knabe zum Kalender und riss feierlich das Blatt des 17. ab, dann lief er mit blossen Füssen zur Landkarte Englands und betrachtete sie ziemlich lang. „Geh ins Bett, du erkältest dich," rief ich ihm zu, als Begeisterung über den Plan Deutschlands! Er aber sagte – und es klang ganz feierlich: „Du, j e t z t fängt die Blockade an, ich muss sehen, ob Sterne am Himmel stehen!" und schon war er am Fenster, öffnete es und sah zum Himmel empor. Es war eine sternhelle kalte Nacht. Und wieder wanderten die blossen Füsse zur Landkarte. Lautlose Stille herrschte im ganzen Haus, alles schlief, nur er war auf, der deutsche Junge, der den wichtigen Tag des Weltkrieges wachend beginnen wollte. Ich hörte, wie er tief aufatmend später die Karte verliess, zu Bett ging und wieder mit Mühe den Jubel unterdrückte, der in ihm aufstieg bei dem Gedanken an das, was nun folgen würde.

Wie er sich das mit der Blockade gedacht hatte, weiss ich nicht. Wahrscheinlich glaube er, dass schon in den ersten Morgenstunden des 18. Februar die deutschen Unterseeboote gegen Englands Küste losfahren würden. Jedem von dort nahenden Schiff den Untergang drohend.

Am Morgen war ein seltsames Leuchten in des Knaben Augen. Die Begeisterung in der Mitternachtstunde hatte es hineingelegt. Echte deutsche Jugendbegeisterung!

[39] 8. März 1915
Einer der verwundeten Soldaten erzählte, dass bei Reims, wo er war (sie sprechen die Stadt immer deutsch aus)[,] in ihren Schützengräben französische Offiziere in deutschen Uniformen herumgelaufen waren. Sie hätten gut deutsch gesprochen, deshalb hätte man sie nicht gleich als Spione erkannt. Als sie erkannt wurden, hat man sie gefangen genommen, aber auch einen deutschen Offizier nahm man mit gefangen, weil

man ihn für einen verkappten Franzosen hielt! – Ein Hesse erzählte, dass er lange in einem französischen Lazarett gelegen war und wie furchtbar es dort aussehe, wo der Krieg hause. Die französische Bevölkerung in den zerstörten Ortschaften hat kaum etwas zu leben. „Und sie können ja so wenig wie wir etwas für den Krieg" sagte er teilnehmend.- Ich hörte noch nie ein böses, gehässiges Wort gegen die Franzosen von einem Verwundeten. In der Ecke flocht einer einen Weidenkorb und lehrte es andere. Ein so netter Ton herrscht immer in dem Saal. Ich gehe so gern dahin. –

Auf dem Heimweg kaufte ich einige Hindenburgbüchlein für nächsten Montag, dem Tag, an dem ich immer in's Lazarett gehe.

15. März 1915
Im Lazarett. Heute brachte ich ihnen einige lustige Geduldspiele, sie freuten sich wie Kinder. Der Bayer mit dem verbundenen Kopf richtete sich gleich auf und probierte zwei ineinander gedrehte Nägel auseinander zu kriegen. Männer, die beim Sturmangriff verwundet wurden, die das Bayonett schwangen vor 14 Tagen, legen mit gespannter Miene ein eisernes Kreuz zusammen. – Wo der Bayer verwundet wurde, verstand ich nicht, er sprach die französischen Orte bayrisch aus!

Im Bett gegenüber, in dem kleinen Zimmerchen liegt ein Norddeutscher mit einem Knieschuss. Ein so schöner Mann, er erinnerte mich an den Burnand'schen[38] Christus.

31. März 1915
Heute schickte ich dem Torpedo-Mechaniker A. Guenther, Kiel, Lesestoff für die zurückkehrende Torpedo-Boots-Besatzung, die in Kiel ein Heim finden soll.

Eine grosse Freude bereitete mir der Brief des Malers Professor Steinhausen![39] Welche Demut und Frömmigkeit bei solchem <u>grossen</u> Künstler und Menschen!

20. April 1915
Bei Excellenz Hans Thoma.
Er erzählte mir, dass ein 80jähriger Musikdirektor aus Schaffhausen bei [ihm[40]] war, um ihm seine Begeisterung an seinen Bildern auszusprechen. Als er im Atelier vor der Staffelei stand – da habe er gesagt: „Wenn ich's nur in <u>Worten</u> ausdrücken könnte, was ich vor Ihren Bildern empfinde! Ich kann es nicht! Wenn Sie aber erlauben, komme ich morgen mit der Geige und sage es Ihnen!" Und am nächsten Tag stand der alte Mann vor dem Bild und geigte – – – [40] was er empfand – und dem alten Meister klang es tief in's Herz. Es war für Ihn ein „Erlebnis" –

Eine junge Malerin in Freiburg soll neulich gesagt haben: „Jetzt hat der a l t e Thoma keinen „Stil" mehr, er malt nimmer in der „Thomamanier"[,] jetzt malt er wie der liebe Gott selber!" –

---

[38] Der Schweizer Maler Eugène Burnand (1850–1921); seine Christusgestalt in dem Gemälde „Das hochpriesterliche Gebet" war durch eine Ausgabe mit zehn farbigen Kunstblätter des Verlags für Volkskunst (Stuttgart 1900) weit verbreitet.
[39] Wilhelm August Theodor Steinhausen (1846–1924) hatte u.a. an der Karlsruher Kunstakademie studiert und war mit Hans Thoma befreundet.
[40] Statt verschrieben „mit".

21. April 1915
Also mein „österreichisches Reiterlied" kam über Ungarn nach Berlin – erklang dort in der Fontaine-Schule und hat Begeisterung geweckt – Man frug an, ob ich die Erlaubnis zum Vervielfältigen gebe.

18. Mai 1915
Welche Lage in der Welt – nun auch noch Italien! – Unser „Verbündeter" hat längst im Stillen mit England und Frankreich – von diesen bearbeitet – Verträge geschlossen, sich längst auf die Seite unserer Gegner gestellt – Geld erhalten – – Versprechungen erhalten – – – und nun: Krieg auch dort! Es wirbelt einem im Kopf von all den wirren, verwickelten Fäden der Politik, die nur ein Ziel verfolgt: das deutsche Volk niederzudrücken, es auszuhungern, es zu vernichten. Sie fühlen die geistige Vorherrschaft Deutschlands und f ü r c h t e n die Weltmacht.
    G e l d – – M a c h t – – B e s i t z !
Das sind im Grund die Triebfedern unserer Gegner und ihre Mittel zum Ziel und i h r Z i e l .
Ich war im Lazarett als gerade Verwundete gebracht wurden. Welcher Anblick! Die sich aufrichten konnten, saßen in den Betten und alle sahen mit ernste[r] Miene nach den Bahren, worauf die neu angekommenen Leidensgefährten ruhten! – Der arme Müller lag wieder fest im Bett, er war heute früh operiert worden und stöhnte. Gelb war das Gesicht, wie vor Weihnachten, als man glaubte – er sterbe. Und es sind doch 5 Monate seitdem! Und St. liegt immer noch, so weiß war heute sein Gesicht – – der Arme!
Freundlich gingen die[41] Schwestern hin und her und taten still ihre Pflichten. In dem Lazarett sehe ich keine koketten „Hilfsschwestern" oder „Sportpflegerinnen" – alles sind geschulte Pflegeschwestern, die der Sache wegen ihren Dienst tun.
Ich ging aber heute schwereren Herzens fort als sonst. Der Feinde sind so viele und das kommende Ungewisse! Noch aber lebt Hindenburg! Und Gott hilft, wenn die Not am größten!

Zum Nachdenken
Ich halte die tägliche Rundschau in Händen und meine Blicke bleiben auf der letzten Seite des Beiblattes heften – 34 Todesanzeigen auf einmal – „den Heldentod für's Vaterland" – – so lauten sie alle, die kleinen schwarzumränderten Anzeigen – – welches Weh umschließt das Blatt! – die Gefallenen-Listen der Grossstadt Berlin wachsen immer mehr an. Wieviel stiller muss es dort jetzt sein als sonst! Wieviel ernster werden die Menschen durch das eigne und fremde Leid! Da verschiebt sich das Zeitungsblatt in meiner Hand und neben die Totenlisten treten auf Seite 2 die Vergnügungsanzeigen. Eine lange Spalte! Aber warum sollen sich die Menschen [41] in ernsten Zeiten nicht an einem guten Theaterstück erbauen oder beim Anhören edler Musik?
Was lese ich? Ich will es gerade abschreiben – Es steht wahrhaftig gerade auf der anderen Seite des Blattes, das so tief einschneidende Anzeigen trägt:
„Extrablätter, „La Traviata" „O diese Leutnants" – „Der Opernball" – „die 5 Frankfurter" – „Ein Prachtmädel" – – „Hoheit tanzt Walzer" – „Das kommt davon" – „Der lächelnde Knabe" – „Immer feste druff"- „Die Dollarprinzessin" – „der brave Frido-

---
[41] Gestrichen: netten kath.

lin" – „Rausch" – „Wie man einen Mann gewinnt" – „Alt Berliner Possen-Abend" – Folgt dann Zirkus-Variete u. Pantomime „Wer ist die Schönste" folgen dann die Kino's –––

Die Namen der Stücke deuten auf den Inhalt –– Die Gegenüberstellung der zwei Zeitungsseiten aber bedarf weiter keines Kom[m]entars. –– Wir schreiben den zehnten Kriegsmonat!! –

20. Mai 1915
Heute in meiner Abwesenheit besuchte uns der Maler Steinhausen mit seiner Tochter. Und zwei Stunden vorher hatte ich ihm einen Brief geschrieben! Das ist Gedankenverbindung. – Es gefiel ihm scheinbar in meinem Zimmer – er freute sich, dass nur gute Bilder an der Wand hingen.
Italien beginnt den Krieg !! –––

28. Mai 1915
Abends spielte ich wieder im Lazarett Prinz-Karl-Palais. Als ich hinkam, sagte Frau v. P. es gehe leider <u>oben</u> nicht, das Musizieren, da gerade ein Offizier operiert worden wäre, darum müsste es <u>unten</u> am Pianino stattfinden. Ich meinte, ob ich nicht überhaupt ein anderes Mal kommen sollte – aber Herr v. R. bat mich, doch den anwesenden Herren die Freude zu machen, wenn es nicht zu viel verlangt wäre, dass ich auf einem Pianino spiele! Während wir sprachen, trug man den Operierten gerade vorbei! –– Welche Eindrücke! Ein schöner Abend! Draussen sangen die Amseln, die Fenster waren halb offen – in der Halle sassen etwa 20 der Patienten.
Ich spielte Weber, Chopin, Schubert – von letzterem viele Liederbearbeitungen, die freuen immer zu hören, denn das Wort des Liedes erklärt die Musik. Als ich das Lied spielte: „Die linden Lüfte" da pfiff einer im Krankensaal bei der Stelle: „nun armes Herze sei nicht bang! Nun muss sich alles wenden!" – die Melodie mit. Es machte ihnen sichtbar viele Freude, denn aus der vorschriftsmässigen <u>halben</u> Stunde wurde eine Stunde. Und einer der Herren, der Münchner, sang: zwar nicht gerade schön, denn die Stimme schlug in der Höhe um – aber es war ihm eine Freude und er meinte, wenn er recht laut sänge, dann wäre es eindrucksvoller! Als er das Lied sang: „Ich kam vom Walde hernieder", ergriff mich die Stelle besonders:

„… sie hat einen Andern genommen,
Ich war draussen in Schlacht und Sieg ––
Nun ist alles anders gekommen,
ich wollte es wäre wieder Krieg!,

denn, der es sang, kam aus dem Krieg, konnte erst mühsam am Stock [42] gehen ––stand da in dem feldgrauen Rock mit dem eisernen Kreuz! Später sang er noch das Steuermann's Lied aus dem Holländer – aber bei der Stelle ohne Begleitung entgleiste er und geriet viel zu hoch hinauf! Das machte aber nichts. Es war ja ein frei improvisiertes Musizieren!
Einer der älteren Herren dankte mir in so schöner Art für meine Musik.

30. Mai – 4. Juni 1915 in Mannheim[42]
[Eingeschoben: Aufsatz Kriegstrauung [43]

Kriegstrauung.
Leuchtende Maiensonne webt um die Kirche am Neckar. Letzter Maientag! Wie klarblau und strahlend der Himmel, wie maienfrisch und üppig die Natur, als ob alles eitel Schönheit, Lachen und Freuen in der Welt – und ist doch nichts als Unfriede und Kampf ringsum! Und viel herbes Leid. –

Die Kirchentür öffnet sich. Ein Paar schreitet zum Altar. Ein Krieger, der heimgekehrt war, um seine Ehe zu schliessen und dann wieder hinauszuziehen in Kampf und Streit. Ein blondes Weib geht ihm zur Seite und die goldenen Maiensonnenstrahlen sind auf dem ganzen Weg durch die dämmrige Kirche ihr leuchtendes Gefolge. Ein schöneres Hochzeitsgeleite kann ich mir nicht denken.

Ich spiele den beiden auf der Orgel den Choral zum Eingang. Mächtig braust das Loblied durch die menschenleere Kirche. Drunten umsteht ein kleiner Kreis Menschen den Altar.

Der Pfarrer beginnt. Warum weinen die beiden jungen Mädchen in schwarzen Kleidern? Auch dem jungen Weib am Altar rinnen die Tränen über die Wangen. Ist der Maientag so voll tiefem Ernst? Wissen wir denn, was die Zukunft bringt? Kann es nicht Freude und Sieg und Rückkehr der Hinausgezogenen sein?

Warum weinen sie denn so? –

Der Pfarrer spricht ernste Worte vom „Leben im Herrn und Sterben im Herrn" – ich sehe immer nur das kleine schwarze silberumrandete Kreuz an, das die Brust des einfachen Feldsoldaten am Altar unten schmückt. Es redet von Taten, von Mut und Unerschrockenheit und Selbsthingabe. Es hält eine stumme Predigt, die draussen auf der Strasse beim Erblicken der vielen eisernen Kreuze oft überhört wird. Die es mit Ehrfurcht betrachten, ahnen das Grosse, Ungeheure, Furchtbare, das der Träger des Ehrenzeichens sah, erlebte, überwand – und wie oft erlitt!

[44] Was man aber oft sieht, wird zur Alltäglichkeit und man vergisst dann die hohe Bedeutung solcher Ehrenzeichen. Heute übertönt die stumme Sprache des kleinen Kreuzes die laute des Pfarrers. Tiefer Ernst spricht aus den Zügen seines Trägers. Tiefer Ernst liegt auch über der jungen Frau an seiner Seite. Nicht Kranz noch Schleier schmücken sie. Für den äusseren Schmuck ist jetzt nicht die Zeit. Aber die Maiensonnenstrahlen weben ihr einen duftigen Schleier, wie keine Fürstin einen feineren tragen kann! Ob er wiederkehrt aus dem mörderischen Krieg, der Mann, den sie noch nicht besitzen darf, weil das Vaterland ihn braucht? Ob er ihr für dieses Leben wiederkehrt? „Sterben wir, so sterben wir dem Herrn!"

Ich kann es mir nicht versagen, mitten in die brausenden Orgelklänge, die ich dem Paar zum Abschied aus dem Gotteshaus nachsende, ein paar Töne aus dem bekanntesten aller Soldatenlieder einzuflechten und die Orgel staunte gar nicht darüber, als ich leise Register zog und anstimmte: „In der Heimat, in der Heimat, da gibt's ein Wiedersehen."

---

[42] Gestrichen: Bei einer Kriegstrauung die Orgel gespielt. In der Stiftsmühle bei Heidelberg. War das schön am Neckar !!! Wenn nur nicht die Offiziere an Krücken und die vielen Einarmigen an den Krieg gemahnt hätten!

[42] 8. Juni 1915
Arme Schwester –– was littest du um den Sohn! ¾ Stunden hat die Operation gedauert. Man meisselte den Schädel auf und fand Knochensplitter (!)[,] eine Flüssigkeit, die entfernt werden musste, Verwachsungen und Wucherungen. Prof. Hoche[43] war dabei. – Er muss jetzt wieder vollkommene Ruhe haben und wir dürfen nicht schreiben. Willi ist ein Held! Es ist schwer. Nur beten können wir, dass Gott helfen möge.

Unser Vetter Rudolf K. soll gefallen sein! Ich habe bald keine Kraft mehr alles zu fühlen.

9. Juni 1915
Auf dem Turmberg. Auf dem Hinweg war die Strassenbahn voller Arbeiter. Neben mir sass ein blasser Mann, Fabrikarbeiter, wohl so 25 Jahre alt, der las eifrig in einem Reclam-Heft. Als ich hinsah, war's: ein Kommentar zu Goethe's „Faust"! In der Tasche hatte er noch ein dickes Reclam-Heft – das war wohl der ganze Faust, zu dem er sich den Kommentar geholt hatte. –– Barbarenvolk??

10. Juni 1915
Wir begegneten Frau K. auf dem Markt. Wie gefasst trägt sie das schwere Schicksal –– ihr Sohn ist „vermisst!" –– man sah ihn aber fallen, als er, einen Verwundeten stützend, mit der Truppe zurückmusste –– Eine Granate sei nahe von den beiden explodiert. Wo er wohl blieb? Ob tot am Platz oder schwer verletzt in französ. Gefangenschaft?? Sie hofft, dass er gleich tot war –– dass er nicht leiden musste! Tapfere Frau, wie sie's trägt! Als er fortzog, da haben beide Eltern gesagt: wir geben ihn dem Vaterland zum Opfer – wie Abraham den Isaak Gott darbrachte. – Das ist wahrhaft fromm und glaubensstark.

15. Juni 1915
Dieser Tag gedenkt uns! Fünf Flieger griffen die Stadt an. Warfen viele Bomben. Töteten viele Menschen –

[48] Eine offene Stadt dürfte nie angegriffen werden in dieser Art. Auch von unseren Fliegern in Frankreich und England. Sie wollen das und jenes Gebäude treffen – Kasernen, Bahnhof, Munitionsfabrik u.s.w. – die Bomben fallen aber ganz wo anders hin – töten unschuldige, harmlose Bürger – es ist unsagbar schrecklich. – Mir fuhr das Heulen der Sirenen durch die Glieder, das hat mich am meisten erschreckt, mehr als das Schiessen der Abwehrkanonen, der Maschinengewehre. War das eine Aufregung in der Morgenfrühe. Man unterschied in dem Lärm deutlich die Schrapnellschüsse und das Zerplatzen der auffallenden Bomben. – Wir frühstückten im Gang. – Draussen immer das Surren der Flieger, das Schiessen und Heulen. – Sollte das die Rache sein für den gestrigen Vorstoss bei Arras? Unser 14. Bad. Armeekorps ist dort beteiligt.

22. Juni 1915
L e m b e r g wieder den Russen entrissen! Fahnen heraus! Das ist das Geschenk meines Geburtstages am späten Abend.

---
[43] Alfred Hoche (1865–1943), Ordinarius für Psychiatrie in Freiburg.

[45] Fahnen.

Aus allen Fenstern der Stadt züngelten die bunten Fahnen. Ein Sieg ward gefeiert. Wie das wehte und lachte und leuchtete in der Morgensonne! Keine der Fahnen war aber froher und stolzer, als die von dem spitzen Türmchen eines stattlichen Hauses herabflatternde. Sie winkte alle Nachbarfahnen aus den Fenstern. Sie war zuerst herausgestiegen, als der Sieg bekannt war. Da hielt es sie nicht mehr in der dunklen Truhe. Da eilte sie in Sturmschritten aufs Dach, erklomm rasch und behende die Lücke und schlüpfte durch. Dann liess sie sich am Turm herab. Schwarz-weiss-rot, lang und schlank. Unten lief sie in zwei Spitzen aus, mit denen konnte sie tanzen, aber nur, wenn sie sehr froh war. Und stolz war sie! Kein Fleckchen duldete sie an ihrem Kleid. Sie wusste, dass sie ein Ehrenzeichen war, das durfte weder Risse noch Flecken haben.

Heute jubelte sie, denn lange, ach gar lange war sie eingesperrt geblieben in der Truhe. –

„Kommt heraus – heraus, alle ihr Schwestern," so winkte sie nach den benachbarten Fenstern. Gegenüber wird ein Fenster geöffnet. Schwerfällig schiebt sich eine Stange heraus, daran hängt eine breite Fahne.

„So da häng ich mal wieder!" tönt's in die enge Strasse und müde blinzelt die Fahne hinüber und hinauf zu der schwarz-weiss-roten. Die kann sich nicht fassen vor Staunen und Unmut über solches Phlegma. Hoch springt sie an der Stange empor und rieselt dann blitzschnell wieder hinab bis übers graue Schieferdach, um im nächsten Augenblick wieder emporzuklettern.

„Du, Schwester, weißt du denn, dass die Deutschen gesiegt haben im Südosten? Was reckst und streckst du dich nicht, wie ich? Hast du denn keinen Stolz in dir? Auf! Auf! Flattre, juble, tanze [46] wie ich!"

Ja, du da oben! Ich bin an die Stange genagelt, da häng ich nun! Ich habe keine solche Bewegungsfreiheit wie du. Und wenn ich sie hätte – ich mag sie nicht. Wozu denn sich so erregen lassen? Ruhe ist bekömmlicher!" Und sie hing den Kopf wie ein müdes Droschkenpferd in die Strasse hinein.

Nach einer Weile kam der Wind dahergeflogen. „Sieg, Sieg," jauchzte er. „Was ist denn das?" frägt die Fahne. Sie weiss nur, dass sie dann wieder „gelüftet" wird, wenn ein Sieg verkündet wurde, dann kam sie hinaus ins Freie. Lieber aber war ihr die Ruhe oben in der Kammer.

„Wart, ich sag dir, was ein Sieg ist," ruft der Wind und bläst ihr so fest um die Ohren, dass sie wehen und zappeln muss, ob sie will oder nicht. Schwerfällig hebt und senkt sie sich. „Ach, lass mich doch in Ruhe!" ruft sie dem Wind zu. Sie wollte „hängen" und „schlafen".

Auf dem Turm war unterdessen die schlanke, rassige Fahne in helle Wut geraten.

„Gibt's denn Fahnen, die ohne Begeisterung sind," ruft sie und schüttelt sich. Keine Sekunde ist sie unbeweglich. Ein Vibrieren läuft an ihr herunter bis in die Spitzen, die auf dem schimmernden Schiefer tanzen. „Magst du immer da unten träumen und in phlegmatischer Ruhe „hängen" – in mir jubelt's, in mir flammt's, ich muss es allen Vögeln, die über mir dahinfliegen, zurufen: Sieg, deutscher Sieg! Hielte mich die Schnur nicht an der Stange – wahrhaftig, ich flöge der Sonne zu mit den Vögeln, ihr den deutschen Sieg zu künden!" Und ihr langer schlanker Leib reckte sich hoch im stolzen Fahnenbewusstsein. –„Ich nicht," klang's von unten herauf. „Ich bin froh, wenn ich wieder in der Kammer oben bin, Freiluft bekommt mir nicht. Wenn ich nur hängen dürfte, aber der Wind! Das Gewehtwerden – ich [47] glaube, ich habe schon einen Riss bekommen!"

Die Turmfahne blickte herab. Wehte denn unten kein Wind? Als es Abend ward, schlüpfte die feine Fahne durch die Lucke [!], ungern trennte sie sich von der Turmspitze und ihrem freien Spiel im Winde. Sie sprang die breite Treppe hinunter und musste dann wieder, trotz inneren Sträubens – in die dunkle Truhe steigen. „Ach," dachte sie, es gibt ja sicher bald wieder einen Sieg! Gedulde dich, Schwarz-weiss-rot."

Dann war sie gefangen.

Wie liebte sie die Höhe und den Wind, der an ihr zerrte und der sie zum tanzen und fliegen einlud! Wie schlug ihr das Herz bei Siegesnachrichten! Da wachte sie auf zum wahren Leben in Freiluft!

Drüben hing die ganze Nacht die Schwester im Regen. Kein Fältchen regte sich an ihr. Sie schlief wohl fest, trotz Nässe.

Als man sie morgens hereinholen wollte, klang es vom Fenster: „Ach, sie ist so nass, lassen wir sie hängen, bis sie trocken ist." – Und so durfte sie weiter träumen. Sie konnte ja nicht durch's Fenster steigen – sie war ja „an die Stange genagelt".

23. Juni 1915
Aufsatz „Begegnung."

[49] Eine „Begegnung" in der Kriegszeit.
Heisse Junisonne liegt über dem Bahnhof. Auf dem Bahnsteig stehen Soldaten, bereit, wieder hinauszuziehen an die Front. Bepackt, schwer bepackt! In festen genagelten Stiefeln – kennt ihr das Gewicht eines solchen Stiefels? – und der warmen Uniform. Die gebräunten Gesichter blicken ernst und doch zufrieden und zuversichtlich. Ueber vielen der gelben neuen Patronentaschen hängen Blumen, Rosen, oder leuchtende Nelken. Ein wenig lachende Poesie bedeckt die totbringenden Geschosse, den bitteren Ernst. – Alle von der Infanterie, die da auf den Zug warten. Ist nicht jeder ein Held, jeder dieser Männer, die so selbstverständlich alles auf sich nehmen: Hitze und Unbequemlichkeit, Strapazen und Ungewissheit und Trennung von der Heimat, die sie vielleicht nie wiedersehen! So oft ich das Bild der so ruhig und würdig in's Feld ziehenden auch sehe, am Bahnhof oder in den Strassen, immer erfüllt mich ihr Anblick mit Ehrfurcht, Stolz und Liebe. – So gehe ich auch heute an der Verpflegestation vorbei. Ein paar Nelken wollte ich an den Zug bringen, um sie als Geburtstagsgruss für einen lieben fernen Verwandten mitzuschicken. Ganz besonders schöne Nelken waren es. Da sehe ich vor der Verbandstelle ein paar Feldgraue sitzen. Täusche ich mich auch nicht? Hat da nicht einer, ein einfacher Feldsoldat mit verbundener Hand das „Eiserne" I. Klasse? Ja, es ist so! Ich muss ihn immer wieder ansehen. Wahrhaftig ein „Gemeiner"! Und diese hohe Auszeichnung! Ich muss ihm die schönen Nelken geben! Das wird mir der, für den sie eigentlich bestimmt waren, nicht verübeln! Ja, du musst! Warum hält dich dennoch zunächst eine Scheu davon zurück?

Weil er dir wie ein „Grosser", wie ein „Hoher" vorkommt, der einfache Soldat? Weil es dir rasch durch den Sinn geht, was dieser Mann alles geleistet haben muss, dass man ihm die I. Klasse der schön[50]sten Kriegsauszeichnung verlieh? – O scheue dich nicht, gib ihm die schönen Blumen als Gruss und Dank mit auf seine Weiterfahrt;

– wenn einer sie verdiente, so ist es der schlichte Feldgraue dort! Ich trete an seinen Tisch: „Nehmen Sie die Blumen! Sie tragen ein so hohes Ehrenzeichen, dass jedes deutsche Herz Freude und Stolz empfindet bei Ihrem Anblick. Ich kann nicht an Ihnen vorbeigehen, ohne dem Ausdruck zu geben!" – Erstaunt blickt er auf, nimmt mit der linken, heilen Hand die Blumen und versucht, sie anzustecken. Eine junge Kriegshelferin hilft ihm. Wie sie leuchten auf dem grauen Rock! Wie sie ihren Zweck erfüllen, meine Nelken! – Er dankt, sichtlich erfreut und erstaunt. Ich war nicht umsonst 5 Jahre in Berlin, um nicht gleich zu hören, dass er aus der Mark Brandenburg stamme. Eine Dame der Verbandstation fragt ihn, wofür er die hohe Auszeichnung erhalten habe. Wieder schaut er auf, und die blauen Augen sehen blitzend und doch ernst aus dem gebräunten Gesicht. „Beim Sturmangriff!" – Knapp und kurz war die Antwort. Die Dame fragte weiter. „Wir kamen nah aneinander, die Franzosen und wir. Wir haben dann Handgranaten geworfen – na – und da hab ich mich scheint's ausgezeichnet!" – Das war die ganze Erklärung. „Scheint's"? O ausgezeichnet, du Tapferer! Weiter war's nichts? Genug und übergenug der Antwort! Deine rechte Hand, zu unförmigen Klumpen verwickelt, die redet auch mit! Mit diesem „scheint's" hast du dich also bewährt, dafür das eiserne Kreuz I. Klasse.

O Deutschland! Solange du solche Männer hast, ist mir nicht bange und wenn noch mehr Feinde kämen! Fast beschämt ging ich fort. Das tun die – was tust du? – Mit allem Fürsorgen für die draussen Kämpfenden hast du nur eine kleine Pflicht erfüllt gegen die grosse Selbstaufopferung dieser Männer. Das „scheint's" aber klang noch lange in meine Tagesarbeit hinein, nachdem ich von dem bescheidenen „Barbaren" geschieden war!

24. Juli[44]
Stürmisches Vorwärtsdrängen unserer Truppen im Osten, immer näher und enger wird der Kreis um Warschau gezogen, immer mehr Gefangene werden gemacht. Immer heftiger werden die neutralen Balkanländer bearbeitet, mitzuhelfen an der Vernichtung der Zentralmächte, immer grösser werden die Lügen- und Hetzartikeln. In Paris werden alle Woche Versammlungen von Journalisten abgehalten, in denen aufs schlimmste gehetzt wird gegen die Deutschen, deren „Kriegsgreuel und völkerrechtswidrigen Taten" in grellen Farben dargestellt werden. Unterdessen dringen die Truppen im Osten und Westen vor. Ein übermenschlicher Kampf gegen die Uebermacht. Der Vorstoss unserer Truppen in den Argonnen wurde in französischen Berichten als eine Schlappe für uns dargestellt. Ich suchte in den Basler Nachrichten etwas darüber zu lesen. Es standen in der ganzen Nummer nur die französischen, englischen und russischen Berichte, kein amtlicher deutscher Bericht! Das nennt sich „neutral".

Gestern war der Musketier Hesse bei uns zum Kaffee. Wir nahmen ihn an unsern Tisch. Er war 8 Monate bei Ypern im Schützengraben gelegen, hat 8 Sturmangriffe mitgemacht und war unverwundet geblieben! Wie viele Kameraden hatte er fallen gesehen, Granaten waren nahe von ihm geplatzt, hatten Soldaten in Fetzen gerissen – ihn hatte kein Splitter getroffen! Da schlug ein Volltreffer in seinen Unterstand, tötete 4 Kameraden und er wurde verschüttet. Davon hatte er eine Nervenerschütterung und kam 2 Monate ins Lazarett, Kopf und Augen hatten sehr gelitten.

---

[44] Eine spätere Hand hat mit rotem Stift „1916" hinzugefügt, was aber offensichtlich unzutreffend ist.

Er erzählte viel und ohne jede Ausschmückung, deshalb auch glaubwürdig. Dieser Hesse war vor dem Krieg Fabrikarbeiter. Seine Brüder, die alle drei etwas „Besseres" geworden sind, sahen etwas auf ihn herab. Am Sonntag konnte er oft nicht ausgehen, weil er keine anständigen [52] Stiefel hatte und weil er und seine Brüder nur einen Mantel gemeinsam besassen. Er hütete dann die kleinen Geschwister und half der Mutter. Er war immer ein treuer Sohn gewesen, der jeden Pfennig, den er verdiente, der Mutter gab. Auch im Krieg blieb er ein kindlicher, fröhlicher und frommer Mensch. Man mag über seine kindliche Frömmigkeit und naive Auffassung lächeln – er bewies die Kraft dieses kindlichen Glaubens. Seine Vorgesetzten erstaunten im Feld über den immer Zufriedenen, immer Vergnügten. Er sagte gestern, es hätten manche mit ihm Streit beginnen wollen, er aber habe eben nicht mitgemacht, und da zum Händeln zwei gehören, sei es rasch fertig gewesen. Er hat sogar Andachten gehalten mit seinen Kameraden, hat aber bemerkt, dass viele nur zum Schein mitmachten. „Es sind ja viele draussen, alte Landsturmmänner, die wieder Beten und an Gott glauben lernten – aber manche sind grad so schlimm wie zu Hause. Die hat der Krieg nicht ändern können. Und doch sieht man dem Tod stündlich ins Auge. Mir war's, wie wenn ich im Wartsaal wäre, vor dem der Eilzug in's Jenseits jeden Augenblick halten kann. Aber ich bin vorbereitet, ich kann sterben wann Gott will. Ich habe aber das Gefühl, als käme ich wieder aus dem Krieg nah Hause."

Er erzählte von den Sturmangriffen, von einer Schleichpatrouille, die er einmal mitmachte, wo er auf dem Bauch zurück kriechen musste, das Gewehr zwischen den Zähnen haltend! Von den furchtbaren Gasen, mit denen gegen den Feind gekämpft wird. Diese Gase sind in Flaschen enthalten, die schräg in die Schützengräben eingebaut sind. Der Flieger gibt mit der Leuchtkugel das Zeichen bei Nacht, dann werden auf ein Kommando die Flaschen geöffnet – der Wind muss die Richtung auf den Feind haben – dann steigen die Gase zwei Meter hoch auf und sind so betäubend, dass viele deutsche Soldaten schon davon umfielen. Sie bekommen ja alle [53] Gasmasken, um sich dagegen zu schützen, aber bei langem Einatmen sterben sie daran. Sie fanden ganze Gräben voll Leichen nach solchem Angriff. An Weihnachten lag er mit seiner Truppe gegenüber von einem englischen Graben. Die deutschen Soldaten spielten Mund-Harmonika und sangen Weihnachtslieder, während drüben der Feind rief: „Hurra, Michell besöff -" Was mich freute, war, dass kein Wort des Hasses über den Feind über seine Lippen kam, noch weniger ein Wort der Unzufriedenheit über seine nicht immer angenehmen Vorgesetzten. Er bewies viel Anstand und Takt damit. Ueberhaupt war ich erstaunt über sein Benehmen bei uns, es war ganz einwandfrei, und alles was und wie er erzählte, hat uns gefreut und interessiert. Auch wie er von seiner Mutter sprach war so schön. Das bringt ihm Segen für's ganze Leben. Auch gegen seine Brüder, die so auf ihn heruntersehen, fiel kein böses Wort. Ein Soldat, der treu und gottesfürchtig seine Pflicht tut.

August

<u>Im Schwarzwald.</u>[45]
Aus dem Osten werden Siege gemeldet: Kowno, Brest-Litowsk – Sie dringen vorwärts – zu Hause in der Heimat bleibt alles beim Alten: Philistertum und bei manchen Frau-

---

[45] Gestrichen: Herrenalb.

en Eitelkeit und Flirt im Lazarett. Als die Glocken den Sieg von Brest einläuteten und wir einen alten Bauer auf der Strasse fragten, warum es läute, meinte er: „Ha, s'wird was g'falle sein!"

Im September ging ich 5 Tage auf den hohen Schwarzwald. Da regte sich neues Leben in mir, da kam für kurze Augenblicke leuchtende Freude in mein Herz. Ich stieg auf die Lett-Wiese und atmete Bergluft, sah die Heide tiefrot glühen unter hohen, mit weissen Moos-Bärten geschmückten Tannen, sah die Ebereschenbäume ihre roten Büschel dem tiefblauen Himmel entgegenhalten und fühlte den frischen, kühlen Ostwind der Höhe. Zwölfhundert Meter hoch waren wir und ich schloss [54] oft die Augen, um sie wieder zu öffnen und zu prüfen, ob's denn Wirklichkeiten sei, die mich umgebe und nicht ein herrlicher Traum. Da oben vergass man fast den Krieg und das Leid. Weltentrückt – so schritt ich durch die Matten und sah, wie die Sonne mich bräunte in vier kurzen Tagen. Dann ging's dem Tiefland zu und das Herz presste sich zusammen. Hinunter wieder in die Welt der engen Häuser und Kasernen, in die Welt, wo Standesdünkel und Mode, wo Neid und Hohlheit neben Grösse und Edelmenschtum herrscht. Am 16. September lief ich wieder, wie ein an beiden Flügeln gebundener Vogel in K[arlsruhe] herum. Nur in der Erinnerung war noch Höhenblick und Bergland, vor mir lag die Stadt in Rauch und Dunst gehüllt, mein Fuss trat in Kohlen – und Wegstaub, Mauern und Menschen umgaben mich, die sich merkwürdig glichen – ich sah wieder wandelnde Stöckelschuhe und Trippel-Röcke und Soldaten liefen neben her in geflicktem Feldgrau – und alles war zum Lachen und zum Weinen. Aber mein Geist hatte Kraft gewonnen, <u>über</u> dieser Welt des Scheins die Sonnenspur nicht zu verlieren!

Bei Hermine Villinger lernte ich einen Hauptmann D. kennen, der 1914 bis November den Krieg im Westen mitgemacht hat und dann wegen Krankheit (Leichenvergiftung) und Nervenzusammenbruch beurlaubt war. Es schauderte mir bei seinem Erzählen. Er hat die Schlacht an der Marne, wo die Deutschen zurückmussten, mitgemacht. Das muss furchtbar gewesen sein. Er, der vor dem Krieg keinen Toten sehen konnte, hat sich zwischen die Leichen seiner Kameraden legen müssen, um Schutz vor den Geschossen zu finden, da bekam er Herzkrämpfe. Seine Leute, darunter viele Sozialdemokraten, wären einfach „entzückend" gewesen – von einer Aufopferung und einem unvergleichlichen Mut. Selbst da, wo sie den Tod vor Augen gesehen hätten, wäre keiner zurückgeblieben. Er sah einen Kameraden, den hatte ein Geschoss von unten nach oben zerrissen.

[55] Das Herz lag neben dem Körper und zuckte noch!

In Belgien war er einer der Ersten, die mit dem rheinischen Regiment einzogen. Da bekam er es gleich mit Freischärlern zu tun. Man schoss auf ihn und er musste das Haus anzünden lassen, aus dem geschossen wurde.[46] Seine Leute seien wütend mit dem Mann umgegangen, der „ihren Hauptmann" hatte totschiessen wollen! Dieselben aber hatten sich die Hände verbrannt um Frauen, Soldaten und Kinder aus den brennenden Heubündeln zu retten!

Bei einem gefangenen französischen Offizier habe man die Marschordre gegen Deutschland durch Belgien gefunden – Köln war die Losung. Eine Nacht schlief er, in der Meinung er habe ein Holz unter'm Nacken, auf dem Oberarm eines Gefallenen!

---

[46] Gestrichen: (Die wandernden Heubündel)

Morgens sah er die Hand nicht weit davon liegen! So „fertig" war er, dass er das nicht bemerkt hatte – und da trank er, in demselben halbbewusstlosen Zustand aus einer Wasserlache, in der Blut und Gehirnteile schwammen. Man sah das nachts nicht und dadurch zog er sich die furchtbare Krankheit zu.

Er sprach so schön über den verwundeten oder gefallenen <u>Feind</u> – der nicht mehr „Feind" wäre und wie pietätvoll unsere Soldaten sich im Bestatten des Feindes zeigten. Die Franzosen bekommen's systematisch beigebracht, dass sie in deutscher Gefangenschaft brutal behandelt, ja <u>misshandelt</u> würden – und wenn sie dann das Gegenteil erfahren, dann geschieht alles, um dies zu verheimlichen! Die [z]urückkehrenden Austausch-Verwundeten dürfen nichts davon bekannt machen.

Er war nach so einem Sturmangriff einmal so „erledigt", [d]ass ihn sein Bursche vom Pferd heben und wie ein Kind in den Unterstand tragen musste. Seiner 84 jährigen Mutter habe er nie von den Greueln des Krieges erzählt! Als er krank zurückkam, habe er lange bei ihr gesessen und <u>nichts</u> gesagt. Später wurde er so gemütskrank, dass er mehr als einmal seinem Leben ein Ende machen wollte.[47]

[56] <u>Dezember</u>
Frau v. B, die das Offizierslazarett leitet, erzählte mir[…] von einem Austauschverwundeten, der unterdessen gestorben ist, ein Schiffs-Ingenieur. Sechzehn Monate hat er leiden müssen, Blasenschuss und andere Verwundungen. Er löste sich am Ende buchstäblich auf. Die alte Grossherzogin habe ihm am letzten Tag noch Blumen schicken lassen. Man legte sie auf sein Bett. Da habe er die Augen aufgeschlagen und langsam und schwer gesagt: „die hoch – ver – ehrte – Frau", das sagte er zweimal und dann trotz grosser Müdigkeit: „meinen tief – gefühltesten – Dank". Sterbend noch die Ehrenbezeugungen, darin liegt Grösse. Im Sterben selbst gross und tapfer sein – das sind ergreifende Bilder aus diesem Krieg.

31. Dezember
Dieses Jahr sehe ich mit Wehmut scheiden. Was birgt es in sich! Ein Meer von Leid, Arbeit, Grösse – und doch, das Ziel ist noch nicht erreicht.

Wenn ich mir die kleine Erde im Weltenraum schwebend, als Punkt unter Millionen Punkten vorstelle. Dann will mich dies Töten und Bekriegen seltsam dünken! Der Geist, der die Welten lenkt, muss lächeln ob der wilden Wut und dem bitteren Ernst, mit dem die Menschen wie die Ameisen übereinanderherfallen. Was sind wir für ein sonderbares Geschlecht. Wir bauen unser „Glück", als wäre es ewig – wir gieren nach Glück, Geld, Ehre, Macht. Diese vier sind Herren auf dieser Welt. Wer sie nicht hat, gilt nicht. Und doch: Wer sie <u>nicht</u> hat, gerade der ist vielleicht der König im Pilgergewand.

6. Januar [16]
Heute hörte ich, dass eine Putzfrau, deren Mann Offizierstellvertreter wurde, nicht mehr zum Putzen ging, weil „für Offiziersfrauen sich das Putzen nicht schicke", so habe ihr Mann gesagt.

Mir ist's nicht, als ob wir in ein neues Jahr gegangen wären. Krieg überall und hier tiefe Ruhe. Heute früh hörte ich im Wald deutlich den fernen Kanonendonner.

---

[47] Gestrichen: Mir hat der stille, schlichte Hauptmann sehr gefallen.-

Vogesenschlacht. Frau S. erzählte von der Schlacht bei Loos und dem verzweifelten Eingreifen von der einen badischen Kompanie, die den Angriff aufhielt, der uns sehr zum Schaden hätte werden können. Aber von 800 Mann haben nur 200 die Schlacht überlebt.

16. Januar
Auch Lustiges erlebt man. Als der Hoffourrier[48] Frau V. im Auftrag des Grossherzogs die Mitteilung machen sollte, dass der Fürst einen Kranz auf dem Grab ihres Vaters habe niederlegen lassen, zum Gedächtnis an dessen Todestag, drückte er dies so aus: „Seine Königliche Hoheit bedauern, nicht selbst haben kommen zu können, um Ihnen seine Anteilnahme auszusprechen am heiligen Todestag vom Babba!"

Der Landsturmmann Josef kam.
Der Onkel unseres Mädchen lag 6 Monate im Schützengraben und bekam nun 5 Tage Urlaub. Bärtig kam er wieder mit demselben treuherzigen Gesicht. [57] Stolz trägt er die Uniform, er fühlt sich gut angezogen in des Kaisers Rock. Im Zivil sorgt niemand um seinen Anzug, er ist Junggeselle und nicht begütert. Die 6 Patrontaschen am Gurt sehen ganz forsch aus bei ihm, wie eine kleine Festung umzirken sie seinen Leib und er hält sich sehr aufrecht, damit die sechs gut abstehen können. „Neunzig Patrone haw ich do drinne wenn i nauskomm" so erklärte er und dann beginnt er zu erzählen und fängt fast jeden Satz an „sie glauwe net" und dann kommt eine Menge Interessantes, das ich alles glaube. „Jetzt hwwe mer e gute Stellung, so recht g'schaffe für e Feldschlacht, so welleförmig isch's Land, (und er macht mit der Hand die illustrierende Geste). Mer ligge in der dritte Stellung. Ja, sie glauwe net, wie da als die Kugle rüwwersause von denne Franzmänner, mir kriege mehr ab als die im erste Grawe. Aber s'macht nix! Jetz geht's enne bald an de Krage. Ween erst der Bode härter g'froer isch, dass mer Kanone aufführe kann – dann –– (wieder eine sehr lebhafte Bewegung, als wollte er Schläge austeilen) dann solle se was erlewe, die Franzmänner, dann kriege se Bumbes!" Und er lacht über's ganze Gesicht und sieht gar nicht aus, als ob er einem Franzosen auch nur ein Haar krümmen könnte. Und dann mit lustigem und listigem Augenzwinkern: „Wenn als Truppeverschiebunge sin, dann steige se drüwe in d'Höh, die Flieger von de Franzose. Sie glauwe net was dann bei uns Züg' fahre: Güterzüg nauf und nunner, oft sechsezwanzig hinnerenanner! Au, denke die Franzose, un meine, dass die alle voll deutscher Soldate sin, jetzt kommts dick, jetz kriege die Deutsche Verstärkung. Aber wisse se (und seine Stimme wird leise, als dürfte er nicht's verraten) von denne 26 Züg fahre 22 leer. Und er lacht über die List der Deutsche, die so tun als ob. „Und dann die Russe! Dort isch e Russelager in der Näh. Grosse, schöne Leut. Die aus Sibirie könne e bissle Deutsch. Die wolle nur esse un esse un könne nie gnug kriege. Do hot emol ener 3 Pfund Wurst un 7 Pfund Brot 'gesse – mer muss scho sage g'fresse. Und wie's em schlecht worre isch, do hat er lang nix mehr welle. Wenn mer em was angebote hat, hat er immer g'sagt „nix Kamerad!" Bier wolle d'Russe net, nur esse, immer viel esse. Und wen mer sie zum tüchtige Arbeite zweinge will, muss mer ihne immer als Belohnung s'esse in Aussicht stelle." Voll froher Zuversicht zog abends der brave Landsturmmann wieder in's Feld. Wir hatten ihm Proviant für die nächsten Tage mitgegeben.

---

[48] Quartiermacher

23. Januar 15
Ich erfuhr heute, dass meine Kriegslieder in Frankreich bei unsern Soldaten erklängen.
  Die Meldung, dass der Dichter K. vom Berliner Magistrat 500 Mark für ein kleines Gedicht erhalten habe, das in's Feld geschickt wird, hat mich sehr erstaunt. Ob ein Goethe für seinen Faust eine solche Summe vom Magistrat in Berlin erhalten hätte.

10. Februar
Belfort soll beschossen werden. Also doch. Ich las heute die ersten Nachrichten davon. Am 1. April sollen alle Papierfabriken schliessen, weil die Cellulose gebraucht wird als Schiessbaumwolle. In der Friedensstrasse hat eine ängstliche Hausbesitzerin ihre Kellerfenster zumauern lassen wegen der Fliegerbomben: die Angst war neulich gross, dass viele Leute zwei Nächte im Keller gesessen hätten.

21. Februar
Papierwoche. Die grauen Artilleriewagen fahren durch die Strassen, die Rote-Kreuz-Fahne weht daran. Soldaten lenken sie. Kleine zehn bis zwölfjährige [58] Schulbuben schleppen Stösse von Zeitungen, Zeitschriften und Büchern aus den Häusern. Sie schaffen mit heller Begeisterung und die Soldaten ordnen alles säuberlich und ordentlich in den Wagen. Auch hier offenbart sich der Ordnungssinn. Es wird nicht alles in einem Haufen zusammengeworfen, der Soldat auf dem Wagen guckt sogar neugierig in einzelne Bücher.

26. Februar.
Das erste Fort der Festung Verdun im Sturm genommen von einem brandenburgischen Infanterie-Regiment.

28. Februar
Die Nachricht, dass unser W. den Doktor rer. pol. sehr gut bestanden hat. Im August 1914 hat er den schweren Kopfschuss bekommen, 1 Jahr später macht er sein Doktor-Examen und besteht!
  Den Kanonendonner von Verdun hört man bis hierher.

10. März
Schnee fast alle Tage, nasser Schnee. Heute früh lief ein kleines Büble mit einer leeren Milchkanne ein Stückwegs neben mir her. Es musste jemand haben, dem es seine Freude an dem Schnee und seine Lust Schlitten zu fahren mitteilen konnte. Dann erzählte er mir auf mein Fragen, ob der Vater im Krieg wäre: „nein, aber der grosse Bruder. Der hat den Zeigefinger der rechten Hand abgeschossen bekommen – aber er ist wieder in Gumbinnen bei der Infanterie. „Da kann er doch nimmer schiessen" sagte ich. „Doch, er lernt eben mit dem Mittelfinger abdrücken." Ein netter kleiner Kerl.
  Pfarrer H. erzählte im Anschluss an ein Gespräch über die eingeschränkte Lebensweise, er nähme auch kein zweites Frühstück mehr mit – er gäbe es lieber seinem Jungen. Neulich sei es ihm allerdings ganz schwach geworden, er habe geglaubt, er falle um – aber was machen? Sein Bub habe das Brot nötiger, er sei noch im Wachsen.
  Das zweite Fort bei Verdun [de] Vaux stürmten schlesische Regimenter und nahmen es.

14. März.
Längst ist die Feste Vaux von den Franzosen genommen. Wie viel deutsches Blut floss dort! Der Kanonendonner von Verdun ist stärker hörbar, oft unausgesetzt! Unheimlich! Wie ernst stimmt das – und doch begegnet man Frauen, die so leichtlebig aussehen. Die Greuelstücke im Kino sollten verboten sein. Jeder Blick auf die Bilder im Kino beschmutzt einem.

[59] Schwerverwundet.
Draussen am alten Bahnhof hält ein Lazarettzug, weithin erkennbar an den aufgemalten roten Kreuzen auf den Wagen.

Fernher kommen sie, die da herausgehoben oder geführt und in die bereitstehenden Autos oder Bahren gebracht werden.

Wenige Minuten später, und das ergreifende Bild, an das sich seit Kriegsbeginn die erst erschrockenen und dann gefassten Blicke gewöhnen mussten, prägt sich wieder tief in die Seele.

Nein! „Gewöhnen" kann man sich nie an diesen Anblick, wenn auch das bittere: „Das ist eben der Krieg!" besteht! Das Herz schnürt sich doch allemal zusammen, wenn wir die vorsichtig geführten Bahren dem Lazarett zufahren sehen. Wenn wir vorbeigehen, der gewohnten Friedensbeschäftigung nach – und diese da kommen mit Wunden bedeckt und haben doch ihre Pflicht und mehr als das getan! Wie es sie heraushebt aus der Menge, hoch heraushebt, wenn sie s o wiederkehren! Wie es weh tut, nicht jedem Einzelnen danken zu können, wohltun zu können für das, was er unverschuldet erdulden muss.

Schwerverwundet! Behutsam schieben die Kameraden die verhüllte Bahre, jeder Unebenheit des Bodens ausweichend. Männerhände werden hier zart und fürsorgend und der Ernst, der aus den Zügen der Begleiter spricht, zeugt von der inneren Anteilnahme. Aus einem Lazarettauto sehen bleiche, von grauen Bärten umrahmte Gesichter heraus. Diese Augen erzählen von Not und Tod und bitterem Kampf. Wie seltsam muss es die lange Zeit im Kriege erhärteten Männer berühren, wenn sie sehen, wie hier, fern der Front, alles seinen gewohnten Gang geht, als sei nirgends Kampf und Streit und grosses Sterben! Unter militärischem Geleit fährt man sie ins Lazarett, wo alles bereit ist, die so heimkehrenden warm und gut zu empfangen und ihnen jede erdenkliche Hilfe angedeihen zu lassen. – Und immer dasselbe Regenrieseln vom [60] grauen Himmel. Dasselbe grau nüchterne Werktagsbild der Strassen. Kein Sonnenstrahl grüsst die Ankommenden in der Heimat!

Wieder Bahren mit Schwerverwundeten, verhüllt vor den Blicken der Vorübergehenden. Da klingt plötzlich in das Alltagstreiben hinein ferner Gesang: „… haltet aus im Sturmgebraus, haltet aus!"

Von der Uebung heimkehrende Soldaten singen. Hell und frisch klingt es herüber und wie Weihe und frohe Zuversicht fliegt ein Schimmer über die Gesichter der Vorbeigehenden.

Ja, die Kameraden hier hatten ausgehalten bis zuletzt, bis ihrer Hand das Gewehr entsank. Hatten im Sturmgebraus ausgehalten, bis man sie forttrug aus der mörderischen Schlacht. Ob sie das Lied hörten, das die gesunden Kameraden drüben sangen und zu dem der Wind die Begleitung pfiff? –

Beim Weitergehen tritt eine a n d e r e S c h a r „S c h w e r v e r w u n d e -
t e" vor mein inneres Auge. Nicht im Donner der Kanonen – auf dem heissen Kampfplatz des Lebens erhielten sie ihre tiefen Wunden.

Weil sie oft so aufrecht und festen Schrittes gehen und ihre Pflichten tun, ahnen Wenige, wie „schwer verwundet" sie sind. Wer aber tiefer in Menschengesichtern zu lesen versteht, der begegnet ihnen täglich. Kein eisernes Kreuz schmückt ihre Brust und zeichnet sie aus vor andern.

Den Augen der Welt verborgen tragen sie ein „eisernes Kreuz" tief in die Seele geprägt – glühend schmiedete es das Weh.

Sie werden nicht getragen – aber sie tragen, tragen, tragen – und gehen doch aufrecht ihren Weg. Oft beneiden sie im Stillen die Brüder, die in der Schlacht ihre Wunden holen und denen der Lohn in der Heimat wird: Aufopfernde Liebe und Pflege.

Ihr, die ihr berührt seid von der Grösse der Zeit, regt eure helfenden, liebegesegneten Hände für die heimkehrenden Kämpfer aus [61] dem Kriege – aber schenkt auch von der Sonnenkraft, die euch ein gütiges Schicksal beschied, so viele Strahlen als möglich den „Schwerverwundeten" des täglichen Lebens!

[62] 2. Mai
Schnellzug Konstanz – Karlsruhe.

Station Offenburg. Zwei entflohene Franzosen werden von 2 Landsturmleuten mit aufgepflanztem Bajonett transportiert. Sie werden in einem Abteil nah dem unsern untergebracht. Es müssen gebildete Menschen sein. Der eine, grossgewachsen mit intelligentem Gesicht, könnte Künstler sein, sie tragen Zivil. Aus Darmstadt entflohen, wurden sie in Gegenbach erwischt.

In unserem Abteil sitzt eine Frau, die aus Zürich kommt und nach Antwerpen fährt, wo ihr Mann, deutscher Soldat, im Festungslazarett liegt. Sie erhielt ein Telegramm, er sei sterbend. Nun muss sie 2 Nächte und einen Tag reisen, in der Angst, ob sie ihn noch lebend findet.

In Appenweier sahen wir einen Zug mit gefangenen Franzosen. Im ersten Wagen nur Offiziere mit Goldborten am Käppi, dann kamen Wagen mit Soldaten in roten Hosen und blauen Mänteln und im letzten Wagen sass „Gesindel", heruntergekommene französische Männer, verwahrlost und schlecht gekleidet.

In Offenburg wollten drei Sanitäter einen schwerverwundeten Soldaten aus einem Abteil zweiter Klasse holen. Er war scheints so elend, dass sie ihn kaum bewegen durften. Ich sah, wie liebevoll sie sich um ihn bemühten.

Es begegneten uns Züge mit Wagen voll Stacheldraht und Holz für die Unterstände. Zwischen den Stacheldrahtrollen lagen Fussangeln! Massenweise werden diese zur Front befördert.

5. Mai
Die Antwortnote von der deutschen Regierung an Amerika kam heraus. Komme was kommen kann! Amerika wird nach wie vor zu England halten und Munition und Geld anbieten. Achthundert Schiffe der englischen Flotte sollen ständig in Dienst sein unsere Unterseeboote zu vernichten. Der Kanal sei zum Teil mit Ketten gesperrt, ausser den Minen. Und wir sollten unsere beste Waffe drangeben die wir haben? Das wäre ein Schnitt in's eigene Fleisch.

25. Mai
Nun haben die Italiener zum Jahrestag ihres Treubruchs tüchtige Verluste erlitten. Die Oesterreicher nahmen 2 Befestigungen an der süd-Tiroler Grenze und durchbrachen die italienischen Stellungen. Es sind schon 23000 Gefangene gemacht worden. Cadorna[49] leugnet den Erfolg der Oesterreicher. Verdun! Seit Februar geht der Kampf – was das heisst, gegen die Ueberzahl der Feinde dort Stand zu halten! Sogar Russen werden via Marseille zur Verstärkung der Front gebracht, dazu Engländer, Kolonialtruppen und Australier.

5. Juni
In der Kirche sassen 3 Büblein vor mir auf 2 Stühlen. Das Aelteste blätterte wichtig in einem grossen, altmodisch gebundenen Gesangbuch, um das Lied zu suchen, das gesungen wurde. Das Kleinste aber hielt ebenso andächtig ein Bilderbuch „der gestiefelte Kater" und schaute da hinein während wir sangen. Ein liebliches Bild!
[63] Die Seeschlacht im Skakerak [Skagerrak] soll die grösste der Weltgeschichte gewesen sein. Ausser den U-Booten waren noch Kampfflugzeuge beteiligt. Die Offiziere des gesunkenen „Frauenlob" melden in knapper, echt seemännischer Art, dass der Sieg nicht an unsern besseren Geschützen, sondern an unserem besseren Schiessen gelegen habe. Fast jeder Schuss sei ein Treffer gewesen. Der Contre-Admiral Scheer muss ein ausgezeichneter Geschwader-Chef sein. Es sind grosse Zeiten, durch die wir gehen.

8. Juni
Soldaten, blumengeschmückt, werden zur Bahn geführt, „Zur Front". Die Musik spielt. „Muss i denn zum Städtle hinaus". Ich komme vom Markt mit Blumen. Einem kleinen Junge gebe ich zwei Vergissmeinnicht-Sträusse und deute auf einen Soldaten, der keine Blumen hat. „Gib sie dem". Das Büblein springt hin, und der Feldgraue winkt mir mit dem Strauss zu – vorüber – die Musik verklingt – mir stehen Tränen im Auge.

9. Juni
Kaiserstrasse, 2 Uhr mittags. Verwundete an Stöcken, andere mit verwickelten Köpfen oder an Krücken schwer schlürfend. Trommelwirbel von der Waldstrasse her – sie kommen! Zur Front marschieren sie, die jungen, gesunden Kameraden. Die Krücken-Männer bleiben stehn und bilden fast ein Hemmnis in der Menschenwoge, die sich mit den Ausziehenden vorwärtsbewegt. Ueber und über mit Rosen geschmückt sind sie, Helm und Gewehr tragen schwankende Röslein, die Brust ist besteckt damit. Hüte werden ihnen zum Gruss geschwenkt, und von den Fenstern herab fliegen Blumen, Mädchenhände werfen sie von den Balkonen, Rosen – Rosen. Kinderhände haschen sie und tragen sie den Soldaten zu, die winken hinaus und gehen mit festen, zuversichtlichen Schritten der voranziehenden Musik nach. „Heilig Flamme glüh', Glüh' und erlösche nie für's Vaterland" so blasen sie das Lied – und Herz und Augen der Mitziehenden und Zurückbleibenden sind erfüllt davon.

---

[49] General Luigi Cadorna (1850–1928), Chef des Generalstabs der italienischen Armee und Schöpfer der Verteidigungslinie entlang der italienisch-schweizerischen Grenze.

Pfingsten
Der Kampf tobt am heftigsten in Russland, an der Grenze Galiziens. Wann naht endlich das Ende?

13. Juni.
Ich war eingeladen nach Baden-Baden. „Neuer Kurhof". Elegantes Hotel, weiche kostbare Teppiche, Gobelin-Möbel, vornehme Bedienung, nichtstuende Menschen, grosse Spiegelwände, feines Essen mit Brauneberger Mosel. Nach Tisch drei Stunden am Fenster im Fauteuil lesend und hinausblickend in den regenfeuchten Park und die Lichtenthaler Allee. Hilde, 17 Jahre alt, verwöhnt, verweichlicht, fernab vom tätigen Leben, fernab von Kriegserlebnissen, löffelt mit ihrem Vetter Hans Eiskaffee und Erdbeer-Torte.

Sie lässt sich in Baden „Fango" behandeln, weil — sie den Ellbogen ein wenig angestossen hat, deshalb fährt man von Berlin nach Baden. Was sind das für unnütze Zierpflanzen. Sitzen in Seide und Geld, bis endlich die Verlobung da ist, die viele mit ihr feiern wollen, weil sie in Seide und Geld sitzt! Trauriges Menschendasein! Die Mutter geht bei Regen nicht aus, um ihr elegantes Schuhwerk zu schonen und ist entsetzt, dass Hans selbst die Gummischuhe und den Schirm aus dem Zimmer holt, dafür hat man doch eine Jungfer! Der Krieg drückt sie alle nicht, nur die Angst, es könnte den Ihrigen etwas passieren. Nur das nicht! Die andern Hunderttausend sind weniger wichtig.

Schwerer Bombenangriff der Franzosen auf Karlsruhe.[50]

[22.][51] Juni
Der Himmel strahlte wolkenlos.[52] Wir erwarteten die Schwester um ½ 4 Uhr von Mannheim kommend. Da, um 3 Uhr 15 der erste Bombenwurf. Darauf die drei Signal-Kanonenschüsse, dann die Sirenen, die dreiviertel Stunden lang ihr Heulen fortsetzten. Wir gingen in den Keller. Da sassen und standen wir dreiviertel Stunden, hörten das Bombenwerfen und unsere Abwehrkanonen und dachten an die Schwester, wenn die Flieger auf den Zug werfen würden. Um 4 Uhr tranken wir Kaffee, noch ganz betäubt von allem, ich ging alle paar Minuten auf den Balkon- um nach ihr [der Schwester] zu sehen. Endlich kam sie und ich eilte ihr auf die Strasse entgegen, voll Glück sie wiederzusehen. Kaum war sie da, als das Krachen wieder los ging. Wieder in den Keller. Diesmal war's kein Angriff wie wir dachten, es sollen deutsche Kampfflugzeuge von der Front gekommen sein, und unsere Abwehrkommando glaubte die Franzosen kämen zurück und gaben Schüsse ab. Das Unglück soll viel grösser als das erste Mal gewesen sein. Der Zirkus Hagenback [Hagenbeck] sollte mittags um vier Uhr eröffnet werden, – an Fronleichnam! Eine Menge Kinder und Erwachsender waren schon lange vor Beginn dort. Da fielen die Bomben, eine Panik entstand und dabei sind 80 Menschen umgekommen. Das soll ein ehrlicher Krieg sein? Eine unbefestigte Stadt, die keine militärische Bedeutung für die Franzosen hat, zweimal mit Bomben

---

[50] Vgl. hierzu Bernd Martin, Luftangriffe auf Karlsruhe im Ersten Weltkrieg, in: Der Krige daheim. Karlsruhe 1914–1918, hrsg. von Ernst Otto Bräunche und Volker Steck, Karlsruhe 2014, S. 170–198, bes. (zum 22. Juni) 181–193.
[51] Das Datum 22. war ursprünglich angegeben, dann aber durchgestrichen worden.
[52] Gestrichen: Ich ging durch den Schlossgarten.

zu bewerfen! Wenn sie sagen, zur Vergeltung für Bar-le-duc, so lag dort der Fall so, dass dieses im Operationsgebiet liegt, wir einen grossen Teil Frankreichs besetzt haben und bei Bar le duc [!] ein Eisenbahn-Knotenpunkt für militärische Linien ist. Bei dem Flieger-Angriff verlor ein Vater 3 Söhne, zwölf, dreizehn und vierzehn Jahre alt, eine Familie, die im Wald spazieren ging, wurde getötet. Heute [am 24. Juni] wurden die Opfer bestattet. Ich sah unzählige Wagen mit Kränzen zum Friedhof fahren.[53]

Beim Fliegerangriff war in der evangelischen Stadtkirche Missions-Gottesdienst. Das Grossherzogspaar und die alte Grossherzogin Luise waren in der Kirche, die voll Menschen war, als die erste Bombe fiel, trat eine Art Panik ein. Viele sollten die Kirche verlassen, die aber von Schutzleuten bewacht wurde, welche niemand hinausliessen. Ein Herr rief in die Menge, sie sollten ruhig dableiben, wenn von Schutz die Rede wäre, so wären sie hier am geschütztesten. Sie hörten's aber nicht in der Unruhe, die sie ergriffen hatte. Da fing der Pfarrer auf der Kanzel laut und ohne Begleitung der Orgel an das Lied zu singen „ein feste Burg ist unser Gott". Nach und nach stimmte die Gemeinde ein, erst leise, dann immer voller, die grossherzogliche Familie stand auf und sang stehend mit und als das Lied gesungen war, kehrte Ruhe zurück. Während über der Stadt die Bomben abgeworfen wurden und die Abwehrkanonen dröhnten, erklangen hier das Lutherlied und noch drei Verse von „Befiehl du deine Wege". Und darauf hielt der Geistliche seine Missionsrede als sei nichts geschehn. Die alte Grossherzogin soll in der Sakristei zu dem Pfarrer gesagt haben: „das war mir eine rechte Glaubensstärkung". –

30. Juni.
Casement[54][,] der irische Kämpfer für die Freiheit[,] zum Tod verurteilt. Wehe dir England. Dieses Blut schreit zum Himmel.

[65] <u>Stimmen des Friedens im Krieg.</u>
Wir, die wir noch keinen Krieg erlebt haben, wir spüren in diesen Tagen etwas ganz Gewaltiges, was selbst Blinde sehend macht und Lahme wieder gehen lehrt: die Macht der Brüderlichkeit, die starke Macht der Liebe, die sich heute auf e i n e n Punkt konzentriert: unser geliebtes deutsches Vaterland. Noch nie haben wir uns so deutsch gefühlt, wie jetzt, noch nie fühlten wir aber auch so tief und stark, was das heisst: deutsch sein!

Alle verborgenen Edelkräfte unseres Volkes dringen ans Licht, alle Tuenden, die gerade das deutsche Volk kennzeichneten von Alters her, sie wollen sich die Hände reichen zu gemeinsamer B e t ä t i g u n g . Wir hören das gewaltige Flügelrauschen des deutschen Adlers. Schirmend reckt er seine immer mächtiger wachsenden Schwingen über das deutsche Land. – Verzagte und Mutlose werden von den hell in die Zukunft Sehenden aufgerichtet, von den Starken und Mutigen beruhigt. Klassenunterschiede verschwinden, ja, wir betrachten es als Ehre, wenn uns der ins Feld ziehende Handwerker fest die Hand schüttelt, wird diese Hand doch für uns, die Zurück-

---

[53] Zur Trauerfeier vgl. Udo Wennemuth, Die evangelische Kirche in Karlsruhe im Ersten Weltkrieg, in: Der Krieg daheim (wie Anm. 50), 252–267, hier: 261f.; Andrea Kaiser, „In Ehrfurcht und Treue gedenket der Opfer" – Das Gedenken an die Toten des Ersten Weltkriegs in Karlsruhe, in: Ebd., 288–310, hier: 294f.
[54] Roger David Casement, geb. 1864, am 3. August 1916 hingerichtet.

bleibenden, die Waffe führen! Ehre den fortziehenden Kämpfern! Wir sehen ein e i - n i g e s Deutschland in den Kampf gehen – Brüder, keine Pateigegner mehr! – sollte es nicht auch unter den Zurückbleibenden so sein? Sollte es nicht bei denen, die leider nicht in den Kampf ziehen können, alles Kleine, a l l e s Niedere, Gehässige, alles was kränkt und entzweit s c h w e i g e n ,   v e r s t u m m e n ,   a u f h ö r e n ?

Wer angesichts der grossen, gewaltigen Dinge, die unsere Väter, Brüder und Söhne hinaus in den Kampf rufen, noch Gegnerschaft gegen irgendwen im Herzen hegt, hegen kann, der kennt die Grösse der Gegenwart nicht, der hat kein Ohr und Auge für das Edelgut, das eine [66] solch tiefernste Zeit herausschürft aus den Menschen: die starke Liebe gegen alle, einerlei welches Standes und Denkens sie sind. – Wir wollen den Ruf nicht überhören, der leise und doch mit so zwingender Gewalt durch all das Waffenklirren tönt, das rings die Lande erfüllt:

F r i e d e   u n t e r   d e n   Z u r ü c k b l e i b e n d e n ! Lasst fahren dahin, was so k l e i n erscheint in der grossen Not dieser Zeit! Das selbstlose Sichhineinstellen in die gemeinsame Liebesarbeit wird jedem einzelnen dazu helfen, von s i c h abzusehen, den anderen, die unsere Liebe brauchen – und wer brauchte sie nicht? – unsere ganze Kraft zuzuwenden, ohne Hintergedanken, ohne Groll, ohne K l e i n - h e i t ! Werdet gross in grosser Zeit!

Achtet auf die Stimmen des Friedens mitten in den Sturmtagen des Krieges, der draussen beginnt! Ihr werdet dann auch die Furcht verlieren vor jenen Gefahren, die noch nicht da sind. Gefahr ist ja da! Aber es wird so viel geredet von Gefahren, die noch nicht da sind. Lasst sie erst kommen! Einstweilen sammelt Kraft, sie zu ü b e r w i n d e n , wenn sie kommen!

[67] 11. Juli

Das Handels-Unterseeboot „Deutschland" durchquerte den atlantischen Ocean und kam nach Baltimore. Das ist ein gutes Zeichen. Als erstes Unterseeboot gelangte es trotz der Blockade und der Feinde an sein Ziel. Was sagt ihr, Neutrale?

Unser Walter kam und erzählte vom Schützengrabenleben. 187 Stunden Trommelfeuer von den Franzosen, dann Angriff, der nicht weiter als ein paar Meter vordrang. Millionen von Eisengeschossen warfen sie auf unsere Stellung.

Walters Gang als Sanitätssoldat durch den von Kugeln und Granaten durchfegten nächtlichen Wald muss furchtbar gewesen sein. Dass die Nerven das alles aushalten!

Aber unser Handels-Unterseeboot! Ein Hurrah der tapferen Besatzung.

16. Juli

Ich sah die 12jährige Gretel A., die beim Fliegerattentat schwer verletzt wurde. Es wurde ihr ein Stück aus der Wade gerissen und der Oberschenkel erhielt drei tiefe Wunden. Das Kind lag am Fenster im Verband und schaute ein Buch an, aber das Gesicht war so schmerzlich verzogen, so tief ernst, wie ich selten ein Kindergesicht sah! Die Mutter erzählte, wie sie am 22. Juni die Kleine gesucht habe und wie sie die Sanität nachts halb zwölf Uhr ihnen gebracht habe. Die Tante, die bei ihr war, ist getötet worden. Das Kind sah sie nur umfallen, dann wusste es nichts mehr, denn es wurde bewusstlos. Ein Soldat rief ihm zu, es solle sich auf die Erde legen als die Bomben fielen. Diesem Mann verdankt es vielleicht, dass es noch so davon kam. Die Tante hatte nur an der Schläfe eine kleine Verletzung und so glauben sie, dass der Schrecken sie getötet habe. Ich musste immer wieder das Kind ansehen, das so furchtbares mitgemacht hatte.

18. Juli
Ich besuchte mit Frau Kirchenrat S. deren Sohn im Krankenhaus. Er hat bei Verdun einen Schuss durchs Gesicht. Er kam von Serbien nach Verdun. Die Gefangenen, die sie dort machten wären 16 bis 17jährige Knaben gewesen und fünfzigjährige „Jammergreise". „Die Franzosen schiessen gut, aber wenn wir mit Handgranaten werfen, dann ergeben sie sich oder fliehen". Ich brachte ihm etwas zum Lesen und legte einen Lorbeerzweig darauf, der mit dem Deutschen Band umschlungen war. Das freute ihn sehr. Und ich dachte zwei Jahre zurück. Da besuchte ich seine Mutter im selben Krankenhaus, wo sie schwer darniederlag. Jetzt sitzt sie am Bett des Sohnes und ist froh, ihn aus der Hölle von Verdun herauszuhaben. Er erzählte, dass, als er im Lazarettzug von Longyon nach Esslingen fuhr, eine Pflegerin beim Passieren der deutschen Grenze jedem eine Rose auf jedes Bett gelegt hätte – da habe er geweint wie ein Knabe. Und er sagte: „Im Feld kriegt man, was einem zukommt, das war aber das erste, was wir aus Liebe erhielten."

29. Juli
Punkt zwölf Uhr ertönten die Warnungssirenen. Fliegerangriff! Schon der Dritte und die Mutter ist unterwegs. Mir zitterten die Kniee. Da fallen schon die Bomben. Dumpfes Dröhnen der Abwehrgeschütze. Gott im Himmel – draussen am alten Bahnhof steht ein Lazarettzug! Und die Mutter unterwegs. Die Schwester lehnt schreckensbleich an der Wand im Gange, sie will nicht in den Keller. Unsere gute Anna weint. Ich gehe in [68] den Keller. Da sitzt die gute 80jährige Frau Hauptmann S. und streckt mir die Hand entgegen. „Seien Sie beruhigt, Gott schützt ihre liebe Mutter" und sie bleibt ganz heiter dabei, weil sie fest glaubt, dass einer über uns wacht, der den Feind strafen kann. Dumpfes Knallen – Sirenengeheule. Die Frau aus dem vierten Stock weint, sie hat ihren Sohn bei Ypern stehn. Unsere Fokker sind scheints tätig bei der Abwehr. Man hört die Schüsse ferner, aber die Sirenen heulen noch immer. Sie bieten mir im Keller einen Stuhl an, aber ich kann nicht sitzen in meiner Erregung. Wo die Mutter wohl ist? „In Gottes Schutz" sagt eine Stimme in mir, und das beruhigt mich. Man sollte Kampf-Angriffe nur über dem Kampfgebiet selber machen dürfen! Die Sirenen schweigen. Wir steigen aus dem Keller. Da ertönt die freudige Stimme der Mutter: „Da bin ich." Und sie stand heil und froh vor uns. Das war wohl der schönste Wohllaut, den ich dieses Jahr hörte. –
  1 Uhr 15 wieder Sirenen, wieder Kanonenschüsse. Wieder gehn wir in den Keller. Das ganze Haus ist dort versammelt. Die feindlichen Flieger näherten sich wieder und wurden verjagt. Als es still war, setzten wir uns an unser kaltgewordenes Essen – da – 15 Minuten später, ein dritter Fliegerangriff. – Diesmal gingen wir nicht in den Keller.

21. August
20 000 Kanonen sind gegenseitig an der Somme tätig, das begreife wer kann, ich nicht. Die Bulgaren drängen in Nord-Griechenland die Engländer und Franzosen zurück. In der Armee Sarrail[55] herrschen Seuchen. 20 000 Verwundete sollen von der Somme-

---

[55] Maurice Sarrail (1856–1929), Kommandeur der alliierten Streitkräfte an der Ostfront bei Saoloniki.

Schlacht wieder abtransportiert werden nach England. Welche Zahlen! Der Deutsche Oberkommandierende an der Westfront bestätigt, dass die Engländer, trotzdem der Höhepunkt ihrer Offensive überstiegen ist, hartnäckig, ihrem Wesen nach fortfahren gegen unsere Front anzurennen. Und wenn sie's auch noch so viel Menschen kostet. Sie seien vorzüglich vorbereitet und entfalteten grosse Energie.

24. August
Die „Deutschland" kehrte heim. Das ist eine Heldentat! Trotz dem lauernden England, das schon bei der Ausfahrt von Bremen sich in die neutrale Bucht schleichen wollte um das kleine Untersee-Handelsboot zu vernichten, trotz der 8 Schiffe, die beim Ausgang auf sie warteten, trotz des Aufpassens von allen Seiten kam sie unbeschädigt nach Bremen zurück. Ob sie durch den Kanal kam? Von den 4000 Seemeilen hat sie nur 100 unter Wasser gemacht! Was diese Helden wohl erzählen können? Aber die deutschen Seeleute sind schweigsam und rühmen sich nicht.

Die Deutschland ist 65 Meter lang und 8 Meter breit. Sie führte 600 Tonnen Gummi aus von Amerika[,] das sind 200 000 Pfund oder 60 Eisenbahnwagen! Unbegreiflich für das verhältnismässig kleine Handelsboot. Kapitän König führte es. Auf der Höhe von Helgoland begrüsste der Gründer der Ozean-Reederei Lohmann die „Deutschland". Marine-Luftfahrzeuge kreisten über ihr und riefen ihr „willkommen in der Heimat" zu.

28. August
Italien und Rumänien erklärten uns den Krieg an einem Tag, das ist viel! Also, allein können drei grosse Reiche uns nicht vernichten, mit Kanonen gelang es ihnen bisher nicht, sie brauchen immer neue Helfer. Italien übte Verrat – Amerika lieferte anhaltend Munition. Die wichtigste Waffe, die sie gegen uns mit Erfolg anwenden, ist die Lüge in der Presse und das Abschneiden der Lebensmittelzufuhr von aussen. Sollte so [69] Teuflisches gelingen? Nun – so hat der Teufel sein Weltregiment angetreten! Lange wird er es nicht führen, ich vertraue unseren Heerführern. Und vor allem: Gott.

Dass keine laute Stimme sich erhebt über die Anschläge Englands: das deutsche Reich zu vernichten bis zum letzten Rest. Das zählt zum rätselhaftesten in diesem entsetzlichen Krieg. Wenn mir nur jemand Antwort geben würde darauf![56]

Feldbriefe von Verdun (16. Juni)
(Dr. L. S.)
Liebe Eltern! Wenn ich je aus dieser Hölle herauskommen sollte, was mir sehr unwahrscheinlich ist, so soll dies das erste Zeichen an Euch sein, dass ich durch Gottes Güte noch am Leben bin. Was habe ich alles erlebt! Bände könnte man damit füllen. Das ist ein Superlativ des Kriegs, so etwas kann sich kein Mensch vorstellen, das kann man nur <u>erleben</u>. Ich bin einen halben Tag mit St. und Sch. (zwei Gefreiten) in einem winzigen Erdloch gehockt mit angezogenen Knien, einer halb auf dem andern liegend und habe in drei Stunden in einem Umkreis von vielleicht 50 Meter von uns pro Minute 23 Einschläge von 15 cm Granaten gezählt. Ich bin über's freie Feld gesprungen, während rings um mich die Granaten einhieben, bin mit grossen Sprüngen über tote Kameraden hinweggesetzt und heil unten angekommen. Ich habe Tote in den schreck-

---

[56] Gestrichen: Sie schweigen aber alle und wissen doch

lichsten Lagen und Verzerrungen, Verwundete mit unbeschreiblichen Verletzungen gesehen, habe den Befehl gehabt, einem toten Offizier von uns, der mit Kopfschuss auf dem Gesicht lag, die Wertsachen abzunehmen. Ich bin mit der 2. Linie in ein eben von uns genomenes Fort gekommen und habe das tollste Durcheinander von Toten, Verwundeten, Sachen und Waffen gesehen. Es ist nicht zu beschreiben, was man erlebt. Ich habe einem sterbenden Franzosen, dessen beide Beine abgeschossen waren, noch einen Schluck Wasser geben können und sein: „grand merci, mon corporal" gehört. Ich habe mich von den in den Tornistern von Toten gefundenen eisernen Portionen genährt – und unter Wassermangel gelitten, der so gross war, dass die Freiwilligen sich drängten, die um Erlaubnis baten, ¾ Stunde weit durch's Granatfeuer laufen und Wasser holen zu dürfen. Ich habe die Besatzung des von uns genommenen kleinen Forts gesehen, als sie als Gefangene an einen kleinen Tümpel kamen und sich gierig darauf stürzten, denn sie hatten seit 5 Tagen kein Wasser gehabt so gierig, dass sie das Wasser der zu langsam fliessenden Quelle nebendran verschmähten. Ich habe Ueberläufer in Menge ankommen sehen und bei uns Beispiele von Unerschrockenheit und von Feigheit gesehen, die ich nie für möglich gehalten hätte. Ich habe im eigenen Artillerie-Feuer gelegen und mein Gesicht in den schwarzen Dreck eines von Granaten zerwühlten Ackers eingewühlt, um nich[t] geschnappt zu werden und bin im fremden Artillerie-Feuer von Granatloch zu Granatloch gesprungen.

Sind dies nicht Erlebnisse – und das alles zusammengedrängt auf wenige Tage, die mir wie Monate vorkamen. Wir sitzen in dem gestern von uns genommenen französischen Werk und wissen nicht, wann wir herauskommen und wozu wir dann verwendet werden. Sollte ich noch einmal aus dieser Hölle der nun ununterbrochen platzenden Granaten herauskommen, so wird mir das Leben wie neu geschenkt sein.

[70] <u>Feldbriefe von Verdun</u>

15. Juni 1916
„Gott, was hat man nicht wieder erlebt! Der Sturm-Angriff muss glänzend gewesen sein. Unser 4. Bataillon hat das Fort genommen. 6 Mann Verluste bei uns, 700 Gefangene. Gehalten haben wir es dann gegen die Gegenstösse. Da bin ich drei Tage lang in ununterbrochenem Trommelfeuer gelegen. Da haben wir die meisten Verluste gehabt. Wir haben viele Verluste, aber merkwürdigerweise nur ganz leichte Verwundungen. Es ist zum Staunen. Man begreift ja überhaupt nicht, wie man heil herauskommt. Es ist nur Gottes wunderbare Güte. Wenn das kein Wunder ist, so weiss man nicht, was man so nennen soll. Und was für Bewahrungen erlebt man! In Reserve lag ich mit einem Kameraden in einem Erdloch, als ein Granatsplitter durch die Zeltbahn über uns durchschlug und in den 5 cm breiten Raum zwischen uns einhieb. Ich schicke ihn Euch. In dem Fort pflegte ich in einem aus Sandsäcken bestehenden Unterstand zu hocken in den Pausen zwischen dem Revidieren der Wache. Eine innere Stimme trieb mich hinaus, sodass ich mich in einen andern setzte. Als ich nach drei Minuten wieder vorbei kam, war meine ehemalige Hütte einfach nicht mehr da – verschwunden durch einen Volltreffer.

Die Leute benehmen sich hervorragend, sehr im Gegensatz zur Infanterie. Es ist eine Freude mit ihnen zu arbeiten. Morgen geht's wieder hinein in den Dreck. Bittet Gott, dass er mich nicht so verwundet werden lässt, dass ich nicht mehr laufen kann. Das ist das Schlimmste, dort umkommen zu müssen. Ein schneller Tod, oder eine leichte Verwundung, – ich will es tragen. Aber dort auf dem Feld noch zwei Tage liegen und langsam eingehn – – – Aber ich habe das beste Zutrauen, dass Gott mir durchhelfen wird.-"

Am merkwürdigsten war mir das Gefühl, wenn man eine Granate in gr[o]sser Nähe einschlagen sieht. Plötzlich geht eine Rauchsäule etwa 20 mtr von einem entfernt hoch, man springt in's nächste Granatloch und drückt das Gesicht in die Erde, bekommt Herzklopfen, während des Sprungs hört man den wahnsinnigen Knall und dann kommen die Erdschollen wie Hufschläge galoppierender Pferde einem näher und näher und dann hageln einem die Erdklumpen über den Rücken und man wundert sich jeden Moment: welches ist nun der Splitter, der durchgeht. Aber es war keiner dabei und man springt weiter und nach 20 Meter kommt die gleiche Sache wieder. Oder man sagt zum Kameraden der neben einem in Unterstand hockt: „Du, nimm dich in Acht mit deiner Zigarette, brenn mich nicht an der Hand" und merkt im gleichen Moment, dass ein stecknadelkopfgrosser Splitter ist, der einem ohne Durchschlagskraft, aber noch glühend heiss auf die Hand gefallen ist. Oder, man kommt zum Reservelager hinunter und gräbt sich mit letzter Energie ein Loch. Aber da kommt ein Leutnant und sagt: „Da dürfen Sie sich nicht eingraben, da liegen Tote." – und richtig kommt auch schon ein Aermel zum Vorschein und man ist so müde, dass man sich doch am liebsten hinlegte. Man steht in dem von den Bayern vor zwei Stunden genommenen Werke, hat nur 6 Mann, dazu etwas Infanterie und wartet auf den Gegenstoss. Da geht ein Höllenlärm los, beide schiessen mit Artillerie aller Kaliber, Gewehre, Maschinengewehre, Schrapnell, Minen, Leuchtkugeln steigen hoch. Die eignen Leute stehn mit 30 cm Zwischenraum. Ich habe Befehl unter allen Umständen zu halten. Man wartet auf den Gegenstoss.

Da steht in einer Ecke ein alter Unteroffizier der Infanterie, Zigarette [71] im Mund und schiesst seine Leuchtkugeln ab und beobachtet die Artillerie-Einschläge. Ich brülle ihm in's Ohr: „Was ist denn los?" Er, gähnend – „gar nichts, furchtbar langweilig!" – Oder man stolpert über etwas und tritt darauf rum, ohne erkennen zu können, was es ist, und plötzlich ruft „es". [„]O monsieur, je suis si malade", und es ist ein Franzose ohne Beine. Ich habe <u>erlebt</u>, dass 4 Mann 62 Franzosen begegnen und sie zur Uebergabe zwingen. Es war ein alter Freiburger Freund, der Gefreite Kaiser, der es fertig brachte und ein Frankfurter Kaufmannslehrling hat sie mit seinem Schul-Französisch dazu beschwatzt.

Was ich so entsetzlich finde, ist das Schicksal der Toten und Schwerverletzten ganz vorn. Wer noch laufen kann, hat ja Aussicht heil herauszukommen, aber wer sich nicht mehr bewegen kann, hat wenig Aussicht abtransportiert zu werden. Und an ein Begraben der Toten ist nicht zu denken.

Wie wunderbar, dass du vom 23. Psalm schreibst. Es war der Einzige, den ich zusammenbrachte, als ich im Trommelfeuer lag – ich habe ihn stundenlang gebetet, habe ihn nach allen möglichen Melodien vor mich hingesungen – Gott wird es mir verzeihen – aber er wurde immer länger. Es wurde so ein Sammelsurium David'scher Psalmen daraus. Aber es war mir eine solche Stärkung. Auch alle möglichen Liederverse, die ich noch wusste.

Pfingsten erlebte ich in der Reserve am Teich. Wir sassen zu fünft in einem Erdloch eng aneinander. Der Regen prasselte auf unsere Zeltbahn herunter wie toll, das

Wasser tropfte überall durch und lief einem in's Genick herein und wir warteten ständig auf den Volltreffer, der uns erledigen würde. Wenn es blos keine Artillerie gäbe! Zu einem Infanterie-Angriff haben die Hunde ja gar keinen Mut mehr. Nun Schluss!
    Ich liebe Euch unsäglich. Betet weiter für mich. Gott schenke uns ein Wiedersehen. Euer Euch lieb[ender] A.

---

22. September
Um halb elf Uhr nachts – ich erzählte gerade von den Fliegerangriffen auf K. da – Alarmschüsse! Wir gingen wieder alle in den Keller. Die Petroleumlampe auf den Boden gestellt. Mir zitterten alle Glieder – ich konnte mich kaum auf den Füssen halten. Nachts ist das viel schrecklicher als am Tag. Nach halbstündigem Warten – es war alles still- gingen wir hinauf. Noch waren die Signale nicht ertönt, die angeben, dass keine Gefahr mehr droht. Um viertel eins ertönten erst 5 Minuten lang alle Sirenen dann 5 Minuten die Dreiklangspfeifen. – Die Stadt war totenstill, kein Pfiff ertönte vom Bahnhof her. Ich horchte in die Nacht hinaus – <u>nichts</u> hörte man, als die zwölf Schläge der Turmuhren. Alles Leben war angehalten. Ich bin sicher, dass kein Zug den Bahnhof verliess – kein leisestes Geräusch von Zugfahren war vernehmbar – und war doch Ostwind. Nachdem aber das 10 Minuten lange Pfeifen vorüber war, hörte man wieder Elektrische fahren, Autos tuten und Züge fahren. Aber der Schrecken, den viele gehabt haben, mag auch manchem geschadet haben! Ich denke an die alten Leute und die Kranken, die man nicht gleich in den Keller bringen kann! – Das soll ehrlicher Krieg sein.

[72] <u>Musik im Lazarett.</u>
Den verwundeten Offizieren war heute Musik geboten. Eine Abwechslung in dem eintönigen Lazarettdasein! Wie gern tatens die Künstler, die man rief, dankbar, dass ihre Kunst hier etwas Freude bringen konnte, dass sie durch die Kunst den Helden danken durften. –
    Einer aber konnte nicht hinaufgehen oder getragen werden, wo man „den anderen" spielte. Und er hätte doch so gern wieder einmal den Zauber der Geige verspürt. In all seine Schmerzen hinein sollte sie klingen und jubeln und klagen – da würde er sie sicher nicht mehr spüren, die wilden Schmerzen. Er war schwer verwundet, aber der Kopf war klar, den hatte keine böse Kugel getroffen.
    Vor dem Krieg hatte auch er Geige gespielt. Nicht als braver Dilettant, nein, ihn hatte der Flug höher getragen, als über den Landstrassen des Durchschnitts. Er kannte die Bergeshöhen der Kunst und war selbst schon ziemlich hoch zu ihnen emporgestiegen – da kam der Krieg! Die Hand, die gewohnt war, den Geigenbogen zu führen, musste die Waffe führen lernen – dann kamen die Kämpfe, dann kam die schwere Verwundung – nun wars aus mit der Geige, wohl für immer, denn der linke Arm war zerschmettert. Aber hören, hören würde er sie gern, wenn sie meisterlich gespielt würde – seine Geige!
    Nun lauschten sie wohl oben, alles war still um ihn – ganz von ferne stahlen sich ein paar Töne zu ihm und machten das Verlangen noch grösser.
    „Schwester, glauben Sie, der Geiger würde mir ganz allein spielen, hier unten an meinem Bett –?" Schon war sie fort, sie wusste, diese Bitte war sicher gewährt!

Und der Geiger kam. Er, der so gewandt war im öffentlichen Auftreten, hier war er fast unbeholfen im Krankenzimmer. Erst als er, die Geige leise stimmend, ans Fenster trat, gewann er wieder seine [72] Sicherheit. Und nun spielte er. Musik von Bach, dem deutschesten der deutschen Meister. Eine Melodie auf der G-Saite zog singend und tröstend in die Herzen der wenigen Zuhörer und verklärte die Züge des Leidenden, dass sie aufleuchteten. Eine Weihe wie in keinem Konzertsaal der Welt lag über dem stillen Zimmer. Hier tat einer Priesteramt. Der Geiger spielte später eine Sarabande desselben Meisers; in vollen, dunklen Klängen, als sänge eine edle Altstimme, zogs durch den Raum. Der Verwundete lag wie in Feierstimmung, ein kindlich-froher Zug, den man nicht vorher an ihm gesehen, auf dem fast knabenhaft jungen Gesicht. Er hatte noch einen Wunsch: ein Menuett von Mozart wolle er hören – und es erklang!

In graziösen Schritten tanzten die Töne die feine Weise. Die melodischen Linien neigten und beugten sich und hoben sich wieder in bezwingenden Rhythmen. Bild auf Bild schien vorüberzuziehen. Ein Reigen schlang sich um die Stätte der Schmerzen. Es war, als rauschten frohe Seidenkleider im Tanzschritt der anmutigen Trägerinnen durchs Zimmer – strahlende Augen und feines Lächeln tauchte auf in der Dämmerung, die über dem Raume lag. Die Rosen am Bett des Verwundeten schienen stärker zu duften. Der Krieg und seine Schrecken waren versunken. So lange die Geige tönte, fühlte der Verwundete keine Schmerzen. Die Suggestion der Musik liess ihn sie vergessen.

Wie aus einem fernen, lichten Traum geweckt, so war es dem jungen Krieger, als die Geige verstummte. Er nahm mit der gesunden Rechten das kleine braune Instrument, dessen Seele ihn für Augenblicke in andere Welten geführt hatte, prüfte es mit Kennerblicken und gab es mit einem Anflug von Wehmut dem Geiger zurück.

Ehe dieser ging, spielte er noch ein Volkslied, das warm deutsche Am Brunnen vor dem Tore, da steht ein Lindenbaum!

Aus einem der benachbarten Räume sang eine weiche Männerstimme mit. Nach und nach sangen noch einige den zweiten Vers und durch das [74] ernste Haus der Schmerzen tönte es

„ich schnitt in seine Rinde
So manches liebe Wort" –

und die es sangen, kamen aus dem Trommelfeuer und aus wilden, grausigen Kämpfen!

Das Lied hatte aber keiner verlernt –
Barbaren! Liebe Barbaren!

[75] 6. Oktober
Die Laternen sind nun ganz abgeblendet, sie sind oben schwarz unten blau gestrichen. – Nachts ist Karlsruhe finster, die Elektrischen sind durch Vorhänge verhüllt – alles der Flieger wegen. – Die Fleischrationen werden immer kleiner, der Milchmann liess uns im Stich, kam einfach nicht mehr. Und wir haben blos einen halben Liter am Tag zu 4 Personen. So wird Trockenmilch getrunken. Butter und Eier kriegen wir minimal! 2 Eier im Monat!! Wir haben uns der Kriegsspeisung angeschlossen. Anna holt

täglich 3 Liter Kriegssuppe, die dick ist, mit Gemüse und etwas Fleisch zubereitet wird und sättigt. Die Mutter isst andere Suppe.

Gestern brachte M. B. unserer Mutter 2 Eier und etwas Butter. Heute erhielt die Schwester von einer Schülerin, der sie kein Honorat verlangt hatte für Unterricht, einige Eier – sollte das, wie ein Pfarrer im Gemeindebote sagt[,] „unrecht" sein anzunehmen? Nein, das ist kein „Hamstern"! Das Nötigste fehlt, dessen der Körper bedarf, um gesund zu bleiben. Der Kommunalverband sorgt nicht dafür, dass man's erhält. Hätte man also gar keine „Nebenquellen"[,] so käme man gesundheitlich herunter, wie wir alle drei es Ende Juli waren. Ich hätte nicht mehr weiterarbeiten können. Es ist einfach Pflicht dafür zu sorgen, dass der Körper nicht so herunterkommt, damit man leistungsfähig bleibt! Und so danke ich Gott, der uns helfende Hände schickt.

10. Oktober.
<u>Abends</u> Alarmschüsse. Wir gingen 1 Stunde in den Keller wegen Fliegergefahr. Unsere Hausbesitzerin, ein älteres Fräulein sass schon mit ihren „Wertpapieren"[,] Feuerversicherung u.s.w. in einer Kassette, unten. Sie zitterte und holte sich bei uns Mut. Mitten in ihrer Angst sagte sie zu mir: „Gelt, es isch jetzt doch gut, wenn mer ledig isch, wenn mer jetzt Kinder hätte, müsste mer se rum trage un da hätt mer <u>noch mehr</u> Angscht!" Dann meinte sie naiv, nachts würden die Sirenen deshalb nicht ertönen, weil die Flieger sie hören könnten!! – Nach einer Stunde gingen wir hinauf und setzten uns, bis das Signal kam, in den Gang und tranken heissen Tee.

11. Oktober.
Hauptmann F. (Feldintendant) erzählte von der grossartigen Organisation der Verpflegung im Feld. Wie da hinter der Front alles bebaut würde, Viehzucht getrieben u.s.w., so dass er bei seiner Truppe, 250 000 Mann, im letzten halben Jahr nichts vom Reich gebraucht hat. Sie hätten so viel Milch, dass jeder viermal die Woche Käse erhalten könnte. Er nannte Zahlen, dass es mir schwindelte! Das Trommelfeuer bei Verdun hat er miterlebt.

An der Somme stünden sich tausende von Kanonen gegenüber. Keine Sekunde schweigen sie. Die Batterien sind nummeriert und werden telefonisch kommandiert, z. B. während 1 bis 100 feuern, laden die nächsten Hundert u.s.w. Diese Art von lang hingeschlepptem Krieg ist ein Unsinn. Aber <u>wie</u> es enden? Wir können doch nicht eines schönen Tages freiwillig abziehen – das Blut der Tausende wäre umsonst geflossen. Ein gegenseitiges Morden!

[76] 11. [!] Oktober
In Grünwinkel auf Milchsuche. Froh und stolz trug ich den halben Liter, den ich aus Gnaden von unserm Milchmann erhielt, in einer Bierflasche heim. Er hatte uns 8 Tage im Stich gelassen, weil er niemand zum Schicken hatte. Nun geht Anna alle Morgen an die Patronenfabrik, dort kommt der Wagen hin, und holt 1 Liter. Gott sei Dank! Der Kommunalverband hat uns gestrichen von der Liste der Milcherhalter. Nur die Mutter erhält einen halben Liter täglich. Aber da der Kommunalverband unsinnig handelt mit der sogenannten „gerechten Verteilung" – muss man versuchen, sich das Allernötigste, ohne das kein Mensch bestehen kann, auf die Dauer selbst irgendwo zu verschaffen. 1 Ei im Monat!!! – Keine Milch! Wenig oder keine Butter, ¾ Pfund Fleisch für 4 Personen in der Woche. Bei Tietz soll man Speck erhalten: das Pfund

8 M. – In den Delikatessen– und Kolonialwaren-Läden sind nur Heringe und getrocknete Fische zu haben. – sonst nichts! Fragt man nach anderem, kriegt man unwirsche Antworten. An einem Schaufenster war Marmelade angezeigt[:] „Erdbeeren Helvetia" stand auf einem Plakat. Da ich schon in vielen Läden vergebens nach Marmelade gefragt hatte, ging ich hinein und wollte diese Erdbeeren kaufen. Die Frau sagte: „die hab ich nicht!" – „Ja, Sie haben doch ein Plakat im Schaufenster! – „ja, das ist nur zum Schaufensterschmuck!!" Ich bemerkte, sie sollte das ehrlicherweise heraustun, wenn sie die Erdbeeren doch nicht im Laden habe – – da kam eine grobe Antwort! An den Butter– und Eierläden hängen anhaltend Plakate: „Heute keine Butter – heute keine Eier." Sie könnten das „Heute" ruhig weglassen, denn sie haben ja nie Butter oder Eier.

Sprüche aus der Zeit.
Was ist der Unterschied zwischen dem Kommunalverband und einem Hering? Der Hering ist für den Kater, der Kommunalverband „für die Katz".
Warum gibt der Kommunalverband keine Butter und Eier heraus? Weil im Kommunalverband lauter „Ochsen" sind! –[57]

21. Oktober
Die Todesnachricht von Hans Gilg kam früh morgens. Also auch er! Von dem ich's nie geglaubt, – den man wunderbar gefeit hielt, weil er durch tausend Gefahren wohlbehütet hindurchkam, erst als Auto-Führer im Westen, dann als Flieger im Osten. Hans, der lustige, blonde 20jährige Junge – nicht mehr! – Der einzige Sohn. Die Eltern schrieben auf die Todesanzeige: In tiefem Schmerz, aber getragen von Gottes Liebe. – Das sagt genug. Mein Herz tut weh. –
Abends ist's jetzt ganz dunkel in Karlsruhe. Die Laternen und alle Lichter gegen die Strasse sind abgeblendet. Kein Schaufenster darf beleuchtet sein. Man tappt im Dunkel, wenn man keine elektrische Taschenlampe hat. Was werden da im Winter bei Nebel oder Glatteis für Unglücksfälle geschehn! Es ist furchtbar!
[77] Nun ist auch Bölcke tot! Der grösste, kühnste aller deutschen Flieger! Er starb infolge Unglücksfalls – Zusammenstoss mit einem andern Flugzeug! Heldenschicksal!

1. November
Ich ging durch den herbstlichen Märchenwald – Turmberg – Rittnertwald – Berghausen – ein Traum – schön, aber vorbei im Augenblick. Und immer war halt der Krieg in meinen Gedanken. Goldene Laubpracht! – Ein Zeppelin flog brummend über den alten Wartturm auf dem Turmberg. – Krieg! –

2.November
Die „Deutschland" hat zum zweitenmal die Reise nach Amerika gemacht! Was sagt die neutrale Welt zu solcher Tat?!

5. November
Kurt kam aus Rastatt. Man wollte ihn wieder als gewöhnlichen „Fahrer" in's Feld schicken, ihn, den ordinierten Geistlichen, der schon zweimal im Feld war und nur

---

[57] Gestrichen: Solche Witze entstehn auf den Kommunalverband im Volksmund.

wegen seiner Lazarettzeit nicht befördert worden war. Da hat der Oberleutnant aber nach Rücksprache mit Kurt ihn zum berittenen Gefreiten gemacht oder eingegeben. Kurt, der längst dies verdient, sagte: „ich bin so froh, hoffentlich kommt's auch dazu, und weißt du, dann hab' ich doch nicht mehr in der Reihe zu stehn und hab' etwas „unter" mir!" Er sagte, dass ihm das Thema seiner Andachtsrede: „Gott legt uns eine Last auf, aber er hilft uns auch, sie zu ertragen" – in den letzten Tagen oft geholfen habe, denn die Kontraste seien zu gross gewesen. Ordination – dann wieder Kasernenhof. Antreten zum Kleider-Appell und mit dem Essnapf! Die Leute wisse nicht recht, wie sie mit ihm sprechen wollen – und er fühlt sich auch nicht so recht an seinem Platz unter ihnen beim Essen.

7. November
Kaum war ich an der Hauptpost vorbei, als die Alarmsirenen anfingen zu heulen. Fliegeralarm! So laut habe ich sie noch nie heulen hören – wie das „jüngste Gericht" so klangen sie nach den 4 Windrichtungen. Instinktiv verliess ich die Strasse und ging in den nächsten Laden, wo schon Frauen mit Kindern auf dem Weg zum Keller waren. Da aber noch keine direkte Gefahr war – Alarmschüsse – ging ich rasch heim. Zu meinem Erstaunen gingen viele ruhig ihres Wegs weiter. Man hat sich in Karlsruhe daran gewöhnt. Heute Mittag waren alle Kampfflieger in der Luft. Das war schon der sogenannte „stille Alarm".
„Gebet und Arbeit sind die „Schützengräben" der Heimat."
Der Schwester träumte es, dass ein Christusbild im Zimmer hing, wo sie, die Mutter und ich waren. Da habe plötzlich der Christus auf dem Bild mir gewinkt und habe, als ich näher trat, sich zu mir herabgeneigt aus dem Bild heraus, habe mich umarmt und mir gesagt: „Ich habe dich je und je geliebt, darum habe ich dich zu mir gezogen aus lauter Gnade."

[78] 17. November 1916
Karlsruhe: Gefangene Russen schaffen hier den Leuten Kartoffeln in den Keller. Ein merkwürdiger Anblick. Sie haben alle die Gefangenen-Nummer am Rock und die russische Soldaten-Mütze auf dem Kopf. Teils sehr nette, gute, teils furchtbar stupide Gesichter. Sie müssen dem Feind das Essen herbeischaffen helfen! Auch auf der fahrbaren Kriegs-Küche (Auto) helfen solche Russen.

21. November
Kammersänger B. vom Theater sang in der Illenau. Als Honorar hatte er sich <u>Kartoffeln</u> erbeten. Könnte ich nur auch meine Kunst in Naturalien umsetzen!
Russen schaffen uns bei Regen 5 Zentner Kartoffeln in den Keller.

2. Dezember.
Ich war im Theater „Kriemhilds Rache" von Hebbel. Ein tiefer, bleibender Eindruck. Diese alten Heldengestalten waren lebendig auf die Bühne herabgestiegen und erschütterten in der Sprache Hebbels. Wie sprach gerade in dieser Zeit das Heldenlied zu mir. Frauentreue – Mannentreue, gegen den König Eidestreue! Sühne, schreckliche Sühne für böse Tat – Fluch des Goldes – alles klang da in markigen Worten gross und gewaltig von der Bühne herab.

4. Dezember
Die Schlacht am Argesul in Rumänien gewonnen. Glockengeläute! Die siebenbürgische Dichterin R. Ziegler[58] schickte mir so viel Schönes und Ergreifendes. Sie musste mit ihrem 79 jährigen Vater fliehen und ist jetzt in Budapest.

12. Dezember. Das Friedensangebot der Zentralmächte.
Es wird nur Hohnlachen an der Themse hervorrufen. Eine Tat bleibt dies Angebot trotzdem. Unsere Heere haben enorm viel geleistet, man braucht nur die Landkarte zu sehen – jetzt nach dem siegreichen rumänischen Feldzug bieten wir Frieden – sie wollen aber nicht.

[ohne Datum][59]
[79] Oberleutnant W. zum zweitenmal schwer verwundet, geht langsam zwischen Mutter und Schwester. Er hat viel erlebt und viel durchgemacht!
Ich hole Tee, erhalte blos 1/8 zu 1 Mark. 1/4 Fisch in Gelee 85 Pfennige. Eine elegante Dame kauft laut ihrer Marke 1 Ei und ist glücklich. Ein winziges Quantum Butter darf jeder als Siegestrophäe mitnehmen.

Weihnachten 1916
Ich habe das Tännchen gekauft im Schneetreiben. Da war mir's zum erstenmal „weihnachtlich" zu Mut, helle Freude wollte kommen. Krieg war vergessen! Aber nur für kurze Zeit. –
Das Tännlein hab' ich auch mit Aepfeln und Lichtern und Lametta geziert. Wie viele Gedanken bewegten mich während ich's tat! So manches „andere" Weihnachten tauchte auf im Geist – ich habe die Zähne zusammenbeissen müssen und Schluss mit der Gedankenwanderung gemacht. –
Die Gegenwart verlangt ein tapferes Herz. –

Neujahrsnacht 1916–17.
Still und dunkel, kein bengalisches Feuer, kein Knallen, kein lauter Ruf – Gott sei Dank – alles still und ruhig und doch feierlich. Wir sassen beisammen und Anna kam herein um 11 Uhr zu einem Glas Punsch und dann las ich eine Betrachtung von Jaeger. Um ½ 12 Uhr brannte gegenüber ein Christbaum. Wie leuchtete sein Glanz herüber zu mir in's dunkle Zimmer und durch die dunkle Strasse. Sie hatten den Sohn aus dem Feld drüben und ich freute mich mit ihnen.

24. Januar 1917.
Eine Abteilung Artillerie zog aus. Feldgraue Männer auf braunen und schwarzen Pferden. Ganz junge Burschen mit Kindergesichtern neben älteren mit stahlhartem Aus-

---

[58] Regine Ziegler (1864–1925) aus Schäßburg (Sighișoara).
[59] Gestrichen: 16. Dezember
Drei gefangene Russen, hübsche, junge Leute, sollen Kartoffeln in das Haus eines Friseurs bringen. Während der Aufseher mit einem andern spricht, schauen sich die drei mit lachenden Augen den weiblichen Puppenkopf im Schaufenster an!
Ein gefangener Alpenjäger schleppt einen Riesenkarton, in dem wohl seine eigenen Habseligkeiten sind, neben einem stämmigen Unteroffizier her. Hoch oben kreisen 2 Flieger, ein Doppeldecker und eine Taube. Die „Taube" macht Schleifen und zuletzt einen glänzenden Sturzflug.

druck im Gesicht. Sehr gut ausgerüstet wie bei Kriegsbeginn, Sattel- und Zaumzeug, alles nagelneues Leder. Einige hatten Blumen. Sie trugen sie mit ernsten Mienen. Voraus ritt die Musik, aber beim Reiten durch die Stadt wurde nicht gespielt. Stumm stand die Menge der Strassengänger und sah dem Zug nach, aus ein paar Fenstern winkten lächelnde Mädchen Abschiedsgrüsse. Hochaufgetürmt folgten Wagen mit Heu, das Futter für die Pferde. Ein ernster Zug durch bittere Kälte. Die Abendsonne stand glühend am Westhimmel.

Heute früh war ein Lazarettzug eingetroffen. Die Autos fuhren hin und her im schneidenden Ostwind. Flieger, unsere Kampfdoppeldecker kreisten über der Stadt. Ob wieder Alarm kommt? Ob sie zwischen dem 18. und 27. was besonders Freundliches planen? Man ist nachgerade den Alarm gewöhnt. Vorgestern als das Bombensignal ertönte, da sassen wir mit Frau Hauptmann, der 82 jährigen und den 2 Mädchen im Gang bis die Sirene das Schlusszeichen gab. Es war kein feindlicher Flieger gekommen.

Am 25. flog nachts 12 Uhr ein Luftschiff „Schütte–Lanz" über Karlsruhe weg und warf Leuchtkugeln ab. Es rauschte so, wie wenn 10 Flieger oder mehr über unser Haus flögen. Der Motor tönte laut, ich glaubte, ich höre Sirenen und erschrak sehr.

[80] Donnerstag, den 25. Jan. spielte ich dem Kriegsverletzten Sch. eine Stunde Beethoven vor und die c moll Fantasie von Mozart. Er hatte sich so nach Musik gesehnt. Nach dem Largo sagte er: „Diese Musik weckt in mir die Stimmung, die ich hatte, als ich heil aus dem Trommelfeuer gekommen war." Er war so froh und dankbar zuhören zu dürfen und ich war es noch mehr, ihm, der so gelitten, eine Freude machen zu dürfen.

Man hat jetzt Bezugsscheine für ein Paar Strümpfe u.s.w. Das Stück Seife 2 M, 1 Pfund Honig 5 M. In Hamburg müssen sie Kohlen <u>pfundweise</u> kaufen. Und eine Person darf nur ¾ Pfund Kartoffeln essen im Tag. Das soll <u>gut</u> eingeteilt sein. Die Einteiler vergessen aber, dass es so und so viele reiche Leute gibt, die sich so reichlich vorgesehen haben, dass sie alle die ausgeklügelten Einteilungen gar nicht zu beachten brauchen! Man braucht keine „Stichproben" im Keller machen, sondern nur die betreffenden Leute <u>sehen</u>, wie wohlgenährt sie aussehen.

Nun hat England glücklich Skandinavien und Holland von allem abgesperrt. Also auch das System des Halszuschnürens. Wenn man keine Armeen zu schicken hat, versucht man's mit dem Aushungern. Das ist der teuflischste Plan, den je die Welt sah. Gegen diesen Plan sind unsere U-Boote noch Glacé-Handschuhe, man sollte teuflische Waffen haben um darauf zu antworten.

8. Februar
Wilson lässt immer mehr seine „Neutralitätsmaske" fallen und zeigt der Welt sein wahres Gesicht! Seit August 1914 liefert Amerika an England Munition und Waffen, verdiente Riesensummen und schickte unaufhörlich!![60] Fern vom Kampfplatz sehen sie so „neutral" wie möglich dem Völkermorden zu und häufen dabei ihre Geldsäcke. Echt amerikanisch!

Nun brach der Macher im Weissen Haus die diplomatischen Beziehungen ab, die Botschafter Deutschlands und Oesterreichs verlassen Amerika „Neutralika" – und

---

[60] Gestrichen: Amerikaner kämpfen zu Land und Luft im englischen Heer –

Wilson ladet die Neutralen europäischer Staaten ein, sich ihm und seiner Note gegen den U-Bootkrieg anzuschliessen. – Er meint wohl, dass die neutralen Staaten Europas gegen Deutschland kämpfen sollen im Namen Amerikas! Gottlob hat er von <u>allen</u> eine Absage erhalten. Heute stand eine schneidige dänische Absage in der Zeitung.

9. Februar. Ich war bei Fräulein P., die 50 Kriegsblätter von mir bezog, die sie in's Feld schickte. Sie ist im wahrsten Sinne des Wortes eine Wohltäterin. Ihr ganzes Denken und Sorgen gilt den Soldaten im Feld, Lazarett und Gefangenenlager.

[ohne Datum, wohl 10. Februar][61]
Dass Naumann[62] einen so vortrefflichen Vortrag über die deutsche Sache in Christiania[63] hielt, ist so erfreulich. Er kann aufklärend wirken und tut es sicherlich.

11. Februar. Zweimal Fliegeralarm, mittags und abends 11 – ¾ 2. Am 10. war wieder Fliegeralarm. Am 11. ebenso. Das helle Wetter benützen sie. Viel ausgerichtet haben sie hier nicht. Drei Arbeiter am Rangierbahnhof sollen verletzt worden sein, ausserdem geringer Sachschaden.
[81] Vorhin als ich mit Frau v. S. im Wald war, heulten alle Sirenen der Stadt. Rasch trennten wir uns und gingen heim. Unsere Kampfflieger kreuzten über der Stadt.
Der 47 jährige Professor Klimsch[64] (Bildhauer) Berlin, ist als <u>Kriegsfreiwilliger</u> in ein Infanterie-Regiment eingetreten. – nach 2 ½ jähriger Dauer dieses Krieges! Der müsste Walter Bloom treffen. Das gäbe ein Paar!

<u>14 Tage Kohlenferien!</u> Alle Schulen geschlossen, Theater und öffentliche Säle bleiben geschlossen. Die Kohlen, die sonst hier täglich verbraucht werden, müssen an solche verteilt werden, die keine haben. Dadurch, dass wir an die Schweiz, Dänemark und Schweden und wohl auch Holland Kohlen liefern, haben wir weniger. Deutschland hätte sonst keine Kohlennot! Auch fehlt's an Beförderungsmitteln.

23. Februar
Nachts von ½ 9 bis ½ 11 Uhr Fliegeralarm. Signalbomben – Abwehrgeschütz – – Es dröhnte mächtig durch die Nacht.

Am 26. Februar spielte ich wieder nach längerer Pause im Offizierslazarett. Frau Müller-Reichel[65] sang unter anderem mein Lied, „das Brünnlein". Ich spielte Chopin, Schumann und Schubert, zum Schluss den Militärmarsch nach Tausigs[66] Bearbeitung.

---

[61] Gestrichen: 10. Februar
 Deutschland schickt so viel Tausende von Tonnen Kohle nach Schweden, Holland und Schweiz – dass es kein Wunder ist, wenn wir frieren müssen um uns die Neutralen im wahren Sinn des Wortes „warm zu halten."
[62] Friedrich Naumann (1860–1919) gründete 1896 den linksliberalen Nationalsozialen Verein. Ernst Lehmann war ein Anhänger und Freund Naumanns, der 1918 Vorsitzender der neugegründeten Deutschen Demokratischen Partei wurde.
[63] Heute: Oslo.
[64] Fritz Klimsch (1870–1960), Mitbegründer der „Berliner Secession" 1898 (u.a. mit Max Liebermann).
[65] Hofsängerin Therese Müller-Reichel, die von 1912–1917 in Karlsruhe tätig war.
[66] Carl Tausig (1841–1871).

1.März
Die Kanzlerrede war wieder ausgezeichnet und was General von Stein von den Repressalien wegen unserer Gefangenenbehandlung in Frankreich sagte, war ebenso deutsch und klar.

Das Spiel, das Wilson spielt, ist heuchlerisch und ekelhaft. Wie passt er zu seiner englischen Verwandtschaft.

Die Schweiz <u>verweigerte</u> das Ausfuhrverbot für Munition. <u>Wir</u> schicken ihr Kohlen – und sie liefert Frankreich dafür Munition! Neutralität in der Einbildung. –

Nun kämpfen an der Westfront gegen uns: Franzosen, Engländer, <u>Russen</u> (die im Süden gelandet wurden), Italiener, Portugiesen und Kolonialtruppen!!!

23 Kriegsblinde haben an Hindenburg geschrieben, sie gäben gern ihre letzten Kräfte her, wenn's gälte, England niederzuringen. Sie boten sich an, für was immer man sie gebrauchen könne. Hindenburg hat ihnen so warm gedankt.

4. März
Die Engländer bekommen keine Grubenhölzer mehr von Norwegen.

Das ist der schwerste Schlag für sie.

Das angebotene Bündnis mit Mexico für den Fall einer amerikanischen Kriegserklärung wurde zwar verraten (was wird heute nicht verraten?)[,] aber es ist doch ein feiner Schachzug auf Amerika! Doppelspiel, Wilson soll sich vorsehen! Japan spitzt auch die Ohren und wird nicht, die Hände in den Taschen, zusehen.

[82] Der Stern
Der Schnellzug fährt durch dunkle kalte Winternacht. Ich bin im langen Wagen der einzige Fahrgast und friere, denn es ist nicht geheizt. Die Scheiben sind zugefroren. Ab und zu huscht bei einer Station, an der wir vorüber sausen, ein matter Lichtschein in meine Dunkelheit, denn der Wagen ist nur schwach beleuchtet. Kein frohes Fahren – kein Lachen und Plaudern um mich – leer und ausgestorben scheint der Zug, wie in einer Gefangenenzelle komme ich mir vor. Der Schaffner, der nach der Fahrkarte frägt, ist wohl der Gefängniswärter? Lesen kann man nicht bei der schwachen Beleuchtung, hinausschauen auch nicht, denn s'ist ja Nacht und die Scheiben sind zugefroren. Also heisst es: h i n e i n schauen in sich selbst! Ist auch nicht schlecht – tut manchmal ganz gut! Wenn's nur wärmer wäre! Ich wickle mich in den Mantel, dass Mütze und Kragen sich fast berühren und der warme Mantel wird liebevoll gestreichelt – er ist ja mein Schutz in der kalten Umgebung! Ja – man behandelte früher seine Kleider viel gleichgültiger, jetzt wird so ein Mantel Freund und stiller Gesellschafter. Er kannte frohe Abende – wie lange ist's her? – wo nach begeisternden Kunsteindrücken, nach fröhlichen Stunden der Geselligkeit seine Besitzerin ihn so lebhaften Temperaments anzog, dass er fürchtete, aus den Fugen zu gehen! Ja – damals! Da war man von Herzen fröhlich – dann kam dunkle Zeit. Krieg und Wirren draussen – Leid und Weh in's Herz. Das Grosse kam und gab den Augen ernsteren Schein und stellte die Weiche des Lebenszuges auf andere Bahn. Es gingen liebe Menschen auf Nimmerwiedersehen. Sie gingen gross und heldenhaft und liessen uns den bitteren Schmerz. Da wurde manche helle Stelle auf unserm Weg dunkel! Not ringsum. Alle Menschen, die das Leid traf, scheinen uns näher gerückt zu sein. Wir sind wie eine grosse Familie, die lernen soll in harter Schule, dass das wahre Le[83]ben auf rauhen Wegen gewonnen wird. Dass das Gehen in weichen Schuhen uns verweichlicht hat, dass das Wegfal-

len von tausend Dingen, die wir glaubten nötig zu haben, uns wohltun soll! Wie ruft „der reisige Michael" beim „Zusammenbruch" des Vermögens eines Freundes – wo alle Verwandten klagen und jammern – aus: „frei, frei – frei!" Das sollen wir fühlen lernen, dass der Besitz uns meist unfrei macht und das Wegfallen desselben unsere Käfigtüren weit öffnet. Auch Leid und Kummer um köstlichen Menschenbesitz, der verloren ging, macht nach und nach frei. Aber weh tut's.

Immer noch fahre ich durch Nacht und Kälte, immer noch sitzt der Druck auf dem Herzen und will nicht weichen. Verzagen? Nein! Tapfer sein! Gott ist ja da. Gott allein kann Abhilfe schaffen in der Weltnot. Menschen – und käme wieder ein Bismarck – können's nicht. Zu sehr verwirrte die Lüge die Welt. Gott! Wie ich aufschaue zu den vereisten Wagenfenstern, da sehe ich, überwältigt ein seltsames: Ganz zugefroren ist die Scheibe bis auf ein winziges Stück, gerade gross genug, um einen leuchtendhellen Stern hereinblicken zu lassen. Klar und ruhig scheint dies Himmelslicht durch das Löchlein der vereisten Scheibe zu mir herein. In all dem Wirren nach aussen und innen ein Feststehendes, Leuchtendgrosses, Ewiges! Grüss Gott Sternlein da oben! Damit du zu mir kommen konntest, durfte die Scheibe nicht ganz zufrieren, weil du mir etwas zu sagen hattest, weil dein Licht hereinleuchten sollte in mein Dunkel. Ich grüsse dich voll Ehrfurcht und Staunen, voll Dank und Jubel, dass Gott Wege findet, zu uns in „mancherlei Weise" zu reden. Was wir zusammen sprachen, das Sternlein und ich, das liess mich Dunkelheit und Kälte im einsamen Wagen vergessen, alle Furcht und Bangigkeit vor der Zukunft war geschwunden, voll Zuversicht sah ich den Weg vor mir liegen, der mir vorher so schwer und dunkel vorgekommen war, – es wurde warm und hell und heimelig um mich, und der hereintretende Schaffner sah plötzlich nicht mehr aus wie ein Gefängniswärter, sondern wie ein alter lieber Bekannter. „Es war ein bislle kalt?" frug er freundlich. – „O nein", gab ich zur Antwort, „ganz zugefroren sind die Fenster ja nicht" – und ich schaute hinauf zu der Stelle, wo vorhin der Stern hereingegrüsst hatte – sie war aber jetzt fest zugefroren. – Sonderbar! Nein, nicht sonderbar! Der Stern hatte ja seine Botschaft ausgerichtet, mit der Gott ihn beauftragt hatte. Ich hatte ihn gesehen im Dunkel der Winternacht.

Nun mochte es noch dunkler, noch kälter werden – seine Botschaft war durch das Dunkel zu mir durchgedrungen. Sein Licht war bei mir geblieben!

[85] 8. März

Landsturmmänner werden mit Musik zur Bahn geleitet. Der Marktplatz ist ziemlich menschenleer. Stumm stehen die Vorübergehenden still und sehen dem Zug nach. Kein Singen, kein Zurufen, kein Winken von Mädchenhänden aus geöffneten Fenstern – keine Blumen schmücken die verhüllten Helme oder Gewehre. Bissiger Wind fegt über den Platz, Schnee wirbelt herab, beschneit sind Tornister und Helme. Ein eisernes „Muss" treibt die älteren Männer vorwärts, sie stapfen schwer bepackt durch den Schnee der Bahn zu. Die Pauke schlägt dumpf und wuchtig den Takt. So ziehen Väter aus im dritten Kriegsjahr!

Die Augen werden mir heiss und feucht. Ich hätte – wie gern – Jedem erwas Liebes, Gutes in die Hand gedrückt und einen Heimatgruss geschenkt – ich hatte nichts – nur ein mitfühlendes Herz, das bebte bei diesem Fortziehenmüssen. –

15. März

Also die Geschichte mit Mexiko! Auch dieser Plan, der erst mit der Kriegserklärung Amerikas ausgeführt werden sollte – auch dieser Plan <u>verraten</u>. Die chiffrierte Nachricht!! – Und China gibt dem deutschen Gesandten in Peking seine Pässe und stellt sich auf Seiten der Entente – alles steht auf dem Kopf! Alles beugt sich[67] vor England!

Unseres Mädchens [Annas] Onkel, der Landsturmmann war da – der erzählt originell aus dem Krieg. Am 24. Dezember hätten die Franzosen „ihnen die Hölle heiss gemacht" – sie waren am 24., 25. u. 26. alarmbereit – von Weihnachtsfeiern keine Spur, erst am 7. Januar in Ruhestellung ein Christbaum <u>ohne</u> Lichter mit Gold- und Silberfäden. Abends Kartoffelsalat und 2 Griebenwürste! „Das war 'mal 'was Gutes."
Er hat mal auf ein „Französle" gefeuert, als es sich, ein kleiner Kerl, mit elektrischer Lampe zeigte, „do hat er knipst un knipst, i hab denkt, lasch em des Vergnüge e Weile, awer wie des Ding e Viertelstund gange isch, da haw i em eins hinpfeffert – da isch awer nix mehr zu sehe gwese!" –

Frau v. S. gab mir viele schöne Bücher, die ich mit den meinen für Kriegsgefangene absandte. Wo die wohl alle landen: der Rosegger „Joggeli" und der Ekkehard?

Ein Ausspruch R. Casements:

„Immer führt England Krieg mit dem Blut anderer Völker in <u>fremden Ländern</u>, wo fremde Städte geplündert und verwüstet werden. An dem Tag, an dem England unter den Schrecknissen einer Invasion leiden und den Krieg <u>am eigenen Leib</u> verspüren wird, werden wir in der Welt Frieden haben, aber eher nicht. Dabei muss das Ziel aller Zivilisation sein, die Sicherheit Englands vor einer Invasion zu zerstören, so dass die Verantwortung für seine auswärtiegen [!] Intriguen und Kriegshetzereien auf England selbst und seine Verbündete zurückfällt."

(Aus einem Brief C. „Schwabenwarte["] No. 31 vom 29. Juli 1916)

Amerika kann kaum noch warten, bis es sich stolz rühmen darf „mit Deutschland Krieg zu führen." Der Schachzug Englands!!

[86] 25. März

Winter, tiefer Schnee. Auch das ist uns geschickt zum Weiterhoffen und vertrauen – trotz allem – –

31. März.

Russische Gefangene, 20 bis 30 Mann, kommen die Kriegsstrasse herunter, braune Mäntel, abgenutzt und schäbige Pelzmützen und Soldatenmützen auf dem Kopf, die Schuhe zum Teil umwickelt, einer hat seinen Mantel hinten mit Inschriften beschrieben! Ein bewaffneter Landsturmmann führt sie, ein Landsturmmann schliesst den Zug.

Es regnet, der Boden ist braun und schmutzig – gerade so braun wie die braunen Gestalten, die des Wegs stapfen, gleichgültig, gesenkten Hauptes wandern sie der Arbeitsstelle zu – einige haben gute, andere stupide Gesichter.

Was ist es, dass ich trotz allem Mitleid mit ihnen empfinde?

Verwundete Soldaten humpeln vorbei – welch ein Bild! Da geht der Feind, der diesen vielleicht zum Krüppel schoss, an ihm vorbei – unverwundet – aber gefangen – und dieser leidet unter der Verwundung! Ich sehe die braune Schar ferner und

---

[67] Gestrichen: in Ohnmacht und verbundenen Augen

ferner ziehen – arme Mutter im fernen Russland – sähst du den Sohn so! <u>Diese</u> Menschen können nichts für den Krieg – sie werden zum grossen Teil unwissend wie die Schlachtopfer hineingetrieben!

Karfreitag 1917
Ich spielte mir aus der Matthäus-Passion die Arie „Aus Liebe will mein Heiland sterben" –

Eine Klarinette schmiegt sich um die edle Melodie der Singstimme, eine Oboenstimme, die, wenn man sie tiefer betrachtet, trotz ihrer Lieblichkeit erschütternd ist. Ehe die Menschenstimme beginnt, singt diese Klarinette in a moll. Leise klagend, staunend, fragend –„kann es denn sein, dass Jesus aus <u>Liebe</u> starb?" –

Aber die Menschenstimme bejaht es:

„Aus Liebe will mein Heiland sterben" [Text unter handgeschriebenen Noten]

Dieses Wiederholen des sechsmaligen f ist so unerbittlich, unerschütterlich, unabänderlich – es hämmert sich in die Menschenseele hinein, die nicht begreifen kann!

Immer neue, herzstärkende, wunderbare Tiefen erschliesst die Musik! Wenn dann zum zweitenmal die Menschenstimme anhabt: „Aus Liebe" und das immer wiederholt, um es den staunenden Herzen endlich, endlich aufzuschliessen, das grosse, göttliche Geheimnis, da brechen aus der begleitenden Oboenstimme so edle Blüten auf, wie Wunderblumen legt es sich um die Melodie und senkt sich nach dem Wort „sterben" wie Balsam in gleitenden Achteln herab ins Dunkel der Harmonie, um sie gleich wieder bei den Worten „von einer Sünde weiss er nichts" aufzurichten zu fester Bestimmtheit. Was Bach allein in dieser Arie an Trost und Tiefe gab, ist unausschöpflich.

[87] Der Hauptmann und Intendant F. (Jurist) kam zum Tee mit seiner Frau. Später aber las er mit aus seinem Kriegstagebuch vor, in das er hauptsächlich das Seelisch-Erlebte schrieb vom Krieg. Zwischen den Seiten lagen Zettel, ein ganz vergriffener, schmutziger, der einen „Befehl" enthielt, den er schrieb, als sein Hauptmann gefallen war und der dann im Graben von Hand zu Hand ging, damit die Leute wussten, <u>wer</u> sie jetzt führe. Die Karte eines französischen Lehrers, in dessen Haus er einquartiert war und der gesagt habe: „So lange Sie unter meinem Dach sind, betrachte ich Sie <u>nicht</u> als meinen Feind." – Er las mir, wie er vor dem befohlenen Angriff Gott bat, dass er ihm <u>Kraft</u> geben möge, seine Pflicht bis auf's Aeusserste zu erfüllen, (er bat nicht, dass Gott ihn heil herauskommen lassen möge!) – las mir von seiner Feuertaufe (8 Tage nach seinem Hochzeitstag) von seiner Verwundung, von einer Patrouille, bei der er sein Leben riskierte und zum ersten Male einen Franzosen tötete mit seinem Revolver – dieser Franzose steckte gerade das Bajonett auf, um <u>ihn</u> zu töten, da schoss er auf ihn. Er glaubte, dieser stelle sich nur tot und kroch dann auf dem Bauch heran, da kam er gerade dazu, als der Franzose starb. Ihn ergriff es so, dass ihm die Tränen kamen (Barbar!) und er sagte dem Sterbenden: „brave camarade, tu entres dans la paix du Seigneur" – darauf habe der Sterbende den Kopf wie bejahend geneigt und sein gestorben. Vor Ergriffenheit habe er fast vergessen, dass sein Verweilen für ihn tötlich [!] sein könne. Dann nahm er der Patrouille das Gewehr ab und kroch damit zurück. Es waren noch drei Patronen darin. Das französische Bajonett ist viel schmaler und spitzer wie das deutsche. Die Art und Weise, wie F. sein Tagebuch führte, ergriff mich. Ein Neutraler, der da hineinsähe, dem gingen die Augen auf über den deutschen Soldaten. Nach seiner Verwundung schrieb er sein Tagebuch mit der linken Hand weiter. Interessante Skizzen hat er von allen Stellungen gemacht.

Seine Leute hingen sehr an ihm, wie er für sie alles tat. Ich war für so viel Vertrauen und Geben so dankbar.

Nun denn, Amerika! Alle Masken fielen, wir sehen überall klar und wissen Bescheid, aber: unsere U-Boote kommen bis St. Franzisko! Unsre U-Boote halten den Hafen von Liverpool umzingelt! Unsere U-Boote sind überall, auch da, wo die Entente sie nicht erwartet!

Und wir setzen neulich an einem Tag 44 Flugzeuge des Feindes ausser Gefecht! Und trotz zahlenmässiger ungeheurer Ueberlegenheit, kamen die Engländer, die ihr ganzes Heer bei Arras konzentriert haben sollen, dort nicht durch und sie werden's nie, wenn sie auch fast die ganze Welt aufbieten, uns zu erdrücken. Russland fängt langsam an, England zu erkennen! England verlangt von Russland Esthland und Livland als Faustpfand und will die Inseln, die dort vorgelagert sind, besetzen, wie es Calais besetzt hat! Dass nicht alle neutralen Staaten endlich die Feigheit verlieren und wagen England gegenüber unabhängig zu werden – das ist mit ein Werk der Lüge, die immer noch allüberall regiert.

18. April
Heute erhielt ich das Kreuz für freiwillige Kriegshilfe – mit einem Schreiben vom Ministerium. Ob ich mich freute? – Ich weiss nicht. Vielleicht als Erinnerung an den Krieg – es ist die Jahreszahl 1914 – 1916 eingraviert. Das schöne rotgelbe Band freut mich. Die erste öffentiche Auszeichnung!! Lieber aber das Kreuz als die Medaille! Ein Kreuz trage ich lieber.

Die Schlacht an der Aisne geht weiter – ob Walter dabei sein muss!

[88] Die Schwester schrieb, dass seit dem 17. April Walter „vermisst" wäre – also französischer Gefangener oder …

Er stand bei Reims, wo die Franzosen sein Regiment einkesselten und ihnen in den Rücken fielen. – Wir hoffen und warten –– der Nachrichten. Worte sind nichts, gar nichts, angesichts der Tatsachen.

Das ungeheure Geschehen draussen hat etwas in mir zum Erstarren gebracht – ich fühle Gottes verborgenes Walten in all dem Grauen und Schrecken und unser Unvermögen, das zu fassen, was da geschieht und geschah – sowohl das Bestialische dieser feindlichen Kriegsführung, als auch das Heroische des Standhaltens.

Solange diese wilden Wogen über meiner Seele zusammenschlagen, solange bin ich unfähig „Schmerz" zu empfinden, – soweit kam es! – nur ein Gefühl erdrückender Schicksalsmächte spüre ich und hoch darüber den lieben Vater im Himmel, wie er alles zu unserem Besten lenken kann und will. –

6. Mai.
Ich behaupte, dass nicht nur die, die Väter oder Söhne im Feld haben, so starken inneren Anteil an dem Geschehen draussen nehmen! „Das Vaterland", – das ist mehr als „Mann", „Sohn", „Bruder"!
Es haben gar nicht alle so starke Seelenorgane! Es ist so oft nur das rein Menschliche, die „Fleischesbande", die die Brücken schlagen hinaus zu den Kämpfenden! Er fiel! „Es war mein Sohn" – Nein! Er fiel für Deutschland, es war unser aller Sohn, Bruder, Vater! Tretet einmal zurück, selbstische Bande und macht Raum dem grossen, freien idealen Band, das dieser Krieg ernst und herb und doch so stark und unzerreissbar flocht von Mensch zu Mensch, vom Einzelnen zur Allgemeinheit. Damit ist dir, o

Mutter, dein Sohn nicht „geraubt", im Gegenteil, sein Siegen und Wiederkehren – oder sollte es so sein: sein freudiges Kämpfen und Sterben für das grosse Heimatland und Heimatvolk ist dadurch geweiht zur höchsten Weihe, verklärt zu höchster Verklärung.

Gestern erhielt ich von Helmut einen Brief. In wenig Worten so viel Zuversicht, so viel Dankbarkeit, für das, was er bei seiner Truppe erlebt, so schlicht in Stil und Wort und doch so tief und stark, dass ein Hindenburg seine Freude daran gehabt hätte.

Ich meine, die Zeit wird immer grösser und bedarf immer weniger „Worte", immer mehr „Taten"!

Am Himmelfahrtstag fuhren wir nach Herrenalb und stiegen bei bewölktem Himmel hinauf durch den herrlichen Tannenwald – o tat das gut! Im „Rössle" kochte man uns Bohnenkaffee und stellte Vollmilch und Butter vor uns hin. Das hatten wir lange nicht gesehen und erlebt. Als wir der 74 jährigen Wirtin erzählten, wir bekämen zu dritt ¼ Liter Magermild pro Tag und nie Butter – da sagte sie: "Magermilch? Die tät mei Katz nit nemme! Die tät sie stehn lasse!" – Ja, die Leute, die Kühe im Stall haben, wissen nicht, wie es jetzt in der Stadt zugeht. Der Vorschrift nach sollen wir zusammen einen halben Liter Magermilch erhalten, meist erhalten wir aber keine oder nur einen viertel Liter oder Sauermilch, der aller Fettgehalt fehlt.

Am 15. Mai war eine „vaterländische Feierstunde" für die Museumsgesellschaft. Herr Godek aus Mannheim las meisterlich zusammengestellte Auszüge aus Reden Fichte's, Briefen von Friedrich dem Grossen, Arndt, Stein und Bismarck. –

[89] 31. Mai
Gestern war ich in Baden. War das ein herrlicher Maitag! Ich habe Baden lange nicht besucht, und sah es in seiner ganzen Blütenpracht – im Krieg.

Im Erdgeschoss des badischen Hofes standen die Fenster auf – da waren früher elegante Speisesäle – jetzt sieht man Bett an Bett, sehr sauber weiss bezogen, die nicht belegten Betten tadellos gemacht. Soldaten in Lazarettkitteln sassen still beschäftigt am Fenster. Ein gefangener Franzose in roten Hosen, die Pfeife im Mund, wird von einem barfüssigen Jungen gerade vorbeigeführt, wohl der Arbeitsstelle zu. Er schaut neugierig hinein und raucht behaglich weiter!! –

Ich gehe durch die Lichtenthaler Allee am Messmer-Hotel vorbei, hinauf nach der „Gretel". Still ist's um die Nachmittagsstunde. Die Hotels scheinen alle besetzt, einige Stunden später erwies es sich mit Was für Kurgästen – meist Kriegsgewinnler.[68]

1. Juni Rastatt.
Ich war in Rastatt sehr erstaunt über die weiblichen Bediensteten an einem Güterzug, die in blauen Tuchhosen statt in Röcken, flink am Wagen emporkletterten und Signale gaben, dann unter dem Wagen durchschlüpften, um auf die andere Seite zu gelangen. In der Bahn kam ich in's Gespräch mit einer Frau in Trauer. Vor 4 Wochen hatte sie ihren Mann im Krieg verloren. Sie zeigte mir sein Bild, ein starker, schöner Mann von 42 Jahren. Sie sagte, das Leben sei ihr fast zu schwer. Als sie ihren Mann im Sarg gesehen hätte, da habe sie geglaubt, sie müsse Gift nehmen um ihm folgen

---

[68] Gestrichen: Berlinern u.s.w.

zu können – aber sie habe eingesehen, dass dies Sünde wäre und sie wüsste, dass ihre Kinder sie brauchten. Wenn sie ihnen nur mehr zu essen geben könnte! Ihr 15jähriger Bub habe immer so Hunger, wenn sie ihm auch viel hinstellte. Sie hätten sich aus Liebe geheiratet, sie hätte nie geglaubt, dass ihre Ehe von so kurzer Dauer wäre, alles käme ihr jetzt schal vor. – Um uns sangen 14jährige Gymnasiasten in Tourenanzügen „Zupfgeigenlieder"[69], einer hatte die Guitarre und „klimperte" dazu – – draussen hinter den blauen Bergen der Hardt sank die Sonne, der Himmel flammte rot. Die Felder standen herrlich, das Korn schon hoch in den Halmen – – war denn noch Krieg? –

Die Frauen in Männerkleidern führen es vor Augen. So gut und anständig, ja hübsch in der ungewohnten Kleidung sahen sie aus, 2 schlanke Gestalten, das Haar ganz unter der Dienstmütze verborgen, tadelloses Schuhwerk – und wie die Wiesel und Eichhörnchen kletterten sie an den Wagen herum und darunter durch. Nachtdienst begann. Wir fuhren heim, sie mussten beim Güterzug bleiben. –

3. Juni
Morgens 8 Uhr. Wir sitzen – es ist Sonntag – alle vier mit der Schwester am Kaffeetisch, geht die Türe auf und Kurt steht da! Feldgrau, das schwarzweisse Band im Knopfloch, schwere Kanonenstiefel an den Füssen – das war eine Ueberraschung! Er blieb bis 6 Uhr und fuhr dann mit seiner Mutter nach Mannheim: Was erzählte er nicht alles.

Die Schlacht in der Champagne – er sah dem Tod in's Auge! – Die Gasangriffe! Aber er war los davon und konnte alles abschütteln und sich glücklich fühlen. Der breite Kanonenstiefel bedeckte fast das ganze Pedal. Die sonnverbrannten, ungemein festen Männerhände konnten so weiche Klänge herausholen, dass ich aufhorchte! Das also war ein Deutscher, der aus Feuer und Hölle kam. Sass da, alles Schreckliche vergessend und spielte Volkslieder und sang mit weicher Stimme dazu.[70]

[90] <u>Zum Gedächtnis eines Gefallenen.</u>
Du gingst. Gingst weit von uns fort, eilenden Schrittes, glühenden Herzens, leuchtenden Blicks. Mitten im Frühling gingst du – in einer Morgenstunde. Kein Pfad führt dahin, wo deine Spur im Lichte schwand. Wir standen lange und suchten deine Spur und fanden sie nicht, weil unsere Augen voll Leides und Trauern waren über dein Gehen. Wir glaubten, Dunkel decke dich und in rätselvolle Nacht wärst du gegangen, weit fort, dass wir nie mehr Teil hätten an dir und deinem frohen, sonnigen Wesen. Wir trauerten um dich und um uns war Dunkel.

Du aber gingst unterdessen befreit, losgelöst von allen Schrecken des Krieges deine Bahn weiter, unserem kurzsichtigen Erdenauge unsichtbar, gingst weiter auf dem grossen, freien Weg, der hoch über unserem kleinen Erdenweg führt. Ich fühle, dass du l e b s t , und dass dein frohes, helles Wesen, das hier noch Schlacken trug, sich freier entfalten kann. Nun bist du mir ganz nahe, so nahe warst du nie, als du hier unter uns weiltest, nie, selbst wenn du mich in deiner überquellenden Art in die Arme nahmst. Jetzt bist du mir näher gekommen, denn ich sehe dich in der Vollendung

---

[69] Gemeint sind Lieder aus dem „Zupfgeigenhansel", dem von Hans Breuer zuerst 1909 herausgegebenen Liederbuch des Wandelvogels und der Jugendbewegung.

[70] Gestrichen (auf Bl. 92): Marie verbarg ihre Tränen, die ihr im Gedenken an den noch immer vermissten Walter kamen.

deines Wesens. Das war, als du im Kampfe fielest, fern, fern der Heimat. Da, in jener Morgenstunde tratst du den Weg deiner Vollendung an. Die Morgenstunde jenes Frühlingstages fand dich: ein Mann, ein Held, ein Vollendeter, ein Geweihter.

Seit dieser Zeit deines sichtbaren Entwücktwerdens, tratst du meiner Seele nah und näher. Oft gehst du mir zur Seite, redest mit mir, redest mir Mut ein und sagst leise: Sei doch t a p f e r und s t a r k ! und leise antwortet's in mir: Wie d u es warst!

Ja, ich will es sein! – Wir wissen nicht, wo das ruht, was deine Seele verhüllte und ihr oft Hemmnis war, sich so zu zeigen, wie sie eigentlich war. Du aber, dein wahres Wesen, du schreitest weiter mit glühender Seele und leuchtendem Blick, wie wir dich zuletzt gesehen [90] haben.

Ich sehe dich wiederkehren. Nicht mit den staubbedeckten Kriegern, aus den schrecklichen Kämpfen nach dem Ende des Krieges, sondern mit den staubbefreiten Helden, den tausend und abertausend deutschen Jünglingen und Männern, herausgerissen aus Jugend, Familie und Freundschaft. Du kehrst uns wieder nach kurzer Erdennacht und Erdentag – unsere Seelen werden sich wieder finden in des grossen Vaters Haus, das „viele Wohnungen" hat. Du wartest auf uns. Wir gehen dir täglich eine kleine Spanne entgegen. Täglich! Du bist unterdessen ganz nahe um uns. Näher als früher. Dein Geist sucht die Stätte, wo er zuhause war und keine Schranke von Menschenhand kann ihn mehr hemmen. Kein Grab birgt dich, keine Gewalt vernichtete dich, keine Macht kann uns wieder ferner rücken, nur Kleinglaube und hoffnungslose Trauer! – Die willst du nicht? Du willst uns stark sehen.

Wo du willst, willst du, dass es hell und froh sei, so warst du unter uns, so würdest du uns zurufen, wenn deine Stimme dem leiblichen Ohr vernehmbar wäre, Wir bleiben bei dir und gehen langsam, still und aufrecht deiner Spur nach, die a u f w ä r t s führt und uns immer mehr dem Lichte zu geleitet, wo du nun weilst. Denn nicht glaube ich, dass Heldenseelen im Dunkel bleiben.

Ich grüsse dich – grüsse dich über alle Erdenschranken, über Tod und Dunkel hinweg, du lieber, lieber freigewordener Bruder!

[92] 15. Juni
Der Vertreter eines Musikverlags war abends bei uns. Kriegsinvalide, ein 28jähriger, sympathischer Mensch. Er wollte fragen, ob ich dem Verlag die 2 Lieder „Landsknecht Luther" und das „Requiem" übergebe zum Druck. Ich frug ihn, da er etwas stotterte und das steife Bein weit ausstrecken musste beim Sitzen, nach seiner Verwundung. Da erzählte er: Oberarm, gleich darauf in die Seite, die Kugel streifte fast das Rückgrat beim Austritt. Der zweite Schuss warf ihn um und kaum lag er, bekam er den dritten Schuss, der ihm das Kniegelenk zerschmetterte. Er hatte noch so viel Geistesgegenwart, mit dem Gurt des Brotbeutels das Knie zu unterbinden, um nicht zu verbluten – einen Tag und eine Nacht lag er so – dann holten ihn Sanitäter. Als sie ihn auf der Bahre forttragen wollten, begegnete ihnen eine englische Patrouille, die die Krankenträger erschoss. Er stellte sich tot, hielt den Atem an und erwartete sein weiteres Schicksal. Da stach ihm einer der Engländer in den rechten Oberschenkel – von dem Augenblick hat ihm der Schrecken die Sprache geraubt. Drei Monate konnte er nicht sprechen – heute noch stottert er. Ich frug ihn, wie er denn dann weitergeschafft worden wäre- da sagte er, dass die Patrouille verschwand, und später kamen Kameraden. Da er nicht rufen konnte, habe er eine Handvoll Erde genommen

und einem nachgeworfen, um ihn aufmerksam auf sich zu machen. Dann kam er in's Etappenlazarett. Das war in einem alten Kloster eingerichtet. Eines Tages lag er am offenen Fenster, grosse, weite Bogenfenster seien es gewesen- da sandten die Engländer Granaten herüber. Der Luftdruck einer nah vorbeirasenden Granate habe ihn von seinem Lager weggerissen und im Bogen einige Meter weit weg geschleudert. In dem Augenblick habe er wieder <u>schreien</u> können und später sei langsam die Sprache wieder gekommen. Man sah ihm an, was er durchgemacht hat. Drei Rippen wurden ihm herausgenommen, die ganze Kniescheibe entfernt und Muskeln herausgeschnitten, so dass das linke Bein immer mehr abmagert. Er hat einen Apparat zum Gehen und kann nur auf einem Kissen sitzen. Die linke Hand ist sammt Arm halb lahm, so dass er auch nie mehr Geige spielen kann. – „Aber", sagte er, „ich danke Gott, dass ich sehen und hören und noch arbeiten kann. Ich habe immer gebetet, dass ich mit einem ungeschwächten Verstand und der <u>rechten Hand</u> heimkehren darf. Sonst lieber tot sein." Kein Wort gegen den Feind, kein Wort der Anklage oder Klage. Voll Dank für seine Pflege war sein Herz. –

16. Juni.
Gestern Abend sass ich bei Frau von S. auf dem Balkon. Gerade hatte sie mir einen Teller Erdbeeren hingestellt – da ertönte der Fliegeralarm! Ich ging, es war 10 Uhr, schnell heim, damit die Mutter sich nicht ängstigte – schon in der Hirschstrasse ertönte von oben ein Alarmschuss, abgefeuert von einem Flieger, wie ein Blitz glitt er vor mir herunter. Ein barfüssiges Büblein, das neben mir herlief, begann zu weinen und ich musste es ermutigen. Zuhaus kamen dann die Bewohner des dritten und vierten Stockes in unseren Gang, bis die Schluss-Sirenen ¾ 11 ertönten und die Gefahr beendet war.
    Rache für London?? Was ist London im Vergleich zu Karlsruhe! Was geht von London aus gegen uns! Dieser Stadt können wir uns nur von oben nähern, sie ist stark befestigt und mit allen Verteilungs[93]mitteln versehen. England weiss, dass die kühnen Flieger keine Gefahr scheuen, sich diesem Zentrum der englischen Machtstelle zu nähern und es zu bombardieren. Wir haben ja kein anderes Mittel, sie, die auf der festen, abgelegenen Insel sitzen, anzugreifen. 26 Scheinwerfer, so haben unsere Flieger gezählt, suchen dort den Himmel nach dem Feind ab. Man sagt, wir könnten London ganz vernichten, kraft unserer Luftflotte, in einigen Tagen sei dies möglich – der Kaiser gäbe aber nicht die Erlaubnis.

17. Juni.
Auf dem Turmberg am Sonntagmorgen. In der Elektrischen sass an der Haltestelle eine Schaffnerin und erzählte ihren beiden männlichen Kollegen weinend von ihrem Los. Sie hatte keine oder sehr traurige Nachrichten von ihrem Mann. „Die Angst um ihn bringt mich noch unter den Boden" schluchzte sie. Ihre Augen waren rot vom Weinen. „Ja, da kann man nichts machen, da hilft eben alles nichts, wir müssen einfach ausharren," sagte der blonde Wagenführer und trat mit energischem Schritt, als wolle er sein Mitgefühl betäuben, an seinen Führerplatz und drehte den Motor an. Die Frau begann, sich fassend, ihren Dienst. Im schweren, grauen Dienstrock und Tuchmütze mussten sie fast ersticken bei der Hitze, die Frauen in der Elektrischen trugen alle leichte Sommerblusen. Sie tat schweigend ihre Arbeit, zog die Vorhänge gegen das grelle Licht vor, frug freundlich nach dem Ziel unserer Fahrt – knipste die Fahrkarten

und wechselte Geld – es war Sonntag, lachend heller Sommersonntag. Davon merkte die Frau in der heissen Dienstjacke wenig – und das Weh lag schwer auf ihr. Wie freundlich waren ihre Kollegen gegen sie. Da und dort sah ich, wie man sie frug und wie sie den freundlichen Fragen mit hellerem Gesicht antwortete. Ich fühlte die Not der Zeit mit dieser tapferen Frau.

Der König von Griechenland hat dem Thron entsagt, nachdem die Entente das Land immer mehr bedrängte und besetzte. Und die Neutralen schweigen dazu, wie anders als bei unserm Einmarsch in Belgien.

21. Juni.
Unsere beiden Feldgrauen kamen. Ich habe mich fast „überfreut", als sie unter der Tür standen. Helmut Vicewachtmeister, Kurt „noch" Unteroffizier, bald aber auch dasselbe wie der jüngere Bruder. Zuerst sprachen wir von Walter. – Vom Tod im Feld – beide sagten, wie ganz anders dieser Tod wäre, als man früher glaubte, beide haben sich mit dem Gedanken vertraut gemacht. Dann gingen beide wieder fort. Das Herz tat mir weh. Ich wollte mit zur Bahn, da kam aber ein Gewitter, Staubwolken und Dunkelheit – so ging ich nur bis zur Elektrischen mit. –

„Als wär's ein Stück von mir"

so klang es stark und tief in mir, als ich sie hellen Blicks, grüssend auf der Elektrischen stehen sah.

30. Juni.
Griechenland ist, dem Druck der Entente folgend, zu dieser übergetreten. Venizelos hat – vorläufig – erreicht was er wollte -. Die diplomatischen Beziehungen zu den Mittelmächten hat Griechenland abgebrochen. – Und in Frankreich setzen sie die Verhetzungen gegen uns fort, damit die Armee noch aushält. Ohne die Lügen und Verleumdungen wäre dies ja nie gegangen! – Die Hölle entsendet viele Geister. –

[94] 6. Juli.
Heute Nacht 1 Uhr gingen Alarmbomben los – Fliegergefahr! Zu gleicher Zeit schellte jemand wie rasend an der Haustüre – natürlich, beim Alarmschiessen wollten die Menschen in ein Haus flüchten und schellten an allen Stockwerken. Ich zog mich schnell an und schloss das Haus auf – es war aber niemand mehr da. Dann dröhnten die Abwehrgeschütze eine halbe Stunde lang! Um 4 Uhr ertönten die Schlusssirenen – die Gefahr ist beseitigt. Sie hatten Sperrfeuer hinaufgeschickt und die Flieger verhindert hier Bomben zu werfen. Diese wurden über Mannheim und Worms, Trier u.s.w. abgeworfen planlos, ohne auch nur irgend militärischen Schaden anzurichten.

Wie anders unser Fluggeschwader, das gestern ein zweitesmal London ganz erheblich bedrohte und die grosse London-Brücke, Bahnhof Charing-Cross und Docks mit Volltreffern traf! Der englische Bericht dieses mächtigen Angriffs auf die sonst so „sichere" Stadt, war sehr rühmlich für die Tapferkeit und Zielsicherheit unserer Geschwader, die vor dem Abwehrfeuer der Riesenstadt London nicht zurückschrecken und immer wieder dort militärische Anlagen schädigen. Kriegsrecht!

13. Juli [In der Vorlage ausgestrichen]
Es toben die Krisen um den Kanzler und die Regierung. Gottlob ist das Erscheinen des Berliner Lokalanzeigers und des „Tag" für einige Zeit verboten. Was sind das für

sensationssüchtige Blätter. Was sie heute als „Neustes" veröffentlichen, müssen sie morgen dementieren. Und das Volk wird so verhetzt und irregeführt.

Der Kanzler hat versagt bei Beginn des Kriegs – seinen Aussagen nach war er von allem unterrichtet, <u>dann</u> aber hätte nie geschehen dürfen, was geschah. Die Konsuln im Ausland haben alle nicht „geahnt" von der Gefahr, oder so getan, als wüssten sie von nichts. Die besten Schiffe liefen aus deutschen Häfen aus! Wir schickten Hafer und Roggen in Massen fort – statt sie zu behalten und nun liegen die Schiffe beschlagnahmt da und dort bei der Schar unserer ungezählten Feinde! Der Kaiser scheint kein Menschenkenner zu sein – er bewies dies auch vor dem Krieg, als er immer wieder nach England reiste und die Stricke nicht sah, die man langsam von allen Seiten ihm um den Hals legte! Keiner seiner Minister warnte ihn. Niemand ahnte – – ja, du Volk der Träumer, trotz deinem vielgescholtenen Militarismus, bist und bleibst du der deutsche Michel mit der Zipfelmütze, der gutmütige, arglose!

14. Juli
Der Kanzler von Bethmann-Hollweg hat seine Entlassung einreicht!

15. Juli.
Dr. Michaelis ist zum Reichskanzler ernannt. Er war bisher Unterstaatssekretär.

15. Juli [!]
Die kleine Bronze, die ich habe[,] und das Messingtintenfass wandern auf den „Munitionstisch" – was soll mir das holländische Fischermädchen auf dem Schreibtisch? Besser eine Kugel gegen England daraus giessen!
    Ich sah heute hochgetürmte Munitionswagen, die Kisten wurden von Frauen, die auf den Wagen standen, gehalten. Sie schienen ganz froh bei ihrer Tätigkeit. Eine junge Briefträgerin, die der schwere Riemen über der Schulter schmerzte, nahm ihre schwere Tasche wie ein Paket und trug sie so! Wie mögen die Riemen sich schon auf ihrem Körper abzeichnen, bei solch ungewohnter Arbeit.
    [95] Mein Kriegsspruch wurde nach harten Kämpfen im Westen, in einem Regiments-Gottesdienst gesungen. Das schrieb mir R. F. Mit ist das die tiefste Freude gewesen, die ich an dem Lied erlebte.
    Ich habe an Professor M. B.[71] – Berlin ein Paket Gelberüben und Bohnen geschickt, weil er geschrieben hatte „wir haben fast nichts mehr zu essen!" – Die Gemüse sind so teuer in Berlin. Das Pfund Bohnen 2 MK! Hier 22 Pf.

29. Juli.
Das Leben erscheint mir heute nach dem Lesen von Rittelmeyers „und hätte der Liebe nicht" doppelt wertvoll, sinnvoll – aber auch doppelt entgleist und verzerrt durch den Krieg. Dass die neutralen nicht erwacht sind in den drei Jahren und sehen, was England für Ziele mit der Welt hat[,] bleibt mir das grösste Rätsel dieses Kriegs. Deutschland ist doch das Land, das in Feindesland steht und das trotzdem zweimal den Frieden anbot. Es erntete dafür Hohn und Spott und Verachtung.
    [Nächster Absatz ist durchgestrichen:] Ich war bei Frau v. B. und freute mich so an allem, was da herausklang aus ihrem Gespräch. Ueber Bethmann-Hollweg denkt

---

[71] Max Bruch (1838–1920), der Kompositionslehrer von C. F.

sie auch so: ein guter, vortrefflicher, feiner, vornehmer Mann, aber kein Staatslenker. Seinen Gaben waren Grenzen gesetzt, die er selbst nicht sah, sonst wäre er früher gegangen. Der Kaiser hing an ihm und liess sich, selbst als Hindenburg vorstellig wurde[,] nur schwer überzeugen.

4. September
Riga gefallen! Welche Tat inmitten des immer stärker einsetzenden Feindes! – Ueberraschend kam die Nachricht, kein Mensch dachte an solch grosses Geschehen! Gott gab die Kraft und liess es gelingen, dass die Deutschen, trotz all der Schlingen, die der Feind legt, die Kraft haben, mehr zu erreichen als alle Feinde mit ihrer gewaltigen Uebermacht. „Im Streite zur Seite ist Gott uns gestanden" so klang es in mir, als ich heissen Auges die Nachricht vernahm. Herrlich strahlte der Tiefe Himmel über der Baar an diesem denkwürdigen 4. Sept.

In der Bahn fuhren wir mit einem jüdischen Ehepaar. Die Dame erzählte, dass sie in D. selbst Haushalt führe. Die Leute, bei denen sie wohnen, sind arm und haben viele Kinder. Da habe sie gesehen, dass die Frau, die auf dem Feld arbeiten muss, keine Zeit habe, die Strümpfe der Kinder zu flicken und nun habe sie das als „Kriegsdienst" übernommen. Für 6 Kinder! Das ist schon eine Arbeit. Ich freute mich, dass die feine Dame das tat.

5. September in Königsfeld
Ich war in der Sprechstunde des Arztes Dr. H. Im Wartezimmer wurde es immer voller. Auch ein gefangener Russe kam mit seinem „Herrn", bei dem er in Arbeit steht. Es war ein sonderbares Bild, den etwas finsteren, kränklich aussehenden Mann in der zerriebenen blauwollenen Jacke und der Gefangenenbinde am Arm unter den Schwarzwälder Bauern und den freundlichen Pflegeschwestern zu sehen. Sein „Herr" erklärte mir: der Mann ist durch und durch krank, er ist von der Krim, erträgt den Winter hier nicht und hat schon viel mitgemacht, vor diesem Krieg den japanischen Feldzug! Frau und [96] Kinder hat er zuhause! Den Hals und die Hand hat er verbunden. Es geschieht <u>alles</u> für ihn, aber sein Körper ist zu sehr mitgenommen von den Strapazen des Kriegs. Er verständigte sich mit dem Gefangenen, der ein paar Brocken Deutsch konnte. Als ich bedauernd zustimmte, sagte ein Bauer aus dem Kreis: „und <u>Unsere</u> Glauben [!] sie, die würden so gepflegt wie der da??" – Und die Schwester erzählte von der elenden Behandlung, die unsere Gefangenen dort in Russland haben, dass sie schon ihre Kleider angeknabbert hätten in der Verzweiflung des Hungers!

Wir sprachen abends mit[72] Pfarrer F.[,][73] der ein kluger Mann ist. Er war vor 10 Jahren in England und gab damals dasselbe Urteil ab über E. wie jetzt. Wir sprachen über die Fragen, warum die Deutschen so unbeliebt wären in der Welt, ob das wirklich nur am deutschen Kaufmann läge? – Nein, Deutschland ist zu rasch gewachsen in jedem Sinn und da sind seine „inneren Organe" nicht mitgewachsen, nicht ebenso rasch gewach-

---

[72] Gestrichen: Dr. W. und
[73] über die Lügen bei Trauungen und Beerdigungen. In Hessen wird bei letzteren nie ein Lebenslauf verlesen und Pfarrer F. lobt den Toten nie, er predigt den Lebenden am Sarg des Toten. Dr. W. bewunderte den Ritus der katholischen Kirche, die bei jedem Begräbnis, ob hoch, ob nieder, mit dem Spruch beginnen lässt: „so du willst, Herr, Sünde zurechnen, Herr, wer wird bestehen?" Den Gerichtsgedanken stellt die Kirche obenan.

sen wie sein gewaltiger Körper. Wir behaupteten uns nicht genug, wir passten uns immer den Ländern an, in die wir gingen, sprachen – so gut es ging – deren Sprache, (was die Engländer oder Franzosen bei uns nicht taten!) nahmen – eine Schwäche von den Deutschen – von ihnen alles mögliche an und bildeten uns noch etwas darauf ein. Alles Ausländische <u>imponierte</u> uns! Das war unsere Schwäche. Der Engländer bleibt Engländer, ob er in Deutschland oder wo immer reist.

„Die Welt ist eine grosse Orgel, die Gott spielt und zu der der Teufel den Blasebalg tritt." Melanchton.

Sonntag, den 9. September.
Professor W. sagte heute, er glaube, dass spätere Jahrhunderte unsere Jetztzeit ganz furchtbar hinstellen würden. Eine Zeit, wo die Kunst nur das „Tierweib" und den „Tiermann" kennt, nur das Sinnliche, Leidenschaftliche das, was die Nerven reizt und in Spannung hält – wo die Religion und Sitte ganz zur Privatsache wurde und das Parvenütum und die Aeusserlichkeit tonangebend sind. (Geld, Titel, Macht)

Heidelberg-Ziegelhausen.
Nach schwülen Tagen strich ein kühler Wind übers Wasser, als wir im Boot hinüberglitten, von der Stiftsmühle zum anderen Ufer. Nichts Hastendes war da wie in der Stadt. Ruhig stand der Schiffmann, zündete sich erst langsam und bedächtig seine Zigarre an und stiess dann das Boot ab. Grünes Fliessen, lautloses Gleiten – und wir waren drüben. Dann stiegen wir den Wolfsbrunnenweg hinauf. Im Sonnenflimmer lag Heidelberg mit seinen Kirchen und Brücken. Ein Nachen trieb Neckarabwärts, sonst lag der Fluss frei und verlor sich in Duft und Glanz 'gen Westen. Rotes Weinlaub leuchtete da und dort an den verstecktliegenden Villen oben am Schlossberg. Ich dachte im Vorbeigehen, ob wohl in diesen schönen, idealgelegenen Häusern eitel Glück und Freude herrsche. Da geht man vorbei und sagt: wie schön! Und wer weiss, wenn man die Türen aufmachte, [97] ob man dann noch rufen würde: wie schön! Denn des Menschen Glück hat nichts zu tun mit all dem äusseren Schönen, womit sich die Reichen umgeben können. Wir aber, die wir vorbeigehen, freuen uns an der schönen Aussenseite. Der gesprengte Turm am Schloss lag in rotem und grünem Laub versteckt, und als wir durch die drei Tore in den Schlosshof traten, schlug der Zauber der Romantik mit starken Flügelschlägen um meine Seele. Ewigschön – geheimnisvoll und mit gedämpfter Stimme zu uns redend umgibt einen hier eine Vergangenheit, die zur Gegenwart wird, wenn wir sie zum Reden bringen. Als wir hinuntergingen, den Gewölbeweg unter der Terrasse, da sah man zwischen roten Herbstranken, die über die grossen Bogenfenster herabfielen, ein Stückchen Neckar im Abendrot leuchten! Die Gegend an der Stiftsmühle hat einen eigenen Reiz, so einen deutschen Zauber. Ich musste gestern denken: man könnte sie mit einem schlichten, deutschen Mädchen vergleichen, die nichts Prunkendes, Prächtiges, in die Augen fallendes hat, sondern deren ganzer Zauber vielleicht nur in zwei braunen Augen, in dem treuherzigen, geraden Wesen liegt. Anmut und Liebreiz ist das Geheimnis solcher Schönheit!

Am Sonntag hörte ich den starkgeistigen Pfarrer Klein[74] predigen. Eine Fülle, überreich, um sie gleich ganz auf sich wirken zu lassen, schüttete er über seine Hörer aus. Der Text war: Jeremias

---

[74] Pfarrer Paul Klein an der Christuskirche in Mannheim.

„Ich will dich zur festen Stadt, zur eisernen Säule, zur eheren Mauer machen."

Ich hätte oft rufen mögen: Halte ein und schöpfe Atem! Du reissender Strom, du glühender Geist, halt ein und sammle deine Bergwasser einen Augenblick in einem tiefen, klaren See, lasse sie nicht so dahinstürzen in rastlosem Lauf, wo bleibt uns die Zeit zum stillen Schöpfen?

Erst nachher sammelte ich Teile der Rede und hielt sie meiner Seele nochmals vor zum stillen Nachdenken. Er zeichnete in grossen Zügen eine Reihe biblischer und deutscher Gestalten, Jeremias, Jesus, Paulus, Franz von Assissi, Savonarola, Luther, Bismarck, Hindenburg, Männer, die Gott zur festen Stadt, eisernen Säule, ehernen Mauer gemacht hat. An solchen Säulen brechen sich die Wogen der Welt machtlos, <u>unerschütterlich</u> stehen sie in den Stürmen und Kämpfen. Solche „festen Städte" geben Zuflucht allen denen, die Führer brauchen, sie schirmen ein Volk und eine Volksseele in Stürmen der Gefahr, ihre Zugbrücken bleiben oben. Sie lassen sie nicht herab zum Stelldichein mit den Lüsten der Welt. Solche „ehernen Mauern" geben schwankenden Halt und Stütze, dass sie sich daran emporranken – sie bieten im Kampf Widerstand.

Wir müssen den Mut erringen „Ja" zu agen, wo Tausende „Nein" sagen. Wir müssen uns unerschütterliche Lebensgrundsätze erringen, wie all diese Männer, die geschildert wurden. Das vermag keiner aus sich <u>allein</u>. Diese Kräfte können wir nur im Gebet gewinnen. (Luthers Gebet) Bismarck, Hindenburg als Beter. Die Predigt klang aus im Vers:

Wünsche nicht, du wärest glücklich,
Wünsche, du wärest stark!
Bete nicht um leeren Schein –
Bete um Kraft und Mark!

Anfang Oktober
Kein Tag ist ja grau, wir sehen ihn nur so. Wer hindert uns denn ein Leuchten zu sehen, wo andere eine Regenwolke sehen? Vielleicht steht die Regenwolke da, aber das Leuchten ganz sicher auch. Die Wolke ist ja nur zeitlich. Wir aber, die wir das Leuchten sehen und denen es [98] hilft, auch im scheinbaren Dunkel freudig zu gehen, wir können nicht dankbar genug sein, dass uns Gott die Augen dafür gab – ich schäme mich, dass ich es oft vergesse – und alle, die das Leuchten mit uns sehen, sind unsere Brüder!

Die Kunst schiebt oft den Vorhang der sichtbaren Welt für Augenblicke zurück und lässt den Künstler <u>ahnen</u>, was Tausende nie spüren – geblendet von dem Licht schliesst er die Augen und öffnet er sie wieder, so ist der Schleier wieder auf das Geheimnis gefallen. Aber das Erleben bleibt. Und kein „Glück" der Welt ersetzt es – kann es je ersetzen. Denn alles Irdische birgt Leid. Wenn aber jenes Leuchten darauf fällt, wird auch das Weltenglück unsere Freude – aber nur dann!

13. Oktober.
Heute Nacht träumte ich, dass Helmut in englische Gefangenschaft geraten war. Er begegnete mir hier in Karlsruhe in grauem Zivilanzug, sprang, als er mich sah, auf mich zu und umarmte mich stürmisch, was sonst nicht auf der Strasse seiner Gewohnheit war. Dann aber kam der englische Aufseher und er musste ins Haus mit ihm. Ich ging mit. Da bekam ich ein Formular vorgelegt, auf das sollte ich unsere und seiner

Eltern Adresse schreiben „für alle Fälle". – Der Beamte bedeutete mir, Helmut müsse jetzt mit ihm gehen und das Papier wäre nur äussere Formalität. Ich konnte kaum die Andressen schreiben vor innerem Weh! Ich musste so weinen, dass das Papier ganz nass wurde und verschrieb mich immer. Von dem Schmerz wachte ich auf. Nachher träumte ich wieder von einem andern, mir unbekanntem Gefangenen, der entfliehen wollte.

Ich las gestern den Aufsatz von Pfarrer Dr. F. über Luther in Vergangenheit und Zukunft[75]. Er schreibt so treffend von der deutschen Innerlichkeit, von dem Grundzug des deutschen Wesens, nach innen zu schauen und die Innerlichkeit zu gestalten, nicht nachzuahmen, sondern eigenes Denken zu gestalten und zu äussern – welcher Gegensatz zu den andern Nationen.

„Das deutsche Denken beginnt mit seinem gewaltigen Grübeln in die Innerlichkeit hinein und aus ihr heraus und sucht von hier aus die ganze Welt zu begreifen."

„Es war unser Schicksal als Volk, dass wir uns träumend versenkt in die Gestaltung unseres Innern, und im Suchen, es zu fassen, ausgeschaltet wurden aus der Gestaltung der gesamten Welt."

Das ist ein sehr wahres Erkennen des deutschen Wesens. Hätten wir uns nicht um die Dinge ausser unserem Land bekümmert, wäre freilich kein Krieg gekommen! Aber England hätte ruhig weiter sich an allen wichtigen Punkten festgesetzt, ungehindert Meere und Länder beherrschend. Nun kam der deutsche Michel aus seinen Träumen zu Handeln und Erwachen, er reckte sich und zog das Schwert – da schreiben alle: der deutsche, unselige Militarismus, tun es uns nach und haben selbst Militarismus aus allen wilden und zahmen Völkerschaften zusammengetrommelt gegen uns! O ewig unverstandenes deutsches Volk! Wehre dich!

15. Oktober.
Chr[istian] Morgenstern-Abend gehört. Bei den schönsten Gedichten sagte eine Dame vor mir: „es schiesst" – und andere hörten's auch – und das nahm mir ganz die Ruhe des Zuhörens für den Augenblick. Es waren herrliche tiefsinnige Gedichte, die ernsten. Für die andern, Galgenlieder, Palmström, fehlt mir das richtige Verstehn! Ich bewundere das Wortspiel.

Die Dunkelheit beim Heimgehn!   Karlsruhe ist schwarz in der Nacht.

[99] Sieg.
Ein regendunkler Morgen. Im gewohnten Alltagsschritt gehen die Menschen zur Berufs- oder freiwilligen Arbeit! – manche mit müder, sorgenschwerer Miene. Wochenbeginn! Wer weiss, was die neue Woche bringt! Die Pessimisten gibt's immer noch viele, besonders unter den Menschen, die tagein, tagaus an den gleichförmigen Bürodienst gefesselt sind. So dunkel ist der Tag, dass aus Läden und Büros mattes Lampenlicht auf die nasskalte unfreundliche Strasse fällt.

Da kommt plötzlich Leben in die Monotonie des Alltags. „Extrablatt!" ruft eine scharfe Stimme und das Tempo des Amtsschrittes so Vieler beschleunigt sich. Die höheren und niederen Beamten denken einen Augenblick nicht an Berufspflicht, die

---

[75] Wohl: Der deutsche Luther. Lebens- und Seelenbild aus der deutschen Vergangenheit für die deutsche Gegenwart und Zukunft (Agentur des Rauhen Hauses, Hamburg 1916) von Hermann Petrich (1845–1933).

Kaufleute nicht an den Geldmarkt, die Hausfreuen nicht mehr an den Bezugsschein und die Fleischmarke. Ein Gedränge entsteht um den Mann mit der scharfen Stimme. Nun weiss mans – Rumänien – Argesul – die Schlacht ist gewonnen- die Würfel rollen. Falschheit und Treubruch findet gerechte Sühne.

An verschlafenen Häusern gehen Fenster auf. Schwarz-weiss-rot und gelb-rot flatterts heraus. Die Fahnen recken und strecken sich. Fast allzulang hatten sie die Bewegungsfreiheit verloren – heute durften sie wieder flattern, flüstern und rauschen von Sieg und Siegesfreude.

In einer stillen Strasse grüssen sich zwei Fahnen von benachbarten Balkonen. Eine frohe Mädchenhand hatte die eine mit verhaltenem Jubel herausgeholt, als erstes Siegeszeichen der kleinen Strasse. Neugierig flattert der Blick der Fahne herüber zu dem noch ungeflaggten Nachbarhaus. „Was zögerst du? Komm heraus, schwarz-weiss-rote Freundin, wo steckst du, eile dich – wir dürfen ja wieder melden und künden von gewonnener Schlacht der Unsern!" Da grüsst die Nachbar[100]fahne und weckt Leben in der stillen Strasse.

Fenster gehen auf, Köpfe recken sich heraus: Was ist? – Wo – wo war ein Sieg? Und das monotone Leben der Stadtbewohner erzittert leise, herausgehoben aus dem alltäglichen Geleis, gleichgültige Gesichter beleben sich, matte Schritte werden elastisch. In allen Strassen wir gesprochen von Rumänien und der Vergeltung.

Schnee fällt, der erste Schnee. Lustig flattern die Flocken um die Fahnen, und bald rufen die Glocken von allen Türmen über die froh lauschende Stadt hin:

R u m ä n i e n !   S i e g !   D a n k !

Durch Schneegeriesel schimmern immer mehr deutsche und badische Fahnen.

Am Argesul schlugen die Verbündeten die rumänische Armee!

Wie das ruhig und einfach klingt, wenn mans in der Ferne liest!

Weisst du, was das heisst?

Während du tagaus, tagein der gewohnten Friedensarbeit nachgingst, mussten deine Brüder, die deutschen Truppen, in Eilmärschen dem Feind entgegen- und nacheilen, mussten sie auf unwirtsamen Wegen von den Bergeshöhen Ungarns niedersteigen in die rumänische Ebene, immer kämpfend, nie ruhend, immer vorwärts bis sie sich zum gigantischen Ringen mit den zu ihnen stossenden Heeren der Verbündeten vereinten zur entscheidenden Schlacht, und während ihr in der Heimat mit leichter Hand und neugierigem Blick das Zeitungsblatt nahmt, um zu sehen, „wo sie jetzt sind", geschah das Grosse: der Sieg war errungen. Läutet, ihr Glocken, kein Glockenmund ist laut genug zum Verkünden und Danken!

Die Fahnen plaudern nicht mehr. Sie schweigen und neigen sich vor der Grösse des Geschehens. Nur die Menschen reden und reden in ihrer Freude und durch den trüben, dunklen Wintertag ziehen – unsichtbar – stille Weihnachtsboten. Sie tragen Lichtlein kommender Freude[,] kommender Siegesfreude, die ihren hellen Schein heute schon vorauswarf mitten in den dunklen Dezembertag hinein.

[101] 17. Oktober
Ich spielte mit dem Geiger S. die Violinsonaten von Brahms (Fragment) und Beethoven. Mitten drin kam die Mutter herein und meldete Alarmsirenen. Gleich drauf kamen Alarmbomben. Drei bis vier Stunden war Fliegeralarm. Es waren Fliegeran-

griffe in Mannheim und Frankfurt gewesen. Als „Vergeltung für dies Angreifen offener Städte bewarfen unsere Flieger Nancy – das aber in Kampfgebiet liegt – während Mannheim und Frankfurt fern vom Kampfplatz liegen! London ist eine <u>befestigte</u> Stadt. Weiss man das denn nicht in der ganzen Welt? Wenn die Feinde das als Vergeltung für Angriffe auf London tun, warum wählen sie <u>un</u>befestigte Städte?

24. Oktober
Professor Wilhelm Steinhausen liess mir ein Kunstblatt überbringen als Dank für meine Lieder. „Der verlorene Sohn" – ein ganz ergreifend schönes Blatt, das mich tief erfreute. Und dann: sein Brief! – Ich betrachte ihn als Boten Gottes in dunkler Zeit.

1. November
Immer wieder Fliegeralarm. Vorgestern sass ich morgens im Keller des Victoria-Pensionats. Abends um ½ 12 Uhr kam dann ein zweitesmal Alarm mit der Knallerei. <u>Was</u> die Feinde bezwecken mit dem Angreifen einer offenen, fern dem Kriegsschauplatz gelegenen Stadt – das fragt man sich!

Sie werfen Bomben ab über freiem Gelände an den unwichtigsten Stellen. Zum Beispiel neulich auf Dörfer der Hardt! Lässt sich das vergleichen mit unseren Angriffen auf London, dem Centralpunkt Englands, dem wichtigsten Teil der Insel, von wo alle Kriegsfäden auslaufen?? Wie elend feig sind solche „Repressalien"! Wir bombardieren die befestigten militärischen Anlagen an den Küsten Englands, weil wir sonst keine Mittel haben, den Engländer zu treffen, als auf seiner Insel, auf der er sich immer so sicher fühlte! –

Und in Flandern tobt das Morden weiter. England will in Bälde die U Bootbasis an der Küste vernichten, deshalb dieses unausgesetzte Stürmen in unerhörten Massen – aufgeboten, deshalb! Ob ihm nicht doch durch den U Boot–Krieg das Wasser an der Kehle sitzt? Was wäre geschehen, wenn wir das U-Boot nicht gehabt hätten gegen die Welt der Feinde? Alle England ergebenen Völker schliessen sich der „Weltmacht England" an gegen Deutschland, das ihnen nicht das Geringste getan hat. Was hat Deutschland denn Peru, Chile, Brasilien, Uruguay u.s.w. getan? Aber der Druck England Amerikas wirkt! Wenn sie sich nicht gegen uns stellen, bekommen sie nichts mehr zu essen und zu verdienen durch England-Amerikas. Wenn sie sich nicht gegen uns stellen, bekommen sie nichts mehr zu essen und zu verdienen durch England und Amerika. Das nennt sich ein neutrales Land!

In der Schweiz sollen englische Aufseher allüberall sein, die streng kontrollieren, ob die Schweiz auch nicht nach Deutschland ausführt u.s.w. Die französische, „freundliche" Spionage der West-Schweiz! Alles <u>Gute</u>, was von uns an ihre Ohren klingt ist erfunden oder „gelogen" – alles Schlechte aber, das sie von uns feindlicher Seite hören, ist natürlich allein die Wahrheit. Belgische Propagandisten ziehen von Stadt zu Stadt und erzählen die schauerlichsten Dinge von uns, die sie „erlebt" haben wollen – alles wird geglaubt, nur nicht das Gute.

[102] Ich hörte am 23. Dezember in der Kirche mein „Kinderweihnachtslied" mit Geige und Gesang. Zum erstenmal hörte ich's und freute mich, weil ich nun weiss, wie schön es wirken kann, gut vorgetragen und gut gesungen! Weihnachten war still-

so wohltätig still! Ich blieb den ganzen Tag zu Hause – niemand kam zu uns. Stille Weihnachten, und doch brannten Lichtlein und Baum! Herz freue dich!

8. Januar 1918
Schnee, Frost, herrliche Märchenlandschaft. Kohlenferien! – Kohlenmangel! Ich stapfe zum Kohlenhändler und kriege es beinahe mit dem Heulen, so muss man bitten und betteln. Ich kann ja das Zimmer, wo der Flügel steht nicht heizen, wenn's so weiter geht und kann dann nicht mehr spielen – bin also auf's Trockne gelegt" – na – der gute Herr W. versprach mir Koks zum zerhacken! Das Mädchen hat sich den Arm verbrannt und wird mit dem Verband das nicht besorgen können.

Ich holte heute Fisch, man kriegt den ganzen Winter über nur Stockfisch, das Pfund zu 2.- (früher 30 Pf.). Ein armseliges, mageres Kaninchen M 9.-!! Der Kriegswucher ist das Schandmal der Menschheit. Ein Jude kaufte eine Gans und einen Kapaunen für nahezu M 200.-. Der hat Kriegsprofit gemacht und frägt nicht nach dem Geld!

Alle drei Tage, oder vier oder fünf kriegen wir ¼ Liter Magermilch.

[Der beiden folgenden Absätze wurde in der Vorlage gestrichen:] Kurt zog wieder ins Feld, Helmut kommt. Anton[76] soll auch eigezogen werden. Er war noch ein Kind, als der Krieg begann.

Welche Verhältnisse: im Theater, 1. Rang sitzen die Munitionsarbeiterinnen mit ihren Schätzen – sie verdienen ja so viel! Mit weissen Waschblusen und schwarzen Fingernägeln! Und die junge Baronesse von S. tut Dienste im Johanniterinnen-Krankenhaus als „Schwester" und entlaust arme Kranke! Sie bekam selbst in ihr prachtvolles Haar Läuse durch diese Pflege. Ihre Mutter hat heute Geburtstag. Da standen Stiefel auf dem Geburtstagstisch, weil das das denkbar grösste Geschenk ist. Eine Kerze, das Lebenslicht – brannte wie sonst, obwohl die so kostbar sind, dass ich nicht weiss, woher ich sie holen soll!

Am 10. Januar kam E.F. und brachte uns 1 Pfund Mehl, weisses Mehl! Und wollte kein Geld dafür, wollte uns eine „Guttat" erweisen damit.

11. Januar. Wir haben „Rabensuppe" gegessen!! Dann sass ich, die Beine mit warmer Decke umwickelt in der gestrickten Jacke am Flügel! 8 Grad waren im ungeheizten Zimmer! Kohlenmangel. Der Flügel leidet sehr darunter.

16. Januar
Helmut kam und erzählte von der Einnahme von Riga. Am ersten Sonntag, den er da zubrachte, ging er mit einem Leutnant seiner Batterie in den Dom. Da war Konfirmation und alles so schön geschmückt. Der Kirchendiener wies den beiden deutschen Offizieren vorn 2 Stuhlplätze an. Der „Pastor" kam mit weisser, mittelalterlicher Halskrause und führte etwa 16 Konfirmanden herein, die Mädchen in weisen Kleidern. Dann hielt er eine vortreffliche Ansprache, in der auch die Einnahme Riga's von den Deutschen begeisterten Ausdruck fand. Helmut war so erfüllt von dieser Rede, dass er später den Pastor aufsuchte. Dieser war gleich wie ein alter Bekannter mit ihm uns bat ihn, abends mit ihm zu essen. Helmut ging [102] freudig hin. Der Geist in diesem Haus machte tiefen Eindruck auf ihn. Von <u>allem</u> was die Seele erfüllt, konnte man da reden. Religion, Vaterland, Kunst, Literatur! In allem war tiefgründiges Wissen vor-

---

[76] Anton Karl Lehmann, geb. 16. Mai 1900 in Hornberg.

handen. Die Kinder so wohlerzogen. Ja, sie litten um ihr Deutschtum! Sie durften ja ihre Sprache nur leise reden, auf der Strasse wären sie sonst beschimpft und tätlich angegriffen worden. Jeder Lettenjunge konnte den Deutschen schlagen, ohne gestraft zu werden. Alles, was deutsch war, wurde verhöhnt und beschimpft. Und warum? Nur wegen der geistigen und kulturellen Ueberlegenheit! Alle Kunst und Wissenschaft, aber auch der Handel ruhte in den Händen der Deutschen, letzterer vertreten durch Gilden wie im Mittelalter. Es war ein Komplott geplant von den Russen und Letten, am so und so vielten nachts sollte eine grosse Anzahl deutscher (wohl Tausend standen auf der Liste) ermordet werden! Aber am Tag vorher zogen die Deutschen siegend in Riga ein und das Komplott konnte nicht ausgeführt werden.

Damals war's, dass ein Arzt, den H. auch kennen lernte, mit den bei ihm einquartierten deutschen Soldaten, es waren mehrere Offiziere, in das Turmzimmer seines Hauses hinaufstieg, um die Brände rings um Riga zu sehen. Dr. P. bat, angesichts dieses Schauspiels einen der Offiziere das Lied anzustimmen: Nun danket alle Gott! Er bat die deutschen, die als Sieger und Beschützer Riga's vor ihm standen, darum!

Die Ernährungsschwierigkeit war in Riga gross. Kartoffeln und Brot war oft das Abendessen. Ein Paar Damenstiefel kosten M 200.-, 6 Zigarren M 18.-. H. besorgte an Weihnachten Alpenveilchen für 3 Familien (je ein Stück) und bezahlte M 120.- dafür! Er konnte ja nur Blumen schenken. Als die Feldbücherei nach Riga kam, da ging ein Kaufen unserer Kriegsliteratur an. Da konnte man in der Elektrischen die Jungens vertieft sehen in U 202[77] oder Immelmanns Flüge[78] u.s.w. Alles las dieses Heftchen mit innerster Freude. An Weihnachten kam Helmut nach Riga auf Urlaub. Natürlich war er in der Familie E. eingeladen. Am 23. half er Vorbereitungen zum Fest treffen, half kleben und ausschneiden und verlebte einen schönen Abend dort. Am 24. abends hatte er auch Teil an der Familienfeier des Pastors, der Probst am Dom ist.[79] Der Christbaum stand auf einem schwarz-weiss-roten Tuch! „Das erste Christfest im deutschen Heimatland" sagte der Pfarrer. Er las erst das Evangelium vor, sie sangen gemeinsam und dann sprach der Pfarrer ein freies Gebet, in das er Jeden der Anwesenden besonders einschloss. Auch Helmut. Er hatte ihn vorher scherzend „den verlorenen Sohn" genannt, „der heimkehrte" – (weil er keinen Sohn hatte), nun gedachte er Helmuts Fernsein von zu Hause, des gefallenes Bruders und seiner treuen Pflichterfüllung, die ihn fern von zu Hause diesen Abend verleben liess. Das war so schön von Pfarrer E. Alle hatten einen Platz unterm Baum, auch H. erhielt von allen eine Kleinigkeit, von jedem der Kinder sogar. Ihm war's so wohl in dieser Familie und er war so dankbar.

Bei Petersen war er auch. Dort hatte der Vater seiner kleinen 4 jährigen Jutta ein sinniges Geschenk gegeben. Eine eingerahmte Postkarte, die war schwarz-weiss-rot und darauf lag eine gepresste Blume unter'm Glas. Er hatte hinten darauf geschrie-

---

[77] Edgar Spiegel von und zu Peckelsheim, Kriegstagebuch „U 202", Berlin 1916.
[78] Der legendäre Flieger Max Immelmann, der „Adler von Lille" (1890–1916). Sein Büchlein „Meine Kampfflüge – selbst erlebt und selbst erzählt" mit 26 fotografischen Aufnahmen wurde in erster Auflage von 50.000 Exemplaren 1916 in Berlin herausgebracht. Es folgten 1916 (51.-100. Tsd.; Exemplar in der BLB Karlsruhe vorhanden) und 1917 (101.–150. Tsd.) weitere Auflagen. Das Buch wurde 1917 auch ins Schwedische übersetzt.
[79] Wohl Probst Alexander Julius Burchard (1872–1955); vgl. Alexander Burchard, „... alle Deine Wunder" – der letzte deutsche Probst in Riga erinnert sich (1872–1955), bearb. und hrsg. von Gabriele von Mickwitz, Lüneburg 2009, bes 249–257.

ben: Seiner lieben Jutta zur Erinnerung an den Einzug der Deutschen in Riga. Ein deutscher Grenadier hatte dem Kind diese Blume gegeben. „Jetzt wird das Kind sich nicht an diesem Geschenk freuen, aber später wird es für Jutta viel bedeuten" sagte er.

Auch in diesem Hause staunte Helmut über den vielseitigen Geist der beiden Eheleute. Die Frau hochbegabt und so wahrhaft vornehm in Gesinnung und Wesen und er so zuvorkommend und ritterlich zu seiner Frau, als seien sie erst kurz verheiratet.

[104] Er habe zu Weihnachten seiner Frau eine anschraubbare Platte an seinen Schreibtisch geschenkt, dass sie bei ihm schreiben könne und nicht immer getrennt von ihm!

Helmut las mir dann ergreifende Gedichte der Livländer, aus der Kriegszeit, in denen ihr Heimweh nach der deutschen Heimat[,] ihre Schmach unter Russland, ihre Trauer, dass ihre Söhne nicht für Deutschland kämpfen durften, wunderbar tiefgefasst zum Ausdruck kam.

Helmut hatte die denkbar stärksten, schönsten Eindrücke von den Deutschen dort. Er will bestimmt wieder dahin zurückkehren. Pastor E. habe gesagt: da meint man in Deutschland immer, wenn man sagt „er ist Balte" – „aha Deutsch-Russe". Das sei die gröbste Beschimpfung. Deutsche seien sie, niemals so ein Mittelding. Deutsche Sitten und deutsche Kultur überall. Helmuts Augen leuchteten, als er davon erzählte, sein ganzes Wesen war umgewandelt. Aus dem ruhigen, verträumten Knaben wurde ein männlicher Jüngling, dem die Begeisterung andere Sprache als sonst verlieh. –

Er hat seine Leute lieb. Er lässt sie ausserdienstlich frei herausreden und studiert dabei die Ansichten der Sozialdemokratie, denn es sind ja meist solche. Dass er zu Vorträgen und als Lehrer berufen wurde, zeigt, dass er von seinem „Fach" etwas versteht.

20. Januar 1918
Um 6 Uhr morgens, nachdem ich die ganze Nacht fernen, dumpfen Kanonendonner gehört hatte, ging der Sirenenalarm los. Alle Sirenen der Stadt heulten mir den Sonntagsgruss entgegen. „Flieger über die Grenze". Ganz fern, wohl in einem Vorort, da klagte eine Sirene wie ein Käuzchen, stossweise klang das schrille Gejammer zu mir herüber. Sterne standen noch am Himmel. Ich zog mich an, damit, falls die Alarmschüsse kämen, ich gleich unten wäre und legte mich so angezogen wieder auf's Bett, ging dann um ¾ 7 hinunter, um ½ 8 kam endlich das Schlusszeichen. Aber schon um ½ 10 ging wieder die Heulerei los, die mir durch alle Nerven fährt. Die Schüsse wirken viel weniger auf mich. Angst habe ich keine. Aber meine Nerven ertragen das Geheul nicht.

Am vergangenen Mittwoch war ein ganzes Rudel feindlicher Flieger hier gewesen und hatte drei Bomben abgeworfen. Wir hatten dabei ruhig zu Mittag gegessen und den Tisch etwas ferner vom Fenster abgerückt. Vorher hatte ich die Flieger besichtigt, sie kamen, etwa 15, von Süden.

Es gehört ein „Mut" ohnegleichen dazu, eine „friedliche Stadt", die nahe in der Luftlinie vom westlichen Kriegsschauplatz liegt, so anzugreifen. Warum fliegen sie nicht nach Berlin? Das wäre wenigstens kühn und verwegen! Aber das leichterreichbare ist weniger gefährlich! Welcher Mut! Unsere fliegen über die Nordsee und wagen sich über die stark befestigte englische Küste.

Der Friede mit der Ukraine soll sicher sein, stand heute in den Blättern.

11. Februar
Mittags bei Hans Thoma. Er sass am Fenster gegen den botanischen Garten. Ein Bild, das mich so gefangen nimmt in seiner ehrwürdigen Schönheit! Er las mir Briefe von einem deutschen Kriegsgefangenen vor – was schreibt der für schöne, tiefe, eigenartige Briefe. Ein Geschenk ist so ein Brief. Dann tranken wir Kriegstee zusammen und plauderten. Für Thoma ist das Produzieren ein „aus dem Traum heraus schaffen". „Wir sind's nicht", so sagte er, „die ein grosses Kunstwerk schaffen, [105] sondern ein etwas in uns, das aus uns heraus schafft. Wir können ja auch für Träume nichts, sie kommen über uns, ohne unser Dazutun und Wissen, so auch das Schaffen. Freilich müssen wir etwas können, das ist notwendig, aber alles andere ist Geschenk!" Wie gegensätzlich ist hier Thoma mit den Verstandes-Künstlern der Gegenwart, Reger und Strauss. Er ist und bleibt der „reine Tor", der Mensch mit einer reinen Seele, in die die Welt, trotz aller Disharmonien keinen einzigen „Kritzer" hat hineingraben können. Ueber die Theosophie sagte er: „Mir ist's einerlei, ob ich wieder auf die Erde kommen muss oder nicht – darüber grüble ich nicht nach! Die Hauptsache, ja, das einzig Wichtige ist das „Wiedergeborenwerden" schon im Diesseits". „Es sei denn, dass der Mensch neu geboren werde – so kann er nicht[] in's Himmelreich kommen." Wiedergeburt der Seele und des Geistes in diesem Leben, das ist die Hauptsache.

Als ich ihm von Lienhard[80] erzählte, vom Tod seines Vaters und seiner Gemütsverfassung damals, meinte Thoma: so sollte man alles hinnehmen, dass es recht ist, wie es kommt, dass Gott es gut meint und zum Besten fügt unter allen Umständen."

Es bleibt immer ein Leuchten in meiner Seele, wenn ich von Thoma komme.

13. Februar
Herr Beck, der Uhrmacher kam, um die alte Kastenuhr nachzusehen. Er ist ein ganz eigenartiger Mann von mehr als gewöhnlicher Begabung. Beim Fortgehen sprach er von dem Franzosen Jules Favre, der in der Bretagne lebte, fast neunzig Jahre alt wurde und trotz seiner bedeutenden wissenschaftlichen Bücher – u. a. Insektenlehre – fast Hungers gestorben wäre. Als man in Deutschland von seiner Armut hörte (der „Kosmos" brachte viel Aufsätze von ihm, und er war sehr berühmt bei uns) da sandte man Geld an ihn, mehrere tausend Mark wurden gesammelt in Fachkreisen, Favre war aber zu stolz zum Annehmen des Geldes und sandte es immer wieder zurück. Da wurde endlich der französische Staat aufmerksam auf sein Elend und bewilligte eine „Ehrengabe" von 3000 frcs jährlich. Aber die Deutschen, die „Barbaren" hatten es zuerst versucht und das erreicht!

Auch von dem berühmtesten Optiker Frankreichs erzählte er, einem Mann, dessen Bücher und Schriften über Uhrmacherei u.s.w. vorbildlich für alle Zeiten wären, der auch 80 Jahre alt wurde und mit Elend gestorben wäre, wenn die Deutschen sich nicht seiner angenommen hätten und ihm seines Verdienstes wegen grosse Summen gegeben hätten.

Abends kam Intendant F., der seine Frau in Genf besucht hatte und auf der Durchfahrt nach Tarnopol war. Er ass mit uns zu Nacht und erzählte viel von Genf und Russland. Mit einem Leutnant von Queis ging er als Parlamentär in's Russenlager nahe der Grenze. Queis für militärische Unterhandlungen, er für Warenaustausch. Was sah er da für Zustände! Der „Soldatenrat" – keine Rangunterschiede, alles „Genossen".

---
[80] Friedrich Lienhard (1865–1929).

Einen ehemaligen General erkannte er nur an der alten Hose, mit einem breiten roten Streifen. Die Offiziere wurden von den Soldaten gar nicht mehr respektiert. Nur an den Gesichtern erkannte man den Bildungsgrad. An Weihnachten hatte er von erübrigtem Geld (er verstand den Tauschhandel vortrefflich, und gewann dabei eine ziemlich grosse Summe) jedem der 1500 oder 15000 Soldaten einen Weihnachtsstollen backen lassen, denselben ausgezeichneten, wie ich ihn von ihm erhielt. In offenen Feldbäckereien, die er auf freiem Feld einbauen liess, wurden diese guten Kuchen gebacken. Die Soldaten sagten, als er zu ihnen hinausgeritten war, ein so schönes Weihnachten [106] hätten sie im ganzen Krieg nicht gehabt. Außerdem bekam jeder Soldat Zigarren und etwas Wein! Er sorgt so gut für seine Leute. Er sah, wie ein russischer Soldat sein Gewehr wegwarf, als er kam und darauf trat und Bewegungen machte, als ob er es zerbrechen wollte. Ein russischer Offizier, der das sah, hob sein Gewehr auf und streichelte es, hing es sich um und sagte durch Gesten, dass der Soldat wohl blöde, unzurechnungsfähig wäre.

In einem etwas demolierten Schloss, wo Soldaten in de[n] fürstlichen, ausgebauten Vorsälen lagen, wurden F. und sein Begleiter untergebracht für die Nacht. Als sie im Bett lagen, kamen aber immer Soldaten durchs Zimmer, bis F. laut rief „raus" und die Türe zuwarf, dass die Russen es verständen! Dann stand er auf und ging zu den russischen wachhabenden Offizieren, er hatte Wein mitgenommen, den er Ihnen anbot, um ihnen „die Zunge zu lösen" – da erfuhr er denn auch vieles, was er wissen wollte.

14. Februar
Auf dem Bahnsteig standen am Schnellzug Mannheim-Köln eine Menge Soldaten zur Front bereit. Ein Hornberger trat auf uns zu, und schüttelte uns die Hand. Er musste zurück nach Russland – Naroschsee – ein so netter Mann, echt germanisches Gesicht, blonder Bart, blaue Augen! Seine Frau hat er verloren im letzten Jahr. Aus seiner Jacke zog er das Bild seiner beiden Buben, 8 und 6jährig, die hatte er auf der Herzgegend getragen und seine Augen leuchteten, als er sie uns zeigte. Ein Konstanzer Artillerist stand neben ihm, der musste an die Westfront. Er hatte die Kämpfe bei Poel-Chapelle mitgemacht und Cambrai. Furchtbare Verluste der Unsern waren dort! Die ganze Infanterie[,] die vor ihnen stand[,] wurde gefangen genommen. Die Franzosen behandelten deutsche Gefangene und Verwundete schändlich! Er sprach mit Austauschgefangenen, die von Frankreich kamen – man hatte sie, die Verwundeten, mit Steinen geworfen und angespieen! – Der Hass sei beispiellos. Und wie behandeln <u>wir</u> den Feind?! Da sollte man manches veröffentlichen. Der Engländer wäre viel menschlicher zu den Gefangenen. –

25. Februar
Der Hilfskreuzer „Wolf" (Kapitän Nerger[81]) kehrte nach 15 monatiger „Wikingerfahrt" in allen Ozeanen der Welt glücklich heim! Reich mit nötigen Rohstoffen bela-

---

[81] Karl August Nerger (1875–1947). Die Fahrt der Wolf begann am 30. November 1916 und endete nach 451 Tagen und „64.000 Seemeilen Kaperfahrt", wie ein 1937 veröffentlichter Erlebnisbericht des Matrosen Fritz Leimbach betitelt war, im Februar 1918 in Kiel. Als Oberheizer mit an Bord befand sich Theodor Plivier, der seine Erlebnisse in dem Roman „Des Kaisers Kulis" (1930) verarbeitete. Vgl. hierzu den Tagebucheintrag vom 17. Mai 1918.

den und mit Gefangenen! 15 Monate auf See, ohne Stützpunkt, ohne Häfen anzulaufen um Maschinenschaden reparieren zu lassen. 15 Monate verfolgt von der Meute der feindlichen Welt – und nicht gefangen und glücklich heimgekehrt! Deutsche Helden!

2 März
Balfour[82] <u>entstellt</u> in einer Gegenrede die Rede Hertlings[83] vollständig. Alles wird herumgedreht und der Deutsche, mit seiner ruhigen, vornehmen Sprechweise, die keine Deuteleien zulässt, wird als Phrasendrescher und als <u>unwahrhaftig</u> hingestellt. Er vergleicht unsern Vormarsch in Russland mit dem Einfall in Belgien!

3. März
Wir bekamen, weil wir keine Kohlen mehr hatten, gestern 6 Zentner Anthrazit und diese feinen Kohlen heizten gar nicht, nass waren sie auch noch – so hatten wir [es] heute kalt in dem Zimmer und ich konnte keine Musik machen, obwohl es mein „freier Tag" war. Da schrieb ich dem Kohlenlieferanten einen Brief, den die Not mir diktierte – und [107] mittags um 5 Uhr kamen neue gute Kohlen, ja wir erhielten noch 4 weitere Zentner – so haben wir heute Abend einen Reichtum an Kohlen und waren heute Morgen so betrübt, weil wir fürchteten, den Sonntag im kalten Zimmer verbringen zu müssen.

6 März.
Nun ist auch Anton ausgemustert worden – er kam und erzählte uns, dass er K.V. geschrieben worden wäre und strahlte vor Freude drüber.[84] Am Haustor sprang er vor Freude über die Aussicht, bald in der Uniform zu stecken, wir ein Kind hin und her, mich bald umhalsend, dann wieder Luftsprünge machend! – Dann sind wieder <u>drei</u> dabei – – –

10. März
Luftangriffe auf Nancy, Paris und London, die ersteren als Vergeltung für das Bombardieren der offenen Städte Freiburg, Mannheim, Pirmasens u.s.w. brachten uns wieder Alarm. Gestern und heute.

18. März
Die Entente nimmt Holland und Schweden die Schiffe![85]
England hat Siamesen an die Westfront geschickt – es ist beispiellos, dass fremde Völker sich auf Befehl Englands schlachten lassen! Und all das beim Eintritt in die Karwoche!

10. April
Fahrt durch Regen nach Mannheim. Seit Oktober war ich nicht mehr in der Bahn gesessen – nun tat sich endlich ein Stücklein „Welt", „Natur" für mich auf. Es waren

---

[82] Arthur James Balfour (1848–1930); mit der sog. Balfour-Deklaration vom 2. November 1917 erteilte er der jüdischen Besiedlung Palästinas die britische Zustimmung.
[83] Georg Graf von Hertling (1843–1919); er lehnte es ab, Bethmann-Hollweg 1917 im Amt des Reichskanzlers nachzufolgen.
[84] Gestrichen: Er war noch ein Kind, als der Krieg begann und muss nun auch mit!
[85] Gestrichen: Gegen ein Ultimatum 100 000 Tonnen Weizen

verweinte Wälder, regenfeuchte Aecker und Wiesen – es war trotz Regens eine frühlingsharrende und frühlingsdurchtränkte Welt voll stiller Schönheit. Schwere braunviolette Ackerschollen neben dem smaragdgrün der Felder und am Waldesrand da und dort weisser Schlehdornschimmer. Der graue Himmel gab der Landschaft einen ernsten Ton, die Harmonie war dadurch herb und doch süss!

Neben mir im Abteil schwatzte eine Pfälzerin mit klingender Schellenzunge auf eine biedere Frau aus Berghausen ein, frug sie aus nach allen erdenklichen Lebensmitteln und als die treuherzige Frau erzählte, dass Freunde und Verwandte sie oft in Berghausen aufsuchten zwecks „Ernährungsquellen" – und dass sie für jeden 'was habe, da ging ein Fragen los, das mich anwiderte: „Was haben Sie, geben Sie meinem Bruder, wenn ich ihn schicke, – so, Griess haben Sie auch – und Eier, ach das ist ja herrlich, wie viel kann ich denn – und Butter – ach, das wäre 'mal nett von Ihnen, – und gelt, Sie sagen mir die genaue Adresse – so, Grebiehl, wie buchstabiert man das, – Ihr Vater heisst Rinn, R i n n geschrieben, ach das muss ich alles aufschreiben, das ist so wichtig, ich bin ja froh, dass ich Sie hier traf, was gibt's denn noch? Weisse Bohnen? Wie teuer? M 1.20 [-] ja früher kostete das Pfund 18 Pfennige, aber man ist ja so froh darum! Kann ich auch von Ihnen welche haben?" Und so ging das fort wie ein Brunnen, der überläuft. Ich war gespannt, die hamsternde Schwätzerin aussteigen zu sehen: es war eine Dame in Sammtjacke mit Pelz und einem Federnhut! [D]ie hat scheints der einfachen Frau sehr imponiert.

Kurz vor Mannheim fuhr ein langer Lazarettzug neben unserem Zug her. Uebereinander lagen die Betten, aus denen da und dort ein bleiches Gesicht am Fenster heraussah. Am Bahnhof harrten Bahren zum Transport.

[108] Ob wohl der schwatzenden Pfälzerin mit ihren Butter und Eiergelüsten die Zunge erlahmte, als die <u>dies</u> Bild sah!

Und gestern sind 800 Verwundete nach Karlsruhe gekommen. In der Festhalle lagen im Saal und auf den Galerien Matratze an Matratze, alles belegt! Frau Dr. F. erzählte gestern Abend davon – es sei grossartig gewesen, wie die Bewirtung seitens des roten Kreuz stattgefunden habe. Sie war in der Küche und da seien 30 Zentner Griess, 40 Zentner Haferflocken, eine Menge Säcke mit Nudeln, Unmengen von Brot u.s.w. bereit gewesen, ein halber Ochse wurde gebracht für die Suppe, die in Riesenkesseln gekocht wurde. 300 Zentner Kohlen waren innerhalb einer halben Stunde am Platz, in mehreren Autos kamen sie für den Riesenherd – alle erdenklichen guten Sachen, einige tausend Eier seien gleich zur Verfügung gestellt worden –– kurz, alles habe tadellos funktioniert. Die Leute seien sehr erschöpft gekommen, viele nur leicht verwundet, aber am Ende ihrer Kräfte. Es sei ein entsetzliches Morden gewesen, sagten sie, eine Wut ohnegleichen auf beiden Seiten! Ueber sich die Flieger, unter sich die Minen, vor sich die Gaswellen oder das schreckliche Feuer – keine Hölle kann entsetzlicher sein als dies Kampfestoben im Frühling 1918 von zivilisierten Völkern! ––

Anton hat 2 Stunden Verwundete ausgeladen. Darunter 3 englische Offiziere. Er hatte Schwielen an den Händen vom Transport und war angegriffen von allem, was er gesehen. Einem war ein Geschoss durch den Kragen und Rock gefahren, ohne ihn zu verletzen, war dann an einem Stein angeprallt und durch den Gegenstoss einem andern in den Fuss gegangen! Sie sagen auch zu Anton „Kamerad", was diesen so freute. So vorsichtig ist Anton beim Tragen. Er ist ausser sich, wenn da das Geringste versäumt wird. Ganz blutbedeckt kommen sie, manche ohne Hemd, ganz nackt, nur in Betten verpackt. Die Wohltat, wenn sie dann frische Wäsche anbekommen! Das fühlte Anton nach, er atmete selbst beim Erzählen auf! –

Samstag den 13 April fuhren wir nach Heidelberg und stiegen auf's Schloss. Ich kaufte einen Blütenzweig für den kranken Herrn F., den wir im Offizierslazarett aufsuchten. Ach, war's da oben schön. Glanz und Leuchten auf allen Zweigen! Der Feldintendant F. freute sich, als wir kamen. Er erzählte uns von seinem Abmarsch aus dem Osten, wo alles den Oesterreichern übergeben werden musste[,] was mehr Arbeit und Schwierigkeiten machte, als wenn es in deutsche Hände gegangen wäre. 350 Züge hatte er abzufertigen! Im Westen war er auf dem Kriegsschauplatz, wo er vor 2 Jahren schon einmal gestanden. Die Schwierigkeit des Vorrückens! Trichterfeld an Trichterfeld, verschlammt! Er konnte oft nicht reiten, musste immer wieder absteigen und das Pferd führen – es seien grosse Strapazen gewesen – die Versorgung von 35 000 Soldaten! Als er fast nicht mehr konnte und sich schon sehr krank fühlte, habe er sich das Telefon ans Bett anbringen lassen und habe von da aus nachts seinen Dienst geführt! Dann gings nicht mehr und er musste „absägen". Er habe sich fast geschämt, dass er zurückmusste und sei deshalb nachts heimgekommen! In Heidelberg musste er erst tagelang mit Fieber liegen! Kaum etwas besser, holte er sich bei einem Universitätsprofessor das Thema für seine Doktorarbeit! Sein Tisch war ganz mit Büchern belegt im Lazarett. Er hat sich so an den juristischen Büchern gefreut, sein Studium sei ihm wieder nahegetreten, das streng logische Denken sei etwas so grosses und Schönes und er freue sich 'mal wieder mit all diesen Dingen zu befassen. Im Feld hätte das akademische Wissen und dieses logische Denken oft gar keinen Wert, da sei vor allem Unerschrockenheit, Schlagfertigkeit, rasches Kombinieren und Zurechtlegen der Gedanken wichtig. Wir gingen dann abends über die Berge hinunter zur Mühle und am Neckar entlang heim.

[109] Ich las heute von 4 Architektinnen in Berlin:
E. von Knobelsdorf bei der Militärverwaltung Döberitz, sie stellte ein Offizierslager (Massivbau) fertig, 2 Transformatoren[-]Häuser, 2 grosse Baracken u.s.w.
  Prinzessin Victoria von Bentheim arbeitet auf demselben Bauamt, Agnes Mackensen, Dipl. ing. ist Hilfsarbeiterin beim Bau des Amtsgerichts Düsseldorf, Margarete Wettke Militär-Bauamt Spandau, wurde beim Bau einer Kaserne mit Bauleitung, Veranschlagung und Einzelberechnung betraut. Andere Zeiten wie früher!
  Anton transportierte gestern 2 verwundete Franzosen, einen Russen und einen Engländer in's Krankenlager. Der Russe habe sich gefreut „deutscher Kamerad" zu sehen. „Russland – Deitschland – Friede" habe er schmunzelnd gesagt!
Von Seife war auch die Rede, der Russe habe gesagt: „er nicht <u>esse</u> Seife, er viel wasche!" Den Engländer hat Anton besonders sorgfältig behandelt, er habe ihn so gedauert. Ein junger, hübscher Mensch aus Birmingham, mit Bauchschuss, der nichts mehr anhatte als ein kurzes, abgeschnittenes Hemd – ganz arm und nackt kam er in Feindeshand! Anton erzählte von Verwundeten, die ganz nackt, nur verbunden in Tücher gewickelt, kamen. Er sprach und kauderwelschte mit dem Engländer, der ihn dauerte, als nach langer Fahrt durch die Stadt die Türen des Gefangenenlagers mit schweren Gittern sich hinter ihnen schlossen. Es war der erste Engländer im Lager und viele der gefangenen Russen und Franzosen hätten die Bahre umstanden und ganz respektvoll immer gesagt: „o, un Anglais" und helfen wollten[,] ihn ganz sorgfältig in's Bett zu

legen. Man merkte, dass der Engländer viel gilt unter den andern Nationen. Anton sagte immer wieder: „Ich kann so einem armen Verwundeten gegenüber nicht das Hassgefühl haben – am ersten noch gegen die Franzosen."

21. April
Eine Atempause in den Kämpfen Nordfrankreichs – und gleich reden die Leute von „Stillstand an der Front" – o wären sie alle einmal draussen – da vergingen ihnen die „Worte"!

23. April
Von Richthofen[86], der grösste und kühnste aller Flieger seit Bölke[87] und Immelmann gefallen! In Feindesland! Schuss unter'm Herzen. Er hatte 80 Gegner abgeschossen und war erst 25 Jahre alte. Bei seiner Bestattung sollen 6 englische Offiziere den Sarg getragen haben. (wenn's wahr ist!) Das müsste den Toten noch im Sarg gepeinigt haben, dass der bitterste, schlimmste Feind, der eine Summe aussetzte auf seinen Kopf, ihn dann „ehrenhalber" trug"! O Welt voll Lug und Trug und Widersinn!

4. Mai
Halb sechs Uhr schon alle Flieger in der Luft, an Schlaf nicht mehr zu denken. Das rattert und brummt in den sonnigen Maimorgen hinein. Ich stehe auf und schaue an den Himmel: 5 Flieger. Die Amsel unterbricht ihr Morgenlied, es ist ihr nicht mehr behaglich zu Mut.
    Um 12 Uhr war Sirenen-Alarm. Man bleibt ganz ruhig in der Elektrischen.

17. Mai hörte ich den Kapitän Nerger von seinen Fahrten mit dem „Wolf" reden. Zwei unvergessliche Stunden. Auf dem Podium stand die schlanke, [110] ritterliche Erscheinung des jungen Kapitäns, dessen Gesicht wie aus Stahl geschnitten schien. Er trug Seeuniform und hatte viele hohe Orden, die gar nicht auffällig wirkten. Die Menge, die den Saal bis zum letzten Platz füllte, klatschte, und ein brausend anschwellendes Hochrufen umklang den regungslos Dastehenden, der nicht, wie das Künstler in diesem Fall tun, sich nach allen Seiten verbeugte. Der beugt sich nur vor etwas Gewaltigem! Das sah man ihm an. Mich erfüllte der Anblick dieses ernsten, klugen, zielbewussten kühnen Mannes mit Stolz und Freude. Bei seinem Erzählen, wobei er auf der Weltkarte seine Kreuzfahrten zeigte, schaltete er seine Person fast ganz aus, eine Bescheidenheit, die fast zu gross war, klang aus allen seinen Worten. Aber Stahl klang auch heraus und eiserner Wille. Märchenhaft war, was er erzählte und doch wahr, denn so schildern kann nur einer, der das erlebte! Kein gemeines Hasswort gegen den Feind – nichts dergleichen, nur Taten, Taten und nochmals Taten erzählte er, die wogen schwerer als alle Polemik gegen den Feind. Deutsch sprach dieser „ritterliche Seeräuber"! Jubelnder Beifall erklang, als er geendet und eine Reihe Lichtbilder von seinen Fahrten vorführen liess. – Ich kaufte mir am Tag nachher sein Buch[88].

---

[86] Manfred von Richthofen (1892–21.4.1918)
[87] Oswald Boelcke (1891–1916)
[88] Karl August Nerger, S.M.S. Wolf, Berlin 1918.

18. Mai
Ich erhielt „die Heide", ein Kulturblatt aus Temesvar, geschickt, in der ein kleines, feines Gedicht „an Clara Faisst" stand, von P. Blauert[89]. Darüber der Anfang von „Glückes genug." Eine unerwartete Freude.

22. u. 23. Mai war nachts 12 – 2 Uhr Fliegeralarm mit Schüssen. Ich stand auf und las am Bett der Mutter einen Psalm. Es blieb alles ruhig im Haus. Sie waren in Ludwigshafen, Köln und Landau gewesen. Vom 16. Juni an wird die Brotration wieder kleiner. Womit sie das strecken? Gut, dass man's nicht weiss! –

29. Mai
Wieviel Trug herrscht doch in der Welt. Der Kitsch gefällt, wann und wo er in ein schönes Kleid gesteckt wird. Der Inhalt des schönen Kleides wird nicht mehr geprüft. Und hat dann die Presse ihr allerheiligstes Urteil öffentlich abgegeben, dann ist alles „wundervoll" und „bedeutend". Kennt ihr das Märchen von des Kaisers neuen Kleidern? Da kommt ein Kind drin vor, das dem stolz daher Schreitenden von der Menge bejubelten Kaiser zuruft: „du hast ja gar nichts an!" So ein Kind wäre heute schwerlich zu finden. Einer redet dem andern nach.

31. Mai
Auf dem Rückweg vom Markt: Sirenen ½ 9 Uhr – 10 Minuten später Signalbomben – 10 Minuten später Abwehrfeuer. Vorher waren schon Bomben gefallen. Plötzlich fielen nahe von uns 2 Bomben – es war, als ob unser Haus in den Grundfesten zitterte. Man hörte deutlich das Fallen und Aufschlagen eines ungeheuren Eisengewichtes. Darauf gingen die Hausbewohner in den Keller. Ich blieb oben bei der Mutter. Anna schaffte ruhig ihre Sache weiter. Nach einer halben Stunde kam das Schlusszeichen, dass die Gefahr vorüber. Ich ging gleich darauf in die Stadt. Da standen überall Leute beisammen, die von dem Luftangriff sprachen. Nahe der Patronenfabrik war eine Bombe gefallen und hatte viele Arbeiter leicht verletzt, einen Russen getötet, vor dem Proviantamt seien drei getötet worden, und sehr nahe von unserer Strasse waren Bomben gefallen. Das waren die zwei entsetzlichen Schläge, die wir hörten.
[111] Ich ging in die Augustastrasse und sah fast an keinem Haus mehr Glasfenster, alles entzwei, Jalousien hingen zerrissen herab, Vorhänge, zum Teil zerrissen, wehten frei im Wind. An der Stelle, wo die Bombe ein tiefes Loch in den Boden geschlagen hatte, war abgesperrt.
Die Bevölkerung blieb ganz ruhig. Ich hörte vielen Leuten aus dem Volk zu – keine weitere Erregung – sie nehmen's als etwas hin, das der Krieg eben mit sich bringt.

Am 5. Mai [wohl Juni] hörte ich Emil Gött's „Edelwild". Aus sturmdurchtobter Seele geschrieben mit Herzblut. Das Märchengewand hüllt der Dichter, der sein eigenstes Ich im Ali und Harun gab, gleichsam in „Inkognito"! Und welche Frauengestalt, so warmblütig, weiblich, stolz – und edel! Die Menge wird so ein Stück nie begreifen!

---

[89] Paul Blauert (1871–1940)

8. Juni

Dante würde die „Nahrungsmittelgesetzgeber" in die unterste Hölle verbannen. Um Kirschen balgen sich fast die Leute! Kaum sind in einem Laden welche eingetroffen, lassen sie ein paar Leute herein, schliessen die Ladentüre und hängen ein Schild heraus „kein Obst mehr". Nur durch Zufall erfährt man, dass da oder dort Obst ist – kommt man dann hin, ist schon alles verkauft. Mich widerts's in tiefster Seele an, die Menschen in Rudeln sich puffend, um eine Obstverkäuferin stehen zu sehen, die Hälse reckend, und gierig auf das Obst schauend, das im Handumdrehen verschwunden ist.

Ich sah heute vor der Festhalle einen grossen Trupp wohl 200 Leichtverwundete zum Abtransport bereit. <u>Wie</u> sahen diese Männer aus! Köpfe, Arme, Beine, Hände im Verband, Mänteln und Kleider[n] sah man an, was alles die Träger durchgemacht hatten. Ein Junge mit verbundenem Kopf war dabei, der sah 16jährig aus!

Sonntag 9. Juni

Immer noch seit Wochen wolkenloser Himmel bei Ostwind! Wenn kein Regen kommt, droht uns das Schwerste, dann gibt es Missjahr und alles verdirbt. Deutsches Volk, du wirst auf harte Proben gestellt. – W. sagte heute früh: Wenn die Menschen angesichts dieses furchtbaren Krieges immer sagen: wo bleibt da das Christentum? – da sollte man ihnen sagen: Christentum und Christenheit sind etwas sehr verschiedenes. Die Christenheit kann ganz heruntergekommen und verflacht sein – dabei ist das Christentum dasselbe nach wie vor und kann heute in einem gotterfüllten reinen Herzen zu wunderbarer Kraft sich entfalten – und „Berge versetzen".

Ich ging heute früh zu Hans Thoma und freute mich so, in die klugen, gütigen Augen zu sehen. Sein Büchlein „vom Wirrwahn der Zeit"[90] erscheint bald. Wir sprachen vom Geist der Zeit und er glaubt auch, dass sein „Bekenntnis" von Jesus vielleicht da und dort Anregung und Verständnis finden wird. Es freut ihn so, dass er im deutschen Volk verstanden wird, dass man seiner Stimme lauscht – auch im Feld! Und sie ist es wert! Er hat Gott <u>erlebt</u>, sein Menschheitsbild ist ein so durchgeläutertes, vertieftes und edles geworden, wie wohl selten eines.

Wer Thoma nicht als <u>Menschen</u> gross und überragend findet – dem wünschte ich eine Stunde des Redens über das „Woher" und „Wohin" der Menschseele mit dem Meister allein, wie ich es manchmal habe.

[112] Er ist milde und voll Mitleid, will keinem Andersdenkenden weh tun, verurteilt nicht, wenn etwas nicht <u>schlecht</u> ist.

Er kam mir mit dem unendlich gütevollen Blick manchmal vor wie die Vorsehung in Menschengestalt, ein liebevoller Vater, der das Beste, was er auf seiner bald 80 jährigen Erdenfahrt kennen lernte: Gottes Güte und das Kennenlernen Jesu in seinem Leben – als bestes Geschenk weitergeben möchte, so lange Gott ihm die Kraft schenkt, geistig frisch zu bleiben. Heute ist er es noch! Gottlob.

Beim Fortgehen legte er heute beide Hände auf meine und sagte: Sie gaben mir auch viel, kommen sie oft, ich habe oft auch Zweifel und Dunkelheiten der Seele, da brauche ich auch einen Ansporn oder Anregung! – Sprüche Sal. 8

---

[90] Hans Thoma, Die zwischen Zeit und Ewigkeit unsicher flatternde Seele, Bd. 2: Seeligkeit nach Wirrwahns Zeit, Jena (Diederichs) 1918 (63 Seiten).

15. Juni
Die oesterreichische Offensive hat begonnen. Sie überschritten die Piave! 10000 Gefangene, Italiener, Engländer und Franzosen das erste Ergebnis.

21. Juni
Abends ging ich zur Bahn um Anton zu erwarten, der mit einem Rekrutenzug von Mannheim kam. Welch unvergessliches Bild, als aus der Bahnhofskommandatur die vielen „Gemusterten" mit Koffern und Paketen kamen. Was für junge, oft knabenhaft junge Menschen! Endlich kam ein Trupp mit Freudenrufen und vornen an der Spitze: Anton! Das „Antönle", das noch vor kurzem in der Matrosenbluse ging! Am schwarzen Filzhut ein Röslein, am Rock Blumen der Schulkameraden, den geflochtenen japanischen Korb in der Hand, neben ihm 2 Schüler in weissen Mützen, hinter ihm junge Leute aus dem Volk, so zog er mit froher Miene in Karlsruhe ein. Ein Soldat empfing sie und nahm sie gleich mit nach Gottesau in die Kaserne. Mir tat das Herz weh. Der 4. Bub von Marie tritt den Weg an, den die Brüder gingen. Gott bewahre ihn, dass er nicht mehr hinaus in das Morden muss. –

Ein lustiges Intermezzo im Offizierslazarett.
Eine junge Sängerin, die ich zum Musizieren mitgenommen hatte, redete vor der Musik die Grossherzogin immer „Sie" an. Als sie zu mir kam, sagte sie: „ich hab"was Schreckliches gemacht, ich hab' ja immer „Sie" gesagt, statt Königliche Hoheit." Ach, sagte ich, das kannst du nachher wieder korrigieren, wenn die Fürstin nach der Musik mit uns spricht!" Und als die Grossherzogin dann mit uns sprach und Else frug, ob sie nicht müde werde, wenn sie so anstrengende Sachen sänge, da antwortete das naive, übersprudelnde Mädchen: „O nein! Die Musik ist ja mein Element! Wissen Sie, – ach, da sag ich schon wieder „Sie" – und ich muss doch Königliche Hoheit zu Ihnen sagen, da hab ich mich vorhin schon so arg versprochen – hoffentlich haben Sie's nicht bemerkt!" Das gab ein Lachen! Wir lachten alle drei, die Fürstin musste sich die Tränen aus den Augen wischen. So hatte sie wenigstens einmal ein lustiges Erlebnis und hat gehört, wie ein Mensch mit ihr redet, der noch natürlich empfindet und nicht von der Hofluft angesteckt ist.[91] War das [113] eine Wohltat. Dann kam eine Excellenz und fragte „ob Königliche Hoheit geruhten, in den Saal zu den anderen Verwundeten zu kommen." –

25. Juni
7 Uhr Sirenen, 10 Minuten danach Fliegerangriff. Furchtbares Bombenexplodieren ganz nahe von uns. Während die Bombe, keine 5 Minuten von uns, auf ein Haus fiel und das Krachen wie's jüngste Gericht sich anhörte, schrie im ersten Stock eine Mieterin wie am Spiess vor Angst. Ich glaubte anfangs es sei in unser Haus eine Bombe gefallen – so tat es. Mehrere Bomben wurden abgeworfen, drei nahe von uns. Um 8 Uhr Schlusszeichen. Wir frühstückten im Gang. Das waren sicher Engländer. Wie ungemein tapfer, eine offene Stadt zum 6. Mal anzugreifen. – Fern vom Kampfbereich. –

---

[91] Gestrichen: und der einen geraden Rücken und natürliches Empfinden hat.

26. Juni
Nachts um 12 ¼ Sirenengeheul, gleich darauf Alarmschüsse. Um ½ 4 Uhr kamen erst die Schlusssirenen. Durch das Vorhergegangene war man ängstlicher als sonst. – Das gänzlich zerstörte Haus in der Nähe sah man vor Augen – die Flieger können unmöglich aus einer Höhe von 2000 Meter Zielpunkte haben! Natürlich war die Nacht sehr gestört, Ich dachte immer an die vielen Verwundeten, die nicht transportfähig sind.

Sonntag, 30, Juni. Morgens das Erste beim Aufwachen: Sirenen, Alarmschüsse. Die Hausbewohner kamen herunter zu uns, die 81 jährige Frau Sch. Mit dem Losungsbüchlein. Darin hatte sie das Zeichen liegen an der Stelle, an der sie es aufgeschlagen: „Fürchte dich nicht, glaube nur."
 Anton kam aus der Kaserne! Er trug einen feldgrauen, ganz zerflickten Rock, der hinten Blutflecken hatte, denn es trug ihn mal einer, der schwer verwundet worden war, obwohl alles gereinigt war, waren die Spuren nicht zu tilgen. Anton, der Jüngste, mit dem feldgrauen Rock! Er geht spielend leicht in das Ungewohnte des Kasernendienstes hinein – ist ganz vergnügt trotz allem – auch dem weniger schönen. –

Nachts vom 30. Juni auf 1. Juli ¾ 1 bis ¾ 3 Fliegeralarm.

1.Juli
Die werden wohl wieder kommen heut Nacht! Ich wusste es, und erwartete das Sirenengeheul von Stunde zu Stunde, deshalb konnte ich nicht schlafen. S'ist gerade, wie wenn man jemand zu Besuch erwartet – da kann man sich auch keiner anderen Sache hingeben. Bei jedem Zugpfiff dachte ich: jetzt!
 Endlich ¾ 1 Uhr kamen die Sirenen. Ich war wie erlöst als das Geheul anfing, aus dem Bett und in die Kleider war das Werk eines Augenblicks! Zehn Minuten darauf kamen die Alarmschüsse. Vorher immer ein Blitz durch's Zimmer, dann der Krach. Da war Herr H. mit der Kerze schon unten und die 81jährige Frau Hauptmann flink und elastisch, vollständig wie am Tag angezogen mit ihrer treuen Elise, kam auch. Ich hatte schon um 10 Uhr alle Stühle in den Gang gestellt. Wir unterhielten uns eine Stunde, als nichts „erfolgte" ging man um 2 Uhr wieder zu Bett. Ich aber wachte bis das Schlussgeheul kam ½ 3 Uhr und als man gleich darauf wieder die Züge pfeifen hörte, da atmete ich auf. [114] In der Nacht vom 29. auf 30. Juni wurden für 200 000 Mk. Munition verschossen beim Sperrfeuer. 100 Mk ein Schuss!

7. Juli Herrenalb-Dobel! Endlich!! Allein hinauf durch Tannen, hinauf auf die mir so liebe Höhe! Ich war glücklich und dankbar und froh. Nach Tisch war ein Gedenkgottesdienst für 3 Gefallene, gerade wie vor 2 Jahren. Ich ging hin und setzte mich unter die dicht gedrängte Dorfgemeinde, alle waren schwarz gekleidet – es war ein Weinen und Schluchzen, ein Jammern von Frauen – dass es angriff dabei zu sein. Dass doch das Volk so <u>laut</u> seinen Schmerz äussert! Und so rasch ist die Stimmung umgeschlagen, die eben noch weinten, standen nach der Kirche schwatzend und ganz heiter vor der Kirche. –

12. Juli
Kühlmann geht, und von Hintze tritt an seine Stelle. Der Kanzler beruhigt, es gehe alles den selben Gang nach wie vor – kein Grund zu Beunruhigung! –

15. Juli. Beim Lesen eines Buches:
Da es keine Stacheldrahtzäune um fremdes Geisteseigentum gibt, ist das Stehlen leicht – die lesende Menge merkt den Diebstahl nicht, sie ist urteilslos. Ausserdem kann der Dieb dem gestohlenen Kind so leicht ein eigenes Röcklein anziehen – dann ist's erst recht unentdeckbar!

Ist es nicht etwas Wunderbares, das „sich losringen" der Rätsel in uns, ich meine das tiefste Schauen aller Dinge, das Deuten und Enträtselnwollen der Wunder um uns? Denn das tiefste Fühlen und Erfüllen in uns muss uns rätselhaft bleiben. Es hat so gar nichts mit unserem andern Menschentum zu tun. Das Wort kann es gar nie völlig erschöpfen, es bleibt immer noch ein ungesagtes in uns zurück. Das Allertiefste. – Auch dem Musiker geht's so. Ach, alle Töne umspannen <u>die</u> Melodie nicht, die in einer Stunde innersten Offenbarens aus der Seele dringt. Es sind ja auch alle Töne und Harmonien nur Reste einer gewaltigen Sprache, die einer anderen Welt angehört. Der Künstler kennt diese Sprache und setzt die herübergewehten Klänge für unser Ohr vernehmlich zusammen. Einige Wenige hören das <u>Ewige</u> hinter dem materiellen Ton – dem abgegriffenen Wort.

Am 16. Juli, dem heissesten Tag[,] hat die Offensive wieder begonnen! Gleichzeitig schiesst das ferntragende Geschütz auf Paris.
Kein Obst! In keinem Geschäft und nicht auf dem Markt! Wo so viel Obst wächst in Baden. Alles beschlagnahmt von der sogenannten Obstversorgungsstelle!! Das lässt sich das Michelvolk alles ruhig und gelassen gefallen! – Juli – und keine Beere sichtbar. Wir können zentnerweise Brockelerbsen kaufen, aber kein bisschen Obst.

18. Juli nachts ½ 1 bis ½ 3 Uhr Fliegeralarm. Wir waren 1 Stunde im Keller. Die Flieger waren in Mannheim, von wo man schiessen hörte.

19. auf 20. Juli nachts Fliegeralarm.
Ich wartete schon auf die Sirenen, die 12 Uhr 10 ihr Geheul erhuben. 12 Uhr 20 kamen die Raketenschüsse. Vorher ist's wie Blitz im dunkeln Zimmer. Wir blieben diese Nacht im Gang.
[115] Die letzte Offensive scheint nicht gelungen nach allen Meldungen. Die Feinde waren auf 15. Juli vorbereitet – also war 'mal wieder Verrat geübt worden. Wäre sie überraschend für den Feind gekommen, so hätten wir ganz anderes erreicht.
Gestern drang der Feind in unsere Infanterie und Artillerie-Stellung an der Marne, nachdem wir vorgedrungen waren. Welcher Angriff, mit Artillerie-Vorbereitung, Fliegerbombengeschwader, Flammen- und Gaswerfer – so brechen sie vor ––– die entfesselte Hölle auf beiden Seiten – nach 4 Jahren des Kampfes.

21. auf 22. Juli 12 Uhr 20 bis 1 Uhr 45 Fliegerangriff.

22. Juli 1 Stunde Fliegerangriff, 4 Uhr 50 bis 5 Uhr 20.

25. Juli. Es giesst heute. Gottlob. Vorgestern war nachts Fliegeralarm 2 Stunden, da waren sie in Gernsbach gewesen.

29. Juli. 12 Uhr bis 1 Uhr 50 starkes Sperrfeuer. 2 Uhr 20 Schluss-Sirene.

30. Juli. Abends, 5 Minuten vor 12 Uhr Sirenen, gleich darauf Alarmschüsse. 12 Uhr 15 Sperrfeuer. Die Hölle auf Erden. Täglich sind wir nachts auf.[92] 13 Scheinwerfer sollen hier sein! 2 Flieger waren gestern über Karlsruhe. Wie viele Menschen, Mütter und kleine Kinder sitzen in der Nacht im Keller! Wie viele Kranke werden allnächtlich so erschreckt. Eine wahre Kanonade über Karlsruhe. Die Flieger waren wieder in Offenburg, Lahr und Rastatt, wo sie ein Gefangenenlager bombardierten. 12 Uhr 35 heftiges Sperrfeuer! Ich schreibe im Gang. Die gute Frau Hauptmann erzählt ruhig – sie hört das Schiessen nicht, da ihr Gehör abnimmt. 5 Minuten dauerte das Sperrfeuer, sie sparen jeden unnötigen Schuss. Wäre das Fliegen nie erfunden worden! Es bringt nur Angst und Schrecken – Verwüstung unter die Menschen.

Den Zar haben sie ermordet – aber für Wilson finden sie keine Kugel – und doch ist er der Schlimmste, – der Verlängerer des Kriegs. Amerika muss mitkämpfen[,] um seine Milliarden, die es der Entente gegeben hat, nicht zu verlieren. Geld und nur Geld ist der letzte Grund dieses wahnsinnigen Kriegs.

Unsere Offensive an der Marne ist verraten worden!

¾ 2 Uhr kamen die Schlusssirenen und ich legte mich hin – endlich schlafen – da 2 Uhr 15 heulen wieder die Alarmsirenen – wieder aufstehn – ich denke wieder an die Mütter mit ihren Kindern – Hölle – Hölle – In der Nacht, tückisch, feige, kommt der Feind über wehrlose Städte, die fern vom Kriegsgebiet liegen und wirft Bomben in Gebiete, die <u>nichts</u> mit dem Krieg zu tun haben. 2 Uhr 20 Sperrfeuer.[93] Ich schreibe wieder im Gang, 2 Uhr 40. Die Flieger warfen Bomben auf ein württembergisches Dorf!

Generalfeldmarschall von Eichhorn nebst Adjutant wurden in Kiew ermordet. Keine Worte für solchen Meuchelmord!

2. August

Sie haben meine Schwester im Auto von der Nervenklinik Strassbourg nach Achern gefahren, weil sie die Abwehrgeschütze in Strassburg bei Fliegeralarm nicht ertrug. So fuhr sie auf eine Bahre geschnallt durch die Landschaft. In Achern liegt sie im Gasthof zu Bett. Ihr Sohn ist bei ihr. Er hat ihr so schöne Rosen zum Hochzeitstag gebracht. Was empfand ich alles in den paar Stunden des Dortseins.

[116] 18. September. An der Illenau vorbei, da ich in Achern jemand besuchte. Da hörte ich einen Kranken unaufhörlich rufen: Germania, Humania! – Germanist – Germania! Humania, Humanist, weiss nicht wie's Wetter ist – ein Sonnenschirm muss ich kaufen für Afrika, für England – der kostet 10 frcs sind 8 Mark – Ha – Germania, Humania – – und so ging's weiter, laut, laut schrie er immer diese Worte. Ob er im Krieg war und alles sich verwirrte? Sicher, denn das Wort Germania kam immer wieder. Furchtbar! Dabei anhaltender Kanonendonner von der Westfront. Sie werfen sich die eisernen Massen immer noch zu – ohne Ende. Wirrwahn überall! Ja, Hans Thoma fand das rechte Wort: Wirrwahn, er beherrscht die Welt.

---

[92] Gestrichen: Die arme Mutter hat oft so das Zittern, wenn es schiesst.
[93] Gestrichen: Mama liegt angezogen im Bett, Frau Hauptmann kommt wieder herunter mit der treuen Elise.

25. September
Fast täglich sind Flieger über Karlsruhe.

Helmut vom Feld kommend mit einem Asternstrauss stand an der der Türe. Er sieht so gut aus. Schwere Kämpfe (St. Mihiel)[94] hat er mitgemacht. Sein Mantel war ganz blutbefleckt, er zeigte mir die herausgewaschenen Flecken, als er seinen Kommandeur sterbend in der Zeltbahn mit einem andern Offizier vom Platz trug. Er sah den Tod täglich nah – und wurde dabei ein Mann und innerlich stark.

7. Oktober
Reichskanzler Prinz Max von Baden stellt als erste Handlung eine Friedensnote an Wilson aus.

Deutschland sucht bei dem abgefeimtesten Heuchler der Welt um den Frieden nach. Eine erschütternde Tatsache.

10. Oktober
Also von Wilson hängt unsere nächste Zukunft ab, alles wartet auf seine – Antwort – als ob man sie nicht wüsste. Deutschland!

Lienhard schickte mir das erste Heft von seiner Zeitschrift „Meister des Lebens"[95]. Ein wohltuendes geistiges Gegengewicht zu der vermaterialisierten Welt.

Eisenbahnfahrt im dunkeln 3. Klasse-Wagen. Gespräch einer Trauergesellschaft von Landleuten, die von einer Beerdigung kamen: Ich hörte folgende abgerissene Sätze zweier Männer, etwa 50jährig in derbem Dialekt:

„In fünfzig Johr do simmer alle wie mer do sitze vergesse – so sin mer alle dot"! – Dann kamen Gegenreden, die ich wegen Zuggerassels nicht verstand. „Wenn i wähle derft, i dät am liebschte am e Schlanganfall sterwe, do isch mer glei dot!" – „Ja, awwer i net", (der Andere) "da kammer sich nimme vorbereide un mer sterbt ewwe doch nur eimol! Do kammer doch noch dran denke an des ander –– des ––" „Wenn mer des nur wisse dät! S'isch awwer noch nie einer aus der annere Welt komme un hat eim gsagt, wie's dort isch!" „Drum muss mer ewwe halt doch glauwe! Wenn mer sterbt, dann henkt mer sich halt ewwe doch ans Gebet! Ewwe an des, wo mer glernt hat." „Mer muss ewe allei, ganz allei do nüwwer, da kann mer nit noch zu seiner Frau sage: Komm geh'sch mit, ganz allei muss er gehe!" „Un i sag, do muss mer sich halt ewe an's Gebet halte" –– (Räderrasseln verschlingt die andern Worte) „S'Kirchgehe isch nit alles!" „Do kann einer stehle, lüge und betrüge und hernach geht er brav in d'Kerch, dass ihn die annere drin sitze sehe – i geh weger meim Innwendige nei. Die Beschte sieht mer als gar net in der Kerch! Un drumm sag i immer: Nit was einer <u>isch</u>, frag ich, awwer was er <u>dut</u>! Was einer dut, des isch sei Religion."

In meinem Abteil sitzen Frauen in Trauer, die eine erzählt, von ihrem Mann, der im Krankenhaus starb. „Meine se, wie er am Schterwe war, da hat die protestantisch Schwester des Sterbkreuz und? (hier nannte sie Dinge, die ich nicht kannte) so verächtlich weggschwowe! Ich hab frage müsse, ob ich [117] s'Kreuz üwer'm mache derft! Die protestantische Schwestern glauwe jo nix mehr! Awer i hab der katholische

---

[94] Schlacht von St. Mihiel vom 12.-15. September 1918; an der Schlacht waren amerikanische Truppen beteiligt.
[95] Friedrich Lienhard, Der Meister der Menschheit. Beiträge zur Beseelung der Gegenwart, Bd. 1: Die Abstammung aus dem Licht, Stuttgart 1919.

Pfarrer komme lasse und der hat en noch absolviert! War ich froh! Sonscht wär er so gschtorwe! Denke se nur, ganz alleinig müsse die in de Krankehäuser sterwe! Er hab immer heim welle, mei Mann, aber i hab en doch nit nemme könne bei so ere Pfleg. Jez denk i immer: s'isch ewe Gotts Wille gwese, so! Anersch kann mers nit annemme!" Das Räderrasseln verschlang die andern Worte.

16. Oktober
17 Menschen werden heute hier beerdigt! In einem Freundeshaus sind am Sonntag 2 Töchter an der Grippe gestorben.
 Und die deutsche Lage! Lüge und Uebermacht siegen. Und die Feinde sind so feige und ehrlos, sich vor aller Welt zu rühmen, dass 4 Gegner [!] einen bezwangen! Wenn man dies auf der Strasse sehen würde, so würde man „Pfui" rufen!

21. Oktober 10 – ½ 12 Uhr nachts Fliegeralarm.
Es sterben so viele an der Grippe – die Zeitung ist angefüllt mit Todesanzeigen – –
 Und die 2. Note Deutschlands an Wilson! Zu viel des Entgegenkommens – und schon hört man[,] Wilson antworte gar nicht darauf. Das Morden muss, so will es die Entente, fortgesetzt werden. Deutschland wird einem letzten Aufgebot aller folgen. Die Welt ward zur Hölle und die Teufel regieren. Ein Volk wie das deutsche, wird von einem Geschäftsvolk, von Männern, die nur ihr Geschäft in der Welt kennen, geknebelt – alles soll ihm entwunden, genommen werden, das Waffenheer, die Marine, die Kolonien – damit England überall freie Hand hat und seine Macht an fremden Besitz noch mehr ausdehnen kann. Die Lüge und Verleumdung haben die Uebermacht in der Welt.
 Pfarrer Bückner[96], der 86jährige, sprach heute mit mir – er ist ausser sich und tief niedergedrückt durch den Verlauf unserer politischen Geschicke. „Die Sozialdemokraten sind eine internationale Partei, wie das Zentrum! Was bedeutet diesen aus „Vaterland!" Sie wollen lediglich ihre Zwecke erreichen, wie ist ihnen einerlei. Armes Deutschland! Der Kanzler handelt unverantwortlich, wenn er Wilson nachgibt, die 14 Punkte Wilsons sind z. T. die grösste Schmach, die je die Geschichte kannte. Elsass-Lothringen soll weggenommen werden, Polen verlangt die polnischen Wahlbezirke – dabei haben wir 4 Jahre geradezu beispiellos uns nach allen Seiten hin verteidigt, haben in Russland gesiegt und einen Abschluss gemacht, stehen tief in Feindesland und wehren und noch nach 4 Jahren gegen eine ungeheure Uebermacht. Und nun dieser schimpfliche Kompromiss! Ein Volk von 70 Millionen soll politisch bedeutungslos gemacht werden" – –
 Er lief im Zimmer, hin und her und sein kluges, noch gar nicht 86jähriges Gesicht zeigte den Ausdruck tiefster innerster Not. Ich sagte: „Herr Pfarrer, Gott wird das deutsche Volk in solcher Dunkelheit nicht verlassen – wer weiss, was er noch mit uns vorhat, nachdem er uns so tief hinabgeführt hat!" Das sagte der 86jährige: Kennen sie das Lied „Wir hatten bebauet ein stattliches Haus
 Und drin auf Gott vertrauet
 Trotz Wetter, Sturm und Graus!"
 Da heisst's am Schluss:
 „das Band ist zerschnitten,

---

[96] Wilhelm Brückner (1831–1925), zuletzt 1875–1906 Pfarrer in der Johannispfarrei in Karlsruhe.

war schwarz rot und gold
<u>und Gott hat es gelitten</u> –
wer weiss, was er gewollt!"
So müssen wir jetzt sagen – und hoffen, dass er einen Weg findet auch für unsere Not! –
[118] Das Volk kennt nur seine 4 Wände, seinen Geldbeutel und den Magen. – Traurig. Keine Ideale mehr, nur bei der „kleinen Zahl".

29. Okt.
¾ Uhr Fliegerangriff bis 1 Uhr.

29. Oktober
Oesterreich–Ungarn sucht um <u>Sonderfrieden</u> bei Wilson nach – ebenso die Türken!
    <u>Deutschland steht nun ganz allein!</u>
Aber noch ein Höherer kann ihm Bundesgenosse werden, <u>ist</u> ihm Bundesgenosse, wenn Deutschland ihn nicht vergisst.
Neben der Sturmflut von Sünde und Flachheit im eignen Land, leben in Deutschland ungezählte Starke, Grosse, Männer aus <u>echtem Mannestum</u>, Frauen mit starker, edler Kraft und Gösse, gewachsen allen Nöten und Wirren, die noch kommen werden.
Ich glaube, dass wir können, wenn wir wollen und dass das Dunkel, durch das wir geben müssen uns zum Segen wird.

30. Oktober
Auf dem Heimweg vom Friedhof begegnete mir Professor W. Er sprach davon, dass, wenn der Kaiser zu Gunsten seines Enkels abdanke, die Dynastie Hohenzollern gerettet wäre.
    „Wir haben nicht unsere Ehre verloren bei allem was kam! Es ist ein grosser Unterschied zwischen äusserer und innerer Ehre! Das wird oft verwechselt!"
    „Wenn zehn über einen herfallen und ihn überwältigen – so ist doch die Ehrlosigkeit bei den zehn, die den Schwächeren an Zahl vergewaltigen!"
    „Wir sollen die Demütigung, die uns einmal wurde, nicht abschwächen wollen – Die „Maulpolitik" sollte endlich ‚mal schweigen!"

Flugblätter, abgeworfen über der deutschen Front von englischer Seite.
Wörtlich:
A.P. 66 By Balloon.
<u>Aus der Kriegsgefangenschaft.</u>
Kameraden,
Von der Gefangenschaft aus senden wir euch einige Worte und hoffen, einen kleinen Erfolg zu erzielen und diesen blutigen Krieg seinem Ende näher zu bringen.
1. Glaubt den Herren nicht, die euch erzählen, dass ihr in Gefangenschaft schlecht behandelt werdet; im Gegenteil, wir können versichern, dass wir in einem Tag mehr zu essen kriegen wie bei den Blutaussaugern da drüben in acht.
2. Gute warme Kleidung und Schuhe und eine Behandlung seitens der englischen Offiziere, wie sie sich ein gedienter deutscher Soldat nicht vorstellen kann.
3. Für wen tragt ihr eure Haut zu Markte?

Für wen hungern eure Weiber und Kinder? Damit die Herren Hohenzollern und Herren Junker ihre Brut in fette Posten hineinschieben können. Hört ihr sie nicht lachen, die Herren Munitions- und Futterersatzlieferanten?

[119] Ihretwegen kann der Krieg noch zehn Jahre dauern. Und dann, einen guten Rat! Es ist so leicht, sich auf Patrouille oder beim Essenholen zu verlaufen. Es ist jetzt leichter denn je. Uns sind die Augen geöffnet worden in der kurzen Zeit, in der wir hier sind.

By Ballon
    Lohnt es sich wohl?
    Morgen wirst du vielleicht getötet werden! Warum?
    Weil es deines Kaisers Wille ist.
    Lohnt es sich wohl?
    In der Heimat darben deine Frau, Mutter und Kind. Wird dein Tod ihnen helfen? Gehst du darum in den Tod? Nein! Das weisst du am besten.
    Aus welchem Grund opferst du dein Leben? Warum befahl dein Kaiser diese Schlacht, in der schon jetzt 500 000 Deutsche getötet und verwundet sind? Warum sagt er „dies ist meine Schlacht"?
    Weil er Furcht hat, Frieden zu schliessen.
    Dein Kaiser, deine Regierung, deine Herrscher – sie haben Brot und Sicherheit. Sie können auch ohne Frieden in Sicherheit leben!
                                                    (Poincaré und Lloyd Georges auch!!)
u.s.w.

Ein anderes Flugblatt:
    Deutsche Stimme über die Niederlage.

Deutschland von seinen Bundesgenossen verlassen – ganz allein gegen die Meute der Gegner!
    Oesterreich-Ungarn kapitulierte – Bulgarien ging voran, die Türken folgten, nachdem wir ihnen 50 Millionen in Gold gegeben hatten!!
    Nun kann der Riese sich recken, keinen zur Seite, werde allein fertig Michel!

7. November
Die Kommission wegen Waffenstillstand ist zu Foch abgereist! Wie das klingt!
    Ich sage es frei heraus: kein besiegtes Volk, wohl aber ein Volk, dem der englische Teufel die Hungerblockade um das Reich gezogen hat und das von der ganzen Welt belagert wird – muss um Frieden bitten.
    Wir stehen in Feindesland. Wir hatten grosse Siege, wir litten unter der Uebermacht, wir halfen den treulosen Bundesbrüdern, die von uns langsam zurückweichen, aber nicht zerbrochen.

Das sind Tatsachen.
Unsere Diplomatie und Regierung machte Fehler auf Fehler – wir sind politisch der Weltmache und der raffinierten, zielsicheren Eisen– und Stahlpolitik Englands nicht gewachsen.

[120] Der Deutsche ist und bleibt ein Kind in der Weltpolitik. Er hat lernen müssen in 4 der grausamsten Jahre, die die Weltgeschichte kennt. – Immer noch Streit um Abdanken des Kaisers oder nicht abdanken! –

9. November
<u>Bayern soll Republik sein</u> – weil es die unabhängigen Sozialdemokraten so sagen und der Bolschewiki– Rat so will.
Der Herzog von Braunschweig, Schwiegervater des Kaisers, hat abgedankt, ersucht vom gleichen „Rat", der ihm gnädigst „erlaubt" noch 2–3 Tage in Braunschweig zu bleiben! –
Wenn ich morgen lese, dass der Dom in Berlin auf zwei Beinen fortgelaufen ist, glaube ich es auch. <u>Alles</u> glaube ich, denn alles ist möglich bei einem Volk, das sich betäubt hat und das durch die Lage einfach wie ein ungezogenes Kind nun <u>seine</u> noch unvergorenen Ideen von Freiheit und Gleichheit durchsetzen will.
Was für eine Freiheit!!
Sie setzen dem Kaiser ein Ultimatum vor: Wenn du innerhalb so und so vielen Stunden nicht abgedankt hast, dann Gnade dir Gott.
Der Reichskanzler Max von Baden hat seine Entlassung eingereicht!

<u>Die Weltgeschichte ist das Weltgericht.</u>
Heute am 9. November hat Kaiser Wilhelm dem Thron entsagt. Er <u>musste</u> es tun, der Not der Stunde gehorchend. Vielleicht liegt seine Grösse in diesem Schritt – besser, er hätte ihn vor einigen Wochen getan, dann wäre mehr „Gloriole" um seine Krone gewesen, wie heute, wo er von den Sozialdemokraten gezwungen wurde. Heute vor 10 Jahren war der denkwürdige Tag in Donaueschingen, wo mitten in die Belustigungen, die der Kaiser beim Fürsten von F. mitmachte, der <u>Tod</u> vor hin hintrat! Der plötzliche Tod des Grafen Hülsen-Häseler, der vor dem Kaiser – man sagte – tot umfiel am Schlanganfall. Heute vor 10 Jahren! Wie eigen – – und „alle Schuld rächt sich auf Erden" – so, ganz so, wie der Kaiser damals Bismarck entlassen hat, <u>genau so hat er seine eigene Entlassung nehmen müssen.</u> Er habe damals wiederholt und immer dringender bei Bismarck fragen lassen, ob er sich zu dem Schritt entschlossen habe – und <u>so</u> sei es ihm nun selbst ergangen, er ist immer dringender ersucht worden, abzudanken! Nemesis. Bismarck hat damals gesagt: „Das wird sich rächen." Es hat sich diese Bismarck'sche Prophezeiung heute erfüllt. Deutschland verlor den Krieg wegen seiner politischen Unerfahrenheit, seiner versagenden Verwaltung. Die Hungerblockade – so teuflisch sie war – sie half dem Feind. Die Ernährungsschwierigkeiten schädigten Heer und Heimat, erst kam die Missstimmung, dann die Unlust zum weiteren Kämpfen, (sie wollten nicht mehr ins Feld) sie ergaben sich draussen dem Feind! Sie sahen, wenn sie durch französische Ortschaften kamen, was alles noch dort zu haben war und verglichen es mit unserer Lage – und der materielle Trieb des Volkes bezwang den Geist in Deutschlands schwerster Zeit!
Wir vertrauten unserer alle Begriffe übersteigenden Kraft und Grösse – und dachten nicht, dass auch bei uns im Volk irre und wirre Begriffe herrschen über „Vaterland", „Ausharren", „Opfer bringen", – dass die Ernährung der Kernpunkt, das Wichtigste bei einem Volk ist! Mir ist es rätselhaft, dass über Nacht eine Partei das Reichsruder einfach in die Hand nimmt und Niemand es ihr wehren kann. Was ermächtigt denn die Sozialdemokratie dazu, zu glauben, <u>sie allein</u> hätte das richtige Denken und

Handeln und es sei ihr erlaubt Fürsten abzusetzen, Minister zu stürzen, Parlamente einzurichten? Und alle andern „Parteien" [121] sehen zu, sagen nichts und lassen diese eine Partei handeln, nur weil sie zahlenmässig so stark ist!

Hier in Karlsruhe sollen sich Soldaten- und Arbeiterräte, wie in allen Städten gebildet haben und gestern hätte vor dem Bahnhof ein 18jähriger Sozialdemokrat eine Rede gehalten!! Wer hört denn so einem unreifen Burschen, der noch erzogen gehört, zu?! Kurt Eisner, das Haupt der Münchner Republik soll ein Berliner Jude sein.[97]

> Und fiele mit den letzten Blättern
> Die letzte welke Hoffnung ab,
> Wir stossen stolz in Sturm und Wettern
> Die Wurzeln tiefer nur hinab.
> Wir trotzen, ob auch unserm Volke
> Verderben droht von Feindesgier
> Und schweigt uns Gott in schwerer Wolke:
> Je dunkler Er – je treuer wir.

10. November

Karlsruhe unter dem Arbeiter– und Soldatenrat! Republik Baden!
Es ist gerade wie Fastnacht. Aufrufe auf rotem Papier. Umzüge halbwüchsiger Burschen, die die Uniform schänden, die sie noch anhaben. Das Palais vom Grossherzog ohne Wache. Die Fahne eingezogen, ebenso auf dem Schloss. Ruhe in den Strassen.

Mittags Verkündigung der Waffenstillstandsbedingungen.

18 Punkte – einer furchtbarer, teuflischer, brutaler als der andere. Man glaubt nicht, dass ein Menschenhirn das ausgedacht hat. Das kann nur furchtbarster fanatischer „Revanchegeist" eines Clemenceau, oder kalte, brutale Gewalt eines Lloyd Georges ersonnen haben!

Es muss den Feinden selbst schaudern, diese Bedingungen zu lesen, die ein Volk einfach ganz vernichten.

An Schlaf war nicht zu denken. Mein Herz tat mir weh heute nacht und schlug wie ein Hammer in ohnmächtiger Wut und Beben über so viel Teufelsgewalt auf Erden.

Deutschland! Name voll Klang und Sang und Glut – raffe deine letzte Kraft zusammen und wirf wie Siegfried, den der arge Feind traf, mit deiner letzten Kraft den Schild nach dem Feind. Nein! Kein sterbender Siegfried – ein lebender, nie zu tötender bist du. Deine Fehler sind viele, deine Schwächen auch – aber deine Gaben und Kräfte und leuchtende Tugenden ebenfalls. Ich will auf das Helle sehen, das in diesem Krieg in ungeahnter Fülle aufleuchtete. Das bist du! In den Besten deines Volkes ist dein Wesen sichtbar.

Heute am 11. November wurden die teuflischen Waffenstillstandsbedingungen unterschrieben. Ein Charfreitag für jeden Deuschen.

Abends ½ 11 Sirenen. Fliegeralarm bis ¼ 12 Uhr. –

Ich hörte, es habe sich eine rote Garde hier gebildet, die plündern wollte. Was soll daraus werden?

---

[97] Gestrichen: Ebert, ein früherer Sattler, wird Reichskanzler!! Die andern „Genossen" Minister – die Welt ist aus den Fugen.

Eröffnung der „Oberrheinischen Sozietät"

Johannes Ehmann

Sehr herzlich möchte ich Sie am heutigen Abend zur dieser Veranstaltung begrüßen, die für manche unter Ihnen hinsichtlich ihrer Zielsetzung vielleicht noch etwas kryptisch geblieben ist. Doch immerhin so konkret waren ein Bild, ein Gemälde und vor allem ein Name auf unserer Einladung, dass Sie heute Abend da sind und vielleicht doch gespannt, was sich hier in der nächsten Stunde ereignen mag.

Im Folgenden möchte ich Ihnen in der notwendigen Kürze, aber auch klar genug vorstellen, was heute Abend und in Zukunft unter einer Oberrheinischen Sozietät verstanden werden soll und – gerne gebe ich es zu – für diese Ihr Interesse wecken.

Nach einem weiteren Musikstück möchte ich – gleichsam als erste Aktion dieser dann eröffneten Oberrheinischen Sozietät – eine Veröffentlichung, nämlich die neueste Veröffentlichung von Professor Eike Wolgast vorstellen, eine Aufsatzsammlung, die vom Verein für Kirchengeschichte in der Evangelischen Landeskirche in Baden verantwortet wird.[1] Ich freue mich, dass dazu auch ein Vertreter des Kohlhammer-Verlages, Herr Dr. Sebastian Weigert, unter uns ist und das Wort ergreifen wird. Ich begrüße Sie sehr herzlich.

Ein besonderer Gruß gilt an dieser Stelle jedoch Professor Dr. Dr. h.c. Eike Wolgast selbst. Er, der Historiker, der akademische Wegbegleiter und Christenmensch ist den meisten unter Ihnen bekannt. Dass Sie heute Abend sich hier eingefunden haben, nehme ich als Zeichen kollegialer und menschlicher Verbundenheit mit Person und Werk Herrn Wolgasts. Seien Sie also alle nochmals herzlich willkommen geheißen. –

Meine Damen und Herren, was bedeutet Oberrheinische Sozietät?

Ein tieferes Nachdenken über das Wesen einer Sozietät möchte ich mir und Ihnen ersparen. Das Hauptinteresse liegt heute Abend auf der Skizzierung bzw. Charakterisierung des Begriffs *oberrheinisch*, wenn das dadurch Bezeichnete nicht nur eine geographische Größe sein soll.

Gerne gestehe ich, dass der ursprüngliche Plan der gewesen ist, die heute zu gründende Sozietät eine Ober*ländische* zu nennen, warum, wird später deutlich werden. Aber so wie ich es ausspreche, hören Sie, dass dies unmöglich ist. Zum einen klingt das irgendwie nach „Alpenverein", zum andern wären weitreichende Missverständnisse gegeben, den, nähmen wir das alte Land Baden als Orientierungsgröße, so befänden wir uns hier im Bereich des Unterlandes – und nähmen wir als Orientierungsgröße die alte Pfalz, so wären wir in der Unterpfalz und stünden somit in jedem Falle am Anfang einer babylonischen Sprachverwirrung. Aber soviel haben Sie jetzt schon gehört: Offensichtlich will sich diese Sozietät der Kirchengeschichte *des* Raumes an-

---

[1] Eike Wolgast, Beiträge zur badischen und kurpfälzischen Kirchengeschichte (VBKRG 7), Stuttgart 2016; vgl. hierzu die Rezension von Helmut Neumaier in diesem Band.

nehmen, die zumindest das alte Baden und die alte Kurpfalz umfassen. Warum dann aber nicht badische, oder noch enger kurpfälzische Sozietät? Warum „oberrheinisch"?

Der Vorblick auf das Reformationsjubiläum 2017 hat erneut auch ein Nachdenken darüber in Gang gesetzt, wie sich den die Wittenberger Reformation zu den Reformbewegungen des deutschen Südwestens, oder sagen wir besser: zu den Reformbewegungen im Südwesten des Alten Reiches verhält. Spätestens 2018 wird demnach erneut zu fragen sein, welche Impulse Martin Luther bei der Heidelberger Disputation von 1518 im Südwesten gesetzt und ausgelöst hat. Ohne auf Details eingehen zu können scheint doch ganz klar zu sein, wer damals in Heidelberg für Luther gewonnen wurde, vor allem aber wer in der Folgezeit reformatorisch gewirkt hat zwischen Ulm und Straßburg, Basel und Schwäbisch Hall, Stuttgart und Konstanz, teils in unmittelbarer, teils in mittelbarer Konsequenz der Heidelberger Disputation.

Dem kann hier natürlich nicht nachgegangen werden, aber es wären doch erste Konturen zu erkennen, was unter oberrheinisch in einem geographisch weiteren und theologisch präziseren Sinne gemeint sein könnte.

Eine weitere Spur, wie sich spezifisch oberrheinische Traditionen thematisch, mental und pädagogisch verdichtet haben, legt der Humanismus in unserem Raum. Der Humanismus Basels, wirkend durch Erasmus bis hin zu Zwingli, der elsässische Humanismus, erkennbar an der Humanistenbibliothek in Schlettstadt und spürbar im Wirken Martin Bucers. der Humanismus eines Philipp Melanchthon, dessen Biographie die Prägungen der Pforzheimer Lateinschule, Reuchlins, sowie der Universitäten Heidelberg und Tübingen umfasst, all das wirkt auch und gerade innerhalb des Reformatorischen nach und weiter, vor allem in pädagogischer und ethischer Orientierung, wie wir sie eben wieder bei Melanchthon und Bucer, aber eben auch bei dem Haller bzw. dann württembergischen Reformator Johannes Brenz finden.

Das wichtigste scheint mir nun aber das Zusammenspiel von Kräften, von Persönlichkeiten und Auffassungen zu sein, wie es auf dem Gemälde Wilhelm von Kaulbachs aus dem Jahre 1862 zum Ausdruck kommt, weswegen wir dieses Gemälde zum Motivbild des heutigen Abends und der Sozietät ausgewählt haben. Wir erkennen Kurfürst Ottheinrich im Hof des noch unvollendeten Schlosses, der sich dem unbekannten Architekten zuwendet. Im Hintergrund arbeitet der Bildhauer Collin an einer ersten Skulptur für den Ottheinrichsbau. Für uns heute wichtig ist die Reihe der Gestalten auf der höfischen Seite. Neben dem weltlichen Fürsten steht der Humanistenfürst Melanchthon; hinter Ottheinrich befinden sich der Kanzler von Minkwitz, ein extremer Lutheraner thüringischer Prägung und Tileman Heshusius, ebenfalls extremer Lutheraner und Urheber des Heidelberger Abendmahlsstreits Ende 1559; doch neben ihm wiederum steht der milde Hofprediger und Melanchthonfreund Michael Diller.

Es ist ein Historiengemälde, was wir hier erblicken. Das Treffen hat so nie stattgefunden, verweist aber auf den Besuch Melanchthons in Heidelberg während des Wormser Religionsgesprächs von 1557, das die Zerstrittenheit des Protestantismus aller Welt vor Augen führte. Melanchthon – er weilte nur kurz in Sachen Universitätsreform in Heidelberg – und Diller nahmen an diesem Wormser Gespräch teil und litten beide unter dessen desaströsen Ausgang.

Wenn es nun heute Abend aber darum gehen soll, konstruktive Kräfte im Protestantismus und ihre Bezüge zum Oberrhein und Heidelberg aufzuspüren, dann ist auf die von der Abendmahlslehre Luthers durchaus verschiedene Lehre Melanchthons

Abb. 18:
Ottheinrich auf der Baustelle auf dem Schloss, rechts Melanchthon, Ölgemälde von Wilhelm von Kaulbach um 1862 (Kurpfälzisches Museum Heidelberg)

hinzuweisen, die mittels der Lehrschrift des sog. Examen Ordinandorum Aufnahme in die Kurpfälzische Kirchenordnung gefunden hat. Der offene Ausbruch des Abendmahlsstreits in Heidelberg und seine Lösung unter Kurfürst Friedrich III. bildeten drei Jahre später einen wesentlichen Faktor des Übergangs der Kurpfalz zum Reformiertentum. Melanchthon hat 1559 noch zu vermitteln versucht. Schon seit 1556 – der Streit um das Abendmahl war seit 1552 wieder reichsweit wirksam – beschwor er die Theologen, Lehrgegensätze doch bitte nicht in der Öffentlichkeit auszutragen, sondern intern mit *moderatio*, επιεκεια und *tolerantia* auszutragen und verwies als sichere begriffliche Gesprächsgrundlage auf die Wittenberger Abendmahlskonkordie von 1536 und eben sein *Examen ordinandorum*.[2] Leitend war der Gedanke, dass damit die hinsichtlich des Abendmahls nötige und zureichende Einheit für die Evangelische Kirche gegeben sei. Melanchthon zog seine Abendmahlslehre also aus der genannten Wittenberger Konkordie von 1536, in der Luther selbst den oberdeutschen Predigern und ihrer vom Humanismus beeinflussten Abendmahlstheologie entgegengekommen war. Damals, 1536, hatte man den Ausgleich zwischen Straßburg und Wittenberg gesucht und Bucer und Melanchthon hatten ihn gefunden; dabei ihrerseits auf die Ausgleichsbemühungen zwischen nord- und südwürttembergischen Kräften, d. h. zwischen Erhard Schnepf und Ambrosius Blarer in der sog. Stuttgarter Konkordie von 1534 setzend. Und auch Schnepf gehörte zu den jungen Theologen, die 1518 Luther hier in Heidelberg kennengelernt hatten und dann das Ihre taten, um den Stein der Reformation im Südwesten ins Rollen zu bringen.

---

[2] Vgl. den Brief an Hausmann vom 10. November 1556, CR 8, Nr. 6115, Sp. 903f.

Das alles ist vielschichtig, komplex, verwirrend. Heute Abend soll das alles auch nur angedeutet werden, eben weil kein geringerer als Ottheinrich angesichts des Scheiterns des Wormser Religionsgesprächs und der Spaltung des Protestantismus 1557 die Fortsetzung des Gesprächs und die Einheit des Protestantismus forderte. Dringend empfahl er, die Theologen noch in Worms zu erneuter Beratung zu verpflichten und insb. Gutachten Melanchthons, Brenz' und Johannes Marbachs zum weiteren Gespräch einzuholen, *daran allen oberlendischen teutschen und andern kirchen dieser zeit merglich vil gelegen*.[3] Da also haben wir ihn: den Begriff „oberländisch" – nicht etwa nur als Raumbeschreibung, sondern zur Kennzeichnung einer Gesinnungsgemeinschaft.

In seiner Bedeutung ist diese Forderung des Heidelberger Kurfürsten bisher kaum gewürdigt worden. Ottheinrich empfahl ja nicht nur eine Zusammenstellung der strittigen Artikel durch die Theologen, sondern auch deren Beratung und stellte das weitere Verfahren in die Geschichte der oberländischen Theologie und insb. die Abendmahlsfrage in den Horizont der *concordia, so anno 1536 zu Wittenberg zwuschen* [sic] *weilunt* [sic] *Luthero, Bucero und andern oberlendischen und saxischen theologen von den sacramentis ufgericht*. Man wird also Kurfürst Ottheinrich – er dürfte von seinem Hofprediger Michael Diller beraten worden sein – zugestehen dürfen, dass er vielleicht als erster den oberländischen Raum einer spezifisch oberländischen Theologie zugeordnet hat, dem – um die beiden Zitate Ottheinrichs zusammenzufassen – einerseits an Beratung merklich viel gelegen und andererseits der Streit um das Abendmahl mithilfe eines oberländisch-kursächsischen Konsenses lösbar erschien.

Ich breche hier ab. Nur soviel: diese gemeinsame oberländische Front umfasste auch die Markgrafschaft Baden-Pforzheim und auch Hessen, doch nur noch kurze Zeit Württemberg, das sich seit 1559 wieder stärker lutherisch orientierte.

Betrachten wir also noch einmal das Historiengemälde Wilhelm von Kaulbachs. Es dürfte von dem Gedanken beseelt sein, Ottheinrich als den dem Humanismus, den schönen Künsten und der universitären Bildung verpflichteten Kurfürsten darzustellen. Wir nehmen es heute Abend als Momentaufnahme kurpfälzischer Religionspolitik, in der der theologisch keineswegs kompetente, aber gut beratene Kurfürst einen Kurs der oberländischen Stände beschwört und zu steuern versucht, der sich an oberländischer Theologie orientiert, umgeben von Theologen, die diesen Kurs stützen wie auch Räten und Theologen, die ihn bekämpfen. Inhaltlich geht es dabei um die Verständigung zur Einheit des Protestantismus und eine integrationsfähige Abendmahlslehre nach melanchthonischem Muster. Die Geschichte wird freilich beiden Hauptgestalten des Gemäldes nicht genug Lebenszeit einräumen: Ottheinrich stirbt bereits 1559 als 57jähriger, Melanchthon 1560 mit 63 Jahren.

Wenn ich aber nun und abschließend, noch in Erinnerung rufe, dass eben in diesem oberdeutschen Raum (sehen wir einmal vom Elsass ab) zu Beginn des 19. Jahrhunderts Unionskirchen entstehen, die sich einem *theologischen* Konsens verdanken und nicht nur irgend einem Kooperationswillen, dann mögen Sie erkennen, vielleicht anerkennen, zumindest aber freundlich dulden, dass mit der Oberrheinischen Sozietät, die wir heute begründen wollen, kein gänzlich neuer Weg beschritten wird, sondern eine Tradition aufgegriffen, die wir mit gutem Recht hier in Heidelberg beheimatet

---

[3] Zitate nach Briefwechsel Christoph von Württembergs IV, hg. von Viktor Ernst, Stuttgart 1907, Nr. 345.

finden, hier in der Kurpfalz und hier in Baden und darüber hinaus im Oberländischen, dem sprachlich heute wohl besser die Rede vom Oberrheinischen entspricht, warum, habe ich eingangs skizziert.

In diesem Sinne soll also in Zukunft in Vortragsabenden im Laufe der kommenden Semester dieser Raum historisch und auch theologisch profiliert werden. Selbstverständlich wird dabei auch der Bereich des Oberrheins und auch der des Protestantismus bzw. der Kirchengeschichte seit 1518 überschritten werden dürfen. Wenn dabei Einheit als Verständigungsbemühung innerhalb der Universität ein Motiv werden kann und Kirchengemeinschaft dabei mitgedacht werden vermag, dann wäre dies kein schlechtes Omen für die weitere Arbeit dieser Sozietät, die ich nun und hiermit mit der gebotenen Demut, aber auch mit dem notwendigen Selbstbewusstsein für eröffnet erkläre.

Apologetik – Akademikerschaft – Volksmission
Drei Bestände im Landeskirchlichen Archiv Karlsruhe

Walter Schnaiter

1 Bestand Abt. 060. Apologetische Zentrale der Landeskirche

Wenn auch heute weniger von „Apologetik" gesprochen wird, so ist sie doch ein wichtiger Aspekt im kirchenleitenden Handeln und der theologischen Wissenschaft in der Auseinandersetzung zwischen Welt- und Zeitgeist einerseits und mit den Bekenntnissen andererseits, wie sie in den Kirchen vorgegeben sind.[1] Institutionell wird diese Aufgabe heute überregional wahrgenommen durch die Evangelische Zentralstelle für Weltanschauungsfragen in Berlin.

Der Bestand Abt. 060. Apologetische Zentrale der Landeskirche mit einer Laufzeit von 1916 bis 1939 umfasst 42 Verzeichnungseinheiten[2] mit einem Umfang von 0,60 lfd. Metern. Er stammt von dem Begründer und Leiter der Apologetischen Zentrale der Landeskirche Professor Dr. Albert Weckesser[3] und gibt Einblick in die Arbeit dieser Stelle innerhalb der Evangelischen Landeskirche in Baden während der Zeit vom Ersten Weltkrieg bis zum Beginn des Zweiten Weltkrieges.

Der Bestand gliedert sich in:

1. Allgemeines;
2. Leitung, Organisation und Geschäftsführung;
3. Korrespondenz und Lageberichte;
4. Vorträge und Tagungen;
5. Veröffentlichungen.

---

[1] Vgl. „Apologetik, theol. *Verteidigung* der christl. Wahrheit", in: Hauck/Schwinge: Theologisches Fach- und Fremdwörterbuch. Bearbeiter: Gerhard Schwinge, 11., veränderte Neuauflage, Göttingen 2010, S. 23.

[2] Die VZE Nr. 19 ist nicht belegt.

[3] LKA 2.00 PA Nr. 586 Dr. Weckesser, Albert Karl Friedrich; vgl. auch Heinrich Neu, Pfarrerbuch der evangelischen Kirche Badens von der Reformation bis zur Gegenwart. Teil II, Lahr 1939, S. 647. – Zur Biografie: Geb. am 24. Februar 1862 in Kirchardt; 1886 Spätjahr hat er die theologische Hauptprüfung bestanden; 1886–1887 Stadtvikar in Mannheim an der Friedenskirche; 1887 Religionslehrer an der Oberrealschule in Karlsruhe; 1888 zum Professor im Schuldienst in Karlsruhe ernannt; 1894–1908 am dortigen Lehrerseminar tätig; 1909–1910 am Gymnasium in Heidelberg; 1919 von dem Goethe-Realgymnasium Karlsruhe an das Gymnasium in Karlsruhe versetzt; 1924 Eintritt in den Ruhestand. Er gründete und leitete die „Apologetische Zentrale der Landeskirche" und die „Evangelische Akademikervereinigung in Baden". Ferner war er Mitglied des Ausschusses der Badischen Landesbibelgesellschaft und zweiter stellvertretender Vorsitzender der Dr. Lepsius Deutsche Orient-Mission (Armenisches Hilfswerk) e. V. Potsdam.

Zum allgemeinen Teil gehören Zeitschriften, Presseartikel und Vorträge.[4] Teil 2 Leitung, Organisation und Geschäftsführung enthält Korrespondenz, Einladungen zu Sitzungen des Ausschusses, Satzungen, Programme, Preislisten und Rechnungsunterlagen. Die Korrespondenz des Bestandes spiegelt das Geflecht kirchlicher Arbeit wieder, in denen die apologetische Arbeit der Kirche lebt und Gestalt gewinnt, in Kontakten

a. zur Landesbibelgesellschaft;[5]
b. zur Dr. Lepsius Deutsche Orient-Mission, Armenisches Hilfswerk e. V. Potsdam;[6]
c. zum Deutschen Evangelischen Verband für Volksmission, Berlin-Dahlem;[7]
d. zum Gesamtverband der Inneren Mission in Baden;[8]
e. zum Weltbund für Freundschaftsarbeit zwischen den Kirchen;[9]
f. zu den kirchenpolitischen Vereinigungen;[10]
g. zum Deutschen Evangelischen Missionsbund;[11]
h. zur Evangelischen Akademikervereinigung.[12]

In der Korrespondenz geht es neben Spezialthemen um organisatorische Fragen wie Umfragen bezüglich der Durchführung apologetischer Kurse[13] und den Kontakte mit den Apologetischen Vertretern der Kirchenbezirke[14]. Viele Berichte dokumentieren die theologische Auseinandersetzung mit dem Chiliasmus, der Anthroposophie, der Christlichen Wissenschaft, den Sekten und Freidenkern[15], dem Tannenbergbund einer Mathilde von Ludendorff[16], den Bibelforschern[17], Buddah und Islam[18], Sexualethik, Ästhetik und Sünde nach moderner Auffassung[19], Astrologie[20], „Zum Fall Eckert"[21], dem Reichskonkordat mit der Römischen Kurie[22], der neuen römisch-katholischen Mischehenordnung[23], der „Ecclesia patiens", Apologetik und Evangelisation[24], Volkstum und religiöser Gemeinschaftsgedanke im Neuen Testament[25]. „Der Stürmer" vom

---

[4] VZE Nr. 1.
[5] VZE Nr. 27.
[6] VZE Nrn. 32–36.
[7] VZE Nr. 25.
[8] VZE Nr. 24.
[9] VZE Nr. 26.
[10] VZE Nr. 29.
[11] VZE 36.
[12] VZE Nrn. 8 u. 14–15. Die ursprünglich zum Bestand gehörenden Akten der Evangelischen Akademikervereinigung wurden herausgelöst und zu einem eigenen Bestand zusammengefasst (Abt. 163.08. Evangelische Akademikervereinigung).
[13] S. VZE Nrn. 2 u. 13.
[14] Vgl. VZE Nr. 17.
[15] S. VZE Nr. 31.
[16] S. VZE Nr. 10.
[17] S. VZE Nr. 12.
[18] S. VZE Nr. 8.
[19] S. VZE Nr. 9.
[20] S. VZE Nr. 30.
[21] S. VZE Nr. 15.
[22] S. VZE Nr. 1.
[23] S. VZE Nr. 15.
[24] S. VZE Nr. 8.
[25] S. VZE Nr. 12.

Mai 1934 („Ritualmord-Nummer") dokumentiert exemplarisch den Antisemitismus der nationalsozialistischen Weltanschauung[26]. Material in sechs Verzeichnungseinheiten zeigt das Ringen der Kirche um die armenische Christenheit, die nach konfiszierten Augenzeugenberichten[27] dem Genozid oder der Vertreibung ausgesetzt war.[28]

2 Sammlung Abt. 163.08. Evangelische Akademikervereinigung

Der neu gebildete Bestand Abt. 163.08. Evangelische Akademikervereinigung entstammt größtenteils dem alten Bestand Abt. 060. Apologetische Zentrale der Landeskirche, erkennbar an den alten Aktenzeichen, die jeweils angeführt sind.[29] Zusammen mit dem Bestand Abt. 060. Apologetische Zentrale der Landeskirche spiegelt er mit einer Laufzeit von 1920–1934 die kirchlichen, politischen und weltanschaulichen Verhältnisse der Zeit der Weimarer Republik und dem Aufstieg Hitler-Deutschlands wieder. Die Evangelische Akademikervereinigung ist aus der Arbeit der Apologetischen Zentrale der Landeskirche unter dem Vorsitzenden Professor Dr. Albert Weckesser[30] hervorgegangen, ist jedoch als eigenständige Provenienz zu betrachten. Der Bestand hat einen Umfang von 0,30 lfd. Metern mit 16 Verzeichnungseinheiten und folgenden Gliederungspunkten:

1. Allgemeines;
2. Leitung, Organisation und Geschäftsführung;
3. Korrespondenz und Aufrufe;
4. Vorträge und Tagungen.

Der allgemeine Teil enthält einen Aufruf zur Gründung einer Evangelischen Akademikervereinigung in Baden mit dem Ziel *der Schaffung eine*[r] *Führerschicht aus den Kreisen der Gebildeten*, um angesichts eines erstarkten Katholizismus und eines *subjektivistischen Meinungszwist*[s] *der relativistischen Gleichgültigkeit und Trägheit, der nihilistischen Verneinungs- und Zerstörungslust, sowie der Herabsetzung des Protestantismus entgegenzutreten.*[31]

Die Arbeit dieser Vereinigung vollzog sich innerhalb des Reichsverbandes der Vereinigung Evangelischer Akademiker auf Landes- und Ortsverbandsebene, so z.B. in der Ortsgruppe Karlsruhe.[32] Dazu dienten Sitzungen und Tagungen der Evangeli-

---

[26] S. VZE Nr. 23.
[27] Vgl. DER ORIENT, Nr. 5/1928 in VZE Nr. 35.
[28] S. VZE Nrn. 14, 32–36. Vgl. hierzu jetzt: Mihran Dabag und Kristin Platt, Verlust und Vermächtnis. Überlebende des Genozids an den Armeniern erinnern sich, 2., durchges. Aufl., Paderborn 2016; Jürgen Gottschlich, Das Kaiserreich und der Völkermord an den Armeniern, Berlin 2015; Yetvart Ficiciyan (Hg.), Der Völkermord an den Armeniern im Spiegel der deutschsprachigen Tagespresse 1912–1922, Bremen 2015.
[29] VZE Nrn. 1–7 u. 9–14.
[30] Wie Anm. 3.
[31] Vgl. VZE Nr. 3.
[32] Vgl. VZE Nr. 12.

schen Akademikervereinigung in Baden, Arbeitsausschüsse der Ortsgruppe, Sitzungen des Reichsverbandsausschusses und Konferenzen evangelischer Akademiker in Deutschland. Überliefert sind Mitgliederlisten[33], Einladungen, Anwesenheitslisten[34], Protokolle[35], Lageberichte, Korrespondenzen, Eingaben und Abrechnungsunterlagen für Geschäftsausgaben[36].

Die Korrespondenz mit dem Vorsitzenden Prof. Dr. Weckesser spiegelt ganz unterschiedliche Anliegen der Korrespondenzpartner wieder: Reaktionen auf den Aufruf zur Gründung einer Evangelischen Akademikervereinigung, vertrauliche bzw. seelsorgerliche Anfragen im Zusammenhang mit der Arierfrage[37] oder eine Mitteilung über einen hilfsbedürftigen Arzt Dr. Moos[38].

Im Abwehrkampf gegen *die neue Weltpropaganda des Religionshasses*[39], die Sekten, die Freimaureragitation[40] und Weltanschauungen ist besonders ein Schreiben an den ersten Staatsanwalt zu den völkisch-esoterischen Bestrebungen des Tannenbergbundes von Mathilde Ludendorff aus Karlsruhe vom 06. November 1934 zu erwähnen.[41]

Dem apologetischen Anliegen der Evangelischen Akademikervereinigung entspricht das Eintreten für tausende heimatlos gewordener und vom Genozid bedrohter armenischer Flüchtlinge in einer Eingabe der armenischen Kolonie zu Berlin an Reichsminister Dr. Gustav Stresemann vom 29. August 1927, durch welche zur Unterstützung eines Projektes zur Ansiedlung von Armeniern in Sowjetarmenien geworben wird[42].

Das Besondere dieses Bestandes besteht darin, dass er Einblick gibt in die weltanschaulichen Auseinandersetzungen am Ende der Weimarer Republik und was es heißt, apologetisch-theologisch zu arbeiten.

3 Bestand Abt. 076. Volksmissionarisches Amt der Landeskirche

Der Bestand Abt. 076. Volksmissionarisches Amt der Landeskirche geht auf eine Erstbearbeitung mit Findbuch im Tabellenformat vom 3. Juni 2003 zurück. Er besteht aus 40 Akten, umfasst 0,50 lfd. Meter und hat eine Laufzeit von 1933–1951. Die Unterlagen sind unter dem Leiter des Volksmissionarischen Amtes, D. Friedrich Adolf Hauß, entstanden.

---

[33] Vgl. Listen badischer Akademiker in VZE Nr. 5.
[34] Vgl. VZE Nr. 12.
[35] Vgl. VZE Nrn. 6, 9 u. 12.
[36] Vgl. VZE Nr. 15.
[37] Vgl. Schreiben von E. Nagelstein aus Mannheim vom 13. November 1933.
[38] Vgl. Schreiben von Karl Hesselbacher aus Baden-Baden vom 31. Januar 1930.
[39] Vgl. VZE Nr. 1
[40] Vgl. das Freimaurerpamphlet aus Mannheim vom 28. November 1932 in Abt. 060. Apologetische Zentrale VZE Nr. 31.
[41] Vgl. VZE Nr. 4.
[42] Vgl. VZE Nr. 16.

Nach der Standesliste seiner Personalakte[43] wurde Friedrich Hauß am 11. August 1893 in Vogelbach, Amt Müllheim, als Sohn des Karl Hauß, Pfarrer in Vogelbach und späterem Dekan im Kirchenbezirk Karlsruhe-Land, und der Ehefrau Anna, geb. Katz (der Vater war Friedrich Katz, Pfarrer der Diakonissenanstalt Karlsruhe) geboren. Zum 15. Oktober 1919 kam er als Vikar nach Konstanz und begann am 15. Mai 1920 den Pfarrdienst in Nöttingen. Auf den 1. Oktober 1926 trat er seine zweite Pfarrstelle in der Pauluspfarrei Karlsruhe an. Am 28. November 1933 erfolgte die Ernennung zum Mitglied des Evangelischen Kirchlichen Dienstgerichtes. Mit Wirkung vom 1. Dezember 1950 wurde Friedrich Hauß zum Pfarrer in Dietlingen und zugleich zum Dekan des Kirchenbezirkes Pforzheim-Land berufen. Ab dem 10. Juni 1952 war er Vizepräsident der Landessynode und stellvertretendes Mitglied des Erweiterten Oberkirchenrates. Ab dem 1. Dezember 1956 erfolgte die Bestätigung in seinem Dekansamt für weitere 6 Jahre. Auf den 16. April 1959 wurde er auf Antrag in den Ruhestand versetzt, war jedoch weiterhin mit der Leitung des Volksmissionarischen Amtes beauftragt. Erst am 1. Mai 1966 endete sein Auftrag zur Leitung des Volksmissionarischen Amtes. Friedrich Adolf Hauß verstarb am 9. Juli 1977.

Inhalt und Gliederung des Bestandes:
Abschnitt 1.0 Theologie und Kunst enthält Unterlagen zur Auseinandersetzung mit der Ideologie des Nationalsozialismus, Vorschläge zur Gestaltung der Vasa sacra und von Gottesdiensten, Lied-Sammlung, Korrespondenz zum Bekenntnisstand der EKD sowie praktisch-theologische und systematisch-theologische Fragen volksmissionarischer Arbeit.

Abschnitt 2.0 Organisation und Geschäftsführung enthält Pläne und Korrespondenzen zum Bauvorhaben des Soldatenheimes Heuberg, Jahresberichte und Berichte über volksmissionarische Veranstaltungen, Testamentsangelegenheiten und Protokolle des Bruderrates.

Abschnitt 3.0 Korrespondenz und Geschäftsverteilung enthält einen umfangreicher Briefwechsel zu allgemeinen Fragen volksmissionarischer Arbeit, Zeugnisse und Berichte, Kinderbibellese, Korrespondenz zum Theologendienst, zu Pfarrkonventen, mit Kritik von Meditationen, Listen der Vertrauensmänner und Bezirksbeauftragten der Volksmission, Rundschreiben und Bibelarbeiten.

Abschnitt 4.0 Veranstaltungen und Tagungen enthält Materialskizzen zu Evangelisationen, Bibelwochen und Bibelarbeiten, Themen für Männerabende und Männerrüsttage, Einladungen, Unterlagen zu Rüstzeiten, Katechetischen Kursen, Tagungen der Arbeitsgemeinschaft für Volksmission, Korrespondenz zu Vorbereitungstreffen für Bibelwochen und Informationsbriefe zur Evangelisation des Ökumenischen Rates der Kirchen.

Abschnitt 5.0 Veröffentlichungen enthält Rundbriefe an die Bibelkreise.
Der Bestand Abt. 076. – Volksmissionarisches Amt der Landeskirche dokumentiert die Arbeit der kirchlichen Volksmission in den Jahren 1933–1951 im Sinne einer grundlegenden theologischen Neuorientierung während und nach dem Niedergang nationalsozialistisch geprägter Deutungsmuster von Volk, Kirche, Staat und Gesellschaft und einer damit verbundenen Neuausrichtung an Schrift und Bekenntnis der Landeskirche.

---

[43] LKA PA 4577, D. Hauß, Friedrich Adolf.

Der Nachlass Prälat D. Hermann Maas (1877–1970) mit Archiv und Verwaltung der Hermann-Maas-Stiftung, sowie die Sammlung von Albrecht Lohrbächer im Landeskirchlichen Archiv Karlsruhe

Walter Schnaiter

1 Der Bestand Prälat D. Hermann Maas

Der Bestand D. Hermann Maas hat einen Umfang von 1,90 lfd. Metern und eine Laufzeit von 1861 bis 2011 mit 210 Verzeichnungseinheiten.
Er setzt sich wie folgt zusammen:

1. Aus dem eigentlichen Nachlass in Gestalt von Handakten und Originaldokumenten, einer umfangreichen Sammlung von Gegenständen, von denen sich einige als Ausstellungsexponate zurzeit im Adolf-Schmitthenner-Haus in Heidelberg befinden und einer umfangreichen Bibliothek, die in der Landeskirchlichen Bibliothek in Karlsruhe untergebracht ist.
2. Ferner zählt zum Bestand das Archiv der Hermann-Maas-Stiftung mit Studienzentrum und Gedenkstätte sowie
3. die Sammlung von Unterlagen von Schuldekan i. R. Albrecht Lohrbächer, welche am 18. November 2010 dem Landeskirchlichen Archiv übergeben worden ist und einen Umfang von ca. 0,30 lfd. Metern hat.
4. Am 30. April 2014 folgte der Zugang der Verwaltung der Hermann-Maas-Stiftung vom Evangelischen Dekanat Heidelberg.

Auf Initiative von Walter E. Norton (London) wurde im Jahr 1988 zum Gedenken an Prälat D. Hermann Maas die Hermann-Maas-Stiftung ins Leben gerufen und ein „Archiv" angelegt, das wesentlich von Pfarrer i. R. Werner Keller aufgebaut und betreut worden ist und in den Räumen des Adolf-Schmitthenner-Hauses in Heidelberg untergebracht war. Während den Renovierungsarbeiten wurde das Archiv in das Hermann-Maas-Haus nach Heidelberg-Kirchheim ausgelagert.
 Mit Blick auf zukünftige Entwicklungen und Nutzungsmöglichkeiten war es der Wunsch der Hermann-Maas-Stiftung, dass das Archiv eine professionelle Betreuung und Bearbeitung erfahren sollte. Da Prälat D. Hermann Maas zu den bedeutendsten badischen Pfarrern der Evangelischen Landeskirche im 20. Jahrhundert gehört, wurde der Bestand als Depositum in das Landeskirchliche Archiv aufgenommen. Nach Gesprächen mit Herrn Norton und Herrn Dekan Dr. Bauer wurden die Richtlinien der Übergabe an das Landeskirchliche Archiv festgelegt und im April 2003 der Bestand dem Landeskirchlichen Archiv übergeben.

Beim „Hermann-Maas-Archiv" handelt es sich lediglich im begrenzten Sinne um einen klassischen Nachlass (z. B. die Handakten), zumal der Bestand zu einem großen Teil erst etliche Zeit nach dem Tode von Hermann Maas zusammengetragen wurde und somit am ehesten als eine „Sammlung" mit unterschiedlichen Provenienzen beschrieben werden kann.

In die Sammlung wurden von Pfarrer i. R. Werner Keller auch Sammlungsgegenstände aufgenommen, die Eigentum des Evangelischen Pfarramtes der Heiliggeist-Kirchengemeinde sind. Diese Gegenstände sind in Heidelberg verblieben und sind dort größtenteils in den dortigen Glasvitrinen ausgestellt. Sie sind inventarisiert, verzeichnet und katalogisiert. Die Bücher wurden nach Sachgruppen geordnet und als geschlossener Bestand mit eigener Signatur (HMA und lfd. Nummer) in der Landeskirchlichen Bibliothek aufgestellt. Dieser kann im Online-Katalog der Bibliothek eingesehen werden und steht Nutzern weltweit zur Verfügung.

2 Zur Biografie von Hermann Maas

Hermann Maas wurde am 5. August 1877 in Gengenbach im Kinzigtal geboren und kam schon früh mit der Zionistischen Bewegung in Kontakt. Im Jahr 1903 nahm er am 6. Zionistenkongress in Basel teil. Seine liberale Gesinnung, drückte sich auch darin aus, dass er Mitglied der Freimaurerloge „Zur Wahrheit und Treue" in Heidelberg war. So wurde er in stürmischen Zeiten zu einem unbequemen Mahner und Bekenner.[1] Einen Höhepunkt in seiner Laufbahn als Pfarrer der Heiliggeistgemeinde Heidelberg erlebte er, als er am 24. Juni 1936 zusammen mit seiner Gemeinde die Entfernung der Scheidemauer zwischen Kirchenschiff und Chor der Heiliggeistkirche feiern konnte.[2] Hermann Maas genoss Vertrauen unter seinen Gemeindegliedern, die sich im Jahr 1921 mit einer groß angelegten Unterschriftsaktion für den Verbleib ihres Pfarrers in ihrer Gemeinde einsetzten[3] und auch in der NS-Zeit einen gewissen Schutz gegen Verfolgungsmaßnahmen des Regimes darstellten.

Die Tatsache, dass Hermann Maas als protestantischer Pfarrer im März 1925 an der Beerdigung des aus der katholischen Kirche ausgetretenen Reichspräsidenten Friedrich Ebert mitgewirkt hatte, erregte reichsweit Beachtung und setzte Maas zahlreichen Anfeindungen aus.[4]

Zur Zeit des Dritten Reiches stand Hermann Maas im Visier des NS-Regimes, da er sich für viele jüdische und juden-christliche Mitbürger unter Lebensgefahr einsetzte, damit sie dem nationalsozialistischen Terror entfliehen konnten. Gegen Kriegsende gelang es den nationalsozialistischen Kräften im Land Hermann Maas zunehmend zu isolieren und ihn durch Druck auf die Kirchenleitung aus dem Amt zu entfernen.

---

[1] Vgl. Bericht der Heidelberger Lokalnachrichten vom 19. Oktober 1970: „Mut gehabt, die Dinge beim Namen zu nennen" in VZE Nr. 48.
[2] Vgl. Festschrift zum 24. Juni 1936 am Tage der Entfernung der Scheidemauer von Hermann Maas Pfarrer bei Heiliggeist, Heidelberg 1936 (VZE Nr. 36).
[3] Vgl. Unterschriftensammlung für Pfarrer Hermann Maas (VZE Nr. 63).
[4] Vgl. LKA 2.00. Nr. 4350 D. Maas Hermann Ludwig und VZE Nrn. 61–62.

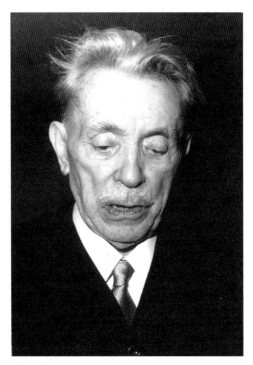

Abb. 19:
Hermann Maas im hohen Alter, Foto vor 1970
(Landeskirchliches Archiv)

Von Bedeutung sind ferner seine Palästina-Reisen, die er in dem Buch zusammengefasst hat: Maas, Hermann – und will Rachels Kinder wieder bringen in das Land: Reiseeindrücke aus dem heutigen Israel, Heilbronn 1955. Seine Veröffentlichungen und sein Eintreten als Anwalt der Wiedergutmachung für verfolgte Naziopfer des Dritten Reiches lösten weltweite Reaktionen und Echos aus. Als erster deutscher Bundesbürger wurde Prälat D. Hermann Maas vom 22. März bis 22. April 1950 vom Staat Israel zu einem Besuch nach Israel eingeladen.

Am 25. Januar 1966 wurde Hermann Maas mit der Yad Vashem-Ehrenmedaille ausgezeichnet und erhielt den Titel: „Einer der 36 Gerechten unter den Völkern in Israel".[5] In der Allee der Gerechten in Yad Vashem in Jerusalem, wurde für Hermann Maas ein Johannesbrotbaum gepflanzt und im Jahr 1950 erfolgte in den Bergen des Gilboa-Gebirges die Erstbepflanzung eines Waldes auf den Namen Hermann Maas.[6] Am 28. Mai 1995 wurde in Heidelbergs Partnerstadt Rehovot eine Straße nach Hermann Maas benannt.

Im Gedenken an das, was Hermann Maas begonnen hatte, wurde am 27. Februar 1988 die Hermann-Maas-Stiftung mit Errichtung einer Gedächtnisstätte in Heidelberg begründet, um im Sinne des Heidelberger Ehrenbürgers und Doctor theologiae honoris

---

[5] Vgl. Urkunde der Medaille der Gerechten aus Yad Vashem (VZE Nr. 90).
[6] Zu Ehren von Prälat D. Hermann Maas wurden in Israel 437 Bäume gesetzt, um damit das Tun des „Gerechten" in lebendiger Erinnerung zu behalten (VZE Nr.70).

causa den Versöhnungsgedanken und das Anliegen der Aufarbeitung geschehenen Unrechts an ehemaligen jüdischen Mitbürgern lebendig zu halten.[7]

Über die bitteren Erfahrungen nationalsozialistischen Unrechtes im Leben von Hermann Maas schreibt Schalom Ben-Chorin in Jedioth Chadashoth vom 8. Oktober 1970: „In Deutschland trat er im Kirchenkampf auf die Seite der Bekennenden Kirche, arbeitete mit Propst Grüber in Berlin zusammen und wurde, wie nicht anders zu erwarten, schließlich seines Amtes enthoben, erhielt als Pfarrer in Heidelberg Kanzelverbot […]. Als 65jähriger wurde er der Organisation Todt zur Zwangsarbeit überwiesen. Nichts aber konnte seinen Mut, seinen Glauben, seine Zuversicht, brechen."[8] Nach seiner Rückkehr von dem Arbeitseinsatz an der Westfront wurde Hermann Maas wieder in sein Amt als Geistlicher eingesetzt und mit Wirkung vom 1. August 1946 zum Kreisdekan von Nordbaden ernannt. Ab 1. Juli 1956 führte er den Titel des Prälaten. Dieses Amt des Prälaten hat Hermann Maas grundlegend mitgeprägt, so wie es noch heute in der Ordnung der Evangelischen Landeskirche in Baden verankert ist.

Noch in fortgeschrittenem Alter war Hermann Maas für jüdische Freunde in aller Welt tätig, indem er ihnen mit eidesstattlichen Erklärungen und Hilfestellungen zu ihrer Rehabilitation nach erfahrenem Unrecht in ihrer deutschen Heimat verhalf. Am Dienstag, den 19. Juli 1955, vollzog seine Frau Kornelie Maas in Hamburg die Namensgebung des von der Deutschen Werft im Rahmen der deutschen Wiedergutmachung erbauten Fracht- und Passagierdampfers „Zion". Ihre Segensworte lauteten:

> *Zion soll dieses stolze Schiff heißen.*
> *Wahrlich ein großes Wort, Zeuge einer*
> *heiligen und bewegten Geschichte und*
> *der unerhörten Verheißung:*
> *Von Zion soll ausgehen das Gesetz*
> *und des Herren Wort von Jerusalem.*
> *Zion ein unerschöpfliches Wort.*
> *Für die Zukunft fahre hin, stolzes Schiff,*
> *trage viele, die Zion lieb*
> *haben zur Heimat und viele gute*
> *Ware nach Israel, und bringe*
> *von dort Früchte und Gaben,*
> *als Bote der Verständigung und des Friedens.*[9]

Sein Schriftwechsel mit bedeutenden Persönlichkeiten aus der jüdischen Welt, Schalom Ben-Chorin, Martin Buber u. a. prägten die Gedanken und das Handeln von Hermann Maas. Er war ein „Freund der Juden", wie er bezeichnet wurde, weshalb er von den Nationalsozialisten angegriffen und verfolgt worden ist.[10]

---

[7] Vgl. Korrespondenz zur Eröffnung des Hermann-Maas-Archivs und Studienzentrums am 3. März 1991 (VZE Nr. 64).
[8] S. VZE Nr. 66.
[9] S. VZE Nrn. 57, 62.
[10] S. VZE Nr. 66.

Am 1. Januar 1965 wurde Hermann Maas in den Ruhestand versetzt. Er verstarb am 27. September 1970 und wurde am 1. Oktober 1970 auf dem Friedhof in Heidelberg-Handschuhsheim beigesetzt.[11]

Das Anliegen von Prälat D. Hermann Maas, nämlich die Aussöhnung mit Israel, wurde nach 1948 verpflichtendes politisches Handeln der Bundesrepublik Deutschland im Sinne einer Wiedergutmachung nationalsozialistischer Gräueltaten und allem, was in dieser Zeit geschehen war.

3 Gliederung und der Inhalt des Bestandes

3.1 Die Handakten von D. Hermann Maas

Die Handakten[12] gehören zum eigentlichen Nachlass von Hermann Maas und beziehen sich auf die Sachgebiete: Kirchenältestentagungen, Kirchliche Lebensordnung, Veranstaltungen für Pfarrer und Prälaten, Landeswahlauschuss, Ökumene, Religionspädagogik und Schulstiftung und die Seelsorge an Frauen und Pfarrwitwen.

3.2 Zum Archiv der Hermann-Maas-Stiftung gehören:

1. Ausstellungsexponate,[13] Elektronische Medien wie Videos, CDs[14] und Bücher aus der Bibliothek von Hermann Maas[15];
2. Protokolle von Sitzungen des Stiftungsrates der Hermann-Maas-Stiftung,[16] Abrechnungen und Planungsunterlagen der Hermann-Maas-Stiftung und Gedenkstätte[17];
3. Presseberichte anlässlich der Beisetzung von Reichspräsident Friedrich Ebert;[18]
4. Unterlagen zur Wiedergutmachung;[19]
5. Berichte über Israelreisen, Buchbesprechungen,[20] Medaillen,[21] Ehrenurkunden[22] und Bilder, die in die Bild- u. Fotosammlung des LKA KA Abt. 154 aufgenommen worden sind;

---

[11] S. VZE Nr. 39.
[12] S. VZE Nrn. 20, 21, 22, 23, 24, 25, 43, 44, 45, 46, 47.
[13] S. VZE Nrn. 41, 90.
[14] S. VZE Nrn. 33, 34.
[15] S. VZE Nr. 91.
[16] S. VZE Nr. 70.
[17] S. VZE Nr. 78.
[18] S. VZE Nr. 62.
[19] S. VZE Nr. 54, 57.
[20] S. VZE Nr. 53.
[21] S. VZE Nr. 37.
[22] S. VZE Nrn. 71, 75.

6. Manuskripte von Bibelstunden,[23] Manuskripte von Predigten und Andachten,[24] Weihnachts-[25] und Osterpredigten[26], Manuskripte von Vorträgen über Israel,[27] über die deutsch-israelischen Beziehungen,[28] über theologische Fragen,[29] über kirchengeschichtliche Themen: Martin Luther, Philipp Melanchthon und Adolf Schmitthenner,[30] über Texte und Themen aus dem AT (Genesis)[31] und NT[32] und die Heiliggeistkirche in Heidelberg;
7. Weltkarte, Statistiken und Verzeichnisse[33] und die Unterschriftensammlung für Pfarrer Hermann Maas[34];
8. Korrespondenz des Ehepaares Maas und der Hermann-Maas-Stiftung[35], anlässlich des Todes und der Bestattung von Reichspräsident Friedrich Ebert[36], zwischen D. Hermann Maas und Karl Herrmann[37], der Hermann-Maas-Stiftung[38], Presseberichte[39] und Gästebücher[40];
9. Unterrichtsmaterial z. B. Konfirmandenbüchlein,[41] Aufzeichnungen zu exegetischen und theologischen Fragen,[42] zu theologischen Einzelthemen, z. B. „Tod"[43], und zu den Palästina-Reisen[44];

Dazu gehören weitere Archivalien: Adressenlisten und Adressenaufkleber,[45] dienstliche Urkunden von D. Hermann Maas,[46] Gemeindebriefe,[47] Literaturverzeichnis,[48] Rundbriefe von D. Hermann Maas,[49] Sammlung von Schriften z. B. über die Heiliggeistkirche in Heidelberg,[50] Urkunden und Siegel,[51] Zeitschriften, Zeitungen und Magazine[52].

---

[23] S. VZE Nr. 27.
[24] S. VZE Nr. 8.
[25] S. VZE Nr. 9.
[26] S. VZE Nr. 10.
[27] S. VZE Nrn. 52, 55, 56.
[28] S. VZE Nr. 60.
[29] S. VZE Nrn. 5, 31.
[30] S. VZE Nr. 7.
[31] S. VZE Nrn. 7, 11, 12, 13, 14, 15, 16.
[32] S. VZE Nrn. 17, 18.
[33] S. VZE Nr. 65.
[34] S. VZE Nr. 63.
[35] S. VZE Nrn. 50, 51.
[36] S. VZE Nr. 61.
[37] S. VZE Nr. 74.
[38] S. VZE Nr. 35, 80, 85, 86, 87.
[39] S. VZE Nrn. 39, 40.
[40] S. VZE Nrn. 29, 58.
[41] S. VZE Nrn. 19, 26, 77.
[42] S. VZE Nrn. 1, 2, 3, 4, 30.
[43] S. VZE Nr. 31.
[44] S. VZE Nr. 28.
[45] S. VZE Nrn. 69, 82.
[46] S. VZE Nrn. 72, 79.
[47] S. VZE Nr. 64.
[48] S. VZE Nr. 84.
[49] S. VZE Nrn. 49, 79.
[50] S. VZE Nr. 36.
[51] S. VZE Nr. 38.
[52] S. VZE Nr. 32.

3.3 Die Sammlung von Albrecht Lohrbächer

Die Sammlung von Albrecht Lohrbächer hat eine Laufzeit von 1923 bis 1997 und enthält:
1. Korrespondenz,[53] Presseberichte,[54] Manuskripte[55] und Aufsätze[56];
2. Druckerzeugnisse[57] und Informationsmaterialien[58];
3. Biografisches[59] und Veröffentlichungen[60];
4. Ausarbeitungen zu folgenden Themen: Die Bibel und der jüdische Glaube,[61] jüdische Archäologie,[62] jüdische Dichtung,[63] die Schuldfrage,[64] jüdische Persönlichkeiten,[65] Essener,[66] Probleme des Staates Israel[67] und die Judenfrage[68].

3.4 Verwaltungsunterlagen der Hermann-Maas-Stiftung

Der letzte Teil des Bestandes betrifft die Verwaltung der Hermann-Maas-Stiftung mit Sitz in Heidelberg. Federführende Persönlichkeit war der Engländer Walter E. Norton bis zu seinem Tod am 6. August 2008 im Alter von 88 Jahren.[69]

4.1 Zu Organisation und Geschäftsführung gehören die Satzung und Satzungsänderung vom 28. Februar 2008,[70] Protokolle der Vorstandssitzungen,[71] Korrespondenz in Vorstands- und Stiftungsangelegenheiten,[72] Korrespondenz im Zusammenhang mit der Verleihung der Gengenbacher Hermann-Maas-Medaille und des Hermann-Maas-Ehrenpreises,[73] Finanzierung von Projekten, z. B. die Übersetzung des Buches „Was Christen vom Judentum lernen können",[74] Vermögensaufstellungen, Steuererklärungen, Gewinnermittlung und Jahresrechnungen[75].

---

[53] S. VZE Nrn. 93–101, 103.
[54] S. VZE Nrn. 98, 102–104, 112, 115–117, 119.
[55] S. VZE Nrn. 105–111, 113.
[56] S. VZE Nrn. 103, 114.
[57] S. VZE Nrn. 100, 109, 114–117.
[58] S. VZE Nr. 118.
[59] S. VZE Nr. 99.
[60] S. VZE Nr. 96.
[61] S. VZE Nrn. 102, 108, 110, 111.
[62] S. VZE Nr. 104.
[63] S. VZE Nrn. 105, 106.
[64] S. VZE Nr. 107.
[65] S. VZE Nr. 112.
[66] S. VZE Nr. 115.
[67] S. VZE Nrn. 116, 119.
[68] S. VZE Nr. 118.
[69] Zum Leben und zur Persönlichkeit vgl. VZE Nrn. 145, 159 , 188, 207.
[70] S. VZE Nr. 161.
[71] S. VZE Nr. 155.
[72] S. VZE Nrn. 165, 198, 209.
[73] S. VZE Nr.150, 172.
[74] S. VZE Nrn. 170, 177–181, 183–185.
[75] S. VZE Nrn. 156, 160, 169.

4.2 beinhaltet Korrespondenz in Vorstands- und Stiftungsangelegenheiten,[76] persönlichen Schriftverkehr[77] mit Gästen und Mitarbeitern der Hermann-Maas-Stiftung,[78] zur Preisverleihung,[79] bezüglich der Schirmherrschaft des Landesbischofs,[80] zum 100. Geburtstag von Dietrich Bonhoeffer,[81] zur Bischof George Bell-Gedächtnisfeier und den Kindertransporten,[82] zur Gedenkstunde an die Opfer des Nationalsozialismus,[83] zum Vortrag von Prof. Thierfelder in Jerusalem,[84] zur Finanzierung und Gestaltung eines Gedenkbuches für deutsche Geistliche jüdischer Herkunft 1933–1945,[85] über die verfolgten deutschsprachigen Pharmakologen 1933–1945,[86] zum Gedenken an die Hinrichtung des Pianisten Karlrobert Kreiten[87] und den Verwandtenkreis von Hermann Maas betreffend[88].

4.3 Vermögensverwaltung verwahrt Korrespondenz zu Spendenprojekten,[89] Buchungsvorgängen,[90] Transfers von Stiftungsgeldern,[91] Geschäftskontakte mit der Deutschen Bank,[92] Jahresrechnungen[93] und der Übertragung von Rechten an Obligationen[94].

4.4 Dokumentationen und Veröffentlichungen enthalten Unterlagen zur Verleihung des Bundesverdienstkreuzes am Bande an Pfarrer Werner Keller,[95] zur Webseite der Hermann-Maas-Stiftung,[96] Anbringung von Gedenksteinen im Zusammenhang mit dem Leben und Wirken von Hermann Maas,[97] Korrespondenz zur Unterstützung von Veröffentlichungen wissenschaftlicher Werke von und im Gedenken an Prof. Dr. Dr. h. c. mult. Ernst Ludwig Ehrlich und Verleihung des Hermann-Maas-Preises[98].

Die Archivalien des Teilbestandes 4.0 haben eine Laufzeit von 1986 bis 2011 und umfassen die Verzeichnungseinheiten Nrn. 125 – 210.

---

[76] S. VZE Nrn. 193, 200, 202–204, 206.
[77] S. VZE Nrn. 133, 126.
[78] S. VZE Nr. 136, 199.
[79] S. VZE Nr. 144.
[80] S. VZE Nr. 164.
[81] S. VZE Nr. 128.
[82] S. VZE Nrn. 139, 162–163, 208.
[83] S. VZE Nr. 195.
[84] S. VZE Nr. 173.
[85] S. VZE Nr. 166.
[86] S. VZE Nr. 142.
[87] S. VZE Nr. 131.
[88] S. VZE Nrn. 190, 201.
[89] S. VZE Nr. 127.
[90] S. VZE Nr. 175.
[91] S. VZE Nr. 132.
[92] S. VZE Nr. 154.
[93] S. VZE Nr. 205.
[94] S. VZE Nr. 135.
[95] S. VZE Nr. 197.
[96] S. VZE Nr. 145, 152.
[97] S. VZE Nrn. 146, 148, 187.
[98] S. VZE Nr. 141, 151, 188, 189, 192.

4 Abkürzungen und Literaturhinweise

Die verwendeten Abkürzungen richten sich in der Regel nach den Abkürzungen Theologie und Religionswissenschaften nach RGG⁴, hg. v. der Redaktion der RGG⁴, Tübingen 2007.

Akten
LKA Abt. 2.00. Nr. 4350, D. Maas Hermann, Ludwig

Bücher von Hermann Maas:
In England, Reiseberichte, Heidelberg 1928;
Bilder aus der Geschichte der Heiliggeistkirche zu Heidelberg, Festschrift zum 24. Juni 1936, dem Tage der Entfernung der Scheidemauer, Heidelberg 1936;
Ansprache am Sarge von Ricarda Huch, Gehalten am 24. November 1947 auf dem Hauptfriedhof von Frankfurt am Main, 1943;
Das Amt der Vikarin, Vortrag von Kreisdekan D. Hermann Maas bei der Bezirkssynode in Mosbach am 8. November 1948;
Skizzen von einer Fahrt nach Israel, Karlsruhe 1950;
Glockenweihe in Bammental am 1. Advent 1950, Predigt über Römer 13,11–14, Heidelberg;
- und will Rachels Kinder wieder bringen in das Land: Reiseeindrücke aus dem heutigen Israel, Heilbronn 1955.

Bücher über Hermann Maas:
Redet mit Jerusalem freundlich, Zeugnisse von und über Hermann Maas; Erarbeitet von Werner Keller, Albrecht Lohrbächer, Eckhart Marggraf, Jörg Thierfelder und Karsten Weber mit einem Vorwort von Landesbischof Klaus Engelhardt und Oberbürgermeister Reinhold Zundel, Karlsruhe 1986;
Jörg Thierfelder: Der Heidelberger Pfarrer Hermann Maas und sein Wirken in Heidelberg und Baden 1945/46, in: Transatlantische Studien Bd. 5, Heidelberg 1945, hrsg. v. Jürgen C. Heß, Hartmut Lehmann und Volker Sellin in Verbindung mit Detlef Junker und Eike Wolgast, Stuttgart 1996, S. 277–293;
Leben für Versöhnung Hermann Maas Wegbereiter des christlich-jüdischen Dialoges hrsg. v. Werner Keller, Albrecht Lohrbächer, Eckhart Marggraf, Claudia Pepperl, Jörg Thierfelder, und Karsten Weber. Bearb. v. Matthias Riemenschneider. Mit einem Vorwort von Landesbischof Klaus Engelhardt und Oberbürgermeisterin Beate Weber, Karlsruhe, 2. Auflage 1997;
Die Heiliggeistkirche zu Heidelberg 1398–1998. Ein Schau- und Lesebuch, hrsg. v. Pfarrer Werner Keller in Verbindung mit der Evangelischen Heiliggeistgemeinde und der Katholischen Heilig-Geist-Gemeinde in der Altstadt in Heidelberg, 1998.

Weitere Bücher mit Unterstützung der Hermann-Maas-Stiftung:
Evangelisch getauft – als „Juden" verfolgt. Theologen jüdischer Herkunft in der Zeit des Nationalsozialismus. Ein Gedenkbuch, hrsg. v. Hartmut Ludwig und Eberhard Röhm in Verbindung mit Jörg Thierfelder, Stuttgart 2014;
Albrecht Lohrbächer, Helmut Ruppel, Ingrid Schmidt: Was Christen vom Judentum lernen können: Anstöße, Materialien, Entwürfe, Stuttgart 1995.[99]

Internet
http://www.maasfoundation.com/

---

[99] Der Titel der englischen Übersetzung: „Hermann Maas – Learning through Judaism – Righteos among the Nations" ist nicht nachweisbar [S. VZE Nr. 176].

Schenkung einer wertvolle Bibelausgabe an die Landeskirchliche Bibliothek

Udo Wennemuth

Durch Vermittlung von OKR i.R. Gerhard Vicktor konnte der Landeskirchlichen Bibliothek durch Dr. Klaus Hommel aus Heidelberg eine wertvolle Bibelausgabe als Geschenk übergeben werden, nämlich eine Bibel des Frankfurter Verlegers Balthasar Christoph Wust (des Älteren) aus dem Jahre 1665. Nach Angaben des Titelblattes handelt es sich aber um eine Wittenberger Bibelausgabe, denn ihr wurde ein Vorwort von 1660 vorangestellt, das die Wittenberger Theologen für eine in Wittenberg im Oktavformat 1661 gedruckte Bibelausgabe verfasst hatten.

Woher kam diese Verbindung des Frankfurter Verlegers nach Wittenberg? Balthasar Christoph Wust wurde 1630 als Sohn des Wittenberger Buchhändlers Christian Wust geboren. 1554 heiratete er die Tochter des Frankfurter Buchdruckers Kaspar Rödel; 1656 übernahm er dessen Druckerei. Um seinen Betrieb vor dem Konkurs zu retten, ging er 1668 eine Verlagsgemeinschaft mit Johann David Zunner ein. 1680 beschäftigte er immerhin 24 Setzer und Drucker, stand aber 1684 abermals vor einem Bankrott. Wust starb im Jahre 1704.[1]

Eine Ursache für seinen Beinahe-Konkurs 1666 bzw. 1668 war möglicherweise die Bibel, um die es hier geht. Das neu erworbene Exemplar der Landeskirchlichen Bibliothek stammt aus dem Jahr 1665. Bereits ein Jahr zuvor hatte Wust diese Bibel erstmals gedruckt und verlegt. Das Titelblatt des Erstdrucks von 1664 ist unserer Bibelausgabe vorgebunden. Die Bibel entspricht dem Typ der „Kurfürstenbibel", indem es Kupferstichporträts und kurze gereimte Lebensbilder zu den sächsischen Kurfürsten von Friedrich III. (dem Weisen) bis Johann Georg II. enthält, denen sie auch „zugeschrieben" ist. Auch Luther selbst wird durch einen qualitätsvollen Stich und ein Biogramm geehrt.

Die Bibel ist kostbar und war auch in der Herstellung sehr aufwändig und teuer. Sie ist im Folio-Format gehalten und damit nicht für den täglichen Gebrauch etwa im eigenen Haushalt gedacht. Das Titelblatt von 1665 ist im Rot-Schwarz-Druck ausgeführt. Jedem der biblischen Bücher ist ein großformatiger Kupferstich, der zuweilen eine ganze Doppelseite umfasst, beigegeben, in dem die Inhalte in kleinen Kartuschen illustriert vorgestellt werden. Diese Titelkupfer stehen außerhalb der Paginierung, d.h., sie sind nicht zwangsläufig Bestandteil der Bibelausgabe, sondern sind vom Käufer optional erworben und in die Bibelausgabe eingebunden worden. Dadurch wird die vorliegende Bibelausgabe besonders wertvoll, denn sie enthält sämtliche zusätzlichen Titelkupfer, zu denen auch eine Karte des Vorderen Orients und ein Plan der Stadt Jerusalem zählen. Ausgaben der Wittenberger Wust-Bibel erschienen bis 1706.

---

[1] Vgl. http://thesaurus.cerl.org/record/cni00029456.

Abb. 20:
Titelblatt der „Wittenberger" Bibel von 1665 (Landeskirchliche Bibliothek)

Ein Besitzvermerk auf dem Vorsatz der Bibel weist sie als Eigentum einer Mary Levengood in Pennsylvanien aus. Auf welchen Wegen die Bibel aus Amerika nach Deutschland zurückkam, ist nicht belegt. Die Ausgabe von 1665 ist sonst in Baden-Württemberg nicht nachgewiesen. Nach der Katalogisierung wird das sehr gut erhaltene Exemplar für die Benutzung in der Bibliothek zur Verfügung stehen und sicherlich auch in der einen oder anderen Bibelausstellung zu sehen sein. Die Schätze der Bibliothek können nach Voranmeldung auch Besuchergruppen aus den Gemeinden oder Schulen gezeigt und erläutert werden.

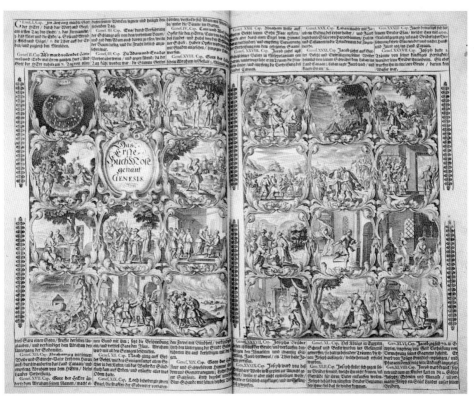

Abb. 21:
Bildliche Darstellung zum 1. Buch Mose aus der Bibelausgabe von 1665 (Landeskirchliche Bibliothek)

Rezensionen

Die Reformation und ihr Mittelalter, herausgegeben von Günter Frank und Volker Leppin (Melanchthon-Schriften der Stadt Bretten 14), Stuttgart-Bad Cannstatt: frommann-holzboog 2016, 478 S., geb.

Die Suche nach einer Verhältnisbestimmung zwischen Reformation und Mittelalter ist mehr als ein historisches Glasperlenspiel, sondern spiegelt die manchmal etwas angestrengt daher kommende hermeneutische Frage nach historischer Legitimierung oder Delegitimierung der Reformation als Neuaufbruch gegenüber dem Mittelalter wieder. Einen Hauch davon vermeint man auch im Vorwort der mittlerweile ganz etablierten Reihe der Melanchthon-Schriften der Stadt Bretten zu verspüren. Volker Leppin (113) sieht die Verhältnisbestimmung hinsichtlich Luthers offenbar recht entspannt (im mehrfachen Sinn des Wortes) und steuert kenntnisreichen den m.E. auch fruchtbarsten Artikel des gesamten Bandes bei.

Doch zurück zum Gesamtanliegen des Bandes. Geht es um die Selbstwahrnehmung des Protestantismus als (Fehl-)Wahrnehmung, die ein ganzes Jahrtausend (gemeint ist seit 600) außer Acht lässt, so wird man bei aller Wertschätzung des Niveaus der einzelnen Beiträge nicht immer davon ausgehen können, dass sich jeder Beitrag von insgesamt 19 diesem Gesamtanliegen ohne Weiteres erschließt; es sind Mosaiksteine unterschiedlichen Formats und Farbe, die hier zu einem noch zu deutenden Bild zusammengefügt werden.

Jorge Uscatescu Barrón untersucht Domingo de Sotos Auseinandersetzung mit Luthers Theologie hinsichtlich der Verhältnisbestimmung von Natur und Gnade und bietet dazu eine umfassende, vornehmlich beschreibende Darstellung.

Augustinus Sander widmet sich der im Detail durchaus interessanten Darstellung der Person Georgs von Anhalt – unter der (soll man sagen?) dialektischen Verhältnisbestimmung zu Reform (Wittenberger Reformation) und „heilsgeschichtlichem Kontinuum, dessen Mitte personal bestimmt ist" (Christus als Mitte der Zeit). Überzeugend finde ich das nicht: Gehört zur Erkenntnis der Reformation (gen. obj.) nicht gerade die *historische* Erkenntnis (die man ja theologisch in Frage stellen kann), dass die personale Mitte Christi in der zeitgenössischen Kirche nicht zur Geltung kam, oder wie soll man sonst das solus Christus der Reformation sonst begreifen. Alle Spekulationen über reformerische Kontingenzen und heilsgeschichtliche Kontinuitäten (ein neuer Begriff für das Katholische?) scheinen mir von diesem Punkt wegzuführen.

Viel sinnvoller scheint mir die tatsächliche Dialektik in der lutherischen Geschichtsschreibung bei Matthias Pohlig aufgegriffen zu sein, der das Mittelalter so pragmatisch wie zutreffend als Material und Kontrastfolie dieser Geschichtsschreibung auffasst und somit – sehe ich recht – der Auffassung Leppins nahekommt.

Wie (überraschend?) selbstverständlich die Rezeption mittelalterlich-mystischer bzw. historiographischer Texte in der Reformation erfolgen konnte, schildert Arno Mentzel-Reuters, u. z. unter dem hermeneutischen Aspekt der Transformation des Verständnisses dieser Texte.

Günter Frank bietet eine interessante, natürlich von Melanchthon inspirierte Analyse der Verhältnisbestimmung von Lehre (als articuli fidei) und Ekklesiologie und führt diese auch wissenschaftsgeschichtlich wichtige Perspektive bis ins 12. Jahrhunderts zurück um sie dann auf Melanchthons Loci von 1543 wissenschaftstheoretisch zu beziehen.

Theodor Dieters Blick auf Luthers Disputatio contra scholasticam theologiam bietet im Einklang zu vielen Untersuchungen des Autors eine kritische Anfrage an ein verzeichnetes Bild der Scholastik, das nicht nur in sich historisch defizitär ist, sondern auch Luthers selbst nicht anachronistisch unterstellt werden darf.

Johanna Rahner nimmt in ihrem Beitrag zur Kreuzestheologie Luthers ihren Ausgang bei der Theologie der Mystik als Motiv einer Personalisierung des Glaubens. Luther wird – das ist nicht ganz neu – in starke Nähe zum Nominalismus gerückt, dem die Vorstellung vom freien und somit der menschlichen Erkenntnis auch verborgenen Gott entspringt, die nur der Glaube einzuholen vermag.

Teils umfängliche Einzelstudien runden den Band ab, sie sind inhaltlich hier kaum darzustellen, doch hingewiesen sei auf die materialreiche Studie von Jan-Hendryk de Boer zur institutionellen Konfliktkultur des ausgehenden Mittelalters. Dem Zusammenhang von Hamartiologie und Anthropologie geht Henrik Wels nach (und hat den Mut, Philipp Melanchthon zu einem der Väter der Konkordienformel von 1577 zu erklären).

Rezeptive Kontinuität und Polemik (s.o.) kommen in eindrücklicher Weise in Ueli Zahnds Untersuchung zu Lambert Daneaus Kommentar über den Lombarden zur Geltung.

Tarald Rasmussen zeichnet die Kontinuität der Memoria vom Spätmittelalter zur Reformation anhand sächsischer Grabdenkmäler nach.

Einen instruktiven Beitrag zur Wissenschaftsgeschichte der mittellateinischen Philologie bringt anhand der Biographie des noch im 17. Jh. geborenen Polykarp Leyser (des 4. dieser theologischen Dynastie) Bernd Roling in der Schilderung der Geschichte einer Disziplin zwischen Humanismus und Orthodoxie.

Wer der Geschichte der Stundengebete im evangelischen, also nachreformatorischen Raum nachgehen möchte, wird sich gerne der umfassenden und detaillierten Studie Andreas Odenthals zu den Klöstern bzw. Klosterschulen Württembergs widmen.

Martina Hartmann untersucht die Rezeption Bischof Hinkmars von Reims im 1554 entstandenen Katalog der Wahrheitszeugen des Flacius Illyricus.

Nicht ganz einsichtig war mir die Zielsetzung, vielleicht aufgrund auch des sprunghaften Stils des Beitrags von Antonie Vos zu den Gedankenmustern der Reformation in mittelalterlichem Licht, wenngleich hier viel Zutreffendes aufleuchtet. Es scheint um die Frage der Logik und den Gedanken des Notwendigen zu gehen, dann mag man die Nachzeichnung der Rückkehr philosophischer Logik in die protestantische Theologie als hilfreich ansehen. Aber hat man damit den reformatorischen Wirklichkeitsbegriff erfasst? Dass hier noch manches in der Deutung offen ist, zeigt Vos freilich selbst – mal abgesehen davon, dass Luthers „Sawtheologen" nicht schweinische Theologen bedeutet! (399)

Vor allem begriffsgeschichtlich hilfreich ist der Beitrag Ulrich Muhlacks hinsichtlich der „Renaissance" zwischen „Neuzeit" und „Reformation". Methodisch wichtig ist dieser Beitrag, da er schon auch kritisch die operative Ausgangsthese der Kontinuitäten von Mittelalter und Reformation seinerseits und mit Blick auf Strukturanalogien zur „Renaissance" (vornehm) andeutet.

Der Band schließt mit der hochinteressanten und damit immer noch nicht abgeschlossenen Frage des Scholastik-Verständnisses Luthers; hier durch die Brille der Erörterung der Forschungen Gerhard Ebelings betrachtet, woraus sich wiederum eine durchaus ernstzunehmende spannungsvolle Frage nach der Rolle Luthers zwischen Historie und Hermneutik Luthers und seiner theologischen Erfahrungen verbirgt. Zurecht verweist der Verfasser, Risto Saarinen, wie Ebeling Lutherforscher und Systematiker, hier auf grundlegende Unterschiede im Ansatz Albrecht Beutels und Volker Leppins hin.

Der Band ist hochkarätig, was wissenschaftliche Gelehrsamkeit betrifft. Dass hier höchst Spezielles zusammengetragen wird, darf man der Dokumentation eines Symposiums nicht vorwerfen. Gleichwohl wiederhole ich auch, was ich zu vielen anderen vergleichbaren Bänden mir anzumerken erlaube. Wesentlich und notwendig wäre (ggf. als Nachwort) der Versuch, die kommunikativen Linien der hoffentlich sich ereignet habenden Lernerfahrungen zu dokumentieren und zusammenzuführen; sonst bleiben die hochansehnlichen Beiträge Solitäre, statt zu Trittsteinen kollektiven Lernens anhand des Gedruckten werden zu können.

Johannes Ehmann

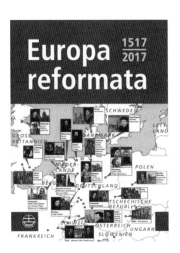

Europa reformata. Reformationsstädte Europas und ihre Reformatoren. Hrsg. von Michael Welker, Michael Beintker u. Albert de Lange. Leipzig: Ev. Verlagsanstalt 2016, 503 S., zahlr. farb. Abb., flexibler Einband, 29,90 Euro

„Luther 2017. 500 Jahre Reformation" – von diesem Jubiläum ist schon seit Jahren die Rede, insgesamt eine „Luther-Dekade" lang, mit jährlich neuer Thematik. Bücher und Arbeitshilfen erschienen und erscheinen. Unzählige Ausstellungen, Veranstaltungen und „Events" werden landauf, landab durchgeführt, 2016 im Vorlauf auf das eigentliche Jubiläumsjahr, oder noch geplant. Hauptamtliche Beauftragte auf EKD-Ebene und auf landeskirchlicher Ebene sorgen für die nötige Koordinierung. Seit längerem wurde durch die Jubiläumsplaner auf höchster Ebene ein „Europäischer Stationenweg" festgelegt (www.r2017.org/europaeischer-stationenweg): Beginnend Anfang November 2016 in Genf und endend im Mai 2017 in Wittenberg, besteht er aus je ein- bis zweitägigen Stationen in 68, bisweilen ganz abgelegenen und unbekannten Städten kreuz und quer durch Europa, für die örtliche Veranstalter Eigenes planen; sogar Rom ist eine Station. Baden ist mit Heidelberg am 12./13. und Bretten am 14./15. Dezember vertreten; nur 28 der im hier vorzustellenden Sammelband porträtierten 48 Städte werden auf dem Stationenweg berührt. Auch die „Badische Website zur Reformationsdekade" unter www.ekiba.de listet längst ganz konkret in einem schier endlosen, detaillierten Terminkalender zahllose Angebote von Kirchenbezirken, Kirchengemeinden und anderen Veranstaltern der Landeskirche auf. Diese gab dazu extra eine Broschüre mit „Informationen zur Gestaltung der Reformationsdekade in Baden" heraus. Dabei wird auch der Slogan „Ich bin so frei" eingeführt und empfohlen, bis hin zu T-Shirts mit diesem Aufdruck.

Oft geht es um eine – manchmal recht bemüht anmutende – Aktualisierung und Popularisierung Luthers und der Reformation. Dabei ist manches zu verkraften. Theater- und Musikaufführungen und „Performances" gehören selbstverständlich dazu; eine Auswahl aus Baden und darüber hinaus: *Play Luther, Musical Martin Luther / Pop-Oratorium Luther, Luther Rock, Church Night, Mensch Luther.* Auf dem Buchmarkt finden sich ebenfalls allerlei „populäre" Titel, zum Beispiel nur aus dem einen Verlag, in dem auch das hier zu besprechende Werk erschien: *Was Luther wirklich gesagt hat, Sprichwörter Luthers, Lebensweisheiten Luthers, Schlag nach bei Luther, Luther für Neugierige, Luther für Eilige, Luther kurz und knackig, Anekdoten um Martin Luther, Luthers Paradiesgarten, Luthers Küchengeheimnisse, Luthers Weihnachten, Plaudereien an Luthers Tafel, Zu Gast bei Käthe Luther, Die unverhoffte Liebesgeschichte der Katharina von Bora.*

Doch über die historischen Wurzeln der Reformation, die Reformatorengestalten und die wesentlichen Kirchenreformen des 16. Jahrhunderts gibt es selbstverständlich ebenfalls unzählige Fach- und Sachbücher. Wegen der Nähe zum hier anzuzeigenden Sammelband sei nur noch auf die ebenfalls in der Evangelischen Verlagsanstalt in Leipzig herauskommende „Journalserie" „Orte der Reformation" hingewiesen: Von den anscheinend rund 35 geplanten großformatigen Broschüren zu Reformationsstädten im damaligen deutschsprachigen Raum (zusätzlich Genf und Prag) sind bisher etwa 30 erschienen, mit jeweils mehreren Beiträgen historischen Inhalts, aber auch touristischer Art, und reich bebildert. Eine der Broschüren informiert über Heidelberg und die Kurpfalz, andere informieren z. B. über Worms, Speyer und Straßburg.

Nun endlich zu „Europa reformata". Als Initiator des Sammelbands ist der vor dem Erscheinen verstorbene Braunschweiger Bischof Prof. Dr. Friedrich Weber anzusehen, dem der Band gewidmet ist. Friedrich Weber war Geschäftsführender Präsident der Gemeinschaft Evangelischer Kirchen in Europa (GEKE), die laut Vorwort 2012 die Initiative „Europa reformata" beschloss. Auch die ersten beiden Herausgeber, die emeritierten Professoren für Systematische Theologie (also keine Kirchenhistoriker!) standen in Verbindung mit der GEKE. Der dritte Herausgeber, der Niederländer de Lange, selbständiger Kirchenhistoriker, ist der eigentliche Bearbeiter der Sammlung, als Lektor, Redaktor und vor allem auch verantwortlich für die sehr reiche farbige Bebilderung, wenn auch fast nur in kleinformatigen Abbildungen; von ihm stammt der Beitrag zu Lyon mit „Petrus Waldus". Die beiden anderen Herausgeber sind dagegen nicht mit einem Städteporträt vertreten; von Beintker stammt jedoch das Vorwort, von Welker die wichtige Einleitung. Diese informiert über die verschiedenen Aspekte der

Reformation und sei der Lektüre empfohlen. Gleichwohl wären in dieser Einführung wünschenswert gewesen: eine eingehendere Berücksichtigung der Rolle des Humanismus und damit der Universitäten als einer der Entstehungsorte der Reformation, die Gelehrtensprache Latein, in der ja eine große Zahl der reformatorischen Schriften verfasst ist, neben den Schriften, Flugblättern, Bibelübersetzungen in den Landes- und Volkssprachen; ebenso wäre das reformatorische Liedgut und die Bedeutung der Musik für Luther erwähnenswert gewesen; schließlich die fast unvorstellbare europaweite Mobilität der Reformatoren, mit ihren Reisen unter ganz anderen Bedingungen als heute, meist sogar zu Fuß. – Gefördert wurde das Erscheinen des Bands von verschiedenen Seiten, auch von der badischen Landeskirche.

Reformationsstädte: nicht nur Wittenberg und Straßburg, Zürich und Genf, sondern auch viele andere, hier 48 in alphabetischer Anordnung als Auswahl aus solchen Städten, die sich um den Titel „Reformationsstadt Europas" beworben hatten. In Deutschland liegen davon 30 und fünf in der Schweiz, andere in Ländern von Finnland bis Spanien, von Schottland bis Rumänien. (Im deutschen Südwesten finden sich davon fünf; zählt man Basel und Württemberg und Bayern hinzu, sind es elf.) Die Auswahl hätte noch viel größer sein können. So fehlen beispielsweise Erfurt (mit Caspar Aquila), Eisenach (mit Justus Menius) und Torgau (mit Johann Walter), Coburg und Tübingen und auch der Kraichgau (weil die Hinwendung der Kraichgauer Ritterschaft, insbesondere Dietrich von Gemmingens, zur Reformation schon auf das Jahr 1521 zurückzudatieren ist, erwägt die badische Landeskirche für 2021 das Jubiläum: 500 Jahre Reformation in Baden). Andere Städte fehlen wohl nur zum Teil deshalb, weil sich diesen keine Reformatorengestalten zuordnen ließen. Das nämlich war das erste Prinzip der Auswahl, die Zuordnung von ein oder zwei Reformatoren zu den Städten. So begegnen nicht nur Luther, Melanchthon, sondern auch Bucer, Zwingli, Calvin – also nicht lediglich lutherische Reformatoren; ebenso finden sich Frauen unter den mehrheitlich Männern, so Margarethe Blarer, Olympia Morata, Katharina Zell und andere. Wie die sogenannten Vorreformatoren Waldes, Wyclif und Hus, so sind auch die Vertreter des linken Flügels der Reformation vertreten: Thomas Müntzer, Andreas Karlstadt und Menno Simons. Auch die Gegner der Reformation Johannes Eck, Johannes Cochläus und Hieronymus Emser bleiben in einigen Beiträgen nicht unerwähnt.

Verfasserinnen und Verfasser der Beiträge sind durchweg ausgewiesene Fachleute, oft nachweislich eigener Buchveröffentlichungen zum jeweiligen Gegenstand. Allen Beiträgen sind drei bis vier Titel weiterführender Literatur beigegeben. Manche Texte mussten übersetzt werden – so aus dem Französischen und aus dem Englischen, in einem Fall aus dem Italienischen – und oft auch sprachlich redigiert werden. Allen Beiträgen sind zudem „Für einen Besuch" in der jeweiligen Stadt touristische Hinweise in Form von Internetadressen angefügt, so dass der Band dadurch sogar eine Art Reiseführer wurde.

Es sind also viele Entdeckungen zu machen, viel Überraschendes ist zu finden. Wer erwartete Béarn in Südwestfrankreich (ein Einzelfall im Band: eine Region, keine Stadt) oder Viborg in Dänemark oder Witmarsum in der niederländischen Provinz Friesland? Wer erwartete Reformatorengestalten wie Johannes Aepinus oder Jeanne d'Albret oder, oder ...? Andererseits findet man, zumindest im Inhaltsverzeichnis, sehr viele bekannte Reformatorennamen nicht. Dass solche zum Teil jedoch da und dort erwähnt werden, hätte ein Personenregister zeigen können.

Auf einzelne Beiträge einzugehen, durchaus von unterschiedlichem wissenschaftlichem Niveau, ist hier nicht möglich. Der Band demonstriert eben eine, natürlich nicht die ganze Vielfalt dessen, was unter Reformation und ihren Ursprüngen zu verstehen ist, einschließlich der zahlreichen personellen und geographischen Verflechtungen (heute würde man von Netzwerken sprechen). Dass der Band kein Personenregister und kein Ortsregister enthält, ist daher ein bedauerlicher Mangel. – Eine englische Ausgabe soll bereits in Bälde erscheinen, ebenfalls im Leipziger Verlag. Sogar eine koreanische Ausgabe ist vorgesehen.

Insgesamt liegt mit „Europa reformata" also ein reiches, dabei preiswertes Geschenk zum Reformationsjubiläum 2017 vor.

Gerhard Schwinge

Melanchthons Briefwechsel. Kritische und kommentierte Gesamtausgabe. Im Auftrag der Heidelberger Akademie der Wissenschaften herausgegeben von Christine Mundhenk, Band T 16: Texte 4530-4790 (Januar-Juni 1547), bearbeitet von Matthias Dall'Asta, Heidi Hein und Christine Mundhenk, Stuttgart-Bad Cannstatt: frommannholzboog 2015, 409 S., geb.

Das Jahrhundertwerk des Briefwechsels Melanchthons, das Heinz Scheible einst begründet hat, kommt stetig und offenbar im Plan voran. Was in den Regesten als Verheißung schlummert, kommt in den Textbänden ans Licht, dessen 16. jetzt also vorliegt. Dass dabei einem Halbjahr ein ganzer Band gewidmet ist hat seinen Grund darin, dass 1547 die Anzahl der Briefe – die Herausgeberin spricht im Vorwort von 500 (!) – ihre höchste Konjunktur erhält. Verständlich wird dies durch die Zeitumstände des Wittenberger Reformators: Flucht, die Wirren des Schmalkaldischen Krieges bis zur Niederlage, Unsicherheiten der Universität, der Lehre, persönliche Anfeindungen und Trauer um nahestehende Menschen (der unglücklichen Tochter Anna etwa), all das erfährt seinen Widerschein, Deutung und manchmal auch trockene Weitergabe in den vorliegenden, meist Lateinisch geschriebenen Texten, die auch seelsorgerlichkirchenzuchtbezogene Gutachten und Kirchengerichte (Ehescheidung) umfassen. All das ist in den Grundzügen nicht neu und entspricht den bisher erschienenen Bänden (bzw. dem in CR 6 schon überlieferten). Aber die kritische Ausgabe versetzt noch einmal anders in damalige Zeiten, wenn man sozialgeschichtlich familiäre Verhältnisse kennenlernt oder auch die Kriegsgutachten (auch diese teils Trostschriften an den sächsischen Kurfürsten) liest und die teils beklemmenden Berichte an Melanchthon von Scharmützeln und kriegerischen „Treffen", mögen die Schilderungen für heutiges Sprachgefühl zuweilen noch so treuherzig klingen. Es fehlen natürlich nicht die bei Melanchthon üblichen Geleitbriefe und Empfehlungsschreiben.

Der inhaltlich dichteste Zusammenhang ist sicherlich der des Krieges bzw. die Notwendigkeit, zum Krieg in theologischer Beziehung Stellung zu beziehen, ein Komplex, der gerade aufgrund der hier edierten Briefe und Gutachten an Fürsten eine eigene Studie verdienen würde. Das theologisch-seelsorglich motivierte und im Gebet endende Werk einer Vorrede Melanchthons zu Luthers Stellungnahme zur Notwehr (Nr. 4554, Mitte Januar 1547) ist für mich das vielleicht interessanteste Dokument, das es genuin lutherische Stellungnahmen und Perspektiven (eigene Schuld ist Ursache des Krieges) melanchthonisch-„doktrinell" interpretiert: Abgötterei und Unterdrückung rechter Lehre sind die Plagen der Zeit, in denen Widerstand geboten ist, wie die historischen Exempel und das natürliche Licht der menschlichen Vernunft gebieten, die ja auch Geschöpf Gottes ist.

Der Band ist wie seine Vorgänger nach den besten Standards wissenschaftlicher Editionen erarbeitet, strukturiert und erschlossen und für die seriöse Arbeit mit und an Melanchthon schlicht und einfach unentbehrlich. Mit nicht geringer Spannung erwartet man entsprechend die weiteren Bände zu den Zeiträumen des Lebens des kurpfälzischen Kursachsen, die sich dann den noch tiefergreifenden Konflikten widmen müssen.

Johannes Ehmann

Kirche und Politik am Oberrhein im 16. Jahrhundert. Reformation und Macht im Südwesten des Reiches. Herausgegeben von Ulrich A. Wien und Volker Leppin (Spätmittelalter, Humanismus, Reformation 89), Tübingen: Mohr Siebeck 2015, 480 S., geb.

Der Oberrhein kommt wieder in den Blick der Forschung. Als Ergebnis einer mehrtägigen Forschungstagung an der Universität Koblenz-Landau erschien 2015 in 25 Beiträgen ein breites Spektrum an Wahrnehmungen und Deutungen, die – das Problem jeder Rezension von Sammelbänden – im Detail gar nicht gewürdigt werden können. Chronologischer Bezugsrahmen ist in den meisten Fällen der Zeitraum zwischen ca. 1520 und dem Interim/Augsburger Frieden (1548/1555), vereinzelt auch das lutherische Konkordienwerk 1580.

Glücklicherweise liegt ein nicht nur Formalia verpflichtetes Vorwort der Herausgeber vor, das versucht, einen Rahmen zu spannen, in den die folgenden Bilder hineingewoben werden. Dreigeteilt in die Perspektiven: *Machtverhältnisse*, *Bildungslandschaft* sowie *Strategien und Konflikte* werden differenziert nach Raum und Sachthemen (abgesehen von den ersten beiden Aufsätzen [Wolgast, Schnabel-Schüle], die gelungene Übersichten bieten) Spezialstudien beigebracht, die im Allgemeinen durchaus erhellend genannt zu werden verdienen. Schleierhaft freilich bleibt, warum ausgerechnet das Gefüge der badischen Territorien, die sich ja als eine Markgrafschaft verstanden, fehlt. Nimmt man bspw. Schnabel-Schüles treffende Formulierung zum Ausgangspunkt aller einschlägigen Wahrnehmungen, soz. die Leitthese des gesamten Bandes:

„Der oberrheinische Raum wies zur Zeit der Reformation Strukturmerkmale auf, die die Dynamik des reformatorischen Prozesses zu erklären helfen. Er war gekennzeichnet durch kleinräumige Herrschaftseinheiten, eine Vielzahl von Kondominaten und sich überlappende – geistliche wie weltliche – Herrschaftsrechte. Zudem spielte für die oberrheinischen Gebiete im Süden die Nähe zur Eidgenossenschaft sowie zur habsburgischen Herrschaft in Vorderösterreich und im Elsass eine wichtige Rolle." -

so wird umso unverständlicher, warum das klassische, dynastisch und territorial zerklüftete Gebiet der badischen Markgrafschaft(en), das ja gerade alle Problemzonen aufweist, nicht die m.E. nötige Aufmerksamkeit gefunden hat. Auch ist mir nicht klar geworden, warum Beiträge (Jürgensmeier, Neuburger, Ammerich) unter Sektion III und nicht I firmieren.

Dieser Kritik entgegen steht natürlich das fast durchgängig hohe Niveau der Beiträge, wenngleich manche Titel mehr verheißen, als tatsächlich behandelt werden kann. Sehr positiv ist zu vermerken, dass die beiden Herausgeber offenbar viel investiert haben, um nach z. T. grenzwertiger mündlicher Performanz der Vorträge solide schriftliche Fassungen einzufordern und hohe Standards der schriftlichen Beiträge durchzusetzen. Gerade die stark spezialisierten Vorträge (bspw. Molitor, Dörner, Ehmer) scheinen mir wirklich gelungen, Klassisches (Wilhelmi, Buckwalter, Lienhard) bestens aufbereitet. Mich persönlich hat insb. der Beitrag zu den Vogteirechten als Hebel der Reformation (Kemper) gefesselt.

In ihrem Vorwort bringen die Herausgeber zum Ausdruck, „(d)as hier vorliegende Panorama [lasse] sich nicht auf eine These bringen – und [sei] gerade damit charakteristisch für den Stand, auf dem sich die reformationsgeschichtliche Forschung befinde[]." Das ist einerseits ganz zutreffend, wenn man dabei das Wörtchen *eine* besonders betont. Pluralismen herauszustellen scheint mir aber doch in erster Linie geboten, wenn die Gefahr einer methodischen Verengung droht, d.h. Reformationsgeschichte sich nur an Wittenberg und Zürich orientiert, wie zu Beginn des Vorworts herausgestrichen wird. Andererseits will man aber doch mehr wissen, wenn Oberrhein mehr darstellen soll als das Gebiet zwischen Konstanz und Mainz, Pfälzer Wald und Schwäbischer Alb. Man wird Ulm ggf. dem Oberschwäbischen, doch kaum der Alb zurechnen können, theologisch *oberdeutsche* Einflüsse reichen von Straßburg bis Regensburg, also weit außerhalb nicht nur Württembergs, sondern auch Schwabens. Vielleicht wäre hilfreich gewesen, die Begriffe *oberdeutsch* und *oberrheinisch* begriffsgeschichtlich in Beziehung zu setzen, ggf. in einem eigenen Beitrag. Sind sie zu differenzieren? Schnabel-Schüle scheint sie zu identifizieren.

Der nicht eben preisgünstige Band ist nach den Standards des renommierten Verlags aufwendig und schön hergestellt. Nur *ein* Satzfehler (164) ist mir aufgefallen, ebenso auch nur *ein* bibliographischer Lapsus (165, Anm. 57). Das ist bei einem Buch von knapp 500 Seiten zu verschmerzen.

Als Fazit lässt sich festhalten. Der Band bietet in der Tat ein gelungenes Panorama (s.o.), eine Umschau auf Räume und Konfliktfelder – und somit auch einen Doppelpunkt, ein Initial für die weitere Arbeit. Begriffsgeschichtliche Klärungen und die Ergänzung der raumbezogenen Studien wären dabei in besonderem Maße wünschenswert.

Johannes Ehmann

Eike Wolgast, Beiträge zur badischen und kurpfälzischen Kirchengeschichte, hrsg. von Johannes Ehmann (= Veröffentlichungen zur badischen Kirchen- und Religionsgeschichte, Bd. 7), Stuttgart: Verlag W. Kohlhammer 2016, 516 S. ISBN 978-3-17-030301-0; 40 Euro

Anlässlich des bevorstehenden 80. Geburtstages Eike Wolgasts legt der Verein für Kirchengeschichte in Baden achtzehn Studien aus der Feder des Jubilars vor. Die Auswahl aus seinem höchst umfangreichen Schrifttum hat er freilich selbst getroffen. Sie umfasst vier thematische Blöcke, Reformations- und Konfessionsgeschichte der Kurpfalz, einen prosopographischen Bereich um Melanchthon und Balthasar Hubmaier, die Kirchengutproblematik sowie die Geschichte der Heidelberger Universität. Ein Verzeichnis der Erstpublikationen (dabei eine Neuveröffentlichung) schließt den Band ab.

Für die Studien zum ersten Bereich gilt uneingeschränkt die den Beitrag zur Religion in der Kurpfalz im 17. Jahrhundert einleitende Feststellung (S. 119), dass „nirgendwo im Heiligen Römischen Reich Deutscher Nation [...] in der Frühneuzeit Religion und Politik so eng zusammen [gehören] wie in der Kurpfalz. In kaum einem anderen deutschen Territorium war die Religion, genauer gesagt: die Konfession, in jener Zeit der wichtigste Bestandteil der Innen- und zeitweise auch der Außenpolitik, kaum irgendwo wurde die Politik weithin verstanden als Instrument der Religion". Dass es bei so eng beieinander liegender Thematik zu gelegentlichen inhaltlichen Überschneidungen kommt, ist dabei geradezu unvermeidlich.

Der den ersten Bereich eröffnende Aufsatz behandelt die reformatorische Bewegung in der Kurpfalz zwischen Luthers Heidelberger Disputation 1518 und der offiziellen Einführung des Luthertums mit dem Regierungsantritt Ottheinrichs 1556 (S. 9–28). Zurecht kennzeichnet Verf. diesen Zeitraum als „Vorreformation"; was das Eindringen der Glaubensneuerung in die Bevölkerung betrifft, spricht er von „graue[n] Jahrzehnten". Kurfürst Ludwig V. (reg. 1508–1544) blieb offiziell bei der Alten Kirche, dabei aber Äquidistanz zu beiden Seiten wahrend. Im eigenen Land befolgte er eine mehr oder weniger indirekte Duldung der lutherischen Bewegung, die besonders beim Lehnadel früh Fuß gefasst hatte. Der Nachfolger, Friedrich II. (1544–1546), führte diese Politik zunächst fort, um nicht zuletzt unter dem Druck des depossedierten Ottheinrich von der Neuburger Linie sich dem Luthertum zuzuwenden. Dies fiel zusammen mit der für ihn ungünstigen politischen Situation. Zwar hatte er sich den Schmalkaldenern nicht angeschlossen, doch mit seiner Neutralität den Unwillen des Kaisers herausgefordert. Nach dem Scheitern der Interimspolitik nahm er sein konfessionspolitisches Werk wieder auf, doch erst mit der Regierungsübernahme Ottheinrichs (1556–1559) endete das „Chaos nach einer fast vierzigjährigen Phase der unregulierten Vorreformation" (S. 27).

Mit der anschließenden Studie „Kurpfalz und geistliche Fürstentümer zwischen Religionsfrieden und Dreißigjährigem Krieg (S. 29–51) wird die Konfessionsgeschichte der Kurpfalz gleichsam bis zum Ende des Alten Reiches fortgeschrieben. Dabei behält der Autor konsequent deren Einbettung in die reichsumfassenden Abläufe im Blick, wodurch der in mancherlei Hinsicht eigenständige Verlauf der kurpfälzischen Kirchengeschichte transparent wird. Um auf einen bestimmten Tatbestand innerhalb der kurpfälzischen Reformation hinzuweisen: Während die allermeisten Territorien sich bei der Einführung der CA auf den Religionsfrieden stützten, begründete Ottheinrich sie mit seiner Pflicht als christlicher Obrigkeit. In dieser Studie vermag Verf. in luzider Weise die Besonderheiten der kurpfälzischen Konfessionspolitik aufzuzeigen. Mit der Einführung des Heidelberger Katechismus durch Kurfürst Friedrich III. (1559–1576) beschritt Kurpfalz einen Sonderweg hin zum reformierten Bekenntnis. Dabei erhob er weiterhin den Anspruch, zu den Augsburger Konfessionsverwandten zu gehören, um nicht den Schutz des Religionsfriedens zu verlieren. Reichspolitisch vertrat er wie seine Nachfolger vehement die Forderung nach Freistellung und die Aufhebung des Geistlichen Vorbehalts. Nach dem lutherischen Zwischenspiel unter Ludwig VI. (1576–1583) betrieb Kuradministrator Johann Casimir (1576–1592) die Recalvinisierung. Bis 1618 verliehen die Regenten bzw. ihre Berater der Kurpfalz ein spezifisches politisches und konfessionelles Profil, doch stets in der Gefahr der Isolation innerhalb des reformatorischen Lagers.

In der folgenden Studie „Konfessionsbestimmte Faktoren der Reichs- und Außenpolitik der Kurpfalz 1559–1620" (S. 53–73) werden die Axiome der kurpfälzischen Außenpolitik herausgearbeitet. Die „extreme Konfessionspolitik" (S. 53) gründete in drei Zielsetzungen: dem Streben nach Einheit der evangelischen Reichsstände, dem Vorrang der Konfessions- vor der Territorialpolitik und den Versuchen, eine internationale Solidarität des Calvinismus herzustellen, wie sie sich auch in den (erfolglosen) Interventionen in Frankreich und den Niederlanden manifestiert. Als inneres Feindbild sieht Johann Casimir das Wirken des Jesuitenordens. Konnte sich Kurpfalz mit der Gründung der Auhausener Union 1608 ihren Zielen wenigstens partiell nahe- gekommen fühlen, folgte mit der böhmischen Katastrophe der völlige Zusammenbruch.

Mit der Untersuchung der kurpfälzischen Beziehungen zu Kursachsen (S. 75–90) wird gleichsam das Gegenmodell zur pfälzischen Politik sichtbar. Gegenüber der aggressiven Haltung besonders seit Friedrich III. vertrat Kurfürst August eine Politik des Dauerfriedens auf der Grundlage des Religionsfriedens. Stellte Johann Casimir gemeinsam mit Christian I. mit der Gründung des Torgauer Bundes vorübergehend eine gemeinsame Konfessionspolitik her, brach mit beider Tod die traditionelle Polarisierung wieder auf, die sich in sächsischen Polemiken gegen den Calvinismus und der Ablehnung der Union von Auhausen äußerte.

In diesen Studien versteht Verf. es meisterhaft, ein Tableau der konfessionellen Dissense auf der Ebene des Reiches nachzuzeichnen. Ihnen wird man zwei weitere Darstellungen an die Seite stellen dürfen, auch wenn dies nicht der Abfolge im Band entspricht. „Säkularisationen und Säkularisationspläne im Heiligen Römischen Reich Deutscher Nation vom 16. bis zum 18. Jahrhundert" (S. 229–250) sind unzweifelhaft eine Konstante (nicht nur) der reformatorischen Kirchenpolitik, wie auch Kurpfalz diesbezügliche Ambitionen auf die Hochstifte Worms und Speyer hegte, sowie der vehement betriebenen Freistellungsforderung. Zunächst wird die Haltung der Reformatoren – hier Luther, Melanchthon, Bucer – zu den bona ecclesiasticae immediata vorgestellt. Dabei sollte die reichsverfassungsrechtliche Konstruktion der Bischöfe als persona duplex in eodem homine grundsätzlich nicht angetastet, doch dahingehend umgestaltet werden, die Spiritualien einem evangelischen Geistlichen zu übertragen, die Temporalien dem Bischof zu belassen. Als Gegenposition zur Freistellungsforderung fügte König Ferdinand dem Religionsfrieden den Geistlichen Vorbehalt an, um Säkularisationen wie in Preußen und Utrecht zu verhindern. Im Machtbereich der Wettiner, Welfen und Hohenzollern blieb denn auch der geistliche Charakter der Hochstifte wie auch ihr Verfassungsstatus als Wahlfürstentum erhalten. Die persona duplex verschwand insofern, als die Electi Laien waren, die nur die Temporalien innehatten. Auf Dauer entgingen die geistlichen Fürstentümer allerdings nicht der Dynastisierung. Das IPO rettete dann den Ist-Bestand der Reichskirche bis zu ihrem Untergang 1803.

Die Studie „Religion und Politik in der Kurpfalz im 17. Jahrhundert" (S. 119–137) schreibt die Konfessionsgeschichte der Kurpfalz fort. Aufgrund der aktiven calvinistischen Konfessionssolidarität, dem spezifischen Abendmahlsverständnis, der purifizierten Kirchen und Gottesdienste sowie der engen Symbiose von Hof und Kirche („Calvinismus aulicus") nahm die Kurpfalz die schon erwähnte Sonderrolle innerhalb des deutschen Protestantismus ein, die in Kursachsen ihren Gegenpol fand. Die Führungsrolle innerhalb des Calvinismus manifestierte sich in höchst ehrgeizigen Heiraten in die Häuser Oranien und Stuart. Die Überschätzung des Machtpotentials führte in das böhmische Abenteuer und in die Katastrophe. Nach der Restituierung kam es unter Karl II. zur Neuaufnahme der streng calvinistischen Politik, die mit dem Dynastiewechsel auf das katholische Pfalz-Neuburg 1685 abrupt endete und die Pfalz zum Kampfplatz der Konfessionen machte. Nicht zuletzt auf Druck auswärtiger Mächte sicherte erst die 1705 erlassene Religionsdeklaration Gewissens- und Religionsfreiheit.

Der folgende Bereich ist Melanchthon gewidmet. Hat er auch nicht in der Kurpfalz gewirkt, unterhielt er doch stets Beziehungen zu Süddeutschland (S. 139–152) im weiteren, zur Pfalz im engeren Sinne. Fügen sie sich zu keinem einheitlichen Bild, vermittelt sein Briefwechsel mit Fürsten und Reformatoren einen Einblick in sein theologisches, kirchenorganisatorisches und pädagogisches Lebenswerk. Hier schließen sich seine Fürstenwidmungen in der Wittenberger Lutherausgabe an (S. 153–166). Von den 19 Bänden der zwischen 1539 und 1559 entstandenen ersten Gesamtausgabe von Luthers Werken tragen elf Widmungsvorreden an evangelische Fürsten. Gedacht als Reaktion auf die Angriffe der Gnesiolutheraner gegen die Wittenberger Ausgabe, sollte mit ihnen den Bewidmeten ein Denkmal für ihre Verbundenheit mit Luther und der Reformation gesetzt werden. Mit der Studie zu „Melanchthon und die Täufer" (S. 167–183) greift Verf. ein Phänomen auf, in dem sich beide Konfessionen in Kriminalisierung des Täufertums einig waren (S. 171). Hier wird ein Bild des Reformators gezeichnet, dass derjenige, der sich nicht näher mit ihm befasst, doch überraschen wird. Von keinem wurden die Täufer mehr bekämpft als von Melanchthon, der sie religiös als blasphemische und politisch als aufrührerische Bewegung bewertete. Deren Anhänger stellte er nur vor die Alternative des bedingungslosen Widerrufs oder härteste Bestrafung, ohne allerdings sich mit deren Theologie näher befasst zu haben. Exemplarisch für das Schicksal der Täufer stellt Verf. das Schicksal des 1529 vor Wien hingerichteten bedeutenden Theologen Balthasar Hubmaier vor (S. 185–201). Anschließend thematisiert Verf. „Klerusdarstellungen in den oberdeutschen Totentänzen und in Holbeins ‚Bildern des Todes'" (S. 203–227). In den Totentänzen, die zugleich sozialkritisch und sozialkonsolatorisch sind, fand die Konfrontation mit dem Tod künstlerischen Ausdruck. Dabei dominiert die Kleruskritik und innerhalb dieser ein starker Antimonachismus.

Mit dem Collegium Sapientiae in Heidelberg (S. 289–303) und der Studie „Geistiges Profil und politische Ziele des Heidelberger Späthumanismus" richtet Verf. den

Blick auf das ‚Innenleben' des pfälzischen Calvinismus. Gegründet wurde das Collegium durch eine Stiftung Kurfürst Friedrichs II. im Jahre 1549 (offiziell eingeweiht erst 1556), wobei Bedürftigkeit als eine Bedingung für das Alumni zu gewährende Stipendium galt. Unter Friedrich III. erfolgte die Umwandlung in eine – sit venia verbo – calvinistische ‚Kaderschmiede', indem die Verbindung zur Universität gelöst und die Leitung dem reformierten Kirchenrat unterstellt wurde. Das wechselvolle Schicksal des Collegiums bis zu seiner Auflösung 1805 ist geradezu ein Spiegelbild pfälzischer Kirchengeschichte.

Vor allem an vier Persönlichkeiten, dem Theologen David Pareus, dem Oberrat Georg Michael Lingelsheim, dem Philologen Janus Gruter und dem Historiographen Marquard Freher zeigt Verf. „Geistiges Profil und politische Ziele des Heidelberger Späthumanismus" (S. 97–118) der Zeit um 1600 auf. Sie bildeten, wie bildhaft gesagt wird, nur die Spitze des Eisbergs Heidelberger Gelehrsamkeit. Dieses „Netzwerk von gelehrten Oberräten, adeligen Oberräten, Hofgerichtsräten und Universitätsprofessoren" dürfte im Reich wohl einzigartig gewesen sein. Die Konzentration von Hof, Regierung und Universität an einem Ort ermöglichte eine enge Zusammenarbeit auf politischer, wissenschaftlicher und literarisch-publizistischer Ebene. Dieses Zentrum der (lateinischen) Gelehrsamkeit entfaltete bemerkenswerterweise seine Wirkung ohne Beteiligung an den konfessionellen Auseinandersetzungen. Auch diese Blütezeit fiel der politischen Überschätzung zum Opfer,

Der letzte Themenbereich beleuchtet die Geschichte der Heidelberger Universität und führt schon in die Neuzeit. „Die Statutenveränderungen zwischen 1558 und 1786 (S. 305–321) widerspiegeln auch die kurpfälzische Herrschergeschichte zwischen Konfessionalismus und Aufklärung. Mit der Studie „Phönix aus der Asche? Die Reorganisation der Universität Heidelberg zu Beginn des 19. Jahrhunderts" (S. 323–344) wird deutlich, wie gefährdet die Existenz der beiden badischen Hochschulen im ersten Viertel des Jahrhunderts war. Diese virulente Gefahr wie auch die Profilierung Heidelbergs wie Freiburgs wird auch in der abschließenden Studie ‚"Die badischen Universitäten in der ersten Hälfte des 19. Jahrhunderts" (S. 345–358) herausgearbeitet. Die Studien zur Ruperto Carola zeigen auch die Veränderungen der Universitäten auf, die zeitweise um ihre Existenz mangels Studenten bangen mussten, heute vor dem Problem der Bewältigung der ‚Überfüllungskrise' (A. Schindling) stehen.

Abschließend sei dem Rez. eine Bewertung erlaubt. Er greift das Wort des Herausgebers Johannes Ehmann auf, dass die Herausgabe der Studien ein „Werk des Dankens" ist. Man wird es ergänzen durch eine weitere Feststellung; Es ist ein Geschenk Wolgasts für all diejenigen, denen die Beschäftigung mit der frühneuzeitlichen Kirchengeschichte der Kurpfalz, Reformation und dem Zeitalter des Konfessionalismus ein Anliegen ist.

Helmut Neumaier

Axel Gotthard, Der liebe vnd werthe Fried. Kriegskonzepte und Neutralitätsvorstellungen in der Frühen Neuzeit (Forschungen zur kirchlichen Rechtsgeschichte und zum Kirchenrecht 32), Köln u.a.: Böhlau 2014, 964 S., geb.

Manchmal muss man Bücher zwei- oder gar dreimal lesen, um ausloten zu können, was sich in ihnen verbirgt. Das 2014 erschienene Buch von Axel Gotthard, dem wissenschaftlichen Publikum vor allem durch seine Veröffentlichungen zum Augsburger Religionsfrieden bekannt, ist ein Abenteuer. Offenbar auch und gerade für den Autor waren nicht nur die Wege zur Entstehung eines solchen umfangreichen Werkes abenteuerlich, was mit Humor und gewisser Nachdenklichkeit auch beschrieben wird, sondern auch der weitere Weg, die Durchführung, die im besten Sinne als verworren gelten kann. Wohlgemerkt, im besten Sinne. Denn der Autor unternimmt ja gar nichts anderes, als mit klarem Verstand und geschärfter Rhetorik, Wege (es ist nicht nur einer) durch das Dickicht seines Unternehmens zu wagen und zu schlagen. Ausgangspunkt ist dabei der scheinbar so klare und faktisch so unklare Begriff der Neutralität in der frühen Neuzeit, der im Rahmen einer weiteren Fragestellung den Kriegskonzepten der Epoche zugeordnet wird. Und wenn eines deutlich wird, dann dies: dass die Pluralität der politischen Konzeptionen eben nicht einlinig beschrieben werden kann, sondern immer nur und wieder in neuen Anläufen umschrieben werden kann, was für viele (aber nicht störende) Redundanzen des Bandes sorgt.

Was will Gotthard? Zunächst dürfte Teil A als umfassendes „Dekonstruktionskapitel" zu begreifen sein. Nicht nur erschüttert der Verfasser die gängigen Anschauungen der Zuordnungen von Religion und Krieg, Glaube und Gewalt im Kampf gegen einen naiven Geschichtsoptimismus ethischer Fortschrittsgläubigkeit, sondern versucht zugleich begriffliche Unklarheiten der Komplexität historischer Abläufe zuzuordnen. Teil B dürfte am ehesten als Fallstudie zur Bewertung der Kriegsereignisse im 17. Jahrhundert zu verstehen sein. Immer geht es dabei (weiterhin) um Religion, Konfessionalisierung und Säkularisierung, die freilich beileibe nicht als Rationalisierung des Politischen verstanden werden darf.

Der dritte, mit 500 Seiten Umfang nun wirklich gigantisch in Erscheinung tretende Hauptteil C untersucht die Akzeptanzprobleme der vorklassischen Neutralität. Es geht hier keineswegs um Behauptung, Theorie und Praxis des Neutralen, sondern um deren politische Funktion im Denken der Philosophie, Theologie – und der involvierten Machthaber.

All das sind freilich nur Andeutungen; die Einzelergebnisse sind hier gar nicht zu fassen. Klar ist: Gotthard verfügt über brillante Quellenkenntnis; die Vielschichtigkeit dieser Quellen wird präsentiert und konstruktive Verwirrung gestiftet, die nicht in Hypothesenfreudigkeit erstickt wird. Welchem *genus* damit das Buch zuzurechnen ist, vermag ich nicht zu sagen. es ist kein Lehrbuch, kein Erzählbuch, auch wenn viel Gelehrtes erzählt wird. Dass es in der Reihe der Forschungen zur kirchlichen Rechtsgeschichte und zum Kirchenrecht erschienen ist, dürfte auch eher eine Verlegenheitslösung darstellen. Denn hier liegt eher ein Werk zum politischen Denken als zur Rechtsgeschichte, zumal der kirchlichen vor.

Ein Buch dieses Umfangs hat seinen Preis. Es kann nur denen empfohlen werden, die Bücher noch als Abenteuer erleben können und wollen. Aber denen muss es empfohlen werden als Kompendium, als Enzyklopädie, als Monstrum der Präsentation und literarischer Kraft.

Theologisch gebildeten, die Verunsicherungen des eigenen (nicht nur historischen) Standpunktes lieben, sei das Buch in besonderer Weise empfohlen. Die Spiegelung kirchenhistorisch relevanter Ereignisse in profangeschichtlicher Darstellung ist immer anregend und hier auch lehrreich. Wahrheitsansprüche wie Konfessionalisierungsschübe, religiöse Ideologeme wie agnostischer Zynismen durchziehen das gesamte Buch. Dass manche Mangelerscheinungen an theologischer Einfühlung hie und da auftauchen – man denke nur an das offenbar unausrottbare Unwort [wer hat das nur erfunden?!] „alttestamentarisch" – wird man dann wohl verschmerzen. Ein Abenteuer bleibt die Lektüre allemal.

Johannes Ehmann

Lebensbilder aus der Evangelischen Landeskirche in Baden Band IV: Erweckung, Innere Mission/Diakonie, Theologinnen, hrsg. von. Gerhard Schwinge, Heidelberg: Verlag Regionalkultur, 2015, 477 S., Hardcover

Das auf 5 Bände angelegte Werk der „Lebensbilder aus der badischen Landeskirche" ist um einen Band gewachsen. Nach den Bänden V: Kultur und Bildung, II: Kirchenpolitische Richtungen ist nun der Band IV: Erweckung, Innere Mission/Diakonie, Theologinnen erschienen. Herausgegeben wurde er von Gerhard Schwinge, dem früheren Leiter des Landeskirchlichen Archivs. Es ist ihm gelungen, zahlreiche Autorinnen und Autoren aus der Badischen Landeskirche für die einzelnen Darstellungen der Lebensbilder zu gewinnen. Die Liste der Namen reicht von Johannes Ehmann über Adelheid vom Hauff, Eckart Marggraf, Jörg Winter, Jörg Thierfelder, Christian Möller bis zu Hilde Bitz. 20 Biographien werden uns vorgestellt, jeweils mit ausführlichen Literatur- und Quellenangaben und einem hilfreichen Personenregister am Ende des Bandes. In der einheitlichen Gestalt und der sorgfältigen Redaktionsarbeit zeigt sich die Hand des erfahrenen Archivars.

Generell wollen die Lebensbilder „über die Biographie einen neuen, auch für eine breite Öffentlichkeit interessanten Zugang zur badischen Kirchengeschichte ermöglichen" (5). Die Lebensbilder im vorliegenden Band konzentrieren sich auf die Themengebiete der Erweckung, der Inneren Mission und Diakonie. Gerne hätte man noch ein wenig mehr über die leitenden Ideen bei der Auswahl erfahren. Wie kommt es, dass in diesem Band die Theologinnen im Anschluss an die Persönlichkeiten aus der Diakonie behandelt werden? Wahrscheinlich deshalb, weil sich die Frauen den Zugang zum geistlichen Amt von ihrer diakonischen Arbeit und der Übernahme von Leitungsverantwortung in der Diakonie erkämpft haben. Gertrud Hammann, Leiterin der Evangelischen Frauen in Baden in der Nachkriegszeit, markiert den Übergang. Als Theologinnen werden Maria Heinsius, Grete Gillet, die erste Theologin Deutschlands im Dienst einer Landeskirche, und Doris Faulhaber, die langjährige Leiterin des badischen Theologinnenkonvents vorgestellt.

In jedem Themenbereich erschließen die Lebensbilder die badische Kirchengeschichte des 19. Und 20. Jahrhunderts in einer Querschnittsperspektive. Der Teil über die Erweckung zeigt Aloys Henhöfer, den Gründervater der badischen Erweckung als Teil eines umfassenden Netzwerks von Unterstützern. Zu ihnen zählten der Patronatsherr Julius von Gemmingen, aber auch die Nachbarpfarrer Christoph Käß und Georg Adam Dietz, auch Henhöfers Vikare. Die Anfänge der Erweckung in Mühlhausen, Graben und Spöck werden skizziert: Henhöfer wollte die „Rückkehr" in die urchristliche, die apostolische Kirche" (16) Das führte zu Auseinandersetzungen mit dem Katholizismus, aber auch mit den Rationalisten und der Theologie der Aufklärung. Sehr schnell zeigte sich die Erweckung als kirchenpolitische Partei. Im badischen Katechismusstreit (1831) wehrten sich Henhöfer und die Seinen („die sieben Aufrechten") gegen den liberalen Katechismusentwurf für die neu entstandene unierte Kirche im Großherzogtum Baden. In zahlreichen Streitschriften und Publikationen festigten sich die Positionen. Immer wieder musste sich Henhöfer gegen den „Konventikelvorwurf" wehren (19), der sich gegen die Bibelstunden in den Häusern wendete. Religion als öffentliche Angelegenheit sollte unter der Aufsicht der Pfarrer bleiben. Daran hatte der Staat in den Zeiten des Vormärz und der beginnenden Revolution auch ein politisches Interesse. Gerhard Schwinges Beitrag zeigt die enge Verbindung der Erweckung mit den Anfängen der inneren Mission in Baden, aber auch mit dem gegen die liberale badische und deutsche Revolution von 1848/49 gerichteten Kampf die Aufrechterhaltung der feudalen Ordnung. Henhöfer hat mit seinen Mitstreitern Stern, Plitt, Rinck, Rudolph im Revolutionsjahr 1849 den Evangelischen Verein für innere Mission Augsburgischen Bekenntnisses (AB Verein) gegründet. Er musste vor der Revolution nach Stuttgart ausweichen und hat eine theologisch-geistliche Flugschrift verfasst: „Baden und seine Revolution – Ursache und Heilung" (23). Sie zeigt die Erweckung im Dienst der politischen Restauration.

Johannes Ehmann stellt in einem Beitrag über Wilhelm Stern (1792–1873) den Direktor des evangelischen Schullehrerseminars und Vater der badischen Erweckung" (41). Er repräsentiert die pädagogische Seite des Netzwerks der Erweckung. Stern, in Mosbach geboren, wurde einige Jahre bei Pestalozzi, dem berühmten Pädagogen der Aufklärung, ausgebildet. Er war jedoch enttäuscht von dessen religionspädagogischer Ausrichtung. Als Hauptlehrer am Lehrerseminar in Karlsruhe wandte er sich zunehmend der Frömmigkeit der Erweckung zu. In seiner 1833 erschienenen Schrift „Erfahrungen, Grundsätze und Grundlage für den biblisch christlichen Unterricht" verhalf er den Konzepten der Erweckung in der Religionspädagogik und im Schulwesen zum Durchbruch. Er nahm dann eine Vermittlungsposition ein und suchte z. B. die Naturkunde zu verbinden mit dem Schöpfungsglauben, die Physik mit der Metaphysik. Bedeutsam waren seine Beiträge zur Kleinkinderlehre. Als Direktor des Lehrerseminars und Mitglied der Oberschulkonferenz hatte er nicht unerheblichen Einfluss. Seine Intervention im Katechismusstreit hat dazu beigetragen, dass der überarbeitete Unions-Katechismus von 1834 nicht als Bekenntnisschrift, sondern als katechetisches Werk eingeführt wurde, also als Lehrmaterial für die Kirche. Nach Henhöfers Tod war Stern der Vater der Erweckungsbewegung.

Das erweckliche Netzwerk erstreckte sich auch auf den Bereich der Industrie und Sozialpolitik. Im Lebensbild von Karl Mez (1808–1877), stellt Klaus vom Orde den Seidenfabrikanten aus Freiburg im Breisgau als christlichen „Unternehmer in Industrie, Politik und Kirche in Baden und darüber hinaus vor" (85). Geboren in Kandern als Sohn des Besitzers einer Seidenbandweberei wurde er an der polytechnischen Schule in Freiburg ausgebildet. Die soziale Not in Baden und in Deutschland lernte er bei Geschäftsreisen als „Musterkartenreiter" für das Geschäft seines Onkels kennen. Das weckte in ihm ein starkes soziales und politisches Engagement. Er hielt die Gedanken der französischen Revolution für zutiefst christlich, war auch zunächst geprägt von der liberalen Frömmigkeit der Freiburger evangelischen Gemeinde. Er machte politisch Karriere, wurde 1843 – mit Friedrich Hecker – als Volksvertreter in die II. Badische Kammer gewählt. Als sozialradikaler Politiker förderte er die badische Revolution und wurde 1848 als Abgeordneter in die Deutsche Nationalversammlung, das Frankfurter Paulskirchenparlament gewählt. Mit der Niederschlagung der Revolution verlor er alle politischen Ämter. Er wandte sich unter dem Einfluss der Herrnhuter Brüdergemeinde zunehmend der Erweckung zu. Als christlicher Unternehmer richtete er seine Seidenfabrik nach einem „Modell der Inneren Mission" aus. Er entwickelte die Idee einer „republikanischen Fabrik". „Er nannte sie „Bundesfabrik". In den Statuten schreibt er: *dass durch die Errichtung dieses Geschäfts ein Versuch beabsichtigt sei, größere Industrien auf sozialer Grundlage zu errichten, also unter Betheiligung der Arbeiter sowohl am Eigenthum, als wie an der Leitung des Geschäfts. Um einen weiteren höheren Gesichtspunkt damit zu verbinden, wurde bestimmt, dass ein Teil des Geschäftsgewinns einer Anstalt für innere Mission zugewendet werde, und zwar der Pilger-Missions-Anstalt auf St. Chrischona* (89). Bei Carl Mez zeigt sich wie ähnlich auch bei Gustav Werner in Württemberg die Verbindung von Erweckung und einer radikal-demokratischen Sozialpolitik. Er kann zu den Vätern des Mitbestimmungsgedankens gerechnet werden.

In dem Themenbereich Innere Mission/Diakonie begegnen wir an den Ursprüngen dem Pädagogen der Erweckungsbewegung" Christian Heinrich Zeller (1779–1860), Regine Jolberg und Henriette Frommel, die zeigen, in welchem Maße die diakonische Liebesarbeit auch in Baden ein Feld der Frauen gewesen ist. Von dort aus haben sie ihren langen, dornigen Weg hin zu einer gleichberechtigten Teilhabe am kirchlichen Leben und den Ämtern der Kirche genommen.

In Zellers Lebensgeschichte spielt Schloss Beuggen eine prominente Rolle. Thomas Kuhn beschreibt, wie er 1812 angesichts der Katastrophen der napoleonischen Kirche seinen Weg zur Erweckung findet. Zur Rettung der zahlreichen Straßenkinder entstand damals eine Rettungshausbewegung. Zeller wurde als Pädagoge einbezogen in die Gründung eines „Basler Vereins der freiwilligen Armenschullehreranstalt" (149). Lange schwankte man, ob diese Einrichtung, in der Armenlehrer gemeinsam mit den aufgenommenen Zöglingen ausgebildet wurden, in Schloss Bürgeln oder in Schloss Beuggen stattfinden sollte. Schon damals scheute man die hohen Renovierungskosten in Beuggen (150). Es gab dann ein langes Hin- und Her mit Karlsruhe bis klar war, dass Beuggen zur Verfügung steht. Auch gab es dort viel Ärger mit der Verwaltung. Bei einer Visitation wurde kritisiert, dass die Zöglinge jeden Tag einen Schoppen Wein erhielten, dass es zu oft Fleisch gäbe und dass die Pferde der Gäste mit dem Heu der Anstalt gefüttert wurden. Auch um den Gebrauch des Brüdergesangbuches wurde trefflich gestritten. Beuggen als Liegenschaft war also schon damals nicht einfach. In Zellers Armenpädagogik verbinden sich Biblizismus und eine chiliastische Reich-Gottes-Theologie. Die Krisen und Revolutionen der Gegenwart weisen hin auf die Endzeit und den bevorstehenden Anbruch des Reiches Gottes. Daraus erwuchs ein pädagogisches Programm der Erziehung im Glauben zur Abkehr von der „gottlosen Armut", die sich in unmoralischem und antisozialem Verhalten zeigt. Durch Abschottung gegenüber der Welt und einen klaren Verhaltenskodex und eine festgefügte Ordnung in einer normierten frommen Praxis wird Identität stabilisiert. Diese „autoritär-patriarchale Erziehung" hat auch Kehrseiten, Schläge und Gewalt, unter denen viele Zöglinge gelitten haben. Es wäre gut gewesen, wenn auch dieser Aspekt der erwecklichen Pädagogik genauer untersucht worden wäre.

Dass es nicht so sein musste und dass erweckliche Erziehung einhergehen kann mit Offenheit und einem demokratischen Geist wird erkennbar an dem Lebensbild von Regine Jolberg, das Adelheid von Hauff zeichnet. Sie zeigt wie die aus einem jüdischen, liberalen Elternhaus stammende Regine Jolberg nach dem Tod zweier Ehemänner und dem Verlust zweier Kinder Zugang zu Christentum fand. Was als jüdische Assimilierungsgeschichte begann führte nach der Taufe zu einem vertieften diakonischen Engagement und einer Identifikation mit der erwecklichen Frömmigkeit. Das Modell der Kleinkinderbewahranstalt lernte Jolberg in Heidelberg kennen. Als sich die Gelegenheit bot, wagte sie den Schritt und gründete in dem kleinen Dorf Leutesheim bei Kehl eine Bildungsanstalt für Kinderpflege, die dann zur Grundlage für für die „Kinderpflege in Nonnenweier" im Jahr 1851, aus der nach dem Beitritt zum Kaiserswerther Verband 1917 das Diakonissenhaus Nonnenweier hervorging (177). Dadurch ging die von Regine Jolberg gewünschte weibliche Leitung verloren. Ihre ursprüngliche Absicht war es eine Hausgemeinschaft zu gründen, für die ein demokratischer Führungsstil prägend war. In den „Regeln für das Zusammenleben innerhalb der Hausgemeinschaft" von 1846 hält sie fest, es handele sich um *„eine freiwillige Übereinkunft (...) aus Liebe soll jedes ihm nachkommen. Die Vorsteherinnen sind in nichts ausgenommen, im Gegenteil, sie sind in allem verpflichtet, voranzugehen; (...) Denn es gibt kein Ansehen der Person, wir sollen uns untereinander fördern, damit das Ebenbild Gottes in uns hergestellt werde"* (179).

Jörg Thierfelders Lebensbild von Adolf Meerwein (1898–1969), dem Korker Diakoniepfarrer von 1939–1963 führt mitten hinein in die Geschichte der Krankenmorde in diakonischen Einrichtungen in der Zeit des 3. Reiches. Meerwein, Sohn eines Pfarreres, übernahm als erste Gemeinde die Pfarrstelle in Nußbaum, die schon sein Vater innehatte. Er sympathisierte mit den Nationalsozialisten. Schloss sich als Pfarrer der Hospitalgemeinde in Wertheim jedoch der Badischen Bekenntnisgemeinschaft an. Das führte zu zunehmenden Konflikten mit der NSDAP. Trotz Schwierigkeiten mit der Finanzabteilung wurde er zum Anstaltsgeistlichen in Kork berufen. Lange war ihm nicht klar, was die Nazis im Schilde führten. Als die Todestransporte in Gang kamen, versuchte er sie zu verhindern und argumentierte vor allem ökonomisch. Kork brauche die Arbeitskräfte. Erst als im Mai 1940 Briefe von Angehörigen darauf hinwiesen, dass ihre Verwandten in Grafeneck plötzlich zu Tode gekommen waren, war die Sache offensichtlich. Er erwirkte einen Protest des EOK, der sich jedoch nicht gegen die Krankenmorde richtete, sondern gegen die Verlegungspraxis und um Aufklärung bat. Der einzige, der damals seine Stimme erhoben hat, war der württembergische Landesbischof Theophil Wurm.

An den Schluss stellen möchte ich für den Themenbereich Frauen das eindrückliche Lebensbild von Maria Heinsius, geb. Stoeber (1893–1979), das Monika Zeilfelder – Löffler verfasst hat. Es ist exemplarisch für den langsamen Weg der Frauen in der ev. Kirche vom diakonischen Ehrenamt hin zur ordinierten Pfarrerin mit gleichen Rechten und Pflichten wie die Pfarrer. Als Tochter eines lutherischen Pfarrers und Kirchenrats aus Bayern wurde sie vom Vater unterrichtet, besuchte sie einen Gymnasialkurs in Nürnberg. Nach dem Abitur 1912 studierte sie aus Interesse an religiösen Fragen Theologie in München und Heidelberg, promovierte 1917 bei Georg Wobbermin über das Thema „Der Streit über theozentrische und anthropozentrische Theologie im Hinblick auf die theologische Grundposition Schleiermachers". Nach ihrer Heirat mit Pfarrer Wilhelm Heinsius wurde sie Pfarrfrau in Strümpfelbronn bei Mosbach, dann in Bretten. Das Ehepaar wandte sich der dialektischen Theologie von Karl Barth zu und vollzog eine Wende hin zur „biblisch-reformatorischen Theologie". Maria Heinsius engagierte sich zunehmend in der kirchlichen Frauenarbeit. In Freiburg, wohin ihr Mann in den Schuldienst wechselte; übernahm sie den Vorsitz vom evangelischen Fürsorgeverein. Sie begann wissenschaftliche Studien über christliche Frauen im Mittelalter und in der Reformationszeit. Diese Lebensbilder wurden veröffentlicht. Ihnen folgte 1938 das Buch „Mütter der Kirche in deutscher Frühzeit", gefolgt von „Die brennende Lampe" (1942). Mit den Lebensbildern der „theologischen Ahnfrauen" zeigte Heinsius „gegen die nationalsozialistische Geschichtsverfälschung, wie die Botschaft von Christus in Deutschland in Wirklichkeit aufgenommen wurde" (389). Sie wollte nachweisen, dass der Dienst der Frau in der Kirche ...so alt (ist) wie die Kirche selber" (387). Dadurch wurde sie zur Wegbereitern einer „kirchliche(n) Frauenarbeit auf der Grundlage einer vollwertigen theologischen Ausbildung" (390). Sie fühlte sich durch die Einsegnung der ersten badischen Theologinnen durch Oberkirchenrat Karl Bender am 23 Januar 1944 ermutigt, selbst das 2. Theologische Examen zu machen. Das wurde ihr als verheirateter Frau zunächst verwehrt. Im 2. Anlauf klappte es dann 1946. Der Dienst der Vikarinnen war an den Zölibat gebunden, eine Position, die Heinsius auch selber vertrat. Für sie war der Dienst der Frau in der Kirche verbunden mit einem Bild der Mütterlichkeit: „Das Amt der Theologin wird immer ein frauliches und mütterliches Amt sein (…). Bei Heinsius lässt sich beobachten, wie sich ihr Bild der Theologin allmählich weiterentwickelt hat, aber auch wie sie an Grenzen stieß. Mit großem Interesse begleitete sie den Weg der Theologinnen von der Einsegnung als Vikarinnen hin zur Ordination. Sie freute sich darüber. Maria Heinsius wirkte vor allem als theologische Schriftstellerin und als engagierte Mitarbeiterin der Frauenarbeit der Landeskirche. Dafür erfuhr sie im höheren Alter insbesondere vonseiten der badischen Theologinnen Anerkennung und Ehrung.

Der vierte Band der Lebensbilder gibt einen reichhaltigen Einblick in die Geisteswelt der Erweckung, der inneren Mission und der Diakonie. Er zeigt, dass die Entwicklung der evangelischen Frauen bis hin zur Übernahme des Pfarrdienstes und kirchenleitender Ämter vielleicht das größte Geschenk ist, das Gott der Kirche im 19. und 20. Jahrhundert gemacht hat.

Christoph Schneider-Harpprecht

Hans Bringeland, Religion und Welt: Martin Dibelius (1883–1947), 3 Bde. (Beiträge zum Verstehen der Bibel 20-22), Berlin: LIT 2013, 272 + 460 + 350 S., geb.

Martin Dibelius ist einer der bedeutendsten Neutestamentler des 20. Jahrhunderts gewesen, was nicht verhindert hat, dass er heute nahezu in Vergessenheit geraten ist. Allenfalls im Proseminar, in Fragen der „Formgeschichte des Evangeliums" taucht er auf, und auch hier meist im Schatten der „Geschichte der synoptischen Tradition" stehend.

Dies ist bedauerlich, zumal Dibelius, der Vetter des bekannteren und politisch anders orientierten märkischen Generalsuperintendenten und späteren berlin-brandenburgischen Bischofs Otto Dibelius (1880–1967), an der Theologischen Fakultät Heidelberg gewirkt hat und somit im weiteren Sinne auch eine Gestalt der badischen Kirchengeschichte genannt werden darf. Nur selten und manchmal überraschend blitzt auf, an welchen Orten und in welchen Zusammenhängen sein akademisches, politisches und seelsorgliches Wirken innerhalb der Heidelberger Fakultät der Erwähnung wertgeschätzt wird: bspw. im „Fall Dehn" und der Solidarität mit dem niedergeschrienen Pazifisten oder auch als stiller, teils sich zu Worte meldender Ansprechpartner der ihr (Anstellungs-)Recht suchenden Theologinnen.

Es ist deshalb außerordentlich verdienstvoll, dass der norwegische (!) Theologe Hans Bringeland sich der Mühe unterzogen hat, Leben und Werk des gebürtigen Dresdners Dibelius darzustellen. Die Dankabstattungen des Vorworts zeigen dabei nicht nur die Breite der Forschungen und die Mühe des Forschers, sondern zeigen auch, dass das Gesamtwerk heute gar nicht mehr so geschrieben werden könnte. Viele hilfreiche Zeitzeugen sind zwischenzeitlich verstorben, darunter auch manche Persönlichkeit der badischen Landeskirche wie der (versehentlich zum Oberkirchenrat erhobene) Gerhard Iber.

Vor 30 Jahren hat Bringeland seine Forschungen begonnen und sich der besonderen Anstrengung unterzogen, sein Opus in deutscher Sprache zu verfassen. Das hier kein Muttersprachler schreibt, wird spürbar, aber in keiner Weise negativ, zumal ein akademisch-tröger Sprachstil unterbleibt.

Was will Bringeland? In seiner Einleitung (I, 3f) wird deutlich: Es geht ihm nicht nur um eine Biographie eines Theologen, auch nicht unter Einbeziehung der ihn prägenden Lebensumstände, sondern um nicht weniger als um „die in Texten und Handlungen dokumentierte Auseinandersetzung von Martin Dibelius mit der weltanschaulich-religiösen und gesellschaftlichen Zeitproblematik".

Die Umkehr der Reihenfolge in der Themenstellung dürfte den Gesamttitel der Bände inspiriert haben: Religion und Welt. Somit wird nicht nur klar, warum die Bände in einer eigentlich hermeneutischen Reihe erschienen sind, sondern und vor allem, dass und wie Bringeland das Leben Martin Dibelius' lesen, verstehen und nachzeichnen will, nämlich selbst als lebenshermeneutischen Akt in der Deutung (Autor) eines als neutestamentlichen Hermeneuten agierenden Forschers (Dibelius).

Dieser umfassende Ansatz, der biographisch gegliedert in drei ansehnlichen Bänden (1883–1915 / 1915–1933 / 1933–1947) durchgeführt wird, bietet entsprechend dem interessierten Publikum Wesentliches und Erhellendes: einerseits zum Leben und Lebenswerk eines neutestamentlichen Theologen, andererseits zur Forschungsgeschichte des Neuen Testaments, die gegenüber anderen Darstellungen durchaus eigene Akzente setzt, schließlich aber auch zur kirchlichen Zeitgeschichte bzw. jüngsten Kirchengeschichte bis kurz nach Ende des Zweiten Weltkriegs. Die Lektüre lohnt.

Kritisch kann man fragen, ob es heute (noch) sinnvoll ist, ein dreibändiges Werk vorzulegen, das manche doch auch abschrecken mag. Sicherlich wären (m.E. am ehesten in Bd. II) auch geraffftere Darstellungen möglich gewesen und die Präsentation eines dann vielleicht 1000 S. umfassenden Buches wäre ja technisch kein Problem. So muss man beim Rückblättern ggf. eben auch einen früheren Band zur Hand nehmen.

Das schmälert aber den grundsätzlichen Wert des Gesamtwerkes nicht, zumal die ein Drittel des dritten Bandes ausmachenden Werkverzeichnisse wahrscheinlich nie mehr wieder eine Verbesserung erfahren werden und somit die Standards für die weitere Forschung gesetzt sind. Das dreibändige Opus könnte vielleicht auch in weiteren Kreisen ein Interesse an Martin Dibelius weiter und wieder wecken – verdient hätte er es.

Johannes Ehmann

Markus Geiger, Hermann Maas – Eine Liebe zum Judentum. Leben und Wirken des Heidelberger Heiliggeistpfarrers und badischen Prälaten (Buchreihe der Stadt Heidelberg, Bd. XVII), Heidelberg: Ed. Guderjahn im verlag regionalkultur, 2016, 472 Seiten, ungez. Abb., geb.

Hermann Maas, 1877 in Gegenbach geboren und in Mainz 1970 verstorben, war zweifellos eine der herausragenden Persönlichkeiten in der Geschichte der badischen Landeskirche im 20. Jahrhundert. Wenn man heute wieder von Vorbildern spricht, die anderen Menschen ein Leitbild sein konnten und können, so gehört Hermann Maas für viele dazu. Von der Verehrung, die er bei vielen Menschen genoss, zeugen u. a. die früh einsetzenden Bemühungen, ein „Hermann-Maas-Archiv" aufzubauen, oder die Stiftung einer Hermann-Maas-Medaille. Hermann Maas war innerhalb der badischen Landeskirche immer präsent; dafür sorgten eine ganze Reihe von Publikationen über Hermann Maas, die auch zahlreiche Dokumente von und über ihn zugänglich machten. Wesentlichen Aspekte seines Wirkens im Zusammenhang mit dem Zionismus, seine Friedensarbeit im Weltbund für Freundschaftsarbeit der Kirchen, sein Einsatz in der NS-Zeit für verfolgte Juden und Judenchristen, seine kaum zu überschätzende Bedeutung für den christlich-jüdischen Dialog und die Beziehungen Deutschlands zum Staat Israel sind Gegenstand mehrerer Untersuchungen vor allem von Eckhard Marggraf und Jörg Thierfelder gewesen, deren Urteile das Maas-Bild für die Nachwelt geprägt haben. An diesem Gesamtbild ändert auch die hier anzuzeigende umfangreiche Biografie über Hermann Maas von Markus Geiger nichts, der in keinem Fall von den Wertungen Marggrafs und Thierfelders abweicht. Es wird also zu fragen sein, worin der Mehrwert der vorgelegten Arbeit liegt.

Die Motivation Geigers entspringt sehr persönlichen Antrieben, die aus seiner Bekanntschaft mit den Nachkommen von Hermann Maas entspringt; das merkt man der Arbeit auch an. Ziel seiner Arbeit ist es durch die Kontextualisierung Maas' „Lebensgeschichte" zu einer „Konkretion der Zeitgeschichte" zu transformieren, d.h. doch, dass an seiner Biografie die verwirrenden Wege der Geschichte des 20. Jahrhunderts beispielhaft sichtbar und nachvollziehbar gemacht werden sollen. Das ist ein (zu) hoher Anspruch, den die Arbeit naturgemäß nur sehr beding einlösen kann. Der Forschungsstand und die Quellenlage werden nur sehr knapp skizziert. Dabei fällt z. B. auf, dass hier etwa der Briefwechsel mit Shalom Ben-Chorin und das Archiv von Yad Vashem in Jerusalem zwar erwähnt werden, dass beides in den Quellenbelegen jedoch nicht auftaucht (was auch an sprachlichen Hürden liegen könnte, denn die Briefe von Maas an Ben-Chorin sind in Hebräisch geschrieben).

Geiger baut seine Biografie weitestgehend chronologisch auf, auch dort wo sachthematische Kapitel eingestreut werden. Auf ein Kapitel zu Herkunft, Familie, Schulzeit und Studium (hier wird [S. 31–36] über Maas' Zugehörigkeit zum Wingolf und sein Wechsel zur Wartburg viel spekuliert; entscheidend war, dass der Wingolf theologisch konservative Positionen vertrat, die mit Maas' liberaler Theologie nicht vereinbar waren, die er jedoch – entgegen der Behauptung Geigers [S. 36] – in der von Richard Rothe geförderten Wartburg vertreten fand) folgt die Schilderung seiner ersten Amtsjahre als Vikar und Pfarrer in Rheinbischofsheim, Weingarten, Pforzheim (wenn Geiger hier den Mangel an Quellen zur Veranschaulichung der Situation in Pforzheim wegen der Kriegsverluste beklagt [S. 46], so hat er die Parallelüberlieferung in den Spezialakten des Landekirchlichen Archivs übersehen) und Lörrach. Dieses Kapitel endet mit dem Beginn des Ersten Weltkrieges, in dessen Vorfeld sich Maas an einer Initiative zur Einführung eines Friedenssonntags beteiligte – diese Information erscheint jedoch nicht hier (nicht einmal als Verweis, was bei der Fülle von Wiederholungen in der Arbeit bemerkenswert erscheint), sondern später in anderem Zusammenhang. In dem ersten thematischen Kapitel über Maas als liberalen Theologen und Schriftleiter der Süddeutschen Blätter werden in chronologischer Folge sämtliche Artikel, die Maas für dieses Organ der kirchlich Liberalen verfasste, mit ausführlichen Zitaten vorgestellt, das Profil der liberalen Theologie Maas' bleibt demgegenüber aber seltsam konturlos. Eines der informativsten Kapitel ist das über die Tätigkeit von Maas im Weltbund für Freundschaftsarbeit der Kirchen; hier gelingt in der Tat die „Kontextualisierung", d.h. die Verknüpfung der Bemühungen Maas' mit der weltweiten Aktivität des Weltbundes. Das Anliegen von Maas wird deutlich herausgearbeitet, die nicht wenigen Konferenzen, an denen Maas teilnahm, ausführlich beschrieben, so dass Maas hier sogar hin und wieder völlig in den Hintergrund tritt.

Das Kapitel über Hermann Maas als Heidelberger Stadtpfarrer (oft ist hier die wenig passende Bezeichnung „Heiliggeistpfarrer" verwendet) ist im Grunde eine Chronik durch die Jahre, die den von 1921 bis 1941 wöchentlich erscheinenden Gemeindeblättern der Heiliggeistpfarrei folgt. Dies wird durch die Tastsache begünstigt, dass Maas dort selbst ausführlich über seine Arbeit berichtete. Das in Jahresabschnitten unterteilte Kapitel zerreißt leider thematische Zusammenhänge; so ist zwar immer wieder von der Konfirmandenarbeit, der Jugendarbeit, der Frauenarbeit, der diakonischen Arbeit in der Altstadt die Rede, aber eben sehr zersplittert. Statt 10 chronologischer Unterkapitel hätten auch hier einige thematische Unterkapitel die Arbeit von Maas als Gemeindepfarrer deutlicher strukturieren können. Auch die zunehmenden Schwierigkeiten, die nach 1933 Maas in seinem Pfarramt in seinem Pfarrdienst behinderten bis hin zur Überwachung, zu Verhören und zur allmählichen „Verdrängung" aus dem Pfarramt – denen ein eigenes Kapitel gewidmet ist, hätte im Kontext des Kapitels über den Stadtpfarrer seinen Platz finden dürfen. Dass Maas sich solange in seinem Pfarramt halten konnte, wird völlig korrekt dem Rückhalt zugeschrieben, den Maas bei der großen Mehrheit seiner Gemeindeglieder genoss – und die offenbar auch Mitarbeiter der Gestapo mit einschloss. Nicht erwähnt wird die glaubwürdig bezeugte Tatsache, dass Maas auch in der Synagoge als Vorbeter in Erscheinung trat.

Das Kapitel über Maas Eintreten für verfolgte Juden und Judenchristen profitiert von der guten Forschungslage. Hier vermag Geiger eindrucksvoll die den örtlichen und regionalen Rahmen sprengenden Aktivitäten von Maas zu beleuchten. Auch dass sein Eintreten für Juden und Judenchristen Schattenseiten aufwies, verschweigt Geiger nicht. Je mehr Maas ins Visier der NS-Überwachungs- und Verfolgungsmaschinerie kam, umso deutlicher versuchte er sich gegenüber staatlichen und kirchlichen Stellen von seinem „früheren" Einsatz für Juden zu distanzieren. Geiger macht klar, dass es sich hier um Schutzbehauptungen, z.T. um glatte Lügen handelte, denn Maas agierte im Verborgenen unvermindert weiter, bis mit der Verhaftung Grübers in Berlin dieses Engagement abbrach. Aber die „Distanzierung" von der Hilfe für die jüdischen Mitbürger war nicht nur Schutzbehauptung, um das Rettungswerk weiterführen zu können, denn Maas hatte – wie er selbst zugab – nicht das Zeug zum Märtyrer. Aus dieser Haltung heraus verleugnete er auch die Freundschaft mit Claire Mettenheim, als diese in die Fänge der Gestapo geriet.

Hermann Maas nahm als einer der wenigen Deutschen seine Schuld insbesondere gegenüber den jüdischen Schwestern und Brüdern wahr und bekannte sie und bat um Verzeihung. Das befähigte ihn einerseits, sich erneut mit aller Kraft für die zurückkehrenden Juden und Judenchristen einzusetzen, bestimmte ihn andererseits aber auch zu einer der zentralen Figuren für den Aufbau der evangelischen Kirche nach dem Kriege, auch wenn seine Kandidatur für das Bischofsamt auf der „Brettener Synode" im November 1945 scheiterte. Es ist bemerkenswert, dass ein Mann, der in seinem 68. Lebensjahr stand, reaktiviert wurde und noch einmal fast zwei Jahrzehnte in offizieller Funktion – als Prälat der Landeskirche – tätig war. In dieser Funktion hat er sich u. a. für die Frauenordination eingesetzt, während sein Interesse für die Ökumene deutlich nachließ.

Den Schwerpunkt der Arbeit Geigers nach 1945 bilden völlig zurecht zwei thematisch angelegte Kapitel über den Einsatz Hermann Maas' für die Juden nach 1945 – hier tritt er mit aller Kraft für die „Wiedergutmachung" nicht nur für Juden, sondern auch für die „Judenchristen" ein, die durch das Raster staatlicher Hilfsmaßnahmen fielen – und seine Beziehungen zum neu gegründeten Staat Israel. Die Liebe Maas' zu Israel wird eingehend anhand von Selbstzeugnissen dargestellt; für Maas ist die Gründung Israels eine Fügung Gottes gewesen und daher unantastbar. Maas sah sehr wohl die Probleme des jungen Staates; Sorge bereitete ihm die Gefahr einer „Orientalisierung" Israels. Für die Lage der Araber in Palästina zeigte er demgegenüber – im Gegensatz etwa zu Heinz Kappes – wenig Interesse, er ordnete ihre Bedürfnisse denen Israels nach. Durch seine intensiven Kontakte zu Israel (Maas traf mehrmals mit Ben Gurion zusammen) und den Menschen in Israel – er wurde mehrfach von Israel eingeladen – wurde er zum vielleicht wichtigsten Botschafter für die Annäherung der Bundesrepublik an Israel. Die große Verehrung, die Maas in Israel genoss, fand ihren Ausdruck in zahlreichen Ehrungen und symbolischen Handlungen durch den Staat. Besonders im Hinblick auf das christlich-jüdische Gespräch wirkt der Einsatz und die Arbeit von Hermann Maas bis heute nach.

Geiger gebührt das Verdienst, zum ersten Mal die ganze Biografie Maas' umfassend in den Blick genommen zu haben. Mit immensem Fleiß hat er auch kleinste Informationen aus den Süddeutschen Blättern für Kirche und freies Christentum und aus dem Gemeindeblatt für Heiliggeist ausgewertet und für das Lebensbild nutzbar zu machen versucht. Neue Quellen hat er aus dem Familienbesitz der Familie Hartmann erschlossen, mit vielen Menschen, die Maas kannten und wertschätzten, hat er gesprochen und deren Informationen in die Arbeit einfließen lassen.

Doch die erhoffte Befriedigung will sich angesichts der Mängel der Arbeit nicht so recht einstellen. Die Arbeit leidet deutlich an dem Mangel, Wesentliches von Unwesentlichem nicht zu unterscheiden. So scheint Geiger Wert darauf zu legen, auch noch die allerkleinste Information aufzuführen, auch wenn dies nicht in einem sinnvollen Zusammenhang möglich ist. (Unter diesen Voraussetzungen ist es erstaunlich, dass eine Aktion aus dem Sommer 1933, für die Maas mit verantwortlich ist, gar nicht erwähnt wird: der jüdische Regisseur Walter Jensen inszenierte mit Maas' christlicher Jugendgruppe auf der Freilichtbühne im Garten des Gemeindehauses in der Plöck mehrere Stücke, von denen eines, der „Beowulf" des jüdischen Dichters Otto Salomon alias Otto Bruder sogar das besondere Lob der Parteiorgane erfuhr.) Die Arbeit lässt zudem eine klare Strukturierung vermissen, wie oben bereits angedeutet wurde. Das führt zu einer Fülle von Redundanzen bzw. Lücken, weil Informationen nicht in den Zusammenhängen erscheinen, in denen man sie erwartet. Hier hätte eine deutliche Konzentration der Arbeit sehr gut getan. Ein dritter Mangel besteht in der kaum vorhandenen Analyse der geschilderten Fakten und an dem fehlenden Mut, zu eigenen Urteilen zu kommen (allein in der Frage der „Schutzbehauptungen" Maas' wagt er eine klare Positionierung) und verweist stattdessen auf Gewährsleute. Das Fehlen der deutenden Durchdringung des Stoffes wird immer dort offenbar, wo Geiger lange Quellenzitate meist kommentarlos aneinander reiht. Ein vierter Mangel besteht in dem Umgang mit den Quellen. Geiger differenziert hier nicht nach aktenmäßigem Befund, späterem (deutenden) Rückblick oder der oft fehlerhaften Erinnerung der Zeitzeugen. So werden Fakten aus dem Leben von Maas' häufig in einem „Dreischritt" vorgestellt. Deutlich wird dies beispielsweise bei der Berufung Maas' nach Heidelberg 1915. Dem zitierten offiziellen Berufungsschreiben folgt die gleiche Episode im Rückblick in einer Schilderung von Hermann Maas selbst, um dann auch noch den Rückblick der Maas-Tochter Kornelie Hartmann aus dem Jahr 2006 folgen zu lassen (S. 134f.). Ärgerlich sind dabei nicht nur die ständigen Wiederholungen, sondern auch, dass Fehlinformationen unkommentiert stehen bleiben. Die Frage nach dem Umgang mit Quellen und Literatur stellt sich auch dort, wo Behauptungen im Text zwar mit Anmerkungen versehen sind, diese jedoch gar keine Belege benennen.

Die vielen sprachlichen und kleineren sachlichen Mängel können hier nicht aufgelistet werden. Leicht hätte man – um nur ein Beispiel zu nennen – aber korrigieren können, dass der juristische Oberkirchenrat Dr. Otto Friedrich nicht (wie zweimal erwähnt [u.a. S. 305]) zur Finanzabteilung gehörte, wo er doch andererseits Initiativen von Maas für Hilfsaktionen unterstützte. Eine Überarbeitung des Quellen- und Literaturverzeichnisses hätte einige Fehler und Widersprüche (z.B. sind Thierfelder 1996a und Thierfelder 1996c identisch) ausmerzen können, über Titel, die vermisst werden (etwa eine kirchenrechtliche Dissertation über den Fall der Scheidemauer in Heiliggeist) soll hier nicht lamentiert werden. Höchst bedauerlich ist jedoch das Fehlen eines Namensregisters. Dadurch ist der gezielte Zugriff auf Personen im jeweiligen Kontext des Buches leider unmöglich.

Trotz aller Kritik sei das Buch um Hermann Maas' willen doch einer interessierten Leserschaft anempfohlen.

Udo Wennemuth

Kunze, Rolf-Ulrich, „Möge Gott unserer Kirche helfen!" Theologiepolitik, Kirchenkampf und Auseinandersetzungen mit dem NS-Regime: Die Evangelische Landeskirche Badens 1933–1945 (= Veröffentlichungen zur badischen Kirchen- und Religionsgeschichte, 6), Stuttgart 2015, 514 S.

Selten genug werden kirchenhistorische Bücher mit einer epd-Meldung der Öffentlichkeit bekannt gemacht. Dies geschah mit dem anzuzeigenden Werk im Oktober 2015 in effekthaschender Manier.[1] Die Schwerpunktsetzung der Nachricht irritierte jedoch: dass die badische Landeskirche Ende 1934 als einzige sich von der Oberleitung der Reichskirche in Berlin lossagte und die Geschicke wieder selbst in die Hand nahm. Daher müsse die Landeskirche auch zu den sog. intakten Kirchen gezählt werden. Ersteres war bereits den Zeitgenossen bekannt und bestimmte das konträre Handeln von Kirchenleitung und ihrer deutschchristlichen Gegner bis 1945. Der zweite Teil der Meldung operiert mit einem Begriff aus der binnenkirchlichen Diskussion, der in der Wissenschaft nur noch mit großen Vorbehalten benutzt wird.

Dennoch liest man das Buch erwartungsvoll und hofft, endlich die fehlende umfassende Darstellung der Geschichte der badischen Landeskirche zwischen 1933 und 1945[2] – bzw. auch davor und danach – in den Händen zu haben. Stattdessen steht am Ende der Lektüre – im Buch werden die Ergebnisse des DFG-Projekts „Theologiepolitik, Kirchenkampf und Auseinandersetzung mit dem NS-Regime: Die Ev. Landeskirche Badens, 1933–45" zusammengefasst – v. a. die Irritation. Von einem Text im eigentlichen Sinn, also einem inhaltlich durchdachten Geflecht der sieben Kapitel und des fünfteiligen Anhangs, kann man kaum reden. Dafür liegen zu viele Überschneidungen, Redundanzen und Lücken vor, etliche Passagen gehörten besser in

---

[1] Historiker: Landeskirche machte Gleichschaltung in NS-Zeit rückgängig (Epd Zentralausgabe Nr. 194, 8. 10. 2015, S. 4; die SELK-Info Nr. 414 vom November 2015 übernahm diese Meldung).

[2] Methodisch der traditionellen Kirchenkampfgeschichtsschreibung verpflichtet, nicht gerade leicht lesbar, aber materialreich sind die Passagen zu Baden bei Kurt Meier: Der evangelische Kirchenkampf (3 Bde., Göttingen 1967–1984); Jörg Thierfelder verfasste für den Abschlussband der badischen Quellensammlung (Die evang. Landeskirche in Baden im Dritten Reich. Quellen zu ihrer Geschichte, Bd. VI, Karlsruhe 2005, S. 287–366) einen überzeugenden Überblick („Die badische Landeskirche in der Zeit des Nationalsozialismus"). Viel Erhellendes zum Leitungspersonal der Landeskirche und zu den Vorgängen des Jahres 1933 bietet Udo Wennemuth (Die badische Kirchenleitung im Dritten Reich, in: Unterdrückung, Anpassung, Bekenntnis, Karlsruhe 2009 S. 35–65). Wenig überzeugend ist Caroline Klausing: Die Bekennende Kirche in Baden. Machtverhältnisse und innerkirchliche Führungskonflikte 1933–1945 (VBKRG, 4), Stuttgart 2014. Vgl. hierzu die Besprechungen von Ulrich Bayer, in: Theologische Literaturzeitung 139 (2014), Sp. 1473f., Karl-Heinz Fix, in: Blätter für württembergische Kirchengeschichte 114 (2014), S. 444–449; Friedrich Wilhelm Graf, in: Historische Zeitschrift, Bd. 300 (2015), S. 549–550, und Eckhart Marggraf, in: Jahrbuch für badische Religions- und Kirchengeschichte 8/9 (2014/15), S. 495–497.

andere Kapitel. Die Darstellung enthält zudem sachlicher Fehler, tendenziöse theologiegeschichtliche bzw. kirchenpolitische Bewertungen, eine erschreckend hohe Zahl von leicht erkennbaren Tippfehlern, durchgängig falsch geschriebene Namen (z. B. Helmut Thielecke[3], Erich Honnecker (S. 402) und falsche Vornamen, andere fehlen. Diese Mängel wecken Zweifel daran, ob das Manuskript auf dem Weg zum Druck jemals kritisch lektoriert wurde – trotz des Dankes im Vorwort an einen Lektor. Dies alles ist eines Buches mit mehrfach geäußertem hohem methodologischen Anspruch, der Schriftenreihe und auch des Verlages unwürdig.

In seinem Einleitungskapitel gibt der Autor Auskunft über „Forschungsstand, Methoden, erkenntnisleitende Fragen" (S. 11ff.). Dezidiert dem „Verständnis der Protestantismusgeschichte im allgemeinen wie der evangelischen kirchlichen [!] Zeitgeschichte im besonderen" Jochen-Christoph Kaisers folgend, setzt sich Kunze überaus kritisch mit den Ansätzen Gerhard Besiers und Manfred Gailus' sowie der institutionalisierten Zeitgeschichtsforschung auseinander. Sie alle können aus unterschiedlichen Gründen vor seinem kritischen Auge nicht bestehen. Ob jedoch die Polemik so weit gehen sollte, durchgehend von „kirchlicher" statt von „Kirchlicher Zeitgeschichte" zu schreiben und damit deren „klerikalen" bzw. institutionenabhängigen Charakter, der personell in der Frühzeit tatsächlich bestand, aber kein Alleinstellungsmerkmal einer kirchlichen Institutionengeschichte ist, zu unterstellen, sei dahingestellt. Schreiben und erinnern nicht auch Historiker in zeitnaher Perspektive, in persönlicher Verbundenheit oder Abhängigkeit über ihre Universitäten und Forschungseinrichtungen?

Kunzes Konzept ist äußerst anspruchsvoll und facettenreich. Er stützt sich für seine Arbeit v. a. auf die sechsbändige Quellensammlung „Die Ev. Landeskirche in Baden im Dritten Reich" und die vollständig erhaltenen Personalakten der badischen Pfarrer. Ausgangspunkt war zunächst die kritische Anfrage an Klaus Scholders These aus dem Jahr 1970, die Landeskirche nehme nach 1933 eine „Sonderstellung" ein, da sie sich nicht eindeutig als „zerstört" oder „intakt" einstufen lasse. Zudem sei den badischen Deutschen Christen Radikalität fremd gewesen. Über die Prüfung dieser Aussagen hinaus will Kunze neuere Ansätze aus der Sozial-, Kultur- und Regionalkirchengeschichte auf Baden anwenden. Am Ende soll „eine exemplarische, biographisch-sozialgeschichtlich und mentalitätsgeschichtlich konturierte Studie zur Geschichte der evangelischen Landeskirche in Baden 1933 bis 1945" stehen, „bei der die ‚Erfahrungsräume' und Selbstbildkonstruktionen von Pfarrern" das Zentrum bilden.

Dabei sollen auch „Verhältnis und de(r) Kontext von Anpassung und Autonomiebehauptung der gesellschaftlichen Großformation ‚evangelische Kirche' in einer modernen Diktatur", also das komplexe Phänomen Widerstand in den Blick kommen (S. 17). Daher gilt Kunzes besonderes Interesse den „aus Selbst- und Fremdwahrnehmung zu erschließenden objektiven und subjektiven Freiräumen für Anpassung und Regimedistanz im Dritten Reich". Wie dieser Ansatz jedoch mit der Typisierung „zerstört"-„intakt" zusammenhängt, bleibt rätselhaft (S. 20). Die Lücke einer fehlenden Organisationsgeschichte der Landeskirche soll die Studie ebenso wenig schließen wie sie eine badische Frömmigkeitsgeschichte bieten will.

Gut getan hätte diesem Abschnitt, wenn Kunze – nicht nur hier – auf eine stark dem Soziologenjargon verhaftete Sprache verzichtet hätte. Auch sollten der For-

---

[3] Dieser Fehler findet sich bereits bei Klausing (wie Anm. 3).

schungsüberblick und die Darlegung der Absicht der Arbeit nicht derart ineinander verwoben sein.

Ein „Kirchen- und theologiegeschichtlicher Überblick" (S. 39ff.) führt mit dem Schwerpunkt Union von 1821 in die badische Kirchengeschichte bis 1933 ein. Zurecht betont Kunze hier die konstitutive Rolle des Konflikts Positive versus Liberale als Fortsetzung konfessioneller Differenzen. Da es aber tiefe kirchenpolitische Gräben auch in anderen Landeskirchen gab, könnte ein Blick über die Grenze für das Verständnis der badischen Situation hilfreich sein.

Der nächste Abschnitt bietet auf stark 70 Seiten „Grundzüge der Auseinandersetzung zwischen der badischen Landeskirche und dem Nationalsozialismus". Dabei greift Kunze über die Union bis in die Reformationszeit zurück, um die „konfessionsgeschichtlichen Voraussetzungen" darzulegen. Die Zeit der Weimarer Republik kommt fast ausschließlich über die Darstellung des Konflikts zwischen dem linken Mannheimer Pfarrer Erwin Eckert und dem Oberkirchenrat vor. Unklar bleibt dabei, weshalb Kunze hier in einem so polemischen, Eckert-kritischen Stil schreibt und was die dazugehörige Überschrift „Ein Sonderfall im Sonderweg der badischen Landeskirche vor 1933?" aussagen soll.

Weitere Etappen des sehr knappen Überblicks sind die Synodalwahl vom Sommer 1932, der sog Sportpalastskandals (November 1933), die Ein- und Wiederausgliederung aus der Reichskirche, die Einsetzung der Finanzabteilung durch das Reichskirchenministerium, der Zweite Weltkrieg und die Nachkriegsjahre. Abschließend geht Kunze auf die badische Bekenntnisgemeinschaft ein. Die Judenverfolgung, das Schicksal der sog. nichtarischen Christen und die Krankenmorde kommen nur ganz am Rande auf wenigen Zeilen vor (S. 84), obwohl diese Themen bestens geeignet wären, dass man die eingangs formulierte Frage nach „Anpassung und Autonomiebehauptung" der Kirche bzw. nach „objektiven und subjektiven Freiräumen" des Individuums „für Anpassung und Regimedistanz" in einer modernen Diktatur auf sie anwendete.

Durch die Kürze des Überblicks werden auch die Vorgänge der Jahre 1932 und 1933 fast verharmlosend dargestellt. Damals verdrängte die Kirchlich-Positive Vereinigung z. T. im Bündnis mit den Evangelischen Nationalsozialisten Liberale und Religiöse Sozialisten aus kirchenleitenden Gremien und sie konnte die lange gehegten Pläne eines Umbaus der Kirchenverfassung weg vom parlamentarisch-synodalen Charakter der Landeskirche realisieren.

Die Kapitel III und IV bilden das Zentrum des Buches. Darin geht es um die theologischen und kirchenpolitischen Strömungen in der badischen Landeskirche.

Über „Theologiepolitik und theologische Formierung im Spiegel kirchlicher Publizistik" informiert Kapitel III (S. 123ff.). Kunze untersucht zunächst „Die Kirchlich-Positiven Blätter" als „Organ des positiven Bekenntnis-Milieus" im Zeitraum von 1933 bis 1935. Diese Passage enthält auch an dieser Stelle nicht zu erwartende Betrachtungen zum Widerstand.

Der Autor betont die hohe integrative Bedeutung der „Blätter" für die „Erfindung einer badischen Identität und einer bestimmten Interpretation der badischen Geschichte (S. 124). Auch das Organ der Liberalen, die „Süddeutschen Blätter für Kirche und freies Christentum" hätten dieses Prädikat verdient, doch würde dies wohl das prinzipiell Positiven-freundliche Urteil stören.

Aufgrund seiner Durchsicht der „Kirchlich-Positiven Blätter" kommt Kunze zu dem Ergebnis, dass deren tragende Säulen u. a. ein starker Antikatholizismus, die stetig wachsende, sprachlich durchaus aggressive Distanzierung von den Deutschen Christen und „ein tiefgreifende(r) theologische(r) Modernisierungsprozess" aufgrund einer intensiven Barth-Rezeption waren. Letztere stärkte wiederum die Bekenntnisgemeinschaft (S. 165). Zugleich seien die „Kirchlich-Positiven Blätter" Spiegelbild „eines „keineswegs allein im Hinblick auf die Einstellung gegenüber dem Nationalsozialismus hochgradig binnendifferenzierten kirchlichen und theologischen Milieus" (S. 169). Die rabiate DC-Kritik der Positiven interpretiert Kunze zudem als „Abrechnung mit dem verhassten und verachteten intellektualistischen Milieu der liberalen Heidelberger Theologie, mit den bildungsbürgerlichen, nun in hohem Maß für den Nationalsozialismus aufgeschlossenen Trägern eines liberalen und ‚unfrommen' Kulturprotestantismus" Heidelberger Provenienz (S. 171). Dass die Positiven an den Heidelberger Theologen kein gutes Haar ließen, ist eine Konstante der badischen Kirchengeschichte. Wenn Kunze dieses Faktum so hervorhebt, müsste er aber auch seine Zeitgrenze 1933 überschreiten und etwa die unrühmliche Rolle der Positiven und Klaus Wurths im Fall Dehn der Jahre 1930/31 benennen oder auf die Tatsache eingehen, dass im liberalen Heidelberg und andernorts die Weimarer Republik eher Unterstützer fand als unter den Positiven. Gerne hätte man auch eine Antwort auf die Frage bekommen, was es bedeutet, wenn in den „Blättern" zum Reformationsjubiläum 1933 ein Text des 1917 verstorbenen bayerischen Kirchenpräsidenten Hermann von Bezzel erscheint? War es der Versuch einer Öffnung hin zum konfessionellen Luthertum?

Im zweiten Teil des Kapitels geht es um die Zeitschrift der „Deutsche Christ" – bis 1934 „Kirche und Volk" – in den Jahren 1933 bis 1935. Genauer um die Frage nach den Bedingungen für die Synthese von Konfession und Nationalsozialismus, v. a. unter der Voraussetzung, dass mit der „rein kirchenrealpolitisch bedingte(n) Inkorporation der liberalen Synodalfraktion" in die DC-Fraktion letztere einen bisherigen Gegner aufgenommen hatten, gegen den sie sich noch beim Verfassungsumbau mit den Positiven verbündet hatten (S. 186f.).

Inhaltlich standen die Ablehnung der Weimarer Republik und die Kirchenpolitik an vorderster Stelle. Im Unterschied zu den „Kirchlich-Positiven Blättern" war eine eigene theologische Arbeit die Ausnahme, und statt der Landeskirche geriet immer mehr die Reichskirche in den Mittelpunkt der Betrachtungen, auch um die eigene Schwäche zu kompensieren und zugleich die Loyalität dem Regime gegenüber unter Beweis zu stellen. Dem dienten auch die seit 1934 zunehmende Polemik und Aggressivität im Stil.

Ergänzende Informationen zur Auflagenhöhe, zur optischen Gestaltung, zum Erscheinungsverlauf und zum Ende der Zeitschriften würden das Kapitel abrunden.

Im vierten Kapitel untersucht Kunze unter dem Titel „Scharfe Gegner" die „theologie- und kirchenpolitischen Formationen" (S. 231ff.) und nähert sich zunächst der badischen Bekenntnisgemeinschaft in einem gruppen- bzw. einzelbiographischen Zugriff an. Er stützt sich dabei auf die Biogramme in Kapitel VIII, 5, und auf Frank-Michael Kuhlemanns Verbürgerlichungsthese. Zugleich widerlegt er die Behauptung von Manfred Gailus, dass Pfarrer v. a. aus gehorsamserfahrenen Familien stammten. 50 Pfarrer der Bekennenden Kirche gehörten demnach keiner NS-Gliederung an, oder wie Kunze es ausdrückt, sie zeigten nur eine „geringe Systemintegration" (S. 231). Interessanterweise macht er die Weltkriegsteilnahme nicht zum Analysekriterium. Schwachpunkt – nicht nur in diesem Abschnitt – ist, dass Kunze zu undifferenziert nach theologischen Positionen und ihre Implementation in der politischen Debatte fragt. Ist der alte badische Kampfbegriff „positiv" angesichts der theologischen Entwicklungen seit 1918 heute noch brauchbar oder müssten die Positionen – nach Möglichkeit – nicht differenzierter charakterisiert werden? Im nächsten, annähernd fünfmal so langen Abschnitt beschreibt Kunze das zum Scheitern verurteilte Bemühen des „positiven" Pfarrers Paul Rößger um eine Synthese von aktiver Parteimitgliedschaft seit 1930 und liberalenfeindlicher Treue zu Schrift und Bekenntnis.

Die Berechtigung des nun folgenden Abschnitts über „Helmut Thieleckes [!] Erfahrungen an der Heidelberger Theologischen Fakultät zwischen 1936 und 1940 begründet Kunze damit, dass dessen Darstellung seiner Heidelberger Zeit für das Verständnis der badischen Situation hilfreich sei (261). Tatsächlich liegt eine unkritische Nacherzählung von Thielickes eitlen Memoiren unter lückenhafter Auswertung der Literatur zum Thema vor.[4] Mit der Landeskirche hat dieser fakultätsgeschichtliche Abschnitt kaum etwas zu tun.

Die sich anschließende Darstellung des späteren Landesbischofs Julius Bender als Repräsentanten einer theologischen Kontinuität von den 1920er bis in die 1960er Jahre ist eine interessante biographische Studie, die aber einen völlig anderen Zeitrahmen als die drei anderen Biographien abdeckt. Benders Kampf gegen den NS-Absolutheitsanspruch aus kirchlicher Perspektive qualifiziert Kunze gegen dessen eigenes Selbstverständnis zurecht als Widerspruch im „Weltanschauungskampf", den die Gestapo sehr genau registrierte (S. 275).[5]

Die letzte Biographie über Pfarrer Hansmichel Bauer trägt für die Darstellung wenig aus. Geistliche, die mit ihrer speziellen, als nicht standesgemäß bewerteten Amts- und Lebensführung irritierten oder den Hitler-Gruß verweigerten, gab es in jeder Landeskirche.

Die badischen Deutschen Christen beschreibt Kunze einleitend als ein „strukturelles, sich durch Radikalisierung integrierendes Minderheitenmilieu" (S. 298), dem im März 1939 – soweit dies die wenigen überlieferten Zahlen erkennen lassen – noch 16 % der Pfarrer angehörten. In Württemberg war der Anteil wohl geringer, in Berlin höher (S. 297). Zurecht räumt Kunze mit der These auf, dass in Baden die Deutschen Christen gemäßigter als andernorts gewesen seien (S. 298), auch wenn er dies an anderer Stelle andeutet (S. 265). Anders als bei den Berliner Deutschen Christen falle in Baden die geringere Zahl von Weltkriegsteilnehmern auf.

Die Gruppenbiographie der DC nimmt Kunze zum Anlass, sich erneut an Manfred Gailus' Konzept einer Pfarrergeschichte abzuarbeiten. Er wirft ihm Theologielosigkeit vor und erhebt statt dessen Klaus Scholders „kirchlich-theologische Milieudifferenzierung" aus den 1970er Jahren zum Maß der Dinge (S. 306), ohne zu berücksichtigen, dass Scholder aus einer eindeutig barthianischen Position heraus schrieb und urteilte. Eine Organisationsgeschichte der badischen Deutschen Christen bietet Kunze

---

[4] Thielicke musste, anders als bei Kunze behauptet, nicht „wöchentlich vier Vorlesungen" halten (262) – es waren nach Ausweis des online zugänglichen Vorlesungsverzeichnisses vier Stunden!

[5] Bender studierte in Heidelberg nicht an der „Ruperto Carolina" (S. 268), sondern an der „Ruperto-Carola".

nicht. Wünschenswert, aber im Rahmen der Arbeit nicht zu leisten, wäre eine Weitung des Blicks auf die DC über das Jahr 1945 hinaus.

Im Folgenden bietet Kunze, anders als zuvor, nur eine, jedoch quellengesättigte Biographie, die des radikalen Deutschen Christen Fritz Kölli, der einen Feldzug gegen die Kirche, Oberkirchenrat Otto Friedrich und v. a. den Landesbischof führte (S. 307ff.).[6]

Abgeschlossen wird das Kapitel mit dem Bericht über einen „Einigungsversuch zwischen Karlsruher DC und BK vom Frühjahr 1935" in der Karlsruher Südstadtpfarrei.

Eine Lokalstudie über eine Diaspora-Gemeinde, die „während der der gesamten NS-Zeit Schauplatz heftiger theologie- und kirchenpolitischer Auseinandersetzungen" war, die „lokale Konfliktkonstellationen zum Ausdruck brachten und zugleich immer auch mit den ‚großen' Themen der Auseinandersetzung zwischen NS-Regime und der badischen Landeskirche zusammenhingen" stellt Kapitel V „St. Georgen: ‚Jesus gibt nicht nur den Kampfbefehl, er gibt auch die Waffen'" (S. 343ff.) dar. Hier standen sich ein DC-Pfarrer mit nationalkirchlichen Neigungen und die Mehrheit der Gemeinde sowie ein der Bekennenden Kirche angehörender Vikar unversöhnlich gegenüber. Kunze sieht die Vorgänge als deutliches „Beispiel für eine badische Kirchenkampf-Realität, die den Verhältnissen in nicht-intakten, zerstörten Landeskirchen ähnelt". Wie passt das mit seiner These von der „intakten" Landeskirche zusammen? Interessant wäre es auch gewesen zu erfahren, ob St. Georgen ein Einzelfall war, oder ob es vergleichbare Fälle in anderen Gemeinden gab. Hätte das Material aus Kapitel VIII, 3 und 4 nicht hilfreich sein können?

Einen bis dato nicht vollzogenen, obgleich naheliegenden Vergleich mit der ebenfalls bekenntnisunierten und in der Verfassung Baden nach 1918 z. T. folgenden pfälzischen Landeskirche sowie mit der kirchenpolitisch weitaus weniger fraktionierten lutherischen Nachbarkirche Württemberg bietet Kapitel VI (S. 353ff.), doch ist der Zeitraum nicht gleich gewählt. Die hier dargebotene kurze Kirchengeschichte Württembergs in den Jahren 1933 bis 1945 ist überdurchschnittlich stark auf Eugen Gerstenmaier und dessen Widerstand fixiert. Der Vergleich mit Baden fällt sehr knapp aus, insbesondere wäre der unterschiedliche Umgang mit „nichtarischem" Personal interessant gewesen, da beide Landeskirchen 1933 den sog. Arierparagraphen nicht eingeführt hatten.

Die pfälzische Landeskirche bietet für einen Vergleich mit Baden selten ideale Voraussetzungen. Wegen der Grenzlandsituation zu Frankreich zeigte die dortige evangelische Bevölkerung eine große Affinität zum Nationalsozialismus (S. 367f.). Dies wäre neben der kirchenpolitischen Situation ein guter Ansatzpunkt für einen Vergleich mit dem ebenfalls in Teilen nach dem Ersten Weltkrieg französisch besetzten und entsprechend politisch disponierten Baden gewesen. Beides vermisst man jedoch.[7]

„Bilanz und Desiderate der Forschung: Zur Interpretation badischer Kirchengeschichte 1933–45 und zu Perspektiven der Pfarrerforschung" sind die sechs Abschnit-

---

[6] Getrübt wird dieser positive Eindruck leider durch die Behauptung, dass Kölli in Freiburg evangelische Theologie studiert habe (S. 307).
[7] Zur Kritik an der von Fehlurteilen bestimmten Darstellung der Pfalz vgl. Christoph Picker, in: Mitteilungen des Historischen Vereins der Pfalz Online (http://www.hist-verein-pfalz.de/frameset.htm, aufgerufen am 5. September 2016).

te von Kapitel VII überschrieben (S. 377ff.). Der erste „Die vierte intakte Landeskirche? Eine These (S. 377ff.) beginnt indes mit einer Statistik über die politische und kirchenpolitische Mitgliedschaft der Pfarrer (S. 377), die man eher in Kapitel VIII erwartet hätte. Aus dem Befund von verhältnismäßig vielen BK-Pfarrern, denen wenige Deutsche Christen, aber viele NS-affine Pfarrer gegenüberstanden, entwickelt Kunze die These, dass Baden eine intakte Landeskirche war. Mit dieser quantitativen Begründung führt er in die bereits zeitgenössische Debatte über sog. intakte und zerstörte Landeskirchen ein neues Kriterium ein, ohne jedoch das komplexe kirchenverfassungsrechtliche Problem tatsächlich anzugehen. Waren das reformierte Hannover und Westfalen nicht – zumindest partiell – intakt? Waren die „intakten" Kirchen ohne Synoden, aber mit „Ermächtigungsgesetzen" für die Bischöfe tatsächlich intakt? Hier können Juristen und Historiker noch viel Begriffsarbeit leisten!

Ohne erkennbaren Grund schließt sich dieser These eine Begriffsdefinition des „Kirchenkampfs" an, der wiederum Teil 2 „Das Widerstandsproblem" (S. 380ff.) folgt. Hier diskutiert der Autor in äußerst komplizierten Sätzen das gesamtprotestantische (und darüber hinaus!) Problem, dass Pfarrer sich einzelnen Aspekten der NS-Politik verweigerten, aber dennoch keine prinzipiellen weltanschaulichen Dissidenten waren. Gemäß dem dynamisch-interaktiven Ansatz Peter Hüttenbergers betont Kunze, dass der evangelische Widerstand keine Organisationsform darstellt und die Geschichte des NS-Systems und der Kirche zusammengehören (386). Wie sehr Kunze dem Ansatz Jochen-Christoph Kaisers verbunden ist, zeigt seine für die Darstellung unnötige Polemik gegen das 2007 abgeschlossene Märtyrerprojekt der Evangelischen Arbeitsgemeinschaft für Kirchliche Zeitgeschichte (S. 387) – obwohl gerade hier die möglichen Verschränkungen von Zustimmung zum Regime, partiellem oder prinzipiellem Widerspruch und Verfolgung bis in den Tod in den unterschiedlichsten kirchlichen und gesellschaftlichen Milieus deutlich gemacht wurden. Der folgende Abschnitt „3. Desiderat Mentalitätsgeschichte: Distanz zum Unrecht aus sozialpsychologischer Sicht" (S. 388ff.) hat ebenso wie der fünfte Teil „Desiderat Diktaturvergleich: Die evangelische Kirche in den beiden deutschen Diktaturen des 20. Jahrhunderts" (S. 399ff.) zwar seinen forschungsstrategischen Wert, aber keinerlei inhaltlichen Bezug zur badischen Landeskirche. Neuere Forschungen werden unter „4. Desiderat Diktaturgeschichte: Der braune Himmel auf Erden. Politische Religion und Totalitarismustheorie als Ansätze zum Verständnis evangelisch-nationalsozialistischer Identität" (S. 392ff.) diskutiert. Hier zeigt sich jedoch, dass die Analyse theologischer Diskurse und Theorien mehr theologische Kompetenz erfordert, als mancher Profanhistoriker zuzugeben bereit ist. Der sechste Punkt („Desiderat Polyzentrische Kirchengeschichte: Zur Relevanz der Territorialkirchengeschichte. Historisierung und historisches Gedächtnis", S. 405ff.) benennt schließlich ein lange Zeit vernachlässigtes Problem, doch werden dann nur Betrachtungen zur Strukturreform der EKD („Kirche der Freiheit") und der niederländischen Kirchen mit dem Artikel zur Territorial-Kirchengeschichte aus der 3. Auflage [!] der RGG vermengt.

Die fünf Teile des Kapitels VIII (Anhänge, S. 411–486) enthalten den Versuch, die badische Kirchengeschichte seit 1918 chronologisch, kirchenpolitisch und mentalitätsgeschichtlich-biographisch zu strukturieren. Zunächst (S. 411ff.) werden die kirchenpolitischen Gruppen nach Programmen, Publikationsorganen und Personal beschrieben, dann folgt eine „Chronologie der Hauptereignisse in der Ev. Landeskirche

Badens, 1919–1945" (S. 414ff.), die freilich im November 1918 beginnt und in der Auswahl der Einträge sehr willkürlich ist. Auch lernt man hier, dass die Volkskirchliche Vereinigung bei den Wahlen zur Landessynode im November 1920 zugleich 0,8 und 8,2 % der Stimmen erringen konnte.[8] Gut versteckt findet sich hier – ohne Überschrift oder Erklärung – ein kurzer Abschnitt über die Zahl der badischen Pfarrer. Ein weiterer Teil ist den Lebensläufe führender evangelischer Nationalsozialisten und Deutscher Christen in Baden gewidmet (S. 417ff.). Die nach Kirchenbezirken gegliederte Darstellung enthält viele Details, bleibt aber ohne eine tiefergehende Analyse der Biographien hinter dem hohen methodischen Anspruch zurück. Die Auflistung könnte aber die Grundlage bilden für eine sozialgeschichtliche Analyse der badischen Pfarrerschaft und ihrer Netzwerke. Neben Druckfehlern stört u. a., dass Landesbischof Kühlewein auf S. 453 den Vornamen Wolfgang trägt und bei den Ortsangaben Eingemeindungen ignoriert wurden. Der nächste Abschnitt ist v. a. methodologisch orientiert. In Fortführung des Ansatzes von Frank-Michael Kuhlemann und in Abgrenzung von Manfred Gailus fragt Kunze nach sozial- und mentalitätsgeschichtlichen Mustern innerhalb der Pfarrerschaft (S. 465ff.). Wie er jedoch aus der Verbürgerlichung und der „Modernisierung des badischen Pfarrerstandes im 19. Jahrhundert(s)" (S. 466) „eine Voraussetzung für die Selbstbehauptung der Kirchlich-Positiven" und „die Neubelebung von Spiritualität und Bekenntnisbewusstsein durch den Stil der Bekennenden Kirche" herauslesen kann, bleibt rätselhaft. Die Diagnose, dass badische Pfarrer „bildungsbürgerlich, kirchlich-etatistisch, konfessionell und national" gesinnt gewesen seien, trifft wohl auch für jede andere Landeskirche der Zeit zu. Der letzte Abschnitt dieses Kapitels enthält „Lebensläufe von badischen BK-Pfarrern ohne jegliche Mitgliedschaft in NS-Gliederungen" (S. 467ff.). Leider ist der Teil anders gegliedert als der zu den DC-Pfarrern, so dass ein Vergleich schwer fällt. Die theologisch-kirchenpolitische Situation, in der diese Männer handelten, ist weithin ausgeblendet, ebenso ihre Funktionen in der BK.

Kapitel IX (S. 487ff.) bietet das – in seiner Einteilung nicht immer stringente und auch nicht fehlerfreie – Verzeichnis der Archivalien, der gedruckten Quellen und der Literatur. Dass in der Bibliographie konsequent auf die Nennung von Reihentitel verzichtet wird, wäre als Mode abzutun, wenn der Autor nicht „Konfession und Gesellschaft" davon ausnehmen würde. Dieser Reihe ist er eng verbunden. Man vermisst schmerzlich ein Personen- und Ortsregister.

Karl-Heinz Fix

---

[8] Die 8,2 % entfielen auf die mittelparteiliche „Landeskirchliche Vereinigung".

Register

A

Absberg, Thomas von 91
Adelsheim, Martin von 94
Aepinus, Johannes 307
Albret, Jeanne d' 307
Andreae, Jakob 69, 71
Aquila, Caspar 307
Arndt, Ernst Moritz 244
Aschhausen, Götz von 107
Aschhausen, Hans Erasmus von 102

B

Bach, Johann Sebastian 242
Baden, Anna Charlotte Amalie von 24
Baden, Augusta Maria von 12, 32–34
Baden, Carl August von 30
Baden, Carl (Karl) Friedrich von 20, 26f
Baden, Carl Wilhelm von 11, 14, 21, 24, 27f, 30, 32, 34
Baden, Friedrich von 24, 27–30, 32
Baden, Friedrich I. von 131
Baden, Friedrich II. von 181, 225
Baden, Friedrich Magnus von 20
Baden, Hilda von 140, 178, 199, 225, 267
Baden, Karl II. von 71f, 75
Baden, Luise von 131, 182, 218, 225
Baden, Magdalene Wilhelmine von 27f
Baden, Max von 271f, 275
Baden, Wilhelm von 132
Balfour, Arthur James 261
Barner, Hans 119–123, 125–127
Baschang, Klaus 166
Bauer, Hansmichel 330
Bauer, Steffen 289
Baum, Marie 169
Baumann, Johannes 108
Bechtold, Anna Salome, geb. Zandt 27f, 32, 34
Bechtold, Johann Hartmann 27f, 32
Beck (Uhrmacher) 259
Beethoven, Ludwig van 190, 237, 254
Behaghel, Hermann 113
Bell, Georges 296
Ben-Chorin, Schalom 292, 323
Bender, Julius 60, 159, 162, 330

Benedikt XV. (Papst) 146f
Bentheim, Victoria von 263
Bergmann, Georg Philipp 32
Berlichingen, Götz von 90, 92–95, 97, 99
Berlichingen, Hans Burkard von 104f
Berlichingen, Hans Georg von 104
Berlichingen, Hans Jakob von 99
Berlichingen, Hans Pleickhard von 99, 103
Berlichingen, Hans Reinhard von 104
Berlichingen, Margaretha von 95
Berlichingen, Philipp Ernst von 104
Berlichingen, Wolf Konrad 104
Bethmann-Hollweg, Theobald von 249f
Biermann, Martin 27
Bismarck, Otto von 134f, 144, 244, 252, 275
Blanck, Anna 139
Blarer, Ambrosius 279
Blarer, Margarethe 307
Blasius, Heinrich 162
Blaß (Apotheker) 133
Blauert, Paul 265
Boch, Philipp Jakob 32
Boeckh, Martin Matthias 28, 32
Boelcke, Oswald 234, 264
Bohm, Johann Dieterich 28, 32
Boisserée, Sulpize 79
Bonhoeffer, Dietrich 296
Bopp, Andreas 100f
Brahms, Johannes 254
Brandenburg-Kulmbach, Albrecht Alkibiades von 91
Brandt, Willy 163
Braun (Oberlehrer) 118
Braunschweig, Ernst August von 275
Brenz, Johannes 69–72, 74f, 92, 278, 280
Bruch, Max 169, 249
Bruder, Otto (s. Salomon) 325
Brückner, Wilhelm 272
Bucer, Martin 92, 278–280, 307, 312
Bür(c)klein, Johann Ernst 32
Bür(c)klein, Philipp Jakob 32. 34
Buonaparte, Napoleon 79
Burchard, Alexander Julius 256–258
Burckhardt, Theodor 31
Burnand, Eugène 208

C

Calvin, Jean 307
Cantzler, Johannes 100, 104f
Casement, Roger David 225, 241
Chopin, Frédéric 210, 238
Clady (Frau) 182
Clemenceau, Georges 276
Cochläus, Johannes 307
Colin, Alexander 278
Conradi (Konradi, Cunradi), Christoph Theodor 14
Corinth, Lovis 115
Creuzer, Friedrich 79
Crüger, Franz Rudolf 33

D

Daub, Karl 80f
De Wette, Wilhelm Maria Leberecht 80f
Deimling, Berthold 13
Dibelius, Martin 321f
Dibelius, Otto 321
Diederichs, Eugen 199
Dietz, Georg Adam 317
Dietz, Johann Georg 33
Diller, Michael 75, 278, 280
Dittes, Friedrich 60
Döring, Emil 113
Dürer, Albrecht 190
Dürn zu Rippberg, Schweikhard von 96
Dürr, Karl 60f, 63

E

Ebert, Friedrich 149, 276
Ebrard, August 66f
Echter von Mespelbrunn, Julius 96f, 106–109
Eck, Johannes 307
Eckert, Erwin 62, 328
Ehrlich, Ernst Ludwig 296
Eichhorn, Hermann von 270
Eichrodt, Johann Andreas 33
Einstein, Albert 145
Eisenlohr, Johann Jakob 33f
Eisner, Kurt 276
Emser, Hieronymus 307
Erasmus von Rotterdam 278
Erzberger, Matthias 147

F

Färber, Wilhelm 165
Faisst, Bertha 185, 195
Faisst, Clara 5f, 169–276
Faisst, Gustav August 169
Faulhaber, Doris 316
Favre, Jules 259
Fecht, Johann 33f
Friedrich, Otto 325, 331
Frommel, Henriette 318
Feuerbach, Ludwig 85
Fichte, Johann Gottlieb 244
Fiedler, Max 197
Förtsch, Johann Michael 33
Franz von Assisi 252
Frey (Hauptlehrer) 120
Fürstenberg, Max Egon II. zu 275

G

Gallus, Nikolaus 69
Gegner, Christina 162
Gegner, Karl 162
Gemmingen, Dietrich von 307
Gemmingen, Julius von 317
Geyer von Giebelstadt, Eva 99
Geyer von Giebelstadt, Sebastian 94
Gieseler, Johann Karl Ludwig 80
Gilg, Hans 234
Gillet, Grete 316
Godeck (Herr) 244
Göler, Frau von 195
Goers, Britta 159
Gött, Emil 265
Gramlich von Scheringen, Theobald 107
Grossmann, Hugo 162
Grüber, Heinrich 292, 324
Grünberg, Paul 137f
Gruter, Janus 314
Guenther, A. 208

H

Haff, Johann Melchior 33
Hagenbeck, Carl 224
Hagenbeck, Lorenz 224
Hammann, Gertrud 316
Handschuhsheim, Dietrich von 90
Hardenberg, Albrecht 74, 76
Hardheim, Bernhard von 92
Hardheim, Georg Wolf von 108

Hardheim, Wolf von 95, 97, 100
Hartmann, Gallus 104
Hartmann, Kornelie, geb. Maas 325
Hartmann, Johannes 103f
Hauptmann, Gerhart 197
Hauß, Anna (geb. Katz) 287
Hauß, Friedrich Adolf 286f
Hauß, Karl 287
Hebbel, Friedrich 235
Hebel, Johann Peter 29, 35, 42–56
Hecht, Theodor 14
Hecker, Friedrich 318
Hegel, Georg Wilhelm Friedrich 80f, 83
Heinsius, Maria, geb. Stober 316, 319
Heinsius, Wilhelm 320
Helbing, Albert 115, 118
Henhöfer, Aloys 317
Henning, Roland 166
Hensel, Walther 121
Herrmann, Karl 294
Hertling, Georg Graf von 261
Heshusen, Tileman 76, 278
Hesselbacher, Karl 286
Hessen, Moritz von 106
Hessen, Philipp von 72, 106
Heusler, Christoph 99
Hindenburg, Paul von 197, 209, 239, 244, 250, 252
Hinkmar von Reims 304
Hintze, Paul von 268
Hitler, Adolf 120
Hitzig, Friedrich Wilhelm 35–42, 44, 48–56
Hoche, Alfred 212
Hochmut, Konrad 100f
Höfer, Gertrud 141, 154
Höfer, Karl 132–134, 141f, 147, 149–155
Hölzlin, Augusta Dorothea 28
Hölzlin, Carolina Wilhelmina 28
Hölzlin (Hölzlein), Johann Laurentius 5, 11–34
Hölzlin, Johanna Sophia, geb. Moevius, verw. Böckh 28
Hofwart von Kirchheim zu Münzesheim 95
Hohenlohe, Ludwig Kasimir von 103
Hülsen-Häseler, Hans Dietrich Graf von 275
Hus, Jan 307

I

Ihringer, Johann Friedrich 22, 33
Illyricus, Flacius 69, 304
Immelmann, Max 257, 264

J

Janus, Johann 107
Jensen, Walter 325
Joffre, Joseph 192
Jolberg, Regine 318f

K

Käfer, Johann Philipp 33
Käß, Christoph 317
Kampp, Heinrich 119–125, 127
Kappes, Heinz 324
Karch, A. 113
Karlstadt, Andreas 307
Katz, Anna (s. Hauß) 287
Katz, Friedrich 287
Kaulbach, Wilhelm von 278–280
Keller, Werner 289f, 296
Keppler, F. A. 113
Kerrl, Hanns 152
Kiesinger, Kurt-Georg 164
Klebitz, Wilhelm 76
Klein, Paul 170, 251f
Klimsch, Fritz 238
Knapp, Sebastian 104
Knobelsdorff, Egon von 263
Kölli, Fritz 331
König, Paul Leberecht 228
Körner (Kerner), Johann (Raphael) Japhet 33f
Krause, Reinhold 152
Kreiten, Karlrobert 296
Krüger (s. Crüger)
Kühlewein, Berthold 61
Kühlewein, Gerhard 61, 162
Kühlewein, Julius 59–61, 153, 331, 333
Kühlmann, Richard von 268
Kümmich, Johann Wilhelm 33
Kurpfalz, Friedrich II. von 311, 314
Kurpfalz, Friedrich III. von 76, 279, 312, 314
Kurpfalz, Johann Casimir von 312
Kurpfalz, Karl II. von 313
Kurpfalz, Ludwig V. von 311
Kurpfalz, Ludwig VI. von 312
Kurpfalz, Ottheinrich von 73–75, 278–281, 311f

L

Lauer-Kottler, Emilie 190
Lehmann, Anton 176, 256, 261–264, 267f

Lehmann, Ernst 169, 176, 196
Lehmann, Helmut Heinrich 176, 244, 248, 253, 256–258
Lehmann, Kurt Gustav Ernst 176, 202, 234f, 245, 256
Lehmann, Marie 176f, 181, 185, 196, 212, 224, 227, 235, 245, 248, 270
Lehmann, Walter Gerhard 175f, 212, 226, 270
Lehndorff, Hans Graf von 164
Lemichius, Heinrich 105
Leuthner, Franz 142–145
Leutrum von Ertringen, Ernst Friedrich 29
Leutwein, Jakob Ernst 98, 110
Leyser, Polykarp 304
Liebermann, Max 238
Lienhard, Friedrich 259, 271
Lingelsheim, Georg Michael 314
Lloyd Georges, David 274, 276
Löher, M. Daniel 104
Löhr, Petrus 100
Lohmann, Alfred 228
Lohrbächer, Albrecht 289, 295
Ludendorff, Mathilde 286
Lücke, Friedrich 80–82
Luther, Martin 13, 91, 134, 156, 164, 252, 278–280, 294, 304–309, 312f

M

Maas, Cornelie, geb. Hesselbacher 292
Maas, Hermann 125, 289–297, 322–325
Mackensen, Agnes 263
Major, Georg 69
Malsch, Johann Kaspar 17, 31–33
Marbach, Johannes 74f, 280
Marheineke, Philipp Konrad 81
Maschenbauer, Andreas Jacob 14, 21, 29
Maurer, Johann Konrad 79
Maurer, Johann Laurentius 33
Mauritii, Christof 13–15, 19, 27, 33
Meerwein, Adolf 319
Melanchthon (Sabinus), Anna 308
Melanchthon, Philipp 5, 65–77, 251, 278–280, 294, 304, 307–309, 312f
Mengler, J. W. 165
Menius, Justus 69, 307
Mettenheim, Claire 324
Mez, Karl 317f
Michaelis, Georg 249
Minkwitz, Erasmus von 278

Möller, Johann Jeremias 13
Mörlin, Maximilian 69, 71
Molter, Johann Melchior 13, 33
Mondon, Karl 60
Moos (Arzt) 286
Morata, Olympia Fulvia 307
Morgenstern, Christian 253
Mosbach von Lindenfels, Andreas 106
Moser, Konrad 104
Müller, Erich 162
Müller, Johannes 105
Müller, Ludwig 59, 61
Müller-Reichel, Therese 238
Müntzer, Thomas 307

N

Nagelstein, E. 286
Napoleon s. Buonaparte
Naumann, Friedrich 238
Nazianz, Gregor von 83
Neander, August 80f
Nerger, Karl August 260, 264
Nitzsch, Carl Immanuel 66f, 77
Norton, Walter E. 289, 295
Nuding, Johann Theophil 29f, 33

O

Odenwald, Theodor 139
Oertel (Frau) 140
Österreich, Ferdinand I. von 312
Österreich, Karl V. von 94
Oestreicher, Theodor 122
Oranien, Anna Charlotte Amalie von 28
Orth (Hauptlehrer) 143
Osiander, Andreas 69f, 72

P

Pareus, David 314
Paulus, Heinrich Eberhard Gottlob 80
Perthes, Friedrich 80
Pfalz-Zweibrücken, Wolfgang von 72
Pistorius, Johannes 30
Planck, Max 145
Plitt, Jakob Theodor 317
Plivier, Theodor 260
Poincaré, Raymond 274
Preußen, Auguste Viktoria von 202
Preußen, Friedrich II. Von 244

Preußen, Wilhelm II. von 136, 144, 146, 164, 174, 249f, 275
Pütter, Johann Stephan 105

R

Rabus, Christian Heinrich 12, 33
Rabus, Johann Philipp 12–14, 33f
Rahner, Richard 150
Reger, Max 259
Resch, Friedrich Wilhelm 33
Reuchlin, Johannes 278
Richthofen, Manfred von 264
Rinck, Heinrich Wilhelm 317
Rittelmeyer, Friedrich 190, 249
Ritter, Gerhard 60
Rödel, Kaspar 299
Rößger, Paul 330
Rohde, Franz 135f
Rosegger, Peter 241
Rosenberg, Albrecht von 91, 93, 95, 97, 100, 102f
Rosenberg, Albrecht Christoph von 108–110
Rosenberg, Hans Thomas 95
Rosewich (Lehrer) 121
Ruckhaber, Gustav 114, 117
Rudolf, Franz 143
Rudolph (Lehrer am Lyceum) 317
Rüdt von Bödigheim, Georg Christoph 97
Rüdt von Bödigheim, Stefan 97–99, 107
Rüdt von Bödigheim, Wolfdietrich 107
Rüdt von Bödigheim und Collenberg, Wolf 96
Rüdt von Collenberg, Sebastian 94
Russland, Nikolaus II. von 270

S

Sabinus, Anna (s. Melanchthon) 308
Sachsen, August von 72–75, 312
Sachsen, Friedrich III. (der Weise) von 299
Sachsen, Johann Georg II. von 299
Sachsen-Coburg, Johann Kasimir 106
Salomon, Otto 325
Savonarola, Girolamo 252
Scheel, Walter 163
Scheffel, Viktor von 241
Schellenberg, Emil Otto 5, 65
Schelling, Friedrich Wilhelm Joseph 81
Schleiermacher, Friedrich 65, 80–82
Schlömann, Adolf Friedrich 180
Schmauß, Johann Jakob 34

Schmidt, Heinrich 124
Schmith, Heinrich 112, 120, 124
Schmitthenner, Adolf 294
Schmoll, Gerd 166
Schneider, Robert 111, 115–119
Schnepf, Erhard 69, 92, 279
Schubert, Franz 205, 210, 238
Schulz, Erich Hermann 161f
Schulze-Gaevernitz, Gerhart von 179
Schumann, Robert 238
Scriver, Christian 30f
Seemann, Richard 197
Sendler, Alexander 92
Seufert, Johann Heinrich 13–15, 34
Sickingen, Franz von 90
Simons, Menno 307
Sitzinger, Ulrich 73, 75
Storck, W. F. 197
Spener, Philipp Jakob 20, 31
Spiegel von und zu Peckelsheim, Edgar 257
Staphylus, Friedrich 68
Stein, Harry 166
Stein, Heinrich Friedrich Karl vom und zum 244
Steinach, Hans Landschad von 90
Steinhausen, Wilhelm August Theodor 208, 210, 255
Steinsiek, Fritz 134
Steinsiek, Wilhelm 134
Stern, Wilhelm 317
Stöcklin, Sebastian 105
Stössel, Johannes 69, 71
Stoll, Heinrich 75
Stolz, Leonhard 100
Strauß, David Friedrich 85
Strauß, Richard 115, 259
Stresemann, Gustav 286
Struve, Burkhard Gotthelf 89

T

Tausig, Carl 238
Thielicke, Helmuth 123, 330
Thoma, Hans 169f, 183, 197–199, 208, 259, 266
Thoma, Ludwig 197
Treitschke, Heinrich von 134
Trost, Johan Baptist Matthias 11, 34
Tulla, Matthias Wilhelm 28, 34
Tyrahn, Georg 183

U

Uhrig, Theodor 60
Ullmann, Carl 5, 65–67, 77–87
Umbreit, Friedrich Wilhelm Karl 80–82
Ursinus, Zacharias 76

V

Vend, Nikolaus 107
Venningen, Christoph von 95
Vetterlin, Johann Bernhard 34
Vierordt, Karl Friedrich 89f
Vogelmann, Heinrich Wilhelm 151
Voges, Fritz 61
Vollbracht, Adam Christoph 27f
Voth, J. 113

W

Wagner (Hauptlehrer) 118
Wagner, Heinrich Christoph 28
Waldes (Valdes), Petrus 307
Walter, Johann 307
Weber, Carl Maria von 210
Weber, Erna 121
Weber, Hermann 60f
Weckesser, Albert 283, 286
Weininger, Konrad Burkhard 19, 34
Weiß, Christian 146
Weiß, Maximilian 124

Weißkircher, M. Heinrich 102, 105
Werner, C. F. 150f, 154
Werner, Gustav 318
Werner, Marie 133, 154
Wertheim, Georg II. von 92
Wettke, Margarete 263
Wichern, Johann Hinrich 85
Wilson, Woodrow 237–239, 270–272
Wobbermin, Georg 320
Wolfhard, Friedrich 93f
Württemberg, Christoph von 71–74, 97
Württemberg, Ludwig von 104
Württemberg, Ulrich von 95
Wust, Balthasar Christoph (d. Ä) 299f
Wust, Christian 299
Wyclif, John 307

Z

Zandt, Anna Salome s. Bechtold 27f, 32, 34
Zandt, Jakob Christoph 27, 32, 34
Zandt, Johann Erhard 32, 34
Zell, Katharina 307
Zeller, Christian Heinrich 318
Ziegler d. Ältere, Andreas 105
Ziegler, Regine 236
Zobel, Dagmar 159
Züllenhard, Hans Israel von 95
Zunner, Johann David 299
Zwingli, Huldrych 278, 307

Verzeichnis der Abkürzungen

BBKL   Biographisch-bibliographisches Kirchenlexikon
BPfKG   Blätter für Pfälzische Kirchengeschichte und religiöse Volkskunde
EKO   Die Evangelischen Kirchenordnungen des 16. Jahrhunderts, begründet von Emil Sehling, fortgeführt von Gottfried Seebaß und Eike Wolgast, Bd. 1–5 Leipzig 1902–1913, Bd. 6ff. Tübingen 1955ff.
JBKRG   Jahrbuch für badische Kirchen- und Religionsgeschichte
LKA   Landeskirchliches Archiv (ohne weiteren Zusatz: Karlsruhe)
LKB   Landeskirchliche Bibliothek (ohne weiteren Zusatz: Karlsruhe)
PA   Personalakte
RISM   Répertoire International des Sources musicales [Internationales Quellenlexikon der Musik, hrsg. von der Internationalen Gesellschaft für Musikwissenschaft und der Internationalen Vereinigung der Musikbibliotheken], B/VII/1: Das deutsche Kirchenlied DKL. Kritische Gesamtausgabe der Melodien, hrsg. von Konrad Ameln, Markus Jenny und Walther Lipphardt, Bd. 1, Teil 1: Verzeichnis der Drucke von den Anfängen bis 1800, bearb. Von Konrad Ameln, Markus Jenny und Walther Lipphardt, Kassel u.a. 1975
RGG   Die Religion in Geschichte und Gegenwart
SVRG   Schriften des Vereins für Reformationsgeschichte
TRE   Theologische Realenzyklopädie
VD 16   Verzeichnis der im deutschen Sprachbereich erschienenen Drucke des 16. Jahrhunderts
VBKRG   Veröffentlichungen zur badischen Kirchen- und Religionsgeschichte
VVKGB   Veröffentlichungen des Vereins für Kirchengeschichte in der Evangelischen Landeskirche in Baden
VVPfKG   Veröffentlichungen des Vereins für Pfälzische Kirchengeschichte
WA   D. Martin Luthers Werke, Kritische Gesamtausgabe (Weimarer Ausgabe), Bd. 1ff., Weimar 1883ff.
ZGO   Zeitschrift für die Geschichte des Oberrheins
ZThK   Zeitschrift für Theologie und Kirche

Verzeichnis der Autorinnen und Autoren

Dr. Ulrich Bayer, Freiburg
Ulrich Behne, Gaggenau
Prof. Dr. Johannes Ehmann, Heidelberg
Dr. Karl-Heinz Fix, Augsburg
Prof. Dr. Rolf-Ulrich Kunze, Karlsruhe
Dr. Helmut Neumaier, Osterburken
Johanna Pähler, Heidelberg
Dr. Hans Pfisterer, Heidelberg
Walter Schnaiter, Karlsruhe
Prof. Dr. Christoph Schneider-Harpprecht, Karlsruhe
Dr. Gerhard Schwinge, Durmersheim
Dr. Udo Wennemuth, Karlsruhe